W0310604

*Über dieses Buch* Dem realistischen Epiker Arnold Zweig, der auch Dramen und Essays geschrieben hat, lag die kleine epische Form – die Novelle – besonders nahe. Als literarische Ausdrucksform war sie ihm zeitlebens unentbehrlich. Der erste Band der Novellen enthält in der Chronologie ihrer Entstehung Erzählungen der Jahre 1907 bis 1924, der zweite Band die der Jahre 1924 bis 1951. In ihrer Gesamtheit vermittelten beide Bände ein differenziertes Bild der Vielfalt von Motiv und Thematik, aber auch vom Stilwandel innerhalb eines Zeitraums, der fast ein halbes Jahrhundert novellistischen Schreibens umfaßt.
Von den frühen Stimmungsbildern in ›Tangente‹ und ›Vorfrühling‹, in denen Sehnsucht und Entsagung, Glück und Trauer den Grundton des Erzählens bestimmen, über die Schulgeschichte ›Benarône‹, die Tucholsky »mit großer Freude und unter beständigem Schmunzeln« las, bis hin zur historischen Anekdote in ›Das Sterben des Cinq-Mars‹ und der Eckermann-Erzählung ›Der Gehilfe‹ zeigen die Novellen eine reizvolle Vielfalt der Motive und Themen. In ihnen spricht der Autor der ›Novellen um Claudia‹. Arnold Zweigs literarische Vorbilder, die seinen Erzählstil beeinflußten, sind zu dieser Zeit eher im 19. Jahrhundert als im Umfeld der zeitgenössischen, expressionistischen Literatur zu suchen.
Mit dem Ausbruch des Ersten Weltkriegs findet der Schriftsteller, der im April 1915 als Armierungssoldat einberufen wurde, zu neuen Themen, die seine Erfahrungen mit der Wirklichkeit des Krieges widerspiegeln, und zu realistischeren Formen des Erzählens. In Erzählungen wie ›Der Feind‹ und ›Elfter Elfter Fuffzehn‹ kündigt sich bereits der Autor des berühmten ›Grischa‹-Romans an.

*Der Autor* Arnold Zweig, am 10. November 1887 in Glogau geboren, studierte Germanistik, Philosophie, Geschichte, Psychologie, Kunstgeschichte und Nationalökonomie in Breslau, München, Berlin, Göttingen, Rostock, Tübingen. Nach der Teilnahme am Ersten Weltkrieg in Serbien und Frankreich lebte er 1919 bis 1923 als freier Schriftsteller am Starnberger See, dann in Berlin. 1933 emigrierte er nach Palästina. Neben eigener schriftstellerischer Tätigkeit steht die Mitarbeit an zahlreichen Emigrantenzeitschriften. 1948 kehrt Zweig nach Berlin (DDR) zurück, wo er 1968 gestorben ist.
*Im Fischer Taschenbuch Verlag sind außerdem erschienen:* ›Junge Frau von 1914‹ (Bd. 1335), ›Erziehung vor Verdun‹ (Bd. 1523), ›Der Streit um den Sergeanten Grischa‹ (Bd. 1275), ›Das Beil von Wandsbek‹ (Bd. 2069), ›De Vriendt kehrt heim‹ (Bd. 5785), ›Westlandsaga‹ (Bd. 5835), ›Die Zeit ist reif‹ (Bd. 5827), ›Traum ist teuer‹ (Bd. 5876), ›Novellen um Claudia‹ (Bd. 5877), ›Die Feuerpause‹ (Bd. 5912), ›Einsetzung eines Königs‹ (Bd. 5913), ›Soldatenspiele. Drei dramatische Historien‹ (Bd. 5914), ›Die Umkehr. Jüdische Dramen‹ (Bd. 5915), Novellen. Zweiter Band (Bd. 9128), ›Essays. Literatur und Theater‹ (Bd. 9129), ›Essays. Krieg und Frieden‹ (Bd. 9130) sowie ›Sigmund Freud / Arnold Zweig Briefwechsel‹ (Bd. 5629) und ›Lion Feuchtwanger / Arnold Zweig Briefwechsel 1933–1958‹. Zwei Bände (Bd. 5783 / 5784).

Arnold Zweig

# Novellen

Erster Band

Fischer Taschenbuch Verlag

Ungekürzte Ausgabe
Veröffentlicht im Fischer Taschenbuch Verlag GmbH,
Frankfurt am Main, Oktober 1987

Lizenzausgabe mit freundlicher Genehmigung
des Aufbau-Verlags Berlin und Weimar
© Aufbau-Verlag Berlin und Weimar 1974
Umschlaggestaltung: Max Bartholl
Gesamtherstellung: Clausen & Bosse, Leck
Printed in Germany
2480-ISBN-3-596-29127-0

# Inhalt

# Zwiegespräch

## 1907

Am 22. September, freitags.

Ich möchte gern zu ihr gehen und sagen, jetzt sofort: »Sie haben mich falsch verstanden; übrigens mußten Sie mich falsch verstehen. Man sagt oft ganz anderes, als man gerne möchte, Falsches, und Richtiges mit fälschendem Ton und am falschen Orte. Können wir uns denn überhaupt verständigen? Nicht bloß, daß wir immer aneinander vorüberreden, nicht bloß, daß wir uns niemals das sagen können, was uns am liebsten wäre und am nötigsten zu sagen: ist denn die Straße ein Ort, dort von dem zu sprechen, was man höchstens zu zweien ausdrükken könnte, in einem stillen Zimmer – wenn man sich nicht anschauen muß und die ruhigen dunklen Wände betrachtet, das stumme Verweilen von Licht und Dämmern; oder wo man sich zurücklehnen kann und die Augen schließen, damit man sich nicht zu schämen braucht und einen Augenblick glauben kann, allein zu sein, zu seinem Schatten zu sprechen und zu seinem Tagebuche. Auf der Straße gehen alle Menschen, Müßige, die die Ohren für anderer Leute Worte offen haben, oder Eifrige, die Lärm machen; auf der Straße gibt es Widrigkeiten, die ein Wort zurückjagen, gilt es aufzumerken und ›Pardon‹ zu sagen und einen Weg zu finden. Und bei all dem kann man da auch nur versuchen, nicht mißverstanden zu werden? Ich habe es versucht, habe Ihnen gesagt, daß ich mich mit Arbeiten belade, um nicht in die Schlinge zu kommen, Ihnen zu begegnen, gar nicht, nicht absichtlich und nicht von ungefähr; weil ich weiß, daß ich an Ihnen nicht vorüber kann, weil ich so gerne, ach, zu gerne neben Ihnen hergehe und die Musiktasche betrachte, die Sie in der Hand tragen. Aber dann sprechen wir wieder von dem Nichtigsten und Fernsten, und ich wage gar nicht, das Wichtige, das Nächste zu erwähnen: und ehe ich dazu kommen konnte, sind wir irgendwo angelangt, und Sie geben mir die Hand und lächeln und sagen: ›Adieu, mein Freund.‹ Und wenn die Tür hinter Ihnen sich geschlossen hat, dann habe ich gut auf meine Torheit schelten und mir vornehmen, das nächste Mal klüger zu sein und gerade auf das loszusteuern, was ich so gerne Ihnen gesagt wüßte – und dieses nächste Mal bin ich so froh, an Ihrer Seite zu gehen, daß ich alles vergessen habe und nichts tue, als mich freuen. Bei alledem weiß ich doch, daß Sie Anfang Oktober, schon Anfang Oktober fortfahren werden, weit weg auf lange, lange Zeit, und wenn Sie zurückkommen, werde ich nicht mehr in dieser Stadt sein.

Trotzdem wollte ich Sie nicht mehr treffen, gar nicht in die Versuchung dazu kommen: aber nicht, weil ich Ihnen nicht gerne meine Zeit opfere, darum nicht! Nein, ich gäbe Ihnen gerne noch viel mehr, alle Zeit, die ich habe. Ich meide Sie, weil ich gerne immer bei Ihnen wäre, oder lange Zeit wenigstens, eine Stunde oder so. Und sehen Sie: so bescheiden bin ich geworden, daß eine Stunde, sechzig Minuten, schon lange Zeit für mich heißt. Das ist es, was ich nicht mehr länger ertrage, daß wir immer nur wenige Minuten beieinander sind, kleine Wege, kurze Straßen, die Sie auf Ihren Gängen gehen. Ich will nicht Abschied nehmen, wenn wir uns eben begegnet sind. Darum habe ich das getan, was Sie falsch verstanden haben, habe meine Zeit so geteilt, daß ich Sie nicht mehr traf. Eine Woche lang habe ich es ausgehalten. Denn wie es um mich steht – haben Sie das noch nicht gemerkt? Wissen Sie nicht, daß ich Sie liebe?«

Solche lange und wirre Rede habe ich gehalten – hier, in meinem Tagebuche. Aber ich werde jetzt dorthin gehen, wo ich sie sonst zu treffen gewohnt bin um diese Zeit, und werde ihr alles sagen. Dieses lächerliche Mißverständnis – kaum fünf Stunden ist es alt, zu alt schon ist dieser Balg. Ach, warum bliebst du nicht noch stehen vor deiner Tür, warum gingst du so rasch, warum hörtest du nicht, was ich noch sagen wollte? »So? Ja, dann will ich Ihre kostbare Zeit nicht länger in Anspruch nehmen!« Wie kurz, wie kühl! Und ich, der ich dich liebe, weil du so kühl bist, und wünsche, daß du es nicht wärest... O du Mädchen, morgen sollst du es wissen, alles: morgen, morgen.

Sonnabends, am 23. September.

Vergebens! Vergebens war mein Warten und Hoffen, vergebens meine Freude und die Überlegungen, die ich anstellte, was ich, nein, wie ich es ihr sagen wollte! Sie kam nicht, kam nicht wie sonst aus dem Hause, um fünf, hinter der Ecke hervor, an der ich sie sonst erwarten durfte; nicht am Tore, denn ich will nicht, daß man darüber redet. Sie kam nicht, und ich hatte mir alles schon vorgestellt, wie ich es wohl wußte; sie biegt um die Ecke und lächelt, denn sie hat gesehen, wie ungeduldig ich nach ihr ausgeschaut habe, verbotenes Gebiet betretend, wie ich sie habe herankommen sehen, im blauen Jackett und dem geliebten weißen Mützchen, und wie rot ich werde und gleichgültig zurückgehe. Dann schilt sie mich: »Sie sollen es doch einfach hinnehmen und nicht naschen!«, und ich erwidere, und wir necken uns... sonst...

Ach, heute war das alles nicht! Ging sie den anderen Weg, hinten herum, um mich zu bestrafen? Habe ich sie denn so gekränkt? Oder war sie gar nicht in der Stunde? Tausend Möglichkeiten tanzen. Alle sind willkommen. Aber ich weiß die eine, die richtige, und ich will sie nicht wissen.

Am Abend.

Sie war auch nicht in der Stunde.

Am Sonntag, dem 24. September.

Jetzt, in der Nacht, umfaßt mich wieder die Ruhe des vergangenen Tages. Wie war er sanft und schön! Nichts hat mich gestört, und man kann schon zufrieden sein, wenn man einen stillen Nachmittag im Walde ist, jetzt, wo der Sommer Herbst werden will. Die schweren Gedanken werden leicht und fliegen auf den glitzernden Fäden fort, die man »Altweibersommer« nannte (wer weiß, warum), und in uns bleibt die sachte Schwermut zurück, als Entgelt für die Schmerzen, die sie zeugten. Gut stimmt man dann zu dem tiefen Sonnentone der Luft, man wird ein wenig träge, ein wenig vergoldet wie die Birken und hofft, sich schön zu finden, gegen den einzig blauen Herbsthimmel. Und dann dunkelt es, und du merkst still auf alle Zeichen des Abends, ein Verstehen knüpft sich zwischen dir und den Tannen, die erglühen und dunkel werden, du fühlst dich in dem warmen Dunste des Bodens, du ahnst, daß hinter den stummen Waldbäumen eben die Sonne versank... du fühlst es, du erschauerst: »Die Sonne versank!« Da reimt sich dir der dunkle Ton der Frösche auf das verlassene Zirpen der Grillen am Wege entlang, immer gleich, immer beängstigender... Und wenn du nun in deiner Verlassenheit Trost suchst bei den Wolken, die regungslos sind und ein stilles Rot leuchten lassen, und wenn du hineinstarrst in den sehnsüchtigen schwindsüchtigen Himmel da, der so dünn grün ist, als wäre er nur in einem fernen Spiegel vorhanden, da möchtest du die Arme heben und hineinfliegen, der Trauer zu entrinnen, die deine vordem frohen Augen verdunkelt, die sich allein über alles breitet und macht, als wäre es dein, ein Teil von dir, voll Sehnen, ganz voll schwerer Sehnsucht. Und dann ist schon der Abend da und hängt einen dunklen Schleier über die Wiesen, verfitzt die Bäume zu einem zackigen Drachenschweife und hängt in den sternbesprengten Himmel ein goldenes Horn: den Mond.

Ich saß dann in der Eisenbahn und glitt in leis umträumtem Rütteln bei flackerndem Lichte nach der nächsten Station. Die Furcht um meine Liebe schlüpfte in mich hinein, als ich ruhig sitzen mußte, lauerte in mir und hielt meine Seele mit geballten Fäusten. Lange standen wir da; von der Sucht nach Befreiung getrieben, trat ich an das Fenster: Vergessen die Furcht, nur nicht daran denken. Die Menge umdrängte die Kupeetüren, lärmend; Plätze, nur Plätze. Jemand lachte. Man rief weit vorne: »Mamaa, Mamaa, hier...« Eine fette Dame antwortete, ganz nahe wohl; ich hörte es der Stimme an; sie mochte einen runden Mund machen; ich lächelte, wirklich, ich lächelte über diesen Mund, den ich nicht sah. Und... ja... Herrgott... dort drüben stand... das Mädchen... sie, mit ihren Eltern, im Kreis einer Lampe. Nicht erschrocken sein, nur nicht merken lassen. Ganz ruhig besah ich die eilende Menge. Dann trat sie zurück, einen Schritt, aus dem Bereich des Lichts. Wo ist sie – – dort; sie ging in den scharzen Baumgang hinein, hinter den Eltern her, ohne sich umzudrehen. Er verschlang sie. Und ich konnte nicht hinterdrein! Heda! Der Zug muß halten, ich muß doch heraus, ich muß fragen... ich werde gleich die Notleine ziehen... so viele Funken tanzen, tanzen... Liebste, hast du mich nicht gesehen? Willst du nichts mehr wissen von mir? Sag es doch, sag es auf jeden Fall! Bist du mir nicht mehr gut? Sieh doch, ich trage es; aber sag es mir, sonst muß ich weinen!

Sag es, sonst muß ich weinen.
Sag es, sonst muß ich weinen...

Der Zug ratterte es. Er höhnte mich. Ich war nicht einmal allein. Ich konnte nur das Gesicht in die Hände legen. So hilflos war ich, so ganz arm. Ich saß gebeugt. Wir fauchten durch die Nacht; hin und wieder pfiff es einmal. Die Funken tanzten im Strome vorbei; und im Kupee sprach man von Lehrergehältern.

Mittwoch, am 27. September.

Du strafst mich hart, mein Mädchen, du bist zu grausam, meine Göttin! War es ein Vergehen, war es eine Schuld – nun gut, lasse es drei, lasse es vier Tage so sein, wie diese letzten Tage waren. Sieh doch, wie ich jetzt an der Straße liege, im Staube, einem Bettler gleich, siehe doch, wie ich die Hand hinhalte, siehe es doch! Und nimm doch diese ausgestreckte Hand, fülle sie doch mit deinem Golde, du Goldene, mit deinem Lächeln, du Lachende, und laß nicht den Wind nur Staub hineintragen und dulde nicht, daß die Buben mir Steine danach werfen und hineinspeien, in diese Hand, die nur nach dir ausgereckt und hohl ist. Aber du bist selber hart, aus Bronze bist du, nicht aus Gold, auf einem Sockel willst du stehen, auf kühlem Steine vor kühlem Himmel: und du lachst! Nicht so wollte ich dich lachen haben, nicht so, bei Gott nicht! O du Harte, du Grausame, du Lachende und Böse! Habe ich gesagt, ich sei es müde, vor dir zu knien? Nein, nein, glaube es nicht! Ich habe es nicht gesagt, ich nicht! Es ist einer in mir, der solche Worte zu meiner Seele redet! Aber höre mich jetzt, ich rede, nicht er, ich, der ich dich liebe, der dein ist, der weiß, wie gut, wie gänzlich gut du bist. Jener hat Macht über meine Seele gehabt, mit Schmerzen hat er sie berauscht, Fremdes hat er ihr vorgesagt, Fremdes hat sie ihm nachgestammelt! Wie könnte ich, ich, so reden? Hat nicht meine Hand neben deiner gelegen? Hat nicht dein Haar meine Wange gestreift? Wie könnte einer noch lästern, dem solche Gnade geworden? Ich bin wach, ich bin nüchtern, ich denke klar, du siehst es, ich erkenne, ich weiß – wie könnte ich so Verfluchtes, Fluchenswürdiges je gesagt haben? Nein, ich liebe dich, wie immer, noch viel, viel mehr als je. Ich habe nicht geglaubt, daß meine Liebe noch wachsen könne, so groß glaubte ich sie: und nun siehe, es ist möglich gewesen, sie ist in die Höhe geschossen über Nacht, als du weg warst, du Sonne! Aber nun gehe auf, zeige dich, lächele ihr wieder, die nach dir ihr Antlitz wendet, nach dir, du Sonne!

Donnerstag, am 28. September.

Ich glaube, ich bin ganz ruhig. Ich will lieber noch nicht schreiben, ich will lieber den Kopf in eine Schüssel mit kaltem Wasser stecken, eine eiskalte Rechenaufgabe lösen, ehe ich von heute früh schreibe... Nun, bin ich nicht ruhig? Ich habe alles Gleichgewicht der Erde in mir, ich bin wohl, ziemlich lustig, unziemlich lustig sogar – sieh es doch, du, wie ich mit Worten spiele! Ich war nicht so ruhig auf dem Schulwege, durchaus nicht, es schien mir, daß ich erstickte, als ich dich traf; mein ganzes rotes Blut war in meiner Kehle, in meinem Gesichte, als ich dich grüßte. Und wie du danktest. Einmal nur habe ich dich so unglaublich hochmütig nicken sehen: du gingst mit mir, und wir trafen deinen Vetter, meinen Klassenkameraden. »Keiner ist mir so widerlich wie der.« Gewiß, ein prächtiger Kerl ist er, dieser Vetter. Aber ich liebe ihn seit heute früh, ich bin ihm dankbar, ewig in seiner Schuld. Ich saß auf meinem Platze früh um acht, ich hatte noch mancherlei zu lernen. Man kann immer nur eins, wenn man Primaner ist: entweder muß man Tagebuch schreiben, oder man arbeitet. Es war ziemlich ruhig in der Klasse; sie saßen alle krumm und brummten über den Vokabeln. Da kam dein Herr Vetter, und er brachte Leben mit, Neuigkeiten, immer steckt er voll Mädelgeschichten aus der Töchterschule. »Kinder, es is ein Skandal« – er sagt immer »Kinder« zu uns –, »ja, wahrhaftig!« Man fragte nach »es«, man tat ihm den Gefallen. »Na, wir werden halt diesen Winter keine Mädels haben, oder keine hübschen; schade ums Eis und um die Tanzstunde.« Man protestierte, man fragte: wieso? »Wieso? Einfache Chose: die Anne Heller geht in die Pension an den Rhein, die Else Posener ist schon in Dresden, meine Kusine Grete macht übermorgen nach Berlin, Onkel Hans will sie noch mal sehen, und...« Und er erzählte noch was von Onkel Hans, der nach Australien ging, einer kleinen Küste oder so. Dabei sah er mich an, alle sahen mich an. Es war recht sonderbar, in mir war alles stillgeblieben; das Blut war wohl in die Füße gerutscht und machte sie schwer; und ich hatte einige Zeit vergessen, wie man atmet. »Le chardonneret, der Stieglitz,

le chardonneret, der Stieglitz, le chardonneret...« Ich lernte, gewissenhaft! ich habe es oft wiederholen müssen. Dabei verspürte ich ungerechterweise eine sonderbare und heftige Lust in mir, deinen Vetter wahnsinnig zu prügeln; albern, roh, nicht wahr? Na, und dann kam der Lehrer, und ich kam dran: Der Stieglitz? »– – le chardonneret.« – »Ja, gewiß doch! Warum dauert das denn so lange! Ist Ihnen nicht wohl? Wie sehen Sie denn aus! Gehen Sie doch nach Hause, wenn Ihnen schlecht ist! Sie haben Kater, wie? Na, nach der Stunde machen Sie aber, daß Sie rauskommen!«
Ich setzte mich. Es mußte wohl so sein, ich hatte entschieden Kater. Nach der Stunde machte ich, daß ich rauskam. Das war früh um neun. Jetzt ist neun Uhr abends. Dazwischen ist wohl ein Loch.

Am Freitag, dem 29. September.

Ich bin diesen ganzen Nachmittag herumgelaufen, ziellos, toll. Immer los durch den Regen. Wie oft ich vor deinem Hause war, wie kann ich es wissen? Überall bin ich gewesen, wohin du immer gingst; in alle Läden habe ich hineingestarrt, allen Menschen habe ich ins Gesicht geleuchtet, allen habe ich in die Seele geleuchtet: »Wißt ihr nicht, wo sie ist?« Aber da war alles finster. Es ist doch nicht möglich, es ist ja nicht wahr: du kannst ja nicht weg, jetzt nicht, so nicht. Denken wir gar nicht an mich, kein bißchen, denken wir nur an dich: das ist doch kein Wetter für ein Mädchen, eine Reise anzutreten! Das paßt wohl für einen Greis, der sein Haus bestellt hat und hinter sich alles tot läßt, daß er nun weit wegfährt: aber doch nicht für dich, Goldene! Sonne muß doch sein, wo du eine Stätte verläßt, ihre Trauer muß sie verstecken, damit du hell bleibst und nicht traurig wirst. Und dort, wo du hinkommst, muß da nicht Gold auf der Straße liegen, müssen nicht alle Vögel singen und der Himmel eine blaue Freudenfahne sein? Nein, nein, denken wir an mich, ein klein wenig bloß: kannst du jetzt fort? Sag selbst: es geht nicht. Was soll aus mir werden? Woran kann ich denken? An meine Arbeit und Pflicht, ans Examen? Nur an dich, an dich! Von dir muß ich träumen, auf ein Wiedersehen muß ich warten: sage doch, kann ich etwas tun, das außerhalb dieser Dinge? Und du bist doch so gut, du bist doch so lieb zu mir gewesen: nicht wahr, du bleibst?... Aber die hellen Scheiben deiner Wohnung haben nicht geantwortet, nur Schatten gingen, immerzu... Ich habe alles das in einem Briefe geschrieben, viel mehr noch. Er war toll, alle meine Liebe, all mein Wahnsinn war darin, er brannte wie eine Flamme. Ich war auf dem Wege zu euch, im Hause, auf der Treppe: ich mußte dich sprechen, mußte ihn dir geben: da kam wer von oben, ich lief wie verrückt davon, ich fürchtete, du siehst es. Das Papier habe ich ins Feuer geworfen. Dann wollte ich Gelübde tun und hatte keine Worte, Opfer wollte ich bringen und hatte keine Dinge; ich bin ganz leer, ganz hohl, ausgebrannt von der rasenden Sehnsucht nach dir... Wenn ich nur weinen könnte!

Am Sonnabend, dem 30. September.

Es ist aus. Sie ist fort. Vor wenigen Stunden. Ich ging nicht auf den Bahnhof. Ich wartete nicht auf dem Wege. Ich sah sie nicht und werde sie nie mehr sehen. Draußen gehen die Glocken. Ich habe aufgepaßt, ob mein Ohr nicht klang: es hat nicht geklungen. Ich hätte daran geglaubt. Sicher war irgendein Herr am Kupee: »Adieu, gnädiges Fräulein, wünsche glückliche Reise.« Der Vetter oder wer. Natürlich hat sie Teerosen bekommen. Sie liebte Teerosen. Liebte. Nun fährt der Zug durch die Nacht. Es regnet.

# Malven

## 1907

Blutrot und gerade standen sie vor dem Hause, hoch in dem blauen und goldenen Tage, die Malven, wie Lanzenschäfte, behängt mit purpurnen Schellen und grünen Knöpfen. Und Anneliese Schustoff war vor dem Zaune, klein, lebhaft, sechzehnjährig und mit schwarzen Haaren. Sie stand leider davor und bewunderte sie. Mitleid mußte man förmlich mit ihnen haben, gewiß; in dem Garten saßen etliche Männer, Tabak rauchend (es roch nicht gut) und in Hemdsärmeln vor der Laube und dem weißen Hause, und es roch auch nicht gut. Man kann glauben, daß sie, Anneliese Schustoff, gerne solche Malven gehabt hätte. Eigentlich war es schrecklich. Mußte sie nicht gehen, einen »Puschen« pflücken für die »Ziege«? Mama hatte so komische Einfälle, nicht wahr? Einmal kommt sie aus Rußland zu Besuch, und nun sagte sie: »Willst du nicht für Fräulein Blaugepunkter einen Strauß pflücken, Anneliese? Ich fände es passend.« – Ich nicht, durchaus nicht, das heißt, Anneliese dachte nur so und sagte: »Aber gern, Mama.« – Ob der Max mitkäme. Nein, der Max käme nicht mit. So mußte sie allein gehen. Bükken war gräßlich. Überhaupt, ein »Strauß« (sie, Anneliese Schustoff, sagte immer »Puschen« und hatte das vom Max) war abgestanden und langweilig. Ob es wohl in ihren »Stil« paßte? Gewiß nicht. Das Wetter war famos, und Anneliese war lustig gewesen. Aber diese Liebenswürdigkeit von Mama... nein, bestimmt, es war gräßlich. Und die Malven hätten gewiß gut gefüllt.

Viel war es ja noch nicht, im Gegenteil, Kamillen, weiße Sterne mit blonden Punkten, und schüchterne Erika. Warum war der Max nicht mitgekommen. Erstens wäre es viel schneller gegangen, und dann... er hatte von seinem Freund erzählt. Er war ja gewiß unausstehlich, dieser Freund, mit seinen Redensarten, und sie, Anneliese Schustoff, fand es empörend, daß der sich mit ihr beschäftigte. Was ging ihn ihr Hut an? Er habe gesagt: »Das Fräulein Schustoff hat Stil. Entschieden. Aber den Hut darf sie nicht tragen. Entschieden nicht. Viel zu breit.« Anneliese faßte sich an den breiten Hut, mit der freien Linken. Ergötzlich! Erstens war der Hut sogar sehr modern, und zweitens ging doch niemanden an, was sie trug! Er gefiel ihr eben. Wahr, er fiel nicht in ihren »Stil«. Schade. Und der Mensch war auch hier, heute am Sonntag. Nun, sie konnte ihn eben nicht ausstehen, sie, Anneliese Schustoff, wenn auch der Max von ihm schwärmte. Gott, der Max! Er war bloß ihr Freund, bitte sehr. Außerdem war er ein Neffe von der Ziege und in derselben Pension. Er machte ihr auch die Rechenarbeiten. Sie half ihm manchmal im Französisch. Wozu hatte sie denn ihre Mademoiselle gehabt, drüben in Rußland. Und die Aufsätze schrieb sie wirklich allein. Wahrhaftig, der Max half ihr nicht dabei. Gott, was die Mädels immer redeten! Sie konnte eben Deutsch! Natürlich nicht soviel wie dieser Mensch. Dafür hatte sie aber auch nicht Größenwahn und redete so... so ulkig und ironisch. Ironie war auch gräßlich. Und wozu stand sie jetzt hier? Bloß wegen der Malven. So dumm, durch den Zaun zu gucken. Wenn er sie jetzt sähe! Er setzte gewiß so ein ironisches Lächeln auf... er war unausstehlich. Und – und – und dort kam er, gewiß, er war es, jetzt, o Gott – wie peinlich, und das dumme Rotwerden, scheußlich...

Übrigens brauchte sie sich noch nicht zu ängstigen, die kleine Anneliese, die vor dem Zaun stand. Er war ganz woanders. Er war bei gewissen Strophen, bei gewissen Versen, die sehr schön klangen und deren Inhalt vielleicht nicht ganz klar ersichtlich war. Aber sie klangen sehr schön, so einsam und verschlossen. Es war auch eine Tragik darin, daß man solch ein Mädchen lieben mußte... vielleicht war es nur natürlich... man war ganz Seele und mußte also auf etwas Unseelisches, Äußerliches hereinfallen. Er verletzte sich an dem »hereinfallen«. Ja, so war man eben. So differenziert. Man redete von sich als von »man« und kostete die ganze trübe Süßigkeit des Sich-selbst-Verwundens aus... »hereinfallen«... Es war so, als ragten die Nerven aus der Haut heraus, so sehr wurden sie von allem verletzt. Es war übrigens gut gesagt, das mit den Nerven und der Haut. (Er fuhr sich langsam über das gutrasierte Kinn.) Mußte man denn so impertinent gesund und blond sein, wenn man Seele hat? Es war entschieden roh. Vielleicht war das auch seine Tragik. Er würde alt werden. Grauenhaft. Alle großen Dichter starben

jung. Und Goethe? Ja, der war überhaupt kein Mensch, der war ein Symbol. Das Symbol des Menschen. Nein, Fräulein Anneliese Schustoff war kein Symbol. Sicher nicht. Sie war etwas Rotes, etwas, das in der Sonne stehen mußte und nachts warten, daß der Mond goldenschwer hinter schwarzen Bäumen langsam emporstieg... Nein, das war auch nicht ihr Stil. Sie hatte entschieden keine »Seele«. Und nun... da stand sie doch! Beim Zaun! Vor den Malven! Backfischschwärmerei für Sträuße! Das war echt! Zu Hause als Andenken in Vasen... Geschmack hatte sie übrigens... bloß der Hut... Was würde man sagen? Etwa: »Ah, sieh da, das Fräulein Schustoff!«
»Ah, sieh da, das Fräulein Schustoff!« sagte er. »Und mit einem Strauße bewaffnet. Wohl für Ihr Zimmer, in irgendeine bunte Vase.« Ja, so sei es. Ob er ihr helfen wolle. – »Gewiß will ich das. Ich finde es schön, wenn ein junges Mädchen Blumen liebt. Es paßt gut zu ihr.«
So sei es also doch ihr Stil?
»Max hat geplaudert. Nicht gerade nobel von ihm.«
Woher er das wissen wolle. Schaden haben sie angerichtet. Leid...
»Nun, wir Psychologen... Übrigens ist Bedauern und Mitleid zwar weiblich, aber rückständig und zu verwerfen.«
Sie fände das gar nicht. Im Gegenteil. Menschen, die kein Mitleid haben, fände sie abscheulich. Abscheulich.
Du Liebe, du Zarte, dachte er und sprach: »Sie sind eben ein Weib, Fräulein Anneliese Schustoff. Alles, was schwach ist, ist wert, daß es zugrunde geht.« Und er nahm sorglich einen Marienkäfer von dem Grashalm, auf den er eben fast getreten war, und setzte ihn auf den Zaun. Beide sahen dem Tierchen zu, das langsam einen Pfahl erkletterte, prüfend die punktierten Flügeldecken hob und davonsegelte.
»Man hörte die Sphären donnern...«, sagte er verloren.
Wie bitte?
»Ach, Verzeihung, es war bloß eine Reminiszenz aus der ›Pippa‹...«
Ihr wurde unheimlich, sie bewunderte ihn und sagte: »Das war unnötig in meiner Gegenwart. Ich weiß ja, daß ich das nicht verstehe.«
Wie entzückend spitz, dachte er. »Ich habe Sie wirklich nicht beleidigen wollen. Ich habe ja auch schon um Verzeihung gebe-

ten. Seien Sie wieder gut, Fräulein Schustoff. Ja, nicht wahr?« – Pause. Es war ihm schwül zumute. Da hatte er was angestellt. Ihr war es übrigens wenig ernst mit dem Bösesein. Sie war nicht so, sie, Anneliese Schustoff. Gott, man sagte mal was zuviel, nicht wahr? Aber dann brachte man es halt wieder in Ordnung... Wie ruhig er war... hatte sie... er hatte doch schon so süß um Verzeihung gebeten... und sie fing eifrig an zu erzählen, warum sie hier sei und für wen der Puschen war und daß sie jetzt so gerne Malven hätte, und dann wolle sie noch Farnkräuter suchen im Walde. »Also Malven wollen Sie«, und es ging ihm durch die Gedanken, daß er vorhin eine Idee von etwas Rotem gehabt hatte – aber er hatte es vergessen. Sie, neben der er stand, war ja so süß, so einzig lieblich... »Ja, da weiß ich nicht, wie man es anstellt.« Ob man sie nicht stehlen könne. Mit der Stockkrücke durch den Zaun – sie wolle dann schon aufpassen und abbrechen. Das wäre aber schön!

Ich möchte deinen lieben Kinderkopf küssen, Anneliese, dachte er und sagte strafend: »Fräulein Schustoff, Sie sind ein Kind. Dort sitzen doch die Männer.«

Ach die... aber er habe recht. Was da zu machen sei?

»Nichts ist zu machen. Sie müssen verzichten, Fräulein Schustoff. Eigentlich müßten Sie Schtschustoff heißen, glaube ich...«

Wie er das meine? Warum?

»Darum: ich weiß nicht... ich fühle das.« – Pause.

Sie standen immer noch am Zaun, und die Bienen umflogen voll Eifer die großen roten Blüten, vertieften sich in sie und trieben ihr geschäftiges Wesen, ohne Rast. Manches Mal flog eine gerade davon; dafür kamen andere herbei, geradezu und summend. Die beiden jungen Menschen standen stumm in der schweren Sonne. »... Anneliese, dein Puschen wächst wohl erst?« fragte da einer hinter ihnen. »Du bleibst ja ewig – Tag, Großer.« Es war der Max. Weil sie solange weggeblieben sei, ängstigten sich die Damen und hätten ihn nachgeschickt. Bei der Hitze. »Und nun steht ihr vor dem Zaune und guckt. Was gibt's denn dort? Ich seh nichts.«

»Ach, Anneliese wollte so gerne Malven haben.« Aber ja, es sei unmöglich.

»Tatsächlich, es ist unmöglich, die Leute können es sehen.«

Max sagte nichts, machte die Gartentür auf, die sehr

quietschte, was dem Jüngling auf die Nerven fiel, und sprach ganz weniges mit dem einen der Männer, höflich, den Hut in der Hand. Da stand der jüngste von ihnen auf, ging zu den Malven und brach die schönsten, drei wundervolle Blütenspeere. Die gab er dem Max. Der dankte sehr. Wieder quietschte es. »So, Anneliese, damit du endlich zu Rande kommst. Amüsiert euch. Adieu.« Und er ging, um in seinen lieben Schatten zu kommen, seine Ruhe zu haben. Neidisch sah ihm der Jüngling nach. Wie gerade ging die Sache, wie selbstverständlich... darauf kam unsereiner nicht. Und er zuckte geringschätzend mit den Achseln und meinte: »Plebejer. Ohne Takt und Feinheit.«

Anneliese aber hörte ihn gar nicht; eifrig ordnete sie ihre Blumen und rief fröhlich: »Nun gehen wir aber in den Wald. Farnkräuter, Sie wissen...« Er wußte. Übrigens sagte sie »Farrenkräuter.« Und dann gingen sie in den Wald.

Geht unbesorgt, ihr Glücklichen, ich störe euch nicht länger. Warum sollte ich die Neugier anderer befriedigen? Es liegt kein Grund vor. Blau ist der Himmel, die Sonne glänzt, und in den hellen Wipfeln treiben die Vögel ein lautes Wesen – geht unbesorgt. Und mit einer Geste, die wie das Schließen eines Vorhangs ist, wiederhole ich diese sieben Worte: Und dann gingen sie in den Wald.

# Vorfrühling

## 1907

»Wollen Sie wirklich allein bleiben, gnädiges Fräulein?« fragte ein blonder junger Mann mit Zwicker, bevor er dem Mädchen im weißen Sweater die Kupeetür öffnete; und es klang höllenmäßig unbefangen. Sie sah ihm daraufhin offen ins Gesicht, wie um das Ergebnis einer längeren verstohlenen Prüfung bestätigt zu finden, zögerte mit der Antwort, lächelte und sagte freimütig: »Nein.«

Wo trug sich das zu? und gelang es wirklich so kurzerhand, wie hier geschrieben? Ach nein, das Leben strotzt von Schwierigkeiten. Es geschah in jenem Zuge, der früh 9 Uhr 25 Minuten, weißen Dampf ausstoßend, von Innsbruck abgeht und leider schon nach einer halben Stunde weniger zwei Minuten in Jenbach hält, um gleich wichtigtuend und langsam weiterzurollen. Die beiden jungen Menschen hatten die ganze Zeit allein in dem gleichen Wagen gesessen, sie ganz oben rechts und er leider links, ganz unten, gleich bei der Tür... Jedermann versteht nun, daß »es« durchaus nicht leicht und selbstverständlich vor sich ging, und es ist eigentlich Luxus, hinzuzufügen, daß er kurz vor Abgang des Zuges mit schweren Nagelschuhen in das Kupee hineinpolterte und daß sie schon in einem anderen Abteil behaglich eingerichtet war, wobei man sich erinnern soll, daß diese österreichischen Kupees dritter Klasse fast nur ein einziger Raum im Wagen sind, durch halbhohe Holzlehnen in Abteile geteilt, die aber in der Mitte einen gemeinsamen Gang zur Tür haben. Dieses hier war sehr schmutzig und roch übel, da sonst darin Tiroler Bauern zu Markte fuhren, daher es eigentlich gar nicht wert ist, daß diese Begebenheit darin anfängt. Ach, wie wäre alles simpel gewesen, wenn ihn das Glück einfach in ihr Abteil als ihren Nachbarn hineingeworfen hätte, weil der Zug nun schon einmal in Bewegung war! Wie selbstverständlich wäre dann alles gegangen. Statt dessen trennte sie höhnischerweise die ganze trostlose Länge des leeren Wagens: Er saß angstvoll in der einen Ecke, betrachtete sie verstohlen, aber unermüdlich, suchte krampfhaft nach Wendungen und Vorwänden, ohne Lächerlichkeit anzuknüpfen, und hatte *nur* achtundzwanzig Minuten Zeit dazu; überdies empfand er quälend, daß jede ungenutzte Sekunde sich rachsüchtig vor ihr aufbaute und ihm die Annäherung peinlicher machte – und sie versuchte, jedoch nicht ohne einige flüchtige Neugierde in bezug auf ihn zu verraten, durch ein rundes Loch, das sie mit dem Finger in das Eis des Fensters getaut hatte, die sonnenbeschienene Gegend zu sehen. Das war die Sachlage. Was sollte er tun? Was sollte er sagen? Sollte er einfach aufspringen, mit jener gewissen Eleganz und Geradheit auf sie zugehen und forsch anfangen: »Gnädiges Fräulein, wir sind nun einmal Reisekameraden, gestatten Sie...?« Aber ganz abgesehen davon, daß er leider nicht die Persönlichkeit war, der das entsprach, weil er sich im Rücken gewiß von einem Paar spöttischer Augen beobachtet fühlen würde, die sich über ihn mokierten und alle Sicherheit einfach wegblinzelten, sah man doch sofort, daß sie ihren Kopf für sich hatte; sie würde ihn wahrscheinlich herzhaft abfertigen, und er würde diese verdiente Schande durch alle drei Reisetage bitter mitschleppen, ja, gewiß! er kannte sich. Und ferner: was sollte sie gestatten? Waren sie denn Reisekameraden? Er hatte gar keine Ahnung, wohin sie strebte, mußte vielmehr schon in Jenbach aussteigen, und sie würde bestimmt eine weitere Strecke fahren... sie war nicht grundlos so zeitig ins Kupee gestiegen, um den besten Platz zu erwischen; auf gute Plätze legt nicht Wert, wer nur bis Jenbach im Wagen bleibt. Ja, man war Psychologe. Und sie sah so arg hübsch, so frisch und blond und schlank im weißen Sweater aus, ihr Mund so kräftig zum Lachen geneigt, gar nicht backfischhaft klein, ihre Augen so lustig blau, ihr Rock kurz und noch viel blauer, und Lodengamaschen trug sie entschieden auch! Das zwar ahnte er nur, ja, das mit dem blauen Rock und den Gamaschen, er fühlte es vielmehr; sehen konnte man es nicht, denn sie saß ja, aber sein Stilgefühl trog ihn nie. Sie war der ideale Reisegnosse, niemals würde ihm der Zufall gleich günstig sein, und nun – nun hieß es gleich: Jenbach! Wo er aussteigen mußte! Wieder überkam ihn das lächerliche Fieber der Hilflosigkeit, wie immer, wenn es galt; er rang die Hände, wand sie krampfhaft, schaukelte mit dem rechten Fuß, mit dem linken; fühlte schwer seinen Magen, fand, sein Kehlkopf

trockne ein: der Zug begann zu rollen und zu dröhnen wie stets in der Nähe der Station (das kommt vom Bremsen, dachte er schnell) – da stand sie auf, nahm den Rucksack hoch, Herrgott, sie stieg wohl auch aus, sicherlich, ja, gewiß: und nun begann ein äußerst heftiger Sturmlauf in ihm, etwas, das ihn mitriß, in Verlauf dessen er unzählige Hemmungen und Hindernisse beseitigte, um endlich, in dem Augenblicke, wo der Zug hielt, bei dem Satze anzukommen, der bereits einmal erwähnt worden ist: »Wollen Sie wirklich allein bleiben, gnädiges Fräulein?« Wie man weiß, war die Antwort: »Nein.« Bei dieser Antwort vergaß er zu bemerken, daß alle, aber auch alle seine scharfsinnigen Weisheiten einschließlich der Lodengamaschen irrig waren – man versteht das (man hätte es selbst getan) –, denn sie trug den Rock und ihre festen Beine mit Tuchstreifen umwikkelt, olivgrün; nein, daran dachte er nicht, er freute sich nur herzlich über sein Glück und über den köstlich klaren Februarmorgen, den die Sonne gerade über die silbrig flimmernden Spitzenwipfel des Rauhreifs hinweg bis zu den ungeheuren und zackigen Eisgebirgen dahinter grüßte, die vor dem tiefblauen Himmel eine weißgoldene Mauer bildeten. Sie hatten den Bahnhof kaum hinter sich, gleich standen sie an ihrem Fuße, und er fühlte, daß es beinahe unverschämt sei, auf diesem unnahbar schönen Eisherrn einherklettern zu wollen.
Plötzlich entdeckte er, während er den Rucksack abmarschlustig zurechtschob, daß bisher ja nichts weiter vorlag als eine vage und ungefähre Erlaubnis zur Begleitung. Wohin? – das war die Frage! Wenn ihre Richtungen nun hier schon auseinanderstrebten? Denn er hatte ein Ziel vor sich; es aufgeben um dieses Mädchens willen war eine Möglichkeit, die er mit tiefem Staunen in seinen Geist eintreten fühlte, die ihn aber zeitraubende Kämpfe um die Entscheidung gekostet hätte. Deshalb atmete er auf, als sie auf seine Frage nach ihrem Wege – sie fand seine Stirn hoch und fein und seine Hände etwas tapsig, richtige Jungspfoten – gleich entgegnete: »Nach Bad Kreuth, den Achensee entlang; und Sie?« – »Nach Mittenwald, zu den Geigenbauern; ich habe dort eine Geige in Reparatur und will sie mir selber holen.« – »Wir haben also wirklich einen Weg«, konstatierte sie, »das ist famos. Aber sagen Sie doch, wie heißen Sie eigentlich? – Es ist zwar Fasching, aber...« – »Man muß doch wissen, mit welch bürgerlichem Etikett man beklebt

ist. Ich also – aber wollen Sie nicht zuerst Ihren Namen sagen?« Seine Stimme zuckte so übermütig dabei, und er schielte sie so schelmisch an, daß sie hell auflachte, und das klang sehr gut. Und ganz erstaunlich hartnäckig bestand er auf der Forderung, indes sie, den Bahnhof hinter sich und einen leicht vereisten Weg vor sich, der Landstraße zustrebten, so daß sie bei sich fand, er wolle, die Geschlechterstellung umkehrend, für sich eine weibliche Passivität erobern und ihr die waghalsige Angriffslust des Männlichen zuspielen – ein Spiel, auf das einmal einzugehen sie sich überraschend bereit fand. Sie sagte ihm also ihren hübschen Namen, Eva Marer, hörte, daß er Karl Magnus heiße, und lachte ihm offen in die Augen, da er sich – wie hellfarb grau, wie blaß und groß sie waren – schlankweg als »Psycholog« entpuppte, als sie nach seinem Studium fragte – klingelte herzlich wie ein Glockenspiel über die ganze Lachskala hinunter, und das mit prächtigen breiten Zähnen. Worauf sie sofort auch eine Entschuldigung dafür erfand, die er glaubte. Dies Baby da ein Psycholog, seine lieben langen Jungsglieder, treuherzig und übergrün – während ihr dies Wort und was es deckte von Stendhal her und Nietzsche teuer war, und gar von ihrem kühnen weisen großen Hans, durch den sie ihren Weg zu diesen Büchern, ach, zu aller Lust des Lebens gefunden hatte, diesen Weg, den sie in drei Tagen mit dem seinen – hier unterbrach sich unfreiwillig ihre Abwesenheit, sie hielt den Schritt an und rief: »Wie schön!«
Die Landstraße machte eine Krümmung, sofern sie vorher gerade zu nennen war. Sie hatten das Dorf beinahe hinter sich, unter sich, dieses Dorf im Schnee; nun lagen noch ein paar armselige Häuser vor ihnen, dann stieg der Pfad das Gebirge hinan, ein dunkles, weißes Band auf einem goldenen Weiß, blaue Schatten hinter jeder Erhöhung, ganz oben der flammend blaue Himmel. Allein nicht deshalb stockte Eva Marer so beglückt: ihr Entzücken galt jenem Hause dort, genauso armselig wie die anderen, aber: der Bauer hatte die volle Ernte dieses Jahres an Mais, schwere, tiefgelbe Bündel von Maiskolben, dichtgedrängt an lange Stangen gehängt und damit die Südfront seiner Wohnung zugedeckt, kaum daß noch die Fenster durchschauten; nun, wo die Sonne den Reichtum erleuchtete, stand dieses arme Haus wie aus purem, funkelndem Golde gebaut, in das, wo roter Mais hing, Rubinen eingesprengt waren:

weißes Schneegold darum, blauer Himmel darüber, die Luft lustvoll zu trinken wie eisiger Wein – es war wohl Stehnbleibens wert. Ach, der Mensch auf der guten Erde, fühlte sie mit fast frommer Andacht, wie er in ihren Früchten wohnt, von ihnen erlöst wird zur Schönheit und sich erst zuallerletzt von ihnen nährt... Erde, gute große Göttin in winterlicher Einsamkeit, im kalten All!

»Es ist nett«, gab er gerne zu. »Aber nun weiß ich, was Sie sind. Malerin sind Sie.« – »So? Ach ja, Sie sind ja Psychologe. Und warum bin ich nichts anderes?« – »Was könnten Sie sonst noch sein? Konservatorium? Ausgeschlossen, Sie sind weder schlampig noch extravagant. Und Studentin – Studentinnen werden immer mal Lehrerinnen; das verleugnet sich nie. Sie sind viel zu frei dazu.« – »So hätte ich also meine Biographie beisammen; Sie müssen mir bloß noch sagen, wie alt ich bin.« Er hörte nicht einmal ihren freundlichen Spott; eifrig, indem er sie mit zweiflerischen Blicken maß: »So alt wie ich, zweiundzwanzig. Richtig. Aha! Oh, Sie sehen wohl etwas jünger aus, allein ich wittere oder errate... habe ich recht?« – »Sie sind ein großer Frauenkenner. Aber jetzt machen Sie den Mund zu, Magnus, jetzt wird gestiegen.« Und sie ging voran. Karl Magnus errötete heiß. Vor Glück, stellte er fest. Magnus kurzerhand hatte sie ihn gerufen. Darüber hätte man ganz hübsch, in Schweigen und außer sich vor Begeisterung, einen Berg auch stürmen können...

Der Weg erhob sich steil; sehr glatt dort, wo die Sonne von gestern den Schnee oberflächlich getaut hatte, der Frost aber Eis darauf gelegt: durchsichtiges, geädertes Eis in schmalen Platten; trotzdem aber gingen sie vorsichtig und sicher. Die Nägelkränze ihrer Schuhe verbissen sich für einen Augenblick ins Glatte, ließen los, die Spitze des Stockes half nach, die Nägel machten einen Riesensprung, verbissen sich von neuem; so ging es vorwärts, aufwärts. Er betrachtete, im Steigen ein wenig gebückt, wie kräftig sie ihre Füße setzte, wie gleichmäßig; sie mochte gewohnt sein zu steigen. Und er sah gern vor sich das freie Spiel ihrer Hüften und Schultern unter weichem Sweater, den die Sonne hinter ihnen beschien... So ging es schweigsam aufwärts, ein erfreulicher Anfang. Der Weg stieg und stieg, hinein ins Stille, Wundervolle. Rechts und links von ihnen ruhte der Schnee, sonnenblendend, reich und unberührt. Unter ihnen sang er, getreten, doch unbesiegt. Er war körnig und trocken, nicht weich noch zum Fließen geneigt. Sie hielten einen Augenblick still, als ein kleiner Absatz die Steigung unterbrach, sie lehnten sich auf ihre Stäbe und sprachen nichts, betrachteten noch einmal das Tal, den Bahnhof, diese beiden blitzenden Schienenfäden, lautlos für die da oben. Dann, vor dem Aufbruch, fragte Eva den Reisegenossen, ob er den Weg nach dem Achensee auch kenne? Ja, eine Karte sei da, auch könne man nicht fehllaufen. Das kam leicht und überzeugt; so gingen sie. Auf der Höhe eines Joches gerieten sie in einen Wald, kaum wußten sie, wie. Die Steigung hatte sich gemildert, sie konnten, tief in den Schnee tauchend, nebeneinanderher stapfen. Aber sie sprachen nichts. Magnus hatte eine Falte im Gesicht, zwischen den Augen, als ob er tief über etwas nachdachte. Und er dachte wirklich nach, über sich und über dieses Mädchen. Er fühlte wohl, wieviel stärker sie war, der Natur näher, einfacher, ungehemmter; dafür hoffte er einiges von seinem Verstande, seiner seelischen Kultur, seiner Neigung zum Analytischen, um sich, der sonderbare Heilige, nicht allzusehr vom Schicksal verschubst zu fühlen. Er sagte Schicksal, wie man früher Gott sagte, ganz fromm; und er meinte auch: Gott, meinte es ungelehrt wie ein Kind. Aber er hätte lieber seine Zunge gegessen als dieses Wort angewandt. So ging er dahin, stark an jenen zwei, drei Tatsachen arbeitend; Eva Marer aber hatte die Augen weit offen, auch die inneren, und nicht nach innen, nach außen vielmehr, sie erfaßten gerührt und begeistert all das Leben rundum: die Waldbäume, Rottanne und Kiefern, die gefaßt und scheinbar ungerührt dastanden, dunkelgrün, den Kampf verhehlend, den sie täglich, nächtlich mit Stein und Wind und Frost zu kämpfen hatten, und die ihre sanften, kostbaren Schwanenpelze von Schnee wie vornehme Damen zu tragen wußten. Und um sie lockten zarte Dinge, heimlich reges Wehn von Farben ging im Winterwalde um, und ein liebliches Erstaunen bewegte die Seele des Mädchens: die Stämme der Föhren, oben goldrot, waren unten gefärbt, als ob sich Flieder in ihnen spiegelte, es gab hier und da Sträucher, die ganz hellgrüne, sonndurchschienene Blätter hatten, jetzt im Winter, und die zarten Zweige der Berberitzen hielten sich in geschwungene Bogen gestreckt und über und über mit roten Beeren wie Haferkörner behängt, leuchtend roten, und dort lag von Nadelstreu ein leichtes Braun. Ach, wie das alles schön war und so still... Nichts als das zarteste silberfädige Locken kleinster Vögel kam aus dem Walde – Meisen, unsichtbar schlüpfend, flatternd und verstummend; und einmal die heftigen Schläge eines Spechts, hölzern dröhnend, als eine jüngst gehauene Schneise sich neben den Wandernden öffnete und zuschob... Hingebreitetes, mächtiges Schweigen! Das Herz allein rührte sich, man selber teilte als einziges diese Ruhe nicht und empfand sie darum so stark. – Und doch: wie still ihr Blut ging! Nichts rollte heute von der Tollheit der Feste in ihr, nichts von dem Sturm und der Wonne der Faschingstage hinter ihr und der Ehetage vor ihr. Wie ein Garten des Friedens würden diese drei letzten Mädchentage daliegen. Und sie hatte es gewußt! Sie hatte wohl getan, Hänschen nicht mitzunehmen, trotz seiner zornigen Bitten. Sie wollte noch einmal sich gehören, ehe sie sich weggab an ihn. Noch einmal ganz gefaßt und ganz aus sich leben, wie in weiten Räumen, darin man an nichts grenzt und von nichts beengt wird, angesprochen, beunruhigt. Mochte er am Faschingsdienstag treiben, was er begehrenswert fand – sie wußte, er blieb doch bei ihr. Diese drei Tage noch sollten ihm und ihr getrennt gehören; und Aschermittwoch würden sie froh ihr Leben zusammenlegen. Sie sah ihre Vergangenheit heute so klar, so ganz ohne Bitterkeit, und ahnte die Zukunft so stark und ehrlich: zwei Studenten, die einander heirateten... O gut, daß Hänschen sich ihr gefügt! Sie liebte ihn, den stärkeren als sie, sie beugte sich ihm. Sie war ja seiner sicher; woher kam denn diese Sehnsucht auf einmal, dieser pochende Wunsch, er solle, er, jetzt neben ihr gehen statt des kleinen Magnus? Sie ahnte nun, wie ihr jetzt wohl zumute wäre, wenn sie, wie beim Abschied Zweck und Vorsatz, diese drei Tage in Einsamkeit durchwandert hätte. Sie hätte es wohl doch nicht ausgehalten. Und so hieß sie gut, daß sie diesen Jüngling Magnus getroffen hatte, sie war ihm dankbar dafür, diesem ernsten Knaben und falschen Denker. Aber sie wußte wohl, warum sie ihm gut war. Da zog schon wieder ihr mütterlicher Instinkt, das Matriarchalische, wie Hans spottete, der Drang, kleine Knaben zu verzehren. Magnus, der Jüngling, welchen Strafblick schösse er wohl auf sie, wenn er davon etwas ahnte... Es war ihr recht, daß sie stumm nebeneinanderher gingen; wer weiß, eas er denken mochte, mit diesem gefalteten klugen Gesicht. Traurig eigentlich: erst zweiundzwanzig Jahre und ohne Reife so unjung. Er tat ihr leid; und zwischen ihnen wuchs, während sie immer schwiegen, ein Gefühl der Genossenschaft, der Gemeinsamkeit, etwas Freundliches, Verläßliches, das den Wandertag noch lichter machte.

Ein Kreuzweg trat auf, Ursache einer zunächst ganz sachgemäßen Unterhaltung. Nach rechts, steil hinan, gingen wenige Fußstapfen, einen Weg verratend, der bald im Walde verschwand; geradeaus aber, an winzigen Schienen einer Feldbahn entlang, die plötzlich da waren, zog der ausgetretene Weg weiter, und Magnus entschied, leider ohne nach der Karte zu sehen, für den deutlicheren von beiden. Aber da es nun flach und frei dahinging, ohne mühsame Steigung, blieben sie im Sprechen, warm geworden, fröhlich von dem Sonnenwetter und ihrem Beisammen. Sie begann nach ihm zu fragen, nach seinem Leben, seinen Freunden, und er antwortete, schüchtern, gegen seinen Willen fast und doch von ihrer Teilnahme beglückt. Und aus diesen weitschweifigen, abirrenden Antworten formte sie sich das Bild seines rein geistigen, freudeleeren Lebens, das ohne Jungsein und ohne Erfüllung vergangen war und vor allem ohne Liebe. Er wußte es gar nicht anders. Er war auch nicht unglücklich darüber; Freunde, die ihm glichen, Bücher, die zu ihm sprachen, das nannte er seine stärksten Freuden, und ein Meer von Glück gab ihm Musik, die Opern Richard Wagners, als er nach München kam. Vor Bildern hatte er konventionelle Gefühle – oh, er kannte sich, er registrierte klar und alles. Und ob er mit Frauen umgehe, fragte sie. Oh, er suche keine, brauche keine; Anregung gäben sie nicht, wozu also? Und die Liebe? Ach Gott, er zweifelte, ob er überhaupt lieben könne, noch mehr allerdings, ob er Liebe erwarten dürfe; Denken und Liebe gehe selten zusammen, jedenfalls habe kein einziger Philosoph geheiratet, außer Sokrates, dem es entsprechend xanthippisch ergangen sei. Ja, er war schon verliebt gewesen, er hatte sogar ernstlich geliebt, wenn lieben heiße, sein Schicksal, jedes Schicksal mit Wonne aus der Hand eines kleinen Mädchens zu nehmen. Trotz allen Kopfschüttelns, das sei eben seine Auffassung, sein Gefühl echter Liebe gewesen. Er sei vielleicht nicht sehr aktiv, er sei im ganzen nicht sehr stürmisch, aber gleichgültig – so sei er nun mal. Damit habe er begreiflicherweise kein Glück gehabt. Nun, darauf kam es nicht an; er sei seinen Lieben trotzdem sehr dankbar. Es sei nämlich ein grobes Vorurteil, daß eine unerwiderte Liebe ein großes Unglück sei, weil sie so sehr schmerze. Erstens sei weder logisch noch kausal ein Muß von Gegenliebe, ein Recht drauf zu konstruieren, und zweitens sei eine unglückliche Liebe eher als ein Glück für jeden jungen Menschen zu betrachten, was Entwicklung angehe, weil Schmerz ein viel heftigerer Affekt sei als Lust und weil dies brennende Gefühl den ganzen Menschen durchrüttele, ihn nicht zur Ruhe kommen lasse, vorwärts treibe; man zerreiße sich, um den Grund des Nichtgeliebtwerdens aus sich auszutreiben, sich zu vervollkommnen und die Empfindung durch Denken zu verfeinern und zu vertiefen. Er habe es an Klassenkameraden erlebt, wie begabte Knaben vom Glück bei den Mädels banalisiert worden seien. Sie wehrte ab; ihr kam das verstiegen vor und falsch, weil man eben gewöhnlich den Grund nicht in sich suche, sondern im bösen Partner. »Ich – ja«, entgegnete er einfach. Sie erklärte, nun aber nicht zu verstehen, warum er, und zu Fuß, diese Reise mache? Die Natur könne ihm doch nach allem nichts geben? Gewiß, erfuhr sie, er konnte aus der Natur nichts machen, er wußte, daß er ihr unfähig gegenüberstand, weil er kein Künstler und kein Bürger sei; aber erstens hatte der Arzt ihm diese Bewegung verordnet, und zweitens ließ sich im Gehen und in dieser Stille so wunderschön zusammenhängend denken; er wolle seinen Essay »Von der Erziehung und vom Denken« – sie sehe, es komme ihm sehr auf das Denken an – noch einmal bis ins letzte durcharbeiten, bevor er ihn niederschrieb; er sollte so kalt und klar werden, daß man den Wintertag durchfühlen mußte. All das verstiegene und rührende Unheil kam nun nicht etwa fließend aus ihm, sondern in Stokkungen, mit verlegenen Gesten kommentiert und halblaut gesprochen, indes die Augen irgendwo in die Ferne schauten. Wievieltes Semester er sei? Nein, nicht erstes, schon zweites. Kurz, er tat ihr schrecklich leid, weil er alles Glücks der Jugend ermangelte und doch diesen Mangel so tapfer zu verbergen suchte. Und auf die Gefahr hin, ihn zu verletzen, fragte sie ihn, ob er schon je ein Mädchen geküßt habe; leichten Tones und mit lachenden Augen fragte sie es. Er aber wurde ganz blaß und schwieg; und antwortete dann – weil er ein Wahrheitsfreund sei und weil es sich nicht schicke, Damen Antworten schuldig zu bleiben – nein. Und sie schüttelte leise den Kopf – eine Gebärde des Mitleids und einer grenzenlosen Anklage gegen die sinnlosen Kämpfe, die so begabter Jugend von Umständen und Hemmungen geselliger Art aufgebürdet wurden: ein Knabe hier von zweiundzwanzig, ärmer als jede Ladnerin, jeder Lehrling – ganz ohne Liebe, ohne Kuß . . . Sie fanden schon nichts Seltsames mehr daran, daß sie, die sich vor zwei Stunden noch nicht gekannt hatten, schon unverhohlen über ihr Leben sprachen und daß sich so schnell zwischen ihnen Brücken des Verständnisses bauten; denn auch das Mädchen begann von sich zu erzählen, und da war auch von einer wenig freudigen, aber bunten und bewegten Jugend die Rede, in der liebevolle Eltern die Tochter von dem wahren, inneren, wertvollen Leben abzuhalten suchten und ihr dafür alle Arten gesellschaftlicher Genüsse gewährten, an denen sie kein Vergnügen empfand. Erst kurz vor ihrer Mündigkeit war sie hinausgekommen. Und er nickte zu allem, er verstand alles, ja, er fühlte ersichtlich alles mit, was sie von Sehnsucht und Trauer und Schwärmerei erzählte, wie sie nachts in ihrem Schlafzimmer auf der bloßen Erde geschlafen habe, nur um sich frei zu fühlen, weil ihr das weiche Bett gleichsam das Symbol ihres ganzen Lebens schien, wie sie fromm zu werden versuchte, was aber nicht ging, und wie sie sich eine große Passion für einen alten Herrn zulegte, was um so besser ging. Ja, hierbei zeigte er viel menschliches und zartes Verständnis, durch Fragen und kleine Bemerkungen, durch Angaben von mutmaßlichen Gründen und Entschuldigungen, obgleich feststand, daß er kein Psychologe war, so daß er ihr immer lieber wurde. Sie hätte ihm gern eine Freude geschenkt, etwas, das ihn innerlich wärmer machte, hätte sie nur gewußt, wie. Sie sah klar, er war erst durch seinen Lebenslauf so verhärtet worden, nicht von Anbeginn zu solchem Starrkrampf bestimmt; Zwang und ein trotziger Wille hatten ihn schließlich ganz vereist. So gingen sie immer tapfer fort, geradeaus, ohne viel Steigung; bisweilen flog eine Krähe schweigend über ihren Weg und rief aus der Ferne einer andern, die Sonne stieg hinter ihnen empor, ja sie stand fast über ihnen, und der Hunger begann sich zu melden. Da begegnete ihnen jemand, aha, der Briefträger; ihn fragten sie, ob es noch weit sei bis zum Achenpaß, denn der Zeit nach hätten sie schon dort sein müssen. Und er antwortete, daß es fein gar nicht weit sei zum Paß, zwei gute Stund noch, und die Herrschaften hätten wohl besser getan, den Weg über den Berg zu nehmen anstatt um ihn herum... Dann wünschte er guten Tag und ging; die beiden aber sahen einander bekümmert an, daß sie sich diesen Umweg zugezogen hatten, und Eva Marer meinte achselzuckend: »Nun kommen wir nicht mehr nach Achenwald, aber das tut ja nichts. Nachtlager finden wir schon noch. Jetzt möchte ich aber essen.« – »Ich auch«, erklärte Magnus; »vielleicht finden wir einen hübschen Platz, Fräulein Marer.« Sie hätte ihn schütteln mögen. »Sie sind zum Auswachsen, Magnus, mit Ihrem ewigen Fräulein Marer hier und Fräulein Marer da; jetzt bin ich Ihr Kamerad und heiße Eva, verstanden?« – »Ja, Eva, wie Sie wollen«, sagte er, errötend, verlegen und glücklich.

Es traf sich, daß nicht weit weg ein braver Heustadel stand, auf vier Pfählen über dem Schnee. Freilich war er recht schmal, nur für Wildheu, aber er gab doch den Rastort, wie sie ihn nur wünschen konnten. Der Eingang lag vom Wege ab, auch ging ein schmaler Zaun darum, erst mußten sie klettern, wobei das Mädchen sich bedenklich gewandter erwies als er; und ebenso mühte er sich viel länger als sie, sich in die hochgebrachte Türöffnung hineinzuzwingen, so daß sie ihn helfend fest an den Achseln faßte und knapp hineinzog. Er fühlte eine unklare Freude darüber. Er dachte: Wie merkwürdig... noch nie hat mich ein Mädchen so angefaßt... so dirigiert – und das gefällt mir... wie merkwürdig! Sie saßen da eng nebeneinander, aber das tat gut, denn wenn man nicht ging, war es doch kalt. Sie hatte den Rucksack schon neben sich, und er begann, sie möglichst warm in das matt riechende Heu einzupacken. Dazu entledigte er sich, um abzuschließen, folgender Gedanken: »Das ist gar nicht weiter sonderbar, Eva, das mit Ihrer Jugend und mit meinem Leben... wir stehen nicht allein da, Hunderte sind uns gleich, und jeder wartet bloß auf ein Zeichen, das ihm das Leben gebe, damit er sich traue, stark und frei zu werden... Wissen Sie, so wie es im März manchmal, ganz unvermittelt, und der Himmel ist fast klar und schön, einen Donner gibt und einen Blitz vorher, den kein Biest sieht und der doch vorhergegangen sein muß, nicht wahr? Bloß einen Blitz und Donner, sonst nichts, aber nun weiß man, daß Frühling kommt. Finden Sie mich nicht übertrieben? Jetzt müssen Sie mal die Füße heben, so... Was ist das überhaupt, was meinen wir denn wirklich, wenn wir schmerzlich und bangend sagen: das Leben? Ein pures Wort, glaube ich...« – »Ich glaube, eine Sehnsucht«, sagte sie, »die sich uns täglich, aber nie ganz erfüllt; Sehnsucht nach Glück, nach Gefährten, Verständnis, Gelingen, Sehnsucht nach Kraft, das Leben unter uns zu bringen; nach Harmonie, was weiß ich...« – »Grenzenlose Sehnsucht, ja«, nickte er; »aber das Leben gibt nur denen ein Zeichen, die schon stark und frei sind. Ein trauriger Kreisschluß. Sie, Eva, bekamen es lang.« – Ach, Junge, es gibt für jedweden Zeichen!« – »Aber wir verstehen es nicht und folgen ihnen nicht und sehen in die Ferne und überstehen es.« – »Nun, Magnus, das klingt nicht schlecht nach Theater«, sagte sie freundlich lächelnd, um die Wirkung abzuschwächen, denn sie fühlte ja, wie schmerzlich es empfunden war. »Jetzt wollen wir sehen, was es zu essen gibt. Ja, es ist eng, rücken Sie nur näher, ganz nahe, ich tue Ihnen nichts. Das wärmt.« Er fühlte sich froh geborgen. »Ich habe Schinken da und Eier und Feigen«, sagte er und öffnete den Rucksack. »Da, trinken Sie mal, alter Kognak; mir winkt noch der Suff.« – »Wie ungesund auf Touren!« Aber sie trank, er legte seine Lippen an die noch warme Stelle des Flaschenhalses. »Ich habe viel Zervelatwurst und Pastete und Simonsbrot und Orangen; legen wir zusammen.«

Sie aßen so behaglich, als es bei solch arger Kälte gehen wollte, und eifersüchtig darauf haltend, daß der andere auch gehörig zugriff, lachend und kameradschaftlich. Alle Augenblicke sagte sie: »Magnus, ich verzeichne wieder mal kalte Hände, reiben Sie.« Und er, gehorsam und selig, umschloß diese feste, schmale Hand mit seinen Händen, die groß und weich anzufühlen waren, und frottierte sie, bis das Mädchen lustig schalt: Augenscheinlich habe er auch keine Ahnung, wie man eine Damenhand anfasse! »So, denke ich«, sagte er gravitätisch, ergriff sie zart bei den Fingerspitzen und küßte sie. Vor amüsanter Überraschung machte sie eine heftige Bewegung nach hinten und schlug leicht und dumpf mit dem Kopf an die Holzwand. »Oha! Seit wann haben Psychologen so erlauchte Umgangsformen?« – »Haben Sie sich weh getan?« fragte er schnell. »Ach, wo denn. Packen Sie lieber den Rucksack; Ihre Hände sind auch nicht die wärmsten.« Was gingen ihn seine kalten Hände an! Er hatte sich noch nie so selig gefühlt, war noch nie einem Mädchen begegnet wie diesem; obgleich er sich ihr ein wenig überlegen fühlte, mußte er das zugeben. Man konnte ihr alles, alles sagen, sie lachte nicht, sie lächelte höchstens, sie war alles andere als eine Gans! Wie gut das tat! Wie das erlöste! Zum ersten Male traf er ein Mädchen, mit dem er von seinen feinsten Dingen reden konnte – hieß das nicht ein unbeschreibliches Wunder? Und ihr war nichts fremd, sie hatte alles ähnlich durchlebt, er trug seine Gedanken nicht in sie hinein, vielmehr kam sie ihm auf halbem Wege entgegen – wo in aller Welt war das schon dagewesen? Er war glücklich, er hätte singen mögen, krächzen meinetwegen wie ein Rabe. Sie hatte in ihm ein Licht angezündet, ein Fünkchen, das leuchtete und wärmte. Ach, wie gütig war sie, die ihn mitgenommen hatte! Wenn es so weiterging, würde er bestimmt nicht an seinem Essay »Von der Erziehung und dem Denken« arbeiten, sondern immerfort mit ihr plaudern. Aber was ging ihn auch sein Essay an? Hier war ein Mensch, man staune! Er lächelte kindlich, ohne es zu wissen. – »Wollen wir eigentlich schon losgehen? Jetzt habe ich meine Handschuhe, da soll mich die Kälte noch mal schrekken... Und kurz, Magnus, ich lege mich noch zum Dösen hin...« Und sie schob den Körper vor, wühlte sich ins süße Heu und ließ sich bequem nach hinten gleiten; die Hände hinter dem Kopf verschränkt, schloß sie entspannt die Augen. »Sie sollten es nachmachen, Magnus.« Aber er saß da, ganz steif, und sah auf sie, auf den weißen Sweater und auf ihr liebes, schönes Gesicht. Eine kurze warme Welle durchlief ihn, in der bunte Funken sprühten, seine Angstwelt widerstand. Da kam die Welle wieder, riesig, blitzend, bunt funkelnd, und warf ihn um, alles in ihm durcheinander; mit einer jähen Bewegung, gestoßen und ungeübt, beugte er sich über sie und küßte sie zart auf den Mund. Sie erschrak – weit mehr, weit echter, als sie hätte erschrecken dürfen, wenn nicht in aller Arglosigkeit auch in ihr noch Mädchenscheu hinreichend triebkräftig gesessen hätte. Sie schrie sogar und rief – und schämte sich gleich danach bis in die Knochen – etwas wie »nicht auf den Mund küssen« und: sie sei verlobt. Sogar bis zum Aufschnellen aus dem Liegen warf es sie, soweit der enge Stadel so stürmische Gesten erlaubte, und bis zum Stützen auf die Hände. Abwehr war unnötig, denn bei dem ersten Worte hatte ihn eine eiskalte schwarze Flut überschwemmt, alles Bunte vernichtet und er starb vor Scham und Trauer. Er fiel rückwärts hin und lag da, die Augen fest geschlossen, die Fäuste fest geballt, das Gesicht vor Schmerz gleichsam zusammengepreßt und den Mund leicht emporgezogen wie den eines müden und traurigen Kindes. Einige endlose Augenblicke war alles ganz still, eine Stille, in der er nicht atmen konnte. Sie sah ihn an, sie schämte sich auch. Ihre Erziehung von einst, ihr Ich durchbrechend, schien aus einem harmlosen und so natürlichen, so zärtlichen, so befreienden Lippenhauche wie einem Kuß eine Katastrophe zu machen. Wie hilflos er nun dalag. Sie dachte: Nun leidet er wieder übertrieben, als hätte er etwas angerichtet. Und etwas später: Der Blitz, das Zeichen! Und, ganz bewußt, ganz Mutter in dieser Bewegung, neigte sie sich zu ihm herab und küßte ihn zärtlich, küßte ihn wie ein Kind, das man weckt. Er blinzelte, als ob er in ein strahlendes Licht sähe, in die Glorie der Gnade. Dann legte er innig die Hände an ihr Haar und trank sich heil.

Später stiegen sie über ein Joch und steil bergab auf den See zu, der ungefroren zu Füßen steil stürzender Berge lag, eine klare Tafel blaugrünen Edelsteins, in der sich die Gipfel leise spiegelten. Der Weg war breit, sie gingen nebeneinander, ja sie faßten einander an den Händen und liefen wie die Kinder einen ausgelassenen Trab – und er sah erst jetzt, wie schön der Tag war, der Himmel dünkte ihn besonders blau, und der See war, je näher sie ihm kamen, ein um so leuchtenderes Wunder. Sie schritten an seinem Ufer hin, als schon leise Nachmittagsfarben auf dem Schnee spielten, und sprachen miteinander wie alte Freunde, die sich lange nicht gesehen haben und wissen, daß sie bald wieder voneinander scheiden müssen, mit einer geheimen und freudigen Rührung, die jedes Wort und jeden Ton auf gewisse Weise unterirdisch erzittern ließ; er hatte alle Überlegenheit eingebüßt, er war auf einmal wieder ganz jung und huldigte ihr. Er sagte: »Sehen Sie dort! Die Eberesche!«, und das hieß: Du bist meine Herrin, weißt du das? Ihm war unbändig vor Glück; er lief hin und her, er sprach von den einfachsten Sachen, und seine Backen glühten, als erzähle er Märchen – ja, plötzlich begann er gar zu singen, er krähte vollkommen unmusikalisch, er klang teuflisch, aber so klingen die Lieder vom Glück... Sie fühlte das, fühlte, daß sie einem erstarrten Menschen Wärme und Leben gegeben habe, wie es ihr herzliches

Ich gewollt, und sie ging auf vor Freude, weil sie selber glücklich war. Sie erzählte ihm von Hans, von ihrer Bekanntschaft im Kolleg, von ihrer Hochzeit in zwei Tagen, am Aschermittwoch. Sie versprach ihm die Bekanntschaft ihres Liebsten und einen ferneren Umgang, und er wußte, daß er damit aus seiner Einsamkeit heraustrete ins Leben, das geliebte Leben, nach dem er sich gesehnt und das sich ihm bis heute verweigert hatte. Die Sonne sank tiefer, ihr Licht ward glühender, bunter, da bescherte ihnen der Tag noch ein Märchen: An einer Stelle, der See lag unergründlich dunkelblau, streckte das Land einen weißen Zipfel in ihn, schmal wie ein Finger und mit Schnee bedeckt, und ganz an seinem Ende wuchs ein Busch, so nahe, daß das Wasser um seine Wurzeln gefroren war. Augenscheinlich war es ein Heckenrosenbusch, aber er stand nicht kahl: über und über behangen mit tiefroten Hagebutten prangte er, schweren Tropfen frischen Blutes gleich, und sie leuchteten unbeschreiblich rot vor dem tiefen blauen See, der sich dahinter ausbreitete, durch das Strauchwerk überall hindurchblikkend, und dem blitzend weißen Schnee, Hunderte von kleinen Herzen süßen roten jungen Lebens. Die beiden konnten sich nicht losreißen von ihm, als hielte er sie mit allen seinen Dornen, und immer wieder drehten sie sich nach ihm um, bis der neidische Weg ihn versteckte. So merkte Karl Magnus, daß die Natur zu ihm sprach, ohne zu verlangen, daß er ein Künstler oder Bürger sei, weil er ein Mensch war, und daß er bis heute nur nicht hatte hören wollen, wie sie zierlich um ihn flüsterte und lachte, weil sie ihn auslachte. Ich war mir ja wichtig nur aus Not, fühlte er; jetzt will ich die ganze Welt verschlingen, ehe ich über die Erziehung und das Denken schreibe! Dann trat die Sonne sanft hinter den Berg, es wurde kühler, und sie gingen schneller, der Himmel wurde grau, als wische jemand die holde blaue Farbe mit einem feuchten Tuche weg, aber es dunkelte nicht sehr, denn nun schimmerte der Schnee hell, mild und einhüllend, und die beiden Freunde verstummten. Und wieder etwas später kam der Mond zu seinem Rechte, der schon lange als ein geduldiges lichtes Fleckchen am Himmel gewartet hatte, und begann, Licht auszuhauchen, das bleich und still an den Bergen herniederrieselte wie etwas Geistiges und das den Schnee noch blasser machte. Aus Nebeln hoben sich langsam wunderbar zart die Spitzen und Häupter in den grünlich blassen Himmel, der nicht nachten wollte, und standen so unwirklich da wie Bilder in einem dunklen Spiegel. Fern zogen Dünste über den See, fern stand der Wald wie etwas Lichtloses, für das es kein Bild gab, und die Wanderer gingen miteinander darauf zu, stumm, ohne Furcht, obwohl die Einsamkeit körperlich um sie lag. Erst als sie scheu in den mächtigen Wald eintraten, merkten sie, daß Mond und Sterne flammten, Strahlen schossen, ein mächtiges Licht aussandten, das den Schnee in Haufen von Brillanten und Felder von Perlen verwandelte. Dann wurden sie müde. Es wurde recht spät, bis sie ins Dorf kamen, und das Wirtshaus hatte nur zwei heizbare Zimmer, nebeneinander, ja eigentlich nur ein einziges, von einer halben Wand geteilt und dem gemeinsamen Ofen; aber das schadete ja nichts. Sie saßen unten in der kleinen Gaststube, die niedrig und sauber war, halb braun getäfelt, halb geweißt, mit flach gewölbter Decke und riesenhaftem Kamin, ruhten und wärmten sich und speisten. Langsam fiel hie und da ein Wort über die Lippen, hinterließ ein Lächeln, eine Stille und verging. Dann kam die dicke und freundliche Frau mit dem Fremdenbuch, und er sah, daß sie stud. math. war und keine Malerin, und sie fügte lachend hinzu, daß sie auch viel älter sei, als er gedacht habe, nämlich siebenundzwanzig, und er machte große Augen. Sie ließen sich heißen roten Würzwein kommen, der stark duftete und süß schmeckte, und stießen an und nickten einander zu: und so schön saß sich's in der Ofenecke an dem riesigen runden Tisch, dem Gekreuzigten gegenüber, daß sie auch nach dem Essen noch unten blieben, Wein tranken und voll Mut von ihrer Zukunft sprachen und der absonderlich glücklichen Gegenwart.

Dann mochten oben die Zimmer wohl warm sein, und sie ging zuerst hinauf und machte sich fertig für den Schlaf, und er kam in einer halben Stunde, als sie schon zu Bett sein konnte. Es war eigentlich nur ein großes Zimmer, halbiert von einer kurzen Mauer und dem Ofen, ein breiter Durchgang führte in den Teil, den das Mädchen heute nacht bewohnte. Bei ihr war es schon dunkel, aber sie schlief noch nicht, schimpfte hell über die eisige Luft, und so schwatzten sie, indes er sich legte. Dann traute er sich zu fragen, ob er sich wohl einen Gutenachtkuß holen dürfe, und nach einer kleinen Weile gestand sie es gnädig zu. Darauf lag er noch lange wach im Bett und hörte in die

Nacht hinein, in der ihre ruhigen Atemzüge gingen, und das Dunkel war für ihn rege von heimlichem, glücklichem Leben, Zukunftsträume standen um sein Bett, und in ihm war eine Wärme wie nie und eine freudige Dankbarkeit gegen das schöne Mädchen, das nicht fern von ihm schlummerte.

Als er am Morgen fast mit einem Glücksschrei erwachte, fand er ihren Halbraum schon leer. Eilig packte er seine Sachen und stieg mit schweren, polternden Schritten die ausgetretene Holztreppe hinunter, um Frühstück zu nehmen. Aber statt ins Gastzimmer trat er auf die Schwelle des Hauses in den sehr kalten und herrlichen Tag: in makellos blauem Himmel hatte sich die Sonne schon über das Gebirge erhoben und goß ihm warm und lauter einen mächtigen Guß Goldes quer über den See hin ins Herz. Er fühlte, wie wohlig und schauernd Tagesanfang in ihm leuchtete, atmete in tiefen Zügen und fragte erschrocken: Bin ich's noch, Karl Magnus, der sein Leben hinzubringen hoffte, indem er viele wie Eis klare Denksätze niederschrieb? Nein, ich bin es nicht mehr, kann es nie wieder sein. Ich werde vielleicht nichts durchdenken, für lange Zeit, aber ich werde glücklicher sein – jünger werden... Er legte die Hand schützend über die Augen wie einen Mützenschirm und grüßte mit der andern zur Sonne empor, übermütiger Knabe. Hinter ihm öffnete sich eine Tür, und Evas Stimme sagte lächelnd: »Guten Morgen, Herr Langschläfer.« Er drehte sich schnell um und streckte ihr die Hand hin: »Guten Morgen.«

# Tangente

## 1908

Bei trübrotem Untergehen der Sonne schleicht ein blonder Wanderer bestaubt durch die schon leeren Straßen des fremden Städtchens, das unversehens und düster hinter dem Hügel beginnt, und weckt mit schweren Schuhen den Widerhall, der als lärmender Hund hinter ihm herläuft, hin zwischen Häusern, die mit gewöhnlichen Fassaden und engen Fenstern mürrisch dastehen, noch unerhellt, und mißgünstig blinzeln. Eine graue Katze mit grünen Augen, ein häßlich schwangeres Tier, kriecht, den Leib formlos geschwollen, langsam vor ihm über die Steine. Unsauberes Wasser füllt die Gosse; das Vieh hebt mühselig die Pfoten und gewinnt den Bürgersteig.

Jünglinge, welche freiwillig wandern, pflegen sehr selten betrübt zu sein; allein der unserige empfand eine Stimmung solcher Art, und da er sich gern mit dergleichen Absonderungen seiner Seele abgab, zeigte sich sein Tatbestand weder einfach noch belanglos. Nicht Müdigkeit lag vor, obgleich er fast den ganzen Tag lang froh ausschreitend durch das fruchtbare und kochende Sommerland gezogen war... er nannte es lieber, da ihm das besser anstand, eine Trauer ohne Namen und Maß, ja – offenbar geschwindelt, wie sich zeigen wird – ohne gewußten Anlaß, eine schwarze Melancholie der Seele, die ihn plötzlich ausfüllte, wie Tinte eine Flasche füllt, und die so schwer wog, daß er sein Herz träge und dumpf in sich liegen fühlte, während er eine schiefe und schmale Steintreppe erstieg, die sich angestrengt und lückig, ermüdet vom Dienste vieler Generationen und abgewetzt von ihren Sohlen, am Ende der Straße aufwärts tastete. Vor ihm – so etwa sah er gegenwärtig die Welt – am westlichen Himmel, über einem Horizont, rot und langhin geschlitzt wie eine Wunde, hockte eine riesengroße Gewitterwolke auf der Erde, weichgrau, ein schläfriges Untier mit gequollenen Formen, das von dem Blute des Abends troff; und daß es hockte, schien ihm trefflich gesehen; aber da sein Zustand, erstarrt und dürr, wirklich den ganzen Menschen ergrif-

fen hatte, versäumte es der junge Mann, stehenzubleiben und die Erscheinung in ihrer symbolischen Wichtigkeit wahrzunehmen; und anstatt, wie er sonst wohl nicht unterlassen hätte, in ihr ein kolossalisches Abbild der täglich-menschlichen Gemeinheit zu sehen, die auf etwas in Größe Untergegangenem quallig brütet und sich davon nährt, indem sie es besudelt, ja ohne aus diesem Anblick den Mut zu einem Aphorismus oder auch einem – übrigens vielleicht vortrefflichen – Sonett im Stile Baudelaires zu heben, beachtete er den Vorgang nur empfindungslos und als Gegenstand, der eben da war wie die Stufe, auf die er trat. Er bestand augenblicklich nur aus einem aufwärts Steigenden, der kleinen Kirche zu, die mit kantig dünnem Turm grell vor der Wolke trotzte, oder vielmehr auf das alte Wirtshaus los, das sich neben ihr zu Boden duckte; dort wollte er Wein trinken, sich möglicherweise berauschen, schlafen und in der nächsten Frühe diese vermaledeite Stadt verlassen, die eine selbstgenügsame und beglückende Fröhlichkeit ausgelöscht hatte, wofür er sie dauernd in einem haßvollen Gedenken bewahren wollte. Er stieg und ging.
Drei Mädchen kamen ihm entgegen, Gebetbuch und Rosenkranz in den roten Arbeitshänden, mit vollkommen leeren und müden Gesichtern, sahen mit schwerfälliger Neugier auf seine bestaubten Füße, stießen sich an und lachten aus irgendeinem unmöglichen Grunde. Dann ging plötzlich ein Mensch vor ihm her, der aus einem Hause getreten sein mußte, ebenso krumm und abscheulich alternd wie die anderen. Eine alte Frau, eine alte Dame; ein schwerer Knoten weißen Haares lag auf dem Nacken, der aus dunklen Stoffen rein emporstieg; das Kleid floß einfach und ohne Falten herab. Er vermerkte das alles mit Gleichgültigkeit, ohne ihm Eintritt und Verarbeitung zu gönnen; seine sonst recht wache Seele wußte nichts von diesen Beobachtungen seiner Sinne, welche er früher dafür abgerichtet hatte, Dinge dieser Art zu greifen und zu melden, damit sie auf Wert und poetische Brauchbarkeit hin gemustert werden sollten; und ohne Erstaunen sah er dem freien Gang dieser Frau zu, die wie eine Junge daherschritt, leichtgebeugten Hauptes, ohne Hut, weißhaarig, schlank, mit knapper Bewegung und ohne Eile. Das waren Bestandteile – aber es gab kein Bild daraus, keine Resonanz, nichts Geformtes, nichts Bedachtes. Und sicherlich zweifelt nun niemand mehr an der Echtheit

dieser abseitigen Starre; denn wenn ein zeitgenössischer Jüngling und Verfasser, der ja nur Liebesfälle und Frauensachen zu dichten hat, mangels anderer treibenden Erregungen, die einst etwa Talente beschwingten, eine Frau ungesehen in seine Aura treten läßt, eine nicht nur hier ungewöhnliche Erscheinung: so muß, was auch immer, jedenfalls Beherrschendes in ihm walten – zumal, falls er eine Wanderung unternommen haben sollte, eigens um seine Seele vor neuen und erfrischenden Hintergründen zu arrangieren, auszubreiten, zu lüften und zu sonnen, soll sagen, sie durch Erlebnisse wohltuender Art von alten und bedrückenden zu reinigen, die am Selbstbewußtsein empfindlich zehren. Er ging aber in der Tat wie ein Mönch an ihr vorüber, ohne den Kopf zu wenden, ohne ihr Gesicht auch nur mit einem Blicke zu betrachten, er lief achtlos an der Kirche vorbei, sah nicht zum zweiten Male nach alten Grabtafeln, die dunkelten und verfielen, und atmete auf, als er vor seinem grämlichen Wirtshause stand. Er hatte es eilig, seine Melancholie zu ersäufen.

Die Gaststube, nicht geeignet zu erheitern, umschachtelte den Eintretenden finster, mit dunklem Holze getäfelt, und die Decke drückte tief. Über einem von der Dämmerung verhüllten Männerbild, dem Eingang gegenüber, trug ein weißlicher Tierschädel, länglich, mit leeren Augenknochen, ein breites Geweih, verästelt, einen Wipfel. In Stunden dieser Art werden Möbel so empfindsamen Seelen wie der seinen zu seelischen Inhalten: ein Hirschgeweih verwandelt sich in unlösbare Gequältheit, ein umfänglicher Eichenstuhl, der eine Fensterecke erfüllt und in dem man sich versteckt wie ein Kind in einer Kiste, wird Tröstung, Hafen und Sicherheit selbst vor dem Tod; und man sieht geborgener nach Westen aus, wo die gebirgige Wolke noch droht: es beginnt in ihr zu zucken, undeutlich huschen Lichter zu Wolken, die man nicht sieht, wie Boten einer Verschwörung in einem romantischen Drama. Wie süß und wunderlich ist's da, eben von irgend etwas an seine Mutter erinnert zu werden und schließlich zu entdecken, der Rufer des Gedenkens sei der Geruch der Tischdecke: diese Leinwand, handgewebt und edel, duftet zart und köstlich nach Gewaschenheit und Rasenbleiche und der Frische eines neubezogenen Bettes. Und er beschloß, der guten alten Frau dies kleine zarte Ereignis auf einer Ansichtskarte mitzuteilen, vielleicht in

poetischer Form, wobei er flüchtig an Salböl dachte und einen Reim »Pfau« stirnrunzelnd verwarf, denn er gehörte nicht ihm, sondern dem angebeteten Dichter Loris. Immerhin fand er unterdes aus einer kurzen Weinliste einen Mosel heraus, der ihm für den Anfang prickelnd und dienlich schien; auch nach dem Essen tat er sich um, denn auch der Traurige hat Sinn für Speisen. Der bejahrte Wirt, rotgesichtig und im engen Raume allzu groß, kam herein, sich zu verneigen; er hängte den Rucksack des Gastes an einen Haken und fragte ohne Eile nach seinen Wünschen.
Er gab sie an, er wartete dem Wein entgegen, dem Flügelgott, dem Befreier. Er fühlte sich ganz ungetröstet, er empfand aus Gram eine pressende Angst, und sein Gedenken wich nicht mehr von der Quelle dieser Lebenslähmung: ach Gott, ach Gott, ach Gott, seufzte sein Herz im Takt des Blutes. Sicherlich peinigte ihn die Form, in der es sich hiermit äußerte, er hätte lieber etwas frappanter geseufzt als diese eintönige und alberne Wiederholung zweier sinnloser Silben; aber sie lag unvertreiblich vor. Ja, gestehe, es ist noch immer, immer noch das Mißgeschick bei jener schönen Schwarzhaarigen, die ihn, ihn einfach nicht gemocht hatte: »Ich mag Sie ganz einfach nicht« – und dabei konnte sie lachen! ihn, den Psychologen, den Errater der Frau, ihn, die Synthese von blondem Skiläufer und Stendhal: er begriff nicht. Sie, die er dort hinten gelassen hatte, vor der er, was man auch sagen mochte, die Flucht ergriff! Er vermochte nicht bei dieser beschämenden Tatsache zu verweilen, ohne zu erkranken, und als der Wirt den Wein brachte, der zart betaut aus seiner Eislandschaft herausschaute, schenkte er eilig ein, mit geübter Behendigkeit, er hörte fast glücklich das stille Glucken, wie der Trank in das Glas fiel, er kostete, nickte Beifall und trank wieder.
Die Tür ging, er meinte, die Magd werde nun sein Essen bringen, aber die mußte durch eine andere Tür kommen, und er wandte sich wieder ab. Es war jene weißhaarige Matrone, an der er vorübergegangen war, vorhin, auf der Gasse. Was wollte sie wohl? Aber sie ging ihn nichts an. Der Wirt fragte, indem er sich verbeugte: »Wie gewöhnlich, gnädiges Fräulein?«
»Gewiß, Herr Oberreitner, wie immer, nicht?«
Der Kopf des Gastes drehte sich wie von einem Hebel gerissen, sein Gesicht, großäugig, wandte sich ihr plötzlich zu. Die

Stimme, ihre Stimme wirkte so. Sie sprach nur diese sechs Worte, dann ließ sie sich in einen Sessel nieder. Diese Stimme. Sie hatte mit einem Unterton dunkel und rein durch die Dämmerung des Stübchens gesungen. So sprach niemand Altes, obgleich man nichts Jugendliches an ihr nennen konnte: eine tiefe Glocke aus Edelglas, deren Singen freudig erschreckt... Er sah hinüber, er zitterte, und sogleich schwand seine ganze Trägheit dahin: diese Dame war gar nicht alt.
Sie war auch nicht jung, aber das weiße Haar log. Begierig und bis ins Innerste aufgeregt betrachtete er sie; ihr Gesicht, aus dem Halblicht herausgehoben, gewann eilig Form in seinem Bewußtsein, wie aus Wasser tauchte es auf, wie aus klarem Wasser hing ein Schleier darum, der vor Zudringlichkeit bewahrte. Er fand es schön, von einer bleichen Vollkommenheit, so fein, daß er sonst vielleicht daran vorübergegangen wäre in einer weniger wunden und zerrissenen Stimmung seiner Seele. Das war keine von jenen Schönheiten, die aufreizen, alle Blicke wenden und die Verehrung und Begierde der Männer wecken; diesen Mund, sehr rot, hatte der Schmerz schmal gemacht, er mußte nicht lächeln können; die Nasenflügel zitterten, die Augen blickten licht, unmöglich mit Farbe zu benennen, die Stirn darüber bewegte sich vor Empfindlichkeit, und das Kinn in länglicher Festigkeit schloß alles aneinander. Das ganze Antlitz vibrierte vor Zartheit und hatte doch die feinlinige Bestimmtheit edlen Marmors; dazu das Haar, erglimmend, diese volle Silberlast erlogenen Alters: ihm schien's das Gesicht der neuen Schicksalsgöttin, deren Augen unergründlich sind, ohne gewisse Farbe, ohne ständigen Sinn. Niemals glaubte der junge Herr mehr Geheimnis in einem Frauenantlitz gefunden zu haben. Wer war sie, die ihn sogleich einfing, die hierher gegangen kam gerade in dem Augenblick, da ihn ein Zauber hilflos machte und seine Stimmung ihn jedem Lufthauch preisgab? Welchem entsetzlichen Erlebnis hatte sie dies Haar zu danken, und wie hieß das Geheimnis, das sie an diesen namenlosen Ort getragen hatte, in diese Luft von Dumpfheit, Kleinlichkeit und übelwollender Neugier aller kleinen Städte, sie, die ein einsames Bergschloß bewohnen sollte? Er fühlte sich gefangen, er erregte sich an diesen Fragen, etwas hing davon ab, das in ihm mit seinem Blute lief. Endlich kam er darauf, zu fürchten, seine Blicke könnten sie kränken, und er hörte

mühsam auf, hinüberzusehen; aber seine Gedanken sprühten wie ein leiser Funkenstrom ohne Störung zu ihr hin.
Sie bewegte langsam die Hand mit dem Glase goldroten Weines, den ihr der Wirt hingestellt hatte, Muskateller wohl, in einer schlanken Karaffe aus geschliffenem Glas; sie hob und senkte sie wunderbar, voll Müdigkeit, formulierte er, und erlesener Grazie. Manchmal wandte sie die bleichen Augen nach ihm hin, ohne Eile zu dem Rucksack an der Wand und wieder zu ihm, welcher saß und trank, behindert von dieser ruhigen Prüfung, mit gesenkten Lidern und einer schlecht gemachten Sorglosigkeit; dann legte sie das Gesicht in die Hand und fuhr fort, aus ihrem Fenster hinauszusehen. Es blitzte stark und fortwährend, die lautlosen Lichter warfen sich grell in das Zimmer und starben sogleich; sie holten ihr Gesicht aus dem Dunkel hervor, einen Augenblick blinkte es dann, steinblaß, und entglitt in völlige Schwärze; aber neue erstanden, und stets fand es sich, daß die beiden Menschen einander anblickten. Es schien ihm ein fatales Spiel, ein Zwang, den niemand verantworten mußte und der starke Beziehungen von einem zum anderen spann; zu alledem war es schrecklich still, und der Augenblick mußte herankommen, in dem auf beiden Seiten das sich sammelnde Schweigen zu stark wurde und sich entlud.
In der Küche klirrte es einmal laut von Tellern, ein Schreck zuckte durch den Raum, und sie hörten die tiefe Stimme des Wirtes voll Ärger mahnen; dann saßen die beiden Menschen wieder in der Lautlosigkeit, jeder allein und doch mit dem anderen geheim verknüpft. Den Wanderer peinigte heftig die Sucht, von dieser Frau etwas zu wissen, alles zu wissen, ihr Wesen, Leben, Leid; auch hätte er ihr gern etwas Wertvolles gesagt, wäre ihr gern als ein Helfer und Bote aus der Weite erschienen, dem sie Dank, Sehnsucht und freundliches Gedenken nachsenden sollte. Hastig und erfolglos baute er Möglichkeiten auf und vertilgte sie. Man hätte sie einfach anreden sollen, aber er brachte nicht genug Frechheit dazu auf. Wie alt war sie? Wie konnte sie heißen? Er seufzte vor Vergeblichkeit, jeder blieb allein in der huschenden und angstvoll stummen Jagd der Lichter und Dunkelheiten, der Meinung und unwissenden Ratens. Plötzlich war mit tollem Rauschen der Wind da, er rüttelte begeistert an den offenen Scheiben, eine Staubfahne fuhr flatternd am Fenster vorbei, und der Donner begann

mit tückischem Knurren und bösem Gebrumm. Die Kirchuhr gab zwei Schläge von sich, und wieder war alles still. Da sagte der Wanderer laut in das Zimmer hinein: »Man ist nicht gerade fröhlich hier.«

Er erschrak hinterdrein vor seiner Kühnheit und eigenen schallenden Stimme. Alle gewohnte Sicherheit hatte ihn verlassen. Er pflegte sonst nicht an sich zu zweifeln, noch irgend Nachdenken und Kritik an seine Taten zu wenden, sondern handelte resolut und bekannte sich ohne Zögern dazu; diesmal jedoch kam er sich höchst ungeschickt, albern und überflüssig vor und wartete angstvoll auf das, was sie sagen würde, indem er selbst wünschte, nichts geredet zu haben... Daher atmete er freudig auf, als sie das Gespräch annahm mit einer Stimme, in der offen Überdruß und Ekel seufzte: »Ach nein... im Gegenteil.« Nach einer Pause sagte er ermutigt: »Sie ertragen das schon lange, gnädiges Fräulein?« – »Einigermaßen, ja«, lautete die Antwort. »Schon viele Jahre? Wie viele denn?« erkundigte er sich schnell. Aber ablehnend entgegnete sie: »Eine gute Weile schon«, und fuhr sich mit der blassen Hand über Stirn und Schläfen. Ihre Stimme entzückte ihn von neuem bis ins tiefste Herz, selig wie von Lippen angerührt; aber er überhörte nicht, daß ihre letzten Worte ihm etwas verschlossen, und obwohl er nicht der Mann allzu zarter Rücksichten war, gab er sich für den Augenblick zufrieden. Der Wirt trat ein, gefolgt von der Magd. Er trug in jeder Hand einen schlicht geformten Zinnleuchter, gut zu dem Leinen des Tisches stimmend: Wachskerzen brannten darin. Die Magd reichte Teller für Teller, und der Alte breitete umständlich das Mahl vor ihm hin, das lecker aussah und lockte, nickte mit dem schweren Kopf, wünschte: »Gesegne es Gott, mein Herr«, und ging. Der Gast erhob sich halb aus seinem Stuhle – wie schön war sie jetzt, wie wunderschön! – und fragte, von den großen blassen Augen sogleich verwirrt, zu seiner Nachbarin hinüber: »Gestatten Sie... darf ich Ihnen meinen Namen...?« Doch sie bewegte leicht verneinend das Haupt: »Nein, nicht, bitte. Wenn Sie gegessen haben, dürfen Sie sich dafür an meinen Tisch setzen. Dann wollen wir plaudern.« Das war ohne Zweifel eine neue Ablehnung, aber er kam nicht dazu, sich zu ärgern, denn dabei lächelte sie, und dieses leise Lächeln war so überraschend und unglaublich in ihrem schmerzlichen Gesicht, erleuchtete und erwärmte es so sehr, daß es ihm wie eine neue Freundlichkeit naheging. So verneigte er sich zustimmend: »Ich danke Ihnen«, und machte sich an seine Mahlzeit. Ohne es zu wissen, beeilte er sich, sie zu beenden, während er es sonst liebte, den Genuß so guter Gerichte gebührend zu verlängern; auch sprachen weder er noch sie ein Wort, solange er aß, und um ihn nicht zu stören oder auch aus Neigung wandte sie sich zum Fenster und sah mit weiten Augen in die Schwärze, aus der die Blitze donnernd hervorbrachen, nachdenkend, wie vor einem Entschluß. Da färbte sich die Straße schwarz, klatschend sprang der Regen auf das Fensterbrett und in die Stube, unvermittelt mit Überschwemmung drohend, und zog einen schrägen Wald silbriger Schnüre vor den Fenstern hin. Sie atmete auf, ihr Gesicht nahm in heftigem Zusammenziehen einen starken Ausdruck von Bejahung an; der Entschluß war da, und im Bedürfnis einer Bewegung ging sie, die Scheiben herumzulegen; er, der sie halb unwillentlich immerzu beobachtete, sprang eilig hinzu, half ihr dabei und verlängerte durch sein Ungeschick diesen einfachen Vorgang um ein bedeutendes. Sie lächelte ihr überraschendes Lächeln, und er errötete; einmal berührte er ihre Hand und fühlte im Schreck und Glück die Haut kühl und fein. Dann standen sie nebeneinander am Fenster und schauten dem springenden Regen und den jagenden Blitzen zu, die in erregender Pracht kamen und das Zimmer für Augenblicke blendend erhellten, so daß ihnen die Vorstellung kam, es müsse das Geweih an der Wand ungesehen hinter ihnen in den Raum hineinstoßen, eine unheimliche Drohung, von der sie beide nichts ahnten; aber das dauerte nur einen Augenblick, und dann leuchteten wieder die ruhigen Kerzen. Der Donner hörte nicht auf zu toben, in dumpf einherrollender Tiefe oder in knatternden Schlägen, die Furcht erzeugten; der Regenwald rauschte, und der Wind warf sich wütend und stöhnend gegen die Ecken des Hauses und bedrohte die klirrenden Scheiben. Wir sehen beide, dachte er, die tolle Kraft und Herrlichkeit, in unseren Augen spiegeln sich gemeinsam die Blitze – und er spannte mit stummem Jauchzen alle Muskeln seines Leibes, gierig, an der Wonne dieses betäubenden Kampfes teilzuhaben; er fühlte, wie die zähen Strähnen und Bänder unter der braunen Haut spielten; alle Müdigkeit, alle Trauer, alles Erinnern und Ahnen entfernte sich, vergessen, und jetzt schien ihm auch der Umgang mit dieser Frau einfach, selbstverständlich, ohne Fährlichkeiten. »Wie herrlich das ist!« rief er und blickte sie fröhlich an. Sie neigte, ohne die Augen zu wenden, ein wenig das Haupt. Darauf schwiegen sie eine ganze Weile. Indessen räumte die junge Magd sein Eßgerät hinweg. Er kehrte sich wieder dem Zimmer zu. »Unser Wein wird warm«, sagte er. Sie bewegte sich nicht. Ziemlich ratlos erinnerte er sie: »Wir wollten uns doch jetzt zueinander setzen.« – »Ja.« Sie seufzte ein wenig. Noch stand sie, die Stirn an die Scheiben geneigt, regungslos; dann schüttelte sie leicht den Kopf und den silbernen Haarknoten und kam entschlossen vom Fenster fort. »An meinen Tisch, bitte; ich sitze da jeden Abend, also...« Sie setzte sich und beobachtete ihn aufmerksam, während er ungesäumt und ohne Mühe den schweren Eiskübel herüberbrachte und das Glas, endlich auch den breiten Stuhl. Er ließ sich nieder und fragte beinahe zaghaft: »Darf ich rauchen?« Es lag nämlich eben wieder so, daß das Unbekannte in ihr, das Rätselhafte und Vornehme seinen frischen Mut erledigt hatte; er hatte für seine gewöhnlichsten Handlungen das gute Gewissen verloren. Aber sie gestattete es lächelnd und verbat sich nur die Pfeife. »Pfui, wer wird jetzt Pfeife rauchen beim Wein!« rief er stürmisch, als hätte er weder Tabak noch die kurze Englische in der Tasche; »eine Zigarre...« – »Oder eine Zigarette«, und sie holte aus einem Täschchen ein schwarzes Etui, entnahm ihm mit spitzen Fingern die dünne Papyros, und dann stiegen die beiden Rauchfäden bläulich in die Höhe, verbreiteten sich und verflossen. »Wir wollen einen Pakt schließen«, sagte sie, indem sie den Rauch von sich fortblies und mit gesenkten Lidern darauf sah. »Sie bleiben wohl nur diese Nacht hier?« – »Allerdings, leider«, beeilte er sich zu versichern. »Nun gut. Wenn wir also heute abend beieinander bleiben wollen...« – »Ich werde sehr froh darüber sein.« – »Dann habe ich eine Bitte, die Sie mir nicht abweisen werden: Sie versprechen mir, mein Inkognito zu achten, nicht wahr, mein Herr?« Er war einigermaßen verblüfft: »Ich soll also nicht einmal Ihren Namen wissen?« – »Wozu denn? Namen beengen die Phantasie. Weder meinen Namen sollen Sie wissen, noch irgend etwas mich betreffend; Sie sollen nicht einmal daran denken und vor allem keine Nachforschungen anstellen. Zuviel das? Einverstanden?« – »Aber gnädiges Fräulein...« – »Fällt es Ihnen so schwer, das Herkömmliche zu verlassen?« –

»O nein, durchaus nicht, aber... es ist doch ziemlich... es wäre doch netter...« Ihre Augen blickten spöttisch, die Flügel ihrer Nase zitterten: »Dann«, und sie machte Anstalten aufzustehen, »kann ich leider nicht hierbleiben.« Erschrocken streckte er den Arm hastig über den Tisch: »Um Gottes willen, bleiben Sie! Ich willige in alles!« – »Nun also; aber auch einhalten! Es hätte mir leid getan«, lächelte sie und machte es sich wieder bequem. »Übrigens«, und er machte einen letzten Versuch, »wie soll ich Sie dann anreden?« Sie hob die Achseln. »Irgendwie. Ich bin die fremde Frau, und Sie sind der Herr Wanderer. Genügt das nicht?« – »Es genügt schon; aber genug ist nicht genug.« Sie lachte ihn still aus: »Und nun erzählen Sie mir etwas von Ihrer Wanderung.«
Er erzählte; sprach augenblicks los, und zwar nicht als Literat. Die Erregung, das Glück holte aus ihm den Harmlosen heraus, den Jungen, der er im Grunde war, er vernichtete mit dem Unglück auch den, der es getragen hatte, und schuf ihn neu, stellte ihn ursprünglich her. »Mein Gott – wandern! Das ist das Allerschönste. Aber das verstehen Sie nicht als Dame. Man geht, geht geradeaus und ist von niemandem abhängig, lebt, wie man will, bleibt, wo man will, und pfeift auf Schaffner, Billetts und den gesamten Staat. Man taucht in Barbarei ein, und das ist eben das Glück. Außerdem – was man alles erlebt und sieht...« Er sprach mit frischen, banalen, unbedenklich zupakkenden Worten von den Hügeln, die grün in der Sonne leuchteten, und von den blendend weißen Straßen, in deren Staub sogar es angenehm zu treten war und der manchmal ganz wie Schokolade roch, von den lebhaften Pappeln an den Rändern und den großen ernsten oder freundlichen Seen, an denen man vorüberschlenderte, niemals, ohne in ihnen zu schwimmen. Er sprach vom Schwimmen; wie zum Jubeln kraftvoll es sei, sich dem Wasser vertrauend hinzugeben und einen Weg zu schaffen, der hinter einem wieder verschwand, so daß es kein Zurück gab, sondern nur ein ununterbrochenes Vorwärts; er sprach von den Dörfern, durch die er bei Nacht gegangen, hallenden Schrittes im Mondschein, und von nächtlichen Begegnungen, die man lange vorher kommen hörte, bei denen sich die Hand um den Griff des Stockes schloß, selbst wenn man am Tage weder ängstlich noch schwach war, bis der andere harmlos vorbeiging, vermutlich ebensosehr in Angst gesetzt von der Unbe-

kanntlichkeit, Unheimlichkeit und Einsamkeit der Nacht. Nachher lachte man über sich, bis zum nächsten Male. Sie hörte ihm gierig zu, mit einem so sehnsüchtig gespannten Ausdruck, als lebe sie von seinen Worten; ihre Lippen waren ein wenig geöffnet, und ihre Stirn bewegte sich wie leidend. Manches Mal nickte sie auch und stimmte ihm zu, in irgendeine Erinnerung verloren, die seine lebendigen Ausdrücke weckten. Wohin er denn ginge? »Zurück nach München.« – »Nach München!«, und leiser noch einmal: »Nach München.« Dann faßte sie sich und forderte ihn lebhafteren Tones auf: »Erzählen Sie von München, bitte, ja?«

Er begann von dieser Stadt zu sprechen, und es ward offenbar, daß er sie liebte. Von ihrer Schönheit, von dem behäbigen und gründlichen Leben ihres Volkes, das vielleicht ein wenig langsamer war als der Norden, einfacher und nicht sehr zivilisiert, aber mit herzhafter Natur beschenkt; von der Kunst, die da alles durchdrang, keine sehr tiefe vielleicht, nicht Deutschlands größte zwar, aber doch öffentlich gehegte und lebende; von der Sinnlichkeit und Greifbarkeit ihres Daseins, von den Frauen und vom Karneval, vom Karneval! Er sprach vom Englischen Garten und den Rubenssälen der Pinakothek, die so sehr zu München gehörten, vom träumenden Sommermittag in Nymphenburg und von leuchtenden Schleißheimer Herbstabenden, von Marées, der gar nicht nach München gehöre – »zu streng, wissen Sie, zu groß, zu dunkel« –, und von der Stadtseele, der Oper. So kamen sie zu Allgemeinerem, zur Musik – und nun wurde das Gespräch erst zum Zwiegespräch: sie nahm jetzt ihren leidenschaftlichen Teil daran, den Anteil einer feinen und verschlossenen Seele, die sehr viel Kunst erlebt hatte, die ihre Erlebnisse in sich hatte reifen lassen und sich nur schwer und scheu davon trennte, während ihm alles geläufig auszusprechen ging. So erwähnte er eine Symphonie, in der für ihn die Befreiung der Geister Form geworden war und jauchzendes Entzücken – sie sagte ihm, es sei wohl die fünfte: »Aber davon soll man eigentlich nicht reden.« Ob sie auch in gewissen Quartetten eine Musik finde, die mit der Erde nicht mehr viel zu tun habe? »Ich kenne sie«, sagte sie leise, »sie wird gefährlich, und man soll sie nicht zu oft hören.« Dagegen machte die dritte eines anderen österreichischen Symphonikers, dessen Namen er verschwieg, ihn sehr zum Leben tauglich. »Denken

Sie, wie hübsch«, fuhr er fort, »man sagt, er habe seine letzte, seine unvollendete Neunte, dem ›lieben Gott‹ gewidmet! Wahrscheinlich ist diese Widmung angenommen worden.« – »Spotten Sie nicht«, erwiderte sie freundlich, »Gott hat diese Widmung sicherlich angenommen. Kennen Sie übrigens sein Quintett? Vögel fliegen darin.« Er erstaunte darüber, daß wohl ihre Neigungen sich glichen und ihre Erfahrungen einander entgegenkamen, jeder aber etwas anderes zu fühlen schien, und obwohl sie einander errieten und aus Andeutungen sich verstanden, doch so große Unterschiede sahen, daß sie sie auszusprechen versuchten. »Lobe ich ein Werk«, sagte er, und sah in ihren Augen seinen Blick, »so ist es, weil es mir vollkommen scheint, und ich suche zu begreifen, wie und worin. Sie aber sprechen nur von dem Eindruck, den es in Ihnen hinterlassen hat, will sagen, Sie sind ergriffen.« – »Ja, werden Sie denn so schnell mit dem Seelischen fertig?« fragte sie erstaunt. »Zur Technik komme ich sehr langsam.« Bedächtig trank er wieder einmal: »Sie sind nicht täglich vor der Kunst wie ich... seltener jedenfalls.« – »Wie wollen Sie das wissen.«

Er gab sich der Sicherheit und Seligkeit dieses Gespräches hin wie einem vertrauten Element. Da war kein Zwischenfall zu fürchten und kein Verlassenwerden; er begann mit Übermut zu spielen, er maskierte seine Gedanken, er verkehrte Anschauungen in ihr Gegenteil, behauptete ernsthaft, begeistert zu lieben, was er verabscheute – und sie tat auch da mit, übertrumpfte ihn überall, beteuerte schelmisch, einen großen Genuß an manchen Werken verächtlicher Schreiber zu finden, und verdammte die Memoiren des Casanova mit entschiedenen Ausdrücken. Wieder ernsthafter, aber nur oberhalb des süßen Lachens von eben, nannte sie irgendwie den Titel eines altmodischen und herrlichen Werkes: »Nachsommer...«, und ihre Worte überstürzten sich zum Preise dieses vergessenen Buches: ihn entzückte seine Kunst, sie ließ sich erheben von dem Adel seiner zart menschlichen Figuren. Und nun stieg das Zwiegespräch zur letzten Höhe: er sprach den Namen jenes tragischen Menschen aus, jenes lyrischen Philosophen, in einer von dessen Schriften er irgendwo und zuerst diesen Roman gerühmt fand: und jäh erhellt sahen sie – wie hätte es heute anders sein können –, daß Nietzsches erlauchter Name als Horizont und Ziel den Dialog umgrenzte und schloß. Die erha-

bene Trunkenheit des Geistes befiel sie, der Rausch einer Einheit, in der sie ihre Wurzeln fanden: der Mann öffnete seine hingerissene Seele in begeisterter Vergötterung, und sie folgte behutsam, leicht verschlossen noch immer, aber überall hin; beiden erleuchtete die Erregung Wange und Auge: »Er hat mich erhalten, er mich erzogen. Er gab mir Rückgrat, als ich verzweifelte, er demütigte mich, als ich mich überhob, er lehrte mich Härte, als ich zu schwelgen drohte, und warf mich ins Leben, als ich nach Gift griff...«, rief er. Im schließlichen Abschwellen der Worte erklärten sie sich, wie zwei einander Umarmende sich endlich lösen: »Ich liebe ihn ganz und gar, weil ich ihn und seinen Zwang verstehe.« – »Ich nicht«, sagte sie ruhig. »Ich verstehe ihn vielleicht auch – aber am Anfang ist er mir zu eisig und trostlos und am Ende zu heiß und heftig. Ich liebe seine Mitte, seinen reifen, milden Mittag.« – »Ich glaube aber, man muß ihn bis ans Ende lieben, um ihn recht zu lieben.« – »Das leugne ich genug. Nebenbei scheint das Gewitter zu Ende.« – »Und wir haben es ganz vergessen!«
Das Wetter hatte seine Spannung wirklich ausgeglichen, ohne daß die Redenden es bemerkten, sie fragten sich vergeblich, ob es wohl noch sehr gelärmt habe; so tief verschlossen und entrückt lag ihnen das Außen, während das Innen sich enthüllte. Aber er gestand sich verschämt und froh, daß die Begeisterung nur zum Teil aus dem Miteinanderreden aufstieg und daß auch nicht nur der Wein ihn beglückte. Die schöne Frau, erfüllt von gelöster Heiterkeit, sprach mit den glänzenden Augen auf eine besondere Weise zu ihm, die er nicht begriff und die ihn bis zum Jauchzen mit Lust nährte; unendliche Liebkosung rann ihm durch die nackte Brust, wenn ihre Blicke die seinen berührten, lange Wimpern. Der Wein ging zu Ende, die Flaschen standen leer. Er fühlte einen knabenhaften Mut – da sprang aus einem unterdrückten Gelüst ein Einfall, und ohne Besinnung führte er ihn aus: er deutete plötzlich auf das Wachs der tief herabgebrannten Kerzen, die voll gelber Perlen und geknoteter Strähnen eines bizarren Goldschmucks hingen, und legte, wie um ihre Aufmerksamkeit zu erregen, rasch die andere Hand auf die ihre: »Sehen Sie doch!« Unerträgliche Seligkeit: sie ließ sie ruhig liegen, ertrug die feste und warme Last: »Das gefällt mir von je, deshalb habe ich für mich diese Beleuchtung eingeführt. Ich liebe den Petroleumgeruch nicht.« Da die Wolken

den Himmel nicht mehr umlagerten, schimmerte er hell, und der Westen bot sich jetzt kristallklar und hellgrün bis in unendliche Ferne den Blicken dar, oben schon die Farbe der Nacht verkündend. Der Turm der kleinen Kirche stand kalt davor, ganz schwarz.

»Es ist unwahrscheinlich schön zu sehen«, sagte er leise und erregt, nach dem Fenster deutend. Sie nickte und befreite ihre Hand. »Ja. Aber mir ist's wie eine Kulisse. Die Kulisse meiner Gegenwart...« antwortete sie leichthin und ließ die Stimme schweben, als gedächte sie fortzusprechen. Ihn spannte Erwartung: vielleicht wollte sie jetzt von sich selbst anfangen, ungefragt, ihm wenigstens andeuten, wer sie sei. Hatten sie einander nicht unterdes berührt, intimer als Hand auf Hand? Wußten sie nicht schon so vieles voneinander...? Sicher? Und was wußte er eigentlich von ihr? Daß sie Geschmack hatte, viel gute Kunst kannte und zu Nietzsche anders stand als er – mehr konnte man nicht zusammenbringen. Er aber, er dagegen hatte sich nicht einmal maskiert, nur geredet, aufrichtig geredet, sich gegeben, so daß sie aus seinen Worten sicherste Schlüsse ziehen konnte: und gewiß, sie tat es. Eine Wutwelle gegen sich selbst stieg auf, gipfelte und fiel. Was machte es am Ende aus? Mochte sie wissen, was sie wußte, und sein, wer sie war. Er wollte weder fragen noch sich mit Raten behelfen. Gab der Augenblick nicht Glück genug? Heftig bewegt, trank er sein letztes Glas.

»Das ist gescheit, mein Freund. Nun zeige ich Ihnen mein Reich. Die Luft muß jetzt herrlich sein, klar, erfrischend...« Ihrer dunklen Stimme hätte er nicht widerstanden, und wäre das, was sie verlangte, unbekannt und schwer gewesen wie die Aufforderung in Feenmärchen. Er wollte alles geschehen lassen, ohne sich zu wundern und ohne nach Ursachen und Motiven zu fragen. Der Wirt kam und nahm das Geld von ihr zuerst, ohne viel Worte – sie wußte wohl, was sie schuldig war. Dann, während er mit ihm verrechnete, trat sie zu seinem Rucksack und nahm ihn, beide Arme erhoben, von seinem Nagel, ließ ihn aber gleich unsanft zu Boden gleiten. »Der ist aber schwer!« sagte sie kindlich verwundert. »Tragen Sie dieses Gewicht den ganzen Tag durch die Hitze?« Er lachte geschmeichelt: »Es ist wirklich nicht schlimm.« – »Nehmen Sie ihn«, forderte sie. Was soll das? Was wird das? Ich kann ihn doch hierlassen! Und noch während er sich wunderte und einen Entschluß dagegen faßte, bückte er sich und schwang ihn leicht auf den Rücken. Dann nahm er den Stock und den Hut, und sie gingen. Der alte Wirt grüßte tiefstimmig, verbeugte sich auf der Schwelle und nahm die Kappe ab.

Sie atmeten die feuchtreine Luft tief in sich ein; alles funkelte noch von Regen und Frische, der Himmel hob sich fast ganz klar, der Mond erhellte weich und ungewiß die Gassen und umgrenzte das Licht mit schwärzesten Schatten. Er gab jedem Haus ein bedeutendes Ansehen; in dunklen Pfützen spiegelten sich die Sterne, nirgends ging ein Mensch. Sie schritten langsam nebeneinander auf die kleine Kirche zu, die mächtig und ehrfurchtbar in den Himmel stieg. Sie lächelte rätselhaft ins Dunkle. »Wohin führen Sie mich?« – »In mein Reich«, erwiderte sie, »fürchten Sie sich?« – »Ja, entsetzlich. Ich zittre so sehr, daß ich Sie bitte, meinen Arm zu nehmen.« – »Wozu? Ich gehe sicher. Jedenfalls Dank für die gute Absicht«; und so glitt auch dieser Angriff an der Ungreifbaren ab... »O bitte«, versuchte er gefaßt zu sagen, aber es klang doch ein wenig verstimmt, und deshalb, indem sie aus dem Kirchenschatten ins Mondlicht kamen, sah sie ihn bittend und so freundlich an, daß sein Mißmut wie Hauch verging, zumal für ihn – nicht wahr? – kein Grund vorlag... Um ihren Kopf gleißte das Haar wie ein enganliegender Helm von Silber, der das bleiche Licht in Büscheln zurückwarf – der Mond dort oben schmiedete ihn, der alte Zauberer. Er sagte ihr das mit malenden Worten, und sie lachte. »Ja, ich bin eine alte Frau, eine Uralte aus der Höhle. Graut Ihnen nicht vor mir? Wir gehen nämlich auf den Kirchhof, der ist mein Reich... Wie, wenn ich ein Revenant wäre, und dies Haar silbern vom Altern im Grabe, des Tags? Wie wäre es mit einer Sibylle? oder mit Lilith, Adams erster Frau?« – »Ich will Ihnen gerne mein Blut schenken, Lilith«, rief er, begierig nach dem Namen greifend, »man sagt, daß diese wenig vegetarische Kost erwünscht sei?« Sie sah ihn ein wenig an. Dann meinte sie: »Passen Sie auf, man kann fallen.«

Man konnte in der Tat fallen, dieser Kirchhof gehörte nicht zu den gepflegten, kiesbestreuten. Es gab da Äste und Zweige, deren Blätter am Boden moderten und die wie schwarze Gerippe von Tieren über den Weg lagen, und Boden und Grabhügel höhlten überall die Gänge der wilden Kaninchen. Öde geformt und abgeschmackt standen die Grabkreuze, solange sie sich aufrecht hielten; erst wenn sie sich neigten, vom Alter zermürbt, vom Rost gefressen, angehaucht von der allgemeinen Verwesung, fanden sie melancholischen Reiz. Da lagen Steine, über tief eingesunkene Gräber wie erschlagene Männer gefallen, Winde, Efeu und wilder Wein schlangen sich um die Äste und die Steine, verknoteten die Wipfel, krochen geschmeidig überall in die Höhe, schwangen sich über ehemalige Wege und glitten am Boden entlang, ein lebendig greifendes Netz, das keinen Zutritt gestattete; überall wucherte in geiler Fülle das hohe Gras; gütiges Unkraut, von niemand gepflanzt, rührte sich im Nachtwinde; hohe Blumen mit gefalteten Kelchen, deren Farben man erriet, Schwertlilien, Feuerlilien und blütenbesetzte Königskerzen schwankten wie Träumende, von weiter hinten blickte matt der Jasmin her, mit tausend weißen Augen, schwach von der Wollust des eigenen Duftes, den er nicht aufhörte auszuströmen, und wilde Sträucher streckten dornige Hände aus. Aber über runden Wipfeln, mageren Zypressen und zerrupften Pappeln zeichnete sich am Ende des Laubganges auf den helleren Horizont die geometrische Figur des Kruzifixes. Der große Zauber des milden Mondes lag auf dem Ort; aber der Mann wehrte sich gegen ihn, er blickte mit Haß auf diese geliebte Frau, deren Stirn und Wimpern ruhelos zitterten. Kraftlose Empörung tobte in ihm gegen die Demütigung, der er verfallen war. Er fragte noch immer stumm und vergeblich; ihn quälte brennend seine Machtlosigkeit über das, was in ihr ruhte, unzugänglich eingeschlossen wie in eine Ader von Stein. Es folterte ihn jetzt, sie zu keinem Zugeständnis zwingen zu können: wenn er sich ihr am nächsten glaubte, begann sie alsbald sich zurückzubeugen und sich ihm zu entwinden. Dies aber schien ihm das Empörendste: sie traten kaum in die Helligkeit, er *sah* sie wieder – und noch während er fühlte: Nicht einmal den Haß läßt sie mir ... verschwanden seine bitteren Empfindungen, nicht zum ersten Male, vor der fremden und siegreichen Schönheit, so daß es schon beglückte, nur neben ihr gehen zu dürfen und zu sehen, wie die Nachtluft und der Mond um ihre Schritte rannen, die das Moos aufsog. Ihre Gewänder rauschten leise; da sah er plötzlich den Leib vor geschlossenen Augen, dem diese unbekannte Seele gehörte, und atmete tief. Sicherlich, er würde sie küssen, zwingen, demütigen, sich rächen.

Sie stiegen eine Erhöhung hinan, die Spitze des Hügels, auf dem Kirche und Friedhof lagen; eine Bank stand dort oben, und sie setzten sich. »Sehen Sie«, sie zeichnete mit maßvoller Geste einen Bogen. Da lag der flüsternde Kirchhof rund umher, den die verfallne Mauer umzog, da stand die schwarze Kirche, unten breiteten sich die dunklen Dächer der Stadt, vom Monde mit grellen Lichtern und tiefen Schatten gesteckt, da streckten sich wie Spinnenbeine die dünnen Laternenfäden der Straßen aus, draußen breitete sich ruhig das atmende Hügelland hin und die ferne Ebene, und Himmel, Mond und Sterne atmeten über allem: eine schöne, sehr traurige Musik. Während er sich ihr halb hingab, bedachte er, wie er sie an sich reißen sollte – – da hörte er neben sich die Frau schluchzen. Sie hatte das Gesicht verborgen, und die Tränen rieselten blitzend zwischen den schmalen Fingern hervor. Ihre Schultern hoben sich wie Flügel. Seine Entschlossenheit schmolz zur Weichheit. Er legte leise den Arm um sie und ließ sie weinen, an ihn gelehnt, lange Minuten. »Und draußen liegt die Welt«, flüsterte sie endlich, hob langsam das Haupt und blickte ihn an. Im Tiefsten erschüttert, las er in diesem tränenbeglänzten, vordem lächelnden Frauenantlitz das Leid des Menschen, das versteinert und unsäglich aus Augen, Mund und Stirn schrie; Ehrfurcht und heißes Mitleid zerglühten ihn ganz. Ihre Gesichter bebten, einander ganz nahe; da küßte sie ihn sanft und lange auf den Mund. Sie atmeten tiefer und rührten sich nicht. »Bleibe doch nicht hier, komm doch mit mir«, flüsterte er ergriffen. »Kein Wort davon, ich bitte dich.« Und sie küßte ihn wieder. »Liebste«, sagte er leise; Lilith, dachte er, und lauter, liebend: »Lilith.« – »Wieder ein Name«, lächelte sie noch weinend. Er nahm sich ihren Mund, er dachte: Nun küsse ich sie doch. Und dann: Aber nicht, als ich es gewollt, sondern als sie... Aber das bedeutet nichts...

Die Glocke tat zwei grobe Schläge. »Halb elf«, flüsterte sie und machte sich frei, »komm.« Er nahm den Rucksack und den Stock, sie drückte sich leicht an seine Schulter, als er den Arm um sie legte, und so, eng vereint, gingen sie ihren Weg zurück, lautlos über Moose und Gräser, vorüber an der Kirche, die den Mond verdeckte, dann vorsichtig die krumme Steintreppe hinunter, auf jenes Haus zu, aus dem sie am Abend getreten war, wenige Schritte vor ihm. Man traf niemand auf dem Wege.

Ihre Schritte scheuchten eine Katze auf, mit behenden Pfoten schmiegte sie sich über die Straße, ein glatter Schemen. Aus dem Dunkel der Häuser gellte das brünstige und zornige Geschrei dieser Tiere. Was würde jetzt werden? Was konnte jetzt werden? Sie standen vor dem Tore. Sie machte sich von ihm mit einer schnellen Drehung los und sah ihn mit einem unaussprechlich beredten und großen Blick an, drei Herzschläge lang. Dann öffnete sie. Sie traten ein. Er suchte nach den Streichhölzern, indes sie die Tür abschloß. Mit allem vertraut, als wäre die Finsternis für sie durchleuchtet, huschte sie dann an ihm vorbei die Treppen hinauf: »Kommen Sie! Leise!« Er mühte sich in die Höhe, tastend, erratend und leuchtend, in diesem fremden alten Hause, das nach seinem Alter roch. Er hörte hartes Papier abgerissen werden, einen Schlüssel gleiten, ein Schloß schnappen, eine Tür gehen. Er fühlte Zimmerluft, einen leichten Wohlgeruch, er schritt vorwärts, dann flammte ein Streichholz auf, mit einem schnalzenden Laute fiel Licht in die Gaslampe, und die Tür wurde hinter ihm verschlossen. Sie stand einen Augenblick unbeweglich im Zimmer. Der Rucksack fiel auf die Erde. Sie wandte sich, öffnete eine andere Tür, sie stand im Dunkeln, sah sich halb nach ihm um mit einem schrägen Blick und verschwand. Lilith, dachte er, Lilith! Hingabe ohne Schranke der Scham, Lust ohne Maß: aber kein Liebeswort ging aus ihrem stöhnenden Munde.

Dann schlief sie neben ihm, nackt und kindlich, den Arm unter den Kopf gebogen; ihm aber kam kein Schlaf. Es blieb so, daß er nichts von alledem erraten konnte, was sie ihm verbarg, gar nichts. Er erhob sich ein wenig in den Ellbogen und sah ihr in das schlafende Gesicht, dieses Gesicht, das jetzt noch viel mehr das eines fremden Bildes war: sogleich begann ihre Stirn sich zu regen, und ohnmächtig ließ er sich wieder in die Kissen sinken. Schön war sie, wild und stärker als er. Er hatte ihr seine ganze Seele gegeben, und er ahnte nichts von der ihren. Er besaß nicht einmal das Geheimnis ihrer Haare, des äußersten Gliedes ihres Körpers. Da lag sie jetzt dicht neben ihm, verschlossen, unerschließbar, fern. Von dem ganzen Inhalt ihres Lebens und von seinem Umkreis hatte er nur einen Punkt inne, nur einen, ihn aber wenigstens hielt er fest; er hatte sie gehabt, sie hatte ihm nichts verweigert – niemand nahm davon etwas weg; besessen, zweifellos, auf nicht lange Zeit, aber ganz.

Oder? War das wirklich unleugbar? Hatte er sie an sich gerissen, hatte er den Mut gehabt, hatte er sie überhaupt begehrt, am Anfang, im Wirtshaus, beim Aufbruch? Nein, offenbar. Vielmehr erkannte er plötzlich sehr hell, daß sie ihn gehabt hatte; sie ihn: so vielmehr stand es mit ihnen beiden. Nicht einmal dieser Punkt blieb ihm, er war da, aber er gehörte ihm nicht. Und verzweifelt, vernichtet, um seinen Gedanken zu entgehen, weckte er sie mit einem bösen Kusse. Entlaufen in die haßvolle Wollust...

Er erwachte, als die Sonne bereits ins Fenster schien; nicht länger als einen Augenblick dauerte seine Unwissenheit, wo er sei. Sie lag nicht neben ihm. Vielleicht war sie entwichen, verschwunden; es hätte ihn nicht gewundert, die Wohnung leer und die Haustür geöffnet zu finden. Aber in dem Zimmer nebenan klirrten Tassen. Er erhob sich leise, schnell, er wollte diese Räume sehen, Schlüsse ziehen, erraten, und nur mühevoll zwang er sich zuvor zu Waschungen und Ankleiden. Das Schlafzimmer – nein, nichts unterschied es von denen anderer junger Frauen. Ein Buch in der Schublade des Nachttisches – gewiß war es indiskret, aber was tat das –, und entmutigt ließ er das erhobene sinken: Gullivers Reisen, deutsch, ohne Anmerkungen... Dieses zweideutige Buch, das man zur Erholung lesen konnte, harmlos, wenn man müde war, und ebenso leicht frühmorgens, gewitzigt, als stärkende Bosheit! Nein, er würde nichts von ihr erfahren. Auch die Möbel sagten nichts, wohl nicht von ihrem Geschmack gewählt, vermutlich bewohnte sie möbliert gemietete Zimmer – sicherster Schutz eines Wesens, das in einer Kleinstadt, wo jede Einzelheit bekannt werden kann, in dieser vollendeten Bürgerlichkeit um jeden Preis Aufsehen und Gerede der Leute vermeiden will. Geben wir es auf; und er erwartete, sie im nächsten Zimmer zu finden, aber vergebens. Sie holte vermutlich gerade irgend etwas, und er benutzte ihre Abwesenheit, um auch hier eine unstete und begierige Musterung abzuhalten: ein Klavier wie viele; keine weitere Tür zu Räumlichkeiten; ein verschlossener Bücherschrank, Blumen am Fenster. Kaum Bilder. Von der Wand herab blickte spöttisch eine Hille Bobbe. »Ein guter Druck«, sagte ihre Stimme hinter ihm; »merkwürdig in einer Mietwohnung, wie?« Sie trug einen Krug in der Hand, sie hatte Wasser für die Blumen geholt. Lächelnd begrüßte sie ihn, bot ihm den Kakao, strich ihm frische Brötchen. Er saß ihr eifrig essend gegenüber. Er fand sie wieder als eine erneut Schöne, ganz jung, sehr heiter, mit einer Art von Übermut in jeder Bewegung, mit der sie für ihn sorgte – eine andere Schönheit als die trübe des Abends, eine andere als die schrankenlose der Nacht – und wie unbefangen! Aber auch diese Unbefangenheit schien ihm zweideutig, ruchlos für Augenblicke, dann wieder göttlich überlegen, dann auch kindlich unbeschwert – oh, jetzt wurde alles zweideutig, nichts mehr hatte nur einen Sinn: immer würde er diese beiden Möglichkeiten wittern: daß sie ihm verbarg, nichts erlebt zu haben, oder Schreckliches; daß sie ihr Haar einem Zufall verdankte oder einem Schicksal; daß sie in diese Stadt gehörte oder hierher verbannt war, ein leichtfertiges Herz mit ernsten Gebärden aufputzte oder diese Nacht als gelassen gezeichneten Schnörkel einem tragischen Dasein einfügte. Alles verwirrte sich ihm; vor der ruhigen Verschlossenheit dieses wirklichen Ereignisses ging ihm die Kraft verloren, es auch nur zu erfassen, geschweige es einzuordnen; und ein lebenerhaltender Instinkt befahl ihm das Klügste: fort von hier, auf die Straße, auf die Wege, ins Taghelle, Selbstverständliche, Wahrscheinliche. Der Entschluß stärkte und reinigte ihn überraschend; er gab ihm endlich einen festen Stand und einen verläßlichen Blickwinkel. Es kam ihm immer stärker zu Bewußtsein, wie vielen Dank er ihr schulde für dieses ganze rätselhafte und wundervolle Erlebnis, das er mit störrischer Gewalt hatte zerstören wollen und dem sie den Reiz gewahrt hatte. Endlich schien es ihm, als habe er ihr in seinen Gedanken viel böse Kränkung zugefügt, und als sie ihm wieder ein Brötchen hinreichte, indem sie heiter meinte, er werde es nötig haben, tüchtig zuzugreifen, wobei dahingestellt blieb, ob sie die vergangene Nacht meinte oder den beginnenden Wandertag – faßte er nach ihrer Hand und drückte sie, ohne ein Wort zu sagen, zwischen den seinen, indem er sie dankbar ansah. Sie erwiderte den freundlichen Blick, zog dann leise die Hand an sich und mahnte: »Sie müssen bald aufbrechen, damit Sie nicht in die arge Hitze hineinkommen«; aber ihre Stimme war nicht mehr so klar und fest wie vorher, was ihn mehr ergriff, als hätte sie geklagt. Leise und ehrerbietig fragte er nur: »Müssen Sie hierbleiben?« – »Ich muß.« So begann er darauf zu sinnen, wie er ihr auf eine bleibende Art seine Dankbarkeit bezeugen könnte, auf eine Art, die ihn zugleich davor bewahrte, von ihr schnell vergessen zu werden, worauf er Wert legte. Er beschloß, ihr einen Vers aufzuschreiben, der die Stimmung des flüchtigen Begegnens und schnellen Scheidens auf eine anspruchslose Weise festhielt, eine Improvisation, die auf Formvollendung und Kunstwert nicht zu sehen brauchte und deren Wirkung nur persönlich sein konnte. Viel Nachdenken verursachte ihm, ob er seinen Namen darunter setzen sollte oder nicht; denn es war möglich, daß der Ruf seiner Versbücher zu ihr gedrungen war, so daß ihr das Beisammensein dadurch teurer werden konnte. Aber weil sie sich die Namen so entschieden verbeten hatte, wollte er sich mit seinen Anfangsbuchstaben begnügen; und er begann, Worte zu finden, zu ordnen und zu prüfen. »Woran denken Sie?« fragte sie erstaunt. »Sie haben recht«, sagte er verwirrt, »ich war weit weg; verzeihen Sie.« – »Also brechen wir auf«, rief sie kurz, indem sie sich erhob. »Entschuldigen Sie einen Augenblick, ich glaube, ich habe drinnen etwas vergessen« – und er eilte ins Schlafzimmer zurück, schrieb den Vers auf ein Blatt seiner Brieftasche nieder, strich eilig noch ein Wort aus, schrieb ein anderes darüber und legte das Werk auf den Nachttisch neben das zerrüttete Bett. »Haben Sie es gefunden?« fragte sie. »Ja, danke sehr, natürlich«, rief er fröhlich aus, »da ist es«, und er zeigte ein kleines Messer vor. »Es ist mir beim Ankleiden aus der Weste gefallen.« – »Also gehen wir. Ein Stück komme ich mit.« Sie legte ein fliederfarbenes Seidentuch um die Schultern, er lud sein Gepäck auf, und sie gingen. Auf der Schwelle drehte er sich noch einmal um, sah ins Zimmer zurück und bemerkte dann an der Tür Reste einer Visitenkarte, von gelben Nägeln festgehalten. Er erinnerte sich, daß gestern nacht etwas Hartes gerissen worden war, und lächelte. »Jawohl«, sagte sie mit Nachdruck.

Sie führte ihn den kurzen Weg von gestern zur Kirche empor, während das Leben noch auf sich warten ließ und nur ein kleiner mehliger Bäckerjunge vorüberkam, der vor dem Kruzifix die Mütze zog. Der Himmel öffnete sich rein und tief, Morgenwolken zierten ihn, und die Sonne heiligte alles mit frühem Glanze. Das Herz des Wanderers schlug voll eines alten Jubels, voll einer jungen Heiterkeit, die ihn nicht erst gestern verlassen hatte. Hinaus aus diesem Neste des Trübsinns, nur hinaus, sofort, wenn auch diese schöne Fremde, die ihm bei aller Demütigung die Freude an sich selbst wiedergegeben hatte, allein und ungekannt hierbleiben mußte. Sie fühlte sein Glück und lächelte ihm mit einem rührend tapferen und wehmütigen Lächeln ermutigend zu, und alsbald hatte er für die, die doch solange die Stärkere geschienen, ein tiefes Erbarmen. »Müssen Sie hier bleiben?« fragte er wieder; und wieder kam die Antwort: »Ich muß.« – »Ich werde Ihnen immer dankbar sein und Sie nicht vergessen.« Seine Stimme klang ergriffen und ehrlich; sie traten in den Kirchhof ein. »Ich im Gegenteil werde mich anstrengen, nicht mehr daran zu denken«, sagte sie leise... Dann faßte sie sich. »Dort unten geht die Straße, hier durch das Tor führt ein Weg hinunter«, und sie zeigte ihm die Gegend. Jetzt freilich lebte der Kirchhof bunt, fröhlich und alltäglich, alles quoll über von saftigen Stengeln und lachender Blumenfarbe; sogar die Stadt sah vergnügt aus, mit vielen roten Dächern, Türmen und goldenem Morgenrauch. »Ich bleibe hier und sehe Ihnen nach«, sagte sie; »leben Sie wohl und grüßen Sie mir die Welt.« Sie lehnte sich an seine Brust, und sie küßten sich. Ihre Augen standen voll Tränen. Er drückte ihr die Hand: »Leben Sie wohl!« – »Und Sie...«

Er eilte den Hügel hinab, wandte sich und sah, wie sie winkend auf der Bank stand, am Baume, den violetten Schleier wehen lassend. Noch sah sie ihn, noch einmal, dann verbarg ihn die Biegung des Weges, und der Staub fraß das Geräusch der Schritte. Sie führte den Schleier an die Augen und ging langsam nach der Stadt zurück. Ihr Herz drängte schwer nach Tränen. In ihrer Wohnung stellte sie sich vor den Spiegel und sah sich einen Augenblick spöttisch lächeln. Dann trat sie in das Schlafzimmer, um sich mit kaltem Wasser zu erfrischen. Auf dem Nachttische lag ein Blatt. Sie nahm es und las:

Abendlich Finden – und Hände, die eilig sich fassen,
Und ein Lächeln des Munds und eine Stunde Verweilen –
Dann entführen mich trotzig schreitende Füße
In den brennenden Morgen durch Gräser und Staub.
Bleibst du, Fremde, im Netz? so nimm doch ein Danken,
Spür es wie Winde der Jugend hergrüßend aus Weiten:
Eine Stunde aufflammender Rausch und Glanz,
Und ein Gedenken am Abend, zur leuchtenden Kerze.

H. v. M.

Da sank sie schwer auf das Bett nieder und weinte. Ihren Körper erschütterte die Heftigkeit des Schluchzens, das Papier knitterte in ihren Fingern, sie begrub ihr Gesicht in dem Kissen, das strömende Tränen benetzten. Endlich richtete sie sich auf, ging zum Waschtisch und ließ das Wasser über Stirn und Augen spülen. Noch einmal nahm sie das Blatt auf, betrachtete die feste Schrift, die Initialen. Dann sagte sie laut vor sich hin: »Ausgestrichen«, und zerriß es in kleine Teile. Die Stückchen flatterten zu Boden. Darauf strich sie mit der Hand über ihr Kleid und begann das Amt des Tages.

## Aufzeichnungen über eine Familie Klopfer

### 1909

Ich schreibe die Geschichte dieser Familie nieder zu eigenem Vergnügen und zur Erweiterung und Abrundung der Kenntnis meiner selbst, meiner und Miriams, meiner Schwester, mit der ich lebe und die mir alle Frauen zu ersetzen weiß. Ich vermute, daß nach unserem Tode – und wir werden wohl beide ohne längere Zwischenzeit sterben, eines freien Todes, wenn sich's so gibt – dieses Manuskript kaum übrigbleibt, oder vielleicht doch, möglicherweise; denn seine Aussagen dürften dann keinen lebendigen Menschen mehr betreffen, der mir innerlich noch irgendwie nahesteht, und Gleichgültige zu verletzen habe ich mich nie gescheut; vielleicht hatte ich sogar ein gewisses Vergnügen daran und manchmal danach eine Sehnsucht. Wie dem auch sei, und wieviel Jahre ich mir noch gebe – heute ist Frühling über dem See von Tiberias, dem holden Himmel hebt sich Wasser blau entgegen, grüne Ufer umfassen es, tragen es gleichsam empor, und die leichten Wolken sind den braunen Segeln der Fischer verwandt, die schwerfällig ziehend ihre Arbeit verfolgen. Heute will ich von jener Zeit in Deutschland schreiben, die weit über hundert Jahre zurückliegt, nach Notizen meines Vaters in seinen Tagebüchern, diesen ersten drei oder vier Heften meines ziemlich berühmten und ebenso eitlen Vaters, die er, Peter Klopfer, selbst der Veröffentlichung entzog, ohne sich doch entschließen zu können, diese Zeugen seiner ersten Semester zu verbrennen. Sein Bild, mit kleinem Barte, engen braunen Augen und kleinen Koteletten, die erst grau wurden, als es unbedingt nötig schien, mit dem starken Augenglas und dem stets so wohlgehaltenen Äußeren findet man in vielen Revuen der neueren deutschen und der jungen hebräischen Literatur; seine Tagebücher und Briefe, die er selber redigiert hat und die nach seinem Tode erst erschienen, sind jedem Liebhaber ein teurer Schatz und den Biographen eine ebenso ausführliche wie irreführende Quelle. Denn der große Mann, mein Vater, verfehlte nicht, bedeutende Verbesserungen, Striche und Zusätze anzubringen und so ein authentisches Märchen von sich zu verfassen, eine übrigens begabt angelegte Legende vom Leben und den Taten Peter Klopfers, des Lyrikers und Dramatikers. Ich, sein Sohn Heinrich, werde diese Legende sachgemäß zerstören, wenn meine Schreiberei so weit gelangt, ohne Haß nebenbei, ohne eine Rache zu üben, aus wissenschaftlichen Gründen. Ich kannte meinen Vater sehr viel besser als er sich selbst; dieser intuitive Psycholog beging nämlich zwei Fehler, den ersten, daß er uns Medizin studieren ließ, und den zweiten, als er sich seinerzeit in unsere Behandlung begab. Daher konnte er uns, Miriam und mich, nie belügen, wie es ihm bei allen seinen Freunden und vorzüglich bei den Frauen gelang. Es sind verwirrend viel Klopfers da, und ich werde ohne Scheu diejenigen weglassen, die mich nichts angehen. Es ist jedenfalls für mich von Reiz und Wert, in das Walten des Blutes einzudringen und mittels einer vorsichtigen Psychologie und Physiologie endlich jenes merkwürdige und mir immer von neuem fragenswerte Objekt hervorzubringen, welches Ich heißt und mein Ich ist – für niemanden von Wichtigkeit als für mich, meine Krankengeschichte über vier Generationen hinweg.

## 1

Klopfers sind aus Rußland nach Deutschland gekommen, niemand weiß mehr wann und wo. Jakob Klopfer ließ sich im Posenschen nieder, irgendwo im polnischen Teil dieser preußischen Provinz, in einem Neste, dessen Namen ich sicherlich nicht aussprechen könnte, selbst wenn ich ihn wüßte. Er war von Beruf Fleischer, er verließ dieses blutige, stinkende Gewerbe aber, kaum daß ihm die Möglichkeit dazu gegeben war, erwarb für lächerlich wenig Geld, sein ganzes Vermögen, Akker, Rodland und ein elendes Häuschen mitten im Walde und wurde Bauer. Schweigsam und selig schritt er, ein Riese von Wuchs und Breite, hinter dem Pfluge her, den zwei Ochsen zogen, sein stolzestes Eigentum. Ein Kranz starken schwarzen Barthaares hing ihm um Kinn und Wangen, die Augenbrauen standen dick und rund wie Finger über den gelbbraunen Augen, und zwischen den breiten gelben Zähnen hielt er beständig eine sehr verrauchte halblange Pfeife mit einem Porzellankopf, der ehemals weiß und bunt bemalt gewesen. Er war ungelehrt und sehr fromm, nicht aus brennendem Gefühl, sondern in zäher Gottesknechtschaft, die sich offenbarte in dumpfer Gefügigkeit, dem Glauben an »Gottes Hand«, und in einem inbrünstigen Befolgen aller Riten und Gesetze des auserwählten Volkes. Wenn er sich ärgerte oder krank fühlte oder auch, wenn kein sichtlicher Grund vorlag, ging er zu einem Fäßchen sechzigprozentigen Spiritusses und trank, tat einige kräftige Züge und fühlte sich erleichtert; übrigens sah ihn niemand ernstlich betrunken. Hin und wieder allerdings lag er krank zu Bett, von Rückenschmerzen gepeinigt, die kein Arzt bekämpfen konnte, weil er nie einen befragte und sich vielmehr bis zum nächsten Anfall mit Tees und Einreibungen von seiner Frau kurieren ließ; doch sah er späterhin nicht sonderlich wohl aus, eher blaß, gebückt und mager. Er kam bei einem Brande seines Hauses um; dieser geliebte Besitz brannte eines Nachts lichterloh, er wollte die Ochsen aus dem Stalle ziehen und wurde dabei von einem brennenden Balken auf den Kopf getroffen, so daß er starb. Seine Frau, meine Urgroßmutter, weinte sehr hierüber; darauf zog sie zu einem ihrer älteren Söhne und lebte dort noch lange, wechselte eines Tages den Aufenthalt, indem sie den jüngsten Sohn aufsuchte, und endete bei ihm, in einem dunklen Dorfe nahe der Grenze, sehr alt, krumm gedrückt von der Feldarbeit und den vielen Säcken Kartoffeln, die sie früher auf ihrem Rücken zwei Meilen weit zum Markt zu tragen pflegte, hustend und schwindsüchtig, mit sehr roten, tränenden Augen, vielen Runzeln, einer weinerlichen Stimme und einem Beinschaden, der zuzeiten eine gelbliche Flüssigkeit absonderte. Sie hinterließ ein paar Taler, zwei Leuchter aus dünnem Silber und eine silberne Uhr mit Kette und außerdem ein kleines Armband aus demselben Metall, das sie ihrer liebsten Enkelin noch bei Lebzeiten schenkte; einem kleinen, damals sechsjährigen Mädchen, welches leider nicht alt wurde, was ich verstand, als ich hörte, daß es mit der Großmutter das Bett teilte. Infolgedessen wurde es begraben, noch ehe es neun Jahre hatte; aber weil da noch mehrere Kinder lebten, kam das wenig in Betracht.

## 2

Dieses Ehepaar kam trotz seiner harten, lebenslänglich fortgesetzten Arbeit zu nichts und blieb arm: vermutlich, weil Jakob Klopfer – der sich eines Tages von einem anderen Juden durch Schwüre, Witze und Unkenntnis in einen Pferdehandel verwickeln ließ und darin seine ganze damalige Barschaft, siebzig Taler, verlor – im Grunde ein Träumer war, ein Mann ohne Brutalität, der in die Höhe strebte mit keinem anderen Mittel dazu als Arbeit und Sehnsucht. Von den Kindern, die ihm seine Frau in den Zwischenpausen ihrer Arbeit gebar, blieben vier Söhne am Leben, vier muntere und stets schmutzige Bauernjungen, die oft hungerten und die barfüßig durch den Kot des Dorfes liefen oder sich balgten, wenn sie das Vieh hüteten. Drei von ihnen kannte ich selber noch, dicke bärtige Männer mit Glatzen, einander sehr ähnlich, mit engen Augen und langen geraden Nasen, die mit der Oberlippe einen spitzen Winkel bildeten; mein Großvater ist einer von ihnen, der älteste; aber nicht von Geburt. Sein Bruder Moritz war älter als er. Der soll ein bildhübscher Junge gewesen sein, mit großen schwarzen Augen und einem klugen Munde. Ich habe ihn nie gesehen, auch mein Vater konnte sich seiner nicht erinnern, obwohl ihm ein starkes Gedächtnis gerade für erlebte Tatsachen seiner Jugend eignete, das er darum auch von jeder begabten Seele als Talentprobe zu fordern pflegte; aber die Töchter Moritz Klopfers sollen seine Schönheit geerbt haben, und Abbildungen aus der Zeit, in welcher die Krankheit ihn bereits zerstört hatte, zeigen noch Spuren davon. Klug mag er gewiß und über die Maßen lerneifrig gewesen sein; er trieb das Vieh wohl eine Meile weit aus, dann übergab er es seinen Brüdern und lief eilig ins Dorf zurück, zum Herrn Pfarrer, der ihm, ohne Entgelt natürlich, deutschen Unterricht erteilte; es ist nicht festzustellen, ob aus Freundlichkeit oder weil er ihn bekehren wollte. Das wäre ihm jedenfalls mißlungen, denn eines Tages spannte der Vater ein Pferd vor den leichten Wagen, die Mutter zog dem Vierzehnjährigen seine besten Sachen, einen vermutlich fragwürdigen Staat, an, und so fuhren sie nach Gnesen, zu dem Konfektionsgeschäft von Josef Roth. Herr Roth entrüstete sich über diesen Anzug, setzte seinen Kneifer auf, sah sich den Jungen an, ließ ihn zwei oder drei Briefe verfassen, die in erträglichem Deutsch, aber mit wundervoll regelmäßiger Schrift niedergeschrieben wurden, und behielt ihn bei sich, so daß die Mutter allein mit dem Wallach nach Hause fuhr. Moritz zeigte sich tüchtig, umsichtig und sparsam, kam aus dem Kontor in den Laden, aus dem Laden auf Reisen und blieb ein schöner, wortgewandter und erfolgreicher Reisender bis zu seiner Militärzeit. Er fühlte sich als Deutscher, dem zufällig und ohne Wesentlichkeit mosaische Konfession anhaftete, und er glaubte ihr, der Zeit gemäß, genugzutun, wenn er Bettlern gelegentlich Nickelmünzen in den Hut fallen ließ und an den hohen Festtagen dem Gottesdienst folgte, deutsch betend, da er die heilige Sprache nur noch mangelhaft verstand. Er diente bei der Feldartillerie und hatte das Unglück, kurz vor Beendigung seiner Jahre mit in den Deutsch-Französischen Krieg von 1870/71 ziehen zu müssen, in dem er große Strapazen, Kanonaden und Aufregungen zu erdulden hatte, deren Folgen sich später zeigen sollten, ohne ihm mehr als den Grad eines Gefreiten einzubringen. Vorläufig siedelte er nach Friedensschluß in den rheinisch-westfälischen Industriebezirk über, den er gründlich von seinen Geschäftsreisen her kannte, und verlobte sich mit einem Fräulein Laura Wildfang, welche zwar nur durchschnittlich aussah, jedoch ein gewisses Vermögen besaß und ihn gern nahm, heiratete sie, begründete ein Konfektionsgeschäft und hatte mit ihr Kinder, drei Söhne und zwei sehr schöne Töchter.

Auch er, der großes Ansehen genoß und bei den Mitbürgern sehr beliebt war, zum Hauptmann der Feuerwehr aufrückte und noch andere Ehrenämter übertragen bekam, blieb ein stattlicher Mann, breit in den Schultern, mit prächtigem schwarzem Barte, wenn auch in den letzten Jahren ziemlich korpulent, und machte den Eindruck einer blühenden und festen Gesundheit. Um so überraschter und erschreckter sah sich seine Familie, als er eines Tages Zeichen geistiger Unzulänglichkeit gab, lallte, irreredete, das Gedächtnis und die Herrschaft über seine Glieder verlor und es in kurzer Zeit augenscheinlich wurde, daß er von einer Geisteskrankheit befallen sei und sein Gehirn sich erweichte, wie das Volk zu sagen pflegt. Man mußte seit jener Zeit ihn an- und auskleiden und den großen Mann füttern wie ein Kind; auf diese Weise lebte er noch ziemlich lange, kümmerlich und zum Jammer aller, die ihn früher gekannt hatten. Seine Kinder nahmen sogleich Anstellungen, welche Geld brachten, und ernährten einander so mit Tapferkeit, indem sie überdies in drückende Abhängigkeit von Verwandten gerieten. Schließlich starb der Vater, und die Witwe zog mit ihren Kindern nach Berlin. Hier konnten sie sich freier bewegen. Der älteste Sohn Jakob, bis dahin Reisender wie sein Vater, der außer anderen Abgaben an die Familie auch seine jüngeren Brüder hatte Jus studieren lassen, konnte endlich ans Heiraten denken; seine beiden Schwestern, Ella und Rosa, deren Schönheit mit den Jahren immer voller und schwerer reifte und ihnen mit runden Schultern, starker Brust und sehr dickem schwarzem Haar etwas Träges und Majestätisches gab, fanden ebenfalls Ehemänner, obwohl ihnen kein Geld, dafür aber geschäftliche Tugend eignete, und auch seine beiden Brüder, Erich, der Rechtsanwalt, und Hans, der Kaufmann, stiegen zu gesellschaftlichem Ansehen auf. Sie allesamt genossen als unauffällige, redliche und mittelmäßige Bürger die verdiente Beliebtheit. Übrigens benahmen sie sich vorsichtiger als ihr Vater, indem der Jüngste überhaupt nicht heiratete und der Rechtsanwalt Dr. Klopfer sich mit zwei Kindern begnügte: meinem Vetter Josef, einem blassen jungen Menschen, den ich sehr wohl kannte und der als recht guter Dilettant des Klaviers galt, bis er, ein Dr. phil. und scharfsinniger Mathematiker von dreiundzwanzig Jahren, sich mit dem Dienstgewehr erschoß, weil ihn sein Unteroffizier übers Ertragbare peinigte – und einer Tochter, Flora, meiner hübschen Kusine, die sich, wie man sagt, einmal darauf kaprizierte, mich zu heiraten, obwohl sie mager und schwarzäugig aussah, von heftiger Gemütsverfassung und mit etwas langer, etwas herunterhängender Nase, und die schließlich irgendeinen Rabbiner genommen hat und mit diesem unnützen und sanften Manne in Deutschland lebte, in Breslau, wenn ich mich recht erinnere. Jakob Klopfer, der Älteste, der betriebsame Kaufmann, bekam drei Kinder von seiner Frau beschert, die nebenbei eine geborene Wolfsmilch aus Nürnberg ist, drei Söhne, und sie alle drei stellten sich als liebe, artige und unbeschreiblich dumme Jungen heraus, welche in der Schule niemals vorwärtskamen, zur Verzweiflung ihres klugen Vaters, die nicht militärtauglich waren und den Namen Klopfer in Deutschland weiterpflanzen werden, denn sie sind bereits verheiratet und haben Kinder, die ihnen gleichen. Ich will auch nicht vergessen zu bemerken, daß es jüngst zu einem intimen Familienskandal kam, weil Moritz, der Älteste, entdeckte, seine üppige Frau Helene, eine geborene Äsch, betröge ihn mit irgendwelchen jungen Leuten, und weil er diese Entdeckung nur dazu benutzte, seinen ins Wanken geratenen Kredit wieder festzustellen, indem er Frau Helene von nun an zu seinen Gläubigern mit Bitten und Gesuchen schickte, die ihr auch bewilligt wurden; seine Brüder entrüsteten sich glaublicherweise darüber aufs äußerste. Es ist wahr, sie alle hätten dergleichen brauchen können, denn sie haben allesamt kleine Garderobengeschäfte im Berliner Osten, aber keiner hat eine so hübsche und unbedenkliche Frau wie Helene, die geborene Äsch. Wir, Miriam und ich, verfehlten keineswegs, ihnen einmal zu Rosch-haschanah, dem Neujahrsfeste, unsere Sympathie auszudrücken, denn, wie sich Moritz wehmütig verteidigte: »Was wollt ihr? Was habt ihr euch? Bei den Zeiten...«

## 3

Diese Linie der Familie war die einzige, die nicht gewohnheitsmäßig und über fast zwei Generationen in Hinterhäusern lebte, in dumpfen, lichtlosen und ungelüfteten Räumen, in beständigem Kampfe mit Küchenschaben und Wanzen, unter dem Einflusse von Feuchtigkeit und schlechter Luft auch außerhalb der Wohnungen, und sich nur langsam in bessere Umgebungen hineinarbeitete. So erging es den anderen drei Brüdern und ihren Nachkommen; Heinrich, Eduard und Karl Klopfer entfernten sich leider nie aus dem ungesunden Gebiet der Wartheniederungen, in dem sie geboren waren. Von Heinrich, meinem Großvater, will ich zuletzt schreiben und seiner jüngeren Brüder vor ihm gedenken. Eduard ward Kaufmann; er trat als Lehrling in ein Spezereigeschäft ein, und zwar in Posen, verwandelte sich zusehends von einem Viehjungen, den Hosen aus Sackleinwand und eine starke, jedoch nicht unschöne Hakennase schmückten, in einen sehr gescheitelten Gehilfen, mit Röllchen, die aus dem Ärmel herausfielen, und einem Schnallenschlips, der am Kragen emporstrebte, bis er dicht unter den Ohren saß; und wenn er abends nach Ladenschluß mit einem runden steifen Hute und sehr spitzen Schuhen zu seinem Mädchen ging, welches er übrigens gezwungenerweise beständig wechselte, konnte er für einen Kavalier gelten. Überdies sparte er und legte manches zurück, sandte auch hin und wieder ein wenig Geld nach Hause und lebte so, tüchtig und unbehelligt, bis er Soldat wurde, Pionier, ohne daß er die Stadt zu verlassen brauchte. Da er von Jugend her stark und geschickt genug war, ging es ihm nicht schlecht; er wurde zwar nicht befördert, hatte aber doch ein erträgliches Leben, besonders, weil er am vierten Abend seines Dienstes einen Stubenkameraden, der ihn seines beinahe vergessenen und gleichgültigen Judentums halber verspottete und beschimpfte, im Ausbruch eines sehr leicht reizbaren Jähzornes fürchterlich verprügelte und ihn unfehlbar zum Krüppel geschlagen oder gewürgt hätte, wenn er nicht von der Stubenmannschaft überwältigt worden wäre. Der Unteroffizier vertuschte die Angelegenheit, und Eduard Klopfer hatte Ruhe. Diese plötzlich aufsteigende Wut, welche alle Überlegung und Rücksicht wie mit brennenden Mauern verdeckte, teilte er übrigens mit allen seinen Brüdern, obwohl der alte Jakob Klopfer ein sanfter Mann gewesen sein muß; aber wer weiß, welcher Vorfahr ihnen dieses Erbteil hinterlassen hat? Noch als Soldat in der dunkelblauen Uniform mit sehr hoher Mütze erblickte ihn Johanna Fuchs, die Tochter des Schneidermeisters Fuchs, und verliebte sich in ihn, und da sie ziemlich hübsch aussah, eine frische brünette Person mit bläulichen Augen und zartem Teint, dazu ein wenig Geld mitbekam, verliebte auch er sich in sie und heiratete zwei Jahre nach seiner Entlassung aus dem Dienste. Sie gründeten von dem gemeinsamen Vermögen einen Spezereiladen in Bromberg, welcher aber nie so recht ging, und hatten in sieben Jahren fünf Kinder, von denen glücklicherweise zwei starben, das eine an Scharlach und das andere an einem Genickbruch, den es erlitt, als es unbeaufsichtigt die steinerne Kellertreppe hinabrollte. Die Ehe, aus Liebe geschlossen, artete bald stürmisch und gehässig aus; da sich Geld niemals so reichlich einfand, wie man es hätte gebrauchen können, weil Frau Johanna sowohl wie Eduard gutes Essen und eine bequeme Kleidung zu schätzen wußten, kam es bald zu wilden, lauten und häufigen Zwistigkeiten, an denen sich niemand schuldig fühlte, bei denen immer etwas zerschlagen wurde und die damit endeten, daß er die Tür hinter sich mit Krach zuwarf und ins Wirtshaus ging, während sie weinend zurückblieb, den Tag verfluchend, an dem sie ihn zuerst gesehen hatte. In dieser Luft von Schimpfworten, Haß und Genußsucht wuchsen die Kinder auf, zwei Knaben und ein Mädchen, und es ist klar, daß sie hiervon nicht die besten Grundlagen empfingen, noch auch ihre Eltern schätzen lernten, die trotz allem im Geschäft und in der Wirtschaft tüchtig arbeiteten. Es kam jedoch zum Bankrott, und Frau Johannas Brüder, alle recht wohlhabende Fabrikanten und Kaufleute, erwarben für den Mann ihrer Schwester einen Gasthof in einer Posener Vorstadt, ein sehr gewöhnliches »Hotel« mit Schenke und sonntäglicher Tanzmusik. Hier setzten sie ihr zänkisches und unwürdiges Leben fort, während den Kindern die neue Umgebung und der tägliche Umgang mit den rohen oder gewöhnlichen Gästen der Schnapsschenke und den die schäbigen Zimmer benutzenden Paaren nicht gerade zugute kam. Alfred, der Älteste, obgleich nicht Erstgeborene, der den Eltern im Hause half, wuchs zu einem langen blassen Menschen mit engen Augen heran, einer rot herabhängenden Nase und einem sehr kleinen Kinn, nicht unähnlich einem Hasen, geduldig, oft von seinem Vater verprügelt und tückisch genug, seinen Eltern, als sie alt und auf ihn angewiesen waren, die Schläge seiner Jugend mit hämischen Worten und geringer Kost zu vergelten. Sein Bruder, nach dem Vater seiner Mutter Hugo geheißen, wurde in ein Kohlengeschäft getan, wo er viel Geld verdiente; sooft er nach Hause kam, gab es zwischen ihm und den anderen tolle Szenen, weil er sich weigerte, auch nur einen Pfennig davon abzuliefern. Er war sehr stark, rot von Gesicht, breit in den Schultern und groß, dazu gutherzig, jähzornig wie sein Vater und dann roh und rücksichtslos. Eines Sonntags abends fand in der Schenke eine blutige Rauferei zwischen Infanteristen und Artillerie statt; er wollte die Kämpfenden, welche mit Seitengewehren aufeinander losgingen, halb durch Überredung, halb mit Gewalt zu friedlichem Fortgehen bringen und erhielt dabei von einem betrunkenen polnischen Musketier rücklings einen Hieb, der ihm den Hinterkopf auseinanderschlug, so daß er tot auf sein Gesicht fiel. Damals zählte er erst zweiundzwanzig Jahre; aber viel früher, noch zu seinen Lebzeiten, brachte seine Schwester Lina Elend über diese merkwürdige Familie. Dieses

Mädchen nämlich, das außer einem hellen Gesicht, robusten Körper und weichen Händen und Füßen keinerlei Gaben besaß, ergab sich in dem vertraulichen Verkehr mit Gästen und Kellnerinnen der sinnlichen Ausschweifung, so daß sie, fünfzehn Jahre alt, schon mit einem Ulanen betroffen wurde, und zwar in einem Gastzimmer auf dem mit schwarzem Ledertuch bezogenen und mit einer gewellten Reihe weißer hochköpfiger Porzellannägel verzierten Sofa. Obgleich man sie prügelte und hungern ließ, fand sie doch immer wieder Gelegenheit, sich mit Soldaten zu vergnügen, die sie ziemlich unbedenklich wählte, da sie sich keines Verstandes erfreute. Als sie einige Tage ganz von Hause fernblieb, nahmen sie die erzürnten und verzweifelten Eltern unter strenge Aufsicht; allein sie sah verstört aus und redete unzüchtiges Zeug, verweigerte schon am vierten Tag die Nahrung, riß sich die Kleider vom Leib, wollte dergestalt auf die Straße laufen und verfiel, als man sie daran hinderte, in eine kaum zu bändigende Tobsucht, weil sie durchaus nach einigen Ulanen verlangte und den Befehl zu haben glaubte, sie in der Kaserne zu besuchen. Doktor Rosenblatt, der eiligst gerufene Arzt, konstatierte, was nach damaliger Medizin in seinen Kräften stand, und ließ das Mädchen in die Kreisirrenanstalt überführen. Dort verblieb sie einen gewissen Zeitraum hindurch, anfangs stets bestrebt, sich der Kleider zu entledigen, die man ihr anzog, und zu ihren Ulanen zu gelangen, und später stumpfsinnig, unsauber und halbnackt in einem Winkel kauernd, worauf ihr Bruder Hugo, der keineswegs rührselige, in Tränen ausbrach, als er sie erblickte. Endlich aber gab sie den wohltätigen Einflüssen der Umgebung und guten Pflege nach, erholte sich, vergaß auch endlich, was sie während ihrer Abwesenheit von Hause erlebt hatte – ich glaube, sie zog damals aus, das Leben kennenzulernen –, und kehrte als geheilt zu den Ihren zurück. Man ließ sie nun Krankenschwester werden und schickte sie nach Berlin, von wo sie begeisterte Briefe nach Hause schrieb. Leider aber erhielt die Pflegerin Lina Klopfer einige Wochen darauf die strikte Erlaubnis, nach Posen zurückzukehren, da sie einige Nächte außerhalb der Anstalt verbracht und auch sonst den Unwillen der Direktion erregt hatte. Die Geduld der Eltern war hiermit erschöpft. Sie wurde mit einem christlichen Monteur verheiratet, betrog ihn unverzüglich mit einigen Kollegen, wurde von ihm geprügelt und entkam nach Breslau, wo sie als öffentliche Person, als Dirne kurzerhand, in der Nordvorstadt ihr Dasein fristete; mein Vater hat seine Kusine daselbst einmal im Café getroffen und schaudernd erkannt.

## 4

Sie hätten den jüngsten der Brüder Klopfer, Karl, den gelernten Klempnergehilfen, unfehlbar zum Infanteristen ausgehoben, wenn seine Mutter nicht ihren damals schon graubärtigen und gerade todkranken Mann auf den Wagen geladen und zur Stadt gefahren hätte, um den Herren von der Aushebungskommission zu beweisen, daß sie zu ihrem Unterhalte den Sohn sehr viel nötiger brauche als der König von Preußen; auf diese Weise kam Karl frei, obgleich er, gesund und stark, gern Soldat geworden wäre. Er hatte den dichten Bartwuchs seines Vaters und jene gelbbraunen Augen wie fast alle Klopfers, dazu die längliche Nase, die mit der Oberlippe einen spitzen Winkel bildete, aber das vorgebogene und eigensinnige Kinn seiner Mutter, und sein Leben ward dadurch einfach und im Engen erfolgreich. Als einziger der Brüder richtete er den Sinn von vornherein auf das Tatsächliche und Erreichbare, steckte sich enge Ziele, holte sie ein und kam auf diese Weise zu einem kleinen Wohlstande. Er ließ sich in einem Dorfe an der Eisenbahn und mitten zwischen drei kleinen Städten in der Nähe der Grenze nieder. So erhielt er von überall Aufträge, die Klempnerarbeiten an Neubauten zu besorgen, soweit sie von Juden errichtet wurden; er wurde als tüchtig von der Eisenbahnverwaltung beschäftigt, heiratete dazu eine Frau mit etlichem Geld, mit zwei- bis dreitausend Talern, vermochte so einige Verluste zu überwinden, und während seine kleine Frau, gutmütig, mit bläulichen Augen und allen häuslichen Tugenden, ihm ein Mädchen nach dem andern schenkte, hob ihn ein bescheidener Glückszustand zu einem der ersten Männer des Dorfes. Er war fortschrittlich gestimmt, ein frommer, demokratischer und beleibter Jude, der die Gabe des Überlegens, der Rede und deshalb die vollkommen unerschütterliche Überzeugung besaß, daß richtig sei, was er vertrete. So machten ihn die nicht sehr zahlreichen Juden des Dorfes und der Umgebung zu ihrem Vorsteher;

so gründete er eines Tages, nachdem er monatelang auf seine Nachbarn und Bekannten mit Worten und Zahlen eingewirkt hatte, einen Spar- und Darlehnsverein, der wie eine kleine Bank arbeitete, Einlagen verzinste, den Mitgliedern mit bescheidenem Nutzen Geld lieh und so durch Kredit die Leistungsfähigkeit des einzelnen stärkte; so schloß er die sämtlichen Klempner der drei Städtchen und einiger Dörfer zu einem Verbande zusammen, der den Händlern die Preise für Rohmaterial vorschrieb und der, als jene sich dagegen sträubten, unverzüglich ein eigenes Vereinswarenlager errichtete, das fast zu Fabrikpreisen liefern konnte (von beiden gemeinnützigen Unternehmungen wurde er erster Vorsitzender); und endlich wählte man ihn zum Schöffen seines Dorfes. Als solcher hatte er jenes denkwürdige Zerwürfnis mit dem jugendlichen Herrn Landrat, das ihm einen Monat Gefängnis einbrachte und das ich kurz berichten muß. Es handelte sich um den Geldbeitrag jenes Dorfes zu einer neuen Wasserversorgung des Kreises, und alle sachverständigen Leute, Klempnermeister und Schöffe Klopfer an der Spitze, gingen einig darin, daß die verlangte Summe viel zu groß sei, wenn man sie mit dem geringen Vorteil verglich, den das ohnehin reichlich mit Trinkwasser versehene Dorf daraus ziehen konnte; aber da der Landrat, ein kurzhaariger Herr mit einem harten blonden Schnurrbart, gerne nach oben hin seine Tüchtigkeit erwiesen hätte, weil er aus diesem gottverlassenen Kreise in einen gesegneteren versetzt zu werden hoffte, wandte er alle seine Künste und Autorität daran, die störrischen Hausbesitzer zu überreden. Allein, obwohl der Widerstand nur passiv war, auf den er stieß, hatte er doch wenig Aussicht auf Erfolg, solange der Schöffe Klopfer mit seinen Akten und Zahlen selbstgefällig dasaß und unter eifrigem Nicken der Anwesenden und zur großen Verlegenheit des Gemeindevorstehers nachwies und immer wiederholte, es sei herausgeworfenes Geld, so leid es ihm tue. Die letzten Verhandlungen setzten sich drei Tage lang fort, und am dritten Tage geschah das Folgende: Der Herr Landrat schloß eine seiner Reden mit dem entschieden wirksamen Satze: »Greifen Sie jetzt nicht zu, dann können wir Ihnen nicht helfen, dann seid ihr ganz von Gott verlassen!« – »Der liebe Gott macht es, und billiger«, bemerkte Karl Klopfer lächelnd, »der regnet gratis«, und sofort fuhr ihn der Herr, dieser machtgewohnte und erbitterte Mann, in wenig gewähltem Tone an: »Halten Sie Ihren persischen Mund!« Eine vollkommene Stille trat ein. In derselben ergriff der Beleidigte seine Akten, stand auf, fragte den Gemeindevorsteher, der äußerst verlegen dreinsah: »Nehmen Sie mich vor diesem... Herrn da in Schutz? Nicht? Dann bin ich hier überflüssig.« Man sah und hörte, wie der ererbte Jähzorn in ihm wütete: er biß die Zähne aufeinander, ballte die Faust, die auf dem Tisch lag, errötete und wurde blaß, dann setzte er sich den Hut auf und ging auf den Landrat zu, willens, ihm die Akten ins Gesicht zu schlagen; allein zwei Schritte vor ihm blieb er aus dumpfen Gefühlen stehen und sagte verächtlich zu dem erbleichenden königlichen Regierungsbeamten: »Herr, Sie können mich am A...bend besuchen«, sprach's und ging hinaus. Darauf Beleidigungsklage, Prozeß und Verurteilung zu vier Wochen Gefängnis; denn das Gericht sah von einer Geldstrafe ab, weil der Hausbesitzerverein erklärt haben sollte, er werde die Summe seinem Mitglied und Vorkämpfer zurückerstatten, wodurch der Angeklagte von der Strafe nicht betroffen worden wäre. Die Berufung wurde verworfen, und während zwischen dem »Bromberger Tageblatt« und der regierungstreuen »Warthezeitung« die heftigste Pressekanonade um ihn tobte, half ihm dieselbe gar nichts, und Klopfer zog ins Gefängnis ein, um dort, Hausbesitzer, Schöffe, Vorsitzender zweier Vereine und zuerst Beleidigter, Federn zu schleißen und zu bedauern, daß er seinerzeit nicht Soldat geworden sei, wo er das Gehorchen und Maulhalten sicherlich erlernt hätte. Aber alle Freundschaft seiner Mitbürger und alle ihre Achtung vermochte nicht, ihn die Schande vergessen zu lassen, und noch sehr lange Zeit nachher, als schon ganz alten Mann, hörte ich ihn ausrufen: »Schade, schade! Wenn ich schon ins Loch kommen sollte, warum habe ich wenigstens dem Schweinehund nicht die Akten in die Fresse geschlagen?«, denn er war gewohnt, sich volkstümlich auszudrücken.

## 5

Ich heiße Heinrich, wenn ich das noch nicht mitgeteilt haben sollte, und ich führe diesen Namen nach meinem Großvater, demjenigen der vier Brüder, von dem mir noch übrigbleibt zu berichten. Vielleicht aus einem Vorurteil, vielleicht weil ich ihn am besten kannte, vielleicht auch mit guten Gründen erscheint er mir als der Zarteste und Feinste von ihnen, als der Verletzlichste, zum praktischen Leben Unfähigste, ganz auf verpflichtendere Werte und allgemeinere Ziele gerichtet. Ich trage ihn im Gedächtnis, so daß ich ihn auswendig hinzeichnen könnte, wie Miriam es tat, mit dem kurzen beleibten Wuchs, der unebenen Nase, die mit der Oberlippe einen spitzen Winkel bildet, dem grauen Bartwuchs und den gelbbraunen, engen Augen. Sein Kinn sprach Güte aus wie das seines Vaters, und von seinen Augenwinkeln gingen fächerförmig die Falten weg, die sein Lächeln verbargen, dieses unscheinbare, fast überlegene und gutmütig spöttische Lächeln eines Mannes von resigniertem Humor. Übrigens lebte er als Gegenteil eines untätigen Träumers; er stand von früh bis abends in der Werkstatt und schaffte. Er war nämlich von Beruf Sattler und lieferte die beste Arbeit der ganzen Stadt. Elegante Geschirre pflegte er selbst bis zu Ende zu fertigen, er behielt sich sozusagen das Schaffen der Vollkommenheit vor, und es wirkte etwas von Idealität in dem Bestreben nach letzter Sauberkeit, Zweckmäßigkeit und Schönheit, etwas von Kunst vielleicht. Ich liebte ihn, den alten Mann, obwohl er nicht so schön aussah wie mein Vater und stets nach Leder, Pech und säuerlichem Lack roch, staubig und meist in Pantoffeln einherging, die er hinten hinunterzutreten pflegte; ich liebte ihn, und ich muß zur Ehre meines Vaters gestehen, daß auch er ihn liebte und achtete und sich seiner niemals schämte. Mein Großvater hatte sein Handwerk erlernt und es auch zum Teil während seiner Dienstzeit ausgeübt, als Husar, als grüner schlesischer Götzenhusar mit gelben Schnüren. Er war rührend gern Soldat gewesen und bewahrte der oberschlesischen Garnison und seinem Regimente eine freundliche Erinnerung, so daß er später einem patriotischen Verein ehemaliger Götzenhusaren beitrat, sich auch betätigte und so in den Vorstand kam; und auch dies gehörte zu seiner Idealität, wenn es sich auch wunderlich und mehr als liebenswürdige Narrheit ausnahm. Er wollte nämlich nicht Sattler bleiben, er strebte aus dem Handwerk heraus zu höheren Überblicken und weiterreichenden Tätigkeiten, und so übernahm er in der Heimat seiner Frau, in Niederschlesien, ein Speditionsgeschäft mit Getreide, Stroh, Kartoffeln und Kohle;

und damals ging es ihm durchaus nicht schlecht. Er hielt Pferde und einen großen Lagerplatz vor der Stadt mit Laube und kleinem Gärtchen, in dem seine Kinder spielen konnten; zwei Jungen, Peter und Viktor, und Hannah, das Jüngste. Aber dann fielen ihm Pferde, Schuldner machten Bankerott, die Gläubiger drängten, und da helfendes Kapital nicht vorhanden war, kam es zum Zusammenbruch. Er kaufte nun eine Kneipe, in der Bürger und Soldaten verkehrten, und ernährte so seine Familie, ja, damals war er noch so ungebrochenen Mutes, daß er hin und wieder seine Geige hervorholte und den Kindern etwas vorgeigte, etwas ganz Bescheidenes, denn erst mit einundzwanzig Jahren hatte er, schon waren seine Finger ungelenkig, beginnen können, dieses Instrument zu erlernen, das er sehr liebte. Dann kam der zweite Zusammenbruch, ich weiß nicht warum, und er verließ die Stadt und ging wieder nach Oberschlesien, um dort sein altes Handwerk auszuüben. Erst war er herzlich übel daran, dann kam er langsam, ganz langsam und hart arbeitend ein wenig in die Höhe, und am Ende konnte er doch wieder etwas weiteres unternehmen: er eröffnete einen kleinen Laden mit Sattlerwaren, Koffern und Reitzeugen, und seine Frau übernahm die Aufsicht. Im Sinne des Rabbiners durfte man ihn kaum einen »guten Juden« nennen, denn obwohl er sicherlich dumpf an seinem hebräischen Gotte hing, hatte er doch weder Zeit noch Geld genug für die zeremonielle Frömmigkeit. Er besuchte selten die Synagoge, und seine Wirtschaft ließ alles Rituelle vermissen; aber seinem Gefühl nach, im Bewußtsein, stand er doch willig im Judentume. Er fühlte, daß er anders sei als seine christlichen Mitbürger, fleißiger, nüchterner, nachdenklicher, und wenn er auch nicht bewußte Folgerungen daraus zog, so schämte er sich dieser Abart doch noch weniger. Damals, als sein Sohn Peter etwa fünfzehn Jahre hatte, entstand die merkwürdige zionistische Bewegung, welche die Juden einer tätigeren als der nur konfessionellen Einigung zuführen und ihre Übersiedlung in das bessere, das eigene Land vorbereiten wollte; er widmete der noch ganz jungen und verlachten Partei viel Aufmerksamkeit, weil sie ihm naturgemäß vorkam, und übernahm für einige Zeit einen Vorsitz in der Ortsgruppe seiner Heimatstadt. Dabei blieb er ruhig Husar und deutscher Patriot, gründete eine Sattlerinnung, die ihn zum Obermeister machte, trat in den Schützenverein, politisierte in liberaler Überzeugung und fand immer noch Zeit, mancherlei zu lesen. All das aber schnitt sich und verwuchs in ihm, weil er im Grunde, wie ich glaube, ein echter Handwerker war, tief verbunden mit dem Gegenstand, der jeweils unter seinen fleißigen Fingern entstand, und wenig Sinn für Erwerb und schnelles Zugreifen hatte, weil er nicht dürr genug dachte und sich vielmehr danach sehnte, mit größeren Gedanken zu arbeiten, gemeinnützige und weitreichende Arbeiten zu unterstützen, Aufgaben zu lösen, die ihren Nutzen erst spät und für alle bringen konnten, Güte zu üben und an sich und die Seinen weniger zu denken als an die Handlung, die zu tun war. Auf diese Art wurde er geachtet und geliebt; ohne Engherzigkeit und Strenge ging er seinen Weg, der leider, aber begreiflicherweise, nicht der des Erfolges und der Sorglosigkeit hieß.

Trug er diese Sorgen noch ohne Ermatten, so drückten sie seine stille Frau zu Boden. Ich kann von meiner Großmutter nur mit Verehrung und mit Rührung reden. Wie klein und zart sie war, wie schmal und bescheiden, und wie sehr sie die Natur liebte! Ihre Neigung ging bis zur Gelehrsamkeit darin, wenigstens in früheren Jahren, wo sie noch braunes Haar hatte, wo ihre Lebhaftigkeit, ihr liebenswürdiges Plaudern und das hübsche Lächeln ihres feinen Mundes sie reizend machte, und wo sie stundenlang unterwegs zu bleiben vermochte, ohne zu ermüden, Blumen pflückend, um Schmuck und Botanik zu vereinen... Sie stammte aus besserer Familie als alle ihre Schwägerinnen, aus kultiviertem, früher wohlhabendem Bürgerhause, das wohl lange in Franken heimisch gewesen und erst später nach dem Norden gezogen war, eine geborene Rothenburg, und ihr Vorname war Marie. Streng war ihre Jugend gewesen, streng und bitter. Die Eltern trennten sich früh, die Mutter starb, sie wurde von einem wunderlichen Alten erzogen, ihrer Mutter Vater; später aß sie das kümmerliche Brot der Verwandten und behielt doch trotz allen Drucks ihren hoffenden Sinn... Dann kam Heinrich Klopfer, ein hübscher junger Mann sympathischen Wesens, einfach, sehr einfach – aber konnte sie ihn nicht veredeln? Sie traute es sich zu und heiratete ihn, Kinder stellten sich ein, qualvoll und gefährlich genug. Jakob, der Erstgeborene, lebte nur sechs Tage und erlosch am siebenten; Peter, der zweite, dauerte aus, obwohl scheinbar ein schwaches Kind, genannt nach dem schwärmerisch geliebten Bruder seiner

Mutter, einem Jüngling, der sich neunzehnjährig aus unbekannten Gründen als endliches Opfer tödlicher Melancholie erschossen und sehr talentvolle Aufzeichnungen und Briefe hinterlassen hatte, die damals niemand verstand und aus denen später mein Vater, sein Neffe, richtig schloß, er habe sich erotischer Besonderheit wegen aus der Welt gestohlen, einer Regung, die ihn von den Frauen entfernte und in Liebe zu anderen Jünglingen hintrieb (was den Anlaß und das Material zu dem frühen und mißlungenen Roman »Monos« gab). Endlich erschienen noch Viktor und Hannah, die Zwillinge, die unverträglichsten Kinder, die man sehen konnte. Aber dann traten die Sorgen auf, der Mangel an Geld, die stets drängende Angst vor irgendeinem Gläubiger – und langsam sank Frau Mariens Mut und gute Laune, sie wurde still, müde, sie ergraute, Falten gingen von den Mundwinkeln zur Nase empor, und ihre Augen blickten hoffnungslos. Am Ende saß sie in dem kleinen Laden und dachte: Vor zwanzig Jahren hätte ich gelacht, wenn man mir das erzählt hätte... Nun ja, man muß schon zufrieden sein.
Die größten Ausgaben wurden darauf verwendet, den Kindern wenigstens jenes Tor nach oben zugänglich zu machen, jene geistige Pforte zur Höhe und Weite des Lebens, die ihnen, den Eltern, anscheinend auf immer verboten blieb. Zu großer Liebe kam eine Art Verantwortlichkeit vor den Kindern, beinahe eine Ehrfurcht vor ihnen, als müßten sie am besten wissen, was ihnen guttat, als sollten sie ihren Weg allein wählen und gehen dürfen, und als hätten jene die Pflicht, Talente und Gaben der Kinder zu pflegen und sich entfalten zu lassen, ohne Rücksicht auf die Geldlosigkeit der Familie, die einer Hilfe dringend bedurfte. Darum ließ man Peter wieder zur Schule gehen, nachdem er schon mit dem Einjährigenzeugnis als Lehrling in eine Buchhandlung eingetreten war, die ihn unglücklich machte, darum durfte Viktor, den das Lernen anödete und der nur gerne mit geschickten Händen bastelte, bald seines Vaters Lehrling werden, und darum ließ man Hannah stundenlang in einer Ecke sitzen und mit gekrümmtem Rücken, die Augen dicht auf dem Papier, bis in die Dämmerung hinein phantastische und harmlose Scharteken lesen; und als man gar Peter mit zwei Anzügen und einem Monatsgehalt von fünfundsiebzig Mark nach Breslau fahren ließ, damit er dort seinem Wunsche gemäß

alte Sprachen studiere, anstatt ihn zum Geldverdienen in eine Bank oder ein Geschäft zu tun, runzelten die Verwandten die Stirn und redeten von Überhebung und bösen Folgen. Als unerfreuliche Beigabe dieser Erziehung zeigte sich nämlich, daß die Kinder nicht an jenen stummen und sofortigen Gehorsam der Wohlgesitteten gewöhnt wurden, daß sie nur freiwillig Autorität anerkannten, den Eltern widersprachen und sich ihnen bald entzogen. Besonders Hannah, Liebling ihrer Mutter und ein hübsches Mädchen, hatte davon Schaden, denn da man ihr das lächerliche und übertriebene Lesen nicht streng genug verbot, ließ sie ihre Schulkenntnisse ganz im argen und verbrachte ihre Tage mit gieriger Lektüre, während sie zur Wut ihrer Brüder nicht imstande war, einen simplen Brief ohne Fehler gegen Rechtschreibung, Stil und Interpunktion zu schreiben. Aus jenen albernen Büchern zog sie die Nahrung für ihre Phantasie; sie liebte es, sich von Träumereien, heißen Hirngespinsten, aus der Ärmlichkeit heben zu lassen und das richtige Leben zu vergessen. Kam dazu noch eine fatale Liebe zu Katzen und ihre wenig eindringliche Tätigkeit im Hause, so wundert sich wohl niemand, daß sie unverheiratet blieb und trotz des feinen Ovals ihres Kopfes, ihrer Schlankheit, großen Augen und einer sehr sympathischen Altstimme allein grau und wunderlich wurde, diese Tante Hannah, ein altes Fräulein mit Neigung zu unbarmherziger Medisance, das in Einsamkeit seine Tage hinbringt, umgeben von ihren Büchern, Katzen und Liedern und ernährt von einem kleinen Vermögen, das ihr mein Vater verschrieb, den sie, aber nicht deshalb und vielmehr von Jugend auf, vergötterte. Sie lebte auf ihre Art ganz tapfer und unverstockt in der kleinen schlesischen Stadt, wo sie geboren ist und wo sie sterben will, weil sie sich nicht entschließen konnte, mit meinem Vater Deutschland zu verlassen. Sie hat sich schließlich einen guten und altmodischen Geschmack erlesen und liebt am meisten die Bücher ihrer Zeit, die Schriftsteller aus den ersten zwanzig Jahren dieses Jahrhunderts, so beispielsweise die hohen und noch heute wertvollen Romane der kunstreichen Brüder Heinrich und Thomas Mann.

Aber ihr Zwillingsbruder lebt noch, mein alter Onkel Viktor, der betriebsame, praktische und reich gewordene Fabrikant, das Stelzbein, ehemals Sattler und auch heute noch Inhaber der Firma Heinrich Klopfer Nachfolger, die Luxuswaren und Automobilpolster herstellt, sowohl in Deutschland als auch bei uns heimisch, wo seine andere Fabrik am ehemals Toten Meere Jod und Brom nebst anderen Chemikalien in Menge versendet. Er zeigt die engen Augen und die etwas herabhängende Nase seines Vaters Heinrich, doch ist seine Stirn höher, sein Haar verschwunden, seine Miene lebhafter, und das Kinn steht hervor wie das seiner Großmutter oder seines Onkels Karl. Er haßt seine Schwester mit unverminderter Stärke, »diese Drohne, welche nicht arbeite, diese alte Scharteke, ein nutzloser Geldverschlinger, ein überflüssiges Exemplar!« Seine Frau, eine geborene Fleisch, billigt diese Aussprüche niemals, denn sie erwartet unermüdlich, daß ihre Schwägerin Hannah das Kapitel, von dessen Rente sie lebt, ihren Töchtern Hulda und Jane vererben werde, und sie war so unvorsichtig, ihr diese Hoffnung letzthin in einem Geburtstagsbriefe mitzuteilen, worauf die greise Empfängerin vor Ärger drei Tage zu Bette liegen mußte und der Brief zerrissen zurückkam. Nun, Frau Hedwig, die geborene Fleisch, ist nicht sehr intellektuell; um so gewandter aber erwies sich vor einigen Jahren mein Vetter Manfred Klopfer, Viktors begabter Sohn, erst Volontär, dann zweiter Kassierer in einem Bankgeschäft trotz seiner großen Jugend; am Tage nach der Feier seiner Volljährigkeit entfernte er sich eilig mit zwanzigtausend Pfund nach Amerika, Australien, China – was weiß ich! Er hinterließ einen Brief an die Familie, in dem geschrieben stand, er habe bis zu diesem Tage gewartet, weil so erstens der Abschied rührender, vollständiger und unbemerkter genommen werden konnte und weil zweitens sein Vater für ihn nicht mehr haftbar sei. Obgleich er so sein Zartgefühl deutlich bewies, geriet Onkel Viktor doch in wild weinenden Zorn, enterbte ihn, sagte sich öffentlich von ihm los und verbot ihm, den Namen Klopfer zu tragen. Daher auch weigerte er sich vermutlich, auch nur einen Pfennig von dem zu ersetzen, was der »Bursche« gestohlen hatte, und ich zweifle nicht, daß er im geheimen schweres Leid trägt über den Verlust dieses Kindes, zumal er ihm einen beißenden Beileidsbrief seiner Schwester eintrug, seine politische Laufbahn beendete und sein zweiter Sohn Harold keine Leuchte ist. Die zukünftigen Kinder dieses gutmütigen Dummkopfes werden unsere »Linie« fortpflanzen, die Linie Heinrich, Peter und Viktor Klopfers...

## 6

Das ist ein Teil der Einleitung, die Peter Klopfer verfaßte, als er, vierzig Jahre alt, seine Tagebücher durchgesehen hatte, und die er eines Tages dem Druck entzog:

»Eine Kindheit... Man fühlt sich gern mild gestimmt, wenn man, von diesem Worte bezwungen, eine weite Gruppe von frühen Dingen vor sich hat, man ist geneigt, an das Glück der Unmündigen zu glauben, an Bedürfnisse, die sogleich gestillt werden, an eine Welt von Spielen, in der man lebt, und an das innige Einssein der Seele mit aller Umgebung. Aber vergeblich bemüht sich der erinnernde Geist, feste Tatsachen herauszuholen, starke Augenblicke der Lust, die von einem freundlichen Gesetz in uns aufgehoben wurden, damit wir aus ihnen Stärke saugen, wenn die Kraft uns für Zeiten verläßt... Nichts aus der Menge jener ersten zweitausend Tage meldet sich, außer etwa einem Gefühl feuchten Flußsandes unter der zarten Haut von kleinen Kinderfüßen, denen das Barfußgehen nicht oft erlaubt war, und der Entdeckung grünlicher Muscheln, die mitgenommen werden durften; und außer der Erinnerung an einen sehr eiligen Lauf über festgestampfte Parkwege, nachdem man sich von der Hand der Mutter losgerissen hatte, wie eine Dampfpfeife schreiend, um eine übergroße Spannung und Fröhlichkeit in der Brust zu entladen. Es geschah Sonnabend nachmittags, und man hatte einen weißen Blusenanzug an, mit graublauen Stickereien benäht, Höschen gehörten dazu, fast als erstes Mal; viele Leute gingen spazieren und freuten sich über einen, und der Park brachte vor Duft, grünem Licht und himmelheller Weite das kleine Herz zum Jauchzen. Man empfand Seligkeit, sicher, und doch – könnte man sich heut noch daran erinnern, wenn man nicht alsbald schmählich gestürzt auf der Erde gelegen hätte, das zerschundene Gesicht am Boden, schrecklich weinend und beschmutzt?, wenn man nicht nach Hause getragen worden wäre, weil man vor Unglück und Schreck nicht gehen wollte und konnte? Ach nein, das, woran man sich erinnert, sind die unangenehmen, die schmerzlichen und furchtbaren Ereignisse, jene, die sich in die junge, noch weiche Seele mit unverwachsbaren Zeichen eingeschnitten haben. Damit mag erwiesen sein, daß die gewöhnlichen, die weitaus meisten Erfahrungen des Kindes die angenehmen sind,

weil jene so unveränderlich sich abheben; aber das ändert nichts an dem Bestande. Alle Erinnerungen an Erregungen des Kindes, auch an beglückende, sind mit Unlust vermischt.
Es lag im Hause der Eltern ein großer runder Torweg vor einem kleinen Hofe, beide mit buckligen, runden Steinen gepflastert, dort wohnten die hohen braunen Pferde mit wehendem Schwanz, vier eisernen Hufen und stets bewegten Spitzohren und der Kutscher, der zu ihnen gehörte. Man wollte reiten, und endlich hob der Vater den kleinen Jungen hinauf; der saß nun droben, hielt sich mit beiden Händen an der Mähne fest, froh und geängstigt. Wenn man dem Pferde nun weh tat, weil man es an den Haaren zerrte, so mußte es fürchterlich wütend werden, denn es sah doch so groß aus, und man fiel herab und blutete schlimm; und dann hielt man es noch eine kurze Zeit aus, weil man Furcht bekam und es dadurch noch schöner wurde, bis die Furcht alles andere verschlang und man weinend hinunter begehrte. Auch wenn man später in den Wäldern spielte, blieb es die Furcht, die das Abenteuer so heiß und wunderbar machte. Man kannte das Verbot, durch den alten Zaun zu kriechen und in den breiten und tiefen Wallgraben hinabzusteigen, der die kleine Festung als grüner Abgrund umgab und den alte Zugbrücken überschreitbar machten; und Wächter drohten da, die nicht bloß gelbe Stöcke führten, sondern einen fangen und in die tiefen kleinen Gefängnisse sperren durften, deren Eisentüren in den Wällen voller Scheu bewundert wurden. Aber dann, wenn man den anderen Jungen folgte, einer Stimme zum Trotz, die immerfort mahnte: ›Tu's nicht, tu's nicht!‹, und die im Herzen pochte – wie beglückt staunte man da unten in der Tiefe, wo ganz hohe Binsen mit braunen Sammetkolben wuchsen, wo die Straße und der blaue Himmel ganz hoch über einem hingen, oben, wo die grünen Wände der Wälle aufhörten. Wie wunderschön spielte es sich dort, wo man lange, lange laufen konnte, ganz nasse Füße bekam und endlich mit allen Kräften in betäubender Flucht vor einem Wächter davonstob, atemlos den Wall hinaufkletterte, beständig herabrutschend das Loch im Zaun fand und fast als letzter der Jungen in Sicherheit kam, schmerzhaft springenden Herzens, mit hastigem Atem, zitternd vor Angst, Genuß und Geborgensein!
Das Schrecklichste aber, welches am meisten lockte und zog,

hieß: das Theater. Man war noch sehr klein, sechs Jahre vielleicht, da durfte man eines Sonntagnachmittags eine Kindervorstellung sehen; das Stück hieß ›Schneewittchen und die sieben Zwerge‹, und die Mutter ging mit. Man zitterte vor Erwartung und fiebernder Erregung im Glück, das einen sprengte. Das Theater glänzte als prunkreichster Saal, den man erdenken konnte, schöner noch als die Synagoge, denn hier saß man auf rotem, weichem Sammet, und dann mangelte dort dieser eiserne Vorhang, der selbst schon machtvoll – denkt euch, wie schwer er sein mußte! – und zauberhaft drohte; aber bald gab es nur noch die Bühne, auf der so befremdende und wundervolle Dinge vorgingen wie die guten grauen Zwerge und das Schneewittchen mit seinem weißen Kleide und den schwarzen Haaren. Man konnte das Märchen fast auswendig sagen, so oft hatte man sich's früher erzählen lassen, hier aber trat es einem verwandelt entgegen – neu und voll Pracht wie nie gehört und doch das alte; und soweit stand alles gut. Doch als die böse Königin kam, zum ersten und zum zweiten Male, zitterte man vor Furcht und wünschte inbrünstig, Schneewittchen möge doch klug sein und den bösen Gürtel, den giftigen Kamm nicht kaufen; als sie aber zum dritten Male kam und man genau wußte, es werde dem schönen goldroten Giftapfel nicht widerstehen können, weil man ihm selbst nicht widerstanden hätte, da vermochte man das Entsetzliche nicht mehr mit anzusehen. Man versteckte seinen Kopf hinter dem Rücken der Mutter, hielt die Hände vor die Augen, und mit einer hohen Stimme, die einsam und angstvoll aus der dunklen Zuschauerschaft in den Raum emporstieg, begann man haltlos zu weinen aus Mitleid mit dem armen Schneewittchen und mit sich selbst und nach Hause zu verlangen, in die Sicherheit, in den väterlichen Schutz. Die Leute zischten vor Ärger, die Mutter, rettungslos verlegen, erzürnte sich, und man wurde in unversieglichen Tränen heimgebracht und zu Bette gelegt. Aber das Ganze war zu schön gewesen, auch das Schlimme, und so quälte man die Mutter und ließ nicht eher nach, bis man beim nächsten Kinderstück wieder im Theater saß – aber als Hänsel und Gretel nun im glühenden Ofen gebraten werden sollten, wiederholte sich alles genau wie beim vorigen Mal: Verstecken, lautes Weinen und zornige Heimkehr. Von da an galt das Theater als ein für allemal verboten, und erst der Tertianer durfte, zehn Jahre

später, Maria Stuarts schlimmes Geschick miterleben – und auch er hatte die Augen voller sehnsüchtiger Tränen.
Die ersten Berührungen mit dem Leidenschaft weckenden Spuk der Bühne gaben Schmerz – daran ist nichts erstaunlich. Aber eine andere Erinnerung besteht, eine merkwürdige, fremdartige für ein so junges Wesen, und sie ist an das warme Gefühl zu einem Menschen geknüpft, an Freundschaft, vielleicht an Liebe. Der siebenjährige Knabe, ein braunhaariges, dunkeläugiges Kind, dessen Lebendigkeit und Fragewut die beschäftigte Umgebung zum Verzweifeln brachte, begegnete hin und wieder einem kleinen Jungen, der etwas jünger sein mochte. Blaß sah er aus und sicherlich kränklich mit seinen großen blauen Augen, und sein Haar hing in langen blonden Locken an seinen Wangen herab. Er erschien feiner und zarter als irgend etwas Erdenkliches, viel feiner als die kleine Schwester, die man daheim besaß, viel zarter als die zackigen Gläser, die man nicht von ihrem Platz nehmen durfte. Einmal kam man zu ihm gelaufen, man wollte mit ihm spielen, man hatte ihn lieb und wollte ihn und seine blonden Haare streicheln – da fing er an zu weinen, und das war nicht freundlich. Er saß in einem Sportwagen, einem kleinen gelblackierten Wägelchen, das nur zwei, jedoch sehr große Räder hatte, deren ebenfalls gelbe Speichen ein langer roter Strich zierte. Die Deichsel, doppelt wie bei Vaters einspännigem Wagen, hatte rechts und links einen Griff zum Anfassen, und wer ihn zog, lief in der Deichsel wie ein Pferd. Das mußte hübsch sein, wenn er darin saß, es fühlte sich gewiß über alle Maßen schön an, ihn ganz schnell zu ziehen, viel schneller als das Fräulein, das ihn nur langsam vor sich herstieß. Und eines Tages geschah es; er begegnete den beiden in einer großen geraden Allee von zwei langen Reihen alter Nußbäume, er trat zu dem Fräulein hin und bat: ›Laß mich ihn doch einmal ziehen, ja?‹, und als er die Erlaubnis hatte, ergriff er sofort beide Handgriffe und begann gesenkten Hauptes zu laufen wie ein Pferdchen. Wollte er dem feinen Kinde ein Vergnügen bereiten? Spielte in ihm eine Regung der Lust, jenen zum Herrn über sich zu machen und dennoch mit ihm nach Belieben zu schalten? Machte es Spaß, tüchtig zu laufen und etwas hinter sich herrollen zu wissen? Aber was er fühlte und woran er sich auf immer erinnerte, war keine Lust, es war ein merkwürdiger Schmerz, eine schneidende Qual, die

Scham, ganz einfach. Ihm schien, er werde auf schmerzlich unbestimmte Weise schmutzig; als sei, was er tat, für ihn Sünde und Schande ... und so lief er, lief, bis er's nicht mehr ertragen konnte. Er ließ den Wagen mit dem weinenden Kinde stehn und eilte nach Hause, gejagt von irgend etwas, das er mit sich zog wie vorhin den Wagen. Er sprach niemals und zu niemandem von diesem Erlebnis, verschloß es in sich und bewahrte die Erinnerung an das merkwürdige Gefühl wie ein verbotenes Ding, das man aufhebt, aber ungern ansieht.

Doch Peter, mein Junge – diese Geschehnisse werden bald von anderen zurückgedrängt. Du verläßt diesen hellen Ort, die enge kleine Festung mit den grünen Wällen und dem großen Strome, mit den schönen alten Kirchen und den freundlichen Onkeln und Tanten, wo es dir immer gut ging, und landest nach endloser Eisenbahnfahrt im schmutzigen stubenlangen Abteil vor einer kahlen düstern Stadt, deren Himmel tief vor Rauch hängt. Dort wohnst du anfangs in einer dunklen Wohnung, und nun – du bist unterdes neun Jahre alt geworden – beginnen die Prüfungen. Du lernst, daß der Weg zur Schule, und schon frühmorgens, noch im Bette, der Gedanke an ihn, eine grauenhafte Qual sein kann, weil da ein schnurrbärtiger Mensch sitzt, Herr Lehrer Mikosch, der dich oft, oft mit einem dünnen gelben Rohrstock schlägt, weil du nicht schnell rechnest und nicht schön schreiben kannst, dich, der so selten geschlagen wurde, dich, der gegen Schmerzen allzu empfindlich ist; du lernst, daß man mit zehn Jahren schon am Dasein verzweifeln kann. Du merkst, daß deine Anzüge durchaus nicht mehr so schön wie früher sind, daß andere Jungen, mit denen du gerne gingest, viel netter angezogen sind als du, und du läufst mit gesenktem Kopf umher und beißt mit den Zähnen auf die Unterlippe; du bist schwach und kannst nicht so stramm prügeln wie die anderen, und beim Turnen hast du manchmal Angst, vom Reck zu fallen, weil du zu genau siehst, daß du auf einer dünnen Eisenstange hoch über dem Erdboden sitzen sollst, und dir empfindlich vorstellen kannst, wie schmerzlich und beschämend es wäre, wenn du herunterfielest. Dann erfährst du, daß du ein kleiner Judenjunge bist und was es bedeutet, einer zu sein; die Jungens rufen es dir auf der Straße nach, daß sich dir das Herz umdreht vor Zorn, manche Lehrer lassen es dich höhnisch fühlen, und manchmal sondern sich auch die

Klassenkameraden von dir. Du lernst deinen furchtbaren Gott kennen und sein vielfältiges Gesetz, das dir vorkommt wie ein hartes Räderwerk, und je besser du begreifst, um so tiefer drückt sich dir die Gewißheit ein, daß deine Eltern und du ihm nicht so gehorchen, wie ihr solltet. Ihr laßt eine Menge Vorschriften außer acht, die viele andere Juden dieser Stadt treu erfüllen und von denen geschrieben steht, daß keine gering sei vor dem Herrn – und du verstehst, warum die anderen Judenjungen dich ›Schweinefresser‹ schimpfen und sich von dir abwenden. Du nickst dazu mit dem Kopfe und findest es in der Ordnung, wenngleich es dir zum Lachen hart scheinen will, von rechts und links gleicherweise angefeindet zu sein, grundlos, weil du gegen deine Sünden nichts tun kannst; denn es erscheint dir als größere Schuld, unverzeihlich, deinen Eltern Vorhaltungen über ihre Lebensart zu machen. Und laß es nur gehn, kleiner Peter, wenn du erst dreizehn Jahre alt bist und ein, wie du schon einsiehst, sinnlos gewordenes Gesetz dir kleinem Jungen selbst die Verantwortung und Last deiner Taten auflegt, damit du sie vor Gott rechtfertigst, dann beginnt erst der wahre, der Vernichtungskampf zwischen deinem lebenden Gotte und dir, die Reihe von Schlachten, in denen du ganz allein fichtst, nächtelang denkend, in denen du Niederlage auf Niederlage erleidest, in denen nur eine stets von neuem sich erhebende Fragerstimme dich stärkt – bis du eines späten Tages, gekräftigt von Ängsten ohne Maß, von Qualen ohnegleichen, die letzte Entscheidung, den endgültigen Kampf bestehst, mit Messern, den Fingernägeln und selbst den Zähnen. Da erliegt dein Gott, da stirbt dein Gott, und auf immer und für allemal wendest du dich von dem starren Kadaver, ein gewisses, schon resigniertes Weh im Herzen: ›Also war's auch damit nichts ...‹ Und was ihn schließlich beseitigte, war zuletzt kein Zweifel, weder deiner noch der anderer Leute, eine Überzeugung vielmehr, eine geschaute Sache, ein unumstößliches Gefühl. Wenn da ein Gott bestand, so empfandest du täglich tiefer, der gegen die Welt, gegen dieses trotz aller Leiden schöne, starke, fortströmende Leben, die Schuld, die Sünde und die beständige Furcht stemmte, quer davor wie einen Damm, so wurde es sinnlos, unmöglich, durfte es nicht bestehen und weiterfließen. Es floß aber täglich reicher, immerfort triumphierend – und das befreiende Dasein spülte ihn fort, den Damm und seinen Bauherrn, aus deiner Seele.

Wie alt warst du damals, mein Junge? Sechzehn, wenn ich nicht irre. Deine Stimme hatte inzwischen längst ihre Lage gewechselt, und eine ganze Stufenfolge fremder, völlig neuer Gefühle war in dir aufgestiegen, ebenso viele Leiden. Aber davon wissen wir nichts einzelnes, und das ist sehr gut. Du hast nichts darüber aufgeschrieben, keine Zeile sagt davon Unmittelbares. Aber mittelbar gibt es eine ganze schwarze Kette von Erinnerungen, Mädchennamen sind es, Peter. Du brauchst dich ihrer nicht zu schämen, schäme dich deiner nicht. Dreizehn Jahre hattest du, da spielte ein kleines Mädchen Theater. Blond glänzte ihr offenes Haar, blau ihr lachendes Auge, Edith hieß sie, und du liebtest sie jahrelang. Du dachtest an sie mit sehnsüchtiger Inbrunst, voll tief schwermütiger Glut, und es gab nur eine Gefahr für dich: daß sie jemals etwas davon erführe... Sie hatte die Blonden, Lustigen lieber, und wenn du mit ihr zusammentrafst, auf den Krocketplätzen der Stadt oder auf einem Promenadenweg, der birkenbestanden zwischen zwei Teichen hinging, dann standest du stumm und ungeschickt vor Erregung, Herzensfülle, vor Glück...
Und dabei blieb es. Du standest von ferne und betetest an und zittertest, daß man dich erkennen könnte. Die Namen wechselten, die Gestalten zogen vorüber – aber eigentlich blieb es die eine Blonde, die Frohe, Leichte, von Gedanken Freie. Davon erzählen schon die Tagebücher, erzählen von deinen Qualen und ihren Folgen, den Gedanken, stammeln von schwellender Sehnsucht und heißer Verzweiflung, immerwacher Hoffnung und skeptischer Resignation. Du wurdest klug, Peter Klopfer, du lerntest von dir, aber langsam schritt es fort, und teuer wurde die Weisheit gekauft. Du tatest, als genössest du deine Leiden, aber damit war's nicht weit her, und die starken Sprüche, die du gegen das verächtliche Glück der anderen sandtest, halfen dir herzlich wenig. Du täuschtest alle, dich selbst aber betrogst du nie, und das öffnete dir schließlich die Rettung. Denn als du kaum klug genug dazu warst, begannst du den letzten Streit, den es noch gab, der grausamer wütete als der mit deinem Gotte, härter, näher Haut an Haut als der mit deinem Glück; den Kampf mit dir selbst, mit dem ätzenden Zweifel an deinen Fähigkeiten, deinem Wert, deinem Anderssein, deinem Recht auf dein Andersfühlen, mit dem Zweifel an deinem Recht zu leben. Davon hast du in diesen Heften mehr

niedergelegt, als dir lieb ist, mehr, als man ertragen mag, so viel, daß einem Hören, Sehen und Lesen vergeht. Auch hier entkamst du, soviel ist gewiß, aber wie und wann! Du hattest keine Haut mehr, und wie lange hat's gedauert, bis dir die neue wuchs? Das wollen wir nicht verraten.
Und in diesen ganzen Jahren blieb dir nur ein Vertrauter, nur eine tröstende Freundin, nur eine stets milde Zuflucht: der Wald, der blaue Himmel, die gütige Erde, die stumme Welt. Aber hieß das denn wenig? Kann man nicht wahrhaft sein Herz stillen, wenn man an einem blauen Nachmittag im Walde liegt, jetzt, wo der Sommer Herbst werden will? Die schweren Gedanken werden leicht und fliegen auf glitzernden Fäden fort, und innen bleibt die sachte Schwermut zurück als Entgelt für die Schmerzen, die sie zeugten. Gut stimmt man dann zum tiefen Sonnenton der Luft, man streckt sich wohlig träge, zart angegoldet mit den Birken, und hofft sich schön zu finden gegen den einzig reinen Herbsthimmel. Und dann dunkelt es, und du merkst still auf alle Zeichen des Abends, ein Verstehen knüpft sich zwischen dir und den Tannen, die erglühn und dunkeln, du suchst dich in dem warmen Dunst des Bodens, du ahnst, daß hinter den stummen Waldbäumen eben die Sonne versank... Du erschauerst, wie einsam bleibt das Herz! Da reimt sich dir der dunkle Ton der Frösche auf das verlassene Zirpen der Grillen am Weg entlang, stets gleich, immer beängstigender – und wenn du nun in deiner Verlassenheit Trost suchst bei den hohen Wolken, die regungslos ein sanftes Rot leuchten lassen, und wenn du hineinstarrst in den sehnsüchtigen schwindsüchtigen Himmel da, der so dünn grün ist, als sei er nur in einem fernen Spiegeln vorhanden, da möchtest du die Arme heben und hineinfliegen, der Trauer zu entrinnen, die deine vordem frohen Augen mit Tränen verdunkelt, die sich langsam über alles breitet und macht, als wär's dein, ein Teil von dir, voll Sehnens, ganz voll schwerer Sehnsucht. Und dann ist schon der Abend da und hängt seinen grauen Schleier über die Wiesen, verfilzt die schwarzen Bäume zu einem zackigen Drachenschweife und hängt in den sternbesprengten Himmel ein goldenes Horn: den Mond.«

## 7

Von meinem Vater zu sagen, was jeder weiß, erspare ich mir. Man kennt sein Bild, die engen braunen Augen, die längliche Nase, den kleinen, englisch gestutzten Schnurrbart, sein immer glattes Kinn, das ihm etwas von steter Jugend gab, und die kurzen, spät ergrauenden Koteletten, man kennt es so wohl wie die offizielle Legende von ihm; und so darf ich übergehen, daß er, der träumerische Mann der Reime, durch eine gewagte Spekulation und mit Hilfe seines Bruders zu Vermögen kam – oder etwa, wie er sein Talent erklärte, diese inmitten praktischer Bürger seltsame Begabung, nach ihm entstanden aus der Mischung des neuen starken Bluts der Klopfer mit der alten, Jahrhunderte in Deutschland ansässigen, verfeinerten und kunstnahen Familie der Rothenburgs. Denn so wie ich hat ihn keiner erblickt; wenn diese Augen zu gewissen Zeiten voll Grauen in das Dunkel starrten, in dem sich etwas Drohendes vorbereiten konnte, wenn ein wachsender Zwang ihm den Kopf nach einer stummen Ecke des Zimmers drehte, wo doch endlich etwas Schreckliches zu entdecken sein mußte, wenn dann ein befreites und schüchternes Lächeln über seinen Mund huschte, weil sie dalag, unverdächtig und leer – was er ja vorher schon gewußt hatte... Wer sah seine feine kurze Hand, wenn sie beringt und zitternd die Kognakflasche immer wieder füllend zum Gläschen führte, wenn sie dies Gläschen manchen Tag zwanzigmal zum Munde hob, wenn sie mit jener nervösen Geste hilflos von den Schläfen zu den Wangen strich oder die Höhlungen der Stirne rieb? Wer ahnte etwas von den Angstschreien, die er mit Zähnen und Lippen zurückhielt, von dem Beben seiner Kinnlade bei jeder heillosen Gelegenheit, etwa beim Betreten unbekannter Räume? Nicht einmal unsere Mutter durfte etwas davon wissen, nur wir beide, Miriam und ich, die Ärzte seiner erkrankten Nerven. Seine Krankheit gab sich als Überreizung und Folge einer unmäßigen, ungesund starken Phantasie, jener ruhelosen Vorstellungskraft, die ihn befähigte, die Welt der Bibel noch einmal zu schaffen, und sie äußerte sich in Unsicherheit und riesenhafter Angst vor allem, was er nicht genau kannte; sie bedeutete gleichsam Vorstufe und Zusammenfassung eines Wahnsinns der Größe und der Verfolgung. Darum konnte er seit frühen Tagen schon in öffentlichen Lokalen nur verweilen, wenn er die Wand hinter seinem Rücken wußte, darum zögerte er im Abwärtssteigen unbekannter Treppen, tastete auch im Lichte erst mit dem Fuße vor sich hin und ging allein immer mit dem Gefühl hinauf, ihm folge ein Schemen mit blankem Beil und er werde sogleich einen Hieb gegen den Hinterkopf empfangen; darum hob er die Augen vom Buche, in dem lesend er einsam saß, in deckende Sessel versenkt, und spähte lächelnd ins Dämmer rundum; darum zechte er, darum verbrachte er Monate auf dem Wasser, darum suchte er Licht und Gesellschaft. Er fürchtete sich nicht vor Menschen, er fürchtete sich nur vor dem Ungefähren, das er mit unheimlich starker Einbildungskraft empfand. Er hatte Angst ohne Grund; wie ein anderer Lichtreize fühlte, so fühlte er Furchtreize. Er hatte dafür ein Organ.

Darf man seine Krankheit Feigheit taufen, so hieß sein Heilmittel: heroische Eitelkeit. Er war ein Held – aus Schwäche. Er verteidigte sein Geheimnis vor jedermann, weil man ihn bewundernd lieben sollte und nicht mitleidig. Weder Miriam noch ich hatten Mitleid mit ihm, und er dankte es uns tief. Er wußte, daß er für uns Objekt war, daß wir seinem Kampfe als verständnisvolle und bewundernde Sekundanten beiwohnten, und er liebte uns dafür. Er schrieb sein reifstes Drama »Saul«; und während jedermann wußte, daß David, dieser heitere, siegessichere, zweifellose Jüngling das Abbild des Poeten war, der stets als liebenswürdiger Gesellschafter und Weltmann, als mühelos schaffender Poet und Sonnenjüngling galt, holte er aus sich jenen düsteren Herrscher, jenen von sich selbst verwundeten Geist. Und von seiner heldenmütigen Eitelkeit getrieben, als er seinen Zusammenbruch nahe fühlte, als sich der ungeheure Schrei der Angst nicht mehr beherrschen ließ, am Tage nach seinem zweiundfünfzigsten Geburtstag, schwamm er hinaus auf diesen schönen See wie jeden Morgen, in der Hand das kugelige Fläschchen mit Zyankali, trank, schrie einmal laut auf wie ein Tier, das man tötet, und versank. So vollzog sich der Schlaganfall, dessen Opfer der Badende wurde und den alle Welt betrauerte, auch unsere wundervolle Mutter, die gewesene Contessa Gritti, die große Tragödin, die schönste Frau, die ich je sah.

Allein, ehe ich auch von ihr das Nötige aufschreibe, habe ich noch einiges hinzuzufügen, um die Studie von meinem Vater abzurunden und zu beschließen. Witzig ist seine Beziehung zu derjenigen seelischen Reizbarkeit, die man Scham nennt. Er sprach und schrieb fortwährend von sich, und das ganz deutlich, aber er verhüllte und fälschte seine Berichte aus Schamhaftigkeit; Eitelkeit und Feigheit mögen nebenbei daran teilhaben. Die ernsthafte Komödie von Susanna nach dem Bade, deren unheroischer, untragischer Ausgang seinerzeit sehr befremdete, ist für mich ohne Rätsel. Seine Güte, deren Quelle wohl seine Schwäche ist, kennt man, und seine Freunde wie seine Kinder haben davon viele Zeugnisse. Er konnte nicht nein sagen, und obgleich er die Moral der Härte in prächtigen Gedichten aufrichtig feierte und an sie glaubte, vermochte er ihr doch nicht nachzuleben. Die psychologische Hellsichtigkeit, die man an allen seinen Werken rühmt, blieb auf sein Dichten beschränkt; er wußte in den Gefühlen und Folgerungen der Menschen zwar Bescheid und stellte Motive und Wirkungen, Feinheiten und Überraschungen der Seele trefflich zusammen, aber er erkannte sie nicht wieder, wenn sie lebendig vor ihm geschahen, und ich habe selten einen schlechteren Menschenkenner getroffen. Er haßte allen Sozialismus, alle Demokratie und fühlte sich doch unterschiedslos eins mit seinem Volke, den Juden; freilich als ein auf immer Losgelöster, ein Abenteurer mit schwacher Zuversicht, Sehnsucht nach Sicherheit, Kraftzuwachs und Gemeinsamkeit, der sich an eine letzte Rettung anklammert und der irgendwo daheim sein will, weil er eigentlich nirgends hingehört. Ich glaube, er blieb den Juden fremd, obgleich man weiß, daß er im letzten Viertel seines Lebens als Politiker für sie mit Erfolg tätig war, und obgleich er öffentlich bezeugte, seine sozialen Empfindungen, sein deistisches Judentum seien ihm tief in die Seele gegründet. Und dennoch sprach er Hebräisch als fremde Sprache und niemals fließend, dennoch dichtete er seine Werke deutsch und übersetzte sie erst später, dennoch heiratete er eine Lateinerin.

Unsere Mutter... Wenn sie durchs Zimmer ging, wenn sie die Arme hob, um ein Fenster zu öffnen, wenn sie sich herabbeugte, um ein Buch aufzuheben, immer hatte sie die makellose Anmut einer Elfe, die für ein kurzes Menschenleben ihren Wald verlassen hat. Ihr Lächeln, ihr Ernst, ihr Blick und Gang, ihr Anteilnehmen nur durch eine Wendung des Gesichts, ihr bloßes Im-Zimmer-Sein schon hauchte rauschartiges Glück über Männer und Frauen. Uns Kindern haben ihre großen schwarzen Augen die holdeste Jugend erleuchtet. All ihre Güte klang in dieser dunkelbeseelten Stimme, die uns italienische Verse vorsprach; sie lehrte uns diese Sprache, ohne daß wir's merkten. Ihr schwarzes Haar glänzte wie der Flügel des Raben, es umschloß, wenn sie es lang herabhängen ließ, ihr elfenbeinernes Gesicht. Und ihre Hände! Sie waren gelblichbleich, schmal und fest, sie liebkosten, daß man sie noch Stunden nachher zu spüren vermeinte. Meine Schwester Miriam hat solch ringlose Hände mit rosigen Nägeln, gleicht meiner Mutter wie eine Zwillingsschwester... Wenn sie mit uns im See badete, dem Element vertraut wie Aphrodite – Schöneres habe ich nicht gesehen; das bläuliche Wasser verklärte ihren Leib. Und Miriam gleicht meiner Mutter wie eine Zwillingsschwester... Sie war eine Heidin, Maddalena Gritti, ohne die Scham unserer Zeit und ohne unsere lästernde kleine Klugheit ging sie umher. Hier ist ihre Geschichte: Fünfzehn Jahre hatte sie erst, als der Drang zur Kunst und ihr Genie allzu stark wurden. Ihre Eltern, arm und daher hochmütig, verboten der Contessa den Gedanken zur Bühne. Sie floh; mit wenig Geld und wenig Kleidern kam sie nach Rom zu Gregorio Nazza, dem Vortragsmeister, dessen sanfte Frau sie kannte – er sah sie, hörte sie, außer sich vor Begeisterung, behielt sie, machte sie nach kaum drei Wochen bei irgendeiner improvisierten Familienfeier mit drei Glas schweren Rotweins betrunken und nahm sie. Seine kränkelnde Frau gönnte es ihm, und Maddalena blieb Jahre bei ihnen, da es nun einmal geschehen war und ohne Geld niemand ihr solch ein Lehrer geworden wäre, und lernte von beiden, was sie konnten, und das hieß viel. Achtzehn Jahre alt, nannte sie sich Gritti und kam an einem kleinen Theater an, mit achtzig Lire im Monat. Sie bekam keine Rollen, da sie Direktor, Regisseur und einen Kollegen ohrfeigte; darauf wurde ihr klar, daß sie einen Liebhaber nehmen mußte, wenn sie nicht verhungern wollte; sie wählte den feinen Marchese Dossi. Man begann von ihrer Kunst zu sprechen, allein die großen Bühnen blieben ihr verschlossen. Mit zwanzig sah sie mein Vater, dessen Ruf damals anfing, Deutschland zu überschreiten, auf dieser mäßigen Bühne; er ließ sich in ihrer Garderobe melden, ward vorgelassen, sie hatte von ihm bereits gehört; er war damals siebenundzwanzig, jung, geistig, elegant. Sie liebten einander, er bat sie,

seine Gattin zu werden, sie willigte ein, der Marchese trat artig zurück, und die Hochzeit ward in Florenz gefeiert. Von dieser Zeit an bis zu seinem Tode blieben sie beieinander, erst in der Nähe Berlins wohnend, dann in diesem schönen Lande, rücksichtsvoll und ohne daß ihre Liebe abnahm, die nur immer schwerer und inniger sich vertiefte. Jedes Jahr lebten sie einander eine Zeitlang fern, nicht im Winter, wenn sie zwei oder drei Monate in Europa deutsch oder italienisch die klassischen Dramen belebte, Shakespeares, Hebbels und Ibsens Frauen, die großen Rollen geschickter Franzosen oder die vielleicht vergänglichen Gestalten meines Vaters: Thamar, Susannah, die Bathseba im »Uriah« und die wundervolle Michal des »Saul«; auf diesen Reisen begleitete er sie, um sie spielen zu sehen, in den Musikstädten Europas ausgewählte Sinfonien und wenige Opern zu hören und seine deutschen Freunde zu besuchen. Im Sommer aber, wenn die großen Sonnenbrände und heißen Winde über unserem weißen Hause glühten, trennten sie sich; meine Mutter suchte den Norden, die kühlen Buchenwälder Dänemarks, die schottischen Berge, Norwegen, Schweden und Nordamerika, während mein Vater auf den Ozeanen umherfuhr, mit mir oder Miriam, froh seiner lichtdurchquellten Einsamkeit, ohne Zeugen und Zügel, ohne seinen steten Zwang; Indien liebte er, Japans feine Landschaften, die weiten Ebenen Chinas und die furchtbaren Bergketten des Tibet. Dann kamen sie wieder, jedes frisch und erneuert, in ihre Schlafzimmer, die übereinander lagen und durch eine Wendeltreppe verbunden; und keine Frage wurde laut, jedes wartete ab, daß das andere die Erzählung beginne. War meinem Vater Mißtrauen so fern, Eifersucht und die Angst der Hintergehung? Er gab sich den Anschein, aber ich glaube ihm nicht. Miriam drückte unsere Ansicht darüber einmal aus: »Es ist klar, er hat Furcht vor Männern, Angst vor Geständnissen und der Wut darüber, Angst vor der Lächerlichkeit... Er ist gewiß der Eifersucht fähig bis zur Raserei, aber er schämt sich, er weiß, daß ihm das nicht zusteht. Darum hält er sich beide Ohren zu, er will nichts wissen, er fragt ausdrücklich nicht. So sieht's aus, als sei er stark, vertrauend, selbstbewußt, und dabei leidet er arg Qualen – ohne Mama behelligen zu wollen. Ich glaube übrigens, daß er wirklich grundlos leidet.«
Dies sind unsere Eltern, deren wir mit klaren Empfindungen

gedenken. Unsere Mutter starb an einer Lungenentzündung, die sie befiel, als sie in den Eiswassern eines kleinen Sees am Ben Wywis unvorsichtig schwamm, vier Jahre nach dem Tode ihres Gatten. Wir ließen auch sie verbrennen und mischten die beiden Aschen in der antiken Amphora, die das Bild des schreitenden Eros trägt, unten in der verschlossenen Höhle des Gartens, die eine gelbe Ampel erhellt.

## *8*

»Die kleine Komödie ›Susannah‹, welche trotz des starken Widerspruchs der Moralischen, auf den sie hie und da traf, als erste meiner Arbeiten ins Italienische übersetzt werden konnte, verdankte ihre Entstehung den wunderbaren Regungen der Scham in der Brust der Schauspielerin, die sich weigerte, eine Rolle zu spielen, wo sie ihre Seele widergespiegelt fand, und die sich am Ende, mit plötzlichem Umschwung der Gefühle, herbeiließ, doch, und zwar über die Maßen herrlich, der Verwandten ihren Körper und Geist zu leihen.« Dieser klare, bekannte und unwahre Satz, dem man allerdings das Plausible nicht nehmen kann, steht in der »Selbstkritik« meines Vaters als Anfang des Berichtes über dieses leichte und heitere Drama, in dem die Seele der Frau mit Scham, Tod und starkem Lebenswillen in überlegenem Tanze zusammengeführt ist, bekleidet mit dem bekannten und allzuoft gemalten Geschichtchen der Bibel. Das war das einzige Werk, welches mit Grazie und Schelmerei beträchtliche Dinge sagte, entstanden oder wenigstens vorbereitet in einer besonders qualfreien Zeit. Humor und Leichtigkeit gegenüber dem Dasein und der Kunst pflegten ihm sonst gänzlich fern zu sein. Als Rest einer trüben Jugend und gemäß seiner sonstigen Verfassung war ihm tragischer Ernst, ja Schwerfälligkeit entsprechender als die leichte Gebärde des Humoristen, und einem Freunde schrieb er bei der Übersendung von »Susannah«: »Trotz der üblichen Souveränität empfinde ich das Leben als ernsthaft.« Man zeterte in Berlin nach den ersten Aufführungen über die Ehrfurchtslosigkeit, mit der hier die Seele der Frau aufgedeckt wurde, und dennoch war es eine Apotheose ihrer Lebenskraft. Der Mann, der sein Verborgenstes hat preisgeben müssen, mag

darüber in Scham und Tod vergehen, die Frau aber wird durch die Scham wieder zum Leben hingelangen können – das ist die Essenz des Werkes. Ich habe mir oft ein Fragezeichen dazu angemerkt, und in meinem Tagebuch findet sich ein Brief, den mir Miriam von einer sommerlichen Reise schrieb, aus Sizilien, von der Jacht »Maddalena Gritti«, die an der Küste kreuzte, fast schon im Angesichte Afrikas. Ich habe ihn neben etlichen anderen aufgehoben, weil er den Wert eines Zeugnisses hat; denn ich pflege sonst Briefe von Menschen, die ich liebe, sogleich zu verbrennen, damit sie nicht gegen den Absender wie auch den Empfänger zeugen, wenn die Trennung aufgehoben ist und die Abstände des gemeinsamen Lebens wieder rechtmäßig werden. In diesem aber findet sich die Entstehung der »Susannah«, und ich teile mit, was sich darauf bezieht.
»Bei Tische erzählte ich ihm, welcher seit mehr als einer Woche behaglich und ohne starken Antrieb an alten Plänen herumdachte, das Erlebnis dieses Tages nicht ohne allerlei Hintergedanken: Ich hatte zeichnend auf einem Felsen gesessen, unter mir den klippigen Strand und dunkelblau weithin das ruhende Meer, und hatte einem Mädchen zugeschaut, das seinen hübschen braunen Körper in flachem Wasser gebadet hatte und jetzt wohlig sich sonnend im Sande lag. Nicht sie, wohl aber ich bemerkte die beiden Fischerburschen, die sich heranschlichen und jäh hervorliefen. Sie schrie auf und floh, da ihr der Weg zum Lande versperrt war, eilig aufs Wasser zu und stürzte sich hinein. Aber kaum kam ihr zum Bewußtsein, daß sie sank und ertrinken müsse, als sie wild um sich griff und nach Hilfe rief. Der ihr von beiden am nächsten gewesen, sprang ihr nach, holte sie sich an den Haaren heraus und tat ihr, noch ehe sie ganz wußte, was mit ihr geschah, Gewalt an; ihren Widerstand überwand er lachend und ohne Rücksichten und ließ dann dem anderen seinen Teil. Endlich erhob sie sich; das Vergnügen, und daß sie nach den eben noch Gefürchteten gellend verlangt hatte, raubte ihr wohl den Mut zur Flucht, denn sie hatte den anderen schon erwartet, ohne sich zu regen. Das erzählte ich ihm, denn ich war sehr begierig, wie seine mitleidige Seele darauf antworten werde, und ob ihm der Gegensatz des nackten Mädchens vor den bekleideten Verfolgern ein Bild gab. Allein er benutzte es zu einer literarischen Reminiszenz. ›Eine neuere Susannah‹, sagte er, wurde träumerisch, blickte fremd, stand

auf und bemerkte: ›Es ließe sich eine Tragödie drüber schreiben.‹ – ›Eine Komödie, meinst du nicht?‹ äußerte ich; darauf er: ›Das wäre wertvoller, auch das Schwerere.‹ Er dachte nach, und ich betrachtete ihn, dann sagte ich einfach: ›Schreibe sie‹, und er: ›Wir wollen sehen.‹

Du kennst, mein Freund, das aus Bewunderung und Verachtung, Teilnahme und Belustigung gemischte Gefühl, mit dem wir unsern Dichter betrachten, und weißt auch, wie sanft, nervös und liebenswürdig zerstreut er zuzeiten der Arbeit ist. Ich merkte jedoch, daß es mit der Gestaltung nicht recht weiterging und daß Rangordnung und Zeitfolge der Empfindungen Susannahs ihm Pein schuf. Du erinnerst dich, wie bewundewürdig er sich in seinen Geschöpfen heimisch machen kann, aber hier stand Scham als zentrales Problem, und er war klug genug zu wissen, daß die der Männer und die unsrige an sich verschieden ist und daß seine Stellung hier noch besonders erschwert sein mußte. Er fragte mich eindringlich nach der Reihenfolge der Gesten und Bewegungen des beobachteten Mädchens und forschte weiterhin eifrig nach meinen Gedanken dabei und ihrer Logik. Ihm auch nur annähernd das Vergnügen zu gestehen, das ich damals hatte, schien ganz unzweckmäßig, und mit halben Antworten war er nicht zu beruhigen; ich beschloß also, ein starkes Mittel anzuwenden und mir die Sensationen gewagten Spieles zu geben.

Er mußte Gelegenheit haben, selbst einen ähnlichen Vorgang durchzumachen, ihn an seiner eigenen Seele wie an einer beteiligten Person zu erleben, und aus Ironie wie aus dem Ehrgeiz der Mitarbeit beschloß ich, selber die biblische Geschichte zu inszenieren. Ich hätte wohl auch mein Kammermädchen bestimmen können, Susannah zu sein, aber ich fürchtete das Temperament unseres Vaters, welches vielleicht die reinliche Abwicklung durch einen Exzeß unterbrochen hätte, und befahl also in seiner Hörweite, mir um fünf Uhr, vor dem Diner, ein warmes Bad zu bereiten. Eine unvorsichtige Kopfbewegung des Arglosen verriet mir alles; ich begab mich gleich in mein Schlafzimmer, das, wie du weißt, mein Bad neben sich hat, und nachdem ich mir meine Rolle, das heißt die Reihenfolge meiner Äußerungen, genau auseinandergesetzt hatte, gut genug, um nachher improvisieren zu können, legte ich mich unter dem Prickeln von Neugier, Amüsement und gefährlicher Spielerei

in mein warmes Bad und wartete, indem ich die Formen meines Körpers vor den Mustern der blauen Kacheln meiner Wanne betrachtete. Ich fühlte eine merkwürdig angenehme Angst und Spannung und gelobte mir kaltes Handeln.
Er kam; lautlos stand er in der Tür, mit dem angestrengten und nüchternen Blick des sachlichen Beobachters. Soviel gönnte ich mir zu sehen, dann erblickte ich ihn im Spiegel, schrie laut auf und tauchte mit sehr natürlicher Gebärde unter: Schreck. Als ich glaubte, wieder hochkommen zu dürfen, war er einen Schritt näher getreten, ich legte mich geschwind auf den Bauch, wandte ihm mein verstörtes Gesicht zu und flehte: ›Papa, o Papa!‹ Angst. Als er schwieg: ›Was willst du? Geh doch!‹ Ich drohte zu weinen: Furcht. ›Um Gottes willen, geh oder ich rufe um Hilfe!‹ – Es wird dich niemand hören‹, sagte er ruhig, ›ich . . .‹ – ›Ich schwöre, daß ich mich ertränke, wenn du nicht sofort gehst‹, schluchzte ich: Verzweiflung und der Gedanke des Todes. Ich tauchte unter – du weißt, wie lange ich es ohne Atem im Wasser aushalte –, und er hatte Befürchtungen. Er zog meinen Kopf an den Haaren empor und rief: ›Ich gehe sofort‹, blieb aber an der Tür stehen. Ich sah ihn, tauchte noch einmal unter, aber ehe er sich noch rühren konnte, richtete ich mich mit einer harten Bewegung auf und stieg aus der Wanne, indem ich ihm den Rücken zukehrte: Entschluß, zu leben. Dann bedeckte ich mich mit den Händen und wandte ihm halb ein wildes Gesicht zu, an dem die nassen Haare lang herabhingen: Drohung. ›Geh oder geh nicht‹, rief ich, ›ich weiß, was mir übrigbleibt, du Faun!‹ Haß und Verachtung; und indem ich mich über dieses literarische Wort amüsierte und noch mehr über die Weise, mit der ich gesprochen: Ich verachte dich! Da sah ich, wie in seinen Augen der Beobachterblick erloschen war und jenes Glimmen sich entzündete, mit dem das Männchen blickt, und sicherlich: hätte ich jetzt gelächelt oder nur bewegungslos gestanden, es wäre um ihn geschehn gewesen. Ich wußte aber das Zauberwort der Dusche, und indem ich mit zwei schnellen Schritten bei meinem Badetuche war, rief ich, mich einhüllend: ›Die Mutter!‹ Die Lider fielen über seine Augen, und sein Blick war der gewöhnliche. ›Pardon‹, sagte er und eilte hinaus. Dies alles hatte kaum zwei Minuten gedauert.
Ich atmete tief auf und wunderte mich darüber. Oder vielmehr: während ich mich abtrocknete, gestand ich mir, daß mein Seuf-

zer des Entronnenseins weniger in der Rolle getan war, als sie mich vielmehr überwältigt hatte. Ja, mein Freund, während mich das Bewußtsein des Spieles nie verließ, habe ich doch einiges von jedem der Gefühle erlebt, die ich gerade verkörpern wollte; für einen Augenblick war ich das im Bade überraschte Weib, wie man wohl von Träumen gleichzeitig die Gewißheit des Traumes und die der Realität haben kann, und das hatte mir meine Darstellung erleichtert und verbessert. Aber als ich dann vor meinen Spiegel trat, mir und dir Triumph zuzulächeln, und mir die wirklich ironische Lage unseres Dichters vorstellte, der jetzt glücklich am Schreibtisch all das aufzeichnete, was er mir abgelistet zu haben wähnte, während er, statt mit mir zu spielen, vielmehr als Opfer meiner Absichten nur niederschrieb, was ich ihm gleichsam aufzwang und diktierte – befiel mich eine erstaunliche und öde Melancholie. Dieser Mann tat mir leid und machte mich traurig. War er nicht Herr der Stunde gewesen, in der er uns zeugte, und kehrte sich seine Stärke so wider ihn? War er nicht, wenn dies bekannt wurde, dem Mitleid und der Verachtung aller Niederen preisgegeben, ohne daß seine Zartheit und sein Künstlertum ihn erheben konnten, da er gerade hierin getroffen war? Jede Tat schien mir albern, weil ihre Folgen den Täter zerstören konnten, und ich hatte die stärkste Sensation des Ekels, die du dir vorstellen kannst: Alles ist eitel. Eine Anmaßung hohlster Art vermochte einen gesunden Menschen von dem abzulenken, was die Natürlichen in dieser Sachlage ohne Gedanken taten: die Frau zu nehmen; die Anmaßung, lieber Empfindungen zu notieren, Bewegungen zu fangen und damit solch schwächliche Geisteswerke lebendig zu machen, andere zu ergötzen, statt selbst die revoltierende Wonne der Umarmung zu suchen: das ist die Kunst, das die Kultur; und die Erinnerung an eine Frau vermochte die Nacktheit einer ebenso schönen jüngeren blind zu machen: das ist die Sitte, das Vorurteil bei einem der freiesten Menschen, die ich kenne! Wie kläglich ist die Freiheit dieser Freien!
Diese Gefühle hatte ich, aber ich bezwang mich und kehrte zurück. Während des Ankleidens berechnete ich die Mienen und etwaigen Worte Papas, und ich hörte im voraus die weltmännische Kordialität seiner Stimme, mit der er jede Verlegenheit gut maskiert. Ich trat in das Speisezimmer mit noch feuchtem Haar und einem unbewegten Gesicht, und er sagte, indem er

mir leicht lächelnd entgegenkam und beide Hände ein wenig hob, mit der Bewegung und dem leichten Ton, die ich vorausgewußt, beinahe genau die Worte, die ich mir zusammengestellt hatte: ›Du verzeihst schon, Kind, nicht wahr? Aber ich brauchte das.‹«

## *9*

Nach uns wird niemand mehr erscheinen und das Blut Heinrich Klopfers, des Älteren, in seinen Adern haben, und so ist's gut. Denn so wie ich den vollgeschriebenen Bogen zerreiße, auf dem ich Gestalten zu erwecken suchte, oder wie Miriam die Leinwand zerschneidet, die sie noch soeben mit Farben bedeckte, so, mit einer ruhigen und haßlosen Bewegung gleichsam, verbieten wir uns, Kinder zu haben. Das Geschlecht ist müde und wird mit uns aufhören. Zweiunddreißig Jahre bin ich jetzt alt, ein Jahr habe ich mehr als meine Schwester, und nach allem, was ich an mir beobachte, an den Pausen meiner Denktätigkeit, den Schmerzen meines Hinterkopfes und welches noch immer die winzigen und grausamen Kennzeichen sind, die mir, dem Arzt und Beobachter, jeden Trug ausschließen, gebe ich mir noch fünf Jahre, vielleicht eins mehr oder weniger. Dann wird bei mir die Lähmung der Hirnrinde beginnen, jenes Versagen aller Zentren des Denkens, Empfindens und Wollens, das man mit einem widerlichen Wort Verblödung nennt, Idiotie, das Leiden, welches den Bruder meines Großvaters als Mann kindisch machte. Das wünsche ich nicht zu erleben; und für diese Stunde wird mir meine Schwester und Gefährtin, Arzt gleich mir, eine sehr starke Morphiumlösung in die Ader spritzen. Darauf wird sie mein Hirn sezieren und mich verbrennen lassen, wie wir's mit unserem Vater getan haben. Was nachher geschieht, obwohl es mir vollkommen unwichtig sein könnte, ist bereits festgesetzt: sie wird alle Förmlichkeiten des Testamentes ausführen und mir dann folgen. So hat sie es mir versprochen, und vermutlich wird sie sich nicht eines anderen besinnen.

Und nun, im Angesichte dieser Gewißheit, die unverrückbar vor mir steht, erhebe ich über mich die Frage: Wozu Schminke und Maske? Habe ich irgendeinen Vorteil davon, daß man sich über mich betrügt, wenn ich nicht mehr bestehe? Bin auch ich ein Literat? Ach nein, gar nicht, ganz und gewiß nicht. Für mich besteht kein Grund, »letzte Wahrheiten« über mich allen anderen vorzuenthalten. Und so will ich rückblätternd dementieren, was am Anfang geschrieben steht: daß ich die Legende über meinen Vater zerstören wolle ohne Haß, ohne eine Rache zu üben, aus wissenschaftlichen Gründen. Dreimal: nein! Diese Schrift ist eine Rache. Mein Blick schon entwertete und fälschte. Ich habe meinen Vater gehaßt, so heimlich und von Herzen, wie nur ganz eng Verwandte einander hassen können, ihn, der pathetisch zu leben vermochte bis über seinen Tod hinaus, ihn, der weder dumm noch ohne Skepsis und Einsicht durchs Leben ging, trotz seiner Krankheit aber noch gesund genug, dieses Leben zu lieben. Hätte er es nicht durchschaut, wäre er simpel und schönheitsselig genug gewesen, es gläubig hinzunehmen – oh, ich hätte nicht daran gedacht, ihn zu beneiden. Wir wären mit ihm fertig gewesen, Miriam und ich. Aber er wußte wohl, was von dieser irdischen Begebenheit zu halten sei, er hatte Geist genug, sie plump, willkürlich und ohne Ordnung und Maß zu finden, und sogar Geist genug, das zu ignorieren. Und trotzdem brachte er's zustande, sein Leben zu lieben, Glück zu fühlen, ohne anspruchslos zu sein, es zu lieben nicht aus Unfähigkeit und Sehnsucht, sondern weil es ihm noch ein wenig verwandt war, weil er's noch ertragen konnte.

Aber schließlich – möge das als seine eigene Angelegenheit gelten; er hatte sie mit sich selbst abzumachen. Wie aber durfte er mich damit behelligen, indem er mich zeugte, wie ich wurde? Wie konnte er sich erdreisten, Kinder zu haben wie uns, mit Sehnsucht nach Pathos und der Verachtung dafür, mit listigen und schwachen Körpern, mit unserer rücksichtslosen Vereinzelung? Ich habe mich schließlich damit abgefunden, daß ich mich nicht ohne Anlaß davonmachen kann, weil ich soviel Lärm nicht aufbringe, noch dazu um einer Bagatelle willen, einen Zufall wiedergutzumachen! Aber diesen Zufall – ihn verzeihe ich nicht. Damit, daß ich bin, habe ich mich nicht abgefunden. Der Leichtsinn dieses Mannes bringt mich zur Verzweiflung. Miriam ist stärker als ich, sie hebt auch darüber die Achseln und meint: »Sprechen wir von anderem«; aber ich werde nicht fertig damit. Zu sein wie ich, ein vor mir selbst

lächerliches Wesen, und fruchtbar ohne Schönheit, wissend ohne die Möglichkeit einer Betäubung, des Rausches einer Schöpfung oder einer Vernichtung, zu klug für Hochmut und Eitelkeit, aber abgesperrt gleich irgendeinem Mörder oder König – habe ich nicht Grund, meinen Kerkermeister zu hassen? Und ich tue es, ich hasse ihn – und wenn der Tod ihm Schrecken gewesen wäre, eine Strafe...! Gewissermaßen habe ich das Recht, mich als Vernichter meines Vaters zu fühlen. Richter meines Vaters – das klingt recht... bedeutend. Aber ich habe es nicht gekonnt. Es wäre groß gewesen, es zu tun; aber Größe ist das letzte, was ich beanspruche.
Nicht immer kommt mein Haß so zu Gefühl wie jetzt, da ich schreibend Vergangenes zurückrufe, er schwelt nicht immer so stark, und das ist gut, denn er verdummt und verdunkelt mich. Will er mir nicht nahezu beibringen, er sei kein zielloses ohnmächtiges Ressentiment, sondern mein Vater sei für mich verantwortlich? ...Ach nein, wir finden uns auch hier zurecht und wollen diesen unbehaglichen Gegenstand verlassen. Alles ist klar; wer sollte wohl für mich verantwortlich sein? Wo fange ich an? Oft, wenn ich mich im Spiegel betrachte, aufmerksam prüfend, wer ich sei, schien es mir, als blickte ich durch mein Abbild hindurch, und als tauchten hinter diesen schmalen Schläfen, diesem allzu blassen Munde, hinter den Wölbungen und Buckeln dieses merkwürdigen Schädels die Umrisse der Gesichter meines Vaters, meines Großvaters Heinrich und die undeutlichen Linien Jakob Klopfers empor, des Bauern, unseres Ahnen; und alle blickten mich stumm aus dem einen Paar gelbbrauner enger Augen an, das uns allen gehört. Wohl bin ich blässer, schwächer, kränker als sie, meine Stirne spiegelt Gedanken wider, die ihnen fremd waren, ich antworte auf Reize, an denen sie vorübergingen; aber wer sagt mir, wo die Feinheit des Untergangs anfängt? Weiß ich etwas von ihnen? Wußten sie von sich, wie ich auf meinem Laufenden bin? Ich habe keine Antwort auf meine Fragen. Ich bin zur Erde wiedergekehrt, von der sie ausgingen, aber ihr Anfang ist mein Ende, und wenn ich durch meine Felder gehe, blicke ich prüfend auf meine Arbeiter, die mich anscheinend gern grüßen und deren geringe Krankheit ich heile, ob nicht einer Jakob Klopfer sei und Urenkel haben könne, die mir gleichen. Ich blicke ruhig auf das Leben, das ich nach meinem Zwang geführt

habe, und bedauere nichts. Ich habe nie einen Freund gehabt, nie eine Geliebte oder ein Weib, denn dies alles ist mir meine Schwester. Sie ist meinesgleichen so sehr, daß unsere Worte nur Zärtlichkeiten sind, die wir uns zuschicken, weil wir unsere Gedanken ohne sie erraten. Man kann nur seine Schwester lieben, wenn man ein Ptolemäer ist. Sie ist so schön, wie unsere Mutter war, Maddalena Gritti, die Contessa und Heidin, nur daß sie wissend ist und ihre Stirn die meine, unseres Vaters unruhige Stirn voll von Wölbungen und Höhlen. Und ihre Bewegung ist gelassene Anmut, die Ruhe ihrer blassen Hände ist herrlich, wenn sie das sezierende Messer führen und sie unbewegt auf den Körper blickt, der sich teilt. Dann sieht sie ebenso kühl und aufmerksam geradeaus, wie wenn sich ihr einer der vielen Männer erklärte, die sie liebten, mit denen sie aber wenig anfangen konnte, an denen wir unser Lebensgefühl erneuerten und die sich entschließen mußten, kopfschüttelnd zu resignieren, von denen sich aber nur einer dabei nicht beruhigen konnte, so daß eines Tages sein Freitod von den Zeitungen gemeldet wurde: der Erik Nilsons, des begabten jungen Architekten. Auch ihr Geschick ist die kühle Betrachtung und Zerlegung des Lebens, auch ihr Blut fließt langsam, und sie weiß nichts von dem Lob oder Tadel, mit dem die Leute ja alles beleben, was Menschen tun. Wir sind für uns und wählen nach eigenem Willen und eigentümlichen Gelüsten unsere Handlungen, wie wir unsere Speisen wählen. Sie hat uns nie eine Rücksicht abgelockt, unsere moderne Menschlichkeit, sie hat für uns nie bestanden, diese Redensart, und alle anderen Redensarten ebensowenig. Grausam oder gut, schwach oder edel, gemein oder göttlich – alle diese Worte bedauern wir, weil wir wissen, daß hinter ihnen immer das gleiche steht, das aller Wertung entzogene Sein, vor welchem eines ist wie sein Gegenteil und Wahrheit nur als anderes Wort für Irrtum oder Lüge steht.

Alle Räusche, alle Empfindungen, alle Täuschungen haben wir aneinander studiert und an uns selbst. Wir kennen uns, soweit ein Mensch dieser Zeit sich kennen kann, und wir sind fähig, mit unseren Gedanken die Dauer und die Stufen zu bemessen, die von chemischen Ursachen innerhalb unseres Körpers zu gewollten Wirkungen führen. Die Einflüsse der Luft, der Feuchtigkeit und der Nahrung auf unsere Gedanken, ihre wenig bemerkbaren Ablenkungen und Durchkreuzungen durch äußere Geschehnisse, die Verführungen durch Gleichartiges und die Förderung durch Einsamkeit und körperliches Leiden haben wir ausgespürt, und wir können den Ketten nachtasten, die zu den »plötzlichen Einfällen« führen und sonst im Unbewußten sich verlieren.

Und bei allem, was wir sahen, haben wir die Macht bestätigt gefunden, die in der Gewöhnung und im Blute liegt. Die Gesittung ist eine Täuschung, Bildung ist ein Begriff, die Religion, das Vaterland, das Volk selbst sind Vorurteile, die Liebe ist der Veränderung untertan, der Haß selbst ermüdet: eins nur bleibt und besteht, die enge Verwandtschaft, der gleiche Stamm, Vater und Sohn, Bruder und Schwester. Die Leitung, die uns aneinanderhält und uns eins macht, die Liebe, die auf keine Täuschung gebaut ist, das ist die Frucht des gleichen Blutes, gleicher Ahnen und ungetrennter Vergangenheit. Niemand rede von Mann und Weib, keiner von der Geliebten und ihrem Freunde – nächste Nähe klingt einzig in dem Worte: »Ich liebe dich, meine Schwester.«

## 10

Die Sonne sinkt purpurn, indem ich dies schreibe. Keine halbe Stunde, und ins Meer tauchend küßt sie den westlichen Horizont. Aber hat er uns erst verlassen, der tragisch strahlende Lebensgott, dann dröhnt in den Synagogen der Judenheit der lange Schofarton, das greuliche Freudengeheul des Widderhorns, daß der Sabbat der Sabbate vorüber sei, der große Tag der Buße und des Fastens, der Tag der Erhebung zum Herrn der Heerscharen; und das kleine Gotteshaus auf dem Berge Moriah, dort, wo einst der weiße Riesentempel Salomonis stand, wird nur das vornehmste von ihnen sein. Seine Zederntore werden sich öffnen und alle Tore aller Tempel Israels, und ein schwarzer erlöster Strom ermüdeter Juden wird hervorquellen und nach einer Stunde dem Alltag wiedergegeben sein, aus dem sie für vierundzwanzig Stunden ausgeschieden waren. Jawohl, heute ist Versöhnungstag, und ich sitze schon stundenlang in dem einsamen Hause, in dem sich kein Schritt regt, beende diese Niederschrift und schaue hin und wieder auf jenes feierlich beglänzte Land, in dessen Einsamkeit mein Vater flüchtete und das mir lieb ist. Miriam ist hinaufgefahren nach Jerusalem und repräsentiert unser Haus, eine Pflicht gegen unseren Namen zu erfüllen, und auch sie wird überlegen, kühl und doch gerührt auf diese Menschen schauen, zu denen sie ein wenig gehört und die ihr unendlich fern sind. Mich aber hat der Ekel vor der Komödie zurückgehalten, ich mag nicht mehr spielen. Keinerlei Sehnsucht erfüllt mich, keinerlei Schmerz oder unglückliches Gefühl, wenn ich dies feststelle: ich bin ausgeschlossen von diesem Volke, welches ich verachte, indem ich es liebe, ich gehöre ihm nicht an, wie ich niemandem angehöre außer meiner Schwester. Es ist nicht nur das lateinische Blut meiner Mutter, welches mich von diesen Menschen trennt, dieses Blut, das meine Hände zwingt, nach dem Diktat eines unzulänglichen Geistes zu schreiben, mißgestaltete Werke hervorzubringen und zu zerstören, das meine Sensibilität verachtet und meine Klugheit verlacht, sondern es ist auch die ererbte Kraft zu denken, Phantomen mit unwiderleglichen Schritten nachzugehen und sie zu erledigen; es ist jener Maßstab der Vornehmheit, den ich stets verachte und durchschaue, ohne ihn zu verwerfen, und der mich von diesem unheimlich alten und jungen Volke scheidet, das riesenmäßig groß und unsäglich gefährlich in einem ist und nie aufhören wird zu sein. Ich liebe es, das sich in die Erde einwühlt, sie desto sicherer zu besitzen, und das zu gleicher Zeit seine Träume, Gedanken und Forderungen in das Weltganze sendet und sie dort festgehangen wähnt. Ich liebe es, das noch immer einen Gott für sich hat, gleich weit entfernt von der Duldung der Inder, der Skepsis Frankreichs und der unbedachten Glaubensfreude der warmherzigen Italiener; ich liebe es, das immer noch Keuschheit fordert, Sittlichkeit und Verhüllung, das immer noch vom Jenseits redet, ohne zu lachen, und dessen Leben gleichwohl auf eine zeitgemäße Weise an diesen aufrichtigen Forderungen vorübergleitet; ich liebe es und verachte es. Man kann uns nicht benennen, Miriam und mich, weil man uns mit niemandem vergleichen kann; wir sind einzige Wesen hierzulande, Erben eines Namens ohne seine Verpflichtungen, Luxuswesen, denen man mißtraut, und mit gutem Rechte. Wir sind in allem Ptolemäus und seine Schwester, die seine Gemahlin ist. In diesem Volk beginnender Asiaten sind wir die letzten Europäer, losgelöst von allen Wurzeln, allen Gesetzen, allen Sitten, unabhängig von allen Wertungen, von keiner Strafe geschreckt, gelockt von keinem Lohne, ohne Reue und Zukunft. Die Zukunft gehört den Asiaten. Asien, die ungeheure Mutter aller der Zufälle und Vorgänge, welche wir Kultur und Geschichte nennen, die zehntausend Jahre lang »Welt« war, überließ für den fünften Teil dieser Zeit die Herrschaft dem kleinen, eifrig und krampfhaft arbeitenden Gehirn ihrer Halbinsel Europa, um sie jetzt langsam wieder an sich zu ziehen und ihr großes Lento der Erde vorzuschreiben. Ich werde das nicht mehr erleben, aber ich glaube daran. Ist es schade darum? Diese Frage darf nicht gestellt werden. Es ist: das mag mir genügen. Wertungen will ich gern der Jugend überlassen, denen, die etwas Freudiges davon haben; ich aber bin froh gestimmt, daß ich noch von Europas Quellen getrunken habe und niemand mich zwingen kann, dies zu vergessen.

Doch sieh, eben verschwand die Sonne. Noch glüht der Himmel, aber bald wird sich das Dunkel über mir ausspannen, das von Sternen befleckt und verherrlicht sein wird. Ich bin müde zu schreiben. Ich werde aufstehen und auf dem Dache meines Hauses lustwandeln, den kühlen Wind atmen, der sogleich feucht vom Meere herwehn wird, und Hügel, See und Ebene betrachten, über die sich dann die Nacht wölbt. Dann werden sanftere Gedanken mein Hirn durchhuschen, und ich werde endlich hinuntersteigen, alle Flammen und Kerzen zu entzünden, die vorhanden sind, damit Miriam das Haus festlich erleuchtet und weithin strahlend findet, wenn sie von Jerusalem herabkommt.

# Benarône

## 1909

### 1

Wahrscheinlich spielten nur Gründe der Erdbeschaffenheit mit, wenn jener grüne, blitzblanke und schmale Fluß an diesem Städtchen so heftig entlangwirbelte, und keineswegs Mißfallen. Denn fiel er auch sprühend vom Gebirge, um schließlich die grüne Majestät der Donau zu vermehren – vorläufig stellte er doch nur den größeren Bach dar, ein ländliches Rinnsal bei aller Reinheit und eisigem Ursprung, und durfte sich einfach nicht zu kostbar schätzen, diese Menschensiedlung zu umspielen. Ihre Kleinheit? Aber herbergte sie nicht gegen zehntausend Bewohner? Es wuchsen winzigere Städte im Königreiche Bayern, und diese hier, beinahe respektabel, breitete verzwickte Dächer unübersichtlich aus und befand sich wohl dabei; denn diese vielen steilen Dächer, in gesundem Altrot leuchtend, sahen blühend aus, und an schönen Junitagen, heute beispielsweise, wenn die Sonne es sich darauf behaglich machte und die leichte Luft vor Wärme tanzen ließ, wobei der Himmel unbeweglich blau zuschaun mußte – altbayrischer Soldat in Hellblau, der strammsteht und nur einen Ledergurt schneeweißer Wolken umgehängt bekommen hat –, gab diese Dächerlandschaft trauliche Empfindungen. Eins reckte sich, eins duckte sich, auch brüstete sich manches, mit mehr Dachaugen blinzelnd oder höhere Schornsteine in die Luft bohrend, aber im ganzen blieben sie doch friedlich und ähnlich, eine gute Bürgerschar, dick und mit hängenden Schnauzbärten. Nur ein paar ragten von Berufs wegen über alle hin, so daß man's ihnen nicht verübeln, sondern es als in der Ordnung hinnehmen durfte: einmal die Liebfrauenkirche, mit Dach und zwei Türmen die älteste Person im Ort, etwas altjüngferlich mit vielen Spitzen und Zäckchen, aber doch voll zarter Anmut; danach die Georgskirche, bedeutend jünger, mit nur einem Turm, dafür aber mit blauem Dach und schneeweißen Mauern;

ferner das Rathaus, dessen Turm eine grüne Zwiebel aufwies, niedriger, wie es sich für die weltliche Macht gebührte; und zwischen dem bescheidenen Rathaus und der ehrwürdigen Kirche lag wer? Lag ein breites, ungeheuer gemütliches, vieläugiges und zwinkerndes Dach, das sofort ungeteilte Begeisterung erregte, ein gutmütiger alter Riese von Dach, Primus inter pares der Bürgerdächer, und dazu gehörten ein weitschweifiges, ungeschlachtes, freundliches Gebäude mit unglaublich vielen hellen Fenstern und ein buckliges Faultier von einem Platz, der stets in der Sonne schlief und der sogar den Brunnen in seiner Mitte mit Schlafen angesteckt hatte, so daß er nur noch so hinrann, während dünne Gräser vorwitzig durchs Pflaster wuchsen. Das war der Sankt-Marien-Born, wie die großköpfige, ungeschickte Holzdame über ihm mit Krone und Kind bewies, die sich rosa und himmelblau auf einem geschmückten Steinpfahl zierte und den Wasserfaden unter sich mit liebem, schwerfälligem Lachen triefen sah; das war der Sankt-Marien-Platz, und Dach und Gebäude machten zusammen das Sankt-Marien-Gymnasium aus, welches jeden Morgen väterlich die Knaben strebsamer Familien zu sich kommen ließ, durch krumme und enge Straßen, um sie jeden Mittag wieder pünktlich nach Hause zu schicken, zu den Müttern, zu Tische. Jeder Mensch, der, von draußen kommend, von der offenen Welt, zum erstenmal vom Bahnhof hereinfuhr, im blau-weißen Omnibus des »Bayrischen Löwen« vielleicht oder im schwarz-gelben der »Stadt München«, der sich dann halbwegs hergerichtet hatte und nun durch die Stadt ging, ein neuer Oberlehrer etwa oder gar ein neuer Schulrat, keiner, selbst wenn er ein skeptischer Mensch war, der in München studiert und schon etwas gesehen hatte, Herr Deu zum Beispiel, seinerzeit Zeichen- und Turnlehrer, konnte sich enthalten, »oho!« zu rufen, wenn er dieses Schulhauses ansichtig wurde oder gar hineintrat in seine kühlen weißen Kreuzgänge mit gotischen Fenstern, die nach dem baumbestandenen Hofraum hinauszublicken erlaubten, in denen es frisch wie nach angenehmem Wasser roch, so heiß es draußen auch immer sein mochte, und in denen als bewunderte Bilder derbe Steinzeichnungen hingen, die allerdings manchmal zuviel des Guten taten an edler Farbe; in seine großen lichten Klassenräume mit zerschnittenen krummen Bänken, gemütlich, gar nicht abschreckend, obgleich alt und von Mönchen gebaut, die seit hinreichend langer Zeit tot waren, von »Pfaffen«, wie Herr Deu ingrimmig höhnte – was ihn nicht abhielt, am andern Morgen sein Amt anzutreten. Wie angenehm mochte es sein, in diesen Räumen, in dieser Schule täglich ein und aus zu gehen und, vor einem gewissenhaften Lehrer sitzend, etwa Herrn Oberlehrer Linzl oder dem Herrn Direktor selber, Belehrung und Anregung fürs ganze Leben zu empfangen! Denn da beharrende Wesen sanft und unwiderstehlich wirken, mußte diese gute Baulichkeit allgemach die Herren formen, die sie betraten, und ihr Behagen auch in den Ton schmuggeln, den sie ihren Schülern gegenüber für gut fanden – einen Ton von Menschlichkeit...

Es pochte kein ehrgeiziger Betrieb da, das stand fest. Man gab auf und lernte wie überall, nicht weniger, keinesfalls aber mehr, und oft blieb den Jungen eine Lust an der Schule zurück, die nicht zum wenigsten von dieser Behaglichkeit ausging. Ja, es ist schändlich, man beliebte die technischen Stunden zu schwänzen; man ging nicht zum Zeichnen, wenn es sich möglich machte, man besuchte den Gesang nicht, wenn man nicht wollte, und es gab sogar Feiglinge, die sich vom Turnen drückten – aber jeder sah doch zu, daß nach innen wie nach außen hin der Schule nirgend Unehre gemacht wurde, weder auf dem Eise noch in den Schlachten mit den Gemeindeschülern, noch bei den regierenden Mädchen. Die Jungen schlugen und vertrugen sich, schon ihre Väter hatten sich geschlagen und vertragen, alle Familien kannten einander, wußten zum wenigsten voneinander, und wenn die Frau Postsekretär nicht ohne weiteres billigen konnte, daß ihr Sohn mit dem Mathes des Flickschneiders verkehrte, so scherte sich ersterer den Teufel darum. Im übrigen blieb es natürlich von jeder oberen Klasse zu den unteren bei einer mitleidigen Verachtung, die sich manchmal in Kämpfen äußerte, hitzigen, lärmenden und wenig gefährlichen Schlachten bei Turnspielen vor der Stadt, beim Schwimmen im Flußbad oder im Winter, wenn es viel Schnee gab, sogar vor den Augen des – fast auch in Parteien zerklüfteten – Kollegiums. Unverrückbar standen jene von Gott eingerichteten Stufen: in der dritten Klasse galt man als Bub und trug eine schwarze Mütze, in der fünften als Lausbub mit einer roten und dem Stimmbruch, in der siebenten wurde man mit »Sie« angeredet und schlotterte, anfangs ungewohnt und beengt, in langen Hosen nebst hellblauer Mütze, in der achten ließ man sich des öfteren rasieren, wobei der Barbier, Herr Pfeicher, allerhand Tröstliches über das Wachstum des Schnurrbarts äußerte, und pflegte Verkehr in zwei dunklen Lokalen, in denen man, öffentliches und vererbtes Geheimnis, nicht erwischt wurde, und in der obersten schmückte man sich mit einem richtigen weißen Stürmer, den man in Würzburg bestellte, was den Hutmacher, Herrn Kaneder, nicht wenig kränkte, dessen Erzeugnis allerdings wie eine verbogene, eingetriebene Röhre aussah... Nur eine Bindung gab es zwischen den verschiedenen Klassen, die vielfältig, verwirrend und schlechthin unlöslich bestand: die Mädchen, die Schwestern der Schüler, die Töchter der Bürger; von ihnen muß berichtet werden. Da gedieh ein großes, blondes, liebedurstiges Geschlecht, hübsch und kleinnasig von Gesicht, mit langen Zöpfen, rosiger Haut und großen Füßen, das nicht abgeneigt war, sich mit dem Freund in einen schattigen Winkel zu begeben, um sich herzhaft küssen zu lassen, das abgesehen davon in Rudeln Arm in Arm aus der Schule kam, gern lachend schwatzte und geringe geistige Ansprüche stellte, aber Glück und Heiterkeit verbreitete und wenig auf Abwechslung sah. Man hielt auf Treue; es gab Paare, die schon in der sechsten Klasse angefangen hatten, einander vor der Schule abzupassen, und die es in der letzten noch taten. Sie galten als etwas Legitimiertes, und wenn beispielsweise Georg Bastmayr eines Morgens nicht mit Lisbeth Kern, Rechtsanwalt Kerns Lisbeth, zur Schule gegangen wäre, hätte das den Altphilologen Dr. Linzl entschieden in Verwundern und selbst in Unruhe gesetzt, und er hätte den Schüler eulenhaft durch die dicken Seitenränder seiner Brille angeschielt, indem er den Kopf zugleich senkte und nach links drehte. Nur ganz besondere Menschen durften sich das Wechseln ihrer Liebespartner gestatten, ohne daß man darüber böse redete: etwa Margarete Gamander, die Tochter des Direktors und obendrein brünett, oder Karl Benarône, der jetzt schon studierte. Diese Freundschaften gaben Gespräch her bei den Schülern, denen sie Glück oder Qual bereiteten, zwischen den Lehrern und Lehrerinnen der beiden Schulen, die sich gegenseitig mit giftigen oder gütigen Beobachtungen versorgten – klebte man doch so eng beisammen wie die Häuser, roch einander ja in jeden Kochtopf –, zwischen den Familien und in den

Familien. Die Väter hielten ihre eigene Jugend im Sinn, spotteten trocken oder schalten erbittert, die Mütter dachten an die Zukunft, die man nie wissen konnte; die älteren Geschwister hatten für sich zu denken, und die jüngeren sollten den Mund halten, taten es aber selten und bekamen Prügel. Ein Bruder hübscher Schwestern wie zum herausgegriffenen Beispiel Jettchen Bastmayrs, eines jener blonden, holden, langzöpfigen Wesen, war oft besonders gut daran; nicht bloß, weil dann die eigene Liebste zu Besuch kam, sondern weil oft ältere Kameraden seine Freundschaft ehrenvoll begehrten. Und dennoch: hätte jemand einen jener beneidenswerten Lateinschüler aus der obersten Klasse, etwa Georg Bastmayr, den blonden, noch ungelenken jungen Herrn mit Stürmer, der an allen vorhandenen Öffnungen aus seinem Anzug herauswuchs, nach seinem Befinden gefragt, sicher, eine strahlende Antwort zu bekommen, man hätte erlebt, gesetzt, er war zu Aufrichtigkeiten geneigt, daß er ein gequältes Gesicht gemacht, mit der Hand abwehrend durch die Luft geschlagen und mit einer Stimme geantwortet hätte, in der Ekel, Scham und wildes Unglück klang: »Miserabel!«

## 2

Wie lautete das? Und wie sollte man das fassen? Ach, leider muß gestanden werden, die ganze heitere Herrlichkeit stand nur scheinbar da, und eine bange und gespannte Stimmung machte sich allenthalben bemerkbar: dies friedliche Städtchen beunruhigte etwas, ein bedeutsames Ereignis kam ihm nahe, kam langsam näher, unaufhaltsam wie ein Gendarm im Amt; man sah von weitem schon seine Helmspitze blitzen, und besonders ging es die Schule an, dieses Herz der Stadt: mitten in dieser heißen Jahreszeit pflegte am Mariengymnasium das Abiturium abgehalten zu werden... Lächle niemand, diese Angelegenheit war sehr ernst, und man dachte seit Wochen nichts anderes mehr in beinah allen Häusern. Wem nicht selber ein Sohn das Herz beschwerte, der hatte doch mindestens einen an der Schule; vielleicht gab ein Prüfling Stunden im Hause, oder die Tochter wußte Grund zur Nervosität. Hätte es sich nur um das Einjährigenexamen gehandelt! Aber das Abitur, diese Ent-

scheidung, die bewies, ob der Schüler seine Jugend mit Erfolg verlebt hatte, die ganz kraß entweder Ehre oder Schande auf ihn, seine Angehörigen und alle Bekannten ausschüttete! Denn durchaus nicht spann ja nur eitel Wohlwollen von Haus zu Haus; es gab eine Art Beileid auszudrücken, die eine betroffene Familie dauernd verächtlich machte auch vor sich selbst... Der Herr Schulrat würde erscheinen, dieser korpulente, noch jugendliche kühle Herr, der von dem Herrn Direktor mit ausgesuchter Liebenswürdigkeit behandelt wurde und von dem eine machtvolle, unbeschränkte und unbestechliche Gerechtigkeit und Kälte ausging, die auch die Hände der Lehrer unbehaglich feucht werden und zittern ließ – denn die Prüfung traf nicht bloß die Knaben, sondern auch jene, den Chef, die ganze Anstalt, und sein Urteil galt beinahe unumstößlich... Nun ist es wahr, daß er sehr zufrieden abreiste, als er voriges Jahr zum ersten Male prüfte, daß er Direktor Dr. Gamander, diesen heiteren und gütigen Greis, und das ganze Kollegium mit liebenswürdigen Worten erfreute über die Leistungen und den Geist der Schule: »Es lebt sich sehr behaglich hier, zu behaglich beinahe... Überlieferung – sehr schön, lieber Herr Direktor; ja, wer dazu noch Modernität gesellte, unsere Neuzeit, der wäre mein Mann.« Er meinte diese Worte politisch, er wünschte sich Gamander vaterländisch schärfer und ahnte sicher nicht, daß er mit diesem Wort das Unheil heraufbeschwor, jenes unheilvolle Aufsatzthema, das an dieser ganzen Geschichte schuld ist, dasselbe aparte, moderne Thema, um dessentwillen hauptsächlich Georg Bastmayr sich miserabel fühlte, um dessentwillen er gebeugt, ohne Haltung, tief unglücklich zum Rendezvous mit Lisbeth Kern ging, die er um dessentwillen seit drei Tagen nicht gesprochen hatte...
Man traf sich an verschiedenen Plätzen. Man hätte es wohl am Schulbrunnen selbst tun können, denn bekannt wurde es ohnehin; aber man zog natürlich abgelegene Orte vor, weil man dann nicht weit zu gehen brauchte, um sich gut zu sein. Man wählte einen verwilderten Kirchhof, der überfüllt, unbenutzt und unbesucht dalag und dessen stille Bewohner sich im Geschäfte des Verwesens nicht stören ließen und dem Enkelvolk die Küsse gönnten, die Seufzer, Liebesblicke und herzöffnenden Gefühle – eine Art Park voll schwergliedriger Linden, die mit riesigen Kronen Geborgenheit und Schatten spendeten; es

gab gewisse Apfelbäume und Bänke zwischen den hohen Weizenfeldern und allerliebste schattige Grasstellen an den Böschungen des Flüßchens außerhalb der Stadt. Kühne Paare zogen die kühlen Kirchen vor und ließen es sich im Schutze der Heiligen wohl sein, gern beim heiligen Georg, weil derselbe ja ein tapferer, wiewohl heiliger Recke gewesen war, aber auch bei Unsrer Lieben Frau; ja, man flüsterte von einem besonders unverschämten Schüler, einem gewissen Benarône, der vielleicht schon erwähnt wurde und von dem man noch hören wird, er habe, als er mit Grete Gamander ging, die Direktortochter an freien Nachmittagen um die Zeit des Examens in die Schule bestellt, wohin sie ja unverdächtig jederzeit kommen konnte, und sie auf den Knien gehalten, im Klassenraum der Oberprima, mit raffinierter Lust auf dem Stuhle sitzend, den vor wenigen Stunden noch ihr Vater innehatte! Was Bastmayrs anlangte – man brauchte für erklärte Paare unter den Schülern diesen schlichten Plural –, gehörte ihnen dicht hinter der Badeanstalt ein reizendes Grasfleckchen, vollkommen eingeschlossen von der Holzplanke des Bades und hohen Weidenbüschen, ein lichtes grünes Stübchen, auf das außer ihnen niemand verfiel. Bastmayr warf sich rücklings ins Gras, die Fäuste auf den Augen, und prüfte ächzend, ob ihn der Betrug, zu dem man ihn zwang, wirklich für sein ganzes Leben schände, oder ob er vielleicht später durch Rechtlichkeit und Arbeit manches wiedergutmachen könne... Betrachtete er sich jetzt, so wurde ihm übel. Er wischte mit tintenfleckiger Hand kalten Schweiß von der Stirn und fühlte sich entsetzt auf dem sicheren Wege, ein Lump zu werden... Mein Gott, abschreiben – jeder schreibt ab... aber ins Schriftliche eine fertige Arbeit mitnehmen war glatt gemein! Er wälzte sich, das Kinn im Gras, um dem Gedanken zu entkommen, und voll jäher Verzweiflung rettete er sich in den erlösenden Verzicht, ins beruhigte Nichts – er benutzte den ganzen Schmarren nicht! Fiel er durch – ganz egal... Aber diese Lüge hielt kaum den Atemzug vor, der sie zeugte. Durchfallen, Donnerwetter! Und seine Eltern...? Nach Hause ging er dann lieber nicht, lieber... Dicht neben ihm spielte schimmernd der Fluß mit den Ufern, reißend, voll tückischer Tiefen, wie überall unter der Jugend der Tod hingleitet, schwarzes Grundgewässer unter dem spielenden Glanz der Oberfläche, die nur eine lichte Haut über sie spannt. Georgs Augen starrten übers Wasser hin. »Nicht daran denken! Nicht daran denken!« stöhnte er. »Woran denn?« fragte Lisbeth Kern, leichtfüßig und unbemerkt gekommen, wie sie es wünschte. Wie süß sie dastand! Es lief ihm tröstlich übers Herz. Er reichte ihr die Hand hinauf: »Grüß Gott, Lisbeth... komm, leg dich her«, sagte er traurig und froh. Dieser Ton entwaffnete sie fast, sie ließ sich hinabsinken und saß neben ihm, schlang die Arme um die Knie, stützte das Kinn darauf, sah ihn helläugig und mitleidig an. »Du lebst ja noch... Ich bin ohne dich ausgekommen, siehst du. Und du ohne mich?« fragte sie mit ihrer hellen, spottenden Mädchenstimme. »Schlecht, Lisbeth, das kannst du dir wohl denken. Sonst hätte ich dich doch abgeholt. Aber ich bin zu nichts brauchbar jetzt...« Er sprach schwach in den blauen Himmel über sich, als sei er allein. »Erzähle doch«, drängte sie ungeduldig. Geschmeidig streckte und drehte sie sich, lag auf dem Bauche und stützte den Kopf auf die Ellbogen, indem sie ihn gespannt ansah. »Meinetwegen... aber du mußt den Mund halten, gelt?« Sie nickte bloß. »Also im Griechisch bin ich schwach, du weißt.« Sie nickte wieder. »Aber Mathematik kompensiert; ich hatte etwas Angst, nicht mehr als die anderen. Der Aufsatz machte uns bange. Zwei Themen wußten wir schon: Alkibiades und Sokrates... Ist die Ermordung Geßlers durch Tell moralisch gerechtfertigt oder nicht?... Es ging noch.« Er zitierte die beiden törichten Titel geläufig wie leere Formeln ohne Sinn, Etiketts auf leeren Flaschen. »Woher wußtet ihr's?« fragte sie interessiert. »Der Chef deutete an, sprach darüber einigemal. Nicht direkt, weißt du, aber ungefähr. Wir wußten Bescheid.« – »Darf er denn das?« – »Gewiß doch. Aufsatz ist doch eigentlich eine Schweinerei... man, nichts Bestimmtes vor sich, man soll alles selber finden – ohne Andeutungen kommt keiner aus...höchstens Gießel kann über alles schwätzen.« Er schwieg erbittert einen Augenblick. Lisbeth Kern konnte nicht umhin, sich diesen Gießel zu merken. »Dienstag fragte der Chef, ob wir schon ein Automobil gesehen haben, legte nun los, was das für einen Nutzen für das moderne Leben habe, Verkehr, Technik und so. Wir alle ganz platt. Gott, manchmal ist er so; dann hört kein Schwein mehr zu. Am Mittwoch: schau her, das Automobil ist oft verflucht schädlich für die Gesundheit des einzelnen und der Gesamtheit. Wir sperren die Augen auf – das dritte Thema heißt: Nutzen und

Schaden des Automobils für das moderne Leben! Da hatten wir's, aber es war danach!« Die Erinnerung verzog sein Gesicht vor Hilflosigkeit und Haß, wie in dem Augenblick, von dem er berichtete. »So eine Verrücktheit«, bemerkte Lisbeth ruhig. »Weiß der Teufel, wie er drauf kommt! Die ganze Klasse flucht wie siebzig. Was soll man denn darüber schreiben, zum Donnerwetter! Ich hab in meinem Leben erst eins gesehen, und das fuhr wie toll vorbei mit Lärm, Gestank und Staub!« schrie er wild und schlug mit dem Bein auf den Boden. »Ich weiß kein einziges Buch darüber! Wir saßen da wie verrückt. Weißt du, ich darf keine Arbeit verhauen, sonst bin ich unten. Sie haben zu Hause gleich weggehabt, was los war. Sie sind ja alle aus der Haut, am meisten Mutter. Der Alte tut, als sei's ihm schnuppe, anders erlaubt es seine ›Würde‹ nicht, aber er zappelt auch, höllisch zappelt er.« – »Das glaub ich gern.« – »Letzthin erzähl ich, wer so durchfallen kann: der Boster, der Schettl, der Funk, da sagt er: ›Der Bastmayr‹, und nickt mich an. ›Ach wo‹, sag ich, ›ich nicht.‹ Da hieß es auch gleich giftig: ›Das will ich dir bloß raten, komm mir sonst ja nicht nach Hause!‹ Du, und das hat er ganz ernst gemeint!« Eine Stille trat ein. Sie hörten das Wasser an den Planken spielen und plätschern. Der harmlose Laut gab ihm Grauen ein; er sprach schnell: »Löcher haben sie mir in den Bauch gefragt. Da hab ich die Tür zugehauen und bin auf meine Stube gegangen. Ich hab rauchen wollen, aber es hat mir nicht geschmeckt. Nach einer Viertelstunde kommt Jetti und hat eine Ansichtskarte. Ob ich mir vielleicht keinen Rat weiß, fragt sie. Nein, sag ich, und sie soll mich in Ruhe lassen. Sie weiß aber welchen, meint sie. Da bin ich neugierig geworden. Nun, ganz einfach: ob ich mich noch an den Benarône erinnere?« – »An ihren Portugieser?« – »Ja.« – »Und der den Dr. Faulhaber so verkohlt hat?« fragte sie lachend. »Ja, und den Pfarrer auch und Herrn Deu auch, derselbe. An den soll ich schreiben. Er würde mir den Aufsatz sicher machen, schon wegen ihrer.« – »Du hast doch natürlich geschrieben?« fragte sie mit einem Tone, der kein »Nein« erlaubte. »Natürlich? Soll ich mein weiteres Leben auf einem Betrug aufbauen?« Er gebrauchte jetzt ganz unwillkürlich die Redensart vom Aufbauen des Lebens, die dem Herrn Direktor geläufig war. »Und wenn du kein Examen machst, nimmt dich dein Vater von der Schule, und du kannst ins Büro gehen. – »Ja, das hat Jetti auch gesagt, es ist ja alles richtig mit den Eltern und der Schande, ich hab schon alles selbst gedacht, aber trotzdem…« – »Trotzdem?« fragte sie und verstand ihn offenbar nicht. »Eine Gemeinheit bleibt's.« – »Aber wenn's nun mal nicht anders geht? Geschrieben hast du ja doch.« Er nickte kleinlaut: »… Aber es ist mir verflucht schwergefallen…« – »Und wenn du ihn hast?« fragte sie, weitersehend. »Unter die weißen Bogen mischen… irgendein Unreines machen… die beiden vertauschen… dann kann ich es offen auf den Tisch legen…« – »Aber abschreiben mußt du's vorher.« – »Natürlich… Paß auf, ich werde solche Angst haben, daß ich mich verrate«, schloß er überzeugt. »Red nicht so dumm. Ist's denn sicher, daß so ein verrücktes Thema genommen wird?« – »Schon, weil sonst niemand auf so was verfällt! Alkibiades – Tell – das schickt jeder Deutschlehrer mal ein; aber wer kommt auf solchen Mist… Lisbeth, ich hab Angst! Ich laß es sein. Haben und nicht benutzen ist fabelhaft anständig.« – »Dumm ist es, fabelhaft dumm!« rief sie entschieden. »Hast du ihn, benutzt du ihn, verstanden?!« kommandierte sie. – »Aber es kommt sicher raus!« Da fiel ihr etwas Neues ein. »Lern ihn doch auswendig«, schlug sie vor. Er sah sie verständnislos an. »Sei doch nicht so dumm«, betonte sie. »Wenn du ihn abschreibst, merkst du dir doch manches, dann liest du ihn ein paarmal durch und kannst ihn. Es braucht doch nicht genauso zu sein«, schloß sie triumphierend, froh ihrer im Kampf mit der Mutter und der Öffentlichkeit erstarkten weiblichen Geriebenheit, die voller Auswege auch dort entschlüpfte, wo das Männliche, unter dem Moralischen keuchend, steckenblieb und nichts sah. »Kerl!« sprach er endlich, »Lisbeth! Donnerwetter!« Der Fluch entlud die drückende Schwüle in seinem Kopf; sie wich wie Gas aus einem gestochenen Jahrmarktsballon. »Erst umarbeiten, dann auswendig lernen! Dann ist's kein Betrug mehr. Donnerwetter!« schrie er entzückt, rollte sich neben sie und riß sie an sich. Sie wehrte sich lachend und rot gegen seine Muskeln; dann ließ sie sich's gefallen.

Jugend im Freien, im Sommer, ohne Späher – wo Mund auf Mund sich ausruht und Brust auf Brust, wo das Herz hastig wird vor Glück und ganz süß, und die Seele weit und still befriedet wird im Kusse, bis ein Dumpfes nach außen drängt, sich im Blute meldet, die Hände kühn macht, die Schläfen preßt und endlich eine Müdigkeit schafft, die einen Stachel verbirgt…

In den alten Gassen hing schon der Abend. Er tränkte die Luft zwischen den schnörkeligen Häuserreihen mit vielen Farben in Grün und Blau; die alten Mauern strahlten ein intensives Schwarz aus. Ja, man vermißte ehrlich hier allen Komfort der Jetztzeit, wie Redakteur Mischpott zu klagen pflegte; das Gaslicht blinzelte grün und winzig, dazu jetzt noch völlig machtlos, das Pflaster klaffte ungleichmäßig, und die Bürgersteige schlichen schmal. Leute standen in den kleinen Türen, füllten sie ganz aus, atmeten schon Sonntagsluft – der Charcutier Freidl hatte seinen Bauch wahrhaftig schon mit einer knallweißen Schürze bebunden –, und die Kinder spielten scharenweis jauchzend im Rinnstein, der leider keine Flüssigkeit enthielt. Aus einem Fenster kam der dünne Sang eines sehr alten Klaviers, Marie Kerner spielte ihren abendlichen Haydn, und die näselnden, empfindsamen Töne durchzitterten geheimnisvoll die Stunde und diesen Ort. An der Kirche bekreuzigten sich beide: Lisbeth aus frommer Gewohnheit, Georg, weil er davon einen guten Einfluß auf sein Bestehen erhoffte, was er jedoch nicht zugegeben hätte, Atheist im geheimen, der er zu sein meinte. Sie trennten sich; sie würden morgen früh nach der Kirche spazierengehen. Bastmayr eilte ermutigter heim, mit schlenkernden Jungsschritten, gehemmt durch Würde. Seine Seele regte sich; er hatte sich mit dem Verbotenen beinahe abgefunden, ja, er summte froh und falsch ein Bruchstück jener Haydn-Melodie. Lisbeth ist doch ein Prachtmädel, dachte er gerührt und dankbar; und er überlegte, wann er sie heiraten könnte, vorausgesetzt, daß er die Schule glücklich überwinde.
Die Familie saß beim Abendbrot, die Hängelampe brannte blitzend mit ihrem Messingzeug, erstaunt spürte er ungewohnte Gemütlichkeit. Man fragte, wo er gewesen sei, und billigte den Spaziergang. Nur der Vater brummte etwas von Arbeit. »Aber Vater«, sagte die Mutter höchst vorwurfsvoll und schüchtern, »der Junge muß sich doch erholen!« Der Vater las wortlos seine Zeitung weiter, er wählte liberal, und die Münchner Neuesten versteckten seinen Kopf. Die Mutter brachte selbst das Essen: da es morgen, sonntags, eine Gans gab, fand sich für ihn eine halbe gebratene Gänseleber und ein gekochter Gänsemagen fertig nebst gerösteten Kartoffeln...Die Üppigkeit verwunderte ihn nicht, denn in der letzten Zeit standen ihm Bissen zu,

die sonst nur dem Vater gebührten; aber er tat erstaunt und bedankte sich. Er aß langsam und dachte dunkel an Lisbeth ... an den Aufsatz ... an Jetti, die ab und zu von ihrer Arbeit zu ihm hinsah. Er war heute friedlicher als jemals seit der Examensnähe – alle merkten erfreut die Stille. »Hast du heute abend noch was vor?« fragte plötzlich der Vater. »Thukydides, warum?« gab der Sohn zurück. »Könntest ja mal mit in die ›Glocke‹ kommen.« Unglaublich! In die »Glocke«, ein nur in Begleitung von »Erwachsenen« erlaubtes Bürgerlokal mit gutem Löwenbräu! Er dankte eilig. Es läutete; Jetti schlüpfte hinaus, kam gleich zurück, einen sehr dicken Brief in der Hand. »An dich, aus München.« Alles sah ihn an. Er errötete jäh und schwer, entriß ihn ihr, sprang auf und lief – »Entschuldigt!« – stracks in sein Zimmer. Man hörte, wie er den Riegel vorschob.

## 3

Dieser Benarône gehörte früher zu jenen seltenen Knaben, denen alles auf eine heitere und spielende Weise leicht und selbstverständlich gelingt und die jedermann um ihres leichtsinnigen und verführenden Wesens willen liebt, ohne daß sie verflachen, was viel bedeuten will. Doch fügte es sein Schicksal, daß ihm, vierzehn Jahre alt, um die empfindlichste Zeitwende, der stumm verehrte verschlossene Vater starb. Der Schmerz riß ihm Tiefen auf, die sich in ihm erhielten; an seinem unbekämpfbaren magischen Bilde lernte er das Wagnis, alle Männer zu verachten; Spott verband sich mit der Lust am Leben zu neugierigem und skeptischem Leichtsinn. Einst ein zarter Knabe mit tiefbraunem Gesicht, sacht gebogener Nase und großen Augen, Feinheit und Leidenschaft ausdrückend, wurde er ein empfindlicher Jüngling, trotz toller Manieren und seiner scheinbaren Formlosigkeit, hinter der er ein schwärmerisches Herz verschanzte. Mit ihr auch wahrte er zu Menschen und Erlebnissen die Distanz, die sich gehörte, so gut, daß niemand es bemerkte. Vor dem Verachten auch der Frauen bewahrte ihn die zärtliche Verwöhnung durch die Mutter, der er ähnelte: eine schöne, heitere Frau, bis Falten ihr Gesicht teilten und ihr Haar sich grau strähnte, als Zeugen einer steten Anspannung, durch Sparsamkeit und sachgemäßes Denken während einer wirtschaftlichen Krise bald nach dem Tode ihres Mannes sich und dem Sohne die Lebenshaltung zu wahren, an die sie sich gewöhnt hatten – die beste der Stadt. Endlich aber kamen sie in Sicherheit, und nun alterte die Frau in neue, weißhaarige Schönheit. Indem Karl sie vergötterte, drückte er eine Frauenverehrung aus, die sich bald und in verwegenen Formen auf die Gespielinnen erstreckte. Waren in ihm irgendwelche Südländer wiedergekommen, Portugiesen oder Spanier etwa, seine Ahnen, fremdartig und draufgängerisch wie er? Niemand kannte seine Herkunft genau, wenn nicht der alte, lebensweise Pfarrer von Sankt Marien, der seiner Mutter die Beichte abhörte und der jedermann, auch seinem heftigen Kaplan, verschwieg, daß er in diesen Benarônes Marannen vermutete, Zwangschristen aus Ferdinands und Isabellas Tagen, die ein unterirdisches Judentum lange bewahrt und schließlich aufgegeben hatten, um sich der süddeutschen Umgebung anzugleichen, in die sie der Zeitlauf schließlich verpflanzte. Seltsamerweise hieß Karl in der Schule der Portugieser. Seine Herrschsucht und Lebensgier trieb ihn dazu, die kecken Mädchen, die er liebte, sich ganz zu unterwerfen; sie ergaben sich und hatten in ihm den zärtlichsten und ritterlichsten Herrn und Geliebten. Ein junger Spott klang in allem, was er sagte, denn ihn trug das Leben; bald liebte er es, guten Wein mit Maß zu trinken, und ein unzähmbares Überlegenheitsgefühl zeigte sich im Alltag an den allerverwerflichsten Lügnereien, die er bald diesem, bald jenem aufband, über die er sich unbändig freute und deren Unerlaubtheit er schlechthin nicht einsah. Ja, gewisse moralische Vorstellungen fehlten ihm überhaupt, so daß er den Wert hoher Tugenden, der Demut, Nachgiebigkeit, Duldsamkeit mit den Schwächen anderer geradezu nicht anerkannte und sie nie übte, dagegen er sich oft sehr stolz und rachsüchtig zeigte, was ihm sein Religionslehrer, Herr Kaplan Mayfahrt, stets heftig verwies und, als er sich einst dennoch stolz dazu bekannte, nie verzieh.

Niemals erfuhr dieser Knabe, der wie ein edles Tier durch seine Jugend lief, die Furcht vor der Schule; seine Seele blieb unberührt von diesem Alp, weil er, außer in Mathematik, in keinem Lehrfach auf Widerstände traf und weil vor allem seine Mutter ihm hin und wieder in Mienen und Worten zeigte, daß sie diese geschlossene Kleinwelt »Schule« nicht überschätze... Er begriff im Zuhören; die leidenschaftliche Zuneigung zu Hektor und Kassandra half ihm über die griechische Grammatik hin, die Feinheit und musikalische Vollkommenheit des Stils machte ihm den Cicero teuer – und der Altphilologe Dr. Linzl wurde ein nie versagender Schützer. Der andere, mächtigere, erstand ihm eines denkwürdigen Vormittags in Direktor Dr. Gamander, der ihn seit Untertertia in Deutsch und Geschichte unterwies. Man hatte die Sage vom Herzog Ernst und seinen Abenteuern durchgenommen; gegen Schluß der Stunde fragte der Chef, selbst weggeführt und vertieft in die schimmernde und fremde Welt, wie denn dies seltsam bunte Wesen: einfüßige Springermenschen, großohrige Völker, Lotosesser und Höhlen voller Rubinen in die deutsche Sage gedrungen sei. »Aber das könnt ihr noch nicht wissen«, schloß er, für sich und erwachend, und sah mit Staunen Benarônes erhobene Hand. »Nun?« fragte er ungläubig, und: »Durch die Kreuzzüge«, sagte bebend vor Erregung die helle Stimme des Kindes. Der Direktor schlug vor Entzücken die Faust auf den Tisch. »Der Bursch weiß alles!« rief er und fragte, woher. Glühenden Gesichts sagte Karl, er habe es gelesen, und die Glocke schellte, während ihm die erste Eins ins Notizbuch gemalt wurde. Er zitterte noch. Er hatte eben gelogen; niemals hatte er dergleichen gelesen, ja, bevor die Frage gestellt war, nichts von solchen Beziehungen geahnt. Aber im Augenblick, da sie gesprochen ward, brannte in ihm die Eingebung auf, er erlitt eine Intuition, er sah jäh und flammend den Zusammenhang, unbeirrbar, ganz genau – – und dann schämte er sich, zu verraten, daß er ihn sich gedacht, daß er ihn erzeugt hatte... Er empfand dumpf und scharf, daß es einer Entblößung seines geheimsten geistigen Wesens gleichgekommen wäre, wenn er sich zu seiner Erkenntnis bekannt hätte, und erniedrigte lieber den Wert seiner Leistung, denn Gedächtnis haben und Bücher lesen waren allgemeine Gaben, verglichen mit der seinen; aber nie vergaß er diesen Augenblick und dies Glück des Schaffens. Er liebte die Schule, die ihm solche Genugtuungen gab; und trotzdem geschah dies: Als der Mathematiker Dr. Oberle, dieser strebsame, kurzsichtige Sohn aus kleiner Familie, sich nicht enthalten konnte, ihm während der mündlichen Reifeprüfung zuzuflüstern: »Je nun, jetzt sind ja wohl sogar Sie kleinmütig!«, weil die Hand, die den Taine hielt, aus dem er sogleich stegreiflich übersetzen sollte, vor Aufregung zitterte – antwortete der Prüfling, als einziger im eleganten Frack unter lauter ehrbaren Gehröcken, fast laut: »Oh, Herr Doktor, das macht nur der Apparat«, und er begleitete dieses »der« mit einer diskreten, umfassenden und wegwerfenden Geste, die das gesamte Kollegium einschließlich des Schulrats betraf, einschließlich Herrn Oberles selbst. Daß Benarône vom Mündlichen nicht dispensiert wurde, verdankte er übrigens Herrn Kaplan Mayfahrt und seiner wohlverdient schlechten Note in Religion, die er nicht etwa darum erhielt, weil er sich weigerte, seinen Beichtvater, den alten Pfarrer, mit Herrn Mayfahrt zu vertauschen – worauf er von ihm öffentlich des Atheismus verdächtigt ward... Nun studierte er in München, dieser künstlerischen, lebenslustigen Stadt, und zwar die neue Philologie; allein es war begründete Sorge da, daß er kaum sein Staatsexamen ablegen und vorher im Journalismus enden werde, wie es ihm sein Direktor, Furcht und Abscheu in der Stimme, einigemal prophezeit hatte – zum letztenmal kurz nach dem Examen, in vertraulichem Auf und Ab eines Gangs im Schulhof. »Ich weiß wohl«, hatte der alte Herr gesagt, indem er nachsinnend zwei kleine stachlige Kastanienkapseln in den Fingern drehte, »ich weiß wohl, daß ich werde warten können, bis ich wieder einmal einen so ungewöhnlich begabten Schüler bei mir sehe – jaja, ich schmeichle nicht, und Sie brauchen nicht zu erröten. Es fliegt Ihnen alles zu, wie man wohl sagt, und zum Oberlehrer, weiß ich, sind Sie verdorben. Sie sind eine Begabung aus dem Stegreif, Lieber; aber was Sie unbedingt brauchen, ist Zucht des Geistes und strenge Schule – sonst fallen Sie der Zeitung anheim und sind verloren. Es täte mir leid, das... Machen Sie Staatsexamen, Benarône, ehe Sie sich für einen Beruf entscheiden.« – »Das ist meine wirkliche Absicht, Herr Direktor.« – »Und hören Sie eifrig Philosophie. Sie wird Ihnen viel geben; mich hat sie ziemlich ganz allein erhalten, als ich anfangs im Amte saß. Man wird so oft enttäuscht... Spinoza!« sagte er schwärmerisch. Benarône versicherte aufrichtig, daß er sich auf nichts so freue, und alsbald stellte sich ein Zeichen ein, daß er, ob nun für Journalismus oder Wissenschaft, jedenfalls nicht geneigt war, zu bummeln und »seinen Geist rosten zu lassen«, wie der Chef weiterhin befürchtete. Fand er doch,

während die Burschenschaft, deren hellblaues Band er trug, seine Zeit stark in Anspruch nahm, Muße, eine Abhandlung glücklich abzuschließen, einen Essay, »Stil und Stile« genannt, den eine große Zeitschrift annahm; und Benarône schickte ihn ihr, weil sie gut zahlte, obgleich er sonst in allen wichtigen Dingen auf einer geistig radikaleren Überzeugung stand als sie. Aber das geruhte er zu mißachten.
Dies war der Mensch, auf dessen Hilfe Bastmayr rechnete, und nicht vergeblich, wie sich gezeigt hat und noch weiter erweisen wird. Nicht allein und nicht in vollkommener Toilette stand er, als der dringliche Brief ankam, vor dem Spiegel und band ohne Eile einen tadellosen Knoten aus einem Schlips von angenehm dunklem Meerblau, während die Manschette am Ärmel seines Hemdes noch offen und kraftlos von dem schmalen Gelenk herabbaumelte, und sein lichtbrauner Kopf hob sich hübsch und hochmütig aus dem hohen Kragen, der vor Weiße bläulich schien. Und trotz dieses unfertigen Anzuges saß auf dem Sofa Besuch, eine auffallend hübsche junge Dame in Weiß mit großen braunen Augen und völlig schwarzem Haar, einen kleinen Blumenhut darauf! Da lehnte sie unbekümmert, die Hände auf den Griff des grünen Sonnenschirmchens gelegt, und sah ihm zu, mit einem naiv bewundernden Ausdruck, der ihr den rosigen, lieblich geschwellten Mund ein klein wenig öffnete, unter Augenbrauen, hoch geschwungen, rund und von dem Ebenmaße zweier Torbogen. Er hörte auf, sie aus dem Spiegel zu betrachten, drehte sich gemessen um und sagte: »Ja, was ist denn das?« – »Ein Brief halt«, belehrte sie ihn. Er zog den Kopf zwischen den Schultern, kniff ein Auge zu und erklärte endlich: »Ja, Ceres, du hast unleugbar recht. Es ist ein Brief. Aber er kommt aus einem üblen Neste ... ich kenne die Schrift nicht...Ceres, mir ahnt Unheil aus diesem Brief!« Er drehte ihn zwischen den Fingern und roch daran. Ceres – man ahnt, daß sie eigentlich Theres heißt – riet gleichmütig: »Mach ihn doch auf!« – »Lieber Gott, dann weiß ich es doch, und es verdirbt uns womöglich den Nachmittag...« – »Dann laß ihn halt zu.« – »O Ceres, deine Weisheit ist dunkler als die Flechten deines Haares...« – »Schwätz nicht solches Zeug!« gebot sie und legte ein Bein über das andere, wobei ersichtlich ward, daß sie weißseidene Strümpfe trug und hübsche weiße Schuhe. Indes öffnete er nach kurzem Zögern den Brief, las zu Ende und

ließ das Kuvert auf die Erde schlittern. Er blieb einen Moment nachdenklich, der Inhalt des Bastmayrschen Notschreis setzte sich diesem rapid arbeitenden Gehirn sofort in feste Gedanken um, und noch ehe er die Posten alle aufgestellt und addiert hatte, erschien in ihm das Ergebnis: er werde den Aufsatz herstellen. »Bubi, was steht drin?« ... Jetti ... gut – und das blödsinnig lustige Thema ... man müßte Schülerstil heucheln und dem Jungen Bücher aufschreiben ... aber der Chef? Ach was, das tat ihm nichts: es gab einen brillanten Ulk – und Geld: zwanzig Mark, nein, dreißig mußte es bringen. Dann erst hörte er die Frage der jungen Dame auf dem Sofa und hatte sofort die Technik, die er brauchte, um den versprochenen Ausflug nicht machen zu müssen, ohne sie zu betrüben.

»Mein Kind, du hattest recht, ja, ganz und gar. Ich hätte ihn zulassen sollen.« Er warf den Brief ärgerlich auf den Schreibtisch. Sie beharrte: »Was gibt's?« – »Was Fades. Aber ich denke nicht daran, den Ausflug sein zu lassen. Komm, mach dich zurecht.« – »Vielleicht erklärst du mir bald!« – »Nichts. Einen Auftrag, wenn du's durchaus wissen mußt. Aber ich sage dir gleich, ich nehme ihn nicht an.« – »Einen Auftrag? Sollst du was schreiben?« – »Für eine Zeitung. Aber für dreißig Mark gebe ich heute nicht eine Minute her, um wieviel weniger eine Stunde.« Sie wurde lebendig. »Dreißig Mark? Karl, die mußt du dir ... ist's denn so eilig?« – »Ausgerechnet heute kommt das. Morgen soll es an Ort und Stelle sein.« – »Schade.« Das klang sehr trostbedürftig. »Nicht wahr? Solch ein Pech! Und du brauchtest so nötig einen neuen Hut ... Na, nun ist das egal, warte, ich bin gleich so weit.« Es entstand eine Pause, während der er die Manschette schloß. »Du, Karl, dauert's lange?« – »Eine Stunde, höchstens anderthalb. Kinderspiel ...« – »Karl, wir fahren nicht, jetzt noch nicht.« – »Bitte, wie? Ich denke, wir fahren nach Starnberg?« – »Ach geh, Starnberg läuft nicht fort, da fahren wir heute eben bloß nach Pullach, und du schreibst ihn. Wie heißt er eigentlich?« – »Über Automobile. Aber erlaube mal, ich will nach Starnberg, segeln! Bei dem Wetter arbeiten? Ich danke.« – »Weil du mich nicht liebst, und du hast keinen Ehrgeiz, und ich werd nie einen Hut, einen anständigen, kriegen! Und das Wetter bleibt so, sagt die Tante, und wenn du mich noch magst, nachher schreibst du!« Sie weinte beinah vor Verdruß. Er faßte sie um die Hüfte, küßte ihre Augen und schmeichelte: »Du wirst doch nicht heulen, Ceres, und wenn's dir ein Gefallen ist, schreib ich ja den Salat... geh, sei gescheit, gelt?« Und er zog das schlanke runde Mädchen an sich und küßte sie mehrere Male heftig auf den Mund, verbarg dabei ein Lächeln und fühlte ihren schwachen Widerstand. »Laß mich... geh doch! Also jetzt gibst du mir das Buch und fangst an!« befahl sie stolz. Sie stellte den Schirm ans Fenster, zog die Nadeln aus dem Hut und legte ihn neben sich. Dann lehnte sie sich behaglich zurück, seufzte, kreuzte die Beine und begann zu lesen, was er ihr gegeben hatte: das Dekamerone.

Durch die geschlossenen Vorhänge drang ein heißes gelbes Licht. Die Feder eilte über das Papier, stockte vor unsichtbaren Hindernissen, lief um so schneller vorwärts; man hörte nur sie und alleweile einmal ein Automobil, das unten lautlos und plötzlich brüllend vorüberschoß. Dann lächelte der Schreiber und zeigte leicht seine weißen Zähne. Das lesende Mädchen regte sich, sah zu ihm hin und seufzte. Einige Bogen lagen beschrieben und schwarz, als die Feder endgültig stoppte; trotzdem mußte sie beim Überlesen des Ganzen noch einmal heran, einige kluge und beinahe poetische Sätze zu vertilgen, die sich mit der langsam vertieften Hingabe des Schreibens eingeschlichen hatten, und um einen kurzen Brief und eine lange Titelaufzählung zu verfassen, bevor der fleißige Liebhaber tief aufatmend den Halter auf den Schreibtisch warf. Es gab ein hüpfendes Klappern. Benarône dehnte seine Arme. »So!« sagte das Mädchen und stand auf, erlöst, betrogen und beglückt.

## *4*

Das »Schriftliche« ging vorüber, und alles blieb gut für Georg Bastmayr. Er arbeitete, ganz wie Lisbeth Kern es ihm aufgab. Er las Benarônes Schöpfung mit einer frevelhaften Freude und einem Erzittern, das zum Teil wenigstens die letzte Wehr seiner Unbescholtenheit und des guten Gewissens war; dann kämpfte er auf und ab laufend den heftigsten Kampf, der ihm bisher auferlegt worden war, denn seine ehrliche und dem Guten zugewandte Natur willigte trotz allem nicht ohne wilden Widerstand in diesen offenkundigen Verrat. Er fragte sich hin und her, ob er solle oder nicht; nahm sich vor, das Ergebnis von der geraden oder ungeraden Zahl der Schritte abhängig zu machen, die er bis zur Tür nötig habe, und verwarf das Orakel stirnrunzelnd, als es zweimal hintereinander für Ehrlichkeit plädierte, nicht ohne durch diesen Wortbruch die Verachtung zu steigern, die er qualvoll auf sich warf. Endlich schlug, ihm zu Hilfe, die Uhr eine späte Stunde; da beschloß er, zu Bett zu gehen und gültige Entscheidung morgen früh festzusetzen. Der Schlaf tröstete ihn, ein schöner Morgen brachte ihn mit seiner Lisbeth zärtlich durch die stillen Felder der Sonntagsfrühe, seine Eltern fragten ihn des gestrigen Benehmens wegen nicht aus, weil Jetti andeutete, der Brief sei vielleicht mit dem Examen in Zusammenhang, und das Sonderbare geschah, Herr Bastmayr, dieser strenge Beamte und patriarchalische Familienvater, der den Kindern niemals Geheimnisse erlaubte, gesetzt, daß er um deren Vorhandensein wußte – dieser Tyrann sprach kategorisch aus, er wolle von nichts hören, aber der Teufel solle den Georg holen, wenn er eine Schweinerei anrichte. Das Essen verlief so aufs friedlichste, und Georg erklärte nachher, er könne nicht mit spazierengehen, weil er zu tun habe. Sonst blieb sonntags die Familie beisammen; dieser schöne Brauch wurde streng innegehalten, zur Qual der Kinder, die gerne ihre eigenen verheißungsvollen Wege und Gesellen gesucht hätten. Diesmal aber pilgerten Bastmayrs allein nach dem »Grünen Baum«, um dort Kaffee zu trinken und die mitgebrachten Eßvorräte zu verzehren, und Georg sah ihnen staunend und triumphierend nach... Er zündete sich nachher, Herr in der Wohnung, eine väterliche Zigarre an, durchlas noch einmal die verhängnisvolle Arbeit und begann dann, von dem Rauchwerkzeug ziemlich behindert, sie abzuschreiben und zu verändern. Die farblosen, aber leicht hingeflossenen Sätze Benarônes bekamen etwas Derberes, Ungeschicktes, einen naiveren Tonfall. Einiges, das er sich nicht zutraute, gefunden zu haben, ließ er fort, manches, das großen Eindruck auf ihn machte, blieb wörtlich stehen und nahm sich daraufhin leicht sonderbar aus, er löste Satzverbände, verknüpfte andere Teile und schuf so, halb bewußt, halb unbewußt, einen merkwürdigen Zwitter. Als er, endlich fertig, die Vorlage verbrannte, ließ er damit einen Teil seines Schuldgefühls in Rauch aufgehen, und während er in den nächsten Tagen das ganze Erzeugnis mühevoll auswendig lernte, bis er es Satz für Satz herschreiben konnte, wuchs es immer mehr in ihn hinein, wurde sein Eigentum, der Gedanke, daß er die ganze Herrlichkeit betrügend gekauft hatte, wurde immer unwesentlicher, so daß er sich schließlich für die Mutter des Kindes hielt, weil er darum Schmerzen hatte erleiden müssen. Zum Überfluß bestellte er sich in einer Leihbücherei der Hauptstadt ein paar der mitgeteilten Werke und begann sie zu lesen, und da er schon am Montag an Benarône einen Dankbrief und eine Postanweisung gesandt hatte, wozu ihm Jetti das Geld vorstreckte, wurde ihm der ganze Anteil des Studenten an der Affäre allmählich dunkel, entfärbte sich, ein Nebel, der sich bald verflüchtigen würde. Am großen Tag lautete das Aufsatzthema: »Welchen Nutzen und welchen Schaden muß man dem Automobilismus für das moderne Leben zumessen?«, und Georg schrieb ihn so unbefangen nieder, als schaffe er frei wie alle anderen auch; trotzdem zitterte er, wenn der beaufsichtigende Lehrer hinter seinen Schemel trat, und atmete auf, wenn jener seinen Spaziergang durch den weiten Zeichensaal mit den hoffnungslos breiten Tischen fortsetzte, an denen man die Schüler vereinsamt hatte. Ja, als einmal der Direktor selber über seine Schulter hinweg las, hörte er auf zu schreiben, weil sonst die Feder einen Schlangentanz aufgeführt hätte, und erst als der alte Herr mit einem ermutigenden »Recht so, nur so fort!« seiner Wege gegangen war, konnte er das Niederschreiben des innerlichen Diktats fortsetzen. So geschah es auch nicht ganz leichten Sinnes, als er beim Heimweg nach der mathematischen Arbeit mit wackeren Worten seinen Abscheu vor dem Abschreiben im Examen ausdrückte, indem er es eine »infame Schweinerei« nannte, was übrigens ganz und gar den Ansichten der Begleiter, der Herren Giesel, Dahlberger, Wetterle und anderer, entsprach. Aber trotzdem fühlte er sich, da er auch seine Abschrift des Aufsatzes verbrannt hatte, sicher genug, um die anderen Arbeiten mit Gegenwärtigkeit seiner Kenntnisse anzufertigen, wobei sie ganz leidlich gerieten. So war er sehr zufrieden, ausgezeichneter Laune, und sowohl Lisbeth Kern als auch seine Familie fühlten dieses mit Behagen, wenn auch auf verschiedene Weise.

Aber ach, folgendes ereignete sich und warf ihn aus all seiner angemaßten Sicherheit in die Gewißheit der Vernichtung: Etwa eine Woche nach den Arbeiten, eine Woche vor dem Mündlichen, prüfte der Herr Direktor wohlwollend den Schüler Bastmayr in Deutsch. Er gab ihm auf, man las gerade »Iphigenie«, das Lied der Parzen auswendig herzusagen, er hieß ihn es in Prosa übersetzen, er stellte sich harmlos und ließ sich von dem Schüler listig über dunkle Stellen belehren. »Sehen Sie, Bastmayr, nun bin ich so alt und verstehe nicht, was das besagen soll: ›Und schüttelt das Haupt.‹ Können Sie es mir erklären? Was hat der Goethe da gemeint?« Und Bastmayr erklärte es ihm wohlgemut. »Nun, das war recht gut, Bastmayr, jetzt weiß ich es wenigstens. Ich danke schön, Bastmayr, setzen Sie sich.« Bastmayr saß erfreut. Er war fertig, er hatte in Ehren bestanden, nichts konnte ihn mehr betreffen. »Übrigens, Bastmayr, sagen Sie mal, woher haben Sie denn Ihre erstaunlichen Kenntnisse des Automobilismus? Haben Sie mal etwas darüber gelesen?« Man hörte ihm förmlich an, wie wenig ihm eigentlich an der Antwort gelegen sei, daß er sie sozusagen nur aus persönlicher Zuneigung stellte, um dem Schüler eine kleine Liebenswürdigkeit, ein väterliches Interesse für seine Privatdinge zu erzeigen. Bastmayr sprang auf und errötete; unmöglich, daß ein Abiturient noch so rot zu werden vermochte. Harmlos, ja ein wenig erstaunt erwiderte er: »Gewiß, Herr Direktor! Ich habe das und das und noch manches andere gelesen. Wie Herr Direktor wissen, werde ich Ingenieur, und da habe ich mich schon lange mit Benzinmotoren befaßt.« – »So, so, das ist ja löblich, danke schön. Nun, Dahlberger«, und er wandte sich dem Schüler Dahlberger zu. Bastmayr saß treuherzig und aufmerksam da. Einen Augenblick noch glaubte er fest, er habe von jeher die technische Laufbahn wählen wollen – so sehr, um nicht gelogen zu haben, verbiß er sich in die Lüge. Ja, diese Minute rammte ihm mit jähem Ruck den sicheren Entschluß dazu ein und entschied über sein Leben: Praktiker werden, nicht naturwissenschaftlicher Lehrer. Später; aber jetzt? Hier? Jetzt atmete er gewissermaßen Unschuld aus, blauäugige, blondgelockte. Man hätte nie vermutet, daß sie nur Blendwerk war. Und doch – sie war nur Blendwerk, Heuchelei, wie jenes Erstaunen, wie jene Harmlosigkeit, nichts als schwarze Heuchelei. Innerlich betäubte ihn wilde Angst. Jemand lief in seinem Schädel herum und schrie mit geballten Fäusten: Er weiß es, er weiß es, lieber Gott, er weiß es! Nur ein Schüler konnte begreifen, daß diese irre Ratlosigkeit von einer so unbedeutenden Frage veranlaßt wurde, von einer so natürlichen überdies... Jawohl, unbedeutend: so wie eine blaßgelbe Wolke, ein ganz natürliches Wölkchen, von den Reisenden vollkommen unbemerkt am Horizont auftauchend, dem Kapitän anzeigt, daß in wenigen Minuten sein Fahrzeug einen tollen Sturm werde aushalten müssen, wo doch der Strand nicht allzu fern und voll tückischer Klippen ist... Bastmayr verstand alles, er fühlte sich übel und ganz wehrlos, es kam ihm vor, als hinge in ihm einer elendiglich kopfabwärts pendelnd an den Füßen, und er ließ sich, ein blasser Invalid, ein vom Geschick aufgeriebener Krieger, unter dem Vorwande großer Hitze von dem weichherzigen Dr. Laas um zehn Uhr nach Hause schikken. Ja, nun war alles aus, und es blieb ihm nur übrig, wenn er die Schande, die maßlose Schande nicht erleben wollte... aber er wagte nicht, weiter zu denken.

Er kam mit wüstem Kopf nach Hause, er suchte einen Ort, an den er flüchten konnte; Jetti öffnete, rosiger als sonst, mit leuchtenden Augen, und mit einem ungewöhnlichen Trillern in ihrer Stimme erzählte sie ihm: »Du, Georg, der Benarône ist gestern abend angekommen! Frau Jung hat es der Marie gesagt. Die haben schon Ferien.« Georg erwachte. »Jettchen«, rief die Mutter aus der Küche, denn sie war eine Hannoveranerin, die mit ihrem prüden Hochdeutsch unter der vertraulichen Mundart der Einheimischen wie ein Perlhuhn unter braven, unscheinbaren Hofhühnern lebte, halb hochgeachtet, halb angefeindet. »Gleich, gleich...«, und das glückliche Mädchen enteilte. In Georg hatte sich bei dem Namen Benarône ein wenig Hoffnung und viel dumpfe Wut erhoben, ihm schien dieser Mensch eigentlich an allem schuld, was ihm jetzt das Gesicht erstickend in die Erde drückte. Mag er ausfressen, was er mir eingebrockt hat, dachte er erbittert und schrieb, wenigstens eine Hoffnung vor Augen, einen knappen Brief an jenen, in dem er ihn zu sich bat. Als die Familie nach dem Abendbrot noch beisammensaß, kurz bevor man auseinanderging, klingelte es kurz und männlich, und Benarône erschien. Er trat unbefangen und elegant in die Stube, das Burschenband querte blau-weiß-rosa die Weste, und Jettchen sprang äußerst rot auf, wußte nicht, wo sie sich hintun sollte, und verschwand in der guten Stube. Mit dem Studenten schien in die etwas verdrossene und jedenfalls sehr dumpfe Luft des Zimmers das heitere Leben gedrungen: er schüttelte Herrn Bastmayr kräftig die

Pranke, er behandelte die Hausfrau wie eine Dame der großen Welt und hätte, so tief geriet seine Verbeugung, beinah die Hand geküßt, wenn ihm nicht die verlegene Frau durch glückliches Zurückziehen zuvorgekommen wäre, er begrüße Georg als Herrn Commilito. »Er ist noch nicht soweit«, sprach Herr Bastmayr mit tiefer Stimme und erhob sich. »Jettchen«, rief die Mutter dringend, »wo bleibt das Mädchen?« – »Ich komme ja schon«, antwortete es, und Fräulein Bastmayr erschien errötet und angestrengt mit einem großen Plüschsessel. Benarône sprang auf. »Um Gottes willen, Fräulein Jetti!« – »Das Mädchen ist verrückt«, stellte Herr Bastmayr fest. »Ich gehe nun in die ›Glocke‹, Sie müssen schon entschuldigen, Herr Doktor.« – »Aber selbstverständlich...« Georg betrachtete mißtrauisch diesen Kavalier, der mit seinen Eltern umging, als seien sie zahm, ungefährlich, bieder, als könnte man ihrer sicher sein. »Jettchen, so hole doch Obst herein«, erinnerte die Mutter. »Was für Umstände, Frau Bastmayr, mit mir armem Hunde!« – »Ach, Herr Benarône, Sie sind doch kein armer Hund!« wandte die Tochter ein und war im Nu verschwunden.
Endlich saß jedermann friedlich um den Tisch, aß Birnen und unterhielt sich von den Veränderungen der Stadt. Neue Mädchen waren herangewachsen, Verbindungen geknüpft, von denen der Besucher nichts wußte, und Fräulein Bastmayr gab aufs beste Bescheid. Sie unterhielt den Heimgekehrten, sie kicherte, ihre Zunge tanzte, mit glücklichen Augen brachte sie hie und da eine kleine Bosheit an, und Benarône überzeugte sich sofort, sie werde ihm die Ferien so genußreich wie wünschenswert ausfüllen. Sie war ohne Frage reizend, blond, rosig, mit zartgeschweiften Lippen, die ihn an vieles erinnerten, mit blauen Augen, in die er nahe genug geblickt hatte. Er lächelte ihr leise zu, seine weißen Zähne wurden sichtbar wie zu verliebten Bissen, dann glitt seine Zungenspitze rasch die Oberlippe entlang. Jetti schüttelte ein Schauer von Erwartung und Glück. Sie zählte neunzehn Jahre. »Mutti, ich glaube, Herr Benarône hat mit Georg etwas zu besprechen!« – »Ja, Frau Bastmayr, Kleinigkeiten vom Abitur. Ich will Ihren Sohn mit Schwung ankurbeln.« – »Das können wir doch nicht annehmen, Herr Benarône! Bedank dich nur recht, Georg!« Ihre Aussprache des fremden Namens fiel leider immer wie Bénnarong aus... Der Student erhob sich lächelnd. »Den Dank wird

sich einer schon holen«, dabei sah er der Tochter kurz und keck in die Augen, die sich sogleich schlossen. »Ich beantrage, Sie begleiten mich noch ein Stück, Bastmayr, dann reden wir in aller Ruhe. Das Wetter verdient ja Ehrenkränze.« – »Ein bißchen arg heiß«, meinte die Mutter, »Georg ist heute in der Schule schlecht geworden. Bleibe nur nicht zu lange aus. Jettchen, gib ihm den Schlüssel.« Georg fiel in ein stilles Staunen. Ausgeschlossen, daß er sonst ohne Kampf nach halb zehn noch ausgehen durfte, Samstag ausgenommen ... Und dieser Benarône brauchte nur zu sagen: »Ich denke, Sie begleiten mich«, so gab's kein Gerede weiter, er bekam den Schlüssel. Unheimlich eigentlich. Und er ging, sich den Hut zu holen. »Wünsche wohl zu schlafen, Frau Bastmayr; auf Wiedersehen, Fräulein Jetti.« – »Kommen Sie bald wieder, Herr Bénnarong«, bat die Mutter und rief: »Georg, Georg!« Jettchen stand einen Augenblick Hand in Hand mit dem Besucher. »Morgen zehn Georgskirche«, flüsterte er bündig mit einem Händedruck. Sie schwieg, verneinte unmerklich mit einer Kopfdrehung und wünschte dringend, es wäre schon morgen früh um zehn.

»Wo fehlt's denn wieder? Hat Sie der Aufsatz nicht hochgeschmissen?« Ja, meinte Georg, er danke sehr. Aber der Alte habe etwas gerochen; und er erzählte ihm den Vorgang von heute früh mit allem, was er daraus folgerte. Gegen Ende bebte seine Stimme vor Angst, denn die Erzählung gab dem Widerwärtigen neue Gegenwart. »Ach Gott«, antwortete der Helfer, »und darum gleich Kassandra und Trauerweide? und schlappgemacht? Weil ihr die Menschen nicht kennt, ihr Nachwuchs. Was wißt ihr von unserm alten Chef ... Haben Sie wörtlich abgeschrieben?« – »Ach wo, umgearbeitet und auswendig gelernt.« – »Na, das wenigstens hat er raus.« Er legte kommentmäßige Nachlässigkeit in seine Anerkennung. »Und die Bücher haben Sie auch gelesen?« – »Zum Teil.« – »Also. Bei euch sehen sogar die Sterne gelangweilt aus. Ich übernehme den Fall. Kein Mensch wird Sie belästigen. Wenn ich mit der Sippe nicht fertig werden sollte, das wäre gelacht.« Georg sagte kleinlaut, es sei zu wünschen. »Die Nacht erstickt mich. Man atmet Watte. Rauchen Sie?« fragte Benarône und reichte ihm die Zigarettentasche.

## 5

Der Nachmittag, übel heiß, wogte, als tolle die Sonne auf dem buckligen Marienplatze umher und gösse Unerer Lieben Frau Glut auf das schief lächelnde Haupt. Der Bäcker Gnatz saß im Schatten vor dem Laden, schlief einen umfänglichen Schlaf und japste nach regelmäßigen Pausen erbärmlich – eine Gewohnheit seiner Fettleibigkeit und ohne Schmerzen. Es gehörte schon ein ruchloses Herz dazu, den verdienten Mann aus seinem Schlafe zu stören, aber Benarône tat es, ohne Not, nur aus bösem Willen. Er pickte ihn mit dem kalten Silbergriff seines Stockes so eindringlich auf den Kehlbraten, daß der Gequälte emporfuhr, aus kleinen, haßvollen, doch sogleich liebenswürdigen Äuglein nach dem Kunden starrend, und sich in den dumpfheißen Laden hineinschleppte, um dem jungen Herrn um drei Zehner Kuchen zu verkaufen, wie er es oft genug dem Schüler Benarône getan hatte; und dieser, dessen südlicher Abgebräuntheit die Sonne nichts anhaben konnte, hielt ihn in einem freundschaftlichen Erinnerungsgespräche in der Schwüle hinter dem Ladentische wach, so daß der Schweiß dem dicken Mann in zackigen Rinnsalen von der Stirn nach Nase und Augen strebte, während er selber, schlank, weiß gekleidet und vollkommen unberührt, auf den Stock gestützt, dem Tropfenlauf zulächelte. Endlich verabschiedete er sich und ging langsam und beherrscht, wie einer, dem man nachsieht, auf die Schule zu, außer dem Kuchenpaket eine Rolle in der Hand haltend und mit dem Stock seiner Freundin, der hölzernen Marie, einen Gruß zuwinkend.
Im Schulgebäude war es angenehm zu sein, die weißen Wände strömten Kühle aus. Der Schall der Schritte sprang wie ein Ball um ihn; sonst blieb alles still. Benarône stand einen Augenblick am Fenster und schaute nach den Bäumen aus, Kastanien, deren Blätter schlaff vor Hitze hingen. Unwillkürlich suchte er die Bank unten rechts, die er geliebt hatte, weil man von ihr die wilde Überschneidung des Firstes mit Dach und Türmen der Kirche vor dem blauen Himmel genoß. Noch vor einem Jahr vollzog sich hier sein Dasein. Kopfschüttelnd wandte er sich, kurz an die blaue Tür des Direktorzimmers zu pochen. »Ja«, sagte die helle vertraute Stimme.
Der Greis empfing ihn mit freudiger Aufgeregtheit. Jedes Fält-

chen um die hellblauen Augen bezeugte: er liebt ihn noch. Er ging eilends daran, ihm einen Platz anzubieten – aber überall lagen Stöße von Heften und die dicken Klassenfolianten auf den massiven Stühlen, und es hieß erst aufräumen. »Da sehen Sie nun, wie geplagt ich bin«, sagte der alte Herr und stand hilflos vor dem Wirrwarr. »Heimbacher tut nichts mehr, er sagt, es habe keinen Sinn aufzuräumen, wenn ich... doch ich will ihm klingeln.« Heimbacher, der Pedell, ein Tyrann mit grauem Schnurrbart, regierte die Schule fast so lange wie sein Oberherr. »Nicht doch, Herr Direktor, ich sitze schon, ich sitze gut«, und Benarône türmte, von Ehrfurcht unbehindert, die Bücher der neunten, siebenten und sechsten Klasse auf einen Stoß Hefte. Der Direktor bot dem ehemaligen Schüler eine dicke Zigarre an, und so saßen sie und plauderten von der Schule und vom Leben auf der Universität, und der Besuchte vergaß ganz seine Arbeit und erzählte von seinen Studentenjahren in Würzburg, Wien und München, von Wanderungen und Wallfahrten zu großen Kunstwerken und von seiner einzigen italienischen Reise, die er als Dreiundzwanzigjähriger nach dem Staatsexamen gemacht hatte, »per pedes apostolorum, wie sich versteht«, indem er genau den Weg nahm, den einst Goethe gefahren war, mit der Italienischen Reise als Cicerone... »Sehen Sie, so sehr habe ich ihn damals geliebt, und ich kann sagen, es hat nicht abgenommen, obgleich ich heute ein recht alter Mann bin...« Einen Augenblick blieb er stumm. Man hörte, wie sich eine große Fliege an der Fensterscheibe abmühte, an der oberen, einzig geschlossenen. Er stand auf, noch ganz in seinen Erinnerungen befangen, und jagte die Widerstrebende mit dem Taschentuch hinaus. »Damals glaubte ich, ich sei Gott weiß wer ... und was ergibt sich schließlich? Ein Schulmann in einem kleinen Ort«, sagte er, noch abwesend. Benarône betrachtete ihn mit einem unklaren Gefühl, es schillerte zwischen Rührung, Überlegenheit, Sympathie und purem Spott. Dann fragte der Chef plötzlich munter: »Nun, und was wissen Sie zu berichten, lieber Junge?« Benarône erzählte bescheiden von diesem und jenem Kolleg, von Arbeiten, Theater, Ausflügen und holdem Unfug. Er bemerkte mit Verwundern, wie jung dieser alte Herr da geblieben war, der noch so herzlich lachen konnte, und er beschrieb mit grotesken Vokabeln, wie komisch er um dieser Stückchen Kuchen willen den dicken Bäcker Gnatz geweckt habe oder vielmehr den Kuchen gekauft, bloß der Störung wegen. Und hier – damit wies er die Rolle vor – habe er sich getraut, etwas mitzubringen, weil er wisse, welch unbegreiflichen Affen der Herr Direktor an ihm gefressen: es sei ein Essay, eine Abhandlung, betitelt »Stil und Stile«, die sich bemühe, in der Syntax bedeutender Schriftsteller allgemeingültiger Gesetze zu suchen. »So, so, die ›Monatshefte‹ haben Sie gedruckt... Nun, ich gratuliere herzlich, Herr Collega ... aber Benarône, ich bitte Sie um eins: bleiben Sie bei der Philologie. Zeitungskram ist nicht gut genug für Sie; werfen Sie sich nicht weg; ich müßte mich grämen.« – Der Ermahnte aber erwiderte väterlich, diese Arbeit habe mit Journalismus nichts zu tun, sie sei auf streng philologischen Grundsätzen und Begriffen aufgebaut, und er erzählte von niederträchtig umfänglichen syntaktischen Studien, Zergliederungen deutscher, französischer und lateinischer Prosa, die ihm nun aber auch erlaubten, triftig zu vermuten, ob beliebige Bruchstücke von Werken, die man ihm namenlos, in Abschrift etwa, vorlege, von verwandten oder verschiedenen Schriftstellern stammten. Ein Gefühl für Stil habe sich bei ihm eingestellt, und er gedenke, daraufhin vielleicht seinen Doktor zu bauen. Mit verstohlenem Entzücken bemerkte er, daß der Zuhörer plötzlich zugleich Unruhe, Neugier und Verlegenheit äußerte – er kroch auf den Affenleim! blätterte in einem Hefte, tat ein paar Züge aus der Zigarre, legte sie wieder weg, stand auf und ging einmal auf und ab. Dann stieß er plötzlich vor: »Benarône, Sie können doch den Mund halten, schweigen, meine ich?« – »Der Herr Direktor können sich darauf niederlassen.« – »... Sagen Sie mir also, ob das und das von einem oder von verschiedenen Schreibern ist!« und schob ihm ein dickes Heft geöffnet auf den Tisch, daneben aber einige Foliobogen; über deren oberstem las er: »Welchen Nutzen und welchen Schaden« und so fort das Eiapopeia, das er hinreichend gefressen hatte. Er bat um Papier und Schreibzeug und fragte liebenswürdig, ob er wohl, weil die Untersuchung längere Zeit dauern werde, seinen Kuchen aufessen dürfe; fing also die Brosamen mit gehöhlter Hand und las dabei mit innerem Siouxgeheul, wie Bastmayr seinen Aufsatz zugerichtet hatte. Das Gerüst, ja, das stand noch; aber hier zusammengequetscht, da auseinandergerenkt, nur wenige Sätze verrieten nicht, dieses

Feld sei zum Lachen durchgeackert und bewässert worden... Dann nahm er die Arbeit im Hefte zu sich, dem Datum nach der letzte Aufsatz des Schülers, und begriff sofort, und feixte hinter der Hand, daß man hier allerdings stutzen durfte; die Sätze stolperten hintereinander her wie betrunkene Soldaten, die keine Kompanie mehr sind, sondern nur noch ein Haufen; Ungeschick und Dürftigkeit, wohin man sah, und mittendrin, zur Bekräftigung, ein springbrunnhaft strömender Satz Lessingscher Prosa... Nun, in Gottes Namen würde er nachweisen, daß Bastmayr sowohl den Bauernjungen als auch den beschädigten Prinzen gezeugt habe. Der Kuchen war längst verzehrt, nun begann er zu blättern, zu schreiben, bald hier, bald da nachzuschlagen, sorgsam zu lesen, zu vergleichen; jetzt nickte er, dann schüttelte er den Kopf, er blickte fragend empor, er runzelte die Stirn – kurz, er spielte die infamigste Komödie, mit der jemals ein durchtriebener Kujon einen nichtsahnenden guten Greis getäuscht hat. Jener, zerstreut und wenig erfolgreich mit anderem beschäftigt, sah ab und zu hinüber zu diesem Menschen, dessen Eifer ihm so gefiel, dem er so sehr vertraute und der ihn so inbrünstig betrog. Endlich schien er fertig, faltete die Prüfungsarbeit zusammen und schloß das Heft; und die Hand auf das Blatt legend, welches er beschrieben hatte, sagte er aufatmend: »Da hätten wir die Kiste.« – »Nun?« fragte der Chef. »Merkwürdigste Historie, Herr Direktor. Hier staunt selbst Herodot.« Ungeduldig wiederholte der andere: »Nun? Ist beides von einem Autor?« – »Fraglos. Aber...« – »Nein, wirklich? Sie sind also auch dieser Ansicht? Nun, ich bin wirklich froh...« Man hörte es ihm an, daß er wirklich froh sei. »Begründen Sie das doch, wenn es geht.« Benarône tat sehr erstaunt: »Begründen? Sollte ich denn hiernach pirschen? Ich dachte, Sie verlangten aus der Quelle der Verschiedenheiten zu trinken, die ganz unleugbar sind? Der Gleichheiten wegen hätte ich mir keine Notizen zu machen brauchen.« Der Direktor erwiderte ganz schüchtern: »Ach bitte, lieber Benarône, zeigen Sie mir doch das Nähere. Ich muß leider... aus Gewissenhaftigkeit...« – »Also gut«, sagte der junge Mensch nachgiebig, »beiden Arbeiten gemeinsam ist das ›welcher, welche, welches‹, statt ›der, die, das‹, wie jeder Gesunde schreibt; ebenso wirft er mit ›derjenige, derselbe, derart daß‹ in bestimmten Abständen nur so um sich. Ich will nämlich Glas essen, wenn nicht diese kleinen Worte, Konjunktionen, Fürwörter und dergleichen, für einen Stil maßgebend sind, ihre Gruppierung, Häufigkeit und der Rhythmus ihres Auftretens, nicht die großartigen Substantiva und Adjektiva. Dann saugt der Fürst auffallend Wonne aus unbestimmten Ausdrücken, Zahlwörtern und Pronomen ... schnell ein Beispiel ... Hier steht: ein Mann, welcher eine solche Erfindung machen konnte – jeder Wiedehopf hätte geschrieben: der Mann, der diese Erfindung gemacht hat; und in der anderen Arbeit ... da haben wir's: ein Staat, in welchem derartige Greueltaten möglich sind (er spricht von Rom) – ich hätte geschrieben: der Staat, der diese Greuel duldet, wobei das Wort ›Greuel‹ ... na ja, blöder Hund. Der glaubt, was in den Geschichtsbüchern gelogen wird. Dann stinkt hier zum Himmel ein klassischer Parallelismus im Satzbau, biblische Einfachheit – im Hauptsatz Subjekt, Prädikat, ein oder zwei Objekte, ganz so der Nebensatz, höchstens noch einer drangehängt; niemals Einschachtelungen, nichts von Perioden, keine Inversionen – wollen Herr Direktor noch mehr Beweise? Das sind bloß die gröbsten, die mir gerade aufstoßen.« Der Direktor hörte diesem Kohl mit mehr Aufmerksamkeit und Vergnügen zu, als er verdiente. »Danke sehr, danke, nein, das genügt wohl«, sagte er hell, »Sie haben Ihre Zeit nicht verloren«, und er klopfte ihm auf die Schulter. »Und was nun diese Unterschiede angeht?« – »Teufel«, rief Benarône, »es ist schamlos spät geworden ... Die bleiben ulkig ... ich kann sie wohl festnageln, aber nicht röntgen. Das hier«, er hob die Foliobogen, »ist mächtig strammer geschrieben, mit mehr Schwung und innerer Festigkeit, es hat Knochen im Leibe; auch drückt sich der Kerl lebendiger aus, soweit das mit seinem Schädel möglich ist; ein paar Sätze sind drin, die ihm aus Büchern nachgelaufen sein könnten ... aber woher diese Steigerung des Kalibers kommt, da muß ich stoppen. Sie sollten mir schon einige Lichtnebel der Entstehungsgeschichte ins Firmament hängen, Herr Direktor.« Er sah dem anderen erwartungsvoll in die Augen und legte sich einen Schein von Unschuld und Arglosigkeit übers Gesicht. »Nun, ich kann es Ihnen ja sagen – nicht wahr, Sie schweigen als Mann und Christ? Hier liegt das Aufsatzheft des Abiturienten Bastmayr, jenes ist seine deutsche Prüfungsarbeit. Mir fielen beim Korrigieren die Unterschiede auf, die Sie erwähnt haben, Flüssigkeit, die gute

Anordnung, das viele Wissen über ein so ... ungeläufiges Thema, und mehreres noch. Ich gestehe Ihnen, ich dachte im ersten Augenblick, er habe sich unerlaubter Mittel bedient, und die Herren Kollegen von der Kommission waren auch dazu geneigt, bis auf Collega Deu, ja; aber dann überlegten wir: es gehört schon eine Portion Verworfenheit dazu, im Abitur abzuschreiben, das werden Sie zugeben, und der Schüler hat sich so gut geführt, daß man doppelt vorsichtig sein muß, ihm derartiges zuzutrauen.« – »Das Argument steht rolandartig«, sagte Benarône und nickte dazu ernst mit dem gepflegten Haare. »Zweitens ist's ganz unmöglich, daß irgend jemand das Aufsatzthema wußte – ich selber kannte es ja erst, als ich vor den Schülern den Umschlag öffnete.« Wieder hielt er inne, und wieder nickte der Feind. »Und drittens sehen Sie selbst, wenn er hätte abschreiben wollen – glauben Sie, daß wir, die Aufsichtführenden, es nicht gemerkt hätten? Glauben Sie, daß man im Examen abschreiben kann, ohne sich vor Aufregung ungeschickt zu benehmen? Jeder Schüler weiß, daß es kein Pappenstiel ist, das Betrügen. Nun haben wir alle drei, Kollege Linzl, Dr. Bernhardin und ich, nichts bemerkt, was das gewöhnliche Examenfieber überstieg. Also«, schloß er, »Betrug bleibt ausgeschlossen, und dennoch hatte ich das Gefühl, hier ist etwas Ungewöhnliches vorgegangen.« Benarône saß zurückgelehnt in tiefer Meditation. Dann öffnete er feierlich die Augen: »Ließe sich beklopfen, Herr Direktor, ob Beklagter – wie heißt er?« – »Bastmayr.« – »Ob dieser Herr Bastmayr früher einmal eine ›Empfindsame Reise im Automobil‹ geschmökert hat? Vielleicht auch eine Novelle ›Rekordfieber‹?« – »Von wem sind diese Bücher?« – »Das eine von dem Klassiker O. J. Bierbaum, das andere von Otto Rung, einem dänischen Landesfeind.« – »Laßt sehen ... da ... natürlich, da steht es: Bierbaum, Rung, noch andere ... Bierbaum, nicht? ist ein heutiger Poet, von den Übermodernen, wie? von den ganz Radikalen? Oder ist er weniger gefährlich?« Benarône verschwieg, daß er den guten Otto Julius für einen braven Wollüstling halte, und erkundigte sich lieber nach der Quelle solcher Wissenschaft. »Nun, wir schlafen auch nicht«, kam die Antwort mit Schmunzeln – »ich fragte ihn neulich mal so nebenbei und schrieb mir diese Namen auf, nach der Stunde.« Benarône erleuchtete sich ungemein, indes er »alter Fuchs« dachte und sein Spiel als feinere List gegen gröbere doppelt gerecht und spaßig fand: »Jetzt, Herr Direktor, wird das Rätsel sehr konkret. Das Nest seiner Anlesereien kennen wir nun – er muß sie schon einige Zeit gekaut haben, sie sind recht blaß und neblig ausgespuckt. Aus seinem alten Stil konnte er ebenfalls nicht schlüpfen, bleibt nur das Flüssige, Konzentrierte, kurz das Bessere zu erklären – und das dankt er dem lieben Examen, basta. Bedenken Sie, Herr Direktor: die Bedeutsamkeit dieser Volksbelustigung für das ganze Leben ist jedem Schüler eingebleut: solch ein Moment kommt kaum wieder. Die Aufregung reitet verteufelt auf seinem Grips, reißt ihm die Trense im Maul, daß die Fähigkeiten nur so spritzen, kitzelt das Unbewußte mit Sporen auf, wirft ihm die Zügel auf den Hals, so daß er sich mächtig in alle Kenntnisse legt, der Gaul bläht die Nüstern, alle Schwerfälligkeit stiebt in sauren Flocken ab, und unter dem Hochdruck der Verantwortung kriegt der Kerl ein besseres Tempo, einfach, weil er früher niemals mit allen vieren davonjagte. Scheint Ihnen das plausibel, Herr Direktor?« Der freute sich herzlich. »Aber natürlich, Benarône, gewiß doch, das ist so einfach, ich schäme mich beinahe vor Ihnen, daß ich nicht selber darauf kam. Danke vielmals, besten Dank!« – »Ich sinke in 'n Boden«, sagte der andere verlegen, stand auf und ergriff die gebotene Hand. »Ich werde Ihr Lob vor der Konferenz singen, junger Freund, des können Sie sicher sein. Wollen Sie uns nicht einmal besuchen? Meine Älteste spricht manches liebe Mal von Ihnen.« – »Herr Direktor verwöhnen mich ... morgen, Montag, wann Sie befehlen. Aber jetzt muß ich fort ... ich sitze Ihnen ja mehr als anderthalb Stunden auf der Pelle.« Es gab Abschiedskomplimente, Danksagungen, und Dr. Gamander begleitete den früheren Schüler selbst hinaus. »Wissen Sie, Herr Direktor, was aus der ganzen Sache praktisch folgt, für die Schulreform?« fragte der ironische Gauner schon auf der Treppe. »Die Schule ist viel zu leicht! Die Kerls müssen bibbern wie Schokoladenpudding, damit sie sich zusammennehmen! Und wenn man nur jeden Dritten durchs Examen läßt, sind wir auch die Überfüllung der Universitäten los.« – »Darüber reden wir noch mein Lieber. Adieu, mittlerweile!«

Benarône trat aus dem Hause wie in ein warmes Bad. Er lachte, es schüttelte ihn innerlich vor ausgelassener Lustigkeit und einem maßlosen Gefühl des eigenen Wohlgeratenseins: Sieger! Sieger! Und in der Fülle seines Übermutes strahlte er in stummer Anrede und durch einen langen Blick, den sie mit ihrem lieben Lächeln aushielt und erwiderte, der Freundin Marie seine Gefühle zu: Ach, die armen Geschaffenen! Sie würden uns die Welt nicht übel zurichten! Geht der Chef, ein wahrhaft guter, alter Mensch, mit dem Pflichtspieß los gegen den elternliebenden Bastmayr, einen wahrhaft guten jungen Menschen! Und wenn ich, moralinfreier Hund und glatt wie nasse Seife, nicht dort zum Mogeln verhülfe und hier selbst mogelte und mit purem Verrat die Welt wieder einrenkte: ihr schlügt sie mir ins hellste Unglück auseinander, ihr Biedervolk! Ihr wißt es nicht – aber ich bin das Ärgernis! Und es ist nötig, daß das Ärgernis in die Welt kommt – aber der zweite Teil des Wortes stimmt nicht, Marie... Denn so wahr der Mensch ein Säugetier ist, Marie: ich bin vielleicht der Geist selber, ein Stückchen ewiger Wiederkunft, der Ewige Jude – du weißt schon, wen ich meine, du holde, ewige Niederkunft: deinen Freund aus den Sieben Legenden, den sie hierzulande den Teifi heißen!... Sein Pathos ebbte, während er in der Richtung nach den Kirchhöfen den Platz querte. Und ihm schien im Weitergehen dieser Bastmayr einen so brillanten Kohl eigentlich nicht wert. Aber das Intermezzo Jetti! Jetti, ja. O warte! Und sie wartete schon.

## 6

Der Schulrat saß da, diese entscheidende Persönlichkeit; nicht nur kühl und aufmerksam, sondern auch recht korpulent saß er in der Mitte des Kollegiums, das Fräcke angetan hatte, ehrwürdig und traditionell von Schnitt. Seine Erhabenheit zeigte sich darin, daß er einen leichtseidenen grauen Rock trug, beileibe keinen schwarzen, der die Wärme zu stark aufnahm, und Wärme genoß man heute im Übermaß; dieser Hochsommer begann unerträglich zu sieden, unter einem drückend blauen Himmel kochten die Felder, und der Staub stieg in den Straßen auf; schon früh um neun Uhr, als man die eilige Vorkonferenz beendete, dünstete auf Haar und Glatzen der säuerliche Tau... Man stellte einige Schüler mit flüchtigem Bedauern als unreif zurück, man erließ dreien gnädig die mündliche Prüfung und begann sofort, den Rest zu untersuchen. Bis um halb zwei Uhr wurde man gottlob fertig. Beißender Schweiß hatte allen die Halskragen erweicht, dem Schulrat, der seine Wohlgenährtheit verwünschte, die doch auf so annehmliche Weise erworbene, dem Kollegium und den Prüflingen, und er bewirkte keine Barmherzigkeit, sondern Ungeduld; ja, die Säure zernagte fast die ältesten und ehernen Bande des Wohlwollens – kaum daß der Direktor widerstand: so daß die ersten im Alphabet zwar noch einigermaßen wegkamen, selbst wenn sich ihre Kenntnisse im Griechischen nicht ganz unangreifbar zeigten, der Fall etwa des Abiturienten Bastmayr ... denjenigen aber, die weit hinten rangierten, denen erging es übel, sie ertranken im Schweiße der Gestrengen, wenn sie nicht ganz Ausgezeichnetes leisteten: Zeckes, diesen Musterschüler, retteten nur seine unwahrscheinlichen Vorzensuren und Arbeiten, und Wetterle, dem armen Wetterle ging es ans Leben, obgleich er in einer kalten Jahreszeit gewiß Erfolg gehabt hätte. Aber das Zimmer brütete zu schwül, der Herr Schulrat trug zuviel Fett bei sich, und eine stumpfe Machtlosigkeit lähmte den Lehrkörper. Kurz vor halb zwei Uhr verkündete der Herr Schulrat matt und sehr gemessen das Ergebnis der Prüfungen, und seine Rede war von biblischer Kürze – ja ja, nein nein –, und fünf Minuten nachher öffnete der Pedell Heimbacher alle Türen und Fenster, um die Prüfungsluft hinauszulassen. An der Tafel aber blieb nur noch die algebraische Aufgabe zurück, die zuletzt, und zwar nicht bis zu Ende, gerechnet worden war, und nahm sich rätselhaft fordernd aus, gleichsam auf ihrer endgültigen Lösung bestehend, weiß auf grauschwarzer Fläche.

Alle Familien bearbeiteten heute denselben Gesprächsstoff, und nur die Art wechselte, in der man ihn zuschnitt. Die Gutartigen und persönlich Unbeteiligten freuten sich herzlich über die Bestandenen und übergingen die anderen mit Bedauern oder gedachten ihrer mit Mitleid – es war, als hätte man ein Fest erlebt, und es zeigte sich, daß sie nicht nur eng aneinandersaßen, sondern auch mitsammen fühlten: die Hämischen und Schadenfrohen trugen ihre Glossen umher, bis sie sie an gleichgesonnenen Herzen niederlegen konnten, und abends las man die Glücklichen gedruckt in der Zeitung, um sich noch einmal zu freuen, als sei es eine Neuigkeit. Bei den Verunglückten hing eine schwarze Fahne aus, man ging sich aus dem Wege, als habe man eine ansteckende Krankheit, die Augen der Mütter verleugneten nicht die erweinte Röte, die Väter fluchten oder schwiegen grimmig, wollten aufrührerisch zum Direktor eilen und wußten, daß sie es unterlassen würden, die Söhne aber wandelten mit künstlicher Gleichgültigkeit umher, rauchend und redend, des schwarzen Anzugs ledig, oder sie saßen in der Sofaecke, noch im Staate, und starrten trostlos vor sich hin, ließen rasende Wutgedanken wie Heere von Füchsen mit brennenden Schweifen jagen und hatten ab und zu beißende Tränen in den Augen, die sie der Wut zuschrieben. Mit leisen hellen Fingerspitzen trommelte der allgegenwärtige Tod auf diesen oder jenen Scheitel – und vielleicht hielt nur die tiefe Lähmung alles Wollens, die zu keinem Entschlusse mehr befähigte, abgestumpfte Erwachsenheit oder der angstvolle Drang des Lebens nach Leben diesen oder jenen davon ab, diesem eintönig bannenden Trommeln zuzuhören, nachzuhängen, bis es zum Rauschen eines Flusses erstarkte, zum Krachen des kleinen Revolvers oder zu jenem erstickten Schlag, mit dem ein menschlicher Leib vom zweiten Stockwerk aufs Pflaster prallt. Ach, dort regierte schrecklicher Jammer, und wie lange würde es dauern, bis man sich wieder unter Menschen wagte... und bis die Eltern es verziehen... und bis man an die Glücklichen denken konnte, ohne vor Neid und Elend zu weinen...

Was aber ist von den Glücklichen zu berichten? Von jenen, die von der Liebsten geherzt, von der Schwester umarmt, von der Mutter geküßt und gesegnet, vom Vater mit Stolz betrachtet und mit Geld beschenkt, von den Dienstboten mit Ehrfurcht als etwas Verwandeltes angesehen, von den Nachbarn begratuliert, von jedermann mit Wohlwollen bedacht und von Herrn Redakteur Mischpott ehrenvoll mit Namen genannt, gedruckt wurden? Mit einem einzigen Worte kann gesagt werden, was süß und wild in ihrem Herzen quoll, ihr Blut peitschte, ihre Füße zum Laufen und ihre Arme zum Umarmen verführen wollte und ihnen das Dasein eines Geliebten, das kurze und heftige Lodern eines Sonnenknaben schenkte: »Freiheit« hieß das Wort, »Freiheit«. Und darum ließ ein jeder sie laufen und sah ihnen erquickt und lächelnd nach...

## 7

Muli müssen kneipen, so ist deutscher Brauch. Und so saßen sie, immer noch festlich geschmückt gegen vier Uhr an dem großen runden Tisch unter den Nußbäumen, die mit blättervollen Kronen die Sonne abwehrten und der Wirtschaft den Namen gaben, und der Wirt, Herr Oberhuber, der schon mehr als zwanzig Jahre hier waltete, hieß Nußbaumwirt und lagerte einen Pfälzerwein im Keller, der den verwöhnten Kehlen der ehemaligen Schüler und den schon gebildeteren der Studenten gut bekam. Denn da Freude allein wenig wert ist, die achte Klasse aber kaum in Betracht kam, lud sich jeder gewöhnlich einen Studenten ein oder auch mehrere, um seine guten Beziehungen zu erweisen, er zahlte auch für ihn und ließ sich eventuell für eine Verbindung gewinnen. Bastmayr hatte natürlich Benarône zu Gast gebeten und trank ihm fleißig zu. Es kam ihm bereits nicht mehr auf präzises Denken an, er fühlte sich traumhaft und wußte nicht mehr recht, ob er nun ihm sein Bestehen verdanke oder sich selbst, und wie es nur natürlich ist, dachte er mehr an die Rettung aus der jüngsten Gefahr als an den Aufsatz, der schon so weit zurücklag und an dem er doch sein redliches Teil Arbeit gehabt hatte... Jedenfalls war ihm wunderbar wohl zumute, rätselhaft herrlich für einen Menschen mit schurkenhafter Lebensgrundlage und auf immer befleckter Ehre. Er blickte selig über den Zaun hinweg auf die schweren gelben Felder, über denen die Luft tanzte, er hörte das unaufhörliche Zischen und Sägen der Grillen, er schaute die hohen weißen Wolken an, die regungslos vor dem mächtigen blauen Himmel standen – und ihm schien, er sähe in seine Zukunft, glitte bereits lautlos wie im Automobil durch Helligkeit und ruhige Schönheit in sein Leben hinein und ließe hinter sich eine dunkle Wolke, weit... Ach, er mußte etwas ganz Tüchtiges werden... und dankbar hob er sein Glas: »Herr Benarône, ich gestatte mir...« – »Ich gestatte Ihnen, Angstmeier, prost!«

Man saß bereits einige Zeit zusammen, der Wein wirkte schon. Der Student trank auf der rechten Seite dessen, der das Haupt dieser Versammlung bildete: Deu, Turn- und Zeichenlehrer Deu, der auch den Gesang verwaltete, heute nur Mensch, wie er oftmals aussprach... Er rollte leuchtende Augen umher, blähte seine Backen auf, so daß der Schnurrbart sich sträubte, er lachte laut, er dröhnte, er fühlte sich sehr glücklich heute! Deu! Ja, er hatte schon reichlich gekneipt. »Kinder«, rief er, »alter Wein – junges Blut... sauft, daß ihr was werd't... oh...«, und er lehnte sich zurück und streckte die Hand mit dem Glase weit von sich. Alle sahen es, der Wein schwappte über; aber es tat ihm nichts, er bemerkte es nicht, er schaute weit in die Ferne, ins Unwiderrufliche, in seine eigene Jugend, und ein schwebend banges Gefühl von Vergänglichkeit dieser Stunde füllte ihm tief und voll das Herz, eine Empfindung von gefaßter Wehmut unterhalb des Sommerglanzes und von Bejahung des Unabänderlichen, die, hätte er sie mit Worten teilen und fassen mögen, wohl solch ruhig bittere Rede auf seine bald trunkenen, dem Aussprechen von Erkenntnissen stets abholden Lippen gebracht hätte: Trinkt, Jungens; die Gläser ins Licht! Weil ihr jung seid, funkeln sie auch, wenn sie nicht kristallen sind; hebt eure glücklichen Herzen in den edlen Rausch des Weines – wir gönnen's euch! Denn das Heute und die nächsten Jahre, diese drei, vier Studienjahre voll Glanz, Waffenklang und kleinen Mädchen sind alles, was das Leben Holdes an euch zu verschenken hat. Dann ist eure Frische dahin wie die meine, mehr als die meine heut ist sie dahin, und was bleibt und wächst, ist der feiste, träge und verlogene Bürger, der Parteimann und Bierfreund, den ihr komisch und verächtlich fandet, als ihr ihn, eure Väter, täglich von nahem saht. Trinkt, Jungs, laßt eure Augen blitzen! Was strebt ihr zu werden? Wie ich – Beamte der Schule, Post, Eisenbahn, Gerichte, der Steuer, der Technik, der Medizin – ihr werdet Beamte mit sichern Gehältern, Pensionen und sichern Meinungen, und wenn heute jeder von euch aus eigenen Augen sehnend in die Ferne sieht – bald blinzelt ihr alle gleichartig ins Nahe, aufs Geld und die Laune der Vorgesetzten. Ihr seid alle keine Deutschen mehr, keiner von euch findet einen ungewöhnlichen Weg auch noch im Engen; alle habt ihr bald eure Höhe hinter euch und drängt herdenweis zu Tal... abwärts... Nie werdet ihr wieder von Glück wissen – ihr Bastmayr, Dahlberger, Giesel... oder Deu. Euren letzten Reichtum, die Scheu und Zärtlichkeit zu euren Mädchen, laßt ihr bald in den Reden der Genossen, in den Betten von Dirnen oder zugänglichen Fräuleins – und dann seid ihr schon tot – wie ich, eine muntere Leich. Und dieser Benarône, euer Vorbild und Stolz? Hübsch und großartig thronst du wohl nebenan – aber du gehst zugrunde. Punktum. Vielleicht an der Kugel irgendeines Leutnants in einer großsprecherischen Angelegenheit, vielleicht in der Ehe mit einer reizenden, anspruchsvollen Lady, für die du dein Talent tropfenweise verschleißest, vielleicht im braunen Zwielicht der unfruchtbaren Zigeunerei – gleichgültig, du mußt zugrunde. Warte nur, bald lachst du über die Verse, die du mit fünfzehn machtest, und verstehst sie nicht mehr; das ist das Signal. Laßt euch's wohl sein, Jungens, trinkt, Kameraden des bösen Untergangs im Alltag...

»Prost, Deu, prost!« schrie die Schar der Jünglinge; man stieß an, Glas klirrte und klang eine reizende Musik. »Prost, Wetterle, mach dir nichts draus!« meinte gutmütig Dahlberger. »Ach, halt's Maul!« antwortete der gemütlich. Keine Täuschung – links neben Deu saß Wetterle, den sie verdonnert hatten! Nein, er war kein Jammerlappen! Pech macht schwarz – aber hinderte das, heute mit den Kameraden zu kneipen? Andere vielleicht, ihn sicher nicht; er pfiff aufs Examen und das ganze Pennal, hörbar pfiff er. Man erkannte das an, alle redeten durcheinander auf ihn ein. »Wirklich, es war eine Schweinerei, daß sie dich nicht haben durchgelassen.« – »Natürlich, weiß ich.« – »Wir können ja keiner mehr als du.« – »Alte Chose.« – »Wo schwitzt denn der fette Kater jetzt, das Aas?« – »Der sitzt mit dem Alten im Ratskeller.« – »Wetterle, mein Jungchen, ich will dir was erzählen...« – »Haltet mal eure Mäuler, Deu will mir was erzählen!« – »Silentium für Deu!« brüllte ein junger Fuchs, der in Freiburg bei den Bayern aktiv war, und hieb auf den Tisch, daß die Gläser tanzten. »Donnerwetter! In die Kanne, Rest weg, Blume melden! Heißen bei euch alle Füchse Nilpferd?« Benarônes Stimme schlug ihn hell und scharf wie eine Waffe ins errötende Spießergesicht. »Also, was willst du ihm sagen, Deu?« Der klatschte mit der flachen Hand vor die Stirn. »Ja, nun hab ich es nicht mehr... halt... das ist's... Einsicht in Zusammenhänge... Worin gründen sich große Entscheidungen? Wie vollzieht sich Welthistorie? Hätte wer dem Herrn Provinzialschulrat heute eine schöne kalte Flasche Rüdesheimer auf den Tisch gestellt, du wärest jetzt auch so weit, glaubst du?« – »Glaub ich dir ungeschworen, Deu... Meine Mutter hat mich angespuckt... Na, nun hör auf davon... prost, Glücksvogel!« – »Prost, Pechvogel!...«

So schwatzten sie durcheinander und zechten wacker; sie hatten Schatten und ein leiser Wind ging durch die Wipfel der Nußbäume, in denen kleine hellgrüne Punkte schwankten, künftige Nüsse. Die Amseln rührten sich emsig, aber man achtete ihrer nicht – die Jünglinge lachten laut von Glück und Wein, rühmten sich des Trinkens und trieben allerhand Spaß. Benarône sah väterlich auf das junge Volk und ermutigte es. »Trinkt, ihr Herren, trinkt von dem heiligen Getränk, von dem alle ursprünglichen Völker in Hymnen sprechen, wie der große Weise munkelt.« – »Welcher Weise?« – »Der heilige Augustinus«, antwortete er dem frommen Frager, indes er doch den wahnsinnig gewordenen Nietzsche zitiert hatte... »Hoch der heilige Augustinus!« schlug Giesel vor. »Ach, Kinder«, rief Georg Bastmayr, »ich bin so froh, daß ich endlich rauskomme!« – »Das glaub ich auch«, sagte Wetterle. Benarône wandte sich gutgelaunt an den Schützling. »Ja, jetzt freut's ihn, das Rauskommen, und einmal hatte er doch gewissermaßen Angst davor!« – »Ich? Vor dem Rauskommen? Unsinn! Die Mädels bleiben ja doch und warten auf einen.« – »Tun Sie doch nicht, als ob Sie mich nicht verstünden«, antwortete er spöttisch. Bastmayr sah ihn lachend an, plötzlich wurde er rot, und das Lachen blieb stecken, inhaltlos, wie hohl. »Geht dem immer noch nichts auf? Soll ich Ihnen auf die Beine helfen und faustdick von Ihrem Aufsatz loslegen?« Bastmayr hatte instinktiv inne, daß er alles leugnen und lächerlich machen mußte, sonst war es um ihn geschehen; auch ahnte er nur dumpf die ganze Größe der Gefahr, des wohltätigen Weines wegen. Die anderen glotzten verschwommen Benarône an, der übermütig lächelnd auf Bastmayr blickte. Dem aber gelang es, so dumm und belustigt auszuschauen, daß alle auf der Stelle begriffen, Benarône erfinde wieder einmal einen seiner famosen Lügenspäße, bei denen der Angelogene schließlich nicht mehr wußte, woran er war. »Erzählen, erzählen!« jubelte die Gesellschaft. »Soll ich?« fragte er den Mulus. »Von mir aus«, antwortete jener, »ich möchte auch gern wissen, was mit meinem Aufsatz los ist«, und trank einen tüchtigen Schluck, aber der Wein schmeckte bitter. »Ja? wenn Sie wollen« – und nun erzählte er, beinahe jauchzend, den ganzen Betrug der Wahrheit gemäß, und in seinem Munde wurde er zu einem fabelhaften Witz, von dem Angstbrief an über das Auswendiglernen hin bis zur Vermutung des Direktors und der Art, wie er sie zerstörte. Er erzählte sie wie ein Meister der Anekdote; die Angst Bastmayrs, die Verlegenheit des Direktors, seine eigene Unverschämtheit malte er mit Worten zu toller Komik, gab sie gleichsam plastisch, meißelte sie, und die Wirkung dankte der Kunst: die Trinkgesellschaft schüttelte sich auf den Stühlen, man konnte kaum mehr lachen, man stöhnte und drückte die Hände in die Flanken, Dahlberger lief um den Tisch herum, Giesel schrie: »Aufhören, aufhören!«, als ersticke er, und Deu liefen die Tränen über die Backen, er fuchtelte mit den Armen um sich wie ein Ertrinkender, endlich erfaßte er den Erzähler, versuchte ihn zu küssen, wobei er seinen Kneifer verlor, und rief einmal ums andere: »O du Mordsau, du verfluchte, du gehst doch nicht zugrunde, nein, ich muß dich küssen.« Aber Benarône entzog sich ihm und rief: »Aber es ist stinkwahr!«, worauf das Gelächter sich erneute. Kein einziger glaubte auch nur ein Wort; oder fiel Deus unbändige Freude wohl darauf zurück, daß er es ernst nahm, pflichtvergessener Lehrer, der er war? Das ist nicht festzustellen, denn plötzlich sprang Wetterle, den das trunkene Elend faßte, heftig auf und tobte, das sei eine Schweinerei, auf solche Weise durchzukommen; er ließe sich das nicht gefallen, nie und nimmer, und man werde schon sehen, was er täte; setzte seinen Hut auf und lief davon. Da rafften sich die ermüdeten Lacher stöhnend auf, und hinter dem Hineingefallenen schallte ein schmerzliches Gelächter her, weil er so ein Idiot sei. Benarône aber stand ruhig an einen Baum gelehnt und betrachtete seine Nebenmenschen. Bastmayr hatte natürlich mitgelacht, aber mit tobendem Herzen. Ihm schien, als habe dieser Unverschämte gelogen, nichts sei wahr an solch elendem Geschwätz, und dennoch ging in ihm ein Bewußtsein auf, es sei die blanke Wahrheit, die jener dort bar herausgab! Er fühlte sich gebunden, wehrlos, er hätte ihn erwürgen mögen! Nie würde er je von der Angst befreit werden! Ob sie es geglaubt hatten? Dieser oder jener sicherlich! Wetterle, o Gott, Wetterle! Ihm wurde kalt, er erblich, Übelkeit stieß empor; er wandte sich dem Hause zu, er schwankte, mit wütenden Augen schlich er an Benarône vorüber und zischte drohend: »Was fällt Ihnen ein!« Doch jener sagte gleichmütig: »Keine Bange, Angstmeier«, und begann zu pfeifen.

Und am Ende erwies sich, daß er seine Leute kannte; am nächsten Tag traf er den Direktor vor der Schule, und jener erzählte ihm von der bedauerlichen Verleumdung, die ihm Wetterle gestern abend in wenig erfreulichem Zustande überbracht habe. »Vermutlich haben Sie sich nach den Kenntnissen und Vermutungen, die ich Ihnen damals mitteilte, wie Sie das schon früher taten, eine lustige Geschichte zurechtgelegt...« »Zurechtgelogen, gewiß, Herr Direktor. Es tut mir leid, daß den Wetterle sein Pech so verfinstert hat«, antwortete Benarône mit lächelnder Ruhe. »Ganz so habe ich es aufgefaßt, mein Lieber. Ich habe natürlich keinen Augenblick geglaubt, was der Kerl da für wirres Zeug redete, und habe es ihm tüchtig gegeben. Er war ja arg bezecht, der Mensch!« – »Es hat sonst jeder den Spaß verstanden, Herr Direktor.« – »Glaube ich, glaube ich gern. Dem Wetterle werde ich von nun an auf die Finger passen müssen. Um Sie und den Bastmayr so zu verdächtigen, muß man schon selbst hinter diesen Busch kriechen können!« – »Das mag wohl sein«, sagte Benarône höflich, »und auch, welche Mißachtung der gesamten Prüfungskommission!« – »Gewiß, nun, wie gesagt, ich will ihn beobachten. Er konnte schließlich nicht den Einblick in die Angelegenheit haben wie wir.« – »Eben, und nicht wahr, Herr Direktor, der arme Kerl hat doch nun sein Fett weg – lassen Sie es ihm durchgehen. Ich werde zu seiner ewigen Blamage die ganze Geschichte für die Bierzeitung in gute deutsche Hexameter bringen, und die muß er uns vorlesen. Oder nein, Sie selbst werden sie lesen! Nicht wahr, Herr Direktor, Sie versprechen mir das?« – »Nun, dichten Sie sie nur erst, und wenn sie gut sind... vous êtes un mauvais-plaisant, Benarône!« sagte er scherzend, indem er ihm die Hand zum Abschied reichte. »Oh, monsieur, mais pas méchant!« antwortete jener. Lächelnd begab sich der alte Herr nach Hause. Wie übermütig diese Jugend sich gebärdete! Nein, er, Gamander, wollte kein Spielverderber sein. In Gottes Namen würde er diese Verse vorlesen. Oh, auch er verwahrte Gedichte in der letzten Schublade des Schreibtisches; unten, rechts, hinten lagen sie, eigene Verse sehr früher Tage. Prächtig doch, viel Freude, solche Schüler erzogen zu haben. Auf immer hatte man teil an ihren Leistungen. Er ging behutsam durch die Wohnstube, wo auf dem Sofa die gute Gattin schlummerte, betrat sein Arbeitszimmer und öffnete, immer lächelnd, die Schublade des Schreibtisches unten, hinten, rechts.

# Die Flucht der van Spandows

## 1909

1

In der Nacht des 12. April 1821, in der Nacht »der Behütung«, als die jüdischen Familien von Oranienburg – denn es begibt sich dieses Ereignis unter den Juden, jenem unbekannten Volke, das mit gesonderten Sitten und eigenen Wertungen einsiedlerisch unter uns lebt – den Eingang des Passahfestes nach Art aller gesetzestreuen Israeliten des Erdballs feierlich begingen, schreckte sie von der festlichen Abendtafel, dem weißleuchtenden, mit flachen ungesäuerten Kuchen und bitteren Kräutern, rotem Wein und hellen Kerzen bestellten Ssedertisch, der donnernde Galopp eines Pferdes auf rauher Straße an die Fenster; und mancher christliche Mitbürger fuhr, dem ersten Schlaf entrissen, stöhnend empor und saß aufrecht und verstört – war die Epoche der Kuriere und der Eilreiter wieder da? –, bis das Getöse fern verhallte. Der Regen sang unwirtlich an den Scheiben. Der dieses Roß hinausjagte, war der ehemalige Kapitän der holländischen Chasseurs à cheval, Wolf van Spandow. Er floh vor dem Unglück seiner jungen Frau, deren Geschichte ich hier erzählen werde.

2

Ruth Ostertags Ruf war, daß in sieben Meilen Umkreis kein schöneres und tugendhafteres Mädchen zu finden sei, und wie auch immer solch übertriebene Gerüchte aufkommen mögen, dieses entsprach beinahe der Wahrheit. Sie schritt als Demoiselle von achtzehn Jahren mit dem braungeflochtenen Korbe über den Markt – und alle Männer wandten sich nach ihr um und gingen dann, freundlich lächelnd und einen Augenblick abwesend, wohl auch leicht den Kopf schüttelnd, ihren Geschäften nach. Hingen ihre kastanienfarbenen Zöpfe nicht bis an die Knie hinunter, dick wie Kinderarme, und leuchteten in dem sehr weißen Gesicht nicht größere und braunere Augen, sanfter glänzend und unter länger geschwungenen Brauen, als man jemals im Märkischen erblickt hatte? Fand man nicht selbst die Marktfrauen, diese sonderbaren Alten, die Kohl, Obst und Salate feilhielten und wahrlich nicht sanfter Gemütsart waren, fähig, ihr eine Blume oder eine rötliche Edelbirne zu verehren, deren Farbe mit der Wange des Mädchens an Lieblichkeit nicht streiten konnte? Sacht und aufrecht schritt sie über die runden Steine des Pflasters und begab sich nach Haus, zu ihrem beschäftigten Vater, ohne den Beaux der Stadt auch nur einen Blick zu schenken. Die nutzlosen und immer heller brennenden Flammen der vergeblichen Liebhaber trieben jene dazu, sie stolz, hochmütig und herzlos zu nennen, und stolz war sie. Aber an das andere mochten die Beklagenswerten vermutlich selbst nicht glauben; sie logen aus Verzweiflung und heirateten späterhin irgendwen mit ausreichender Mitgift...

Mit sanfter und stets freundlicher Stimme, mit Bewegungen, die niemals ihre Anmut verloren, versorgte Ruth den kleinen Haushalt und behielt doch noch manche Stunde des Tages für sich. Sie war viel allein, denn ihr lieber Vater hatte oft über Land zu fahren und zu reiten. Er wäre wohl gern Arzt geworden, aber als er jung gewesen, hatte man daran nicht denken dürfen. So betrieb er jetzt aufmerksam, wenn auch ohne Hast, ein Geschäft mit Getreide und Kartoffeln, und manche Woche kam es vor, daß er, besonders im Sommer, am Montag früh in seine semmelgelbe Kalesche stieg, vor der die beiden Braunen geduldig warteten, bis der Abschied beendet war, und erst am Freitag nachmittag bestaubt und zufrieden wieder vor dem Wohnhause im Zopfstil vorfuhr, während er vergnüglich knallte und lärmte, dann Peitsche und Zügel dem Kutscher übergab und mit wohlbewahrter Rüstigkeit vom Bocke stieg, die Tochter zu küssen, zu betrachten und wieder zu küssen, bis die Wohlfahrt der Pferde seine Aufmerksamkeit in Anspruch nahm. Kam er dann, halb andächtig noch und halb schon behaglich gestimmt von dem Abende, der ihm bevorstand, aus dem kleinen Betsaal in seine stille Wohnung, in das Eßzimmer, darin schon die Sabbatlampe von der Decke hing, mit sieben rundgestellten Lichtern blinkend wie ein sanfter siebenstrahliger Stern, so empfand er es nur ganz leise, daß seine geliebte und schöne Frau Ulrike im dritten Jahr seiner Ehe zu Gott eingegangen war, nachdem sie Ruth noch einmal geküßt hatte, das Kind, das sie soeben geboren, und das ihr Ebenbild geworden war. Stille und zarter Friede weilten in dem Hause Alexander Ostertags, und wenn die Mahlzeit vorüber war, das einsame und heitere Mahl des ergrauten Herrn mit dem jungen Mädchen im grünen Seidenkleide, und nur der gelbliche Rheinwein auf dem damastenen Tischtuch einen goldenen Schein spielen ließ, lehnte er sich in den umfänglichen Sessel zurück, liebkoste das glänzende Haar der großen Ruth, die ihm zu Füßen auf einem niederen Schemel hockte, und es begannen jene liebenswürdigen Berichte zwischen Vater und Tochter, welche Kleinigkeiten des Alltags, die man sonst vergißt, zu Kränzen mitteilender Liebe zusammenflochten. War dies erledigt, so kam die Reihe an die Bücher. Ostertag lebte als frommer Mann, jedermann wußte das, aber er war, als gereister Kaufmann, der gleichwohl Muße hatte, der zeitgenössischen Bildung keineswegs feind, und er hatte der Tochter alle seine Neigungen mitgeteilt, auch seinen etwas absonderlichen Geschmack. So las sie denn an jenen Sabbaten und Sonntagen mit helltönender Stimme und andächtigem Tonfall aus dem wenig beliebten Roman des Weimaraner Ministers von Goethe »Wilhelm Meisters Lehrjahre« vor, einem langen und streng geschriebenen Werk, dessen Vorzüge und Vollkommenheiten er ihr unablässig rühmte und liebevoll erklärte, indem er sie an passenden Stellen behutsam unterbrach; während er für jüngere und geradezu vergötterte Schriftsteller, wie den großen Jean Paul, nur ein mürrisches Achselzucken übrig hatte. Ja, man fand auf seinem Schreibtisch ein übrigens der Tochter verbotenes und entzogenes Buch, welches kurz nach dem unheilvollen Friedensschluß zu Tilsit erschienen war, eine Tragödie jenes Dichters nach altdeutschen Motiven, wie man sie jetzt wieder schätzte, »Faust« genannt – ein merkwürdiges Gedicht, dem man Sittenlosigkeit und Dunkelheit nachsagte... Überhaupt kaufte er, obwohl die allgemeinen Lasten und Vermögenseinbußen ihn keineswegs verschont hatten, auf dem Subskriptionswege ein vollständiges Exemplar der gesammelten Schriften des Herrn von Goethe, die in dem unglücklichen Jahre 1806 bei Cotta in Leipzig zu erscheinen begonnen hatten; und man konnte ihn manchmal sehen, die Hände auf dem Rücken, wie er, vor seinem Bücherschrank stehend, die Reihen der kleinen rotbeschildeten Pappbände zärtlich betrachtete oder den jüngst herausgekommenen Roman »Die Wahlverwandtschaften« streichelte, darin blätterte und wieder sorgsam hineinschob. Wenn Ruth jedoch allein war, an den Abenden und Nachmittagen mancher Woche, dann hatte sie eine andere Lektüre. Zwar waren die »Iphigenie« des obenerwähnten Dichters und seine berühmte Erzählung »Die Leiden des jungen Werthers« auch ihr lieb und vertraut, und wenn sie in zarten Stunden diesem unglücklichen Jüngling Gehör schenkte, konnte es geschehen, daß sie bald aufhören mußte zu lesen, weil ihr die Tränen die Blicke hemmten und auf das Buch fielen; noch lieber aber fühlte sie mit, wenn sie in den Trauerspielen des leider so jung verstorbenen Schillers las, im »Tell« etwa oder im »Don Carlos«. Der hohe Adel seiner Sprache und das gewaltige Gefühl der Verpflichtung gegen eine höhere Macht oder Aufgabe, welches in einigen seiner Geschöpfe lebt, sprach laut zu dem, was sie selber zu empfinden glaubte und was sie von sich jedenfalls verlangte und erwartete: die Erfüllung einer Pflicht, welche sie wohl nicht genau kannte, einer »Liebe« vorzuziehen, die sie allerdings noch weniger kannte. Daher, als der alte und väterliche Freund des Hauses, der ehemalige Bankier Arnold von Spandow, von dem noch zu reden sein wird, ein großer Kenner der französischen Literatur, ihr einen hübsch in Leder gebundenen und kompletten Pierre Corneille schenkte, nahm sie auch diesen Dichter mit Begeisterung auf, und das gehaltene Maß seiner Form wurde fast übersehen vor dem starken Ergreifen seiner heroischen Personen. Oft, wenn sie ihr schönes Gesicht auf eine feine Handarbeit herabneigte, am Fenster ihres hellen Mädchenstübchens sitzend, sagte sie für sich jene prachtvollen und pathetischen Redewendungem her, in denen Don Rodrigue und Donna Chimène im Wettstreit der Ehre begriffen sind, und als sie von dem alten Freunde auf die Tragödie der Bérénice, Prinzessin von Judäa, aufmerksam gemacht wurde, die Racine in den wohllautendsten Alexandrinern verfaßt hat, las sie das Werk zwar zu Ende, denn es schien ihr unmanierlich, einen so berühmten Dichter gleichsam nicht ausreden zu lassen – aber nur unter Äußerungen heftigen Abscheus, und rief ganz böse aus: »Nein, Onkel Spandow, Ihren

Racine mag ich gar nicht. Diese Bérènice – pfui, ja, ich sage pfui, wenn Sie auch lachen. Titus, gut, er gefällt mir, er tut seine Pflicht, es geht ihm ans Herz, aber er verzichtet. Und sie? Sie wirft sich ihm an den Hals, die Person! Hören Sie sie doch reden:

> Depuis quand croyez vouz que ma grandeur me touche?
> Un soupir, un regard, un mot de votre bouche
> Voilà l'ambition d'un cœur comme le mien:
> Voyez moi plus souvent et ne me donnez rien.

Und wie sie sich nachher aufführt, diese Schwätzerin!«

»Nun, Ruthchen, lassen Sie gut sein, davon können Sie nichts verstehen«, sagte der alte Herr heiter und steckte den gescholtenen Dichter in die Tasche, »wir wollen Sie später über diesen Punkt reden hören«, und er lächelte listig.

### 3

Sie fühlte sich sehr als Jüdin. Sie war die Tochter des ältesten und auserwähltesten Volkes, das stark und zäh auf der Erde lebte, ein unzerstörtes Zeugnis aus der Zeit, in der die Pyramiden aufgetürmt wurden und Babylon hinten, im Dämmern der Zeit, die Welt beherrschte. Nicht, daß sie je hätte empfinden müssen, wie sehr dieses Volk zugleich das verachtetste war; man lebte in Frieden und Duldsamkeit mit den christlichen Mitbürgern zusammen, von der Wirkung der Aufklärung, des großen Königs und der großen Revolution zehrend, und überdies hätte kein Mensch die Roheit besessen, diesem schönen und klaren Mädchen weh zu tun... Aber nach innen galt es gewappnet zu sein. Die neue Freiheit des Denkens der Zeit, welche alte Vorurteile zerbrach, aber die frevlerische Zersetzung auch an die ewigen Grundgedanken der Religion herantrug – gab es nicht schon Menschen, welche Gottes Dasein leugneten? –, die neue Brüderlichkeit in der Gesellschaft und die soeben verkündete Gleichheit im Staate berauschte viele Juden der jungen Geschlechter und veranlaßte sie, voller Begeisterung den neuen Brüdern entgegenzueilen und den Glauben der Väter als altmodisches und hinderndes Erbteil aufzugeben, um christliche Bürger des Staates zu werden, oder aus Pietät zwar diesen äußersten Schritt zu unterlassen, jedoch mit erhabener und spöttischer Miene über die teuersten Lehren ihres Volkes hinwegzulächeln. Ruth Ostertag floh vor solchen Entfremdeten mit äußerstem Widerwillen; ein »Abtrünniger« erregte ihr Schaudern vor Abscheu. Sie hatte früh und gründlich die heilige Sprache erlernt und las nun und lebte in der Pracht der Heiligen Schrift, welche für sie nicht fremdartig war, sondern vertraut wie die Kostbarkeit eines heimischen Palastes. Die Antlitze der Patriarchen tauchten auf, umdunkelt, geformt aus Zeit: sie hatten den Herrn von Angesicht zu Angesicht geschaut, und noch zitterte Ehrfurcht über ihrer Haut und ihren greisen Haaren. Ihre Frauen blickten großäugig in die Ferne wie über Myriaden, Sprossen ihres Schoßes. Das Haupt Moschehs dräute mit gewitternden Brauen über Ungehorsame, ein Fels; und der rauchende Berg hinter ihm brannte noch düsterer als sein Zorn und sein schwerer Wille. Josua trug vor sich hin das nackte Schwert, Gideon aber die Fackel und den Krug, an Simsons Mähne zupften die Finger einer Frau. Und die nun kamen, hatten Kronen; auf einem düsteren Haupte trug sie Saul, der Gezeichnete des Herrn, auf einem triumphierenden David, und keiner trug sie schöner als Salomo, der erwählt war, den Tempel des Höchsten zu bauen, das Haus des Glanzes und des unauslöschbaren Sehnens... Aber das Reich versank, Unheil brach ein, die Propheten schrien mit flammender Stirn, die Makkabäer schüttelten verzweifelt Judas letztes Schwert, dann fuhr eine Fackel im Bogen aus der Hand des Legionärs und fiel in den Tempel, und nichts blieb als Elend, Dunkel und Gram. Und das Mädchen fühlte in sich die Verantwortung, die diese Welt ihr auferlegte, und sie trug sie gerne, stolz zu sein und aus irgendeinem Grunde vorbildlich zu leben, eine Aufgabe, die nur erst eine dumpfe und starke Ahnung, nicht einmal ein Gefühl war. Gott selbst hatte ihr dies gegeben, der Gott des Zornes und der allgewaltigen Güte, den sie liebte und zu dem sie betete.

Der alte Bankier Arnold van Spandow sagte zu seinem Freunde, indem er freundlich lächelnd sein glattes Kinn umfaßte: »Ostertag, sie hat Sinn für Größe«, und damit hatte er das Rechte getroffen, was übrigens keineswegs schwer zu finden war; und diesen Sinn wandte sie nicht nur auf die fernste Historie ihres Volkes an, sondern auch auf Europas jüngste Erlebnisse, auf das, was soeben noch Gegenwart gewesen war. Ohne Umschweife gestanden, verehrte sie mit begeisterter Glut – was freilich nur von den beiden alten Herren gewußt und gebilligt wurde und was, wäre es offenkundig geworden, ihr den gerechten und allgemeinen Abscheu aller christlichen und der meisten jüdischen Mitbürger eingetragen hätte – den kaum und endlich entthronten und isolierten ehemaligen Kaiser der Franzosen, den korsischen Parvenü Napoleon Bonaparte. Zugegeben, daß dieses blutrünstige Scheusal, diese Geißel des Menschengeschlechts die Zuneigung eines zarten Mädchens am wenigsten verdiente, so ist doch mehreres in Betracht zu ziehen, ehe man sie verdammt: erstlich hatte sie den Imperator, dessen Taten ihr ganzes Leben lang die Welt in Zuckungen versetzten, niemals von Angesicht gesehen, nur die ungeheuren Wirkungen seiner Wünsche und Befehle erlebt, die Menschenmassen, die sein Atem umherblies, die Königreiche, die sein Gutdünken vernichtete oder neu schuf – wahrlich, er war wie ein Gott in diese Welt getreten! Hatte er nicht ferner, überall, wo er seine Macht hintrug, ihrem geknechteten Volke Freiheit und Ehre gebracht? Hatte er nicht in Paris ein glänzendes Synhedrion von Rabbinern einberufen, um dem Volke Gottes neue Gesetze geben zu lassen, und hatte er sie nicht feierlich begrüßt, nicht anders als die Bischöfe der Christen? Wo noch in Europa wurden die Juden in allem den Christen gleichgestellt? Und andererseits – hatten nicht die deutschen Regierungen, als ihnen die Bataille von Belle-Alliance im vorigen Jahre endlich alles Geraubte wiedergab, sogleich damit begonnen, die Juden in den alten Zustand von Beengtheit und Sonderstellung zurückzudrücken? Dies allein hätte genügt, um dem schönen Mädchen das Herz mit den Träumen vom großen Kaiser, vom neuen Alexander, zu entzünden. Aber am schwersten wog, daß sie ihn nur aus Bildern kannte, aus Stichen nach Gemälden berühmter Künstler, die den ersten Konsul darstellten, indem sie aus ihm einen schönen, dunkeläugigen und heldenmütigen Jüngling formten, dessen leuchtende Blicke, dessen ausgestreckte Hand die Erinnerung an Lodi, an Arcole, an die Pyramiden weckten und der, indem er die Alpen überschritt, den Ruhm Hannibals zu dem seinen machte. So schritt ihr der Kaiser vor Augen, ewig jung und strahlend, der Herr der Welt, Cyrus, den Gott gesandt, um sein Volk zu befreien, und dem er die Erde als Lohn überlassen hatte, sie zur größeren Ehre des Herrn der Heerscharen zu verwalten.

In ihren Träumen und häuslichen Verrichtungen lebten Ostertags so, ungestört durch viele Bekannte, und wenn sie sich auch keineswegs dem öffentlichen Leben entzogen, so sah das große, rote Empfangszimmer mit den steif graziösen Möbeln aus Palisanderholz doch nicht oft Besuche; kam doch jemand, so wurde er freundlich und gastfrei empfangen. Ruth plauderte unbefangen mit ihm, indem sie die Hände im Schoße zusammenlegte, und nach einigen Minuten brachte das Mädchen ein wenig häusliches Buttergebäck und einen bunten und süßen Likör herein, worauf der Besuch sich erkundigte, ob Ruth den Kuchen wirklich selbst gebacken habe, und ihn, falls er ein Mann oder eine sehr freundliche alte Dame war, nun noch bei weitem delikater zu finden behauptete... Ruth hatte wenige Freundinnen, gar keine in Wahrheit, sie war wohl zu schön und absonderlich dazu, und die Neigungen der anderen jungen Mädchen gingen zu weit abseits von ihren eigenen; nur das gute, leider auf dem linken Auge ein wenig schielende Hannchen Saltz – oh, es war nicht schlimm, wenngleich merklich – fand sich hin und wieder ein, lustig, gesprächig, schwarz und nicht sonderlich weise. Allein ein altes Ehepaar kam regelmäßig jeden Sonntag nachmittag zum Besuch, ein altes heiteres Frauchen in einem Kleide, welches oben schmal, unten jedoch äußerst weit und faltig war, mit einem Häubchen aus weißem Taft und einem schwarzen Pompadour, der regelmäßig etwas sehr Leckerhaftes für das große Mädchen enthielt, und ein alter Herr mit glattem Kinn, welches er mit der linken Hand zu streicheln liebte, in einem weitschweifigen Rock mit engen Ärmeln und aus feinem, schwarzem Tuch, einem hohen, glänzenden Hute und einen Stocke aus dem Zahn eines Narwals, weiß und schwer mit goldenem Knopf: das war der ehemalige Bankier Arnold van Spandow und seine Frau Malwine, geborene Lewin. Sie begrüßten den alten Ostertag mit stehenden Redewendungen, wie etwa: »Ja, da sind wir nun wieder eingedrungen, Ostertag... Wir stören doch nicht, Gott behüte?... Ruth, Sie sehen wieder aus wie eine Rose, unberufen... Ja, das blüht, und wir indes...« damit setzte man sich auf steife Stühle, die wenig von Verweichlichung zeugten, und nahm aus kantig geschliffenen Kristallkelchen, die der Gast und Freund andächtig zu drehen liebte, alten Wein, Tokaier oder Pontac, hellen, herberen für die Männer, fast roten für die Frauen, die ihn nun einmal süßer vorzogen, obwohl Herr van Spandow Worte wie »Sirup« hören ließ; dazu häusliches Buttergebäck oder einen Napfkuchen, welcher gottlob keine Streifen aufwies, oder manchmal einen flachen Mohnkuchen, der vor Fett das weiße Papier durchsichtig machte, worauf er lag, vor Gänsefett, versteht sich; und der zwischen den beiden Frauen, der alten und der jungen, zum Gespräch wurde, an dem die Männer allerdings einen sachkundigen und heiteren Teil nahmen, denn schließlich war man ja der Mitleidende, wie van Spandow sich ausdrückte. Er galt als der reichste Mann der Stadt, und es hieß, daß er selbst in Berlin, welches sich übrigens wieder lebhaft zu regen begann, kaum einen reicheren finden werde. Er hatte verhältnismäßig wenig gelitten, weil sein Geld in Holland angelegt war, in Kaffee, Tee und Baumwolle, woran man während der ganzen Jahre der Kontinentalsperre riesenmäßig hatte verdienen können, bei Banken in Amsterdam und Antwerpen, mit denen schon sein Vater in geschäftlicher Verbindung gestanden hatte und denen man eine Zuneigung bewahrte, vielleicht noch aus der Zeit, wo der älteste van Spandow mit anderen Juden und Christen, Handwerkern und Bauern aus Holland nach der Mark gekommen war, herbeigerufen durch den staatsweisen Geist Friedrich Wilhelms, des Großen Kurfürsten. Ja, seine Zuneigung zu diesem toleranten, heiteren und kaufmännischen Volke der Niederländer blieb so groß, daß er seinen einzigen Sohn Wolf, einen tollen und vermutlich begabten Knaben, dorthin gesandt hatte, ohne daß Fernstehende von demselben seither Genaueres gehört hatten. Es liefen wilde Gerüchte darüber in der Stadt umher; die einen behaupteten, der Jüngling habe die altberühmte Universität Leiden aufgesucht, um dort, wo »unsere Leute« weniger ausgesetzt lebten, Medizin zu studieren, wobei er nicht gutgetan, vielmehr ein wüstes Leben geführt habe, und schließlich nach den Kolonien gegangen sei, nach Borneo, Batavia oder sonst etwas sehr Ahnungsvollem, und dort am gelben Fieber verstorben; die anderen, weniger hämischen, vermuteten ihn ebenfalls daselbst, aber lebend und als wohlhabenden Kaufmann, während eine dritte und kleine

Partei, Frauen und junge Mädchen wohlverstanden, sich darauf versteiften, er sei in Italien und male, weil er von jeher gut gezeichnet habe und ein braunes Gesicht, kühne Nase und blanke schwarze Augen besessen habe, was zum Maler unerläßlich sei, besonders in Italien.
Die vier Menschen, im Rauchkabinett bereits, welches dunklere und bequem geformte Möbel aufwies und in dessen Luft die Kerze einen fetten gelben Fleck machte, wußten es freilich besser. Die Männer rauchten schon: der alte Ostertag eine dünne, oben gebräunte Pfeife aus Ton, die er wie einen langen Stift zwischen zwei Fingern hielt und mit gebogenem Arm maßvoll bewegte, Spandow aber eine kurze Pfeife englischer Form, ein zartes Gebilde aus warmgetöntem Bernstein, Silber, hell und zierlich; der Rauch zog streng duftend an der Decke entlang. Frau Malwine saß freundlich nickend und zählend am Fenster, sie strickte an einem warmen Strumpfe für ein armes Kind und blickte manchmal schnell und klug zu Ruth hinüber, die selbstvergessen dasaß, die Hände im Schoß zusammengelegt und die Blicke auf das lustige Spöttergesicht des Herrn van Spandow gerichtet, welcher zu ihrem Vater über den jungen Körner sprach, Theodor Körner, den Dichter und Reiter, der im Gefecht bei Gadebusch sein junges Leben verloren hatte. »Wohl«, sagte er, »ich liebe ihn sehr; ist er nicht stets begeistert? Er war immer begeistert, und daher sind seine Verse so schlecht... du weißt, Ostertag, daß Begeisterung ein gewisses Mittel gegen gute Verse ist, Enthusiasmus und reine Reime haben eine Abneigung gegeneinander, wie? Nun ja, so ist Theodor zur gelegenen Stunde gestorben; und bleibt das junge vielversprechende Genie, trotz Herrn von Goethes besten Gedichten...« – »Er ist doch nun tot, Spandow«, mahnte Frau Malwine sanft von ihrem Strickstrumpf her. »Malwinchen«, blinzelte der boshafte Gatte, »sage mir, Malwinchen: hören schlechte Verse auf, schlechte Verse zu sein, wenn der Verfasser tapfer gefallen ist? Ja, nun kannst du nichts erwidern.« Aber er wechselte den Gegenstand des Gespräches. Wovon er nun redete, das hing aufs engste mit dem zusammen, was die müßigen Seelen der Stadt beschäftigte, von dem jungen Manne, seinem Sohn, welcher – wozu mit einer Wahrheit hinter dem Berge halten, wenn sie binnen kurzem doch zutage treten muß und vertraulich behandelt wird? Wolf van Spandow

war nicht Arzt und niemals Kaufmann, nicht in Leiden zu finden und nicht auf Borneo; er gehörte vielmehr dem vornehmen Reiterregiment der Chasseurs à cheval des Pays-Bas als Kapitän an ...

Das war so wunderbar nicht, wie es zuerst erscheinen mag. Gab es doch in Holland schon längere Zeit jüdische Staatsbeamte, und in dem Jahre, in dem der junge Spandow die Waffe ergriff, 1805, ließ Napoleon die Holländer mit gegen Österreich marschieren. Hieß man obendrein Wolf van Spandow, hatte man das Geld, sich selbst prächtig auszurüsten, und saß man überdies fest und schön zu Pferde, einem edlen Pferde, wohlverstanden, so gab es schlechterdings keinen erfindlichen Grund, eines Zufalles der Abstammung wegen einen begeisterten Freiwilligen abzuweisen, der, um alles zu vollenden, einen Arzt ersetzte und wie ein Spanier aussah und sich hielt. Und wenn man es verdiente, wurde man Offizier, unbehindert durch veraltete Vorurteile. So war es wohl geschehen.

Und jetzt erzählte der alte Herr und beschrieb zierliche und heitere Bewegungen mit der rechten Hand, während die linke das Kinn verbarg: »Ligny sei die lustige Affäre im vergangenen Jahr gewesen, schreibt er, und höllisch ernst für die Herren Verbündeten. Der Korporal Blücher steckte unter seinem Gaul, förmlich darunter, wißt ihr, fluchte stark und mußte zusehen, wie seine Leute liefen. Nicht einmal Er hatte voraussehen können, daß die Preußen am übernächsten Tag trotzdem ankommen würden; er kannte die Knochen unserer einheimischen Landbevölkerung nicht. Wolf hatte dieses Letzte übrigens nicht mehr mitgemacht, was mich, offengestanden, angenehm berührt.«

»Und warum nicht?« fragte Ruth eifrig. »Spandow, rede nicht herzlos«, sagte seine Frau. »Malwine, wirkt es herzlos? Ich denke nein; überdies ist es doch vorüber. Ja, liebe Ruth, er lag nämlich nach dem dritten Anritt auf die Karrees – dem unter Ney, die ersten beiden hatte Milhaud – zwischen zwei Pferden auf dem Rücken, ein bißchen gedrückt, mit einer Kugel in der Schulter und einer im Schenkel. In der Nacht kam er zu sich, verband sich das Bein mit der Schärpe, kroch ziemlich mühsam hervor und gelangte am Ende in einen Bauernhof. Ihr könnt euch denken, daß es langsam ging.« Die schöne Ruth überlief ein fröstelnder Schauer, und sie atmete tief ein. »Der Brief kam erst Mittwoch an, es ist alles schon lange zurück, müßt ihr wissen. Nun, während er gesundete, war Er bereits in Sankt Helena, Ney hatte man füsiliert... so findet Wolf, daß ihn die Sache nichts mehr angeht. Alle Offiziere denken wie er. Murat ist übrigens wirklich tot, schade, nicht?«

»Und Wolf?« fragte Ostertag und entleerte die Asche aus seiner Pfeife. »Er kommt nach Hause!« rief die Mutter jauchzend vom Fenster her. »Wahrhaftig?« fragte Ruth. »Ja, Ruthchen, es ist wahrscheinlich.« – »Sage nicht wahrscheinlich, Alter, sage gewiß.« – »Ich sage dennoch wahrscheinlich, Malwine. Was heißt auf dieser Welt gewiß? Er wollte zuerst nach Helena, aber das Gefolge ist schon zu groß für die Herren Briten, dann dachte er an Amerika, aber dort ist nur Freiheit, und was ist Freiheit ohne Ihn? Und ich schwöre euch« – und plötzlich wurde der alte und kluge Herr heftig rot und schlug mit der Faust auf den Tisch –, »ich schwöre euch bei meiner Seligkeit, daß wir Ihn wieder hier haben, ehe fünf Jahre um sind! Was ist denn dieser Mister Lowe? Eines Tages wird ein Schiff in Helena landen, meinetwegen unter amerikanischer Flagge, man wird diese Engländer ausrotten, ersäufen, was weiß ich, und Er wird Europa wieder bei der Hand nehmen, so wahr ich hier sitze!« – »Hoffen wir und warten wir ab«, begütigte Ostertag mit einem Blick auf Ruth, welche eifrig genickt hatte. »Ich glaube es, Onkel Spandow«, sagte sie überzeugt. »Nicht wahr, kleine Ruth, wir verstehen uns«, damit nahm der alte Herr, der sich wieder ein wenig beruhigt hatte, ihre Hand in die seine. »Aber warum ist er denn damals nicht auf den Amerikaner echappiert, sondern wählte den Engländer?« – »›Bellerophon‹ hieß das Schiff, ein Dreimaster«, antwortete Ostertag; »übrigens, ich weiß wirklich nicht...« Und sie erörterten diese Frage des längeren.

Frau Malwine zählte an ihrem Strumpf, und Ruth sah verträumt auf Sein Bildnis in grüner Uniform, ohne Orden und Stern, den Hut über den stillen Brauen, eine Hand in der Weste und eine auf dem Rücken.

## 4

An einem schönen Tage, einem blaßblauen Frühlingstage der Mark, sprang Wolf van Spandow aus der Kalesche und fing seine alte Mutter in den Armen auf. Er war braun und hager wie ein Heide, denn er hatte den ganzen spanischen Feldzug mitgemacht; und somit galt es den Oranienburgern als bewiesen, daß er bis jetzt in den Kolonien geweilt hatte, als Kaufmann versteht sich, weil er augenscheinlich noch lebte. Nachdem die ganze Stadt bei Spandows gewesen war, um zur Heimkehr Glück zu wünschen – denn es war ein Glück, daheim zu sein –, den Sohn zu betrachten und nebenbei ein Zipfelchen von den sinnbetörenden Kostbarkeiten und Juwelen zu Gesichte zu bekommen, die er sicherlich heimgebracht haben mußte – hatte man die Pferde gesehen, die vor der Kalesche gegangen waren? herrliche Rappen, so wahr Gott im Himmel lebt, und ihre tausend Taler preußisch jeder wert, ohne das Geschirr –, machte sich am Sonntag das alte, glückliche Ehepaar bereit, bei Ostertags vorzusprechen, und Wolf kam mit, einigermaßen verwundert. »Ostertag? Gewiß, ich erinnere mich: dein Freund. Hatte er nicht einen schwarzen Bart? Er fuhr mit zwei Füchsen aus, wie?« – »Sein Bart ist nun wohl grau«, lächelte Frau Malwine, »und jetzt fährt er mit Braunen.«

Es gab einen Mohnkuchen heute, der vor Butter Flecke auf dem gezackten Papier hinterließ, worauf er lag, und einen sehr guten Kaffee in zarten Tassen durchscheinenden und zerbrechlichen Porzellans. Freude und Erregung war zu bemerken, der alte Ostertag wurde nicht müde zu fragen, und nur Ruth saß mit niedergeschlagenen Augen dabei und ließ die Hände zusammengelegt im Schoße ruhen. Sie antwortete kurz und scheu auf die Fragen des alten Paares, woran Herr van Spandow senior seine besondere Freude zu haben schien; wenigstens sah er immer wieder seine Gattin an, welche dabei lächelte. Erst als man aufbrach, in das bequeme Rauchkabinett hinüberzuziehen, richtete der Kapitän seine ersten Worte an Ruth, unbefangene, allzu unbefangene Worte, die mit leiserer Stimme gesprochen wurden als erklärlich. »Übrigens« – so fing er an –, »übrigens weiß ich nun, daß die Demoiselle und ich alte Bekannte sind. Ich hob Sie immer hoch in die Höhe, und Sie zappelten, weinten und zogen mich derb an den Haaren.« – »Ja«, sagte sie und hob die

langen Wimpern wie dunkle Flügel von den Augen, »Sie waren immer wild mit mir, und ich mochte Sie gar nicht leiden«, und sie wurde rot.
Um niemanden zu langweilen – nach zwei Monaten warb er um sie bei Alexander Ostertag und erhielt ihre Hand zugesprochen. Er war in seiner Galauniform gekommen, in rotem Rock mit goldenen Epauletten und blauen Aufschlägen, engen weißen Hosen und hohen Stiefeln von glänzendem Leder, und als sie, hereingerufen, ihn so stolz sah, aufrecht prangend und tapfer, stieg ihr das Blut ganz langsam bis zum Scheitel empor und ebbte völlig wieder ab, so daß sie bleich, zitternd und im grünen Hauskleide hörte, wie er einige Worte sprach, sah, wie der Vater die Augen voller Tränen hatte, plötzlich in zwei ausgestreckte Arme hineinsank, in ein starkes Weinen ausbrach und seinen Kuß sehnsüchtig-glücklich ertrug. Kurz vor Ostern war er gekommen, und am Wochenfeste, zu Pfingsten, wurde das Bündnis öffentlich, worauf der Zug der Glückwünschenden zu Ostertags strömte und die weiße Haustür nicht aufhörte zu klingeln, mit bellendem, deutlich verärgertem Schnappen. Jawohl, die jungen Leute – Gott, wie glücklich sahen sie doch aus! – würden in diesem Hause wohnen, wo Herr Ostertag einige Zimmer des ersten Stockwerks für sein Geschäft haben sollte, und Herr van Spandow junior würde sich als Doktor und Chirurg im Orte ansässig machen, worüber diejenigen in Entzükkung gerieten, die von jeher darauf geschworen hatten, der junge Herr sei ein lustiger Tunichtgut gewesen – früher, versteht sich – und Arzt in Borneo oder Batavia geworden. Nun, gottlob war er ja nicht am gelben Fieber gestorben, worauf der Bräutigam, diesmal im modisch geschnittenen grauen Rock, versicherte, er sei immerhin nahe daran gewesen. Das Glück war vollkommen, und die Hochzeit fand bald statt. Wenn A. van Spandow beabsichtigt hatte, in Oranienburg den Nachweis zu führen, daß er wohlhabend sei, ein eigentlich überflüssiges Beginnen, so gelang ihm das unübertrefflich gut. Denn obwohl das Haus der Ostertags, dieses reinliche Gebäude aus der Zeit des alten Fritz, auf der anderen Seite des wahrhaftig nicht übergroßen Marktplatzes lag und man einander in die Fenster sah, holte der junge Mann, nachdem am Vorabend alle Gebräuche erfüllt waren, das Abschneiden dieses herrlichen Haares ausgenommen, seine Braut in einer blauen, glänzenden Kutsche ab –

vierspännig mit zwei Rappen und zwei Schimmeln, Tieren von alter und vornehmer Rasse, zitternd und wohlgepflegt, deren Beschirrung von gediegenen Silberbeschlägen klang und die Büsche auf den stolzen Häuptern trugen. Ruth, blaß, weinend und in weißer Seide, stieg ein, begleitet von dem guten Hannchen Saltz, welche sich ebenfalls in Tränen erging, und lächelte doch durch Schleier und Tränen dem bleichen Manne zu... Und alles andere war dieser Pracht entsprechend: die feierlichen Vorgänge bei der Vereinigung vor Gott, wo noch viele Tränen vergossen werden mußten, wie das Mahl, das lange, üppige und heitere Mahl, zu dem man sich nachher niedersetzte.

## 5

Fünf glückliche Jahre, es vergingen fast fünf glückliche Ehejahre, ohne irgendeine Trübung. Frau Ruth, in breiten Gewändern jetzt, fast immer von ruhigem Grün, ging auf dem Markte umher, das Haar unter einer zierlichen Haube aufgesteckt, und kaufte ein, Fleisch, Kartoffeln und Obst, viel mehr als früher, denn es gab Münder im Hause, stets offene, leicht zum Schreien geneigte: Gott hatte es gesegnet... Dr. van Spandow hatte niemandem gestatten wollen, seine geliebte Frau helfend zu berühren, aber seine Mutter und eine tätige Alte, welche sich darauf verstand, hatte er am Ende zugelassen; doch verhinderte die Unterwerfung der Gesichtsmuskeln unter die sachliche Maske des kaltblütigen Arztes und Offiziers vieler Schlachten keineswegs, daß man das Zittern sah, welches bei dem lauten Jammern der Geliebten an ihm rüttelte, und seine Zähne knirschen hörte. Mit Gottes Hilfe hatte sich die schöne Ruth nicht allzusehr quälen müssen; doch meistens verließ das Lächeln für Wolf ihren oft stöhnenden Mund – bis endlich diese Tochter da war, rot, runzlig, mit großem Kopf und aufgerissenen schwarzen Augen. Im Nebenzimmer aber ging Alexander Ostertag zitternd auf und nieder, von der einen Tür zur anderen, und betete inbrünstig zu Gott, er möge ihm seine geliebte Ulrike nicht zum zweiten Male nehmen. Und dann kam der Schwiegersohn hereingestürmt, erlöst von der fürchterlichen Gespanntheit seiner Nerven, und strahlte und weinte, fiel ihm um den Hals und rief einmal über das andere: »Ein Mädchen, Alter, ein Mädchen!« Was an Süße hinter ihr lag, verlor den Schein vor dem Glück der jungen Mutter, und als sie voll Demut, Stolz und Glück zum ersten Male wieder in den Betsaal trat, um Gott zu danken, und dies frohe Ereignis wie üblich von der Kanzel herab verkündet wurde, da schien die Sonne hinein, und sie fragte, wieso gerade sie eine solche Seligkeit empfing, und antwortete sich, als Wolf sie nachher erwartete: »Damit er glücklich ist.« Nach Ulrike, der Ältesten, kam Arnold, der Fortsetzer des alten Namens, ein zartes Kind, das seinem Vater merkwürdig ähnelte.

Fünf Jahre Glücks... Weder ihre Liebe nahm ab noch ihre Schönheit. Sie schien ein wenig üppiger geworden in den letzten Jahren, aber noch war sie schlank, aufrecht, vollkommen, wenn sie mit ihrem Manne ins Freie ging, ein Kind an der Hand, das andere vor sich her laufen lassend, oder daheim des Nachts. Hatte sie noch Zeit, gute und schwärmerische Bücher zu lesen, Schiller, Corneille, Goethe? Gott behüte, und sie betrübte sich nicht darüber. Da waren ihre Kinder, da war ihr Mann, der Vater, das ganze weitläufige Hauswesen, die Dienstboten, welche zu Klagen Anlaß gaben, die Lieferanten, welche säumten, und die Näherin, die gerade vergeben war, wenn man sie notwendig brauchte – es gab zu tun, daß die Zeit gerade ausgefüllt war, bis die Praxis am Abend den Gatten seiner Familie entließ.

Fünf Jahre des Glücks... Nur die Thora konnte nicht verbannt werden, sie blieb Frau Ruth steter Freund, seitdem Wolf ihr die dunklen Sprüche erklärte und die Weite dieses Weltbuches ihr eröffnete; denn wenn er von den Riten und dem Gesetz auch schrecklich viel vergessen hatte und vielleicht nicht sehr viel davon hielt, so war ihm das Buch doch um so teurer und sehr vertraut... Außerdem mußte sie bald den Kindern Geschichten erzählen, wenn sie müde vom Spielen kamen, und Josefs Rock erschien neben dem Goldpantoffel Schneewittchens, Dornröschens Einsamkeit wich vor Jakobs Treue, und der böse Haman nebst dem Riesen Goliath waren sicherlich schlimmere Leute als die Königin und die Knusperhexe. Feste kamen und wurden gefeiert, wie es geschrieben stand, gelegentlich Freunde und Gäste geladen, und jeden Sonntag erschienen die alten Spandows freundlich, wenig gealtert und gut gekleidet wie stets. Segen ruhte auf diesem Hause – fünf Jahre des Glücks.

## 6

Aber Ruth Ostertag gehörte nicht zu denen, die über Geheimnis, Lüge und falschem Grund wohnen dürfen; und da der Mann nicht sprach, an dem es war, gab Gott Toten einen Mund und ließ mit einem selbstverständlichen Mittel das Notwendige geschehen. Am frühen Nachmittag des 11. April 1821, am Tage von Erew-Pessach, dem Vorabende des Passahfestes, wurde Dr. van Spandow mitten aus einer heiteren Beschäftigung nach der weiteren Umgegend gerufen, wo sich ein Bauernjunge das Bein gebrochen hatte. Er war gerade dabei gewesen, mit Hilfe seiner jungen Frau den Sauerteig, alle Brotkrumen und dergleichen Reste, die verbrannt werden mußten, aus Taschen und Ecken herauszusuchen, wie es das Fest gebietet, das allem Gesäuerten feind ist, und machte daraus ein frommes Spiel, bei dem es viel zu küssen gab und noch mehr zu lachen. Fast alle Zimmer waren gereinigt, ausgenommen das ärztliche Kabinett, in dem der Doktor es von jeher selbst erledigte, um seine Kleinigkeiten und Notizen besorgt, die von Steinen und kleinen Schußwaffen beschwert und festgehalten wurden. Er warf seinen Mantel um die Schultern: »Der Ssedertisch wird doch ohne mich bereit sein?« Sie knickste übermütig: »Gewiß, Herr Kapitän!« – »Nun also, ich bin zur Zeit zurück, morgen nachmittag, da sind die Schreibtischschlüssel, such gut und mache keinen Unfug«, und er drohte ihr lächelnd mit erhobenem Finger. »Soyez sans peur, Monseigneur«, versprach sie, während sie ihm die Ledertasche mit den Instrumenten hinhielt. »Nun adieu, Madame.« Er küßte sie auf die Stirn. »Adieu, monsieur le capitaine«, und er ritt davon.

Der Schreibtisch, ein gelbes Ungetüm, welches er sich von seinem Vater hatte schenken lassen, gab sich als eine wahre Burg mit geheimen Zugängen und unterirdischen Verliesen. Ruth öffnete mit den verschiedenen Schlüsseln Schub um Schub, ein Fach nach dem anderen, nahm die Papiere heraus, die darin lagen, Banknoten, Notizen, Scheine und dergleichen, Rezepte und Beschreibungen interessanter Fälle von Heilung oder Tod, fegte es aus und legte alles wieder hinein. Sie erheiterte sich dabei, schwenkte ihr Tüchlein und sprach mit dem abwesenden Liebsten zärtliche und drollige Worte; es machte ihr Freude, die verborgenen Federn zu finden, Stellen, an denen man drükken oder ziehen mußte, um eine Geheimlade zu entdecken. Es gab ihrer viele, und sie war schon müde, als sie innerhalb eines Faches, das sich nicht ganz herausziehen ließ, eine Erhöhung merkte: sie drückte, zog, und es ließ sich weiter öffnen. Eine schwarzlederne Dokumententasche lag darin, alt und abgeschabt, enthaltend mehrere Dokumente von Wichtigkeit: einen amtlichen Geburtsschein, die Urkunde, welche ihn zum Leutnant machte, sein Doktordiplom aus Leiden, eine Bescheinigung der Marienkirche in Köln, daß der sergeant-major Wolf de Spandow am 9. Juni 1806 zum katholischen Glauben ... hier öffnete Frau Ruth den Mund, um zu schreien – der Raum kreiste in einem Wirbel um sie, in einem Trichter, der in ihrem Herzen mündete –, erblaßte aber fürchterlich und glitt, ihrer Sinne unmächtig, an dem gelben Schreibtisch herab zur Erde. Sie erwachte endlich aus tiefer Ohnmacht und fühlte sich wie ein bebender Stein. Sie erhob sich mit Anstrengung an der Kante des Möbels, sie riß den schrecklichen Taufschein mitten durch mit den Händen, die sie nicht leitete. Eine Erkenntnis, daß sie eilen müßte, begann sie zu jagen, sie steckte einen Teil in die Tasche und rief, alles liegenlassend, wie es lag, mit fremder Stimme nach den Kindern. Ihren Kopf fühlte sie ganz leer, doch nur so, wie ein Raum leer ist, vor dessen Türen eine schwarze Menge drängt, einzudringen – man mußte fertig werden, ehe es ihr gelang. Sie nahm den Kleinen auf den Arm, gab Ulrike, welche, nichts Trauriges ahnend, ohne Ende von der Großmutter sprach, die Heilige Schrift in die Hände und ging, ohne sich umzusehen, und ohne eine Träne zu vergießen, durch die zum Feiertage geschmückte Wohnung durch alle Zimmer, die Treppe hinab, durch die Tür, die hinter ihr klingelnd schnappte, bloßen Hauptes in den Regen hinaus zu ihren Schwiegereltern, da ihr Vater noch nicht daheim war; öffnete die Stubentür, setzte den Sohn auf die Füße, rief: »Wolf ist getauft! da!«, und die schwarze Menge brach ein. Sie fiel wiederum bewußtlos zu Boden, den beweisenden Fetzen weit in das Zimmer gleiten lassend.

## 7

Frau Malwine erlitt, als sie daran glaubte, einen Schlaganfall, von dem sie sich nur schwer erholte und eine Lähmung zurückbehielt. Was Wolf anlangte, so mußte er gegen Abend in die Wohnung heimgekehrt sein. Er fand sie offen, unerleuchtet, die Dienstboten verwirrt; weder Frau noch Kinder ließen sich hören, mit einer Kerze tappte er sich vorwärts, erst staunend, dann erzürnt, dann irgend etwas Schreckliches ahnend, einen Unfall, den Tod eines Kindes – dann trat er zögernd in sein Kabinett, fand den Schreibtisch völlig in Unordnung, entdeckte endlich die Hälfte des Scheins und war im Entsetzen vernichtet. Erst ganz langsam ward ihm klar, daß hier eine Verschuldung vorlag – – er hatte das Ganze die meiste Zeit vergessen oder nur flüchtig und dann trotzig, ja belustigt daran gedacht . . . Er richtete, während die Tränen an seinen Backen herabliefen, alle Schußwaffen gegen sich, welche in der Nähe lagen, allein keine war geladen. Er wußte, obwohl seine Gedanken sich verwirrten, daß im Schlafzimmer seine Reiterpistolen lagen, fast schußfertig, aber er fürchtete sich hinauszugehen. Tote konnten oben liegen. Er fragte heiser die Magd nach seiner Frau und den Kleinen: »Madame ist gestern mit den Kindern zu den alten Herrschaften gegangen und noch nicht zurückgekommen«, sagte das Mädchen weinerlich, »ich weiß gar nicht...« – »Es ist gut. Bleib hier, bis sie wiederkommt.« Er mühte sich zum Schreibtisch zurück, auf eine Art gehend, als sei der Zusammenhang seiner Gelenke aufgehoben und sein Rücken mit Blei ausgegossen, schrieb halb unleserlich ein Testament, in dem er seiner Frau und den Kindern alles vermachte, was er zurückließ oder zu erben erwartete, dann holte er, das Licht in der zitternden Rechten, aus dem Schlafzimmer die großen Pistolen – beim Anblick des Bettes fiel er auf die Knie, drückte den Kopf hinein und bedeckte es mit Küssen und Tränen: »Ruth!« schrie er, »Ruth! Ruth!« Ein Kopfkissen der Kinder nahm er unter den Arm, schnallte den Säbel um und ging in den Stall, denn er wußte, daß er sie nicht aufsuchen durfte, wenn er nicht sehen wollte, wie sie vor ihm floh. Später, Ruth, später, süße Ruth... sattelte Victoire, seinen großen Falben, gerade so mechanisch, als habe ihn Alarm im Biwak aufgejagt, und er habe den Schädel noch voll Schlaf, steckte die Pistolen in die Halfter, schnallte das Kissen hinten auf und ließ sich in den Feldbeutel Brot und Fleisch stopfen. Unterdes setzte er sich wieder an den Schreibtisch, nahm den Schattenriß Ruths vor die Augen und betrachtete ihn wohl eine halbe Stunde lang. Dann trocknete er die Tränen und, indem er das Bildchen einsteckte und Gold und Kassenscheine dazu, schrieb er unten auf das Testament: »Ich gehe nach Borneo. Vergib mir. Du wirst später von mir hören. Küsse die Kinder und vergib mir. Mein Unglück ist größer als meine Schuld. Leb wohl.«; ging, den Säbel unter dem Arm, gebeugt und ohne verhindern zu können, daß Tränen in den Schnurrbart liefen wie Blut aus zwei Wunden, hinauf auf die Straße, schwang sich in den Sattel und, indem er Victoire die Sporen gab, donnerte er in die Nacht hinein, nach Westen, und der Wind warf ihm den Regen ins Gesicht. Die Hoffnung auf jenes »Später« war ihm nicht gegönnt, niemand sah ihn wieder. Wie sein Vater über Antwerpener Freunde erfuhr, denen Wolf begegnet war, mochte er der Fremde gewesen sein, der sich wenige Wochen hernach auf dem Schoner »Oranje« nach den Kolonien einschiffte und mit ihm unterging; aber ein Totenschein war nicht beizubringen.

Frau Ruth ging durch ein Nervenfieber wie durch eine Weißglut, die nach jähem Erkalten ein Eisen von außen wenig, innen aber ganz und gar verändert. Ihr Wesen war gleichsam dichter, härter und widerspenstig geworden, eine stählerne Klinge. Sie ward schweigsam und auf eine allzu ernste Art schön – eine Schönheit mit schmalen Lippen und einer Falte zwischen den gebogenen Brauen. Unnötig zu sagen, daß sie in ihr Haus zurückging, sobald sie konnte, daß sie wieder freitags neben ihrem Vater saß – wie schnell ergreiste sein Haar! –, daß der alte Spandow hin und wieder zu ihm kam und wortlos und ohne Lächeln dasaß, mit einem manchmal zitternden Kinn und einer im schmal gewordenen Gesicht zu großen Nase, die sich plötzlich scharfrückig und spitz zum Munde herabbog ... Sie erzog ihre beiden Kinder in einer strengen, unnachsichtigen Liebe, und als sie merkte, daß beide von ihr den träumerischen Hang geerbt zu haben schienen, der mit großen Worten und unverminderten Forderungen eine unnachgiebige Welt sich aufbaut, in der Pflicht, Größe und derartige Gebote herrschten, die aber, auf den Alltag übertragen, Schrecken und Unheil wirkt – war es

ihr stets angstvolles Bemühen, die Gedanken und Erwartungen der Kinder, soweit sie »Leben« und »Zukunft« betrafen, niederzuhalten, ihnen die Wichtigkeit und Einfachheit des Alltags einzuprägen, dessen, was vorhanden ist, und sie von den Traumbildern abzuziehen, die es so leicht hatten, schöner und gerechter zu sein als das lebendige Leben.
Wenn daher Ulrike, größer und reif genug geworden, oder Arnold, den man dem Getreidehandel Alexander Ostertags zuführte, an müßigen Sabbaten zu den Büchern ihrer Eltern griffen, nahm ihnen die Mutter Corneille oder auch Schiller aus der Hand, indem sie etwa ruhig sagte: »Lies das nicht, mein Kind, es macht nicht glücklich...« Sie lebte in Feindschaft mit den Büchern, auch mit der Bibel; und wenn der Vater sie deshalb leise tadelte, nahm sie seine Worte ohne Erregung hin, aber auch ohne Befolgung.
Von ihrem Vater hörten die Kinder erst sehr spät, als sie eindringlich genug fragten, und dann nur Gutes. Sie fanden in den Schränken seine Uniformen, seinen Säbel, so war er denn Soldat gewesen und bei einer Reise im Meer ertrunken, in jenen Stürmen, von denen man im Robinson las. Und Jahr für Jahr brannte ein Seelenlicht für Wolf van Spandow einen ganzen Tag lang in der Wohnung derer, die von ihm gegangen waren, als er noch lebte. Da sein Todestag unbekannt blieb, entzündete Ruth es am Abend vor Erew-Pessach; und aus einem Gefühl, das sie nicht hätte erklären können. Aus einem dumpfen und sich durchsetzenden Impuls heraus stellte sie das Tischchen mit dem knisternden Licht unter ihr großes Napoleonbild. Und so blickte der Imperator jedes Jahr einen ganzen Tag über das Seelenlicht einer einsamen Jüdin. Sie aber stand, wenn die andern schon schliefen, lange vor seinem stillen Gesicht, und langsam wandelte es sich, ward einem anderen ähnlich, das sie im Blute trug, ward ihm gleich und machte, daß sie in Leid, Sehnen und Reue weinte. Und wenn sie dann ihren Kopf in die Hände nahm, gebeugt und ohne Halt, lebte in dem Zimmer nichts als das Antlitz des toten Kaisers, das der zuckende Schein beseelend überhuschte, ohne Orden und Stern, den Hut über den stillen Brauen, eine Hand in der Weste und eine auf dem Rücken.

# Das Kind

## 1910

### 1

Derartiges war also möglich? Das gab's also, auch in ihrer Nähe, so dicht bei ihr, daß ihr Kleidersaum daran streifte! Die junge Frau Doktor Monk stand unbeweglich inmitten ihres Wohnzimmers, anzuschauen wie ein junges Mädchen, in weißem Leinenkleid, Spitzen an der Brust und gegürtet mit einem pfauenbunt bestickten Bande japanischen Ursprungs. Sie hatte alle Haut ihrer bräunlichen Stirn zwischen den Augenbrauen versammelt, zwischen langgeschwungenen, jetzt gefalteten Augenbrauen von der dunklen Farbe ihres Haares, schwarzbraun wie Erdboden im Frühling; ihr liebenswürdiges Näschen bebte vor eilendem Atem, ein flaches goldenes Medaillon hob und senkte sich an ihrem Halse, und eine kurze Reihe breiter, wohlgeformter Zähne war weiß und hart über die schmale Unterlippe gestellt. Vor Fassungslosigkeit ohne Laut, in den schwarzen Augen den Glanz angreifenden Zornes, las sie zum dritten Male diesen kurzen Brief, den ihr die jüngere Schwester soeben aus Berlin geschrieben hatte und den zu dulden und einzulassen sie sich machtlos sträubte, als bräche wilde Schande mit ihm in ihre bürgerliche Welt: »Liebe kleine Schwester, es tut mir leid, aber Du mußt mich sobald als möglich auf fünf oder vier Monate zu Dir einladen. Diese lange Zeit bestimme nicht ich, sondern die Natur; Du verstehst, Frau Doktor. Kurz und gut, ich habe wenig Lust, von Papa aus dem Hause gejagt zu werden, wenn ›es‹ sich nicht mehr verdrücken läßt; und er tut's, weil er ja Ehrenmann von Beruf ist. Mama würde die Sache zwar mit Grazie behandeln, aber mit ihr kann man sich nicht verständigen, ohne daß er es erfährt – also bist Du meine ›letzte Zuflucht‹, wie es heißt. Diese Reise an den Rhein würde durchaus gebilligt werden, denn ich sehe recht erholungsbedürftig aus, ich habe, seitdem ich es weiß, manches Pfund abgenommen. Intim waren wir beide zwar nie, aber schließlich bist Du eine Frau und meine Schwester. Solltest Du aber glauben, daß ich diese Suppe, die man mir eingebrockt hat und die so überraschend gut anschlägt, auch ausessen werde, so möchte ich Dich vor Enttäuschungen bewahren. Lieber *trinke* ich etwas Unappetitliches aus, den Neuen See wie Else W. oder ein Täßchen Lysol wie Mary Gruenn (you remember) – denn das, was folgt, und Eure ›Verzeihung‹ zu ertragen, dazu bin ich wahrhaftig nicht robust genug. Also, kleine Trude, sei nett und lade mich ein, ich bin ja erst achtzehn, und es wäre schade um mich. Mit bestem Gruß an Deinen famosen Mann (wie geht's ihm?) Deine Erna.«

Es war Ende März und früher Nachmittag. Die Fenster standen mit beiden Flügeln offen, eine sanfte, schon durchwärmte Luft strömte herein, mit heller Sonne und dem Gezwitscher lenztoller Vögel, übermütig anzuhören. Frau Gertrud trat mit schnellen Schritten heran, beugte sich hinaus und atmete mehrmals tief, während sie, wie von einem heimlichen Auge beobachtet, einige Augenblicke lang harmlos auf die Straße schaute, ohne irgend etwas zu sehen. Die Spannung ihres Gesichtes wich, die Lider hoben und senkten sich mit langen Wimpern; dann zerriß sie mit fast ruhigen Händen den Umschlag in ganz kleine Stücke und ließ sie langsam hinunterrieseln: erledigt. Die kleinen weißen Fetzen tanzten blitzend in der Luft, erreichten kreisend die glänzende Straße und schwanden in dünnem Kot. Pfui, sagte sie insgeheim, Unordnung! und wandte sich ab; ging schnellen Schrittes in das helle Schlafzimmer, über Teppiche und durch zwei Räume, und warf den Brief in eine Lade ihres hellbraunglänzenden Toilettentisches. Die Schlüssel des großen Bundes klirrten aneinander, während sie mit heftiger Umdrehung zweimal zuschloß, dann sah sie ihr Bild im Spiegel und hob hurtig die Schultern. Was hatte dies mit ihr zu tun? Was ging das fremde Mädel sie an? Fertig. Gehen wir lieber in die Küche, nach dem Kaffee zu sehen; auch muß Anna nachher im Wohnzimmer heizen, denn abends wurde es doch noch kalt. Und während sie den Korridor überschritt, hörte sie vom Sprechzimmer das jämmerliche Weinen eines Kindes und die tröstende Stimme ihres Mannes. Die Sprechstunde Doktor Bernhard Monks, des Kinderarztes, hatte also begonnen.

## 2

Was während des ferneren Nachmittags, an dem die Sonne noch unbeschreiblich zärtlich auf die schwarzen Gerippe der Bäume vor den Scheiben blickte, in Frau Gertrud vorging, während sie besonnen ihrem kleinen Haushalt vorstand, besonders aber während der langen, einsamen Dämmerung hernach, als sie still am Fenster sitzend verharrte, das wird man auf gewisse Art ordnen und sammeln müssen: denn unaufhörlich waren Bruchstücke von Gedanken in Bewegung, Namen wurden gerufen, Gruppen von Erinnerungen traten zusammen, sooft man sie auch auseinanderwarf, und mit Bitterkeit merkte sie, daß nicht sie diese Dinge dachte, daß sie sich vielmehr von selbst dachten. Das Ereignis war in sie hineingeworfen worden wie der Stein in den Geysir, die heiße Quelle – und nun wallte und kochte es, warf Blasen auf und schwoll schäumend über...

Sie hatte dem zornigen und scharfen Haß Raum gegeben, den sie anfangs gefühlt hatte. Dieses Geschöpf, dieses fremde Mädel – was fiel ihm ein? Ausessen, jawohl, ausessen! Man starb nicht so leicht; das tat sich schwerer, als es sich schrieb. Man war doch schließlich von Familie, hatte daheim doch seine Erziehung gehabt – wie durfte man so alle Haltung verlieren! Es war empörend... Und warum brannt sie das so? Wo überhaupt gab's Grund dazu? Diese Schwester war ihr gründlich fremd gewesen von je, hatte sich stets gegen die Einmischung der älteren gewehrt – nun gut, jetzt mochte sie allein fertig werden! Und sie, Frau Trude, saß nun dennoch da, mußte den Kopf in die Hand legen und sich quälen... Diese blaue Dämmerung draußen begann unheimlich zu werden. War es nicht, als füllte ein dünnes bläuliches Meer die Straßen, als müßten sogleich Fische ihre runden Köpfe glotzend an die Scheiben stoßen, als seien sie allesamt versunken, verzaubert? Sie sprang auf und ging hastig durch das Zimmer, das voll von Schatten war. Nur der Ofen stand noch weiß und tröstlich warm; laß uns dort niedersitzen, in der Sofaecke, und uns klein machen wie ein kleines Kind.

Nur Zorn, der sie erfüllte? Ach, um ehrlich zu sein, wenn's welcher war, ähnelte seine Klangfarbe verzweifelt der des Neides... Das Mädel hatte Mut gehabt, trotz allem; und es würde ihn weiter haben – nicht nötig, sich zu belügen. Das wäre nicht die erste gewesen, die sie als hübsches Mädchen im Zoo und auf Bällen gekannt hatte und die dann plötzlich nicht mehr auftrat... Else Wende, Mary Gruenn – und nun war die Reihe an ihrer Schwester, ihrer braunhaarigen, hübscheren Schwester mit den frischen Farben und dem unangenehm gewandten Munde... Wie konnte sie nur, wie durfte sie! Man wartete doch, man hielt sich fest, wehrte sich und überwand; man ließ sich nicht einmal gehen, auch wenn, wie für sie, Frau Gertrud, die Brautzeit sich lange hindehnte. Zugegeben, daß Bernhard es ihr erleichtert hatte, daß sie selbst damals kühler empfand – es gab keine Entschuldigung. Von jeher hatte sie sie verachtet, diese heißen Kätzchen, dieses neugiergeplagte Geschlecht. Mary Gruenn war eine davon gewesen, die schlanke, blonde Mary, die eine Zeitlang so überaus häufig bei ihr im Zimmer saß, als Robby noch in Berlin lernte. Ja, sie hatte es kommen sehen, ihr Bruder war einer der ersten bei Mary, der erste vielleicht; und sie hatte alledem spöttisch zugesehen, ohne warnend oder verhütend einzugreifen, denn ihr lieber Bruder war nur zufällig der erste bei Mary; die Hübsche war damals ganz einfach reif dafür... Weder er noch sie trugen Schuld an Marys Tode, das war eine andere Geschichte, eine viel spätere. Und nun kam die Reihe an ihre kecke Schwester, die so kaltschnäuzig darüber berichtete... Blieb sie, Gertrud Monk, nun wirklich so unschuldig an jenem Todesfall? Wirklich? Wirklich?

Und sie schritt zu den Fenstern, hinter denen es tiefer dunkelte, zog an der metallenen Quaste einer Schnur, und mit schlürfendem Geräusch schob sich der Vorhang vor die Scheiben, gelblich, weitmaschig und mit farblosen Blumen gemustert. Dann saß sie wieder in der Ecke und fühlte mit der Wange den weichen Stoff. Bernhard, sprach man plötzlich in ihr; was wohl Bernhard sagen würde, wenn er hörte, daß seine nette Schwägerin ein Baby haben sollte... Er hatte sie gern: »Trude, schnoddrig ist sie, aber ein tüchtiger Kerl, ohne Frage.« Und nun ein Baby! Vermutlich ein gesundes, hübsches und ausdauerndes Kind, das schreien und sich rühren und leben würde... Was Bernhard dazu sagen würde? Oh, sie wußte es, sie wußte es genau! Er war, wie er zu sagen pflegte, Arzt, nicht Moralmensch; und außerdem war es ja ein Kind, nicht seines, aber gleichviel – und wenn seine Frau jemals eines in ihrem Schoße hätte tragen dürfen, seine Augen hätten niemals müde blicken müssen... Auch Ernas Kind kam nun nie ans Licht und nahm, wenn eine Unfruchtbare sich nicht erbarmte, seine kleine Mutter, die Braune, Schwellende, womöglich mit hinab – fruchtbare, taugliche, lebentragende Jugend... Wie sie im Arm ihrer Tänzer gelegen hatte! Sie mochte noch hübscher geworden sein – und nun? Ihr Mund war nie zart gewesen, aber sie hatte eine erfrischende Art, beim Lachen die Zähne zu zeigen, weiße, breite und schöne Zähne... Ob das Kind auch einmal so lachen würde, erfrischend, gesund und mit breiten Zähnen?

––– Sie erhob sich mit Langsamkeit, hellen Gesichts, im Dunkel des Zimmers das einzig Lichte. Der elektrisch-grelle Schein schlug schmerzhaft an ihre Augen, als sie, eine nach der anderen, die Birnen der Lampenkrone erhellte, die vielflammig, von smarter Eisenarbeit, über dem Tische hing; die Gedanken verschränkten sich ihr zu ähnlich sinnvoll verflochtenen Netzen aus dunkelblitzender Substanz, darin Entschlüsse hingen, plötzlich aufleuchtende, erhellende, vielleicht wärmende – indes sie sich daran machte, das Abendbrot vorzubereiten, mit Linnen, Silber und zartem Geschirr. Es war Donnerstag, Rechtsanwalt Pibroch würde zum Schach kommen... Dann hörte sie die Herren vor der Tür. »Na, dünnes Frauchen?« fragte der unbeholfene Rechtsanwalt mit mürrischer Stimme. Er war blond, ein rotfarbiger Koloß, mit Schmissen reich verziert, und so war seine Art, guten Abend zu wünschen; dann küßte er behutsam ihre feine Hand. Sie legte dem Gatten die Hände auf beide Achseln, während er ihre Stirn mit den Lippen berührte. »Was hast du?« fragte er, »deine Augen glänzen unbedingt.« – »Oh, Lieber...« Sie sah einen Augenblick sein angestrengtes, noch junges Gesicht und den Blick, voll von Zärtlichkeit, und fuhr fort, mit ihrer hohen, ziemlich klanglosen und dennoch sehr angenehmen Stimme, vielfach modulierend: »Sie schreiben mir aus Berlin, daß Erna viel getanzt habe, Erholung sei ratsam – laden wir sie ein? Man hofft es anscheinend.« – »Gerne, du«, sagte er sogleich, und sein müder Mund erheiterte sich. »Zu Tische, meine Herrn, zu Tische!«, und Frau Gertrud lächelte, mit schönen, weißen und breiten Zähnen.

## 3

»Nun, wie hat man geschlafen?«

Das Gastzimmer war licht und sogleich ganz von Frühlingssonne erfüllt, als Frau Gertrud die Vorhänge öffnete. Eine gelbliche Tapete, in der ein Muster wie Schnüre rosiger Kügelchen von der Decke zu Boden lief, das weißlackierte, messingblitzende Metallbett und die ganz weißen, mit rosigen Streifen gezeichneten Möbel machten es heiter. Sie setzte sich zu der Schwester auf den Bord des Bettes. Erna blinzelte: »Danke schön, erlöst natürlich... Von Berlin bis Bingen – ach, wie ich *müde* war...« Und sie dehnte das Wort und gähnte herzhaft. Ihr brünettes Gesicht, noch reichlich verschlafen, lag in die braune Haarmasse gebettet, und den Nacken umfaßte die linke Hand. »Danke schön, für allerlei«, wiederholte sie und streckte der Schwester die rechte Hand hin. Frau Trude bewunderte still die noble Form dieser sanft in Arme abgleitenden Schultern. »Ach Gott«, sagte sie ruhig, »wofür sollst du mir danken?« – »Gott schläft, Trudel, wir wissen Bescheid. Das ist sozusagen der Hafen, in dem ich – und so weiter. Eigentlich komme ich mir ja in deinem hübschen Jungfernzimmer ganz unangebracht vor. Es gehört mindestens schwarzer Flor ums Bett.« Frau Gertrud lachte entsetzt und belustigt: »Aber Erna! Das Mundwerk ist jedenfalls noch recht imstande, höre ich; schwabbelt ihr immer noch so schnell? Sonst bist du ein bißchen abgefallen.« – »Kunststück! Die letzten drei Wochen haben mich mächtig abgezogen, und die Zeit vorher war auch nicht gerade fettbildend, kannst es glauben.« Die Worte kamen rapid genug heraus, mit dunklem Klang und gewollt berlinischen Lauten; man konnte hören, daß es keine unbeabsichtigte Keckheit war, eine, die etwas verbergen wollte, eine Hülle und Decke vielleicht... Frau Gertrud nickte und betrachtete die Schwester. Das Gesicht war schmal geworden, aber die Augen blickten braun, groß und ganz ungezwungen unter den dichten Wimpern. Sie begann mutig: »Mir ist lieber, wir sprechen sogleich *davon*, einmal muß es ja wohl sein; oder magst du da nichts von hören?« – »Wenn dir's wohltut... und soweit du willst. Es kam wohl...« – »Wie immer. Ich war in den Jungen doch so verliebt, wir steckten immer beisammen – ach, und dann mußte ich endlich wissen, wozu wir da sind. Da macht man uns Andeutungen, verbietet uns Bücher, damit wir sie lesen, und alle Leute tun so und haben sich, in einem Biegen wird drauf hingeschielt ... Ob Ehe oder nicht, das ist doch egal, wie? Ehe ist sogar viel schlimmer.« Sie schwieg; es war augenscheinlich, daß sie nichts weiter sagen wollte; aber plötzlich brach es aus ihr hervor, das Ganze, was sie erlebt hatte: »-- Ich sage dir, Trude, es war ekelhaft, *ekelhaft* -- Diese Männer! Das ist ja brutal, grausig ... Du, ich bin nach Hause gekommen, ich weiß nicht wie, und ins Bad, und dann ins Bett für anderthalb Tage ... Nein, danke, ich habe genug.« Sie schloß die Augen und schüttelte das Haar. »Beinahe hätte ich Mama alles gesagt, es fehlte nur ganz wenig. Es war ein Glück, daß sie nur ganz flüchtig nach mir sehen kam, sie hatte gerade ein so fesselndes Buch aus dem Kaufhaus geliehen – sage bloß, was hätte die junge Dame mit meiner Sache anfangen sollen? Nein, so ist's besser.«

Frau Gertrud saß auf dem Bettrand und sah teilnehmend auf die Schwester herab. Auch diese, dachte sie, auch diese! Und ich wollte sie noch bestrafen! »Hattest du denn keinen Menschen, dem du es sagen konntest? Hätte dir niemand geraten, geholfen?«

»Ach Gott ... Lucy Kobertz war verreist, und die anderen – du kennst sie ja. Einen hatte ich, Wälti Most, meinen Freund, aber wenn ich zu dem damit gelaufen wäre, hätte er sich bitter gegrämt, und das konnte ich dem guten Jungen doch nicht antun. Es ging auch so.« Wieder schwieg sie, aber diesmal war es das Bedürfnis der bisher Verschweigenden und der Zwang des gemeinsamen Gedankens an den andern, der sie dazu brachte, fortzusprechen, ein Aufatmen in der Stimme: »Ich hatte *ihn* sehr lieb vorher. Glaubst du, daß ich ihm nachher noch die Hand geben konnte? Ich sah ihn noch ein paarmal, aber mir wurde beinahe übel. Natürlich war ich nie mehr bei ihm. Wenn du wüßtest, wie er mir vorher zugesetzt hat!« ...

»Was für einer ist er denn?«

»Ein kleiner Schauspieler aus unseren Kreisen. Er ist ja sehr talentvoll, sagt man, aber ganz verrückt und ganz grün. Zuerst hat er mir toll imponiert, ich dachte, ich wäre eine ganz blöde Pute, und mächtig hübsch ist er auch und hat ganz grüne Augen – aber dann habe ich über ihn nachgedacht. Er ist sicher ganz grün. Höre mal« – und sie sprach wesentlich leiser und errötete schwach –, »du kannst dir wohl denken, daß ich sehr... still gelegen habe vor Verwirrung oder vor Entsetzen oder vor Ekel – was weiß ich. Aber glaubst du, was er fertigbrachte? Er sagte wirklich: ›Dein wievielter bin ich, Schatz? Denn man ist sonst nicht so unempfindlich!‹ Dieser Idiot!« Und sie sprach dieses Wort mit Inbrunst und Abscheu.

»Heirat also ausgeschlossen.« Frau Gertrud sagte es leichthin, selbstverständlich, das Mädchen aber warf sich empor, daß das Metall des Bettes sang: »Heiraten? Den fremden Kerl? Ich denke nicht daran, ich danke schön! Ich heirate überhaupt nicht, wenn alle Männer wie die Hunde sind! Nein, für die Ehe bin ich gründlich verdorben!«

Frau Gertrud nickte ihr zu, sie hatte nichts anderes erwartet. Dieser Furor verlor sich wohl eines Tages. Vorläufig war jedes Wort zuviel, und sie fragte nur: »Und was nun?«

»Ja, weises Wesen... nun bin ich ja, Gott sei Dank, bei euch, nun können wir abwarten. Pech habe ich leider gehabt, dagegen ist kein Kraut gewachsen. Man muß Kindern ihren Willen tun, und Baby will ja wohl kommen. Mit deiner und Bernhards Hilfe... Du lieber Gott, ich hätte mich gerne gedrückt, aber jetzt lerne ich wenigstens auch das noch kennen, das ist auch was wert. Du, übrigens – weiß Bernhard?«... Und ihre letzten Worte klangen schwach. Tüchtiger Kerl, fühlte Frau Gertrud mit Wärme. »Noch nicht, aber ich denke, ich sage es ihm bald.«

»Natürlich. Auch werde ich ja den Doktor brauchen; obgleich ich mich vor ihm geniere, ich habe ihn gern.«

»Er dich auch. Er hat nebenbei etwas für euch übrig. Er nennt euch Streikbrecher und denkt sich dabei etwas Fortschreitendes, Löbliches.« Und sie lächelte ein unbeschreiblich mütterliches Lächeln.

»Danke schön, da bin ich nicht mehr für zu haben... Hat er noch so gerne Kinder? Im Tiergarten schloß er überall schnelle Freundschaft mit den kleinen Affen, erinnere ich mich.«

»Ich glaube wohl«, antwortete Frau Gertrud langsam. Erna sah neugierig zu ihr empor: »Nun, und du, junge Frau? Du willst wohl noch nicht dran glauben? Gescheit von dir, recht hast. Es kommt noch früh genug. Meinst du, daß ich meine Figur verliere?«

»Bernhard hat mir als Arzt die Kinder verboten, ich darf keine haben«, sagte Frau Gertrud und stand auf. Aber Erna griff mit beiden Händen nach ihren Fingern und rief fast laut und sehr erschreckt: »Kleines!«, und indem sie sie streichelte, nochmals bedauernd: »Kleines, armer Schlucker«, Mitgefühl und Verständnis in den Augen; und nach einem kurzen Schweigen: »Du bist ein guter Kerl, Trudel«; so warm wie nie vorher. Aber Frau Gertrud nahm ihre Hand und lächelte: »Ich erwarte dich vorn zum Frühstück, Schatz. Und was du da eben gesagt hast: wir sind ja doch allesamt Alltagsgeschirr. Blaues Zwiebelmuster.« Sie nickte ihr zu und ging rasch zur Tür. Erna richtete sich auf: »Ja, aber du zum mindesten hellgelb gesprenkelt, mit Lichtpunkten, sicher.« Die Schwester öffnete die Tür: »Also guten Morgen, und komm bald, Madam.« – »Gleich, Fräuleinchen!«, und Frau Gertrud sah noch, ehe sie hinausging, daß Erna hell auflachte, mit allen weißen Zähnen, und sich mit beiden Beinen aus dem Bett schwang, hinein in die breite Sonne.

## *4*

Frau Gertrud lag auf dem Rücken ausgestreckt zu Bette, wach, ohne Willen zu schlafen, sie erwartete ihren Gatten, und nicht ohne Unruhe dachte sie an das Gespräch, das sie mit ihm haben würde. Sie lag ohne Licht. Es deuchte sie hell im Zimmer, eine hellgraue Nacht erfüllte den Raum: draußen beschien die Vorhänge der Mond. Als ein weißlicher Fleck stand der Ofen an der Wand, eine harte Form, und der große Spiegel schimmerte wie nächtliches Wasser. Und während der stete Anblick der unveränderlich grauen Zimmerdecke ihr endlich das Gefühl gab, als schwebe ihr Bett wie die Gondel eines Ballons aufwärts, beschäftigte sie sich damit, ihre Absicht unausgesetzt und langsam um die eigene Achse kreisen zu lassen, sie von allen Seiten zu betrachten, zu prüfen und wieder und wieder zu billigen: eine Qual, deren Ende sie schließlich kaum mehr erwarten konnte, denn ihr Entschluß war gefaßt. Auf dem Nachttisch liegend lief ihre winzige Uhr mit atemlosen, metallisch deutlichen Stößen, der Puls der Nacht.

Endlich hörte sie Bernhard: mit leisen und langsamen Schritten kam er durch den Gang, öffnete angestrengt geräuschlos die Tür, schloß sie ebenso sacht und näherte sich. Er wähnte sie schlafend und beugte sich über ihr Lager, ohne Licht. In diesem Augenblick durchdrang sie sehr stark eine körperliche Lust an seiner zärtlichen Sorgfalt, sie sah mit geschlossenen Lidern den liebevollen Glanz seiner dunklen und müden Augen, den ernsthaften Mund, das ganze liebe Gesicht, langgezogen und nobel geformt, sie schwieg noch, im Dunkeln lächelnd – dann entschloß sie sich zu Worten: »Ich schlafe noch nicht, Lieber.«

»Aber das ist unrecht, mein Kind, und übrigens hübsch für mich.« Und er entzündete das Lämpchen bei seinem Bett, ein sanfter grüner Schimmer färbte die Luft: »Fühlst du dich unwohl etwas?«

»Ganz wohl, im Gegenteil... Es ist, glaube ich, noch nicht sehr spät.«

»Gegen elf Uhr immerhin.«

»Ich wollte dich noch etwas lesen lassen, einen Brief. Warte, ich habe ihn hier in der Schublade. Nebenbei – wie gefällt dir Erna jetzt?«

»Ach, ganz gut, recht gut, wie immer. Sie ist trotz ihrer unbändigen Redeweise scheuer geworden. Einen Brief?«

Sie hatte ihn herausgenommen, ohne sich aufzurichten, und reichte ihn zögernd hinüber. Er las, zum Lämpchen gebückt, so daß ein grüner Schein von unten sein Gesicht färbte, legte ihn hin und setzte das Entkleiden fort. – Keines sprach; endlich lag er, löschte das Licht und sagte schließlich mit halblauter Stimme, der sie viel Teilnahme anhörte: »Das arme Ding.«

»Sie hat nichts als Verwirrung und Ekel davongetragen«, antwortete Gertrud, ohne sich zu rühren.

»Und das Kind.«

»Ja freilich, das auch. Und das scheint ihr fast tröstlich zu sein, so sonderbar es klingt.«

»Das kann ich fühlen, das kann ich sehr lebhaft mitfühlen.« Er ruhte auf der Seite, seiner Frau zugewandt. Er hatte einer Gewohnheit gemäß mit der Rechten, der schmalfingrigen Hand eines Arztes, das dünne Gelenk der Linken umfaßt, innerhalb des weiten Ärmels, und hörte aufmerksam; auch seine Augen blickten gespannt, obgleich sie nichts zu sehen hatten.

»Und was nun?«

»Sie will wohl bei uns ihre Stunde erwarten. Sie nimmt es recht ernst.« Da war es also.

»Tüchtiger Kerl«, sagte er zärtlich, »tüchtiges kleines Mädel.«
Beide schwiegen. Es war eine Lautlosigkeit, in der sich tastend ein Einvernehmen herzustellen suchte, bei ihm ein zaghaftes Erraten, was sie wohl meinte, bei ihr die Erwartung, was er dazu sagen konnte. Er suchte ihre Hand, fand sie, hielt sie sanft und sagte leise, ohne Leichtigkeit: »... Und das Kind? Was wird aus dem?«
»Ja«, meinte sie und zögerte, »was kann wohl daraus werden? Ihr Unglück...«, und nach einer Pause, sehr leise: »... oder unser Glück.«
Da verstärkte er ganz allmählich den Druck seiner Hand, die um die ihre geschlossen war, zog sie endlich an die Lippen und küßte sie mehrere Male, tief atmend, zärtlich und voll Inbrunst des Dankes.
»Das wolltest du...? Das könntest du für mich tun?«
»Ich muß dich doch fragen, Bernhard, wenn ich dir ein Kind bringe, das siehst du ein.«
»Mein Glück, meine Liebste!«
»Aber Bernhard, von einem fremden Mann, von einem fremden Mädchen?«
»Wir müssen es versuchen. Es ist ja deine Schwester. Und es ist noch ein kleines Kind.«
»Und daß es wohl ausgehe.«
Er antwortete nichts, zog sie drängend zu sich heran, näherte sich ihr und schloß sie in die Arme, in einem dankerfüllten fruchtbaren und empfangenden Kusse. Sie fühlte: es ward ihr Kind.

## *5*

»Ich muß auch etwas schreiben, oder Mama ängstigt sich«, sagte Frau Trude. Sie trat in das Wohnzimmer, lächelnd, gekleidet in ein festlich weißes, dünnes Leinenkleid, Spitzen auf der Brust und um den viereckigen Ausschnitt, aus dem der bräunliche Hals aufstieg, und hoch oben mit einem goldenen Bande gegürtet: in der Hand hielt sie eine bauchige Vase aus weißem Porzellan, in der gelbe Rosen mit köstlich zarten Fleischtönen enthalten waren. Als Erna angekommen, waren

Krokus in ihr versammelt gewesen, weiße, violette und gelbe Kelche, und weiß geperlte Maiglöckchen, später die blaßblauen Glockenspiele der Hyazinthen und purpurn ausgefranste Tigertulpen, das duftende Filigran der Fliederdolden war erschienen und verschwunden, und dann hatte sie lange Zeit immer voller Rosen auf dem Tisch gestanden, voll zartroter, ganz gelber, fast schwarzer oder solcher, die sanftrot gefärbt waren; jetzt aber waren Rosen eine Ausnahme und ein seltener Schmuck, denn schon hatten bunte und duftlose Astern die langen dünnen Blumenblätter über den weißen Rand des Gefäßes gehängt, und die gefältelten Köpfe brauner Georginen hatten sich schon darin erhoben.
»Und ich soll nicht schreiben?« fragte Erna und wandte sich lebhaft der Schwester zu. Sie saß in einem großen, mit Leder gepolsterten Sessel und hatte, eingehüllt in eine langhaarige Decke, zum Fenster hinausgesehen: draußen duftete über goldroten Baumwipfeln, die mit noch runden Formen sich aufbauten, reich und farbig das Licht und die unendliche Luft eines Nachmittags des frühen September. Noch sah sie recht zart aus, schmal und angestrengt, und die Finger spielten mühelos mit einem dünnen Ring, der sonst einen von ihnen fest umschlossen hatte, aber ihr Wangen atmeten schon feine Röte, und ihre Augen blickten vertieft, umschattet und unbezwungen. Frau Gertrud trat zu ihr, strich ihr leicht und zärtlich über das reiche Haar und hielt ihr die Vase hin. Begierig, mit beiden Händen, griff das Mädchen danach und zog freudig den starken Duft der späten Blumen ein.
»Ich glaube, das genügt«, rief Doktor Bernhard Monk vom Schreibtisch her, indem er einen Federhalter in das Schreibzeug fallen ließ und ein frisch beschriebenes Briefblatt jungenhaft hin und her schwenkte. »Ich hoffe, das ist mir gelungen; bedenkt nur, hier steht kein unwahres Wort!«
Frau Gertrud lachte über seinen Eifer. »Laß doch hören, was du da geschwindelt hast«, sagte sie, und der Hausherr las mit schwankender, von tiefster Belustigung und Spitzbüberei hoch gemachter Stimme diesen Brief:
»Liebe Schwiegereltern, erst jetzt, da alles wieder in Ordnung und Wohlsein ist, teile ich Euch mit, daß Eure Tochter mir unlängst ein Baby beschert hat, einen prächtigen, gesunden, appetitlichen Jungen: hurra! Verzeiht, daß wir Euch das Ganze

verheimlicht haben, aber wenn es nicht ganz recht war, so hatten wir doch die anständigsten Beweggründe. Ihr wißt, daß ich es bei Trude immer für eine ernste Sache erklärt habe, und eine Zeitlang war der Ausgang recht zweifelhaft; aber nun ist ja alles gut, und ich bin glücklicher Papa. Dir, lieber Vater, hätte eine vorzeitige Nachricht Ruhe und Arbeit gleichmäßig zerstört, und die gute Mama hätte sicherlich den Verlust ihrer Reise und Kur auf sich genommen, die für sie doch soviel Wert hat. Darum haben wir geschwiegen, und da Ihr beide gescheite Leute seid, werdet Ihr uns nicht weiter böse sein und das Ergebnis preisen. Ihr seid herzlich eingeladen, es zu betrachten, das heißt, uns mit einem Besuche zu erfreuen, aber ehe noch nicht zwei Wochen vergangen sind, läßt unser Arzt Doktor Monk (wenn Ihr ihn kennt) keine Menschenseele zu. Trude will auch schreiben, und ich ergebe mich, nicht ohne laut zu verkünden, daß Eure Tochter Erna ein Prachtexemplar ist. Sie hat uns unendlich dabei geholfen. Herzlich Euer glücklicher Sohn B.« – Er lachte hell heraus, das übermütige Gelächter eines Jungen bei einem geglückten Streich, und die Schwestern amüsierten sich lange und von Herzen. Endlich fand Erna Worte: »Du bist zu frech, Bernhard; ist er nicht gelungen, dein Doktor? Ich habe unendlich geholfen! Jawohl, das will ich glauben«, und sie fuhr fort zu lachen, dunkel und leicht, mit breiten Zähnen.

»Warte, laß mich jetzt schreiben«, und Gertrud beugte sich über die Schulter des Sitzenden, nahm die Feder und schrieb stehend, mit ungefügen Buchstaben: »Er ist schon lange getauft, Fred, nach Papa. Kommt Ihr? Das Scheusal nimmt mir die Feder weg, viel Küsse Trude.«

»Das ist ausgezeichnet: diese Schrift, ein wenig zittrig, ein wenig mühsam ... o du Geriebene!« Er beugte sich rückwärts, zog ihren Kopf herab und küßte die lachend Widerstrebende, ganz ein Junge. Dann entwand er ihr den Halter und setzte unter ihre Zeilen: »Das Scheusal bin ich! B.«, stand auf und ging im Zimmer hin und her, pfeifend und die Hände in den Taschen des hellen Beinkleides.

»Mama will auch schreiben!« rief Erna künstlich klagend vom Fenster her, wurde aber sogleich ernster und fragte schnell: »Trudel, wo ist er? Schläft er?«

Gertrud tauchte die Feder ins Tintenfaß und brachte ihr den

Brief ans Fenster: »Ja, er liegt so süß und rosig drin wie... eine Leberwurst.«
»Märkische Mutter!« rief der Doktor von der Tür her und näherte sich.
»Finde ich auch... Du, Bernhard, darf ich nicht bald aufstehen? Der Stuhl ist zwar sehr geduldig, aber ich langweile mich so...! Morgen, ja?«
»Morgen ist noch ein bißchen zu früh, Kleines.« Er neigte sich über die Rosen, die auf dem Fensterbrett standen. »Du, woher kommen euch die schönen Rosen?« erkundigte er sich, indem er den Duft einatmete und ungemein listig dabei aussah.
»Nicht wahr, wunderschön! Spätrosen; für Erna, von Pibroch. Er kommt zum Abendbrot. Was schreibst du, Kleines?«
Die Angeredete neigte ihr Gesicht recht errötet zu dem Brief auf ihren Knien. »Ach, Unsinn«, sagte sie ohne weitere Erläuterung, und dann las sie laut, was sie gleichzeitig schrieb, wenige Worte mit vornüberfallenden, plötzlich verdickten Buchstaben:
»Herzliche Grüße und viele Küsse von Eurer zufriedenen Erna.«

# Revanchen

## 1911

Herr des weitläufigen Haushaltes im Bayrischen Viertel war der Bankier August Sperlich, ein ansehnlicher Mann mit heller Weste, goldenem Augenglas und rosig blanker Glatze. Soviel von ihm; sein Aussehen kommt weniger in Betracht als sein Dasein. Frau Amélie, eine wohlriechende Vierzigerin von durchaus üppiger Statur, lenkte die Geselligkeit des Hauses. Nicht allein, daß sie ihre eigenen Freunde empfingen, gesetzte und wohlsituierte Leute insgesamt – es kamen auch eine ganze Anzahl junger Damen und Herren in Betracht, die die hohen Wohnräume mit heiterem Treiben belebten, sich in lederne Sessel setzten, aus kristallnen Schalen viel Konfekt naschten oder von niederen Tischen Liköre nahmen und goldgespitzte Zigaretten. Es gab nämlich eine Tochter im Hause, ein sehr hübsches und blondes Mädchen, wohlgewachsen, vorteilhaft gekleidet und, was ihrem angenehmen Gesicht etwas lockend Prickelndes verlieh, aus sehr weiten glänzenden Augen von bräunlichem Schwarz in die Welt schauend, während doch, und dies eben war das Prickelnde, ihr Gesicht seiner rosigen Bildung nach ganz auf das helle Blond ihrer Haare gestimmt war. Diese lebensfrohe junge Dame, Kitty Sperlich, genannt Spatz, trat eines Tages unversehens eine Reise ins Unbekannte an, zu Verwandten nach Zabrze in Oberschlesien, und wie sich das zutrug, soll man erfahren; denn nichts ist lehrreicher, als Glückswechsel und Erkennungen zu begreifen, in der aristotelischen Poetik wie im alltäglich gesunden Spiel des Lebens.
Es ist gewiß, daß Kitty, genannt Spatz, sich keiner hervorstechenden und absondernden Geistesgaben erfreute. Wozu auch? Es kam darauf an, unbefangen zu leben und alles Auffällige und Komplizierte zu vermeiden; das konnte sie ohne Anstrengung leisten. Wenn die Freundinnen sie dumm nannten – dies kam nur in ihrer Abwesenheit vor –, so hieß das, rundheraus gesagt, Überhebung, denn sie alle waren ebenso unauffällig begabt, und die jungen Leute – du lieber Himmel! Es gab nichts, was ihnen

ebenso unbequem geworden wäre wie Geist... Es waren Akademiker und junge Kaufleute, die ihre schwarzen schmalkrempigen Melonenhüte, weitgeschnittenen Anzüge und zartgefärbten Socken zu Sperlichs trugen, und die ersteren hatten die Überzahl für sich – »unsere Neffen sind alles Juristen«, sagte Frau Amélie stolz, und Kitty sprach diesen Satz gern nach, mit liebenswürdig schleppender Stimme, wobei sie allerdings »Vettern« sagte und manchmal auch die Form gebrauchte: »Bei uns verkehren *nur* Juristen.« Dazu pflegte sie die großen braunschwarzen Augen unschuldig aufzuschlagen, als entspräche diese harmlose Übertreibung durchaus der Wirklichkeit... Dies war nicht der Fall.

Vielmehr fügte es das Schicksal so, daß gerade zwei von denjenigen Jünglingen, die der Auszeichnung akademischen Bürgertums nicht teilhaftig waren, in ihre Lebensweise einigermaßen erheblich eingriffen, gerade mit jenem Ereignis, von dem wir noch berichten, und die somit trotzdem zu umfänglicher Betrachtung gelangen. Ich spreche von dem Kaufmann E. Hoon und dem Künstler Gustav Trällermann. Jedermann sieht es dem Namen des Künstlers an, daß er darauf aus war, ein Sänger zu werden, eines Tages sonderbar und erhebend gekleidet in buntem Putz auf einer Szene zu stehen, von unten beleuchtet, und aus geschwellter Kehle siegreiche Töne zu entlassen, die sich einerseits in stürmisches Händeklatschen, andererseits aber in eine schwindelnd hohe Gage verwandelten... dies war sein Traum. Und es brachte erschütternde Tragik in sein Leben, daß er keine kostbare Tenorstimme, sondern nur einen dröhnenden Baß mitbekommen hatte, dessen geschäftliche Ausnützung vom Publikum leider schwer behindert wurde, schon weil die Rollen dieser Stimmlage meist von unsympathisch schurkenhaftem Charakter waren. Caruso-Honorare waren ihm auf immer genommen.

Von Herrn Eugen Hoon zu reden – er nahm, jung wie er war, in dem Stockwerke »Wäsche, Putz, Konfektion« im Kaufhause des Westens eine nicht nicht unwichtige Stellung vor den Ladentischen ein und gebot über eine Armee von Fräuleins –, so war dies ein ungewöhnlich schöngeistiger Mensch. Wer den prunkvollen Geschäftspalast an der Tauentzienstraße genauer kennt, wird der Erklärung dafür nahe sein: beherbergt doch das zweite Stockwerk dieses Hauses eine umfangreiche und ge-

pflegte Leihbibliothek; und damit nicht genug, pflegte der sonderbare Mann sogar Bücher zu kaufen, nicht zu Geschenkzwecken, sondern für den eigenen Besitz! Unser Staunen wird sich mildern, wenn wir erwähnen, daß diese Bücher antiquarisch und stets im Preise ermäßigt sein mußten; immerhin waren sie sauber und dauerhaft gebunden. Ferner abonnierte er eine Monatsschrift voll von Literatur, Bildern und Noten, las in seinem Kaffeehaus kritische Wochenschriften und besuchte die literarischen Theater, was man von Kitty und ihren Freundinnen keineswegs voraussetzen darf. Er verwertete seine Kenntnisse mit Umsicht und Wortgewandtheit, fand selten Gelegenheit zu loben und galt mit seinem rotbraunen Scheitel, kleinen spöttischen Augen und starker gerader Nase für einen ausbündig klugen und gutgekleideten Herrn.
Zwischen diesen beiden bestanden nun mannigfache Beziehungen, was keinen verwundern wird, der die Gewohnheit der Geschichtenerzähler kennt. Nicht, daß sie beide der Kunst hingegeben waren, jeder auf seine Weise – das nicht. Aber anderes hatten sie gemein: eine Abneigung gegeneinander, die sich überall und unverhohlen äußerte, die, wie man gestehen muß, von Herrn Hoon ausging, immer wieder erneuert und schließlich von dem Künstler Trällermann eifervoll erwidert wurde. Woher die Feindschaft? Niemand wußte es. Niemand? Keiner jedenfalls, der davon sprach. Genug, sie bestand und wurde rücksichtslos ausgefochten. Der behende und redefertige Kaufmann mokierte sich laut und eingehend über das Benehmen, die Gestalt und die ganze langsame Art des Künstlers. Nun muß man zugeben, daß sie nicht gerade Ehrerbietung und Einschüchterung erzeugte: auf einem nicht immer geradegehaltenen Körper saß ein oben viereckiger, sich schmal senkender Kopf mit langer, unten eingerollter Nase, einer niederen Stirn, unter der zwei runde starre Augen von brauner Emaille sich bewegten, Ohren, die recht groß und ungefaltet standen, und dicken Lippen, die ihre Worte nur mühsam entließen – und wenn dieses Gesicht nun auf einem länglich dünnen Halse schwebt und von einer breiten und ziemlich lauten Stimme tönt, so wird man die Abneigung eines gegen Geräusche und Schwerfälligkeit doppelt empfindlichen Kaufmannes nicht etwa gerechtfertigt, aber doch nicht unerklärlich finden. Doch ging er offenbar darin zu weit. Er nannte seine Erscheinung

»ägyptisch«, seine Augen Gänseaugen, seine Ohren Verbrecherohren; ihn selbst verglich er mit der Krummheit der zunehmenden Mondsichel, und wenn eines Abends der Hals des Sängers etwa lang und hager aus dem unglücklich niederen, aber modernen Doppelkragen seines Smokinganzuges heraushing, so fragte er irgend jemand nicht allzu leise: »Sehen Sie heute, daß Justaf ein Hälschen hat?« Justaf – er nannte ihn immer beim Vornamen, vertraulich und voll Geringschätzung, ja er benutzte, um sein Gefühl ganz deutlich zu machen, die Verunstaltungen, die das Volk der Straße den Worten gibt, und war imstande, wenn der Sänger etwas Dröhnendes aus den Rollen zum besten gab, die er gerade studierte, in einer Ecke zu jungen Mädchen die Bemerkung zu machen: »Justaf brillt«, was ein störendes Gekicher zur Folge hatte. Der Sänger, dem man alles gewissenhaft berichtete, hob darüber die Achsel und ignorierte es. Er sei zu vornehm, auf so etwas einzugehen... Ach, er war es notgedrungen! Wie gerne hätte er mit treffender Spottrede geantwortet – ihm fiel nichts ein, was im Augenblick wirkte und unwiderleglich saß; und was die Prügel anlangte, die der Mensch ohne Zweifel verdiente, so stand fest, daß jener körperlich stärker und ein gewandter Sportsmann war. So trug er einen Haß gegen Herrn Eugen Hoon mit sich herum, der ihn quälte und dem er nur einem Menschen, Kitty Sperlich, gegenüber Ausdruck gab. Fragte man aber Herrn Hoon nach dem Anlaß dieses unerquicklichen Zustandes, so konnte man hören: »Eine Schachaffäre, mein Bester. Justaf hat mich einmal matt gesetzt, er nahm meine Dame; vorläufig revanchiere ich mich mit kleinen Zügen.« Ging man zu Herrn Trällermann, so konnte dieser gar nicht Schach spielen, und wenn er sich von Kitty eine Erklärung holen wollte: »Sag mal, Spatz, kannst du dir vorstellen, was das bedeutet? Und was hat er überhaupt gegen mich?«, so sagte sie beschwichtigend zwischen zwei Küssen: »Denke nicht an ihn, Gusti, er ist verrückt.«
Und dennoch hätte sie, streng befragt, gestehen müssen, daß für sie, und für sie allein, diese merkwürdige Schachauskunft Sinn besaß. Man hat es der vertraulichen Form ihres Dialogs mit dem Sänger bereits angehört, daß diese beiden irgendwie verbündet, vertraut, freundlich vereinigt waren. Um es kurz zu machen, sie liebten einander heimlich und in Freuden.
Und wer ist nun nicht so scharfsinnig, alles Fernere zu erraten,

die Feindschaft, die unverständliche Auskunft und Kittys Beschwichtigungen? Das ist es: vor diesem Sänger hatte Eugen Hoon die Gunstbezeigungen der hübschen jungen Dame genossen – die »genommene Dame« –, und sie hatte ihn fortgeschickt, hatte ihn »laufen lassen«, als ihr Wohlgefallen an Gustav Trällermann einen entsprechenden Grad erreicht hatte... Von diesem Vorgänger aber wußte Gusti nichts, glaubte nicht einmal, daß einer gelebt habe (außer einem kleinen Vetter, der vor fünf Jahren Kitty »einweihte«, als sie etwa vierzehn alt war); und man konnte sich unmöglich vorstellen, was geschah, wenn er erfuhr, daß gerade dieser verabscheute Mensch Kitty vor ihm geküßt und bei sich gehabt hatte: denn der Künstler hielt auf relative Reinheit, eben aus Furcht um seine unersetzliche Gesundheit. Daß er von alledem nichts zu wissen bekam, lag halb an der auf praktischer Erwägung beruhenden Einigkeit der Freundinnen in allen Dingen ihrer Liebesspiele, halb aber an der fast unverständlichen Wesensart des Herrn Hoon. Als sich herausgestellt hatte, daß er den Künstler haßte, nahm ihn Kitty eines Tages beiseite und sagte ihm: »Du kannst Gusti Trällermann nicht leiden? Das tut mir leid... Ich hatte gehofft, daß er dir gefallen würde, er ist ein so guter Junge«; und als Herr Hoon hierauf spöttisch meckerte und ihr versicherte, sie sei noch ganz so köstlich wie früher, fuhr sie fort: »Jedenfalls habe ich eine Bitte an dich, und ich weiß, du wirst sie mir erfüllen, denn du hattest mich doch einmal sehr lieb« – »Wie du mich, nicht mehr!« –, »und also sorge dafür, daß er nichts von dem erfährt, was wir miteinander hatten, bitte, ja? Es wäre mir sehr peinlich.« – »Mir noch viel, viel peinlicher, kleiner Spatz, sei sicher. Dieser Nachfolger macht mir Schande.« Und somit hielt sie sich auch von dieser Seite her für gedeckt. Sie glaubte fest an seine dumme Anständigkeit, gewiß, daß er schweigen werde, denn als sie ihn nach Szenen und Kämpfen schließlich zum Abschiednehmen brachte, nachmittags im Park von Schloß Bellevue, hatte er die Augen ununterbrochen voll von Tränen gehabt; somit hatte er sie sehr geliebt, liebte sie sicherlich heute noch und war also wert, gründlich verachtet zu werden – denn auch ihr Denken wurde unbewußt von dem gültigen Satze beherrscht: Er hängt sich an eine wie mich – was kann er also wert sein? Verachtung.
Und trotzdem geschah das Folgende. Ein Klub, dem man ange-

hörte, um sommers Tennis zu spielen, gab einen Maskenball, ein heiteres und buntes, ganz ausgelassenes Fest, wo man sich stellen konnte, als kenne man einander nicht, während doch die Herren ziemlich genau wußten, wer ihnen auf dem Schoße saß, und die Damen, wer sie küßte, zwischen die Schultern und auf die Brust... Walzer und Sekt, das Parfüm der Frauenhaare und der Zigaretten, bunte Lampen, die in milchigem Dunste glänzten, Blumen, die in Vasen welkten, und eine erregte und zitternd bewegte Menge in Gewändern bunt von Farbe, Flitter und Tand; dazu das Bewußtsein der sichernden Maske, ein gewisses Außersichsein, Kühnheit, die wuchs und die nicht bloßstellte, weil man dennoch unter seinesgleichen blieb – was anderes mag alles das erzeugen als ein schwüles Glück, wild bei dem einen, müde bei einem anderen und bei einem dritten sanft und träumerisch... Kittys Augen glänzten pikant und trunken aus dem schwarzen Visier, ihre Lippen boten sich feucht, tiefrot und geschürzt langen Küssen dar, schon hing ihr Haar ohne Locken herab und verlor sich hellblond über die rosige Nacktheit von Armen, Schultern, Nacken und Hals, und ein seidengrünes Kleid schlug sich wie feucht und aus dem tiefen Meer geschnitten um ihren Leib und an ihre Schenkel; ein Saum von Binsen und bleichen Wasserrosen war dareingestickt. Sie kehrte soeben von einem Tanze zurück, heiß und atmend, und setzte sich auf den Platz, von dem man sie geholt hatte. Wer ein Frömmler ist, der lese dies nicht weiter: denn der Sitz waren Schoß und Knie eines Ritters... Wessen? Wie heißt der junge Held, von langen blonden Locken umwallt, in ein silbernes panzerartiges Gewebe gehüllt, mit himmelblauem Mantel, Silberhorn, Schwert und Schild, darauf wie auf die Schulter des Mantels ein weißer segelnder Schwan gewirkt ist? Lohengrin weilt unter uns, der Sohn des Grals, der Schwanenritter, edel umwogt vom Erinnern an hoch singende Geigen und eine süße, schmetternde Heldenstimme, der Verteidiger der Unschuld, Parsifals hehres Kind! Der Schwanenhelm stand auf einem kleinen weißen Tische, neben dem gewichtig blanken Sektkühler; eine weiße Maske lag dabei, und das Antlitz, das auf länglichem Halse brünett, mit runden Augen aus braunweißem Stein und unten eingerollter Nase aus dem Kragen des Gralsmantels emporsteigt, wird von uns trotz blonder Locken erkannt: Trällermann ist es, Sänger und Bassist... Die

Sehnsucht hatte ihn in diese Verkleidung hineingetrieben; einen Abend lang wenigstens wollte er das blonde Heldenleben des Tenors führen. Doch jetzt ließ er sich von Kitty küssen, die eng bei ihm den rosigen Arm um seinen Hals gewunden hatte, hielt schräg ein Sektglas in der Hand und blickte sanft und träumerisch.

»Ich wollte bloß wissen, wo du das Küssen gelernt hast«, sagte er langsam.

»Bei dir nicht, dummer Gusti, nein, nicht bei dir«, lachte die Nixe und spähte hurtig schräg hinüber zu einem Tisch, an dem ein violetter Marquis saß, mit zurückgebeugtem Kopfe eine Zigarette rauchend und mit einem kleinen blanken Degen spielend: er fing den Blick, erhob sich und kam langsam auf die beiden zu, die hübsche Waffe einsteckend; sein Haar braunrot, die Nase stark und gerade, Mund und Augen spöttisch und müde. Unterdessen sagte Lohengrin noch, einfach und zärtlich: »Eigentlich seid ihr Weiber doch alle kleine Schweine.« – »Würden wir sonst zu euch passen?« gab Kitty unbeleidigt und lustig zurück... Dann stand Eugen Hoon vor ihnen, verbeugte sich und sagte: »Daignez, Madame, me donner votre main...« – »Wozu, Marquis? Ich will nicht mit dir tanzen.« – »Mais moi, je le veux bien.« – »Darauf kommt's aber nicht an. Ich will nicht.« Herr Trällermann mischte sich mit lauter Stimme ein, indem er sein Schwert ergriff, das beträchtlich mächtiger war als des anderen kleiner Degen. »Machen Sie doch, daß Sie fortkommen, Sie sehen doch, daß man Sie hier nicht wünscht!« – »Brille nich, Justaf«, sagte der Marquis ruhig; »kommst du, kleine Nixe? Nimm dich in acht, Kleines!« – »Ach, vor dir! Und was ›Kleines‹ betrifft: ich hab dich mal gesehen, nachmittags im Park von Bellevue, da warst du so klein vor mir, *so* klein«, und mit der Handfläche nahe am Boden: »So klein!« Eugen wurde steinbleich, schloß die Augen, öffnete sie: »Du bist gemein«, und ging. »Was ist denn los?« fragte der Sänger mühevoll, denn er begriff nicht. »Nichts. Laß. Der hat's. Er wird nicht wiederkommen und dich ärgern.« Dies geschah gegen zwei Uhr.

Um vier Uhr früh mußte Kitty heimfahren. Um ein Viertel nach vier kam ein kleines hübsches Mäskchen zu Gustaf Trällermann, begehrte mit ihm zu tanzen, ließ sich hernach auf einen brünetten Arm küssen und gab ihm, ehe es fortging, einen kleinen Brief, indem es ihn mit großen schwarzen Augen anblitzte: »Du kennst mich hoffentlich. Nun, das, was da drinsteht, ist wahr; ich weiß es, und wir Mädel alle wissen's. Viel Vergnügen!« Der Sänger las und fiel auf einen Stuhl, nach Luft atmend: »Werter Justaf, da Sie jetzt dran sind, wie einst ich, einen gewissen Leberfleck unter einer gewissen weißen Brust zu küssen, so übernehmen Sie doch, wie einst ich, die Sorge dafür, daß die reizende Trägerin desselben Flecks öfter badet als wöchentlich einmal. Für die Wahrheit der hierin enthaltenen Behauptung stehe ich ein. *Ganz zu Ihrer Verfügung* Eugen Hoon.« Nachdem er Atem und eine geringe Fassung wiedererlangt hatte, ging er torkelnd von Schreck, Schwäche und Alkohol in die Garderobe, wickelte sich ein und ließ sich von einem Auto nach Hause tragen. Und während er durch die Nacht sauste, knetete und stampfte sich in seinem Herzen aus Haß, Entsetzen und Ohnmacht ein zäher Teig, in dem Rachsucht gärte. Denn in der Verdunkeltheit seines ohnehin trüben Denkens, die vom Weine, dem Tabak und der Erregung bewirkt wurde, sah er nur das eine: er war aufs furchtbarste beleidigt, er konnte das nicht ertragen. Er mußte sich rächen, sich Luft machen, er war sonst lächerlich und unmöglich auch vor sich selbst. Aber wie denn? Erwartete dieser Mensch nicht seine Forderung? Hatte er nicht geschrieben und obendrein unterstrichen, daß er »ganz zu seiner Verfügung« stände? Pistolen?... Und seine Stimme, Zukunft, Ruhm, Glanz und Glorie?... Und schuldete er nicht der Menschheit, daß er leben müsse, gesund und unverletzt?... Aber Kitty! Sie hatte ihn betrogen, hatte ihm alles verschwiegen, hatte ihn hintergangen, und jedermann hatte darum gewußt, außer ihm; alle hatten sie ihn ausgelacht, im geheimen oder hinter seinem Rücken... und vielleicht, gewiß auch sie! Sie sollte ihn kennenlernen: fort mit ihr, Donnerwetter, fort mit der Sau!

Er stolperte und klirrte, die Stufen mit dem Schwerte schlagend, die Treppe hinauf, entzündete die Schreibtischlampe und riß, nachdem er Helm, Schild, Mantel und Horn auf das Sofa geworfen hatte, eine Schublade heraus. Ihr entnahm er ein nett geordnetes Paket Papiere, enthaltend, wie er wußte, siebenunddreißig Briefe, neun Postkarten und zwei Stadttelegramme, aus denen diese ganze Liebe mit Verabredungen auf der Straße, Spaziergängen und Besuchen, Hingaben und Liebesschwüren zusammengestellt werden konnte, und fügte eine Locke und zwei photographische Bilder des schönen Mädchens hinzu, die er aus seiner Brieftasche holte und die ihm nur eine neue Wutwelle aufschäumen machten. Dann suchte er einen großen gelben Briefumschlag, angeschafft, um ein Bild zu versenden, schob das ganze Liebespaket hinein, dazu das Billett des Feindes, und wollte es an das Mädchen adressieren. Aber während er mit großen Buchstaben »Einschreiben!« hinmalte, flammte in einem Blitze die ganze verdrängte Rachsucht der vergangenen Monate zu beizender Lohe auf, und mit einem nicht eben zarten Lächeln schrieb er: »An Frau Amélie Sperlich, eigenhändig«, und einen Brief dazu, in dem er auf drei Zeilen um Verzeihung bat, sie so lange hintergangen zu haben. Darauf legte er den geschlossenen Brief hinaus, damit sein Wirt ihn besorge, und schweren Kopfes, aber lächelnd ging er zu Bett.

Liege nun, Trällermann, blaß und ohne Bewußtsein, atme mit halb offenem Munde und gib dich schnarchend dem schweren Schlafe hin, der dich wie mit schwarzer Erde ganz begräbt... du erwachst, wann auch immer, zu früh. Am hohen Mittag wirst du ermuntert werden, dein Kopf wird schmerzen, und du wirst erst alles vergessen haben; dann wirst du Dumpfes ahnen, Unruhe spüren, dich besinnen und im Bette aufrichten, den Helm auf dem Schreibtisch erblicken und dabei den Federhalter – alles, alles jäh begreifen und zerfressen werden von grausam wütender Reue, mindestens drei Tage lang.

# Cinéma

## 1911

Fünf Minuten nach acht trabte Benno Bremm, Lehrling der Buchhandlung Schirich, über den rotbeglänzten Schnee der Geschäftsstraße, fröstelnd und vor Ermüdung steif, aber einen verloren glücklichen Ausdruck in den Augen und um den Mund. Er schien nicht bei der Sache, denn er grüßte seinen ehemaligen Geschichtslehrer erst, als er fast ganz an ihm vorbeigegangen war, und doch blieb dieser Herr der einzige, vor dem er noch und aus freien Stücken den Hut zog, weil nur sein Unterricht dem ehemaligen Realschüler etwas Lebendiges gegeben hatte: Friedrich der Große, wundervoll! und Bonaparte... weite Felder voll von Gefallenen, von Sterbenden, Kanonen umgestürzt und zerschmettertes Gerät – und auf jagendem Rappen darüberhin einer: »Vive l'Empereur!« Und wiederum der König mit dem harten Gesicht, auf der Trommel sitzend nicht weit von den Gefallenen Kolins... Dies liebte der Sekundaner Bremm. Seitdem hatte ihn das Leben etwas härter gepackt... Er wurde rot und grüßte zwei unerwachsene Mädchen, aber sie dankten kaum, und er fand das in der Ordnung, schwermütigen Herzens. Warum bemerkte er sie überhaupt noch, diese Blondgezopften, Hübschen, die da rotbäckig und übermütig mit den neugeschenkten Schlittschuhen klirrten? Ach, er wollte doch noch irgendwie »dazu« gehören, auch seit er, der blauen Mütze verlustig, ihnen hinter dem Ladentisch die eben erstandenen Schulbücher einpackte, bis zu den Haaren errötet und mit behinderten Fingern. Dann griff ihm seine beschämende Erniedrigung aus der Brust hinauf in den Schlund, mit würgender Faust, würgende Bitternis, und er verdrängte nur aus Trotz ein verzweifeltes Weinen. Ja, es *blieb* tröstlicher, diese schlecht gedruckten Bände hier, die er mit angstvollem und berauschendem Herzklopfen in der Brusttasche seines Mantels spürte – denn der Erwerb konnte nicht rechtmäßig geschehen, diese Welt war vielmehr so eingerichtet, daß man sich das bißchen Glück entwenden mußte, seinem Chef stehlen, wenn man so will, der eine Buchhandlung besaß, ohne all die Schätze wert zu sein – diese Reclambücher aufzuschlagen und zu sehen, was aus den tapferen und galanten Kavalieren geworden war, diesen Frauenhelden und Duellanten, aus d'Artagnan, den er das vorige Mal als Leutnant verlassen hatte, Leutnant im ersten Regiment der Welt, den Grand-Mousquetaires Seiner Katholischen Majestät Ludwigs XIII ... und vor allem aus Athos, dem Grafen, diesem vornehmen und melancholischen Soldaten. An ihnen hatte er Freude, zu ihnen gehörte er, und wenn sie vor ihm, ja eigentlich für ihn ihre Abenteuer bestanden, so gab es kein Morgen mehr und gar keine Misere. Man mußte nur gleich die Lampe löschen und den glühendschweren und taumelnden Kopf ins Kissen drücken und in den Schlaf fallen, der so not tat, in den dumpfen und heillosen Schlaf nach der Ausschweifung, die jede Nacht einmal gipfelte, wenn seine Hand unter dem schweren Deckbett nach kurzer Verzückung suchte, auf die freilich jede Nacht Verzweiflung folgte und das Gelübde, nie mehr, nie mehr ... Allerdings geschah es auch, daß man noch absichtlich wach blieb, um sich vorzuträumen, daß man schön sei, tapfer und geliebt, einen Roman fortzuspinnen, der viele Nächte hindurch vorhielt, ein unterirdisches und verzaubertes Dasein voll Glanz unter dem fahlen Gram der Tage.

Benno Bremm, lang aufgeschossen, zu kurz gekleidet und achtzehnjährig, geht schnell und töricht lächelnd seines Weges. Er hat vergessen, daß er bleich und übernächtig aussieht, daß seine Augen einen schmalen roten Rand und seine Wangen häßliche Gruben haben; er hat noch tiefer vergessen, wie groß und abstehend seine Ohren sind, wie gelb seine Zähne, und daß seine kleine Nase, in deren Sattel der Bügel der Brille einen roten Streifen gedrückt hat, aufs allerkomischste hoch oben in seinem Gesicht steht, einen überlangen Raum bis zur Oberlippe lassend; er weiß nicht mehr – sonst weiß er es –, wie breit dieser Mund ist und wie kurz der Hals, auf dem der Kopf sitzt: er lächelt nur mit großen, schwimmenden Augen von blassem Blau und sieht sich in einem goldverbrämten Samtrock von besänftigtem Rot, den nackten Degen in der Hand, der soeben dem Gegner die Brust geöffnet hat, atmend, tapfer und glücklich, während die geliebte Gräfin den Sieger erwartet, schwach, mit wogendem Busen.

Ach, es ist nicht gut, so süß zu träumen! Die Luft der Bremmschen Wohnung und besonders die des Zimmers, in dem sie lebten und speisten, war gesättigt von verdrängter Feindseligkeit und schwer von dem süßlichen Geruch des eben gegessenen Gerichts, weißen Krautes, das mit Reis und etwas Zucker zusammen gekocht wurde und das ein bißchen fade roch und schmeckte. Der Postbeamte Bremm saß rauchend hinter der Zeitung, eine alte Litewka aufgeknöpft über dem wollenen Hemd; die Mutter, lang und hager, machte dem Ankömmling Vorwürfe, daß das schöne Essen kalt werde, in einem weinerlichen Ton und immerzu strickend, wobei sie mit leerem, von Arbeit erschöpftem Blick in eine Ecke sah, wo sie nichts Sichtbares fesseln konnte, wenn nicht die grauen Spinnweben unter der Decke; und sein jüngerer Bruder las in befleckten grünen Heften, die das romantische Geschick des Heinrich Anton Leichtweiß, berühmten und heldenmütigen Räubers, bis zur zweitausendvierhundertsten Seite hinzogen... Man sprach nicht miteinander; einer machte dem anderen durch seine bloße armselige Gegenwart den Vorwurf, daß man es »im Leben« zu nichts gebracht habe, daß er ihn behindere und unten hielte und daß man allein ein ganz anderer Kerl geworden wäre. Benno fühlte sich vernichtet und gab sich verloren. Nie hatte er einen roten Samtrock getragen, noch würde er es je; zu diesen Leuten gehörte er, die ihn haßten, weil er kaum Geld verdiente und daheim stets in den Büchern »schmökerte«, und die jedermann unterirdisch oder auch laut beschimpften, der reicher, glücklicher, edler war als sie. Daß es warmes Essen gab, machte sein Unglück vollkommen, denn nun konnte er nicht, wie er es sonst tat, lesen und sein Abendbrot verzehren, wobei er zugleich das Glück der Entrückung hatte und das des schwerarbeitenden Magens, der sich langsam mit Mengen schlechtgekauten Brotes füllte, gemischt mit Schweinefett und billiger Wurst, und der sich manchmal mit üblen Gerüchen Luft schaffte, was nur darum nicht auffiel, weil es ihnen allen gleich erging. Ja, auch in dieser Ungebundenheit lag ein kleines Glück, da er sich tagsüber im Geschäft nur in erschlichenen Augenblicken erleichtern durfte.
Er aß, während Hitze und schlechte Luft auf ihn eindrangen und innen die Müdigkeit des Leibes und Geistes sein bewußtes Leben aushöhlten und zerfallen machten, und las ganz mecha-

nisch die Annoncenseite der Zeitung durch, die der Vater ihm entgegenhielt, als Kehrseite des Textes, dem er selbst sich widmete. Und so leblos war er und stumpf, daß er eine bestimmte Anzeige zweimal durchsah und ein drittesmal begann, ehe er sie verstand. Eine »Duse« – wer von seinen Angehörigen verstand, was dieses Wort meinte? Sie alle nicht, diese Ungebildeten; er allein konnte dahinter den Sinn hören und wissen, daß so eine große französische Schauspielerin hieß und daß man es »Düs« auszusprechen hatte. Dann allerdings, als er begriff, was geschah, zog sich seine Seele jäh zusammen in einen Knoten von Ungeduld, Spannung und grellem Glück: also *sie* war zu sehen, er würde sie heute, heute abend noch sehen! Und er ließ, während er mühsam ein glückliches Lächeln unterdrückte, den Blick unverwandt auf jener Anzeige haften, die in geschwollenem und marktschreierischem Deutsch verkündete, daß die »Duse der Kinokunst« heute abend im Universum Bioskop-Theater spielen werde, in einem Film, dessen gleichen die Welt nicht aufzuweisen hatte, in dem tieftragischen Kolossaldrama »Im Tode gesühnt«.

Er hatte kaum recht gegessen, kaum die erste Mattigkeit des Rückens und der Beine oberflächlich ausgeglichen, denen ein fast zehnstündiges Stehen noch immer nicht geläufig sein wollte, als er sich erhob und erklärte, er gehe noch fort. »Wohin?« fragte die Mutter; und er äußerte ironisch, er sei beglückt über soviel Teilnahme, er gehe eben fort; aber in ererbter Sklaverei fügte er hinzu, die Fahrt gehe vielleicht sogar ins »Universum«. Und während die Mutter über seine Frechheit klagte, begab er sich, im Rücken bedroht von einem grimmigen Blick des Vaters, der wie stets in einem vernichtenden Achselzucken endete – denn er hatte es längst aufgegeben, diesen Patron zu erziehen –, eilig zum Kleiderhaken, zog seinen Mantel an, fühlte froh die Tüte voll eines Klumpens kleiner, schwarzer Rosinen, ungewaschener Korinthen, noch ungeöffnet in der Tasche – er hatte sie erstanden, als er nachmittags ins Geschäft ging, um sie beim abendlichen Lesen zu verzehren –, schlüpfte in das dumpfe Schlafzimmer, in dem es lau, süßlich und ungelüftet roch und das er mit seinem Bruder teilte, und hob aus seinem schon aufgeschlagenen Bett ein schnurrendes, weiches Wesen, ein junges Kätzchen, das dort behaglich geschlafen hatte, seinen Liebling, dem er im Finstern sein blondes Fellchen und fast blaue, seelenvolle Augen anzusehen glaubte: er nannte sie Klara. Nachdem er dafür die erbeuteten Bücher in dem gewärmten Bettplatz vergraben hatte, steckte er die Freundin in die Brusttasche des Mantels – nicht ohne daß sie sich heftig sträubte – und ging dann, den Kragen aufgestellt, der sie verdeckte, unbefangen durch die helle Stube. Die Begleitung seines Bruders verbat er sich aufs unfreundlichste und entfernte sich von den Seinen.

Die Nacht, kalt und windlos, gab ihm einen Strom Frische in die Brust, und sein Herz schlug unregelmäßig dem schäbigen Glück entgegen, das ihn alsbald umfangen sollte. Von der Kirche her schlug es halb, halb neun; so würde er den Film noch unbegonnen vorfinden, den das vornehmste der sechs »Theater« des Städtchens für eine vermutlich überaus große Summe aufführen durfte, um noch größere damit als Tribut der Kunstfreunde einzuheimsen. Dieses geniale Vereinen von Kunst und Geld stimmte den Jüngling nachdenklich und ehrfürchtig, denn er besaß eine natürliche Art, den Wert einer Tätigkeit an den Beiträgen zu messen, die sie einbrachte. Er bog um Ecken, trat eilig in den weichen Schnee, der ohne Laut nachgab: schon schimmerten von fern, am Ende der Straße, die grellrötlichen Bogenlampen über dem Portal des Cinéma. Er gebrauchte nie den gemeinen Ausdruck Kintopp, dem man es anhörte, daß er in Berlin gebildet war, noch auch das gespreizte »Kino« der Einheimischen – nur das französische Wort, dieser helle, schlagende Klang dreier glücklich geprägter Silben vermochte es, dem zauberisch Fremdartigen der Sache zu genügen. Er setzte im Laufen seine Brille auf, damit man ihn für einen Schüler halte und er der Ermäßigung teilhaftig werde, die man solchen für die teuren Plätze gewährte, und während er für dreißig Pfennig ein Billett erstand, zehrten seine Augen gierig von dem aufregenden Bild der dämonischen Mimin, in deren berühmtem, blutlosem Antlitz zwei faustgroße Augen vampirisch glühten.

Er saß und schaute. Auf seinem Schoß lag still die kleine, weiche Klara, das Kätzchen, verdeckt von dem Mantel und gestreichelt von den unruhigen Händen, die sich beschäftigen mußten; den vom Nagen der bereits sehr kurzen Nägel empfindlich gewordenen Fingerkuppen tat das sanfte Fell sehr wohl. Mitunter grub er einen kleinen Ball Korinthen aus seinem

Taschenvorrat und schmeckte seine salzig beißende Süße; aber wenn die Kerne, klein und häufig, sich zwischen seinen hie und da zerfressenen Zähnen festsetzten, bedurfte es langen Saugens, und die Luft zirpte wie ein kleiner Vogel zwischen Zunge und Zahnfleisch, um sie zu entfernen, so daß die Nebensitzenden aufmerksam wurden; dann errötete Bremm im Dunklen, obwohl er eigentlich niemand störte. Im Halbschwarzen rund um ihn, in dem links zwei rote Lämpchen glimmerten, atmeten und rührten sich die vielen, die den schlauchartigen Raum füllten, bewegten sich Köpfe, scharrten Füße. Ein elektrisch betriebenes Klavier hämmerte etwas Marschartiges. Vorn aber, zuckend und scheinend, mit scharfen Lichtern und tiefen Schatten, schwirrend und doch fest umrissen, zog es vorbei, geschah es, das grelle Märchen, unreinen Zaubers voll, und ergriff die Seelen, aber mit groben Fäusten. Ihnen allen taten die Augen schon etwas weh, aber noch beteiligten sie sich mit ganzem Leibe am Gesehenen, und nur der Geist ruhte aus, geriet in dumpfen Dunst, ward dick, verkam. Das, was gezeigt ward, hatten sie schon wie oft gesehen; aber sie wollten ja immer dasselbe finden, primitive Vorgänge, um primitiven Gefühlen Betätigung und genußvollen Ausweg zu erlauben. Dabei verlangte man weniger Sinn als Sinnfälligkeit, und scharfblickende Begründung wird nicht gefordert... Ein feiner junger Mann gerät in Not, muß Kellner werden, da er, vom Ball kommend, gerade einen Frack trägt, und wirft einen Stoß Geschirr um; hundert Teller gehen entzwei, er flüchtet: und nun beginnt eine Jagd, im Laufe derer man zwanzig Leute umrennt, die erbost verfolgen helfen, Häuser werden erklettert, eine Lawine von komischen Unglücksfällen trägt sich zu, bis der Urheber, lächerlich zugerichtet, ins Heim einer fremden und reichen Familie flüchtet, deren Tochter demnächst seine Braut sein wird – denn sein Schnurrbart und seine zuckerigen Augen haben keinerlei Reiz eingebüßt. Dies ist gemacht, damit man lache: und sie lachen, die ungesunde Luft des finsteren Gewölbes dröhnt vom Gelächter aller dieser Menschen, die sich laufen fühlen, stürzen, jagen, die beglückt sind von der Aussicht auf Prügel und schmalzig gerührt von dem plötzlichen Glück des ungeschickten Kavaliers; auch Benno Bremm, der stets Gedrückte, lacht so, daß die klebrigen Korinthen, die er im Munde hat, diese unsauberen kleinen Weinbeeren, ihm den Atem versperren und ihn zum Husten zwingen.

Gab es das noch, das Dasein draußen? Aber hier rollte eins, hundertmal brennender und doch ungefährlich, zusammengepreßt, aber für sich eingesperrt wie die flüssig gemachte Kohlensäure, von der er in der Schule gelernt, daß man sie in eiserne Flaschen füllt... Wenn hier Eltern vorkamen, so sah man sie sich lächerlich elternhaft gebärden, aber sie konnten keineswegs an einen heran; und gesetzt, daß hier ein Laden gezeigt ward, so blieb eines sicher: nicht er, Bremm, hatte ihn vom Staub zu reinigen – vielmehr würde er geruhig und schadenfroh auf jenen Lehrling blicken, falls einer agieren mußte. Wie war man sicher hier! Ach, daß das Leben, das wirkliche, für ihn nicht auch verlief wie ein Film, dem man müßig zuschauen durfte auf bequemem Sessel! Ach, daß er nicht reich war! nicht schön, nicht begehrenswert war, nicht gemacht für untätiges Glück!

Aber das Klavier beginnt etwas Getragenes, und siehe: ein Blockhaus ist bedroht, gleichgültig warum, eine Botschaft muß gebracht werden, gleichviel an wen, und jemand wirft sich aufs Pferd und reitet, reitet, und die Verfolger hinter ihm her. Aber dies Reiten: hat jemand derartiges geahnt, ehe es hier wirklich wird? Bill – heißt er nicht so? – wird hinten sichtbar, ganz weit weg, ein Punkt – und man kann kaum dreimal atmen, kaum dreimal den atemlos bohrenden Finger – denn sein Taschentuch klebte hart und grün wie ein runzliges Äpfelchen an der Taschenwand – im lustvoll geblähten Nasenloch umdrehen, ehe er da ist, ganz groß, rasend, in einem übermenschlichen Galopp... und die Feinde reiten ebenso! Ein neues Pferd! Ohne Anhalten hinauf und weiter, dahin, zum Ziel. Dann rauchen die Revolver, und die Verfolger stürzen; gerettet aber ist das Vaterland, die Braut und die Ehre der Familie... Das Herz Benno Bremms ruht aus, müde, siegreich und selig. Gebenedeites Amerika! Woher käme uns sonst solche Kunst! Was wäre imstande, all unsere Muskeln so zu spannen, unser Blut zu jagen, unsere Lungen an die Rippen zu drücken! Der Schatten Karl Mays schwebt über dir, Edelmut, Winnetou, Shatterhand, Gold, Blut und Fäuste... Ach, warum war man nicht ein Abenteurer, frei und stark, und preßte die Schenkel an den keuchenden Gaul!

Nach einer kurzen Pause, zur Vorbereitung des großen Films, erlosch das Licht wieder: erscheinen würde *sie*.

Eine Geige sang voller Schmachten, und das sanft quäkende Getön eines Harmoniums bereitete eine feierliche Rührung vor. Sie erschien, weiß, schmal und schwarzäugig. Ein Geschick vollendet sich, ein Dasein wird gelebt... Junges Herz, in Notdurft und Häßlichkeit und alltäglichem Elend – wir sind nicht so hart wie dein Vater, wir schlagen dich nicht und weisen dich nicht hinaus, weil du einmal glücklich sein wolltest und jenem jungen Edelmann den Mund schenktest und den Leib, ihm, der dich auf der Vordertreppe küßte, als du sie frühmorgens – denn du bist nur Portierstochter – mit dennoch unumgänglich weißen Händen scheuertest und wuschest. Und wie schön du bist in den neuen Gewändern, die er dir gab, der Staunenden! Nun bist du also glücklich, so ist das Glück – auch wir sind's mit dir. Doch warte nur – und siehst du: schon ist er deiner satt... Dein Kind, das kommen wird? Aber er gibt dir Geld... und du mußt es nehmen, denn dir bleibt nichts... Übrigens wird es nicht lange vorhalten. Auf der Straße hast du ihn gesehen, mit seiner schönen, reichen Braut, und in deinem Zimmer ist's eisig kalt und so trostlos kahl, daß einen schon beim Anblick friert. Nur das Ende bleibt dir, das Ende der Armen... Nimm dein Kind ins Tuch, geh hinaus; dort, wo die große Stadt aufhört, findest du ein Feld voll Schnee, und es schneit ja noch immer. Lege dich hin und ruhe; es soll sanft sein, schlafe. Und siehe, dein Gesicht ist ganz hold von Stille, ehe es der Schnee begräbt... Die Musik schwieg, es wurde Licht, man ging hinaus; Schnee fiel in großen Flocken.

Benno Bremms Kopf, heiß und dumpf, taumelte von dem Unerhörten. Unmöglich, nach Hause zu gehen; und als ihm irgendwie einfiel, daß er morgen früh Ladentisch und Bücher abzustauben habe, graute ihm so, daß er den Ekel im Munde bitter schmeckte. Fliehn, ins Freie! Er durchschritt einen Tunnel, stieg Stufen, ging an Häusern entlang und durch zwei leere Straßen der Vorstadt, die grünliche Gaslampen notdürftig erhellten: sie blieben zurück, und eine Landstraße zog ihn vorwärts, er bog ab und wanderte mühsam auf einem Wege, den er vom Sommer her gut kannte. Es schien ihm, er sei vergiftet oder halbwegs betäubt, und trotzdem hatte er noch nie so unbarmherzig grell und scharf gesehen, was für ein elendes, weggeworfenes Stück Welt er darstellte. Er erblickte im Schreiten dieses Geschöpf Benno Bremm, unsauber und schwach, das sich nächtlich an sich selbst verging und das in Träumen lebte, die von der Wirklichkeit gräßlich verhöhnt wurden; er hätte nicht sagen können, woher ihm das Fühlen kam, aber es überwältigte ihn dumpf, daß dieses Sein die Welt entwertete und daß ihm recht und gut geschähe, wenn er nicht da sei, nie gewesen wäre. Rechts und links lagen die Felder unter dickem Schnee, weißdämmernde Wellen, sanft, weich und ruhevoll... Er blieb stehen und sagte laut: »Aber ich darf ja!« Ja, er durfte, ja, ja, er wollte! Seine Eltern? Er hob die Achseln und lachte scharf. Sie würden einen neuen Grund haben, über Unglück zu klagen – welcher Genuß im geheimen, den er ihnen spendete –, nichts hielt ihn, kein Mensch; das einzige Wesen, das ihn liebte, war bei ihm, würde ihn begleiten, und er brauchte es nicht bei den Bösen zurückzulassen. Und wie süß war es zu empfinden, wie die blonden Mädchen, die ihm kaum dankten, die Mitschüler, die nicht mehr mit ihm sprachen, staunen würden und bedauern, daß sie nicht gütiger gegen ihn gewesen waren, wenn morgen in der Zeitung stand, daß man ihn erfroren gefunden habe! Er lächelte glücklich – schon lag er rücklings im weichen Schnee –, er verzieh ihnen. Sie hatten sich stets von ihm gesondert, ihn nie gut genug gefunden zum Verkehr, den Stärkeren gefiel es, ihn manchmal zu prügeln, und die Schwächeren gaben ihm Spottnamen und rissen flink aus in den sicheren Schutz muskelstarker Kameraden. Er hatte keinen Freund gefunden für länger als drei Wochen, und stets sollte er die Schuld tragen, seine Art und seine Gewohnheiten. Als ob dabei etwas Schlimmes gewesen wäre! Nun würden sie's haben. Daß er als Märtyrer starb, sie waren schuld, denn sie alle, samt Eltern und Lehrern, mußten es verantworten, daß nun, wo er seine Jahre nach Licht übersah, nur Bücher und Träume sich wiesen und Sommernachmittage einsam im Wald. Und jetzt hatten sie ihm auch die gestohlen und sonntags allein ihm erlaubt, dorthin zu fliehen. Doch heute wurde das gleichgültig, er hatte genug und rechnete ihnen das doch nicht zum Bösen an. Mochten sie glücklicher werden als Benno Bremm, er gönnte es ihnen, er klagte nicht an. Sie würden hinter dem schwarzen Wagen gehen, der seinen Sarg zu Grabe fuhr, die ganze Klasse; und die Mädchen würden weinen, sie, die ihn stets verlacht und nie gern gehabt und geküßt hatten. Er streckte sich, voller Süße wie nie im Bett, und blickte froh in die

leis durchschwebte Schwärze, weil er sich so edelmütig erwies.
Es fühlte sich gar nicht kalt an. Man wurde langsam schläfrig; und wie schnell der Schnee einen bedeckte! Er sah noch die Kappen seiner groben Schuhe schwarz und rund; sie schienen ihm sehr nahe. Er wärmte die Hände in den Taschen des Mantels und war zu müde, sie herauszuziehen, als Klara sich aus ihrem Versteck wand und arbeitete, halben Leibes, dann ganz, und neugierig die Luft einsog. Sie saß auf seiner Brust, warm, weich und lebendig; die fallenden Flocken ärgerten sie, und sie begann, mit dem Pfötchen zierlich nach ihnen zu schlagen. Eine wunderliche Helle erlaubte ihm, sie genau zu sehen, dann schloß er ein bißchen die Augen: das tat wohl. Ein weiches und träges Glück erfüllte ihn und ließ ihn vergessen, gleich nachdem er es bemerkt hatte, daß seine Füße erstarrten. – Ob es sehr süß war, geküßt zu werden? Er gähnte, leichter Schnee sank ihm auf die Zunge und schwand mit heißem, wässerigem Geschmack. – Wie sanft die Ruhe das Herz erlöste! Sein Bruder schnarchte nicht – so würde er bald schlafen; schlafen und träumen. – Es kam ihm vor, als entfernte ihn ein Luftballon, in dessen Gondel er schlummernd ruhte, von da unten, vom Gewimmel, in Luft, die ihn rein und kalt anhauchte; und schon senkte der Engel Tod, der im Paradiese droben als stiller Vogt der Seelen wandert, seine gütigen Augen auf des Knaben Herz, daß es matter ging. Aber zugleich erhob die Jungfrau Marie, selig schwebend im bestirnten firmamentnen Mantel, die ihren auf zum strahlenden Sohne, der die Welt jederzeit ganz sieht, und bat, denn ihr Herz gehört in Liebe jedem Armseligen; er aber lächelte göttlich und blickte leuchtende Gewährung; und Sankt Georg, der heilige und zarte Kavalier der Himmelsherrin, machte sich gleich auf, dem sammelnden Vogte die Botschaft zu bringen, es sei das Sterben dieser armen Seele vorweggenommen und gestillt durch das große Sterben auf Golgatha; im vergrabenen Drang, sich zu opfern, zu sühnen und aufzusteigen, im Feuer des Endes sich zu läutern, sei ein neuer Keim in ihr geboren, und es sei ihr zugesprochen zu leben. Denn wie hätte sonst geschehen können, daß der Knabe geweckt wurde, aufzuerstehen? Er schlief schon fast im Grunde des Schlummers, und sein Traum kleidete ihn in das bestickte Wams des Leutnants

der Musketiere: er war d'Artagnan, und d'Artagnan kam im Galopp, er brachte der Königin einen Brief, sein Degen klirrte, und sein Rock von weinrotem Sammet flog ihm um die Hüften. Weinte die Königin? Aber hier weinte doch jemand! Er schüttelte fast willenlos den Schnee von der Stirne und öffnete die Augen halb im Schlaf: Hier weinte doch jemand! Klara weinte, sie fror und schrie hell und langhin wie ein Kind in die Nacht, die begann, sich zu besternen. Er holte sogleich voll Erbarmen die Hände vor und setzte sich auf, sie einzuknöpfen. Er wurde plötzlich ganz wach, ausgeruht und erfrischt. – Also hier saß er? Und ein Schreck, der ihm ins Herz schlug, riß ihn empor. Er sprang auf die Füße – was tat es, daß sie eisig und halb erstorben waren –, er stand, er lebte! Klara war in den Schnee gefallen; er hob sie auf und drückte sein Gesicht in den flaumigen Pelz. Leben! ein gräßlicher Schreck fiel ihn an. Irrsinn hatte ihn hierhergeführt, ihn vergessen lassen, daß er noch gar nicht alt war, daß so vieles noch geschehen konnte, daß daheim Bücher lagen und auf Lesen warteten, daß der Sommer kommen würde! Sterben? Aber eines Tages kam das Glück, es wartete schon auf ihn, irgendwo, irgendwann, und er wollte es versäumen? Und mittlerweile gab es Bücher, Träume, Klara, gab es den Cinéma – und andere Städte, in die er, erwachsener, gelangen würde, große, voll von Wundern und Mädchen, von denen eines auch ihm bestimmt war. Oh, dafür konnte man wohl Ladentisch und Bücherreihen von Staub säubern! Und er machte sich eilig auf, taumelnd, denn die Füße trugen ihn schlecht im Schnee, zur Flucht in die Stadt, die sich hell überdunstet vor ihm ausbreitete. Ihn hungerte ein wenig, und er suchte in in der Tasche nach den Korinthen, die noch in der Tüte klebten und süß im Munde zergingen. So humpelte er dahin, sehnsüchtig nach der erhellten, erwärmten und etwas dicken Luft der Straßen, ein Verwundeter, der das Schlachtfeld hinter sich läßt und halb froh, mit verminderter Tauglichkeit, aber lebend, das Regiment sucht, zu dem er nun einmal gehört.

# Der Gehilfe

## 1911

Er erwachte plötzlich. Die Räder mochten über einen Stein gegangen sein, und der Stoß hatte seinen Kopf gegen die Wand der Kutsche geworfen; der Schlag entriß ihn unklaren Träumen. Er rührte sich nicht. Vor seinen müden Augen flackerte und tanzte, in einer klirrenden Laterne von Messing und Glas, das Licht, von dem das Innere des Wagens schwach erhellt wurde; die Helligkeit zitterte auf seinem blassen, klugen Gesicht. Er spürte im Munde einen bitteren Mißgeschmack und dachte flüchtig an Äpfel, die sie ihm mitgegeben hatte. Die Fenster klapperten leise, und draußen trotteten die Pferde auf dem vereisten Boden, beides schien die Winterkälte übertreibend auszudrücken; aber ihn fror nicht, die dick behandschuhten Hände in den Taschen des schweren Pelerinenmantels, den Fuchskragen über Ohr und Kinn geschlagen, die Kastormütze um die Stirn und die Füße im Fußsack aus Heidschnuckenfell. Sie fuhren durch ein Dorf, aber er war nicht lebendig genug, sein Gesicht an die Scheiben zu drücken, die Trunkenheit des Grames und des Schlafes lähmte ihn. Ein kleines, helles Vogelstimmchen rief; Goldammer, sagte der Kenner in ihm und wunderte sich: jetzt in der Dunkelheit? Dann schloß er die Augen. Das war Weende; die Fahrt endete bald – doch seine Lider fielen wieder zu und machten aus dem kleinen Gesicht, das im Pelzwerk verschwand, etwas Totes. Kein Schlummer stellte sich ein, Gedanken zogen über das Dunkel, düster schimmernde Wolken über einem nächtlichen Himmel.

... Er hatte sie dort lassen müssen! Monatelang würde er ihre Blicke nicht auf sich fühlen, ihre Stimme würde er wieder vergessen! Sie war ihm zuletzt um den Hals gefallen, die großen geliebten Augen voll von Tränen, und hatte geschluchzt: »Hol mich, hol mich bald! Sie quälen mich so...« Ihm ward kalt vor Grimm: seinetwegen quälten sie sie; weil sie seit Jahren, vielen, versprochen waren und er nicht kommen konnte, sie zu sich zu nehmen. Die Mutter hatte täglich bissige Reden, und der Vater wies ihr ein mürrisches Gesicht. Er hatte es vergessen gehabt, Träumer, der er war, hatte Wochen bei ihr in Northeim zubringen wollen, beglückt von ihrer Nähe und der stillen Arbeit – nun war er eilig aufgebrochen, zurück nach Weimar, von wo er doch zu fliehen gedachte. Aber nun, da die Frau Großherzogin ihm ein Gehalt anbot, eine feste bürgerliche Anstellung, wenn er den Unterricht der jungen Prinzen fortsetzen wolle – nun war es seine sichere Pflicht, ohne Zögern ja zu sagen, zuzugreifen und zu heiraten – alle Abneigung gegen mündliches Wirken zu vergessen und nur die spärlichen Mußestunden vor dem weißen Papier zu verbringen, das durch Tinte und Gänsekiel den Geist, die Form, das dauernde Leben empfangen sollte. Wenige würden es sein, wenige solcher Stunden – und er stöhnte laut in ohnmächtiger Verzweiflung –, sehr wenige! Das geliebte Mädchen so nahe bei Tag und Nacht; die Hofgesellschaft, die lockende Unruhe, das Auf und Ab vieler Menschen, lieber, wohlmeinender, aber ablenkender Menschen; die unselige Leidenschaft für das Theater, die ihn wie eine Ausschweifung beglückte, um sich hernach in peinigende Reue zu verwandeln, der Zeit wegen, die sie dem Werk stahl. Und besonders: der Meister, der weise, zaubervolle, übermächtige Greis...

Er sprang auf die Füße – mochte der Fußsack zertreten werden –, sein Kopf berührte das Dach des Wagens, er öffnete das Fenster und atmete gierig die eisige Frische ein, die ihn ansprang. Nachtluft, Winterluft. Die Felder schimmerten im Schnee, ein mattes Licht ausstrahlend, rechts und links standen schon einzelne Häuschen inmitten der umzäunten Gärten, und vorn, zarte Helle über sich, lag Göttingen. Dies hier rechts war Lichtenbergs Pavillon, und die vielen Baumkronen weiter vorn gehörten dem Weender Kirchhofe, wo Bürgers Grabmal stand... Er schlug das Fenster zu und suchte seine Ecke auf, in zehn Minuten hielten sie vor der »Krone«, in drei Tagen war er wieder daheim... Wie geläufig ihm all das noch war... Freilich, er hatte es weit gebracht, seit er zum ersten Male hier eingezogen war... laß sehen, wann – Anno einundzwanzig, vor neun Jahren. Jetzt weilte er, wenn er sich in Weimar aufhielt, täglich in dem Hause mit den schönen Treppen oder im Garten unten am Stern; mit demselben Greise, dem alle bedeutenden Köpfe Europas ihre Unterordnung in Brief, Widmung

und Worten kundtaten, fuhr er in der Kutsche, lehrte ihn mit dem Bogen schießen, empfing ehrfürchtig aus seinen Händen Urschriften seiner schönsten Werke oder hörte ihn selbst daraus vorlesen, und er, der Geringere, durfte über Druck und Umgestaltung jener Schriften mitreden, die Deutschlands kostbarstes Gut ausmachten! Der alte Student, der mit neunundzwanzig erst zur Universität gelangte, der schüchterne Dichter von damals: das hatte er nicht einmal erträumt... Die Jenenser machten ihn zum Doktor auf den Wink des Meisters, dann sandte dieser ihn gar nach Italien als Begleiter seines Sohnes; nun kam er zurück, die Seele voll von Geschautem.
Wirklich? Kehrte man, wenn man, umgeben von glanzvollster Sinnlichkeit, durch das unerhörte Sehnsuchtsland der Künste zog, in Genua um, ohne Rom gesehen zu haben, Rom!, ohne Neapel, ohne Sizilien? Gewiß, er war ganz und gar Norddeutscher; und nach einiger Trunkenheit sah er ruhig und skeptisch, wie ihm alles das halbwegs – fremd blieb, unangemessen und fast unbehaglich. Er war erkrankt außerdem. Aber nicht das Fieber hatte ihn heimgesucht, als er in Mailand einsam lag, und nicht Enttäuschung. Der Gedanke, der ihn umkehren ließ, war weder: du kannst hier umkommen, noch: was wird dann aus dem Mädchen; er lautete einzig: was wird dann aus dem Werk, das unfertig in seinem Kasten harrte, aus den Aufzeichnungen alles dessen, was der Göttliche täglich zu ihm sagte, aus dem reifsten Menschenbuche, das je ein einzelner der Welt gab! Manches lag schon rein und erledigt, kunstvoll geführten und gewisserweise natürlichen Gesprächen gleich, anderes aber noch roh, im ersten glanzlosen Ausdruck eilig vermerkter Erinnerung, wie er sie nach Hause brachte, die Stoffe kaum geordnet und die Gedanken durchaus skizzenhaft angedeutet, keinem verständlich außer ihm selbst – wenn es die Freunde so herausgeben, was wird aus deinem Nachruhm? Und so kehrte er um, sah die Alpen wieder, blieb in Genf, in Frankfurt, nun hier. Formen! hatte es gerufen, schaffen! Den breiten Aussprüchen oder flüchtigen Bemerkungen, die vom Alltag ganz gerade in die höchste, erlebteste Erkenntnis hinaufstiegen, in Entzücken und Mühsal ein dauerndes gemäßes Kleid geben! Mochte das Wissen immer jenem gehören, dem mitteilenden Meisterer des Lebens; dem aufzeichnenden Jünger gehörte immer noch die listige Ordnung des Inhalts, die Sprechgestalt der

Rede, der treffende Ausdruck einer Stimmung, die majestätische Gebärde des greisen Sprechers. Er, der bescheidene Diener, durfte sie schreibend nachschaffen; am Schreibtisch war er Herr der Weisheit, der er sonst diente, mit freien Händen langte er nach allen Seiten in den Reichtum, er verband das gleiche direkt oder durch feine Anspielung, was etwa über Poeten gesagt wurde, über Malerei oder Physik; er schob Erlebnisse, Scherze und Beobachtungen täglicher Vorgänge ein, damit sie das Gewichtige zur Wirkung hoben, und steigerte die vergänglichen Worte wählend und veredelnd zur ewig lebenden Kunst. Wie oft hatte er glücklich lachend besonders gelungene Seiten ins Kerzenlicht gehalten! Sein Werk war es, ihm sollte es Ruhm bringen, jetzt schon, nicht erst nach dem Tode.

Unter jenen Bäumen lag Bürger begraben, der Dichter – ein unseliges Leben hatte er geführt, und Schiller hatte ihn scharf gezaust – aber berühmt war er, gefeiert, überall gekannt! Und er – er wollte kein Maulwurf bleiben, auch seinen Namen sollten die Deutschen kennen, die tätigen Männer und die Mädchen... alsbald wollte er das Werk fertigstellen und an den Tag geben – und nun? Ein Wort des Meisters verurteilte ihn, im Dunkeln zu sterben. Hier in der Tasche knisterte der Brief, den er nach Frankfurt gesandt und in dem er, verborgen unter freundlichen, sanften Sätzen, das Urteil des Werkes sprach: zu seinen Lebzeiten nicht öffentlich zu werden. Hatte die Liebste nicht recht, wenn sie Goethe mit Leidenschaft ichsüchtig schalt und kalt und böse? Still, still – nicht laut werden lassen! – Und warum nicht? Diente ihm irgendeiner treuer? Wer von allen durfte sagen, daß er ihn inniger verehre? So hätte er dem Helfer Ruhm und Freude gönnen dürfen. Nur dieses konnte der Grund sein: allein dastehen wollte er, der Alte, die Hand auf ihm halten. Er war stark und zäh, er würde ihn gewiß überleben, den kränklichen, stillen Gehilfen, und ihm dann ein paar gemessene Worte Lobes nachschreiben, wenn ein anderer die Konversationen, sein Werk, veröffentlichte. Doch sie sollten nicht! Er empörte sich wider ihn! Lieber wollte er in gerechtem Geize den Schatz verbrennen! War es nicht genug, daß er ihn aus eigener, wenn auch geringer, aber eigener Laufbahn lockte und in seine Dienste zog? Damals hätte auch er ein originales Talent werden können wie Immermann oder die Schlegels.

Heute war es zu spät – und daran war sein übermächtiger Einfluß schuld... Das Blut konnte einem darüber wohl grimmig ins Gesicht steigen! Grollte er ihm? Ja. Hatte er ihn nicht immer geliebt? Ja. Und jetzt... liebte er ihn noch, trotzdem? In ihm flüsterte eine innerste Stimme eine wortlose Bejahung. Aber er schwieg sie trotzig nieder.
Es hallte rumpelnd, als sie durchs Weender Tor rollten; in den Lichtschein einer großen Lampe, die mit hellem Argandschen Brenner Rüböl brannte und die an einer Kette aufgehängt war, trat ein ältlicher Mann und wechselte, ohne daß man anhielt, mit dem Fuhrknecht einige Worte. Der junge Doktor erhaschte von seinem Gesicht nur die Gläser einer runden Hornbrille und den weißlichen Bart, am Mund gelb gefärbt vom Pfeifenrauchen. Er freute sich spöttisch an dem Gedanken, wie unzufrieden der Alte mit diesem Zufall gewesen wäre, wo er an dem ersten Begegner, im Tore der Stadt, gleich zwei verhaßte Laster sehen mußte: Tabak und Brille. Sie fuhren im Trabe die Weender Straße hinab, die ganz verödet lag. Hin und wieder, auf dicken Holzpfählen, verbreiteten Lampen ein gelbes Licht, geschützt durch Drahtgitter, damit die Studenten sie nicht freventlich zerschlügen. In den sieben Jahren seiner Abwesenheit hatte sich nichts verändert. Die eigentümlich verwunderte Rührung, mit der er alte Zustände wiederempfand, durchdrang ihn besänftigend und lösend. Das hohe Dach des Reithauses, weiß beschneit, ragte ungeheuer empor, die Judenstraße öffnete sich wie ein schwarzes Loch; dort, wo quer über die schmale Gasse die Lampe hing, hatte er gewohnt, weil er's immer eilig hatte, ins Grüne zu gelangen. Du altes, gutes Zimmerchen, dachte er, du alte, gute Stadt... Der Turm von Sankt Jakobi trat an die enge Straße wie ein riesengroßer Wegelagerer, der an der Mütze als Feder Wolken trägt; es schlug just halb, als der Wagen vorüberfuhr, halb neun vermutlich; vom Rathause antwortete es, und auf Sankt Johanni, hoch oben in seiner Turmstube, stieß der Feuerwächter ins Horn, die Stunde verkündend und daß er wache. Morgen wollte er, sich erinnernd, umherwandern und Dissen aufsuchen, seinen alten Lehrer.
Der Wagen hielt vor dem »Gasthaus zur Krone«.
Erfrischt und hungrig stieg er die gewundene Treppe hinab, die erfüllt war von dem halblauten Gesang vieler Studenten in

einem entfernten Raum, und trat in das Zimmer zu ebener Erde, wo die Speisen aufgetragen wurden. Es war fast leer. Er grüßte höflich und setzte sich, unangenehm berührt von ihrer Länge und Öde, an die weißgedeckte Tafel, indem er die Schöße seines lederfarbenen Rockes sorglich beiseite hob und die Beine, die noch vom Wagen her steif waren, so weit als anständig ausstreckte; sie steckten in engen, dicken Hosen und breiten, mit Pelz gefütterten Stiefeln. Man trug auf, und er aß mit großem Vergnügen eine warme Graupensuppe, Kasseler Rippenspeer mit Erbsen und Sauerkraut und einen Bissen Käse hinterdrein. Dann ließ er sich ein zweites Glas Bier geben, heimischen Gebräus, und machte sich daran, von Sattheit und behaglicher Wärme wohlgelaunt, mit einer Feder, die er stirnrunzelnd als schlecht geschnitten besah, Namen und Ziel in das große Buch zu verzeichnen, das der Kellner vor ihm aufklappte: Dr. Eckermann, aus Weimar, kommend von Frankfurt, reist nach Weimar; und das Datum: Göttingen, am 20. November 1830. Das Buch ward weggetragen, und er musterte freimütig die anwesenden Männer. Zwei junge Engländer hatten den »Temps« vor sich ausgebreitet, und der eine teilte dem anderen, welcher wohl nicht französisch sprach, zuzeiten aufblickend, mit knappen englischen Worten das Wissenswerte mit; der Lauscher freute sich, ihn ohne Anstrengung zu verstehen, und erfuhr so, welch bemerkenswerte Rede Herr Guizot gehalten habe und daß zwischen Cuvier und St. Hilaire keinerlei Verständigung möglich sei. An der Wand hingen an Lederriemen zwei Paar hölzerne Schlittschuhe mit vorzüglichen Stahlschienen; sie tropften noch, und er folgte gefesselt der Ausbreitung, welche die kleine, von ihnen bewirkte Lache auf den Dielen gewann. Ein junger Hauptmann des Hannoverschen Regiments, das hier garnisonierte, saß angestrengt denkend vor einer Partie Schach; sein Gegenüber, ein alter, bartloser Herr in Schwarz, Professor vermutlich, betrachtete die Stellung der Steine mit spöttischem Gesicht. Über ihnen hing das Bildnis des Königs von England, Wilhelms IV., ein großer Stahlstich, schwarz gerahmt. Dann trat ein kleiner, magerer Herr ins Zimmer, grau gekleidet, und näherte sich mit so verbindlicher Miene, daß der Angekommene sogleich erriet, es sei der Wirt, der ihn mit zwei guten Verbeugungen begrüßte und ein Gespräch begann, während er die neueste Nummer der

»Frankfurter Nachrichten« unter dem Arm geklemmt hielt. »Es trifft sich«, sagte er zarten Tones, »daß der Herr Doktor nach Weimar reisen?« Eckermann bejahte und fügte hinzu, er wohne daselbst. »Wie alt ist doch Herr von Goethe jetzt?« – »Einundachtzig Jahre.« – »Schrecklich, schrecklich«, murmelte der Graue, »in so hohem Alter soviel Unglück...« – »Ein Unglück?« fragte Eckermann, sich mit einem Ruck aufsetzend. Um Gottes willen! dachte er erblassend... dann sagte der andere wichtig und bedauernd: »Sein Sohn, der Kammerherr, der eben in Italien reiste, ist zu Rom verstorben, am...«, er öffnete hurtig die Zeitung, »am siebenundzwanzigsten vorigen Monats. Ein Schlaganfall. Welch trauriges Ereignis...«
Der Gast warf sich ein wenig vorwärts, sein Mund öffnete sich, und seine Augen wurden plötzlich sehr weit und rund, dann schluckte er – der Apfel des Kehlkopfes stieg sonderbar auf und ab –, griff mit beiden Händen nach dem Bierglas und trank, während die Arme, die Hände und selbst die Finger zitterten. Darauf ließ er sich zurückfallen und wischte mit dem Taschentuch über die Stirn. Ein sonderbarer Herr, dieser Doktor... Ich wette, er hat den Verstorbenen gekannt! dachte der Wirt und bereitete sich auf eine rührende und fesselnde Szene vor. Der Gast sah ihn an und sagte, indem er aufstand, sich räuspernd und dennoch mit beengter Stimme: »Ein Licht, Herr Wirt, wenn ich bitten darf. Ich bin recht müde.« Der Wirt verneigte sich und rief dem Kellner zu: »Ein Licht!«, indem er alle seine Enttäuschung in die Schärfe des Tones fließen ließ. Der Doktor trat unterdes ans Fenster, nahm den Vorhang beiseite und legte den Kopf an die kalten Scheiben. In der Ratsapotheke ist noch Licht, merkte er, während ihm die Tränen in die Augen stiegen. Haltung, um Gottes willen, wenigstens bis du draußen bist! Er hörte den Kellner hereinkommen, nahm ihm, sich umwendend, den Zinnleuchter aus der Hand und ging stumm grüßend hinaus. Er stützte sich fest aufs Geländer, das Licht in seiner freien Hand zitterte und ließ seinen Schatten an der Wand tanzen. Er war nur wenige Stufen emporgekommen, langsam und schwach, da brach der Studentengesang wieder los:

»Was sollen wir sagen zum heutigen Tag?
Ich dächte nur: ergo bibamus!
Er ist nun einmal von besonderem Schlag...«

Er hatte beim ersten Ton das Geländer losgelassen, sprang, die Hand auf ein Ohr pressend, die Treppe hinauf, lief durch den Korridor und schlug die Zimmertür krachend hinter sich zu. Das Volk benahm sich rasend abgeschmackt...

Nun stand er mitten in dem kahlen, kalten Gastzimmer, hatte die Kerze auf ein Tischchen gestellt und starrte in die Flamme. Die Ungeheuerlichkeit der Nachricht ließ keinen anderen Gedanken heran als diesen, lang hinschwingenden: August von Goethe tot... Es gelang ihm nicht, ihn zu verstehen. Der Mann, den er morgens auf der Straße in Genua abschiednehmend umarmt hatte, unter makellos blauem Himmel, wo die alten Häuser von Frühsonne vergoldet standen, dieser Mann, jung, gebräunt, heiter, voll von Kraft, dieser Mann, im höchsten Leben stehend, genießend und tätig, regsam und voll Feuer – dieser war plötzlich tot... Man würde ihn nicht mehr wiedersehen. Der Klang seiner Stimme war schon vergessen, sein Aussehen würde bald dem Erinnern entschwinden, sein Leib, der lebendige Leib, den er warm und pulsend an seiner Brust gefühlt hatte, lag schon in einem hölzernen Sarge gebettet in Erde und würde verwesen, sich auflösen, verschwinden. Das war der Tod, der dem Menschen ewig unnachfühlbar ist. Er ahnte ihn im Pathos der Stunde wie einen umbrannten Apollon, der aus Wolken unsichtbare Pfeile schnellt.

Aber über ein Ahnen kam sein Geist nicht hinaus, und sein Versuch, wahrhaft zu begreifen, ward verdeckt vom Bilde des Schützen und übertönt von dem schmerzhaften, langsamen Schlagen seines Herzens. »Leg dich zu Bett«, sagte er sich endlich laut, »du bist so müde; ruhe wenigstens. Schlafen? Ach nein...«

Als er lag und die Augen schloß, sah er plötzlich wie eine übergroße Skulptur aus nächster Nähe das Gesicht Goethes, des Vaters, ungeheuer und steinern. Er erschrak. Sein Schmerz! rief es in ihm, als das Antlitz verschwand. Wie würde er's ertragen – seine leidenschaftliche Seele und der alte, wenn auch starke Körper! Sein einziger Sohn dahin, er, den er liebte, ob er's gleich in sich barg, den er sich zum Helfer erzogen hatte, dem er mit dem neuen Jahre einen Teil seiner Ämter und Lasten hatte übertragen wollen – wie würde er leiden! Hatten ihm nicht die Götter, als sie ihn zu einem ihrer Art schufen, eine Fähigkeit, Schmerzen zu dulden, in die Brust gelegt, jenseits

alles Menschlichen? Und ließen sie ihn in eine Glorie hinein altern, um ihn nur desto sicherer zu treffen und einsam zu vereisen? Schiller war ihm gestorben; dann die Gattin, vor zwei Jahren sein Großherzog und jetzt der Sohn, der Mann, welcher dies ganz auf Wirksamkeit gestellte Leben in der nächsten sichtbaren Umgebung erben und fortsetzen sollte! Wie sah es nun darum aus? Es würde ihm sicherlich dastehen wie eine Pyramide ohne Spitze, ein ungeheurer trostloser Stumpf... Als er sich von dem Fräulein von Levetzow hatte trennen müssen, wurde er, vierundsiebzig Jahre alt, vor Leidenschaft und Schmerz körperlich krank – was konnte, was mußte jetzt geschehen, wo Frau Christianens Kind ihm entrissen war! Er würde die Verzweiflung, die sich wie schwarze Flut aus ihm ergießen und ihn fortspülen wollte, mit wortloser allerletzter Kraft zurückpressen. Beides, der stete Anprall und die stete aufreibende Wachsamkeit, mußte ihn unerhört quälen. Wenn er ermüdete, war eine Katastrophe da – und was sie zurückließ, das stand bei Gott... Wenn der Achtzigjährige erläge, wenn er ihn nicht mehr lebend fände... kalter Schweiß trat ihm auf die Stirn. Dann blieb die Welt leer. Dann kam es auf nichts mehr an. Dann war gleichgültig, ob ein Eckermann da war, ob er schrieb, ob er heiratete, ob irgendwer ihn kannte – Glück und Unglück waren sinnlos und das Leben zu Ende.
Und plötzlich schien ihm, als sei er, der hier mit schmerzendem Rücken zu Bett lag, ein ganz kleines Männlein – ein Gefühl, das er hatte, wenn er an Kirchtürmen emporsah; er lächelte spöttisch über sich, denn alsbald sah er vor den geschlossenen Lidern einen Pygmäen, der an einer Kathedrale hinaufblickte. Und er hatte vorhin nach einer originalen Tätigkeit begehrt, hatte sein winziges Geschick abzweigen wollen von dem Olympischen, in dessen Schatten er wachsen durfte, gehegt von seiner Güte und gefördert allein durch seine gabenreiche Gegenwart. Wer war er denn? Wo gab es ein Recht auf Eigenheit für so unwesentliche Burschen? Er wäre einfach vergessen worden, und er verdiente das. Niemals in seinem Leben hatte er so deutlich geschaut, was dieser Mensch für das Maß der Welt bedeutete, in der er stand – erst an der Vorstellung seines Nichtmehrdaseins konnte er die Höhe und Breite seines Seins ermessen. Und dieser Übermensch in seiner unzugänglichen Einsamkeit litt jetzt, angeschmiedet, zerfleischt und gigantisch

wie Prometheus! Er aber, Eckermann, hatte mit ihm gehadert! In der Stunde vielleicht, in der jenen die Pein anfiel, hatte er sich wider ihn erhoben und, so winzig er war, ihn gescholten. Er war nicht zu klein, um nicht einen Zahn zu haben, an dem Herrn zu nagen. Wie ganz allein jener sein mochte, wenn das mit ihm geschehen konnte, der doch vermeinte, ihn tiefer als alle anderen zu kennen, das hieß: zu lieben! Wenn jeder seiner Freunde jenen einmal verließ, wie er ihn noch eben innerlich verlassen hatte – was hatte er von Fremden, was hatten dann gewöhnliche Menschen voneinander zu erwarten? Und ob er sich jetzt auch noch so inbrünstig an ihn klammerte, alle seine Verehrung, seine Dankbarkeit und innige Liebe zu dem Großen nie so heiß in sich glühen gefühlt hatte wie in dieser Nachtstunde – es vermochte vielleicht den Verrat gutzumachen, aber ungeschehen ward er nicht. Er war kein besserer Jünger gewesen als Petrus – wenn ihn jetzt auch beißende Scham anfiel und das Gelübde sich ihm entrang, ein treuer Gehilfe zu sein und seinen Ruhm nur zu suchen, wo er ihm zustand: im Dienen.

Er lag wach, mit geschlossenen Augen, und dachte an Goethe. Worte über Worte klangen in ihm, die er zu ihm gesprochen hatte, im Junozimmer, im Garten, in der Kutsche. Er sah seine Augen groß und streng blicken und seine Lippen gütig lächeln. Er dachte an Geschehnisse, an Gebärden, an Morgenbesuche und großen Empfang. Sein Gehirn warf immer neue und neue Szenen empor, es war ganz erfüllt von dem, der ihn in seiner Nähe bildete. Und so, während die Uhr auf dem Tischchen geschwätzig tickte, glitt er sacht, nach langem, qualvollem Wachen, gegen Morgen in einen halben, endlich in einen tiefen, dumpfen Schlaf, der voll war von rasend schnellen, schattenhaften Gestalten. Endlich, als es draußen begann, hell zu werden, träumte er Deutliches. Er wandelte mit August von Goethe durch eine Landschaft nahe bei Genua, am Meere entlang. Sie war erfüllt von in sich leuchtender Luft; er wußte aber, daß es ein Aquarell von Goethe sei, in dem sie gingen und dem sie als Figuren angehörten. Zur Rechten breitete sich ein Hain von Oliven, Lorbeer und Eichen; den Boden bildete frischgrünes Moos, elastisch zu betreten, und während in der Luft eine Lerche sang, riefen Meisen und Amseln einander zu, indem sie durch Rosendickicht schlüpften. Zwischen den Stämmen wurde das Auge zum Meer hingezogen, das mit dem

Himmel zu einem einzigen brennenden Blau verschmolz. Er fühlte sich unsagbar glücklich, sein Atem sog die duftende Luft in langsamen, seligen Zügen, während er von seinem Eschenbogen Pfeil um Pfeil schnellte, die der junge Freund im Fluge erhaschte. Sein Köcher war leer, und August – beide zwanzig Jahre alt – brachte laufend ihm ein ganzes Bündel Pfeile. Da rief er ihm zu: »Das hat Ihr Herr Vater doch wunderschön vollbracht.«

Vom Meer her scholl ein behagliches Lachen, und es war Goethes Stimme, die er freundlich sagen hörte, als redete der Himmel oder das Meer, was er so oft vernommen:

»Wollte ich meinen, bester Eckermann!«

Er warf wie grüßend beide Arme empor – und erwachte davon. Der Raum lag eisig kalt, voll von dumpfem Morgengrauen, und mit der Kälte und dem grauen Licht drang ihm ätzende Trübsal ins erschauernde Herz.

# Allah

## 1911

Ach, ihr habt recht, es ist ein trauriges Wetter. Der Regen gedenkt nicht zu schweigen, und wenn ihr ans Fenster tretet, hängen in den gelichteten Bäumen nur noch spärliche gelbe Blattreihen, und die schwarzen Gerippe der Allee ädern einen grauen Himmel. Was sollen wir beginnen? Man kann nicht immer nur disputieren, das scharfe Kämpfen der Gedanken ermüdet und reizt. Musik, ja; aber wir werden danach traurig sein, in der Dämmerung; es sind ja nicht alle hier, die sonst mit uns musizierten, in dieser Stunde des schwindenden Tages, und das Herz wäre zu allein. Setzt euch in die Ecken und bringt Zigarettenrauch ins Zimmer, damit die ohnehin graue Luft wohlrieche, und laßt mich erzählen von uns jungen Leuten. Nichts scharf Spöttisches, nichts von den alltäglichen Gemeinheiten, die uns peinigen, bis wir sie in Form und Lachen überwinden... am Ende nehmt auch ihr mir's übel auf. Eine einfache, brave Geschichte soll es sein, eine kluge Heldentat, etwas Stärkendes, bis uns die Lampe wieder zur Arbeit scheint. Seht ihr sie da sitzen, viele Knaben mit Gesichtern, die von den Gasflammen grünlich sind? Sie lachen; eine herzhafte, laute Versammlung. Über ihnen hängen häßliche Bilder und Geweihe, an deren Enden sie ihre bunten Mützen keck aufgespießt haben; auf der langen Tafel, gebildet aus vielen rotkariert gedeckten Tischen, stehen große Biergläser mit Zinndeckeln, und in die Rauchschwaden ihrer Zigarren und Zigaretten hinein reden sie alle zugleich, helle Stimmen und tiefe, laut, unbeengt und gut gestimmt: das sind die Rauchwitzer Schüler, und der Pikkolo, der mit emsiger Freudigkeit eben neues Bier heranschleppt, dieser blutjunge Pygmäe, ist augenscheinlich größer und sicher älter als mancher von ihnen. Sie sind sorglos und können's sein; kein Oberlehrer wird plötzlich hereinkommen und durch seine bloße Gegenwart diese Heiterkeit jäh zum Schweigen und Erstarren bringen... hier sitzen sie, Herren des Ortes, und kneipen offen und unter Gesetzes Schutz. Zweimal die Woche sind ihnen anständige Bierlokale vom »Chef« freigegeben, »damit Sie mir nicht unbefugt in Kaschemmen hocken«.

Dies aber war keiner der gewöhnlichen Kneipenabende. Denn so streng die Trennung der Klassen sonst beachtet wurde: aus den Jungenköpfen der Obersekundaner hoben sich dennoch die würdigeren der Primaner heraus, und selbst die gereiften und bärtigen Herren fanden sich, die die Oberprima bildeten und zierten! Welch eigentümliches Gesicht! Da saßen sie alle beieinander, schwatzten, rauchten oder sangen auf den Wink des Vorsitzenden, nachdem ein unsägliches Klavier die übrigens allen bekannte Melodie intoniert und vorgeführt hatte, daß es ungewiß sei, was die Welt morgen brächte, Leid oder Freud, und schlossen auf unanfechtbare Art mit der Versicherung, »heute sei h-o-i-t«, wobei die Weise emphatisch in die obersten Lagen stieg. Kam ihr Pathos aus der echten Überlegenheit des Weltweisen über das ungebunden lauernde Geschick? Oder war es etwa nur das Hintersichwerfen einer geheim drückenden Angst? Letzteres war der Fall, und damit hing es zusammen, daß sie heute hier so brüderlich den Mund weit und rund öffneten: alle drei Klassen hatten heute das letzte der großen Extemporalien angefertigt, die über die Versetzung, bei den Oberprimanern jedoch über das Abiturium entschieden; dies mußte man feiern, da überdies ein Daheimsitzen unratsam war, der Skrupel und Ängste wegen ... versteht man nun? Der Regen brach in Strömen aus den Wolken, und in den Straßen arbeitete der Sturm – man war im März; aber dennoch saßen sie fast vollzählig da, außer Otto Klose, dem blonden Primus von O I, fehlte keiner. Dieser allerdings hatte heftig zu arbeiten.

Der Präsident schlug mit dem Säbel – einem langen krummen Säbel mit großem Korb – schmetternd auf den Tisch, bedeutungsvoll, wie ein Häuptling wilder Völkerschaften mit dem Speer den dröhnenden Schild schlägt, rief, das männliche Zeichen auslegend: »Silentium ex! Ein Schmollis den Sängern und der famosen Kapelle!« und verschlang das Bier in seinem Glase. »Prost!« schrien alle und hoben ihm ihre Krüge entgegen, freudig und anerkennend, »Prost, Allah!«, und lautes Reden brach allgemein aus.

Man nannte ihn Allah (und ihr seid getäuscht, denn ihr wart auf den Orient eingestellt, auf Buntheit, Fanatismus, Krieg

vielleicht – doch ich verliere mich –), sie nannten ihn Allah. Warum? Weil er Alfred Lamarten hieß? Das hatte sicherlich dazu beigetragen; aber es war doch nur etwa der Anlaß gewesen; die Quelle, aus der diese Benennung floß, war eher eine unklare Gemütslage, die sie ihm gegenüber einnahmen: die der Bewunderung nämlich, der unbedingten Anerkennung als etwas Oberes, und das Gefühl, in ihm auch ein bißchen sich selbst zu feiern. Seht ihn euch an, wie er dort steht, aufgerichtet, hoch und bräunlich, und seinen freien Blick aus braunen Augen über alle diese Köpfe prüfend hingleiten läßt! Sein Gesicht, das sich über breiten Schultern lächelnd erhebt, spricht von frischem Verstande, und seine kräftige Hand liegt vertraulich um den Griff der Waffe. Das ist Allah, dem das nahe Examen keine Furcht macht, denn man wird ihn sicherlich vom Mündlichen entbinden, und der dennoch unter den guten Turnern der ganzen Anstalt keinen findet, der stärker, mutiger und gewandter die großen Wellen und Schwünge am Reck, die großen Würfe und Fänge beim sausenden Schleuderballspiel wagt und glücklich ausführt...
Vielleicht sitzen hier an den Tischen tollkühnere Wagehälse, Mitberg etwa, der im Treppenhaus der Schule, im zweiten Stockwerk, auf den Kugeln der Geländerpfeiler steht, steht und lachend über dem Abgrund schwebt... während den Zuschauenden das Herz in der leeren Brust zuckt; vielleicht findet sich in der Klasse einer oder der andere, der mathematische Sätze auf neue Art löst oder die Gestalt des Tasso glühender und beseelender anschaut, von fleißigeren Schülern zu schweigen... aber wo vereinigt sich, wie bei Allah, ein geübter Körper so glücklich mit frischem Geiste? Sucht nicht, ihr findet keinen. Die Lehrer sehen ihn günstig an, und die Freude der Schüler an ihm wird keinen zum Neide oder zur Verachtung reizen: denn das Lachen um Lippen und Augen gewinnt das Herz.
Nun sitzt er, aber die launigen Reden seiner Nachbarn dringen kaum in ihn ein. Seine Blicke wölben eine Brücke über sie hinweg nach einer gewissen Stelle der Tafel, dort weit unten, wo die Füchse sitzen, die Sekundaner. Sie haben zwar ein eigenes Oberhaupt, Otto Eichhorn, den dicken Alten, aber er ist bequem, und er schaut wie die anderen mit belustigter Spannung eben den beiden zu, die Allah beunruhigen. Denn unten hat sich die Veränderung vollzogen, daß Wilhelm Grabert seinen

Platz mit einem andern getauscht hat und nun Benjamin Bejach gegenübersitzt; nun lehnt er sich lang über den Tisch, er redet zu ihm, und die nahe sitzen, hören zu. Ein Paar, nicht alltäglich zu sehen, weiß Gott. Der blonde Grabert ist lang wie ein Kleiderständer und sein weiß und rotes Gesicht groß wie ein Schinken. Ein guter Bursche, Landmannssohn, der durch Zufall und Freundschaft aus der Schule einer kleinen Landstadt zu uns übergesiedelt ist. Dort galt er für tüchtig, und im Deutschen leistete er sogar Besonderes; bei uns jedoch verlangt man viel, und er kommt gerade ohne Mühe mit. Ein guter deutscher Aufsatz will ihm nicht gelingen, obgleich manche regelmäßig eine Zwei, zuweilen eine Eins unter ihrer Arbeit haben, und das ärgert ihn. Da ist etwa dieser Bejach ... die Wahrheit zu sagen: der ist der beste, er läßt uns alle weit unter sich; und wie sieht er aus? Ein ganz kleiner blasser Junge ist er, schmal und mager: und auf dem winzigen Körper trägt er einen Kopf mit übermäßig gewölbtem Hinterschädel und einem Gesichtchen, in dem die Augen beinahe das Größte sind, kindlich offene, graue Augen ... trotz hellbrauner Haare und kleiner Nase unverkennbar ein Jude; und ärmlich gekleidet, denn es gab wenig Geld bei dem Trödler Bejach, und er hatte Freischule. Grabert liebte ihn nicht, niemanden wird das wundern, und wenn er ihm eine nette kleine Geschichte erzählt, so beweisen die lachenden Kameraden, daß sie wissen, warum. Der Große hänselt den Kleinen; es ist die Geschichte eines schwarzen Pudels, den sie zu Hause auf dem Gute haben, eines klugen Tieres ohne Zweifel – du kannst ihm die schönsten Wurstscheiben hinhalten und sagen: »Nimm, 's kommt vom Juden«, er frißt sie nicht, sieht sie nicht einmal an; erst wenn man ihm versichert, daß sie von Christen kämen, läßt er sie sich schmecken; so ist er erzogen. Die Kameraden lachen, der Kleine mit, und dann fragt er harmlos, ob die Erzieher des Hundes, er, Grabert, inbegriffen, dieselbe Standhaftigkeit dem *Gelde* gegenüber zeigen, das vom Juden kommt ... und wieder lachen die Kameraden, denn Wilhelm Grabert gewinnt sehr gerne Geld im Kartenspiel, gleichviel von wem ... Er errötet – sein milchiges Gesicht wird rasch rot – und betet ein Gebet her, das ihm seine älteren Brüder einst beibrachten und worin Gott dringend ersucht wird, den Moses wieder auf die Erde zu senden, damit er die Juden aller Länder versammle und wieder ins Gelobte Land führe;

wenn sie aber durchs Rote Meer zögen, dann solle doch Gott eilig das Wasser über sie fallen lassen, daß sie alle ersöffen und wir von ihnen befreit seien. »Dann sterben wir wenigstens nicht in schlechter Gesellschaft«, meint der Kleine, aber er hat sich vorher die Unterlippe zerbissen. Der Große fragt gereizt, was das heißen solle, der Kleine stellt ihm die Auslegung frei, da mischt sich Siegmund Beuthner ein, Schlächter Beuthners Sohn, gutmütig und *sehr* kräftig, und meint: »Prost, Grabert, laß den Kleinen in Ruhe.« Grabert trinkt ihm zu. Er schweigt, er notiert das spöttische Lächeln des Kleinen; dann schweifen seine Augen blau und träumerisch umher, gewahren in einer Ecke den mächtigen Schrank, in dem der Wirt Gott weiß was aufbewahrt, schätzen mit plötzlichem Blitzen seine Höhe, fassen gleichsam jauchzend den Kleinen an... und er schlägt mit beiden Händen flach klatschend auf den Tisch: »Kinder«, ruft er, »Kinder, ich weiß einen famosen Fuchsenulk! Ich setze den Kleinen auf den Schrank dort, dann sag ich ihm mein hübsches Gebet vor, und wenn er's nachgebetet hat, darf er herunterspringen. Na, was sagt ihr?« – Ja, was sagen sie? Es entsteht eine Stille, in der man die abseitigen Reden der Primaner hört, die über die heutige Arbeit sprechen – und dann: allgemeine Freude, beredtes Bravo, heitere Aufregung, niemand hat etwas dagegen... und wer etwas dagegen hat, äußert sich nicht... warum?

Der Kleine erbleicht, klammert sich mit beiden Händen an den Tisch und sagt mit heller, angstvoller Stimme: »Nein.«

Es sitzen noch andere Juden unter den Sekundanern; Beuthner, Goldstein, der dicke Nothmann – niemand hat etwas wider sie. Und dennoch... als Bejach, ganz weiß im Gesicht, mit erweiterten Augen, sich unter uns umsieht, gewahrt er lauter Feinde oder teilnahmslose Neugierde. Ich tausche mit meinem Freunde Levertin einen Blick, und wir denken beide: das verspricht Interessantes. Erstens: setzen sie ihn hinauf, so ist er geschändet. Sich zu wehren, ist er zu schwach, herabzuspringen zu feige. Aber zweitens: er wird sich innerlich furchtbar sträuben, die demütigenden Verse herzubeten. Und drittens: er muß hinterdrein bitten, daß man ihn herabnehme. Was wird er tun? Vermutlich weinen, schreien, um sich schlagen? Wie gesagt, das Ganze ist sehr gemein und sehr interessant... wir sind Psychologen und keine Moralisten...

Dem Kleinen steht der Schweiß auf der Stirn, er windet seine dünnen Beine um das Holz der Stuhlfüße und sagt zitternd: »Das dürfen Sie nicht. Das dürft ihr nicht.« Er weiß dumpf, daß er damit aufhört, eine Person zu sein, daß er ein Spielzeug, ein auf lange hin der ganzen Schule lächerliches und verächtliches Ding wird... auch den Quartanern, denen er Nachhilfe gibt, auch den Lehrern, so etwas redet sich herum – und er wiederholt, so zuversichtlich er sprechen kann (seine Stimme klebt im Halse, denn er ist der Schwächste und ganz allein): »Das werdet ihr nicht.« – »Das werden wir aber sehr!« jauchzt Grabert, andere nicken, man lacht, unterhält sich mit Vorfreude, und Grabert wendet sich an den Fuchsmajor, den Spaß vorzubereiten. Der hat Bedenken, aber sie klingen nicht sehr fest. »Was gibt es da unten?« fragt Allah seine Nachbarn, Primaner. Die horchen herum und teilen ihm gleichgültig mit, was vorgeht. Die Füchse belustigen sich, sie sind übermütig.

Woher die Vereinzelung dieses Schülers? Er war selbst daran schuld. Man hatte heute deutschen Aufsatz geschrieben, fünf Stunden hindurch. Wenn da der Lehrer das Thema gegeben hat, versinkt die ganze Klasse in qualvolles Nachdenken, Stoff zu erraffen, zu ordnen, irgendeine Gliederung ausfindig zu machen; dann verfaßt man ein Konzept, und hernach schreibt man's glücklich ins reine. Bejach aber benahm sich aufreizend, heute wie stets. Der schwarzbärtige Lehrer äußert diese Aufgabe: Braucht Deutschland Kolonien? oder etwa: Steter Tropfen höhlt den Stein... darauf holt Bejach sein Frühstück herauf, das in eine Zeitung gewickelt ist, und verzehrt es, indem er sich der Lektüre des bedruckten Papiers hingibt... Von Zeit zu Zeit blickt er fremdartig vor sich hin, dann liest er weiter, bis alles verzehrt ist und er sich die Hände abwaschen darf. Dann öffnet er sein Heft, entwirft innerhalb fünf Minuten eine Gliederung – gesetzt, man hat ihn vorher darum gebeten, fertigt er für einen Minderbegabten eine weitere an und schickt sie ihm unter der Bank –, und dann beginnt er unter einem inneren Diktat zu schreiben, gleich ins reine, vertieft, ganz abwesend, ohne nennenswerte Pausen... So etwas reizt, ja es empört, wenn man selber mühevoll vorwärtskommt, obgleich er jederzeit dem Nachbar Einblick in seine Arbeiten gestattete, wenn der Lehrer nicht hinsah – denn was er schrieb, war für einen anderen nicht zu brauchen. Er tat das alles nicht in böser Absicht, er wußte nichts von den Gefühlen, die er hervorrief, von dem Haß gegen den Geist, der da entstand – er begriff niemals, warum er keine Freunde fand –, er war ein Junge ohne psychologische Fähigkeit, der daheim über den Folianten der Gemara saß, über Hebbels Tagebüchern oder dem Reclamdruck des Satzes vom Grunde ... Heute kneipte er hier mit den anderen, und nun sollte er dafür auf den Schrank.

Der Fuchsmajor, der alte Sekundaner Eichhorn, schlägt mit dem Fechtsäbel auf den Tisch und meldet dem hohen Präsidium einen Fuchsenulk: der Fuchs Bejach werde vom Schrank herab ein Gedicht aufsagen, das der Fuchs Grabert vorsprechen werde. Das Präsidium solle genehmigen. Alles schweigt, die Gasflammen brodeln hörbar – so stumm wird es, sonderbarerweise. Allah hat durch gründliche Fragen den genauen Sachverhalt erfahren, der sich dort unten gebildet hat; nun soll er sich dazu stellen. Er kann seine Genehmigung versagen, aber das gibt Streit, verletzt den Fuchsmajor, stört die Stimmung des Abends und nutzt wenig ... denn wenn er nachher in der Fidelität, wie das üblich ist, den Vorsitz an jemand andern abgibt, kann die Schweinerei noch immer passieren. Für ihn ist's eine Schweinerei, und es muß etwas geschehen, das so etwas ein für allemal begräbt, für heute und später. In seiner Gegenwart *darf* solche Niedertracht nicht vorkommen. Er hat ein körperliches Gefühl von Angerührtsein dabei, er weiß nicht, was in ihm das Ganze als unerträglich empfindet, aber unerträglich ist es. Es handelt sich gar nicht mehr um diesen Bejach, es handelt sich um ihn selbst, um Allah, dem man hier zu nahetritt. Man muß einen Weg finden, die Sache abzuwenden, ohne mit Grabert oder anderen feind zu werden – das lohnt es nicht –, denn er kann den Langen leiden, er duzt sich mit ihm, und tut's doch nicht mit jedem ... Da steht er nun, groß und braun, die Hand an der Waffe, sieht die neugierigen Gesichter, sieht den schmunzelnden Fuchsmajor, sieht, wie Levertin den Rauch der Zigarette von sich bläst und unbeteiligt dreinschaut, sieht die lachenden Füchse, Graberts Triumphmiene und das kalkweiße Gesicht Bejachs mit dem zuckenden Munde und den großen Augen voller Angst und verzweifelter Ohnmacht, sieht das alles in *einem* Blick – dann beugt er sich zu seinem Nachbarn: »Übernimm einen Augenblick«, schiebt ihm den Säbel hin, ergreift sein Glas – will er sich entziehen? – und steht nach wenigen großen Schritten unten bei den Füchsen, neben Bejach. Und während ihn alle noch erstaunt ansehen, sagt er laut: »Stehen Sie auf, Bejach, wir könnten eigentlich Brüderschaft trinken.«

Eichhorn erstarrt mit offenem Munde, Grabert erblaßt und setzt das Glas hart auf die Tafel.

Allah hilft dem Kleinen, der nichts begreift, auf den Stuhl, gibt ihm das Glas in die zitternde Hand, sie verschränken die Arme und trinken. Es ist so still, daß man sie schlucken hört.

»Schmollis, Bejach«, sagt er absetzend, »laß es dir bekommen«, und sie schütteln sich die Hände, nebeneinanderstehend, der Kleine auf dem Stuhl und Allah. Jetzt sieht er langsam umher, und sein Blick bleibt auf Grabert haften, lange. Der errötet tief.

Was noch? Daß wir ihn umringten und ihm jubelnd zutranken, Levertin und ich als die ersten aufspringend? Daß die meisten zwar nicht genau begriffen, was da vorgegangen war, daß sie aber wenigstens ahnten, wie sich hier einer von ihnen erwiesen hatte? Prost, Allah! riefen sie und feierten ihn; von dem Ulk war nicht mehr die Rede. Zündet die Lampe an, und das fröhliche Bildchen fliegt davon; aber die Erinnerung daran wollen wir mit in die Arbeit hinübernehmen, damit sie zwischen den Gedanken und Seiten des Buches aufleuchte wie das ferne Blitzen eines steil aufwärts gereckten Säbels.

## Ein Bileam

1911

Das ist das Trostlose des Lebens: die vergebliche Reue, hinterdrein. Und damit an einem Nachmittag voll dünnen kalten Regens, in einer Jahreszeit, die weder Herbst noch Winter heißt, eine alternde Frau zu sein ohne Zukunft und am Fenster einer großstädtisch hergerichteten Kleinstadtstraße sitzend hinauszusehen in die verzweifelte Kahlheit und Öde dieser lemurenhaften Scheinwelt, der sie vor kurzem eine Tochter zum Opfer gebracht hat... ein holdes und unbedachtes junges Leben, einen Tod gestorben jäh, blöd und sinnlos, den Hebammentod nach verbotenem Eingriff, den qualvollen Hintertreppentod, »wie das Gesetz es befahl«, und die Angst vor dem Gerede der Leute, die armselige und doch so menschliche Feigheit vor dem Skandal ihrer Blicke, Mienen und Meinungen. Und begreifen zu müssen, immer wieder, daß diese menschliche Gebrechlichkeit sogleich an ihr sich rächte, sofort und auf unvorhersehbare Weise, indem ihr Mann mit brüsker Wendung diese Ehe zerbrach, das bißchen Scheingemeinschaft auseinanderwarf wie ein Bett, in dem einer zu lange geschlafen hat und aufspringt und sich davonmacht und nicht mehr zu halten ist... Und, frei zu neuem Leben, eine geschiedene Frau zurückläßt wie eine ausgegessene Muschelschale, die mit sich nichts mehr anfangen kann und auf dem Müll liegt und gut da liegt – ohne dringende Sorge, ohne dringende Not, nur ohne jede Freude auch und Aufgabe und Zweck und Sinn... Seit zwei Tagen liegt auf ihrem Tisch ein dicker Brief – vielleicht wieder anonym und gestopft voll Verleumdungen oder voller gräßlicher Glückwünsche, daß sie diesen Mann los sei, der – und nun eine Flut von Klatsch wie eine geöffnete Kloake, mit den Namen von Kellnerinnen und Freudenmädchen und Bardamen der Nachbarstadt, mit genauen Zeitangaben, an denen sie die krassen Erlogenheiten entlarven konnte, weil das oft die Daten und Abende waren, an denen sie in fürchterlichen Zänken sich, einer dem andern, den Tod ihrer Ilse vorwarfen, zurechneten, entgegenschrien... Aber sie wird den Kelch leeren bis zur Neige. Besser der kräftige und widerliche Gestank der Nachbarseele als dies fahle Rieseln von Grau und Braun und Stuckfassaden mit Karyatiden und den Schaufenstern voller Gegenstände, aus deren unbeweglichem Gleichbleiben sie ihr Leben selber anstarrte, dieses Auf-der-Stelle-Treten, diese starre Vergeudung, um deretwillen es sich wahrhaftig lohnte, Geburt und Tod zu leiden!

Sie suchte erst die Unterschrift: der junge Mensch also, Student, der vor drei Tagen sie nicht zu grüßen beliebte und dessen Mutter sie beim Kirchgang vorgestern ein paar melancholische Worte darüber zugeworfen hatte. Der gute Bursche. Der gute Bursche, Ilses Freund – nein, das durfte man gut lesen. Und sie las:

»Gnädige Frau, Sie haben sich bei meiner Mutter darüber beklagt, daß ich Sie nicht mehr grüßte, und haben in Ihrer sehr graziösen Manier hinzugefügt, ob es mein erstes Semester sei, das mir den hohen Mut gebe, die Höflichkeit und die gute Sitte gegen eine Dame zu vergessen. Damit erteilen Sie mir das Recht, mich zu erklären. Daß ich dies tue, indem ich Sie anklage (und bitter, das verspreche ich Ihnen), wird zwar auch der guten Sitte nicht entsprechen. Aber ich pfeife auf die gute Sitte, und wenn Ihnen das nicht paßt, so wird Sie niemand zwingen, diesen vielleicht sehr langen Brief zu lesen.

Ich habe Ihnen gestern den vor meiner Abreise selbstverständlichen Gruß verweigert, weil mir beim Anblick Ihres Trauerkleides und des langen schwarzen Schleiers die bittere Wut in die Kehle stieg, ein Haß gegen Sie, dem ich in Worten nicht Ausdruck geben kann und der mich jetzt, des Nachts, da ich dies schreibe, wie ein Fieberanfall packt und schüttelt. Vor mir steht das letzte, sehr schöne Bild Ihrer Tochter, die Sie vor fünf Monaten verloren haben und die hier lächelnd und weiß gekleidet, das Rakett in der Hand, vor mir triumphiert, wie sie es tat, wenn sie mit Egon B. gegen mich und irgendwen ein Spiel gemacht hatte. Während Sie jetzt draußen auf dem Hochfriedhof Rosen auf ihr Grab pflanzen können. Jawohl, ich bin roh und will roh sein; Sie haben noch mehr verdient als das. Glauben Sie nur nicht, daß ich so kindisch bin, anzunehmen, Sie hätten nicht alles getan, was irgend in Ihrer Macht stand, um dieses geliebte Leben zu bewahren. Dazu hatten Sie Ilse viel zu lieb, und Sie hätten sicherlich ebensogroße Anstrengungen gemacht, wenn es sich nicht um Ihr einziges Kind gehandelt hätte; denn Sie sind eine ›gute Mutter‹ gewesen, gnädige Frau.

Aber ich vergesse, Ihnen mein Betragen klar und gerecht zu beweisen, und darauf, nicht auf Entschuldigung, wird es herauskommen. Man darf Sie nicht mehr grüßen.«

Sie hob den Kopf von den Zeilen: er weiß doch nichts, der arme Narr, was will er trotzdem? Ahnt er etwas? Ach nein; diese großherzige Kinderei traf nur aus Ahnungslosigkeit: man durfte sie wirklich nicht mehr grüßen, denn sie war feig gewesen, oh, so feige... Sie las gefaßt:

»Langweilen Sie sich nicht, gnädige Frau, wenn ich jetzt Dinge vorbringe, die Ihnen geläufig sind: wie lange unsere Familien sich kennen, wie jung Ilse und ich waren, als wir das erstemal miteinander Krocket spielten unter den alten Kastanien in unserem Garten. Neun Jahre war sie damals alt und hatte ein kurzes Kleidchen an, und ihr wunderschönes braunes Haar war offen für den Wind und andächtige Knabenhände. Es gewitterte; dann krochen wir in die Laube und drückten unsere Nasen an die Fenster, und Ilse erklärte, sie wolle ganz, ganz früh sterben, damit sie nicht aus der Schule gehen müsse, dann aber stehend und vom Blitz getroffen; denn sie hatte etwas ähnlich Übertriebenes in der Geschichtsstunde gehabt. Damals hat mir, dem zwölfjährigen Bengel, ehrfüchtig vor ihr gegraut. Das alles weiß ich noch, und wieviel mehr der Art! Denn mein Gehirn ist mit solchen Bildern austapeziert.

Meine Mutter scherzte später einmal, daß Sie beide gütige Pläne mit uns hatten, und ich gestehe, daß ich nichts schöner fand, als mir auszumalen, wie es sein würde, wenn wir uns heirateten. Denn Ilse war ganz damit einverstanden, sie fand, daß wir gut zueinander paßten, weil ich der größere sei und weil ich ein geduldiger Spielkamerad wäre (ich hob ihr die Bälle auf beim Tennis); und als ich einmal wütend die Schönheit blauer Augen vor allen Farben der Welt verteidigte, gab sie mir nachher unsern einzigen Kuß. Sie erinnern sich noch dieser blauen Augen. Damals war sie vierzehn Jahre alt, und mit fünfzehn lernte sie Egon Bucksbach kennen, an meinem Geburtstage, in meinem Zimmer. Ich wurde damals achtzehn, und ich hatte bis vor einem halben Jahre oft genug Grund, diese Stunde zu verwünschen. Ich tue es nicht mehr.

Übrigens teilte ich schon damals Ihre Abneigung gegen diesen eleganten Jungen und grünen Kavalier; aber Ilse liebte ihn. Er war ihre ›erste Liebe‹. Wissen Sie noch, was das heißt; wie sie ihn sah, gnädige Frau? Ihre erste; denn mich zu lieben... sie kam nie darauf, daß man mich lieben könnte; ich war von jeher da und der Kamerad, der Bruder. Sie hat auch nie gemerkt, daß ich es anders fühlte. Wozu? Ich wußte ja bald um alles. Heute, wo ich, zwanzig Jahre alt, jene Zeit mit Kühle überdenken sollte, noch heute staune ich, wie sehr man damals fähig war, um nichts zu leiden. Jene Zeit ist es, um die ich Sie befeinde. Nicht meinetwegen; Sie wollten mir wohl, Sie glaubten uns verbündet; aber Sie täuschten sich darin. Damals begann ich Sie zu hassen; denn hören Sie: ich wurde der Vertraute der beiden... Ilse kam zu mir, natürlich, und er... das machte sich ganz von selbst...

Ahnen Sie nun, gnädige Frau, welcher Schuld ich Sie anklage? Sie haben sie von dem Tage an, an dem Sie ›dahinterkamen‹, daß Ilse sich mit Bucksbach ›traf‹ (es galt unsäglichen Scharfsinn, ›dahinterzukommen‹, bei dem kindlichen Mädchen), behandelt, als habe sie gestohlen oder sei auf die Straße gegangen. Sie haben ihr Worte gesagt, die das Kind kaum verstand, nur ahnte. Sie haben ihr Blicke gegeben, die sie unglücklich machten. Sie haben sie nicht geschlagen – denn man ist ›modern‹, oh –, aber in ihrer Gegenwart Gottes Erbarmen auf dieses ›Geschöpf‹ herabgerufen. Ilse glaubte noch an Gott, gnädige Frau. Sie haben sie eingeschlossen; in ihrem Zimmer auf leisen Füßen überrascht; Sie haben ihr Tagebuch aufgebrochen, gestohlen und aufgebrochen, ›Gnädige‹; Sie haben Bett und Schrank nach Briefen durchstöbert. Sie zwangen sie zu schwören, ihn weder zu sprechen noch ihm zu schreiben; dann haben Sie dem Schwure nicht einmal geglaubt...

All das haben Sie ihr angetan, von jenen Kleinigkeiten, Gesten und Mienen zu schweigen, die eine Frau zur Marter einer andern hat, die mit ihr zusammen leben muß, eng bei ihr, ohne sich wehren zu können. Übrigens wollte sich Ilse gar nicht wehren, denn sie glaubte sich sehr sündig.

Woher ich das alles weiß? Aus ihren Tränen und Worten. Es mildert Ihre Schuld in meinen Augen, daß eine Frau auf Tränen nicht viel gibt, weil sie von einem gewissen Alter an ihr gern zu Gebote stehen; auch hat Ihre trübe Ehe und die Eifersucht – denn der Grund dessen, was Sie taten, war nicht Mutterangst, war Eifersucht – Sie zeitig dazu gebracht, in jedes Ereignis eine gewisse Gemeinheit hineinzudeuten; aber ich, damals ein Junge, verstand, wie schrecklich Sie diese Seele verstörten und wieviel Unglück ein so junges Herz erdulden kann. Ilse kam zu mir, sich auszuweinen, sich an meinem Zuspruch und Trost aufzurichten, von meinen Lippen zu hören, ob sie wirklich ein so niedriges Geschöpf geworden sei, wie Sie nicht müde wurden, ihr vorzuwerfen. Ja, einmal, als Sie um Ilses willen Tränen vergossen hatten, hatte ich alles zu tun, um das aufs tiefste erschütterte und gequälte Kind von einem äußersten Schritt zurückzuhalten. Muttertränen! Ach, gnädige Frau, Sie hätten sie sehen sollen, Sie hätten sie hören sollen! Wie ihre Demut sich vor Ihnen beugte, wie sie sich anklagte, wie sie Ihnen recht gab! Sie hat niemals an Ihrem guten Rechte gezweifelt, sie hat niemals Sie angeklagt, sie hat sich nicht empört – sie war nur ein zu Tode unglückliches Geschöpf.

Der Bund mit ihm dauerte drei Monate, ihr Martyrium fünfzehn. Ich weiß, daß sie sich von ihm hat küssen lassen, erst sehr spät, sehr scheu; ich glaube, es mag etwa bei acht oder neun Gelegenheiten gewesen sein. Sie sehen, wie tief ich eingeweiht bin, nichts hat man mir verborgen. Auch er nicht. Ich habe sein Beichten gehört, ich habe ihm zugesprochen, wenn er niedergeschlagen in der Sofaecke saß, ich habe seine Selbstanklagen erduldet, in denen er sich als den an allem Schuldigen bezeichnete, der soviel Leid nicht wert sei...

Vor unserem kleinen Mädchen erkannte selbst dieser arrogante Bengel seine Nichtigkeit...

›Ach Gott‹, seufzte er immer, ›ich verdiene sie nicht, sie steht ja zehn Etagen über mir; und nun muß sie soviel leiden.‹

Er las mir auch ihre Briefe vor; wie gesagt, er war ein Hund. Nun, gnädige Frau, wenn ich nicht stets gewußt hätte, was Ilse für ein wundervolles Kind war: diese fünfzehn Briefe und Zettel offenbarten es. Ich besitze sie, er mußte sie mir ausliefern, damit Ilse Ihnen wahrhaftig versichern könne, er habe von ihr keine Zeile; ich besitze diesen köstlichen Schatz, der mir die geliebte Seele auf immer bewahrt. Um nichts in der Welt werde ich mich von ihm trennen, und wenn ich wüßte, daß ich je

einmal darüber lächeln werde, ich zöge vor, nicht zu leben. Aber ich werde nicht so tief herunterkommen.
Ich weiß, daß sich Ihr ganzer Haß, gnädige Frau, in die Furcht verdichtete, es könnte zwischen Ilse und Bucksbach zu einem Punkte kommen, den erfahrene und überreizte Frauen bei jedem derartigen Verkehr junger Leute beinahe erwarten. Ich brauche Ihnen wohl nicht zu beteuern, nicht etwa, daß Sie irrten, sondern daß weder Ilse noch er auch nur diesen Gedanken hatten, der Ihnen so wahrscheinlich erschien. Weder Ilse noch er. Denn die Unberührbarkeit dieses Kindes war so groß, daß auch in ihm alles weggewischt wurde, was sie antasten konnte.
Ich kenne unsere Backfische, diese jungen Mädchen unserer guten Gesellschaft; ich weiß, wovon sie sprechen, wenn sie im Dämmern ›Kränzchen‹ haben; ich weiß, wie sie davon sprechen. Man verzweifelt manchmal daran, eine davon zu heiraten, Ilse war niemals eine von ihnen, sie ging an solchen Stunden ahnungslos vorüber.
Diesem zarten Herzen haben Sie die letzten fünfzehn Monate des Lebens mit Unglück bis zum Rande gefüllt. Vielleicht wußten Sie nicht, daß es Kinder gibt, die an Wunden sterben, die bei andern ohne Pflege verheilen. Sie haben Verzweiflung in ihre Brust, Düsterkeit in ihr frohes Leben, Verwirrung in ihr Empfinden und Sehnsucht nach Erlösung in ihre Gedanken gebracht. Sie hat sich nicht selbst getötet – aber als dann die abscheuliche Krankheit kam, das ahnte ich, hat sie ihr mit Freuden nachgegeben, ohne Widerstand. So starb sie. So starb dieses geliebte schöne Mädchen, das niemand etwas zuleide tat und jedem Freude ins Herz goß, der ihre braunen Zöpfe fliegen sah, siebzehn und ein halbes Jahr alt, ohne vom Glück des Lebens mehr als eine Ahnung, vom Glück der Liebe mehr als die Qual gefühlt zu haben... Ich war fern, als sie starb.
Ich wußte nichts von ihrer Krankheit; als sie mir endlich von Hause schrieben, daß Ilse Arlesius krank sei, war an Rettung schon nicht mehr zu denken.
In den Stunden der finsteren Verzweiflung, die kamen und nicht allzu selten kamen, habe ich mich angeklagt, ihr die kurze Lebenszeit nicht freundlicher gemacht zu haben. Es ist wahr, sie hatte mir streng verboten, nach der letzten Zusammenkunft mit Bucksbach (dem stummen und so sehr traurigen Abschied

voller Tränen und Schluchzen) auch nur von einer nächsten zu sprechen; aber vielleicht hätte sie eingewilligt, wenn ich dringlicher gewesen wäre. Doch das war meine Lauheit, meine Trägheit, mein lächerlicher Egoismus, der mir zuredete, vielleicht komme später einmal an mich die Reihe, wenn erst der andere vergessen sei. Ich habe eigentlich nicht das Recht, diesen Brief zu schreiben. Man hat mir erzählt (als ich vor einigen Tagen nach Hause kam), daß Ilse in ihren letzten Leiden und Fiebern oft von mir sprach, daß sie mich rief und von mir, was mich glücklich und verzweifelt in einem macht, eine Art Linderung ihrer Schmerzen erwartete. Vielleicht, weil sie nie versäumte, mit kindlicher Wichtigkeit mein ›stud. med.‹ auf die Karten zu schreiben, die sie mir schickte. Vielleicht, weil sie es von jeher gewohnt war, daß ich ihr, soweit ich konnte, Leiden ersparte oder milderte. Ach ja... jetzt ist das alles vorbei, und es bleibt mir nur die Aufgabe, mich mit dem braunen Hügel da draußen abzufinden, auf dem so viele Kränze und Blumen vertrocknen. Es erschreckt mich nicht wenig, daß ich mich mit einer Art Unverständnis vor einer Tatsache finde, daß ich einer gewissen unanfechtbaren Denkreihe das logische Resultat gern streitig machen möchte: nämlich das Resultat, daß Tote tot seien und daß man eine Tote weder mehr zu sehen noch ihre Stimme zu hören bekommen werde, während ich doch jede ihrer Bewegungen, jeden Stimmklang, den besorgten, den leidenden, den schelmischen, in meinem Gedächtnis habe, so stark, daß ich oft durch entfernte Ähnlichkeiten noch jetzt in die Hoffnung hineingeschreckt werde, sie sei es, die da rede – was doch, werden Sie zugeben, ziemlich wirr ist...

Und ich habe, daß ich's nur gestehe, in den ersten Monaten aus tiefer Not bedauert, den Spiritismus und dergleichen von meiner medizinischen Skepsis her auf immer für Unfug, Täuschung und Selbsttäuschung halten zu müssen.

Wir haben sie verloren, gnädige Frau; Sie und ich. Vielleicht wird, wenn das Jahr schließt, überhaupt niemand mehr ihrer gedenken als Sie und ich. Wir sind Kameraden hierin, gnädige Frau. Mir graut doch sehr, wenn ich an die Zeit hinter uns denke, in der Sie ganz allein durch die Zimmer schritten, darin nicht eine Handbreit frei ist von Erinnerungen an das Kind, wenn Sie durch die Türen gingen, deren gelbe kühle Klinken so oft von Ilses warmen Händen angefaßt wurden, wenn Sie den

Schränken nahe kamen, in denen noch ihre hübschen Kleider hängen, leer und gefaltet, die weißen und das braune und das meerblaue mit Pelz, das ich so sehr liebte. Ach nein, gnädige Frau, ich beneide Sie nicht, was haben Sie gelitten! Und die Wochen am Krankenbett; und die drei Tage nachher; und wieviel hat Ihre Seele, diese starke Seele, ertragen müssen, wenn Ilses Tod die Trennung von Ihrem gewesenen Herrn Gemahl beschleunigte und dann die Vergangenheit in schlaflosen Nächten Bilderfolgen an Ihnen vorbeizerrte... Ach, wie einsam wir geworden sind, gnädige Frau! Wie sehr uns das holde Lachen und der liebliche Ernst unserer Ilse fehlen! Ich übrigens weiß, daß mir das Leben neue und liebenswürdige Dinge zuführen wird, daß Jugend und Sehnsucht sich vereinigen werden, um die Erinnerung verblassen und neue Gefühle erstehen zu machen. Zwar werde ich Ilse nie vergessen, dafür ist sie zu sehr der holdeste Teil meiner Jugend, aber ich werde milder und seltener an sie denken, wenn auch nicht bald. Aber Sie, ärmste gnädige Frau, aber Sie! Mir graut, wenn ich an Ihre Abende denke, wenn ich daran denke, daß für Sie die Zukunft nichts als eine Kette von Gram, als ein greller Spiegel der Vergangenheit ist und daß man Sie allein läßt in Ihren vier qualbeschriebenen Wänden, in denen Sie Ihren Gatten haben nicht mehr ertragen können. Oh, gnädige Frau, wenn ich Ihnen ein wenig helfen könnte! Könnten wir nicht manchmal miteinander von der reden, die uns verloren ist? Könnten wir uns nicht trösten, indem wir alles rufen, was uns an freundlichen Erlebnissen von ihr blieb, ihr, die allem Schmerzlichen jetzt entrückt ist? Wir Menschen sind so wenig verantwortlich für das, was wir tun, und so unschuldig an dem, was wir leiden... Alle unsere Handlungen, die andere leiden machen, sind ja voll von guter Absicht und von Überwältigung durch Kräfte, über die wir nicht gebieten können. Hassen wir? Lieben wir? Ich weiß es nicht. Ich glaube, etwas Fremdes läßt uns lieben und hassen, läßt uns Taten tun, an denen wir Freude haben, und andere, an denen wir leiden, und dritte, an denen wir zugrunde gehen. Vielleicht wirkt dies unser Blut; vielleicht nur das, was Tage vorher in unserer Umgebung und mit uns geschah? Wir träumen ja auch mancherlei. Und so, verehrte gnädige Frau, grämen Sie sich nicht allzusehr über all das, was Ihnen und Ilse geschah. Glauben Sie, daß ihr vielleicht Jahre beschert worden wären, so voll Jammer und bitteren Weinens und solcher Schicksale – vielleicht müssen wir ihr Ende segnen. Wir sind doch nicht sicher vor dem Leben. Meine Mutter und ich, wir werden immer Zeit für Sie haben, ich jedenfalls. Und wenn ich auch noch jung bin, so habe ich dennoch gelitten. Und Leiden bringt die Menschen zueinander. Lehnen Sie meine Bitte nicht ab, und lassen Sie mir die Gunst, die Sie mir in heiteren Tagen zeigten, auch in den wehen.

Ihr Joachim

P. S. Soeben, nachdem ich diesen wirren Brief in der Aufregung dieser Nacht beendet habe, erinnere ich mich daran, daß ich ihn in ganz anderer, beleidigender Absicht begann. Ich habe es nicht über mich gebracht, ihn noch einmal zu überlesen, zu stark und zu nahe stieg mir das Gewesene auf. Ich weiß nicht, was ich geschrieben habe. Ich vertraue mich und meine vielleicht tierische Taktlosigkeit ganz Ihnen an. Ich bitte Sie herzlich, mir alles zu verzeihen ... Ich werde morgen nachmittag bei Ihnen vorsprechen, um zu erfahren, ob Sie die Entschuldigung gelten lassen. Ich werde Ilses Briefe mitbringen und bitte Sie, teure gnädige Frau, inständig um Vergebung.

Ihr J.«

Mann Gottes! Als sie den Brief aufs Fensterbrett legte, lachte sie – lachte lautlos bitter über diesen Bileam, der auszog, um zu fluchen, mit Segen endete, und dessen Fluch und Segen gleicherweise an dem Wirklichen auf rührende Art vorbeiflog –, lachte ein Lachen, das eine Bitterkeit in Tränen löste. Plötzlich sah sie sich. Mit angsterregender Klarheit sah sie eine Frau, die soviel kleine Bosheiten wirklich begangen hatte als Form der Liebe. Diese Frau hatte von ihrer Tochter ganz so wenig gewußt wie der Jüngling, dessen Liebe aus jedem Schriftzug redete wie das Zirpen der Grillen aus den Gräsern am Rain, unabreißend, hinter andern Liedern kaum noch vernommen, in der Stille aber wie ein siedendes Meer schreiend. O ja, Schrecken und Jammer, als junger Mensch jetzt in der Welt stehn, in Zeiten, da alte Sitte nicht mehr band und neue Sitte noch nicht schlechthin galt: denn was dem Kind da, ihrer Ilse, an Einsamkeit und Leiden zugemessen ward, das litten ja eben jetzt tausend Ilsen, tausend Joachims – hier schnitt ja nicht Ausnahme die Ebene des Gültigen, vielmehr setzte sich die neue Regel durch, mittels des guten Durchschnitts – und grad die Besten gingen dabei zugrunde, weil sie den Durchbruch nicht ertrugen... Aber lagen die Dinge der Jugend so, dann gab es Aufgaben für eine durch nichts gebundene Frau! Sie mußte lernen, Menschen zu helfen: Geburtshelferin werden und Säuglingsschwester und alles, was sich noch dran schloß. Dann war dieses Martyrium nicht ganz fruchtlos geschehen: Hier hatte jemand gelernt, hier konnte jemand lehren – die Eltern Einsicht und die Jugend Vertrauen!

In dieser fahlen Regenstunde, durch diesen Brief eines qualvoll Liebenden empfing eine ganz nutzlose Frau ihren Segen und Beruf – Durchbruch vielleicht aus unterirdischer Vorreife –, mit der Kraft, diese Damenexistenz hier abzubrechen und ganz von neuem, in tätiger Buße, an einem Orte, wo man sie nicht kannte, die Sünde der Feigheit abzubüßen, diesseits und indem sie ihren Werktag der Jugend heiligte, in der großen harten Stadt, wo ja jeder einzelne ohne Ruhm verschwindet, während er rücksichtslos verbraucht wird wie ein Stück Baum, in dem die Ameisen ihre Gänge aushöhlen, ihre Brut pflegen und ihr Wesen haben, bis es ganz vermorscht.

# Sterben des Cinq-Mars

## 1912

Es ist glaubwürdig überliefert, daß Ludwig der Dreizehnte in der Stunde, da Cinq-Mars, noch eben sein Günstling, das Schafott bestieg, um enthauptet zu werden, zu irgendwem sagte: »Ich möchte wohl wissen, was er jetzt für ein Gesicht macht!« Diese überaus königliche, unter Lächeln vorgebrachte Unanständigkeit sollte eine überraschende Antwort erfahren, obgleich sie keiner wert war, und auf seltsamem Umwege.

Am 14. Juni 1642 hatte ein Hauptmann der Großmusketiere den Marquis von Cinq-Mars, der durch die Gunst des Kardinal-Herzogs von Richelieu mit zweiundzwanzig Jahren Großstallmeister und Liebling des Königs geworden war, samt seinem Freunde Gaston de Thou und dem Herzog von Bouillon in Narbonne um Hochverrat verhaftet, begangen durch ein Bündnis mit Spanien zur Ermordung des Kardinals. Obgleich die Edelleute, ihre Haltung bewahrend, dem Gericht alles ableugneten, was man ihnen vorhielt, stand die Verurteilung doch außer Zweifel, denn sie hatten, ihre Partei zu stärken, unglücklicherweise Gaston von Orléans, den Bruder des Königs, in die Verschwörung gezogen, weil er den strengen Minister herzlich haßte. Gaston war jener große Herr, der eines Tages nach seinem Lever, das in Gegenwart vieler Edelleute des Gefolges und einiger Freunde vor sich ging, seine Taschenuhr vermißte – eine goldene und emaillierte Kostbarkeit, an der er sich beständig, und beim gestrigen Entkleiden noch, erfreute. Aufgefordert, die Türen zu schließen und jedermann sofort durchsuchen zu lassen, entgegnete er: »Ich wünsche vielmehr, daß jedermann sich sogleich entferne, damit sie nicht in irgendeiner Tasche zu schlagen komme und mit ihrem hübschen Geläute den verrate, dem sie sosehr gefallen hat.« Diese Denkart, human und vornehm, befähigte ihn nicht aber auch zu politischen Komplotten; und so gab er, verwirrt und eingeschüchtert von den Drohungen des von

Spähern gewarnten Kardinals, schließlich alles zu Protokoll, was er wußte – und man hatte ihm nichts verschwiegen –, um sein Leben zu retten, das übrigens nicht sehr bedroht war, weil er aus dem königlichen Blute stammte und Ludwig den allzu drückenden Minister durchaus nicht liebte. Obgleich der Spruch noch nicht gefällt war, umständlicher Gerichtsordnung wegen, erörterte man überall in Frankreich, wo Herren von Adel aufeinander trafen, doch nur, ob alle drei Gefangenen enthauptet werden würden oder ob Bouillon, als der am wenigsten Bloßgestellte, noch irgendwie loskommen könnte. Denn seit der Hinrichtung des Letzten aus dem Hause Montmorency, einer Familie, adliger als die Könige Frankreichs selbst, kannte man den Kardinal als schonungslos und mutig genug, um mit Geist wie mit Gewalt die selbstherrlichen Feudalen unter die Botmäßigkeit der königlichen Macht zu zwingen. Die Trauer in der Familie des Hauptschuldigen galt daher einem fast schon Toten, obwohl der Vater des jungen Cinq-Mars, der Marschall d'Effiat, beim Könige selbst fast kniefällig um die Gnade der Verbannung für seinen Sohn gebeten hatte, aber Ludwig, verlegen und ganz aufrichtig, hatte achselzuckend versichert, der Kardinal bestehe auf der gerechten und entsprechenden Strafe, und es sei ihm unmöglich, einzugreifen. »Er redet vom Ansehen der Krone«, sagte der Monarch, indem er bekümmert mit dem Degen Figuren aufs Parkett schrieb, »und dann, sag selbst, kann niemand gegen ihn aufstehen – ich auch nicht... Ich hatte den Jungen gern«, schloß er die Audienz, »aber jener spielt meinen Sohn gegen den deinen aus...« Und kaum hatte man im Hause des Marschalls das Unabänderliche mit zusammengebissenen Zähnen hinzunehmen gelernt – denn damals, in der Zeit der Komplotte, entehrte der Tod auf dem Schafott einen französischen Edelmann durchaus nicht, weil es eine ganze Anzahl Familien von Uradel gab, die es sich als Recht zuschrieben, gegen den Kardinal, simplen Herrn von Duplessis, zu konspirieren, der mit haßloser Strenge und erfolgreich unternahm, ihre wirkliche Macht im Staate ganz auszutilgen –, als eine Nachricht einlief, geeignet, in die Familie des Gefangenen neues Entsetzen und endgültige Lähmung zu tragen: Henri sei durch die Trennung von seinem Freunde Gaston in unhemmbare Schwermut verfallen und weigere sich, genügend zu essen, da

ihn nicht hungere; er sei blaß geworden und magere ab... Dies bedeutete, wie man erriet, daß die unterirdisch zehrende Todesfurcht den Vorwand dieser Trennung ergriffen hatte, um endlich Macht über den Gefangenen zu bekommen, und drohte der Familie mit Gefahr der Schande. Denn falls das Urteil, wie wahrscheinlich, erst im Herbst ausgesprochen wurde, hatte er bis dahin alle Kräfte des Körpers und der Seele eingebüßt, die ihn sonst den Tod in so jungen Jahren mit dem gehörigen Anstand hätten ertragen lassen; seine Gebrochenheit hätte bei jedermann für feige und schmähliche Angst vor dem Schwerte gegolten, und mit seinem Angedenken wäre Ehre und Ruf seiner Familie unerträglich besudelt, wenn nicht auf immer vernichtet worden. Das zu vermeiden, mußte jedes Mittel gelten, und nach drei Tagen voller Angst und verstörter Beratung ließ sich die Mutter Henris, die Marschallin Marquise d'Effiat, in ihrer Sänfte zum Kardinal tragen, der sie nach fünf Minuten Wartens sogleich empfing.
Er saß, ein sehr hagerer und martialischer Greis, fröstelnd in seinem großen Stuhle mitten im Gusse des Lichtes und der Hitze eines regenlosen Juli; das gelbliche und weißhaarige Haupt, das durch seinen Schnurr- und Knebelbart mehr einen Soldaten und noch viel mehr einen Staatsmann als einen Priester anzeigte, im Schatten eines blaugrünen Vorhanges von der damals neuen uns sehr beliebten Farbe; er kränkelte, wie man wußte, und manche sprachen von langsamem Gifte in seinem von vielen Ritten und manchem Feldzug gehärteten Körper. Er ließ sich von seinem Sekretär, dem er gerade aufgehört hatte zu diktieren, beim Aufstehen unterstützen und stand, bis die Marschallin saß; dann setzte auch er sich nieder, indem er den Schreiber fortschickte, und begann die Unterredung mit den Worten: Er hoffe, die Frau Marquise komme nicht, um das Leben eines Menschen zu bitten, der sich selbst getötet habe. Die Dame, erbleichend unter ihrer Schminke und dem modischen Puder – denn sie hatte im innersten Herzen von dem einst Befreundeten dennoch, trotz ihres Besserwissens, das zu erbitten gehofft, was ihrem Gatten der König nicht hatte gewähren können –, erklärte sofort mit kalter Stimme, sie sei davon fern; und sie berichtete schnell, hart, gefaßt und kurz, welche Nachricht sie erhalten hätte, was daraus folgere, und daß gegen diese Folgen unbedingt, ohne jede

Einrede, etwas zu geschehen habe, und sie sei gekommen, alsbald anzugeben, was. »Ich bedarf Ihrer Einwilligung, Kardinal, und Sie werden sie geben; denn gesetzt, daß mein Sohn verdient hat zu sterben – wir alle haben nicht verdient, entehrt zu leben.« Richelieu hielt seine langen und gelben Hände ins Sonnenlicht, wendete sie einen Augenblick schweigend und nachdenklich um und um und antwortete dann, indem er damit begann, daß er völlig offen zu reden vorhabe: »Ich sollte daran denken, Madame, daß ich sehr bald nicht mehr dasein werde, Frankreich zu dienen, und also, um ins Kommende zu greifen, Ihrem Ersuchen nicht willfahren. Denn wenn sich an dem sichtbaren Beispiel Ihres Sohnes zeigen ließe, daß die Herren, die sehr wohl wissen, sich dem Landesfeinde zu verbünden, um die Krone zu schwächen, dafür ein starkes Sterben um so weniger verstehen, so wäre das Ansehen solcher Verschwörungen auf sehr dienliche Weise gemindert und alle meuterischen Edelleute in Ihrem Sohne von vornherein beschimpft als im Grunde feige. Ich würde es für ein sehr erwünschtes Ziel halten, das Ehrgefühl des Adels ein wenig zu unterhöhlen; auf eine unschuldige Familie dürfte es dabei niemandem ankommen.« Die Marquise, entsetzt von der ruhigen Klugheit dieser Räsonnements, die sie früher entzückt hatte, sagte: »Lassen wir die Theorie und gehen wir zu meinem Sohne über.« – »Ich bin bei ihm«, meinte der Kardinal angeregt und vertieft. »Wenn ich sicher wäre, noch lange Zeit, sagen wir noch zwei ganze Jahre, zu leben, wäre mir die Beschimpfung Ihres Sohnes willkommen und selbst Pflicht. Denn Ihr Sohn war meine Kreatur« – der Sprechende hielt einen Augenblick inne und ergriff eine schwarzgestielte große Lupe, um die Sonnenwärme über seiner Linken zu verdichten, während die Marquise nur mit Mühe ermöglichte, ihm nicht ins Wort zu fallen, außer sich vor Zorn und Schmerz –, »und Ihre Schande würde den Familien meiner Geschöpfe wertvolle Mahnung sein, straff zu mir zu halten. Aber«, sprach er weiter, und zwar schnell, weil er sah, auf welche Art die Finger der Marquise sich um die Armlehnen ihres Sessels schlossen: er habe nicht mehr zwei Jahre vor sich, er verzichte auf neue Kreaturen, und er gedenke allzusehr der Freundschaft und großen Zuneigung, die ihn dem Schuldigen und seinem Hause ehedem verbunden habe; daher willige er in alles, was

man vorhabe, sofern dem Urteil seine Vollstreckung werde. »Daran wird es nicht fehlen«, sagte die Marquise mit vor Erlöstheit schwacher Stimme, »alles wird sich unter den Augen Eurer Eminenz abspielen«, und sie unterdrückte mit grimmiger Kraft die glücklichen Tränen, die ihren Augen entstürzen wollten, weil sie dem Feinde und Quäler nicht gönnte, zu sehen, wieviel er ihr schenkte.
Auf die Frage, was geschehen solle, erklärte sie, es müsse dem Gefangenen geheim mitgeteilt werden, er und sein Freund würden keinesfalls eine andere Strafe als Verbannung erleiden; und zwar müsse die Botschaft, um glaubhaft zu sein, den Anschein äußersten Geheimnisses aufzeigen. Ob es richtig sei, daß die Gefängnisse, in deren einem Henri sich befand, so kalt seien, daß sie auch noch im Sommer Feuer im Kamin bedürften, um nicht tödlich zu werden? »Ja«, sagte schaudernd der Kardinal und rückte seinen Stuhl der Sonne näher. Dann gedenke sie zu verfahren wie folgt; und sie eröffnete ihm ihre Absichten, der darauf versprach, den Gouverneur entsprechend zu unterrichten. Alsbald erhob sich die Marquise; und Richelieu unterließ es nicht, ihre Hand zu küssen und sie, einen Stock zu Hilfe nehmend, bis zur Tür zu begleiten. »Sie müssen mir das erlauben, Marquise, ich schulde das, wenn nicht der Marschallin d'Effiat, so gewiß der Mutter«, sagte er als letztes Wort dieser letzten Begegnung mit einer Freundin von einst.
Zwei Tage darauf übergab der Schließer Cinq-Mars zum Frühstück vier Eier in einem silbernen Korbe, der das Wappen seiner Familie trug: seine Mutter bitte ihn, diese Eier sich selbst zur Kurzweil zu rösten und sie um ihretwillen zu verzehren; sie werde ihm jeden Morgen aus der Meierei frische senden lassen. Der junge Mann nahm den Behälter mit der Aufwallung von Freude, die lange Eingesperrte von jeder Veränderung der Dinge um sie her empfangen, in seine vernachlässigten und leicht grauen Hände, erkannte ihn als den Brotkorb des mütterlichen Frühstücks und betastete seine Ornamente mit der großen Zärtlichkeit des Erinnerns; und gewohnt, zu gehorchen, näherte er sich dem Kamin, von dem aus große Buchenscheite mit der trägen Kälte kämpften, welche Wände und steinernen Fußboden von der Nacht her noch ausatmeten. Als er das oberste mit der Feuerzange behutsam über den Gluten drehte, bedeckte

es sich schnell mit schwarzen Punkten und Strichen, die sich zu Schriftzügen verbanden und ordneten. Er erschrak so sehr, daß das kostbare Ei der zitternden Zange fast entfiel, und Schweiß stand ihm unter den Haaren: die Handschrift der Marquise, entstellt nur durch die ungewohnte Wölbung der beschriebenen weißen Schale! Er las: »Botschaft auf allen Eiern, großes Geheimnis.« Er ließ das Entzifferte liegen. Sie hat sich chemische Tinte verschafft, dachte er, während sein Herz und Puls den ganzen Körper erschütterten, so daß er sich erst eine Minute niedersetzen mußte, um seinen Händen die Ruhe des Handelns wiederzugeben; dann röstete er eins nach dem anderen. »König Gnade versprochen, Verbannung«, sagte das eine, »morgen mehr Eier essen, sonst Verdacht«, das nächste und »R. krank, Prozeß zum Schein, guten Muts« das letzte. Darauf weinte er lange und wild, und noch in Tränen vollendete er das Rösten, aß alle vier Eier mit einem beinernen Löffel und dem Salz, in das die Eier gebettet lagen, und sah auf den erkalteten Schalen die Schrift verschwinden. R. heißt Richelieu, dachte er eine Stunde danach noch immer ohne Fassung, R. heißt Richelieu.

Er war ein Kranker gewesen, der an seinem kommenden Tode zugrunde ging; von diesem Tage an wurde er gesund und jung, er aß wie einst, lief, um sich geschmeidig zu machen, stundenlang durch seine beiden großen Räume; plötzlich – aber nicht überraschend, denn das Ei sagte es voraus – gewährte man ihm Stunden, in den Höfen des Schlosses umherzugehen. Er nahm es als ein Zeichen der Gewißheit alles dessen, was täglich in zerbrochenen Sätzen, als goldenes Frühgeschenk jedes neuen Sonnenaufganges, das zaubernde Feuer ihm weissagte. Zusammengefaßt lauteten die Botschaften der Mutter so: Der Prozeß werde zum Schein mit einem Todesurteil enden; aber ein Patent als Leutnant in den Regimentern, die nach Westindien gingen, sei schon ausgefertigt, und im Hafen von Lyon werde, wenn er auf dem Marktplatz dieser Stadt das Schafott besteige, schon die Brigantine liegen, die ihn zur Flotte und nach neuem Lande, neuem Frankreich tragen solle. Niemand zweifle, daß er sich auszeichnen werde, und dann sei, nach dem Tode des Kardinals, seine Rückkehr gewiß. Daß er sein Todesurteil hören und das Haupt auf den Block beugen müsse, ehe ihm die Gnade seines Königs gesagt werde, sei wie stets Bedingung; aber zwei Zeichen sollten ihm versichern, alles sei nur Schein: der Henker werde sein Haar nur zusammenbinden, nicht scheren, und ehe man ihm die Augen verhülle, werde er die Kutsche der Familie am Fuße des Gerüstes sehen, nicht in Trauer, sondern von den Stirnen der Pferde würden die Straußenfedern weiß-grün herabgrüßen wie an den Tagen großer Gala. De Thous Geschick sei dem seinen gleich; »danke deinen Richtern«, sagte das Ei. Und so erlebten die hohen Gerichtsbeamten, als sie, die beherrschten Antlitze umrahmt von den harten Locken der Perücken, die Todessentenz verkündeten, jenes Erstaunliche, daß einer der Verurteilten ihnen hellen Auges für den gnädigen Spruch dankte, der ihnen ermögliche, ihr Blut, wo auch immer, für Frankreichs Größe auszuschütten – »wo auch immer«.

Am Morgen des zwölften September stand er auf dem Schafott wie auf einem Schaugerüst; prangend in Gold und perlmutterner Weiße lag die Stadt unter ihm, sie schwang sich zauberische Hügel von Herbstwald hinauf, und draußen, blau wie ein göttlicher Stein, stieß die Rhône strömend zum Horizont. Mit dem Winde drang ein erschütterndes Glück an sein Herz; grün-weiß nickten die Farben des Hauses von den Federn der Pferdestirnen. Leuchtenden Auges küßte er den Freund auf den starren Mund, ungeduldig schritt er zum Block, das weiße Stäbchen brach; der Strom, der Strom, dachte er, indes der Henker ihm das Haar zum Schopfe band, und meinte damit: Freiheit, Freiheit. Und ehe man ihm die Augen verhüllte, stieg, als er kniete, das Glück seines Herzens in seligem Lächeln auf sein Gesicht; dann fuhr das Schwert herab in einem sonneblitzenden Kreise. Als der Henker aber das Haupt, ohne Binde und triefend, an den langen Haaren den Zuschauern zeigte, grüßte von dem weißen Antlitz eine so strahlende und stolze Freude, daß ein Schrei des Bewunderns antwortend die Neugier des Volkes in Anbetung wandelte.

Das Gerücht dieses lachenden Sterbens langte eher in Paris an als die Kutsche, die, aber ohne Gala, die Leiche des Sohnes zu den Eltern brachte. Ganz Paris, der ganze große Adel der Provinz schrieb sich in diesen Tagen an der Tür der Familie ein, und die Marquise empfing alle, auch die fernsten Bekannten. Sie saß starr und schwach in ihrem großen, geschmückten

Bette und ließ sich ehren; eine Woche danach starb sie, und nur der Kardinal wußte, worin sie all ihre Kraft so hastig verbrannt hatte: in dem Feuer, das jene Eier röstete. Und darum verbot er brüsk, daß zu ihrem Begängnis mit dem König auch Gaston von Orléans hinter der Bahre herfahre, hinter der, nächst der königlichen, auch seine Kutsche ging, in der er saß, nachdenklich, bewundernd und trotz schweren Pelzes fröstelnd.

## Der Bürgermeister

### 1912

Weiß schimmerten ihre Schultern, entblößt über dem grünen Kleid von Seide, und an den schmalen Hüften hinab floß ein Überwurf von blauem Flor, der golden schillerte: so stand sie zwischen den Kerzen des Spiegels und bemühte sich mit bebenden Fingern, ein Perlenband im Nacken zu schließen.

»Hilf mir, Paul. Wie schlank du heut bist...« Der Bruder stieß den Dolch in die Scheide, die ihm am Gurt hing. Das florentinische Kleid, mild rot, mit kurzer Jacke und eng anliegend vom Gurt abwärts, machte ihn geschmeidig, schmal und knabenhaft, bei breiten Schultern. Er faßte die Schwester bei den Hüften und erschrak im Augenblick, da er ihren Hals küßte. »Wie du zitterst! Fühlst du dich krank etwa?«

Sie wandte ihm das Gesicht zu, und er sah Tränen an den Wimpern hängen.

»Hilf mir, Paul, oder es geht mir schlecht... Hilf mir, daß Vater mir Geert zum Manne gibt, oder es geht mir sehr schlecht. Ich habe noch sechs, sieben Monate Zeit – dann.«

Er neigte sich über ihren Schmuck und schloß ihn, aber nun bebten seine Finger. Es war eine kurze Weile nichts zu hören als ihr schluchzendes Atmen und das Wehen der Seide, wenn sie sich die Augen trocknete. Dann sagte er mit gefaßter Stimme: »Ihr wart unvorsichtig.«

»Wir lieben uns allzusehr. Wir sind beide jung. Du weißt, er meint es ehrlich.«

»Er ist mein Freund. Es ist gut. Weine nicht, Schwesterchen, damit du die Schönste auf unserem Feste bist. Vater wird einwilligen; wir werden ihn überlisten, ich und Helena.«

»Helena? Sie war so lange nicht bei mir... Was willst du ihr sagen?«

»Alles. Ja, sie kam nicht her, ich wünschte es nicht. Der Witwer sah sie mit allzu heißen Augen an, und da er mein Vater ist, ließ ich sie wegbleiben.« Er lächelte ein bißchen: »Nun, heut hat die Tochter ihren großen Tag, wo sie Onkel Hans feiern.«

»Es wird mir schwer, daß sie wissen soll...«
»Seid ihr nicht Freundinnen?«
Sie schüttelte schnell den Kopf, wie über etwas ganz Törichtes: »Doch nicht bis dorthin. Und Vater ist so hart...«
»Nichts fürchten, kleine Anna; traue mir und deiner Schwägerin; du hältst für Leichtsinn, was Mut und Leidenschaft an ihr ist... Sie ist deine Schwägerin und soll bald auch so heißen...«
»Ach! Auch ihr. – Und wie wollt ihr ihn fangen?«
»Ich liebe das Unvorhergesehene, du billigst nur das Gerade – also schweig ich. Aber sicher ist, daß du froh sein sollst, diese Nacht und manche spätere. Es wäre schade um soviel Schönheit und Güte. Komm, gib mir einen Kuß. Holt Geert dich ab? Ich fahre zu Helena.«
»Ach, Paul! Wenn es glückte! Ich habe noch immer solche Furcht, alle Kerzen brennen mir trübe.«

Er ließ sich melden; ihre Eltern saßen, wie sein Vater, längst im Rathaus. Als sie beide allein waren, legte sie ihm die Arme um den Hals und küßte ihn lange; er hielt vorsichtig ihren Leib, damit er ihr Kleid nicht verderbe: eine gelbliche Seide, in die große blaue Mohnblumen gewebt waren, umzogen von rieselnden goldenen Flüssen. Aus spitzem Ausschnitt hob sich ihr goldener Kopf.
»Du bist heute noch rosiger als sonst und noch blonder, und sehr schön«, sagte er zärtlich. »Aber höre, was es gibt«, und er weihte sie ein. Ihre großen Augen blickten unverändert und ganz kindlich, während er sprach, und sie machte lächelnd einige Schritte; das Kleid schmiegte sich reizend an das Spiel der Glieder. Dann breitete sie die Arme aus: »O Paul, daß wir alle so herrlich jung sind! Mein Onkel wird mich heut abend sehr liebhaben. Und wie weit darf ich gehen?«
»Nicht allzuweit, Helena, keusches Mägdlein! Und sieh dich vor: der alte Mann ist manchmal unbesonnen, besonders nach Wein.«
»Keine Furcht; er ist schließlich der Bürgermeister, der heute meinem berühmten Vater ein Fest gibt und die Haltung nicht verlieren darf. Arme Anna! Stets kommt das Unglück über die Guten und Hilflosen. Uns beiden...«
»Ja, du bist gewitzt...«

»In einer Lehre wie der deinen! Weißt du, Florentiner, daß ich dich heute Paolo nennen möchte, oder besser noch Nicolo, mein liebster Machiavell!«
»Bleiben wir lieber bei Paul, und gehen wir.«

Das Pflaster der Straßen war noch immer warm von der Hitze des Junitages, man konnte darauf liegen, und manche taten es, Kinder und junge Burschen, obwohl die Sonne schon vor einer Stunde getaucht und alles voll Abend hing. Der Himmel stand tief durchsichtig über dem Rathausplatz, rätselhaft und zauberisch erhellt von der fernen Mitternachtssonne, die, selbst nicht sichtbar, ein Licht ohne Quelle über die Stadt goß, eine weißliche Helle, über der der Nordhimmel sich türkisisch schloß. Die Paläste um den Platz schnitten sich schwarz in sein grünlich leuchtendes Blau, und ihre Fenster, rötlich entflammt, starrten wie eckige Augen auf alle Menschen. Auf dem Platze tanzte das Volk, es strömte durch die Straßen ein und aus; alle Wagen hatten langsam zu fahren, und die elektrischen Bahnen durften heute ihre Schienen nicht durcheilen: die Stadt, das kleine Land, das ganze Volk gaben dem berühmten Sohne, der als erster in Wahrheit den Nordpol erreicht und die heilige Flagge der Heimat inmitten des Eises gehißt hatte, das Fest der weißen Nacht, Johannisnacht und Sonnenwende. Nur ein einziges Feuer brannte auf dem weiten Platz, mit der Nachthelle kämpfend: in erhobener Schale eine donnernde Fackel brennenden Gases, deren Toben mit dem Lachen und den Stimmen aller Menschen, dem Zischeln windbewegter Bäume und dem Singen der Geigen zu einem erregenden, gleichsam siedenden Rauschen zusammenfloß, stetig wie der Atem des Meeres, das drüben im Hafen an die Mauern schlug.
In dem vertieften Raum vor dem Rathaus, zu dem man einige Stufen hinabstieg, wurden jedermann Früchte, Getränke und kalte Speisen gereicht; sie standen vor den langen Tischen ohne Gier, und die Gesättigten machten den anderen Platz, die ohne Drängen heranzogen, Ströme von gesitteten Menschen. Die Geladenen stiegen die breite Treppe empor, traten durch das Portal, über dem der bronzene Bischof thronte, der einst diese Stadt gepflanzt, und befanden sich in dem ersten Hofe, der überaus weit und hoch, oben mit Glas überdeckt, eine Festhalle schuf für Tausende von Gästen. Sie war erleuchtet; ihre weiß-

grün bemalten Wände glänzten wie eben entstanden, von den Galerien hingen Fahnen herab mit den Wappen aller Städte des Landes, und über die Brüstungen waren Teppiche des Orients gebreitet, rot, schwarz und blau verschränkt. Auf den breiten geschnitzten Bänken von dunkelbraunem Holz saßen im Glanze aller ihrer Orden die geehrten und ältesten der Gäste hinter weißgedeckten Tischen, die mit Blumen und Kristall prangten, und tranken einander mit ihren Kelchen zu, über den schwarzen Festkleidern den Venezianer Mantel von grüner oder schwarzer Seide. An der einen Längsseite, mitten unter dem besten Adel und den bürgerlichen Patriziern, umgeben von den Würdenträgern der Stadt, saß aufrecht und schlank der König, in der roten Uniform seiner Garde, und blickte lächelnd auf all die jungen Menschen, die durch die Halle drängten, in allfarbig bunten Gewändern und heiß von der Lust des Festes, die die Treppen hinaufstreben durften, durch die Galerien schlendern, in den dunklen kühlen Korridoren weilen und im Saale tanzen oder im zweiten Hofe, im dämmerigen Garten verschwinden, in dem der Himmel blau stand und die Brunnen redeten. Er fühlte sich jung wie sie und saß freundlich und höflich zwischen den beiden Greisen, dem gefeierten Forscher, dem man schließlich einen weißen Seidenmantel mit Kapuze umgenötigt hatte, aus dem sein Bart wie eine gelblichweiße Welle hervorsprang, und dem Bürgermeister.

In der feierlichen Tracht seines Amtes saß er da und sah gesammelt und mit ruhigen Blicken auf das bunte und frohe Treiben, ein breiter Alter in schwarzem Tuch, Pelzwerk und einem schneeweißen gefalteten Kragen, der den Kopf wie ein Teller trug; sein Samtbarett lag wie ein schwarzer Vogel auf dem weißen Tischtuch dicht neben einem Strauß blutroter Rosen. Sein Gesicht trat groß und rotbraun aus all dem dichten Weiß vollen Haares und des Bartes, der rechts am Munde vom Rauchen gelb gefärbt war wie die goldene Ehrenkette auf seiner Brust. Sein Vetter und er hatten die gleichen braunen Augen, klein unter starken Brauen, und das gleiche Kinn, nur verriet seine Farbe mehr Blut in allen Adern. Da der König im Schauen ganz verloren schien, erlaubte er sich einen Augenblick Nachlässigkeit und lehnte sich in den Sessel rückwärts, sein Glas füllend – zum achten oder neunten Male? Er wußte es nicht, auch spürte er keine Wirkung auf sein Gemüt. Seine Blicke streiften gleichgültig die große Statue Johannes des Täufers, die man aus der Glyptothek geholt und ihm gegenüber aufgestellt hatte, als Patron der Nacht: eine große nackte grüne Bronze mit schreiendem Antlitz – dann senkten sie sich hinter halbgeschlossenen Lidern auf die Schar der Glücklichen, die von Eingang zu Ausgang strömten. Er haßte sie allesamt, weil er alt und noch voll von lebendigem Blute war, schwer von langem Leben und mit wachen Begierden in der beengten Brust. Er hätte sie mit Fäusten und den noch mächtigen Armen an sich pressen mögen und sie so erdrosseln, ersticken, erwürgen, sie alle, die nach Lust und Jugend rochen, und gierig den Duft ihrer Leiber einsaugen und sich davon nähren. Sein Herz hämmerte schweren Schlag. Seine Augen mußten alle diese Mädchen sehen, heiß vom Tanz, am Arme alberner junger Menschen mit den äffischen Mienen Glücklicher; alle diese nackten Schultern, diese Kehlen, diese Arme, diese Leiber, die unter dem Glanz der Kleider rosig lebten. Er ballte die Fäuste unterm Tisch, sein riesiger Leib streckte sich, er verbiß ein Stöhnen und preßte die Lider schmerzend aufeinander. Als er sie öffnete, setzte er sich mit einem Ruck zurecht: er erblickte Helena. Sie kam mit den anderen auf ihn zu, sie, die er begehrte und liebte mit einer Greisenliebe hart wie Haß.

Sie lachte ihm schon von weitem zu und winkte, indem sie die Hände über allen Köpfen schüttelte; sie vergaß die Nähe des Königs und bat mit einer schmeichelnden Kinderstimme und weitglänzenden Augen. Auf ihren lichten Schultern ruhte der Liebreiz, die Schönheit und die Jugend des ganzen Festes.
»Du mußt mit mir tanzen, Onkel, ich bitte dich!« Und Paul gab sofort eine nähere Erklärung: »Man will Polonäse durch das Rathaus machen, und du sollst führen, Papa.«
Der Bürgermeister streifte seinen Sohn mit einem verachtenden Blick und wandte sich zum König: ob Majestät erlaube, ihm die jungen Leute zu päsentieren? Aber der König erlaubte es nicht nur, er wünschte es vielmehr dringend, er bat darum, und sogleich wandte er sich mit einer Frage an eines der Mädchen – nicht Helena, deren Ungestüm ihn vielleicht ein wenig verstörte, sondern an die sanftblickende schwarzhaarige Anna – mit der Frage, wie sie sich unterhalte. Dann erklärte er aus

freien Stücken seine Bereitwilligkeit, an dem Rundgang teilzunehmen – und nach diesem Worte wagte der Bürgermeister nicht mehr zu zögern oder sich zu weigern. Er fürchtete den Tanz, Helenas Nähe und sein Blut, er wußte, daß die Prüfung grimmig an ihm reißen würde: dies schimmernde Geschöpf dicht neben sich, und ihren nackten Arm an dem seinen, und neben ihrer Hüfte sein Schritt. Der König bestand darauf, nicht zu führen; das gebühre dem Hausherrn, und er wisse herzlich schlecht Bescheid in den Gängen; er begnüge sich mit dem zweiten Platz. Danach richtete der Bürgermeister sich schweigend auf und nahm den Arm seiner Nichte, die sich blond und zierlich an den großen Greis schmiegte. Der König legte freudig und erlöst seinen Arm in den Annas; Paul fragte: »Und du, Onkel Hans?« Der Gefeierte weigerte sich aber – wenn Majestät erlaube –, auch nur einen Schritt vom Platze zu tun. »Wir werden an Ihnen vorbeidefilieren«, lachte der Herr, und während sich viele Paare anschlossen und die Bequemen an den Tischen Vivat riefen, staunten und sich freuten, begab man sich hinauf in den Saal, wo der Zug seinen Anfang nehmen sollte. Paul blieb hinter dem leeren Stuhl des Vaters stehen, neben seinem blonden Freunde Geert, den der Bürgermeister dem König vorzustellen wohl vergessen hatte.

»Bist du böse, Onkel Hans, wenn wir uns das von der Treppe aus ansehen?«

»Geht nur, Jungens«, antwortete er, und die beiden gingen.

Er saß allein an seiner Tafelseite; viele von den Älteren waren dem Könige gefolgt. Er war froh, einsam zu sein und ein wenig aufzuatmen. Erfreulich, so geehrt zu werden – aber er vertrug so viele Menschen noch nicht recht und so lautes Treiben; noch hing ihm im Ohre die große kalte Stille. Nun saß er hier, alt und ein wenig mürbe, im Frack und weißen Seidenmantel, Orden auf der Brust und Wein vor sich, Blumen, viel Licht... Wie sonderbar es einem erging. Er dachte an seine vier vergeblichen Reisen, nach denen man ihn immer enttäuschter aufgenommen hatte, sein Vetter am kältesten... und dann versuchte er es eben zum fünften Male. Er dachte an den Winter im eingefrorenen Schiff, der die Butter in gelben Marmor verwandelte, das Öl im Faß zu einer Walze von Bernstein und das Fleisch in rotes Holz, das man mit Beilen bekämpfte; und an das Haus, das sie sich aus Preßkohlen bauten mit Wasser als Mörtel, der sogleich gefror. Dann platzte das Eis, und sie dampften vorwärts, nordwärts; ließen das Schiff im Eise und setzten sich in die Schlitten, vor denen die Hunde bellten. Er dachte an die Gefährten, mit denen er manchen Tag nicht mehr als zehn Worte sprach, und an die Nächte im Schlafsack. Er dachte daran, daß er einen Monat lang nicht aus den Pelzen gekommen war, ungewaschen, daß sie von Zwieback, Fett, Zucker und Schneewasser gelebt und mit eisigen Fingern, trotz aller Handschuhe, die Instrumente bedient und die Breite gemessen hatten. Vorwärts, nordwärts – und dann hißten sie eine bunte Flagge mitten im besonnten Schnee auf einem Hügel, den sie schaufelten, und begruben Dokumente in metallenen Flaschen. Sein Herz war stark, denn es war damals nicht zersprungen. Und dann zogen sie zurück – und er erinnerte sich trauernd der Hunde, der braven mageren Tiere, die sie schließlich hatten töten müssen, zur Nahrung.

... Ach ja, nun kam ja wohl der Festzug, ihn zu ehren, und er mußte wohl aufstehen und den König grüßen...

Knaben voran mit Fackeln, und Musiker, die mit Geigen, Flöten und Oboen Polonäse spielten, aus einer vergessenen deutschen »Faust«-Musik: dann der Bürgermeister, neben dessen schwarzer Tracht Helenas Gewand winkte, gelblich, schwarzblau und golden; und der König, der vor dem greisen Helden salutierte, neben Anna, der das Lächeln schwer wurde – und hinterdrein alle die Paare, alle die jungen lockenden bunten Paare... Sie umkreisten den Saal und neigten sich vor dem Alten, der dort steif aufgerichtet stand und dankte, dem nackten Täufer gegenüber, dessen einsames grünes Antlitz über die Geschmückten hinschrie, hoch oben von seinem Sockel, und den niemand sah; aber sie hatten ihn vergessen, noch ehe sie den Saal verließen, und Zärtlichkeit und Freude am eigenen Glück leuchtete in den Augen und sprach aus den Lippen hinein ins Schreiten der Musik. Sie stiegen die Treppen hinauf und schlenderten durch die Galerien, durchzogen in zwei Zügen die Korridore, an deren Enden sie sich trafen und freudig wie nach langer Trennung begrüßten, sie stiegen hinab in den Hof, in dem der Himmel nachtblau stand und die Brunnen redeten, und durchzogen alle gebogenen Wege des kleinen Gartenhofes: die Fackeln rauchten und warfen rote Lichtflecken auf Paare, die im Grase saßen oder auf Bänken und sich nur rührten, indem die Frauen das Gesicht an der Brust des Mannes verbargen.

Helena, ganz vorn und stets im Licht, hörte nicht auf, vor Übermut zu lachen, ein Lachen, das wie Jauchzen klang. Beständig waren ihre Augen zu dem Greise erhoben, an den sie Arm und Schulter schmiegte, beständig trafen sie seinen schweren glimmenden Blick, der auf ihr lastete. Sie streichelte seinen weißen Bart und begrub in ihn ihre kindliche Hand; ihre roten Lippen regten sich ohne Müdigkeit und liebkosten ihn mit kindlichen Worten: »Wenn du wüßtest, wie froh ich bin, Onkel! Und so stolz, mit dir zu gehen! Zu denken, daß der König hinter dir hermarschiert und wir den Vortritt haben!«

»Schweig«, sagte er leise, ohne Ton und Härte.

»Und trotz Anna hab ich den schönsten Ritter. Niemand, selbst nicht Vater, ist so groß und stark wie du und hat einen solchen Bart wie du; er ist von weichem Silber. Nicht wahr, du kannst mich mit einem Arm hochheben, bis mein Mund an deinen reicht, mit dem linken; ich bin ja so leicht.«

»Schweig.«

»Laß mich doch reden, ich bin so glücklich! Fühle einmal, wie mir schauert; mich friert im Freien ein bißchen. Darf ich mich in deinem Mantel wärmen? Leg einen Zipfel um meine Schultern, Onkel, das darfst du schon, nicht wahr?«

»Ich bitte dich, schweig!«

Aber er legte, unter dem Mantel, seine heiße Hand um ihre nackte Schulter. Er zitterte, und seine Stirn schien braunrot unter den weißen Haaren.

Zwei junge Männer stehen müßig oben am Geländer der Treppe des zweiten Stockwerks und sehen unter sich den langen schimmernden Märchenwurm heranziehen: er wird noch diese Stufen hinaufkriechen, tönend und blinkend, auf der anderen Seite hinabsteigen und im Tanzsaal zerreißen, in alle seine einzelnen Glieder auseinanderstieben, die lustvoll kreisend im Walzer wirbeln wollen, rund um den Saal, wie Irre. Sie wechseln spöttische und heitere Bemerkungen über jedermann, über den Bürgermeister wie über den König, der so zärtlich seinen roten Ärmel an Annas grüne Seide drängt... Sie wollen beide überlegen sein und ihre Einsamkeit mit Geist verbrämen, der rote Florentiner wie der blonde Ritter im langen veilchenfarbenen Wappenrock, und es gelingt ihnen beinahe... Aber ihre Herzen sind wenig bei der Sache, und wenn Geert Sehnsucht nach Annas Augen fühlt und die Demütigung nur tief unten nagt, die ihm der Bürgermeister angetan, so bezwingt Paul mühsam seine beizende Eifersucht und diese uneingestandene angstvolle Unruhe: er hat den Blick gesehen, den sein Vater auf Helena glimmen läßt, immerfort, immerfort... Und sie fühlte sich allzu glücklich neben ihm, stellte sich nicht so, war es... Die Musikanten, wie Herolde gekleidet, nähern sich dem Fuße der Treppe, den die Fackelknaben schon beschritten haben: was gibt es? Helena drängt an ihnen vorbei, eilt mit gerafftem Kleid voraus, hinauf, ist im Nu bei den beiden, atemlos, strahlend und heiß: »Paulchen, lauf! In die Garderobe! Im Mantel deines Vaters das Schlüsselbund, schnell!«

»Helena, bleib! Ich bin toll nach dir!«

»Später! Majestät will aus den goldenen Pokalen trinken! Schnell! Jetzt versuch ich's, es glückt! Ich darf mitgehen, sie tragen!«

»Aus den Pokalen des Zaren?« Halt, nein, genug! Anhalten seines Herzens bedeutete dieser überflüssige Ausruf; aber er traute sich nicht und durchschaute beides qualvoll.

Sie antwortete durch Nicken; sie hatte nur wenige Schritte abwärts zu eilen, denn schon drängten die Fackelträger die beiden an das Geländer, die Klarinetten schrien ihnen in die Ohren, der Zug langte oben an.

»Paul!« Der Bürgermeister jagte den Sohn mit einer Geste des Kopfes, einem Heben des Kinns die Treppe hinab in die Erfüllung des Auftrages.

»Wohin bringen?«

»Schlüssel vier in die Tür meines Arbeitszimmers stecken. Wird es?«

Die beiden jungen Leute liefen schon: die Treppe hinab, noch eine, einen Korridor entlang, durch die Halle ins Treppenhaus des Eingangs, wo die Überkleider lagen. Stumm vor Haß riß Paul das Schlüsselbund aus der Manteltasche, und ebenso wortlos liefen sie wieder hinauf. Sie fühlten sich erniedrigt wie von Schlägen, ohne Widerstand und eigene Seele, in dieser Erfüllung des Befehls waren sie nichts als Gehorsam und Grimm darüber. Des Zar-Befreiers kostbare Pokale standen in einem festen Schrank im Empfangszimmer des Bürgermeisters. Geert leuchtete mit einem Zündholz, während Paul den Schlüssel ins Schloß steckte; dann gingen sie langsam zurück durchs Dunkel.

»Wohin? In den Saal zum Walzer? In die Halle zu deinem Onkel?«

»Nein. Ich will mir im Garten den Kopf kühlen, die Hände ein bißchen in den Brunnen halten.«

Sie traten hinaus, atmeten tief und gierig und ließen sich im Dämmerlicht das Wasser auf die Hände fallen, das ein sitzender Bär aus dem Maule spie, hoch hinauf und herabfallend auf sein ganz nasses Fell von Bronze. Im lichten Blau stand ein einzelner Stern. Vom Turme schlug die Uhr dreimal, ein Glockenspiel begann zu singen: aber nach neun Tönen brach die Weise qualvoll ab.

»Dreiviertel zwölf?«

»Ich finde, dein Vater behandelt mich hinreichend schlecht.«

»Dafür behandelt dich seine Tochter ganz gut.«

»Süße Anna! Haßt er mich denn? Warum nur?«

»Hassen? Ach nein ... Er verachtet dich bloß, mein Lieber, uns alle. Wir sind ihm zuwenig, Zwerge.«

»Aber mich allein beschimpft er.«

»Dafür wirst du seine Tochter heiraten. Gib mir deine Streichhölzer.« Wer bist du denn, Mensch, daß ich dies wage, für dich?

Geert befeuchtete Stirn und Schläfen und die angestrengten Augen, dann sagte er aufatmend: »Ja, das werd ich. Jetzt muß er mir Anna geben.«

»Muß?« Das aufblitzende Feuer riß Pauls Gesicht aus dem Dunkel mit weit offenen Augen; die Zigarette brannte, und es verlosch.

»Hat sie dir nichts gesagt? Laß mich auch rauchen.«

»Und du glaubst, er werde deshalb ...« Der Schreck machte ihn verstummen: das unsinnige Spiel überflüssig! Das Wagnis überflüssig, das ihm die Brust mit Qual füllte und das Hirn mit glühflüssiger Eifersucht ...

»Es gäbe einen Skandal. Nein, er wird sehr toben – – arme Anna! und am Ende sich beugen.«
Allein Paul konnte nicht zugeben, daß seine Leiden sinnlos waren: er mußte widerlegen, was er innerlich entsetzt bejahte, widerlegen auch vor sich: »Mein Vater sich beugen? Du kennst den Witwer nicht: er wird Anna nach Deutschland schicken, nach Frankreich, irgendwohin, und sie nach der Reise verheiraten; und dich, mein Lieber, wird er aus dem Hause werfen lassen.«
Er fand sich sonderbar erleichtert; sein Grund überzeugte ihn für den Augenblick, weil er Geert so stark traf. Der senkte den Kopf und fragte bedrückt: »Und wenn ich Skandal mache?«
»Lieber Geert, daß du kein Wort sagst, Anna zugrunde zu richten, wird er wohl noch vermuten können...«
Sie gingen stumm einige Schritte hin und her, dann sagte Geert aus beenger Brust: » Hoffentlich hat Helena Erfolg...«, und er warf die Zigarette fort, die er soeben begonnen hatte zu rauchen.
»Ich denke doch. Sollen wir nach ihnen sehen? Der Walzer muß längst vorbei sein.«
Sie gingen. Aber Paul wollte von Helena keine Auskunft: ihr befehlen, das Spiel abzubrechen, wenn es sie gleich entzückte. Denn er litt ja nur, weil sie soviel Genuß davon hatte... Daß diese Einfältigen, diese Geerts, oft so genau wissen! Der Bürgermeister hatte Feinde; überall im Auslande lebten Landsleute, die eng zusammenhielten: wie leicht konnte Verdacht entstehen, wie sehr möglich dann die Entdeckung! Oh, er wollte geschickt sein, er würde sehr geschickt sein, vorsichtig, zäh und sanft! Annas Not war fast vergessen, jedenfalls unwichtig: es ging um Helena. Hatte er nicht vorhin seine verteidigenden Worte »Mut und Leidenschaft, nicht Leichtsinn« selbst geglaubt? Leichtsinn! schrie's jetzt in ihm; plötzlich hineingerissen in das Spiel, das stärker war als er, eilte er bebend und kämpfend treppauf, besiegt schon, weil er nicht mehr leitete. Seine Blicke gruben sich wie Sonden durch die lichte Halle: der König leuchtete rot neben Anna und Onkel Hans, zu dem er gerade sprach; er schlüpfte biegsam und lächelnd trotz seines jagenden Herzens durch die Menge: er sah sie nicht... Seine Angst ließ ihn jede Form vergessen: »Vergebung, Majestät: Anna, wo ist der Vater?«

Aber der König, jung und fröhlich, nickte ihm zu und geruhte selbst zu antworten: »Ihr Vater holt uns die Becher.«
»Allein?« fragte er Anna unbemerkbar dicht am Ohr; und heiter zum Monarchen. »Majestät unterhalten sich.« »Nein. Helena darf sie tragen.« Ohne sicher zu wissen warum, erblich er völlig, und dem Mädchen fröstelte es in der Hitzes des festlichen hellen Raumes.

»Weine nicht, Kind! Süße Helena, weine nicht!«
Die beschwörende Stimme des knienden Mannes hallte im dunklen Raum, der von der großen Gasfackel vor den Fenstern mit wirbelnden Lichtern gefleckt wurde.
»Weine nicht, ich bitte dich, weine nicht!«
Sie schluchzte nur noch, die da im Sofa lehnte, den Kopf auf dem Rückpolster. Die völlige Vernichtung des Mannes vor ihr fühlte sie mit Glück und Erbarmen. Sie nahm die Hände vom Gesicht und beugte sich leicht vor: »Sei nicht so traurig«, sagte sie gütig, mit noch unsicherer Stimme, »und knie nicht vor mir.« Sie wollte ihn Onkel nennen, aber es schien ihr unpassend.
»Doch«, sagte er, »doch.« Er faßte nach ihren Händen und begrub sie in seinem Barte mit inbrünstigen Küssen.
»Verzeihe mir, Helena, verzeihe mir.« Eine laue Träne fiel auf ihren Unterarm. Sie erschrak im innersten Herzen, entsetzt und selig: er weinte, er! »Um Gottes willen, nicht weinen, Lieber, Lieber, nicht weinen!«
Er stand jäh auf und wandte sich ab, die Augen, diese rasenden Augen zu trocknen; sein weißes Haar tauchte in den roten Glanz, wie er gebeugt beim Fenster stand. Eine Minute lang rührte sich allein das Knattern der Flamme und das Geräusch des Volkes durch die geschlossenen Scheiben. Besinnen, rief er sich zu; es galt, wieder zu Sinnen zu kommen, Rechenschaft abzulegen. Als Richter und Verwerfender, als strenger Verächter bisher durch die Menge geschritten zu sein, den Kopf hoch über ihr: und nun? »Richtet nicht, auf daß ihr nicht gerichtet werdet«...? Seine Welt war die Welt vor dem Aussprechen dieses Wortes, jetzt wie einst. Mit beherrschter Stimme sagte er dann: »Ich werde dich heiraten, Helena.«
Und sie entgegnete sofort, mit ganz kindlichem Tone, leise und erstaunt: »Aber ich will dich gar nicht heiraten, Onkel, ich will

Paul heiraten!« Sie dachte ängstlich: Wenn er's erführe, der schlanke Liebste? Aber sah sie ihn nicht überlegen und so sehr klug, stets lächelnd über die Bedenken der Bürger? Ach nein, es hatte viel auf sich, dies...

»So«, sagte er, »Paul.« Zuchtlosigkeit und Frevel: brach dies aus ihm? Er begriff nicht, der jetzt vor diesem Mädchen erschüttert stand und sann, den Mann, der noch vor einer Viertelstunde von Mächten des dumpfen Blutes ins Fessellose geschleudert raste. Gab es hier drei Ichs, eines, das das Werk seines Lebens geleistet und in Strenge von jedermann das Äußerste gefordert hatte, eins, das diese Tat hier lebte, eines aber, das sie richtete? Spalte, unüberschreitbar, Risse gingen durch seine Welt von oben bis unten. Er verlor sich im Augenblick jenes ersten Stolzes, der eine Stadt allein auf den Schultern gehoben hatte hoch über das ganze Land, und vergaß fast das Mädchen, dessen Blick noch betränt an ihm hing.

Als er zu lange schwieg, mahnte sie sanft: »Es ist doch viel natürlicher, nicht wahr? Ich könnte doch fast dein Enkel sein mit meinen neunzehn Jahren. Und wir beide haben uns lieb.«

»So«, sagte er, »ihr habt euch lieb.« Ah, er verstand ihn noch, den Glorreichen. Ja, diese beiden Bürgermeister glitten im Anschauen zu einem zusammen: er hatte geleistet, und jetzt richtete er wieder wie je – den andern, den Fremden, der, aus Zucht und Gewalt des Selbst gesprungen, sich verging. Er reckte sich: seine Welt war einfach wiederum und er ihr Meister.

Und nun galt es: sie holte tief Atem und sagte dann leicht: »Und damit die Leute nicht reden, denn Paul ist ja noch jung.« ... Sie traute sich noch nicht recht: Wenn er Verdacht fand? Was geschehen war, hatte niemand gewollt. Sie würde Paul lieber doch nur von vielen Küssen berichten.

»Sprich doch«, sagte er tief und leise. Er lächelte fast: er, der hier zuhörte und redete, fand schon wieder den Zügel der Dinge in seiner Hand...

»Ich kann nicht ohne Anna glücklich sein, Onkel, ich bin ihr zu gut. Laß uns zusammen Hochzeit halten, mich mit Paul und sie mit Geert. Du weißt, die beiden haben sich auch lieb, und sie leidet sehr.«

»... Weiß ich.«

»Dann kann niemand reden, nicht wahr? Versprichst du mir's?« Und sogleich sagte er einfach: »Ja.«
Triumph wie ein Schrei kam in ihr auf, erfüllend, heiß. Sie wollte ihn küssen, aber er wehrte sie sanft ab.
»Nimm die Becher und komm.«
Wenn man fragen würde, warum sie länger ausblieben, würde er von Dunkelheit lügen und von Streichhölzern, die er hatte holen müssen, denn die Pokale waren kostbar. – Nun würde er also noch lernen zu lügen wie ein Feigling. – Es war so völlig gleichgültig, wen seine Tochter heiratete; mochte sie mit dem Laffen glücklich werden. Dies Kind, Helena, hatte ein gutes Herz. Da sie den Sohn wählte – um so besser. Diesem Menschen Rechenschaft schulden? Welch ein Einfall! Ein anderer stand richtend vor seiner Tat: er selbst. Richter der Menschen: was verdiente der Irre, der Freche, der eine heillose Hand hob wider den Baumeister seines Werkes und dieses Lebens Schöpfung? Seine Zähne knirschten aufeinander. Er hatte verdient zu sterben: weg mit ihm! Und der andere verschwand, es gab nur noch einen: ihn selbst: Der Riß schloß sich. Er gab sich noch vierzehn Tage Frist.
»Wenn sie fragen, Onkel, wo wir geblieben sind, werde ich sagen, ich hätte mich am Knie gestoßen und geweint. Du sollst nicht nötig haben zu lügen.«

Nun saß er wieder aufrecht an seinem Tische und sah mit hellen Augen dem Feste zu, das glanzvoll gipfelte. Es schien ihm plötzlich unsäglich liebenswert und rührend und gleichzeitig nahegehend und weit entfernt von ihm. Er fühlte sich erneut, als habe er im Strom gebadet, während es donnerte, und atmete nun, ein Gereinigter, die gekühlte und glashelle Luft nach dem Gewitter. Ja, ihm war so leicht zumute, daß er sich ähnlicher Unbeschwertheit kaum entsann. Wohl war er von seinem Frevel sogleich aller Selbstherrlichkeit beraubt worden, in die Hand eines kleinen süßen Mädchens gegeben, das seine letzten Jahre abschnitt, seine Pläne umwarf, und das ihn hatte vor Lügen bewahren können. Und der Blick zwischen seinem Sohne und ihr, das erlöste Aufstrahlen in den Augen seiner Tochter, ein Nicken und Händedruck hatten ihn gelehrt, daß irgend etwas an dem Ereignis willkommen, vielleicht geplant war. Unendlich fern von ihm, ganz wesenlos lag die Welt, in der er

derlei sichtete. Er würde die Kinder dieser jungen Leute nicht erleben, und sein Werk stand fest – unantastbar durch Söhne oder Enkel leuchtete Macht und Glanz seiner Stadt wie die Krone über dem Lande: der König hatte kommen müssen, sie zu ehren. Vielleicht wurden es Menschen mäßiger Art, vielleicht auch brachte Helena ihrem schmalen Manne einen Erstgeborenen von eignem Wuchs – mochte sein, was da wollte. Er brauchte ihnen nicht zu verzeihen, nicht einmal sich selbst – so gerechtfertigt und durchsichtig sah er alles vor sich und ließ es gut sein, während er sich gelassen entfernte. Wenn Schuld den Schuldigen beugte und zerdrückte, so hatte er keine auf sich: denn er spürte eine Erhobenheit in seiner Brust, die glücklich machte. Sein Urteil war gesprochen, es klang gerecht und gut, und er fand sich entsühnt, jetzt schon. Noch vierzehn einzelne Tage würden kommen, bestehend aus Morgen, Abend und Nacht, voll von Atmen, Schauen und notwendiger Arbeit – und in der Nacht des letzten eine letzte Flasche Wein, und im kleinen Rund des letzten Glases der Tod.
Er blickte sich um, hell und heiter, ganz ohne Abschied und übertriebenes Gefühl, und sah, als sähe er sie zum ersten Male, über den Köpfen der Freudigen die Bildsäule des Täufers steil aufragen, des Patrons der Nacht: nackt und bronzegrün, mit einem Körper ohne Fleisch und schreiendem Antlitz, schreiend vom Leid der Menschen und der Inbrunst, sie zu retten. In seinem Dastehen war ein gewaltiges Schreiten der gehenden Beine: ihm dünkte, er käme gerade auf ihn zugegangen und auf ihn allein von allen diesen – die Welt, die nicht richtete, weil sie liebte, grüßte die andere, die gerecht richtete, weil sie die schmerzliche Last trug, Ordnung und Gesetz zu bauen über dem Chaos und den Trieben. Da durchglühte ihn ein heißes Steigen von Stolz, daß er allein auserlesen sei, und vielleicht war dies ein Gleichnis des ganzen Lebens der Schöpfer, des Leids über der Lust der Menge, das für ihn hier aufgestellt worden war, um ihn zu ermutigen und sein Los zu billigen. Er richtete seine Augen scharf und frei in die fernen Augen aus Schatten und grünem Metall und hob ihm mit unmerklichem Gruße das Glas entgegen, ehe er trank.

# Unterwerfung

## 1912

So hatte dieser denkwürdige Tag begonnen: Schlag sechs klopfte der Wirt, zu wecken; Hartmut Schnabel, obwohl er sich erst vor vier Stunden niedergelegt hatte, rief aus dem halbwachen und müden Zustand seiner vom Abschied noch immer erregten Nerven soldatisch gerafft: »Ja, danke«, erhob sich ohne Zögern, kleidete sich an und frühstückte in dem kalten, von kahler Birne erhellten Zimmer Tee und ein Ei. Nun stand müden Aussehens ein wohlgekleideter, helläugiger junger Herr von dreiundzwanzig Jahren am Fenster seines Abteils, das Abfahren des Zuges erwartend. Leute liefen, eine rote Mütze bewegte sich quer durch das Gesichtsfeld, jemand pfiff, vorn heulte es Antwort, und der Schnellzug Berlin–Frankfurt verließ keuchend die unfreundliche Halle. Graue Dämmerung sackte zu beiden Seiten des Zuges, und mit geschlossenen Augen aufgähnend, lehnte der Jüngling seinen Blondkopf an das graue Polster. Er fühlte sich beklagenswert und schwer geschlagen, von der unnötigen Härte seines Vaters und Chefs vorzeitig wieder hinausgeschickt auf eine Geschäftsreise, die ihm noch nie so verhaßt gewesen war wie jetzt, wie heute, am Silvester, während er am vierten Januar auch noch Geburtstag feierte... War jemand in der Welt so mißhandelt worden wie er? Was hatte er werden wollen? Marineoffizier, ja, etwas Blaugoldenes, von Meerdunst Umwittertes – die regungslose Unterwerfung einer Front von Stillgestanden-Männern hatte er, den goldenen Dolch am Gürtel, einsaugen wollen wie Weiberduft; mit lässigen Bewegungen, leiser Stimme ungeahnt wilde Wirkungen auslösen, gute und böse, völlig nach Wahl, in großen Kerlen, weit stärker als er, aber in dieser stählernen Bordwelt ganz tief in die Hand der Herren gegeben und von innen treu zu ihnen aufblickend – zu ihm, zu H. S., zum jungen Leutnant. Und als was saß er jetzt hier? Als flauer Koofmich, pfui Teufel... Sohn des Hauses, E. G. Schnabel, Elektrosalze usw., das wohl; aber das zog erst später Wert und Bedeutung aus der

Atmosphäre. Für jetzt war er ein von allem Mut verlassener und melancholischer Reisender, ausgeschickt, Geschäfte zu machen und freundlich, höflich, allzeit gewinnend zu sein, wie immer es in ihm auch aussehen mochte. Erfolg sollte er haben, sich wegwerfen, um Geld zu machen, und Leute mit Lächeln und Liebenswürdigkeit umwerben, die ihm widerwärtig, ekelhaft, ganz und gar verächtlich waren...

Sein Vater fand sich nie in solcher Lage, ach nein! für diesen martialischen alten Herrn, den jedermann für einen gepflegten Obersten in Zivil hielt, hatte die Welt ein verblüffend einfaches Aussehen! Hartmut konnte nicht umhin, er, der in zwei Wesen gespalten war, ein leise lebendes und ein öffentlich agierendes, die Einheit seines Herrn Vaters zu bewundern, wahrhaftig! Und er verschob sein hübsches Gesicht zu einem betrübten Lächeln, das leicht genug war, um bei geschlossenen Augen den kleinen blonden Bart auf dem rötlich gesunden Gesicht nur eben zu bewegen.

Eberhard Gottfried Schnabel – für ihn gab es vor aller anderen Unterscheidung zwei Klassen von Leuten: erstens die Uninteressierten, die für die Abnahme von Elektrosalzen (D. R.P. 187723 Marke »EGS«) nicht in Betracht kamen; mit ihnen verkehrte man irgendwie, gesellschaftlich oder gar nicht, je nachdem – und zweitens die Interessierten, die entweder Kunden waren, sein konnten, werden sollten oder zur Konkurrenz gehörten, als Fabrikanten oder Käufer anderer Fabrikate. Diese letzteren waren insgesamt »Verbrecher«, die anderen insgesamt »edle Menschen« (in der Ausdrucksweise Hartmuts und seiner Schwestern gesprochen, die als Unwissende sich darüber mokierten), und so war die Welt schlicht geordnet. Es war nicht sehr sonderbar, daß Hartmuts erträumte Zukunft, Offizier zu sein, Vormund von Menschen, schneidig auszusehen und die Fernen zu befahren, den Zusammenstoß mit dieser festgebauten und fleischigen Einfachheit der Tatsachen nicht ausgehalten hatte... »Ich habe einen Sohn, hier, und ein Geschäft, da: so gab es Gott. Dereinst einmal wirst du's mir danken...« Fort, hinweg über die abscheuliche Kampfzeit der kleinlichen Peinigungen und großen Auftritte – jetzt saß hier der Reisende Hartmut Schnabel, müde, bejammernswert, am Silvester, fünf Tage vor seinem Geburtstage... Hatte er nicht gebeten: »Laß mich doch noch bis zum Fünften hier, Papa! Meyer in Göttingen kommt auch dann noch zu rechter Zeit dran!« Gebeten, nach Tisch, wo der alte Herr naturgemäß in der besten Stimmung war... Und was war als Antwort gelandet? »Es tut mir leid, mein geliebter Sohn, daß dein Geburtstag diesmal ein bißchen gestört wird – aber es geht nicht zu ändern. Meyer in Göttingen hat wirklich Zeit, aber Herbstedt in Frankfurt pflegt am Zweiten zu bestellen, und da macht es sich sehr gut, wenn diesmal du am Ersten den freundschaftlichen Besuch machst, den ich bisher selbst erledigte... Du bist zum ersten Male dort, es ist eine besondere Ehre für dich, mein Kind... Und bei Brandt und Funke sprichst du auch vor. Silvester feierst du im Zuge; wir sind Arbeiter, lieber Freund«... Silvester im Zuge, und den Rückweg nicht einmal über Köln, sondern wieder über Göttingen, um dann Meyer zu erledigen, Hannover mitzunehmen und über Hamburg zurückzukommen. Das war ausgesucht abscheulich, so gern er sonst gerade in Göttingen weilen würde... Und seinen Geburtstag in Frankfurt verbringen, wo eine Masse peinlicher Leute ihr mit Grund so widerwärtiges Deutsch sprach! Hartmut seufzte tief, tief; er schüttelte schnell den Kopf, um all das Lästige loszuwerden, stand auf und lehnte die Stirn ans Fenster. Es war heller Tag inzwischen, die Erde warf sich dem rasendem Zuge entgegen, mit grünen Feldern und Gruben voller Schnee des milden Winters von Neunzehnhundertelf, und mit kahlen Bäumen und Vögeln, die sehr langsam zu fliegen schienen. Eine Mühle wälzte weit hinten ihr Flügelkreuz um und um, und der Himmel war wolkig gestreift, in Schichten von Blaßblau und Rosa wie eine Weiberschürze. Hartmut seufzte wiederum, entnahm seinem zarten Ledertäschchen eine Zigarre und legte sich rauchend auf das graue Polster, bereit, während der dröhnende Wagen ihn vorwärts schüttelte, das Gesicht traumfroh nach rückwärts zu wenden, zu Camilla und in die Vergangenheit...

Camilla... und Göttingen! Das gehörte zusammen, auf immer und untrennbar. Erst gestern nacht, als er lange und schmerzlich von ihr Abschied nahm, wobei die Frau Oberstleutnant, ihre verwitwete Mutter, bald diskret aus dem Zimmer verschwand, erinnerte sie ihn, an seinem Halse hängend, an seiner Brust: »Göttingen! Grüß es! Weißt du noch, das Hainbunddenkmal! Und der Wall! Und Bürgers Grab auf dem alten Friedhof! Ach, war das schön!« Ja, es war schön, es war wunderschön gewesen, sorglos glücklich, jung und verliebt! Er, damals Primaner vor dem Examen, hatte seine zarte Mutter nach Bad Soden begleitet, dem Nest voll alter Häuser, gegenüber von Allendorf, das noch älter und romantischer aussah. Dort machten sie die Bekanntschaft der Frau Oberstleutnant Wolters, die in Südwest ihren Mann verloren hatte und mit Camilla zur Erholung da verweilte. Nun, unfehlbar kam alles prompt und wunderschön: Camilla, sechzehnjährig, blond und keck, seine beiden Schwestern und er, Hahn im Hofe, machten ein vergnügtes Quartett, freundeten sich an, und er verliebte sich in das süße freche Ding... Dann sollte sie auf drei Tage nach Göttingen, zu einer begüterten Kusine der Mutter, die dort, natürlich an einen Professor, verheiratet war. Hartmut durfte sie hinbringen, sollte sie wieder abholen; und was tat er? Er blieb einfach dort, die ganzen drei Tage – mochten die Mütter schimpfen! Ja, damals hatte er noch Mut, zog noch unausgerenkt seine Bahn, frei und jung – und darum auch hatten sie nicht geschimpft, sondern nur gelacht. Er schlief in der »Krone«, sonst aber befand er sich immer unterwegs, und immer mit Camilla Wolters. Sie kannte die alte Stadt mit den zerdrückten, krummen und reizenden Häusern, den gebogenen Straßen und Wegen, den alten hochtürmigen Kirchen und der Universität, dem »Auditorium«, dem Herzen der Stadt; sie war schon einmal fünf Wochen dort gewesen, um, dreizehnjährig-reizende Berlinerin, aus Kräften mit den Studenten zu blinzeln und zu äugeln... Am Nachmittag des Ankunftstages, gegen Abend vielmehr, führte sie ihn hinaus, auf den Hügel zu, der Roons heißt und an dem sich das Denkmal des Hainbundes erhebt. Dort, in der Dämmerung, während ein schwacher Sommerwind in den Baumkronen wehte, hatte sie, den ganzen Weg krampfhaft sprechend – waren sie doch zum erstenmal allein –, die Namen der jungen Dichter vorgelesen, die dort vereinigt standen, in Stein geschnitten, mit Efeu geschmückt: zwei Grafen Stollberg, Voß, Boie, Hölty... Aber bei dem sanften Hölty hatte er sich endlich durch Angst und Fassung gebrochen, nach ihr gegriffen, sie an sich gerissen und geküßt, blind und sinnlos mitten ins Gesicht hinein; und sie hatte zitternd stillgehalten, bis sich endlich auch die Lippen fanden... Und damit brachen jene herrlichen drei Tage an, denn an diesem Abend telefonierte er hinüber: Mama, ich bleibe hier; diese drei tollen, trunkenen Tage, in denen sie die ferienstille Sommerstadt durchliefen, Arm in Arm, durch die Straßen, an welchen viereckige Tafeln aussagten, wie lange die Träger der dareingegrabenen erlauchten Namen in Göttingen gelebt hatten, Namen, die man kennen mußte: Heine und die Schlegels, Bürger, Brentano und ein gewisser Lichtenberg, Könige, Prinzen und Bismarck, Mathematiker, Amerikaner und Philologen – eine ungewöhnliche und erlauchte Schar, und in der »Krone«, in demselben Hause, in dem er, Hartmut Schnabel, jede Nacht schlief und jeden Mittag aß, hatte Goethe gewohnt, Goethe aus Weimar... Bestimmt gab es in ganz Europa keine Stadt so voller Andenken an große Geister, kein Volk überhaupt konnte sich solcher Dichter und Denker rühmen wie das deutsche, und was Armee und Flotte heute ausdrückten, Deutschland in der Welt voran, das war damals verkörpert in den deutschen Bildungsschätzen und ihren Schöpfern, vor denen die beiden jungen Leute um so staunendere Hochachtung fühlten, je weniger sie ihrer Geistesart innerlich nachgehen konnten. Sie zogen auf dem ehemaligen Wall, einer schönen Promenade voll alter Bäume, um die ganze Altstadt Liebeskreise, laufend, indem sie einander bei den Händen hielten, sie machten Herrn Gauß Besuch, der sich aus Bronze zärtlich über den sitzenden Herrn Weber beugte, nachdem sie soeben den Telegrafen erfunden hatten (es konnte aber auch umgekehrt so sein, daß Weber stand und Gauß saß, sie wußten es nicht); und vor dem Auditorium blickten sie kindlich zu Herrn Wöhler auf, gleichfalls aus Bronze, Chemiker Wöhler, dem man das Aluminium verdankte, was Hartmut zu wissen hatte, und ferner die chemische Formel für ein gewisses menschliches Sekret, die Urinformel, kurz und roh gesagt, eine deutsche Geistestat, welch letztere er Camilla jedoch leider verschweigen mußte, weil Kavaliere jungen Mädchen aus guten Häusern jedes Erröten selbstverständlich ersparen, selbst wenn es sie Kenntnisse zu zeigen juckt. Und endlich hatten sie an Bürgers Grab gestanden, der außerdem, wohl zur Entschädigung für sein elendes Dichterleben, noch zwei Denkmäler in Göttingen besaß, und Camilla hatte begonnen, als Huldigung zu deklamieren: Lenore fuhr ums Morgenrot – empor aus Schlaf und Träumen... Hier stockte sie leider auf immer, aber schließlich, und da sie sich gerne hinter dem Grabstein küssen ließ, machte das nichts aus... Ja, damals waren sie glücklich gewesen und hatten sich verlobt – und ihr Bündnis hatte bis zu diesem Tage durchgehalten und sogar den schweren Stoß des Schicksals überdauert, daß Hartmut Schnabel nicht Offizier werden durfte ...

Diese dürre Hitze im Kupee! Er sprang auf, begab sich auf den Gang hinaus, ließ seine Zigarre ausgehen, an der ohnehin nicht mehr viel war, und schritt im Schaukeln und Traben des Zuges auf und ab, sah mechanisch in die Abteile hinein oder aus den Fenstern, genoß kennerisch den Nachgeruch des Rauchens und war mit sich beschäftigt. In ihm ging Wildes vor. Wie schön, wenn er die heutige Nacht in Göttingen hätte verbringen können, in holdem Gedenken seiner Camilla; ach, ein so herzlicher Anfang des neuen Jahres! Man konnte sich auf seinem Zimmer – natürlich in dem Raum von damals – einen Tisch weiß decken lassen, Kerzen auf das Tischtuch, einen goldenen Sauternes und für Mitternacht eine Flasche Champagner, Früchte in einer silbernen Schale, Rosen in einer kristallenen und Camillas Bild an die Leuchter gelehnt – wäre das nicht schön? Ließe es sich nicht träumen, wenn die Zigarre duftet, daß diese kaufmännische Wirklichkeit nicht bestand und daß er ein aus Ostasien heimgekehrter Marineleutnant war, der einmal bürgerliche Kleidung bequem gefunden hatte? Und vorher müßte man all die lieben Orte besuchen, den Hainbundstein, das Haus der hageren Tante, in dem *sie* gewohnt hatte, Kreuzweg 4, Bürgers Grab und den Wall, auf dem man in der Dämmerung um die ganze Stadt gehen konnte, die Dächer unter sich. Wäre das nicht eine Liebeswallfahrt am Jahresende, etwas Heiliges, Weihendes, wenn zur Stunde des Lichtanzündens die Glocken gingen? ... Und warum wagte er es nicht? Warum tat er es nicht? Oho, er wollte es tun! Einmal wollte er etwas vom Leben haben, und wenn es nur eine Erinnerungsfeier war! Der Alte, der Starke war fern; und mochte er nachher toben ... Beschlossene Sache. Er kam um ein Viertel drei in Göttingen an, würde genügend Zeit zu allem Guten haben, und morgen, sehr früh weiterfahrend, in Gottes Namen an die Geschäfte gehen, da es doch einmal sein mußte. Ah, wie wohl das tat, ein solcher Entschluß, wie das einen hob und wärmte! Der alte Herr brauchte ja gar nichts von alledem zu erfahren; und wenn es ihm dennoch zu Ohren kam, was tat das? Man mußte einmal auch über ihn wegwerfend frech mit den Achseln zucken. Es würde ihm zwar nicht verborgen bleiben, wenn die Neujahrsvisite diesmal fehlte, das war richtig; und dann würde es einen furchtbaren Skandal geben, einen Krach wegen Respektlosigkeit, Geschäftsvernichtung, Gotteslästerung – etwas, worunter jemand, der absurd empfindliche Nerven hatte, lächerlich schwer litt... Wie unangenehm, ja blöd, daß ihm dies noch einfiel. Es verdarb ihm viel Freude, denn so war er: kommende Übel machten ihn nervös... Der Zug tobte an einer Station nach der anderen vorbei, Hartmut stand am Fenster und versuchte, während er draußen ein durchsichtiges Spiegelbild des Wagens wie einen schwach gefärbten Schemen durch die Luft fliegen sah, sich den feierlichen Abend vorzustellen, der ihn erwartete, aber es gelang nicht gut. Leuchter, Blumen, Wein, alles versagte sich ihm. Er stellte aufatmend fest, daß er ja vorher zu Meyer gehen könnte, einen guten Auftrag ergattern; das würde den Vater bestimmt erfreuen, und dann hatte er den Abend reichlich verdient. Aber der Gehorsam!... Und Meyer hatte Zeit, wohingegen Herbstedt von der ziemlich jüdischen Konkurrenz umlagert war... Geschäftsinteresse! Es war unmöglich, keins zu haben – wenn Herbstedt verlorenging, war sein Vater fertig mit ihm... Was tun, womit sich helfen? Es lag ja nahe, daß er depeschieren könnte, er sei krank geworden und lasse sich in Göttingen von irgendeinem berühmten Spezialisten untersuchen. Dagegen konnte man ebensowenig einwenden wie einst ein Lehrer gegen einen guterlogenen Entschuldigungszettel. – Wirklich? Kannte er seinen Vater so wenig? »Ich bin so alt und werde nicht krank! Man wird auf der Reise nicht krank! Mit solchen Kindern muß ich nun gestraft sein! Aber das hat er von dir«, und nun würde der armen stillen Mutter eine Wagenladung Grimm in langen Ansprachen aufgebürdet werden, weil sie sich am wenigsten wehren konnte, und die Wohnung in jenen hübschen Zustand versetzt sein, den sie »Dynamit« nannten... Nein, das ging auch nicht... Es gab keinen Ausweg als den Gehorsam – knirschend oder resigniert, zaghaft oder mit Gelächter: immer endete es mit dem Sieg des Vaters... So war sie eingerichtet, die Welt – Rebellion und Verächtlichkeit, Aufruhr und Schwäche standen als identisch eingehämmert, er wußte nicht, ob draußen im Weltall oder bloß im Gehirn der Menschheit – aller Normalen, so sah er es...

Hartmut Schnabel setzte sich verzweifelt in eine Kupeeecke, nahm eine zweite Zigarre heraus, zündete sie ingrimmig an, indem er aus dem Fenster auf den Schemen starrte, der mitflog, und begann, als sie zur Hälfte Asche war, weiße feste Asche, mit Resignation in einem grünlich gebundenen Buche zu lesen: »Im Reiche des silbernen Löwen«, vierter Band, von dem großen Karl May...

Als der Zug in Kreiensen hielt, lief ein Mann an dem Wagen entlang, schwenkte ein Telegramm und rief: »Hartmut Schnabel – Berlin! Für Herrn Hartmut Schnabel – Berlin!« Hartmut empfing mit nervöser Angst das gefaltete Blatt: »Umdisponiert. Erledige Meyer – Göttingen, feiere dort Silvester. Frühzug Frankfurt, Rückkehr Dritten direkt Berlin, Probe bestanden. Erfreut Papa.«

In seinem Herzen dehnte sich eine ereignisvolle Pause, wie nach jäh empfangenem Hieb. Irgend etwas in seiner Seele fand sich nicht zurecht, stand kindlich verwirrt und stumm, bis Gedanken und Gefühle aus seinem wachen Ich im Chorus jubelten: Wie gut, o wie grundgut von ihm! Zitternd gab er dem Boten fünfzig Pfennig Trinkgeld.

Jetzt erst hatte das Fest dieser Nacht die volle Weihe. Er war geprüft worden, er hatte bestanden. Der Wille eines Mächtigen hatte ihn gestempelt und er dem Stempel standgehalten. Das Beste auf der Welt ist der Befehl, dachte er mit fast feuchten Augen: so wie heut hatte er dies Dichterwort noch nie verstanden. Gehorchen dürfen hieß erlesen sein. Die süße Lust des Unterjochtseins gab der Gnade von oben etwas wie ein Ritterschlag Flammendes, und auf der Brücke der Erprobtheit ging er mit in die Würde derer ein, die befehlen dürfen. So vereinigte er sich auf Gralsweise mit seinem Vater und der Weltordnung – ein stürmisch süßes, körperlich beglückendes Entbrennen straffte ihn zum Manne.

Aber dann, als er am Fenster stehend die Abfahrt des Zuges erwartete – was stieg da in ihm auf, ganz langsam, undeutlich, wolkig und mit Pein bemerkt? Schämte er sich ein bißchen dieser Probe, die aussah wie eine Spielerei mit all seinem Wert? Hatte er wirklich einige Augenblicke etwas wie das Gefühl, als leite ihn, seiner menschlichen Würde entkleidet, der Vater an Drähten gleichsam, eine puppige Marionette, einen kläglichen Popanz; als dürfe er dieses Geschenk, erkauft mit Sklaverei, nicht an sich heranlassen? Es ist möglich, daß von diesem allem ein zarter Abglanz in ihm aufleuchtete, nur schwach bewußt, nur blaß vernommen, während er mit leeren Augen das weiße Stationsschild besah, auf dem der Name »Kreiensen« schwarz gemalt stand, winterlich wie Krähenschrei; nichts von der entschleierten Deutlichkeit und Härte, mit der wir Teilnehmenden sie hier verzeichnen und malen mußten, kam seinen unsicheren Empfindungen zu ... Er schluckte sie hinunter, kaum daß die Gebäude des nüchternen Bahnhofs begannen, sich zurückbleibend zu verschieben, er hob an, sich zu freuen – und wir müssen ihn hier verlassen, an der Scheibe lehnend, mit seinem hübschen Anzuge, weichen Gesicht und dem Telegramm im Karl-May-Buch zwischen leicht geöffneten Fingern, und wollen uns erinnern, daß man uns wohl alle irgendeinmal hat flikken müssen.

# Abreise

## 1912

Kurze Zeit nur, kaum fünf Minuten, nachdem der junge von Muhr die Überreste seines gewohnten Mittagsmahles, bestehend aus einem halben erdbraunen Soldatenbrot, etwas Butter, zwei kleinen runden Käsen und drei Tomaten sowie etlichen noch nicht ganz reifen Birnen, in eine Schublade verschlossen hatte, brachte der Briefträger, rotgesichtig, strotzend und mit blondem Schnurrbart, einen Brief und ein umfangreiches, »eingeschrieben« gesandtes Paket; und der Empfänger erblich vor Scham, weil der wohlgenährte Beamte jene fünf Minuten eher hätte eintreten können; so aber vermochte er, etwas blaß, jedoch in vollkommener Haltung, die seinem gutgeschnittenen Anzug aus grauem Stoff entsprach, den Empfang zu bescheinigen und dem Überbringer ein Trinkgeld auf den Tisch zu legen, das die Kosten der eben genossenen Mahlzeit um zehn Pfennig überstieg; der Name »Hubert von Muhr« stand in großen harten Lettern, ohne jedes Zittern der schreibenden Hand hingesetzt, in dem amtlichen Buche, das der Bote zusammen mit seinem Lohn dankend einsteckte. Muhr sah zu, wie Welt und Hoffnung zu Gallert erweichten und verfielen, drehte mit toter und sanfter Ruhe, die eine völlig erledigte Angelegenheit zu begleiten pflegt, die Zigarette und las aus Gründen des Anstandes den Brief, mit dem der Verleger – der dritte, dem er es gesandt – das Manuskript des Romans »Jesaias« zurückgab, eines wilden, ja grausamen Buches, dessen biblische Menschen ein grelles, unheiliges Licht beschien. Und der Verfasser konnte nicht umhin, zuzugeben, daß der große Verleger berechtigt war zu schreiben, dieses talentvolle Werk passe nicht in seinen Verlag; denn es war schon vorher seine Überzeugung gewesen, daß die meisten Autoren, die jener druckte, etliche Dichter ausgenommen, die er berühmt an sich zog, zwar hoffnungsvolle, aber völlig überflüssige Herren von zweifelhaftem Talent darstellten, deren Umgang von Muhr stets gemieden hatte. Leider stand nunmehr fest, daß er überhaupt keinen

Verlag wußte, in den dieses Werk mit seinen Vorzügen und Mängeln gepaßt hätte... Er bereitete sich unverzüglich den gewohnten Tee und vertiefte sich alsdann, auf dem Sofa liegend und eine Zigarette nach der anderen entzündend, in das Studium einer Fuge des wohltemperierten Klaviers, die er lesend aufnehmen mußte, da er seit acht Monaten kein Instrument mehr hatte mieten können. Dies ging in Berlin vor sich, in einem Hofzimmer nahe am Tiergarten, vier Treppen hoch, gegen drei Uhr, an einem reinen und heißen Tage im Juni; der Himmel stand in den Rechtecken der Fensterkreuze wie eingespannter hellblauer Sammet.

Gegen halb fünf erhob er sich und wechselte Kragen und Schlips. Bald darauf scholl von unten her, aus dem Hofe, in den man wie in einen hohlen steinernen Turm hinabsah, ein helles kurzes Schreiten und das jauchzende Bellen eines Hundes von guter Rasse, später öffnete sich die Tür, und ein hochbeiniger eisengrauer Schäferhund stürzte herein, um sogleich an von Muhr emporzuspringen – die spitze Schnauze stieß kalt an seine Stirn – und in seiner wilden und rührenden Art, durch Sprünge, Jauchzen und den peitschenden Schweif seine Freude über das Wiedersehen kundzutun; der junge Mann aber hob ihn an den beiden Vorderfüßen vom Boden auf, so daß er aufgerichtet stand, und blies ihm seinen Atem auf die Nase und in das weißbezahnte Maul. »Alter Adam«, sagte er, »nun, alter Adam?«, und indem er mit der Linken liebkosend den biegsamen Rücken streichelte, reichte er die Rechte einer jungen Dame in hellgrünem Straßenkleid und reichem braunem Haar, die während des Willkommens lächelnd ihren Hut abgenommen und auf das Bett gelegt hatte, einen weiten, gelblichen Strohhut mit grünen Blumen. Dann schob er den Hund beiseite, legte ihr den nun freien Arm um den Leib und küßte sie. Indes sei schnell bemerkt, daß Adam sein Eigentum war, ihm zugleich mit einer Monatsrente von dreißig Mark als Verpflegungsgeld von einem nun verstorbenen Onkel vermacht, und daß er dieses Eigentum, als es ihm vor einem Jahr ziemlich schlecht zu gehen begann, einem fast genialen Einfall folgend, an seine Freundin verkaufte; so daß die wohlhabenden Eltern der jungen Dame, die den Schriftsteller innig haßten, ahnungslos außer der Kaufsumme von einhundert Mark sowohl Steuer als auch Futter des Hundes bezahlten, während dieser keinen anderen Herrn über sich erkannte als den jungen Mann und das Fräulein, welches ihn, wie er wußte, sozusagen zu Lehen trug.

Als die junge Dame das Paket auf dem Tische liegen sah, erblaßte sie langsam in einem immer tiefer eindringenden Schrecken. Nach einer Pause, während der man den Hund am Fenster schnüffeln hörte, fragte sie: »Was nun?« Diese zwei Worte, mit zitternder Stimme gesprochen, erhielten einen völlig ratlosen und verzweifelten Ausdruck von den Augen her, die durchsichtig und angstvoll vom Gesichte des jungen Mannes eine Antwort zu lesen versuchten, noch ehe sie gesagt war. Er begegnete ihrem Blick mit trübem Lächeln, setzte sich auf das türkisch bunte Sofa, zog sie neben sich und an sich und antwortete endlich, anscheinend ohne ihrer Frage zu genügen: »Soll ich gestehen, daß ich... gehofft hatte? Du auch? Er war berechtigt, das Ding da abzulehnen; aber es ist gemein, daß er dazu elf Monate brauchte. Die Geringschätzigkeit der Literatur, die er damit ausdrückt, ist bemerkenswert.« – »Er ist ein Flegel! Aber was nun?« Auf diese erneute und dringliche Frage hin verzerrte er den Mund zu einer Grimasse des äußersten Ekels und entgegnete, indem er mit der Linken waagrecht die Luft durchschnitt: »Ich habe genug; bis hierhin«, und er deutete auf den Mund; »ich mache nicht mehr mit. Ich gedenke abzureisen.« Sie schlang leidenschaftlich den Arm um seinen Hals und rief: »Ich komme mit, ich bleibe nicht hier«, und in ihrer Stimme kündigten sich die Tränen an, die alsbald ihre Augen füllten. Er küßte ihren Scheitel, festigte seinen Ton und begann: »Wer verlangt das? Aber prüfen wir ruhig, und entscheiden wir bündig. Ich frage, du antwortest.« Sie trocknete das Gesicht. »Frage.« Er sah ihr hart in die Augen und fing an: »Kannst du diesen schmutzigen Zustand noch länger ertragen, daheim Haustochter, hier meine Geliebte?« – »Nein«, sagte sie. »Werden deine Eltern aufhören, meinen Namen nur mit Schimpfworten zugleich zu nennen?« – »Nein«, sagte sie. »Und was geschähe, wenn man die Wahrheit über uns beide erführe?« – »Sie würden mich schlagen«, sagte sie. »Obwohl du zwanzig Jahre alt bist?« Sie nickte. »Und was geschähe, wenn ich um dich anhielte?« – »Er würde dich hinauswerfen«, sagte sie, »und mich mit seinem Sozius verheiraten.« Er nickte. »So wollen wir uns trennen?« – »Nein«, sagte sie schaudernd.

»Und kannst du das Leben teilen, das ich führe, diese Proletarierleben?« – »Nein«, sagte sie. »Bleibt uns etwas anderes als dies beides, weiter warten oder... abzureisen?« – »Nein«, sagte sie. »Wollen wir aufs Aussichtslose warten?« – »Nein.« – »Uns also müssen wir abreisen?« – Sie schwieg einen Augenblick, hob den Kopf und legte beide Arme auf seine Schultern. So sahen sie sich eine Sekunde in die Augen, unerbittlich und trostlos. – »Ja«, sagte sie. Der Hund Adam saß, auf die Vorderfüße gestützt, vor ihnen und besah sie, gespitzten Ohres, freudig mit seinen gelben Augen. »Nehmen wir ihn mit?« Sie nickte.

Innerhalb zweier Tage verkaufte er seine Leuchter, seine Tassen und die beiden Bilder von der Wand hinter dem Tisch, den er als Schreibtisch benutzte, und die er beim Arbeiten gern in seinem Rücken wußte; er übergab seine Bücher einem Antiquar für den fünften Teil ihres Wertes und die überflüssigen Kleider einem Trödler für den zehnten. Alles in allem besaß er darauf einhundertacht Mark. Dann benutzte er einen ganzen Tag, um die Stöße beschriebenen Papiers, die den Niederschlag seines Lebens darstellten, in zwei Teile zu sondern, von denen der kleinere das Aufzubewahrende enthielt: den Roman (den er nicht einmal auspackte, da er das Manuskript nicht mehr ansehen konnte, ohne sich seelisch zu vergiften), einige Szenen und eine größere Novelle; auch die schon gedruckten Studien und Skizzen legte er dazu, Gedichte in einem Heft schönen Papiers und andere, die er rücksichtslos aus seinen Tagebüchern herausriß, in denen er sie nach der Vollendung verzeichnet hatte. Die Tagebücher selbst warf er in den Korb des zu Verbrennenden; nur das, was er von seinen Münchener und Pariser Tagen notiert hatte, sollte erhalten bleiben, als Denkmal jener glücklichen Zeit, in der er wild und asketisch wie ein Soldat gelebt und mit der Kunst gefochten hatte. Er blätterte jetzt darin, und diese leuchtenden Wochen und Monate standen auf und erfüllten sein Herz mit sehnsüchtiger Bitterkeit. »Welch ein Anlauf, Lenore!« sagte er zu dem Mädchen, das bleich und schweigsam auf dem Stuhle am Schreibtisch saß und in Briefen blätterte, »welch ein Anlauf! Und nun kein Sprung, sondern Verbeugung und Rücktritt, wie ein Clown im Zirkus.« – »Ja«, sagte sie, und um nicht allzuviel von ihren Gefühlen zu verraten,

lächelte sie traurig: »Es ist schade um alles...«, mit einer Stimme, die weder den Anfang noch das Ende der Rede verdeutlichte, sondern sie als Fetzen irgendwo hängen ließ. »Hier«, schloß sie und schob den ganzen Haufen Briefe an die Tischkante, um sie in den Papierkorb fallen zu lassen: ihre Antworten und seine Briefe. Aber er fing die stürzenden Blätter bebend in einem großen Karton: »Nein. Das bleibt. Sie sollen das eines Tages drucken und wissen, wer du warst.« Sie errötete schwach, hob die Achseln und sagte: »Ach«, mit der Stimme der endgültigen Anteilslosigkeit. Schließlich wurde das Ganze verpackt, verschnürt und gesiegelt und an Herrn Erich Balsamin adressiert: »Er ist der geborene Herausgeber«, sagte von Muhr lachend, »deine Wiener Rassebrüder sind alle Herausgeber. Er hat Takt und kennt mich.« – »Aber ihr seid doch jetzt verfeindet«, rief Lenore staunend. »Nur distanziert; und zwischen uns macht das nichts aus; man hilft sich, ob man sich gerade haßt oder liebt.« Und er setzte sich an den Tisch und ermächtigte den Gegner, zu lesen und drucken zu lassen, was er wolle, falls innerhalb eines Jahres keine Gegenweisung komme; »denn ich gedenke zu verreisen«, schloß er den kurzen Brief. »Sicherlich wird er sofort alles lesen«, meinte Lenore, während er das Kuvert verklebte. »Gewiß; aber was tut uns das? Uns kann das gleich sein, ganz gleich.«
Darauf wurden die Vorbereitungen fortgesetzt. Eine Freundin, verheiratet und gefällig, verschaffte ihr mit einiger Mühe die Erlaubnis, sie drei Tage zu besuchen; dies war erlogen und Vorwand, ausgiebiger Reisemittel wegen aber unumgänglich. Da sich eine kurze Fußwanderung anschließen sollte, wurde schließlich auch die Mitnahme des Hundes Adam genehmigt; ein schönes Kleid für die Stadt und ein sachliches für den Weg verstanden sich von selbst. Von Muhr hatte nur noch aus dem Leihhause einen großen alten Ring aus tiefblauem Lapis mit Perlenrand und Buchstaben aus Perlen und einen kleinen Revolver auszulösen, eine zierliche Waffe mit graviertem Lauf und elfenbeinernem Griff, die er sofort in allen sechs Kammern lud – diese Erbteile seiner Mutter gedachte er mitzunehmen. Wenn er nun seinen Mantel anzog, den grauen Hut aufsetzte und in die linke Hand die Reisetasche nahm – einen Stock trug er nicht –, so war er reisefertig.
Und dann verschwanden die beiden.

In Warnemünde sahen sie durch den Flor erschütterter Tränen das Meer, schwärzlich und jenseits der Molen aufgeregt; das Firmament zerriß eben seine Wolken mit dem goldenen Himmel, der der Sonne vorhergeht. Kopenhagen hob seine Türme – runde Türme und kantige und Doppeltürme, von goldenen Treppen spiralig umwundene, kuppelgekrönte und aus Drachenschwänzen gedrehte – in hellblaue, manchmal durchregnete Luft; aber die beiden Flüchtlinge wußten ein Haus, in dem sie Brüder und Schwestern fanden – marmorne und bronzene: sie verflochten ihre Seelen mit den leidstarren Antlitzen der »Bürger von Calais«, die auf der Straße wanderten in ewiger Pilgerschaft nach dem Tod, und sie küßten scheu den Marmor, aus dem Pygmalion geformt war, oder ein Mädchenhaupt, das dem Block entwuchs, auf dem wie auf all den anderen Wesen ein Name eingemeißelt stand: Rodin. Die grünen Ebenen des flachen Landes wurden von Baumgruppen geteilt wie ein Vers von seinen Hebungen: Bahn und Kutsche trugen sie hindurch, wie lesende Augen ein Gedicht durchwandern, schlagenden Herzens. Schlösser richteten sich im metallenen Klang ihrer Namen auf und blieben zurück, sie hielten ihre Gärten und Höfe als gemäßes Gefolge um sich versammelt: Frederiksborg, Fredensborg – und dann standen sie auf einer lichten Terrasse, die nach dem schwarzblauen Sunde abfiel, im Schatten der Türme und Mauern der Kronborg, in Helsingör. Drüben blaute das schwedische Land.
Sie erlebten das alles, als wanderten sie auf hohen Bergen, in der kältesten Luft, die trunken macht. Ihre Seelen zitterten vor gespannter Erhobenheit, und sie sogen mit ganz gleicher Inbrunst den Anblick ihrer geliebten Antlitze und den vertrauten ihrer entkleideten Körper ein, wie den der kleinen saphirenen Wellen, die weißbeschaumt den Strand betasteten, an dem sie badeten: während Adam ihre Kleider bewachte, ausgestreckt und die Vorderpfoten übereinandergelegt, triefend und müde von dem jauchzenden Kampfe, den er mit den Wellen gefochten hatte, weil er sie für Tiere nahm, in deren weißen Kopf man beißen mußte; wobei man außer salziger Nässe nichts ins Maul bekam.

Sie schliefen wenig in diesen Nächten, denen die Dunkelheit fehlte; sie haßten den Schlaf, weil er sie voneinander riß, jeden in sein Dumpfheit oder seinen Traum, den der andere nicht teilte. Leben hieß: voneinander wissen, ineinander wurzeln, aufeinander vergehen.
Am Abend des vierten Tages kehrten sie zurück.

Der gelbe Raum, an dem die Nacht vorüberraste, schüttelte stampfend die Schläfer und die beiden Überwachen, die sich aneinanderlehnten; das Licht über ihren Köpfen brannte dumpf in schwarzgrüner Hülle; aber vom Gange nebenan wurden ihre Gesichter grell. Sie sagte: »Jetzt geht es also weiter – bis dorthin.«
»Hilft uns das nicht gründlich ins Reine? Oder bleibst du zurück?«
Als Antwort legte sie ihm den Arm um die Hüften.
»Liebe«, setzte er atmend fort. »Ich habe ein Mittel gefunden, nichts zurückzulassen; ehe ich's fand, graute mir manchmal. Sie sollen nichts von uns anrühren, wenn wir uns nicht mehr wehren können.«
Sie bat: »Sage es.« Ihre Augen schatteten groß in dem weißen Gesicht.
»Entziehen wir doch dies Letzte den Worten. Es ist gut; als einziger Einwand wäre zu nennen, daß es romantisch ist und ein bißchen pathetisch.«
Sie meinte ruhig: »Uns hat das nichts zu verwehren.«
»Nicht wahr?« lächelte er; »wir werden uns nicht schämen. Allerdings verschweige ich nicht: es wird einen reichen Bürger etwas Geld kosten.«
Als Antwort bog sie die Mundwinkel verächtlich abwärts.

Am Stettiner Bahnhof bestiegen sie ein leises Automobil. In der großen Frühe lag Berlin leer und zartfarben zu beiden Seiten der Straße, die sie durchglitten. Zum ersten Male schien ihnen die Stadt schön: die goldene Kuppel des Reichstaghauses schimmerte im Morgenblau, durch das Brandenburger Tor ward der Blick in die majestätisch breite Straße hineingerissen, deren Linden dem Schlosse zustrebten, ganz hinten ragend in goldnem Dunst; und schon huschten sie am Rande des Tiergartens hin, in dessen weitem Grün die Stare probten, und landeten am Potsdamer Platz, den sie noch niemals leer gesehen hatten und nicht wiedererkannten, so weit und so bedeutend streckte er sich hin. Das Warenhaus drohte unter seiner schwarzen Dachhaube wie die Burg des Erwerbs, die Leipziger Straße zu schirmen, die sich spaltete wie eine Schlucht ohne Ende, hinten erfüllt von zartrosigem Nebel. Sie stiegen aus.

Sie nahmen im Café ein Frühstück, dann schliefen sie, indes ein fast leerer Zug sie nach Wannsee führte, auf den graugestreiften Polstern liegend, während Adam sie bewachte. Aussteigend lächelten sie sich an: wie müde sie noch waren! Und so verloren sie sich in den hohen Wäldern hinter dem Bahnhofe und schliefen weiter, unter seinem Mantel, den Hund zu ihren Füßen und die Wipfel der Kiefern über sich im ausgespannten Blau des werdenden Sommertages. Die Amseln sangen, und Adam schnappte nach allen Mücken und verfehlte nicht eine.

Sie erwachten mittags. Sie fühlten, daß ihnen zur völligen Erfrischtheit nur ein Bad mangelte, und da er nicht weit, in einer Ausbuchtung jenes Seearmes, den man den kleinen Wannsee nennt, eine einfache Badeanstalt wußte, gingen sie dorthin, liehen sich Badewäsche und trafen sich, ins Freie schwimmend. Den vollkommen gebildeten Körper seines Mädchens zu sehen, geschmeidig in dem durchfeuchteten Trikot, erfüllte den jungen Mann mit solcher Wehmut, daß er sie alsbald nicht mehr ertrug.

Sie kleideten sich an; um Adams willen beeilten sie sich, denn der Hund durfte in dieses Wasser nicht mitgenommen werden und weinte am Eingang. Dafür schickten sie ihn an anderer Stelle nach hineingeworfenen Ästen; er holte sie, schwamm begeistert mit erhobenem Kopf und sprang, sich schüttelnd, am Ufer entlang, gleichsam verjüngt und geschrumpft, weil das nasse Haar sich dem Leib anlegte. Sie kehrten in den Ort zurück, speisten auf der Terrasse eines alten und stillen Gasthauses, angesichts des großen Sees, in dessen tiefe Bläue die Buglinien vieler Segeljachten weiß und gebogen eintauchten, kauften dann – man hatte Juni, den Rosenmonat – ganze Büsche Rosen in allen Arten von Rot und folgten rechts abbiegend der abgelegenen Straße, die zum Grabe des Dichters Heinrich von Kleist führt. Beide Arme voll Rosen und auch ihren Hut

voll davon, den von Muhr wie einen Korb trug, eilte Lenore – ihr weißes Seidenkleid faltete sich um ihre Füße – den schrägen Weg und die Stufen hinab, die zu der Ruhestätte führen, einem Hügel im Schatten alter Ahornbäume, von Efeu umgrünt und eisern umgittert, und streute alle ihre Blumen auf das ungeschmückte Grab. Dann sah sie ihr schönes Werk lange an, und von Muhr nickte, als er die Tränen bemerkte, die ihr die Augen zu feuchten begannen. Er suchte in seiner Brieftasche ein weißes Papier, schrieb diese Worte darauf: »Ave Caesar ... Lenore und Hubert«, und schob es in den Efeu unter die Rosen. Sie wandten sich und stiegen die Treppen zum See hinunter; an den Landungssteg gebunden, der aufs Wasser hinausragt, lag ein kleines Ruderboot. Von Muhr sagte, den Fuß daraufstellend; »Das ist gut; wir werden es brauchen.« Und auf eine kleine weiße Jacht deutend, die unweit verankert im schmalen Wasser stand, dem Bootshaus einer der schönen Villen gegenüber, die den kleinen wie den großen Wannsee entlang gebaut sind, fügte er hinzu: »Dort liegt Iris, die ich gut kenne. Sie gehört dem Kaufmann Jachemich. Nun, wir werden sie ihm stehlen.« Eine Uhr schlug; er zog die seine: »Drei«, stellte er fest. »Wozu brauchen wir das eigentlich noch? Leb wohl, mein Schatz«, und er warf sie lachend über das besonnte Wasser: sie blinkte silbern und verschwand. »Recht«, stimmte sie bei; die ihre, aus Gold, hatten sie in Kopenhagen verkauft. Darauf stiegen sie wieder empor, am Grabe vorüber, dem sie vertraulich zunickten, kauften sich Früchte und kleine Brote und gingen Arm in Arm dem Walde zu.
Der gelbe Weg duftete nach Staub und strahlte vor Hitze. Falter sonnten sich auf ihm mit ausgebreiteten Flügeln: dunkelbraune Trauermäntel, Tagpfauenaugen, blaugefleckt, und rotgebänderte Admirale. Die Bienen flogen, einen Schweif von Summen hinter sich ziehend, wie kleine Pfeile nach festen Zielen; aber ohne Richtung schwebten zwei hochzeitende Libellen im Blau: sie hielten sich mit den Füßen umklammert, ihre Flügelpaare schwirrten, und ihre Leiber formten ein fliegendes, stahlblaues Herz.

Sowie die Sonne, zum letztenmal, hinuntersank und Dunkel zwischen den Bäumen stand, drängte sich die Angst in die Herzen und machte der Brust das Atmen mühsam. Die beiden hielten sich aneinander fest, und wenn Lenores Zähne aufeinanderschlugen, riß Hubert sie noch enger in seine Arme. Sie hatten sich, geschützt von Einsamkeit, Dickicht und dem wachenden Hunde, aller Kleider entledigt, damit nichts mehr zwischen ihnen sei. In der verzweifelten Lust überhitzter Liebkosung und taumelnder Hingabe suchten sie Schutz vor der Angst, die sie von überallher bedrohte; sie preßten alles Süße aus dem Leben, um nur die Schale, wertlos und dürr, hinter sich lassen zu müssen.

Sie blieben im Grase liegen, solange es irgend anging... aber die furchtbare Unruhe erlaubte ihnen diese letzte Zuflucht nicht mehr; sie *mußten* sich ankleiden. Sie *mußten* gehen, diesen Platz verlassen, Veränderung schaffen, entlaufen.

Jeder Schritt, den sie nun vorwärts taten, mit tappenden Füßen, während sie von ihren Gesichtern nur einen weiß phosphoreszierenden Schein sahen, führte sie in ein neues Land, und als sie vor dem Walde standen, war es, als schlösse sich die Welt hinter ihnen zu und sei unerreichbar zurückgewichen, hinter grundlose Gräben und aufgezogene Brücken. Die Sterne brannten in maßlosen Fernen; daß der Weg unter ihren Füßen anhielt und jeder Schritt noch immer Weg fand, war ein unglaubhaftes Wunder. Als der See vor ihnen lag, unterhalb des vor zeitloser Weile geschmückten Grabes, zitterte Lenores ganzer Körper; sie wollte den Freund bitten, ihr deswegen nicht zu zürnen, aber ehe sie ein Wort sprechen konnte, schüttelte sie ein Krampf so, daß sie stehenbleiben mußte. »Versprich mir«, stotterte sie mit mühsam beherrschtem Munde, »daß du *damit* wartest, bis ich sage: jetzt«; und erst als er ihr sein Wort darauf gegeben hatte, konnte sie tiefer und menschlich atmen. Er war entschlossen, dieses Wort zu brechen. Er empfand es als Untreue und Verrat an ihrer stolzen und selbstherrlichen Seele; dennoch wollte er lieber, angesichts des Endes, seine Ehre verlieren, wenn er ihr dadurch die letzte Qual ersparte. Er faßte diesen Entschluß mit einem eisigen und harten Geiste. Sein Inneres fühlte er erfroren und so verklammert wie die Kinnladen, die er aufeinanderbiß, als stürbe er schon.

Mit vor Anspannung kurzen Bewegungen löste er das Boot und ruderte leise zu der Jacht hin, die in die Halbhelle der Luft scharfe schwarze Linien schnitt, legte am Heck an, das Adam sogleich im Sprunge enterte, schwang sich hinauf, froh, seine Muskeln noch einmal anstrengen zu können, und hob Lenore an Bord des niedrigen Fahrzeugs. Der Nachtwind wehte schwach, aber günstig vom Lande her; die Segel, das vordere um ein Tau, das hintere um die große Rahe gewikkelt, ließen sich leicht hissen, und indem er das Seil, mit dem das Schiff straff an seiner Boje hing, durch hastige Schnitte seines Dolches zum Reißen brachte, schob sich Iris leicht und ohne anderen Laut als das Zwitschern des Wassers unter dem bewegten Bug zwischen den Ufern hin, unter einer Brücke durch und immer schneller ins freie nächtliche Wasser. Muhr begrüßte den großen See mit dem tiefen Atemzuge jenseits der letzten Entscheidung, denn nun konnte sie niemand mehr anhalten. Weder Lichter an den Fenstern noch Menschen waren zu sehen; über dem Wasser lag die Luft schwer und noch tagwarm, und die zahlreichen Jachten, zwischen denen man hindurchschlüpfte, lagerten über ihren Spiegelbildern wie schlafende große Vögel. Der Weg breitete sich frei, keine Bewegung war zu fürchten, und so band er Segelleine und Steuer fest. Lenore, nackt, lag im offenen Hohlraum am Heck, weißer als die Segel schimmernd, und er warf sich neben sie hin, zu fühlen, daß er noch lebe. Sie riß sein Gesicht an den Haaren dem ihren nahe und gab ihm die irre Liebe der letzten Nacht.

Iris zog ostwärts, die Havel hinauf. Über Berlin, rechts in der Ferne, lastete roter Glanz; aber die Schwärze des anderen Himmels ward nur verletzt und vertieft von den Sternen, durch deren ausgesäte Schar die Milchstraße einen silbernen Nebel wand. Orion reckte sich im Süden, geheimnisvoll drei schräge Sterne zeigend, Cassiopeia schrieb ihr strahlendes W in den Zenit; im Norden, heilig und vertraut, kreisten die Wagen um den Polarstern, und unterhalb des glänzenden Hauches der Plejaden brannte Sirius, unruhigen Feuers. Nicht weit von ihm, wie ein Auge offen, das nicht zuckt, grüßte golden ein Planet, Jupiter, die schwesterliche Erde.

Iris zog ostwärts, vor sanftem Wind. Möwen schrien mitten in der Flut, und aus dem Schilf antworteten die jungen Schwäne. Fernher, saugend und süß, zog das inbrünstige Singen der Nachtigallen und manchmal das helle Bellen eines

Hundes, von Adam im Bug mit Knurren aufgenommen. Fledermäuse taumelten; ein Entenvolk hob sich schreiend und fiel schallend ins Wasser zurück wie eine Explosion der Stille. Das Schnarren der Frösche deckte manchmal jeden anderen Laut, und zuzeiten erklang nur die Zwiesprache, die das Wasser mit sich selber hielt.
Iris zog ostwärts. Adam schlief ein. Die Liebenden lagen beieinander, umarmt und stumm. Einmal nur sprach Lenore leise, indem sie sich Haare aus dem Gesicht strich: »Nicht vor Sonnenaufgang. Ich habe nie einen erlebt.« Er flüsterte: »Gut.« Der Wind tastete sanft über ihre Gesichter, erst warm, später kühler.
Iris zog ostwärts.

Wie es sich aufhellte, stand Lenore im Bug, weiß und seiden angetan, leicht überweht wie eine Fahne vom morgendlichen Wind, hielt sich an den Tauen und spähte umher, mit staunenden Augen. Sie kannte die Gegend nicht mehr, die Wälder, die das Ufer bläulich säumten und über denen die Lerchen jauchzten, unter einem Himmel, der sich rötete; sie kannte die Erde nicht in diesem Lichte. Sie atmete gierig die neue Kühle des unberührten Tages. Es schien ihr unnütz und grundlos, zu sterben. Sie hatte die Beschaffenheit des bürgerlichen Daseins vergessen; alle Ordnung und Gewohnheit war von den letzten Tagen verdeckt und entwirklicht. Da sich ihnen eine neue Welt aufgetan hatte, das grelle Glück der Fremde und der Flucht vor dem Sein, und eben, trotzdem, wieder eine andere emporstieg, der Morgen – warum sollte es nicht auch möglich sein, darin zu leben? Sie glaubte es. Die Brust hob sich ihr leicht unter einem glücklichen und gealterten Mädchengesicht. Indessen prüfte von Muhr den Motor, der die kleine Jacht bei Windstille bewegte, und nickte, als er den Benzinbehälter gefüllt fand und die Reservekanne Benzin, die er erwartet hatte; denn er kannte Herrn Jachemich als einen ordentlichen Menschen. Danach stellte er sich neben das Mädchen und blickte mit ihr, sehr blaß und sein Herz knetend, daß es ruhiger gehe, in die glorreiche Röte des werdenden Tages. Er fühlte, daß Entschluß und Tat auf ihn zufielen wie ein Stein von einem Stern: noch weit weg, und stets näher, und ihn endlich zermalmend. Eine selige Trunkenheit rang in Lenores Blut, wie die Sonne erglühend kam; sie würden leben, sie würden noch glücklich sein! Mit erstickter Angst las er aus ihren Mienen die furchtvergessene Freude; unter dem Vorwand, das Steuer habe sich gelockert, verließ er sie nach leichtem Kusse. Sie wendete ihr Antlitz der brennenden Pracht des Osthimmels wieder zu und rief schwärmend: »Laß uns leben, irgendwie!« Gleich einer Antwort krachte der Revolver; Hubert, jäh entsetzt, schoß ihr auf vier Schritte die Kugel ins Haupt, von hinten, unter den Haarknoten, nach kurzem Zielen. Die Wankende, Fallende fing er in seinen Armen, und sie verging sogleich, das Gesicht noch froh und von Röte erhellt. Er wunderte sich, daß er weinte, während er sie zum Heck trug und sanft niederlegte; er handelte mit einem unheimlichen Abseits von sich. Ihr dichtes Haar trank alles Blut. Er schmiegte sich behutsam ganz über sie und küßte ihre Lippen: sie waren warm; kein Unterschied war zu merken gegen andere Gelegenheiten, bei denen sie, wie sie es liebte, sich küssen ließ, ohne zu erwidern. Er wäre lange so geblieben; aber der Hund, durch Knall und Blutgeruch verstört, tobte bellend um ihn herum: er erlegte den Lärmer in einer Art kalter Raserei durch zwei Schüsse in das offene rote Maul. Dann schwieg wieder alles still in ihm, und er stand vor ihr und blickte von oben in das beruhigte Gesicht. Wenn sie noch hätte reden können, hätte sie ihn wohl ebenso ernst und sanft angesehen wie jetzt – denn ihre Lider hatte er nicht geschlossen, damit sie lebendiger bliebe –, weit und dunkeläugig angesehen, und gesagt: Dank, Liebster; oder: Liebling? Sie pflegte beides zu gebrauchen, und er erwog, was sie wohl gewählt hätte. Er blickte abwesend ... es war wichtig, dies zu wissen ... Darauf erwachte er zur Pflicht. Daß niemand nach seinem Tode den Körper der Geliebten anrühre (wovor ihm noch mehr geschaudert hatte als ihr), entleerte er die Benzinkanne über die weiße Gestalt; die Kleider sättigten sich mit der Flüssigkeit und mischten einen brennenden und zwiespältigen Geruch in den würzigen Rauch des Pulvers, und der Rest befeuchtete die trockenen Bohlen des Verdecks. Alles mußte so geschehen, wie er es sich zurechtgelegt hatte: fiel jetzt ein Funke, so brannte das Heck lichterloh, der Wind warf sich hinzu und überlieferte die ganze Jacht dem Feuer, bis der Motor explodierte und der schwere Kiel die Überreste auf den Grund zog. Niemand würde etwas von denen finden, die gestern ausgesegelt waren, von Iris, Adam, Hubert und Lenore. Er lachte befriedigt und legte ein Streichholz in das Benzin dicht neben sich. Er sah noch das Heck in Flammen stehen, nahm den Lauf des Revolvers in den Mund, schmeckte gräßlich zitternd das säuerlich kalte Metall und biß darauf, ehe er abdrückte.

# Jerusalem errettet

## 1912

Der Abend sank in die bedrohte Stadt, die vom Lärm der Verstörung widerhallte. Alle Straßen, die zum Tempel hinaufstiegen, dröhnten von Menschen; manchmal wurden sie an die Häuser gepreßt von den Herden der Opfertiere, die, Rinder und Schafe, inmitten von Wolken roten Staubes für den Morgen des nächsten Tages ins Heiligtum getrieben wurden: ein zehnfaches Bittopfer sollte dem Gotte verbrannt werden.

Grell jammernd warfen Frauen nackte Arme um die Hälse ihrer Männer, denn jene hatten gewaffnet alle Tore und die äußere Mauer zu bewachen; man wehrte ihnen matt, ohne Entschiedenheit und Zuversicht. Vor den Königshäusern ballte sich das Volk.

Viele schrien, der König solle dem Feinde seinen Schatz öffnen und alle retten, obwohl sie wußten, daß die Schatzkammer leer war; andere drängten sich um einen Steinhaufen, deren es vom letzten Bauen viele gab und von dem herab ein grauhaariger Alter heulend über all diese Köpfe hinrief, Hiskija möge Jahwe seinen Erstgeborenen opfern, auf dem Brandaltar, denn er habe durch seinen Bund mit dem Ägypter den Gott versucht und den Großkönig in Zorn getrieben. Die Menge hörte unschlüssig und schweigend; aber ein Prophetenschüler fluchte dem Lästerer und heischte schäumend seine Steinigung: ein empörtes Wogen erfaßte die aufgestachelten Menschen, ihre Furcht ward zur Raserei aufgeregt, alle Arme langten nach Steinen, und der alte Mann ward herabgerissen, zerschmettert und ganz unter Fels begraben. In der Burg blieb es stumm; der König war nicht im Hause.

Vorgebeugt, gestützt auf den weißen Stab der Herrschaft, stand er auf der äußersten Mauer und blickte bekümmert und gehässig hinab auf das Feld, das um die Wasserleitung am oberen Teiche vor der Stadt ausgedehnt war. Hiskija, sagten die ihm Wohlgesinnten, hatte den Kopf seines Ahnen David, braun und herrisch; freilich hingen seine Wangen schlaff, und der kaum Vierzigjährige sah aus stumpfen Augen. Es war im vierzehnten Jahre seiner Regierung, bei Untergang der Sonne, und das weite Gelände funkelte glühendrot von Helmen, Schwertern und Speerspitzen, die unzählbar in den geröteten Himmel gereckt waren, und brandete von dem Treiben der Männer, der Pferde, Kamele und Maultiere, die Sanherib, König von Assur, heraufgesandt hatte, Jerusalem zu erobern; und weil er selbst die Stadt Lachis belagerte, befahlen an seiner Statt der Erzschenk Rabsake, der Truchseß und der Erzkämmerer des Reiches. – Hinter Hiskija warteten fünf Krieger seiner philistäischen Leibwache mit spitzen Helmen, Schilden und langen Lanzen, daß er hinabsteigen werde; aber er rührte sich nicht, und nur seine Finger zerwühlten die geordneten Locken seines schwarzen Bartes.

Endlich erstiegen keuchende Männer die Mauer, und der König wandte sich ihnen zu. Er hatte Eljakim und Sebna, den Hofmeister und den Schreiber, samt den Ältesten der Priester in Säcke gekleidet zu Jesaja, dem Nabi, geschickt, dem Sohne des Amoz, damit er ihm rate und zu Jahwe flehe; denn Rabsake hatte den Gott Judas absichtlich gelästert und vor allem Volke, das stumm und entsetzt auf den Mauern hockte, laut gerufen in jüdischer Sprache, damit sie's alle verstünden: »Wo ist ein Gott unter aller Lande Göttern, der sein Land hat von meiner Hand errettet, daß Jahwe sollte Jerusalem erretten von meiner Hand!« Der Schreiber und der Hofmeister bückten sich vor dem Könige; er redete hastig zu ihnen, mit matter Stimme, und sie erhoben sich und berichteten, daß der Mann Elohims sich eingeschlossen habe, nachdem er ihre Botschaft angehört, zum Gebete. Dann sei er nach geraumer Zeit mit einem heiligen Antlitz herausgetreten, jeder sah, er hatte mit Gott geredet, und habe verkündet, daß der Herr seine Stadt um seines gewaltigen Namens willen erretten werde, wenn sie sich zuvor von dem ungesühnt schreienden Frevel gereinigt habe, der noch in ihren Mauern sei. Man solle Simeon, den Leviten, aus der Zisterne des Königshauses hervorholen und seine Fesseln öffnen, dann soll man ihm ein scharfes Opfermesser an die rechte Hand binden und ihn eine Stunde vor Mitternacht von der Mauer herablassen, damit er bis zu den Zelten der Feinde schleiche. Dort solle er siebenmal rufen, so laut er könne: Jahwe, Judas Gott, ist unsichtbar, heilig, überall und der Stärkste! und sich dann das Messer ins Herz stoßen – denn sein Verbrechen an Elohim sei solcher Art, daß er durch eigenes Todesurteil die Macht des Herrn wieder einsetzen müsse. Hernach alles andere.

Der König befahl, den Leviten eilig zu holen, aber Eljakim hatte ihn schon befreit. Er stieg die steile Treppe hinan, mühsam mit seinen verstümmelten Füßen, und stand in Ketten vor dem Könige. Seine Beine waren bis an die Knie schwarz vom Schlamm der Zisterne. Er atmete begierig die Abendluft, seine Augen brannten in einem ganz mageren, bärtigen Gesicht, und seine Ketten klirrten bei jeder Bewegung; auf den Armen und den Wangen trug er Bisse von Ratten, die Daumen und die großen Zehen hatte man ihm abgehackt, damit er vom Priestertum geschieden sei, und die Wunden mit Pech verklebt. Er war noch jung. Er hatte eine silberne Schale und einen Silberkrug vom Schatze des Heiligtums entwendet um eines Weibes willen und mußte sterben. Das Volk hatte brüllend die Steinigung verlangt; aber der Rat der ältesten Priester zog vor, in dieser Notzeit kein Ärgernis zu geben, und hielt ihn in der Zisterne gefangen seit siebzehn Tagen. Der König sah ihn mit Schaudern an und trat zurück, denn er roch wie ein Aas. Er fragte ihn, ob er für Elohim zeugen wolle, und der Sündige schlug die Fäuste an die Brust und rief heiser in den Lärm der Ketten, es sei eine Gnade. Er bereute. Der König befahl, ihn zu waschen und ihm Wein, Brot und Öl zu reichen; darauf stiegen alle herab, gerade als am Rande des Himmels die letzte Röte fahl ward.

Die Assyrer hatten noch keinen Graben und Wall um ihr Lager gezogen; die hellen und geflickten Zelte des rechten Flügels traten auf doppelte Pfeilschußweite an die Stadtmauern heran. In den Öffnungen dieser Häuser von Leinwand und in den roh geordneten Straßen dazwischen liefen die Söldner nackt umher und bereiteten sich für die Nacht, indem sie Korn zwischen Steinen zerrieben und Wasser herbeitrugen in großen Tonschalen, die ihnen gepaart an einem Holzarme von der Schulter herabhingen, anzusehen wie eine Waage. Sie hatten die Nachhut gebildet und erst heute das Lager erreicht, junge Krieger und zum ersten Male in diesem Lande; nur einige Hauptleute hatten schon unter dem vorigen Großkönige gedient und vor drei Jahren Samaria erobert und verbrannt. Diese großgewachsenen Männer erschreckten, wenn sie Panzer und Kleider von

sich warfen, die Einheimischen mit ihrer Haut von sonderbar weißer Farbe, ihren Haaren, gelb wie Mais, und ihren runden Augen, blaugrau wie Meerkiesel. Sie kämpften zu Fuß, gegliedert und geübt, dorische Hopliten von den Städten der Küste und von den Ägäischen Inseln, manche selbst in Lakedämon geboren und darauf sehr stolz. Sie blickten nach der Stadt hinüber, begierig, sie zu erobern, die voll sein mußte von Schätzen und Frauen; denn das ganze Heer redete noch davon, daß Hiskija dem Großkönig jüngst, um ihn sich geneigt zu machen, dreihundert Kikkar Silber und dreißig Kikkar Gold geschenkt hatte; und nach Frauen begehrten sie, weil Rabsake verboten hatte, welche mitzunehmen, als sie von Lachis aufbrachen, der Erstürmung wegen die Begierde zu stacheln: als einige dennoch nachliefen, hieß er die persischen Schützen sie mit Pfeilen erlegen. Das Heer dehnte sich vor Jerusalem in einer sichelförmigen Krümmung: an die weißen Zelte der Dorer schlossen sich die schwarzen der Amalekiter, erprobter Krieger, unbehelmt und ungerüstet auf Kamelen reitend und im Fernkampfe dünne Wurfspeere schleudernd, die sie an Leichen vergifteten; nebenan bauten sich lederne und blaubemalte Hütten auf für die assyrischen Edlen, die ganz gepanzert von Sichelwagen herab stritten und als Leibwache der Feldherren um die Wohnung Rabsakes und seiner beiden Genossen lagerten. Vom linken Flügel her wieherten die Pferde der Perser. Die Perser schliefen ohne Zelte auf der Erde und kämpften beritten mit Bogen und Pfeil, unter runden Helmen und im Panzer aus doppeltem Linnen, gefüllt mit Schafwolle; und den äußersten linken Flügel hielten die Syrer, Fußvolk, bewaffnet mit dicken Speeren und Dolchen. Ihre gebogenen Schwerter schliffen sie an der inneren Krümmung, und sie beschirmten sich mit hohen Spitzhelmen, Panzern aus kupferbesetzten Riemen und großen Rohrschildern, bezogen mit Antilopenfell. Sie waren als erste vor der Hauptstadt angelangt und stellten ihre Wachen in Gruben aus, die sie mit ihren Schwertern gegraben hatten.
Die Griechen jedoch, erschöpft und schlafdurstig, nahmen sich dafür keine Zeit mehr. So ward bestimmt, daß ihre Posten in voller Rüstung wachen sollten, mit Panzern, Beinschienen, Helm und Schild, und alle drei Stunden abgelöst werden, obwohl an einen Ausfall niemand glaubte. Die Befehlshaber der Wache standen vor ihrem Zelte, nur mit dem Chiton bekleidet,

und hörten zwei amalekitischen Häuptlingen zu, die ihnen in langsamer Rede die Gebäude der Stadt beschrieben; ein Dolmetsch übersetzte Wort für Wort aus der rauhen Wüstensprache in die dorischen Laute – als würden aus Raupen geflügelte Falter. Sie hatten sich mit den wortkargen Kamelreitern auf dem langen Zug hierher befreundet, und ihre Augen folgten staunend den ausgestreckten braunen Armen, an deren Handgelenk mit kurzen Ketten Dolche angeschmiedet hingen. Sie sahen das Haus der Könige glänzen, das der Krieger David vor langer Zeit erbaut und sein Sohn Salomo, der Zauberkundige, weit gemacht und innen mit Gold ausgekleidet hatte, in einer Nacht, mit Hilfe schlangenköpfiger und geflügelter Seraphim; und auf dem Tempelberge ragte das Haus Jahwes, der dieses Landes Gott war und unsichtbar darinnen wohnte, in großer Macht und in Räumen ganz aus Gold. Die Hopliten jauchzten, es zu plündern; doch lachten sie verächtlich über den Gott, der sich niemandem zu zeigen wagte; weil jeder von ihnen wußte, wie seine Götter aussahen, alt oder jugendlich, Männer bärtig und stark oder Frauen mit schöner Brust. Aber das Haus Jahwes glühte noch ganz rot auf seiner Höhe, als die Sonne längst verschwunden war; und plötzlich zeigten sie einander eine große Wolke im Osten, die sich rosenrot in vier langen und einem kleineren Streifen von einer Stelle des Himmels aus über das halbe Gewölbe reckte, ähnlich einer blutigen greifenden Hand, und errieten eines des andern schweigende Verwirrung hinter erschreckten Lidern.
Die Luft lastete erstickend, die Nacht brachte keine Kühlung, und obgleich die Wolke sich über den Himmel ausdehnte, behaupteten die Amalekiter, es werde nicht regnen. Sie saßen einige Zeit nach Sonnenuntergang mit den Griechen, die Nachtwache zu verkürzen, im Zelt, ganz in weißes Leinen gekleidet, braun und schwarzbärtig, die Fingernägel mit Henna gelbrot gefärbt und die Brust mit knöchernen Amuletten behängt, und tranken Wein aus ledernen Bechern, während die Griechen ihn gewässert aus hölzernen Schalen schlürften. Sie streckten sich nackt und weiß auf der Erde und stöhnten vor Hitze. Neben Protokles, einem jungen Inselgriechen, lag Agasilaos, reich an Narben, ein Hundertführer; er liebte den Jüngling; die Amalekiter wußten es und entsetzten sich heimlich über den Greuel. Der Weinschlauch leerte sich, und endlich

hörte alles stumm auf den syrischen Dolmetsch, der von Jahwe sprach. Der Gott kam den Griechen nicht mehr verächtlich vor. Sie glaubten, in der immer drückenderen Luft etwas von seiner Gewalt zu spüren, und ihrer leicht und bis in die Tiefe bewegbaren Einbildung erschien seine Unsichtbarkeit allmählich furchtbar und seine allgegenwärtige Herrschaft über dies Volk und Land die Seele angstvoll pressend. Eine Stunde vor Mitternacht nahm Agasilaos Helm, Panzer und Schwert und ging, die Posten nachzusehen. Vor dem Eingang kniete, an einen Zeltpfahl gebunden, das Kamel der Amalekiter, auf dem sie, alle beide auf einem Tiere reitend, von ihren Zelten hart am Griechenlager hergekommen waren, und schlief. Das Heer lag endlich verstummt in schwerem Schlafe, auch die Stadt schwieg, und nur die ölgenährte Lampe über den Trinkenden streute ein wenig Licht auch in die Schwärze der Neumondnacht.
Plötzlich vernahmen die Zecher ein schauriges Schreien irgendwo nahe der Finsternis. Sie sprangen jäh auf die Füße und lauschten ernüchtert. Es ließ sich gleich noch einmal hören, inbrünstiger; näher; die Amalekiter griffen nach ihren Amuletten, und der Dolmetsch übersetzte zitternd den Griechen: »Jahwe, Judas Gott, ist unsichtbar, heilig, überall und der Stärkste!« – gleich rief es zum dritten Male, voll verzweifelten Triumphes, und das Zelt stürzte lautlos ein. Das Gebrüll, in die dumpfen Träume des Reitkamels gedrungen, hatte ihm einen Löwen vorgespielt; beim dritten Rufe war es zitternd aufgesprungen, den Zeltpfahl mit sich reißend. Die von der schweren Leinwand Begrabenen glaubten, die Hand des Gottes schließe sich über ihnen, und schrien vor Schreck. Es gelang einigen, sich zu befreien; sie stürzten in das Lager mit dem Rufe: »Der Gott, der Gott!« und wurden sogleich niedergehauen; denn die ferneren Schreie Simeons hatten viele Schläfer geweckt, die, halbtrunken noch vom Schlafe, nackt mit Waffen hinauseilten, um den Ausfall der Belagerten abzuwehren. Mit zornigen Ausrufen und in vollkommener Finsternis hieben sie aufeinander ein. Agasilaos führte im Laufe sämtliche Wachen herbei, die er ganz gerüstet, im Stehen schlafend, gefunden hatte; sie wollten ihre Schmach wettmachen und stießen alles nieder. Agasilaos selbst bohrte, zwischen anderen, die er tötete, dem Protokles das Schwert in den Rücken, als er sich gerade aus dem Zelt befreit hatte, und entfernte sich, nach

Protokles rufend. An vielen Stellen des Gemetzels, das immer breiter wurde, merkten sie an den Rufen der Kämpfenden und Wunden, daß Grieche gegen Grieche stritt; das erhöhte die Verwirrung und Raserei, der Feind schien überall und nicht zu greifen. Ein allgemeines Wogen und Weichen begann; die hintersten Massen wurden in die Zelte der Amalekiter getrieben. Diese, die die Sprache der Griechen nicht kannten und über einem erbitterten Kampflärm nichts verstanden, wehrten sich nach ihrer Art. Den beiden nächsten Hundertschaften fehlten jetzt die beim Wachzelt gefallenen Führer; so kämpften sie ohne Befehl und schleuderten ihre Speere im Bogen in die hinteren Reihen der Angreifer oder töteten sie im Nahkampf, indem sie sie Brust an Brust umarmten und die Dolche an ihren Handgelenken ihnen in den Rücken stießen, denn man merkte den Gegner erst in Atemnähe. Die Hopliten verständigten sich im Dunkeln durch Rufe, ordneten sich und versuchten, die Kämpfe untereinander zu verhindern. Offenbar waren die Barbaren der Wüste Aufrührer und den Ebräern verbündet; man versuchte, Fackeln anzuzünden, aber alles Feuer war zertreten oder von Leichen erstickt. Die Amalekiter warfen ihre Speere und wichen langsam zurück; die meisten verbargen sich hinter den Kamelen und schleuderten von dort ihre Köcher leer, einige stiegen auf ihre Tiere, aber sie fielen plötzlich tot herab. Denn während vorn die Phalanx der Hopliten drängte und tödlich vorrückte, hatte Rabsake, gewiß, daß ein verzweifelter Ausfall gemacht wurde, seine Leibwachen um sich geschart und den Persern Befehl gegeben, den Amalekitern zu Hilfe zu kommen; die persischen Pfeile suchten sich Ziele unter den Kamelreitern. Diese merkten es und wandten sich, toll vor Wut und Verzweiflung, gegen den neuen Feind, die giftigen Wurfspeere antworteten lautlos dem Schwirren der Sehnen auf den Hornbögen. Als die Perser zu Pferde angriffen, ließ Rabsake alle Sichelwagen anschirren und rückwärts führen, um ihnen Platz zu machen; aber seine hölzernen Fackeln genügten nicht, und die stählernen Sensen an den Radnaben zerschnitten die Sehnen persischer Pferde. Die Amalekiter hatten gar kein Licht, und da die Perser keine Sprache verstanden außer der eigenen, konnten sie nicht hören, ob die Schlachtrufe ebräisch waren; sie nahmen, was vor ihnen drängte, für Feinde, und jene, obgleich sie hin und wie-

der die persischen Rundhelme erkannten, konnten dennoch nichts tun als sich wehren.
Dieser Kampf, Mann gegen Mann, währte drei Stunden. Das Lager schäumte über von dem schauerlich pfeifenden, klatschenden und heulenden Getöse, in das aller Lärm zusammenfloß; das Klirren von Waffe an Waffe und der dumpfe Schlag von Waffen in Fleisch, das erbitterte Keuchen und Rufen der Kämpfer, die sich in der unerträglichen Finsternis wenigstens hören wollten, und das gellende Jammern der Verwundeten, auf die man trat. Aber alle Schrecken des gewohnten Kampfes wurden überwuchert von der Unbestimmtheit des Gegners und einer tiefen Angst vor seiner ungreifbaren Nähe. Schauder und Ungewißheit lähmten die Arme und stachelten zugleich einen tobenden Haß. Es gab Männer, die plötzlich gellend lachten und tanzten, andere fielen um, sobald eine kalte Waffe ihren nackten Bauch spitz berührte, viele hieben blind um sich und stießen von Zeit zu Zeit Schreie aus, bis sie ermüdeten und gleich erschlagen wurden; allen aber drang Todesschrecken ins erkältete Herz, lange ehe die unsichtbare Waffe des unsichtbaren Gegners jäh traf – kämpfte man gegen Nachtgeister, Heerscharen von Engeln oder böse Götter? Und vergebens suchten die entsetzten Augen, an das Dunkel langsam gewöhnt, unter den zahllosen Armen und Köpfen, die sich schwärzer in der schwarzen Luft bewegten, nach gewissen Massen von Feinden. Befehlsworte in allen Sprachen des Lagers wurden laut gerufen und befolgt und nährten das Gemetzel; es wurde beendet durch die Syrer, die in fester Ordnung auftauchten und den Griechen stürmend in den Rücken fielen: denn da Rabsake glaubte, der rechte Flügel sei angegriffen und weiche, ließ er schließlich von links her das syrische Fußvolk einen Bogen marschierend vorgehen, um die Angreifer von der Mauer abzudrängen und sie von hinten aufzureiben, was im Eilschritt ausgeführt wurde. Kurze Zeit wehrten sich die Griechen nach beiden Seiten – dann entscharten sie sich zur Flucht. Wie in erlösendem Dammbruch ward das ganze Heer von den Syrern ins Land hineingejagt, denn die Kamele und Pferde brachen aus, sobald sie Raum hatten, und rissen die Leibwache mit sich fort. Die Syrer drängten in geschlossenen Reihen nach; als es dämmerte, erkannten sie die Trümmer der Sichelwagen, entdeckten, daß

ihnen der Feldherr fehlte und wohl den Fliehenden gefolgt war, und machten sich eilig daran, ihn wieder einzuholen.
Als die Sonne aufging, glänzte das Feld rot von Blut und bedeckt mit Leibern. Die Juden hatten ein wildes Rauschen vor der Stadt gehört und voller Angst den Morgen erwartet; er zeigte ihnen das Lager zerstampft und den Feind vernichtet. Ein ungeheurer Jubel brach aus. Die Männer eilten aus der Stadt, um für einige Stunden die Schakale zu verjagen, die, rot bis zu den Ohren, ihre spitzen Schnauzen in die Eingeweide der Toten gebohrt hatten, die Schwerverwundeten zu töten und für den nächsten Angriff des Großkönigs die Waffen zu sammeln; alles Gold brachten sie dem Tempel dar, denn Jahwes Engel allein hatten die Assyrer geschlagen, ohne Menschenhand. Bei der Kunde schrie der König in lautem Jauchzen auf, lachte geschüttelt und unaufhörlich und klatschte in die Hände. Aber Jesaja, als er das Ungeheure vernahm, ward steinbleich, sank langsam in die Knie, zitternd, und weinte, die Arme auf dem steinernen Boden seines Hauses und darauf die Stirn, nahe der Erde. Unter der Beute, die überreich schimmerte von Gold, Geschmeide und Waffen aller Art, fand man staunend ein Opfermesser des Tempels, von dem niemand begriff, wie es zu den Heidenschwertern kam. Und die es ahnten, schwiegen, denn viele Leichen waren zu gestaltlosen Klumpen zertreten. Nur als sie es, Sebna, der Königsschreiber, und drei alte Priester, feierlich zu dem Propheten brachten, daß er es beschaue, hielt er das blutigschwarze Werkzeug auf beiden offenen Händen, wie man ein Kindlein hält, besah es mit einem langsam selig werdenden Lächeln und drückte es, sich neigend, an seine Stirn. Dann wand er dem nächsten Priester die weiße Binde vom Haupte, wickelte es ganz darein und machte sich selber auf, den Zeugen des Herrn niederzulegen bei den kostbaren Weihegaben des unberührt thronenden Tempels.

# Episode aus Zarenland

## 1912

Schüsse knallten und weckten Eli Saamen. Das Fenster seines Schlafzimmers, mit beiden Flügeln offen, an dem die Gardinen im Nachtwind baumelten wie Gehenkte, ließ ungehindert das helle Krachen der Brownings über die Dächer bis zu ihm. Er setzte sich im Bette auf: der Himmel über der Stadt glomm leicht rot, von Brand oder nur von vielen Lichtern, aber höher hinauf arbeiteten sich Scharen von Sternen aus dem endlosen Schwarz; in das weite Schimmern schnitt das Fenster ein hartes Kreuz, mitten durch das vertraute Gebilde des großen Wagens. Es geht auf elf, dachte der Knabe, als er schräg vor sich das Sternbild erblickte; sie schießen... Die Tür zum Zimmer des Vaters ward aufgerissen; der Inspektor machte einen raschen Schritt über die Schwelle: »Aufstehen, Eli«, schrie er, die derbe Stimme klang wild vor Erregung. »Pogrom?« rief der Sohn, mit beiden Füßen auf den Teppich springend; aber es brauchte keine Antwort. Er zog sich mit eiligen und zitternden Händen an, indes der Vater nebenan einen Brief siegelte. Noch stand, in der Stellung des entscheidenden Springerzuges, das Schachbrett vom Abend auf dem Tisch, und die Figuren schwärzten im Schein der Kerze das gemusterte Brett mit strengen Steifen von Schatten. Eli bemerkte es, glücklich vor Stolz: der Vater, solch starker Spieler, hatte vor diesem neuen Zug überrascht aufgeben müssen... Alsbald aber verfiel er wieder der Gegenwart; mit Genugtuung bemerkte er, indem er hastig an den Stiefeln schnürte, daß es seinen Feinden jetzt schlimm gehe, den Judenjungen, die ihn von hinten mit Erde bewarfen und ihm nachschrien, daß er den Sabbat schände und Unreines äße; und er fand, ihnen geschehe recht, da sie viele waren und ihn dennoch nie einzeln anfielen. »Nun? Fertig? Noch nicht?« Der Inspektor, die Pelzmütze schon auf dem Kopf, ragte schwer in den Rahmen der Tür, mit hohen Stiefeln und seiner großen grünen Joppe. Er blies ungeduldig in den dicken Schwarzbart: »Hast du Furcht?« Plötzlich – er hatte bisher nichts derart gedacht – fiel

Eli ein, daß auch er erschlagen werden konnte, denn die Banden wußten ja nicht, daß Vater und er mit den andern in Feindschaft lebten; doch vergaß er es sofort. »Aber nein!« empörte er sich, »da bin ich. Wollen wir hin?« Der Vater schloß schon den Brief in seinen Schreibtisch: »Man muß sehen... man muß dort helfen...« Dann wandte er dem Sohne das Gesicht voll zu und prüfte den Sechzehnjährigen mit Blicken wie ein eben abgeliefertes Werkstück: nein, der hatte keine Furcht. »Höre, Eli. Kann sein, daß mir dort... daß ich auch – – also verstehe: wenn ich morgen nicht mehr da bin...« – »Vater!« schrie er, und seine Augen wurden schwarze Löcher. »Alles kann kommen. Dann, höre, fährst du sofort nach Deutschland zurück, sofort...« – »Vater!« – »... lernst was Rechtes, wirst Ingenieur.« – »Hör auf, bitte, hör auf«, bat der Knabe mit schwankender Stimme, und seine beiden Hände griffen nach dem Arm des Mannes. »Es ist nur für alle Fälle. Du bist groß genug. Da, nimm das.« Er schob ihm eine flache Pistole zu und legte mit ruhiger Hand Patronen hin. »Sie ist schon geladen. Komm.« Eli nahm die Waffe heftig an sich, wenngleich sein Arm zitterte. »Wird's gefährlich, Vater?« Aber der Inspektor schritt schon durch die Tür, den Browning in der Tasche und in der Faust einen gefährlichen Stock, außen von Leder, innen aber von Eisen. Seine Schritte dröhnten auf dem Korridor; der Knabe beeilte sich, seinen Bergstock aus der Ecke zu reißen, einen gelben Eichenknüppel mit metallener Spitze. An der äußersten Tür fand er den Vater wartend, unschlüssig, wie ihm vorkam. »Eigentlich müßte man dich hier lassen. Was sollst du dort...« – »Ohne dich? Ich bleibe nicht allein, keinen Augenblick.« – »Gehorchst du?« Doch der starke Junge rief: »Ich breche die Tür auf und komme dir nach!« Der Inspektor kannte seinen Ältesten: »... Meinetwegen... schließlich ist's am besten«; und er lächelte schwach und ließ den Schlüssel ins Schloß beißen.

Sie polterten die Treppe hinab, durch drei Stockwerke, und eilten über den weiten Hof der Fabrik. Elis Blut lief schnell und lustvoll: ein Abenteuer, welch ein Abenteuer! Ein Pogrom, heut am Ostersonnabend! Morgen gehen sie dann zur Kirche. Er fürchtete sich gar nicht; seine Finger preßten beglückt den Kolben der Waffe. Ob er schießen würde? Ob auch treffen? Sicherlich, wenn's ihn nicht zu sehr schüttelte. Er versprach sich, Gawril Buttermann, dem Rotkopf, dem Steinwerfer, keinesfalls beizuspringen, und er sonnte sich beglückt im Neid der ganzen Klasse und Leos, des Bruders, der drüben geblieben war, wenn er erzählen würde... Er spannte wie turnend den Arm inwendig an, so daß die Muskeln dick heraustraten. Der Sekundaner, breit und groß, hob unter schwarzen Haaren ein sehr weißes Gesicht mit rundgebogenen Augenbrauen. Der Pförtner wachte noch, sein Fenster gab ein gelbes Viereck in die Nacht hinaus. Der Inspektor legte ihm die Schlüssel der Wohnung hin und sagte in polnischer Sprache: »Mach mir das Tor auf.« – »Es ist nicht gut draußen, Herr«, meinte der alte Mann, indem sein Schnurrbart, vom Rauchen gelb, auf und ab stieg: »Schon recht, Janck. Um eins bin ich wieder da, nicht? Und heb mir die Schlüssel gut auf.« Das Tor schrie in den Angeln; man hörte hin und wieder ganz schwach schießen. Der Vater eilte so, daß Eli fast zurückblieb. Die Straßen lagen schwarz und leer von Menschen; helle Fenster fanden sich nur ganz oben in den Häusern. Die beiden bogen fortgesetzt nach rechts ab, liefen im Trabe die ganze Petersburger Straße hinunter, unaufhörlich in Pfützen tretend, quer über den Patjomkinplatz und in die Schlüsselstraße hinein. Der Lärm nahm zu, man hörte ihn als ein wirres Rauschen. Es begegneten ihnen Leute, und immer mehr. »Was ist?« fragte der Vater einmal irgendeinen im Dunkeln auf russisch. »Sie schlagen die gottlosen Juden, Onkelchen, lauf zu.«– »Und die Polizei?« – »Wo wird der Soldat faul sein?« lachte der Bürger zufrieden und ging seines Wegs. Eli nahm sich vor, auf die Soldaten zu schießen, selbst wenn sie Gawril totschlagen sollten. Die Straßen erhellten sich von Laternen und Licht aus Wohnungen, binnen kurzem gingen sie inmitten vieler Menschen. Sie drängten sich durch ohne sonderliche Höflichkeit, und als der Vater nicht mehr schnell genug vorwärts kam, schob er den Jungen bei der Achsel in ein hohes Haus. »Wohin?« fragte Eli aufgeregt. – »Komm.« Sie eilten leise zwei, drei, vier Treppen empor; aus dem Flurfenster, einer kleinen schmutzigen Öffnung, überschauten sie die nächsten Straßen, denn keines der Nachbarhäuser maß mehr als drei Stockwerke. Der quadratische Rahmen umschloß ein grelles Bild, vor Entfernung klein, aber erstaunlich scharf gezeichnet. Sie sahen Flammen, die aus Fenstern winkten, und üppig qualmenden Rauch, rot angestrahlt; sie sahen Menschen laufen, bewegte Arme, Knäuel und Gruppen von Menschen; sie hörten Gebrüll, gellende Schreie von hohen Stimmen, einzelne fallende Schüsse, und durch das Knistern und knatternde Fressen der Brunst dumpfe Geräusche poltern, wie von stürzenden Balken und krachend eingerannten Türen. All das Entsetzen drängte sich ins Gesicht eines höllischen Augenblicks: denn sogleich riß der Inspektor seinen Sohn rückwärts und donnerte mit ihm die Treppen hinunter, hielt den Stock quer mit den Zähnen und kletterte über die niedere Mauer auf das anstoßende Grundstück. Eli warf seinen Knüppel hinüber, schnellte in die Höhe, hielt sich oben, an den Fingern hängend, stemmte sich auf, hob die Beine über das Hindernis und stieß sich exakt ab, wie sie's im Turnen übten; er fiel fast auf die Hände, erraffte seinen Stock, und nun liefen sie schallend durch ein Hinterhaus, quer über einen zweiten Hof und dank eines Torwegs gleich auf die Straße. Sie eilten links an den Häusern entlang, ohnen einen Menschen zu treffen, durch zwei, drei winzige Gassen und standen dann auf der Katharinenstraße, die weiter hinten voll war von Lärm, Helligkeit und Rauch. Sie hielten einen Augenblick, denn ihrer hämmernden Brust mangelte derAtem; dann gingen sie etwa siebzig Schritt, langsam, ausruhend, den Browning in der Linken, bis zur Menschikowstraße, bogen um die Ecke, und dann geschah dieses: Entgegen lief ihnen eine Frau, bekleidet mit einem Unterrock und über dem Hemd ein braunes Tuch, das die Schultern verbarg, ganz und gar ohne Atem, unfähig zu schreien, das fleischige Gesicht verzerrt von der Angst des Todes; an der Hand hielt sie ihre junge Tochter, der auch das Tuch fehlte, deren Haar lang herumhing und deren bloße Füße kaum noch ausschritten, nur nach vorn zu fallen schienen. Ihr Mund stand sehr weit offen, alle Zähne weisend, und die freie Hand ballte sich auf der linken Brust. Drei junge Kerle setzten ihnen nach, es streckte sich wenig Pflaster mehr zwischen den Frauen und ihnen; in diesem Zwischenraum aber trabte ein kleiner Junge, vielleicht neun Jahre alt, und stöhnte, unfähig, die Mutter einzuholen, auf gräßlich hilflose Weise nach ihr... Eli hielt ihn für Gawrils kleinsten Bruder; übrigens begriff er sofort, daß er sich hatte täuschen lassen. Das Kind stolperte, raffte sich, fiel wieder, und als es noch einmal auf den Füßen stand, lief der erste Verfolger an ihm vorbei; der zweite stieß ihm ein langes, gerades Fleischmesser in den Rücken. »Maa...«, schrie es, einen schrill beginnenden, sich vertiefenden Schrei, und brach in sich zusammen. Die Mutter wandte den Kopf, als sie den schneidenden Ton hörte, erstarrte und sank in die Knie, ohne das Mädchen loszulassen. Plötzlich gewahrte Eli den Vater, der eben noch an seiner Schulter schritt, zehn Schritte vor sich, und die Brust durchwirbelt von einem Strudel Tumult, sprang er ihm nach. Einen jähen Moment freute er sich, daß seine Mutter lange tot war, dann bemerkte er, wie der furchtbare Stock des Vaters dem Vordersten den Schädel von der Seite her zertrümmerte, wenig anders als einen irdenen Topf, und wie der Tote seitlings auf die Steine fiel, sah die beiden anderen sich zur Wehr setzen, und dann war er heran: ein, zwei helle Schüsse kamen ihm entgegen, er nahm den Browning in die Rechte, der Vater schlug auf den Schießenden ein, das Messer des letzten hob sich gegen seinen Rücken – Eli tastete etwas kalt ans Herz, dann stand er, schoß, schoß, schoß und das Messer klirrte aufs Pflaster. Eine maßlose Erregung schrie aus ihm: »Getroffen!« Hinter ihm riefen die Frauen etwas Gellendes, ein trappendes Laufen war da, ein Schuß donnerte dunkel hinter ihm, noch einer – kein Browning, wußte er –, in seinem Licht erblickte er das Gesicht des Vaters, der sich umdrehte, grellweiß, mit weiten Augen funkelnd vor ungeheurem Zorn – – und schon nicht mehr; er fiel nach vorwärts... Vater! dachte er, und sogleich warf ihn etwas von oben Hämmerndes nieder wie ein schmetternder Blitz.

Der Polizeileutnant wischte den Säbel ab und befahl: »Weiter.« Die beiden Frauen stierten, vor Grauen dumm, auf all die Liegenden, während die Polizisten sich schnell entfernten: auf den Boden, die Burschen, den Knaben und das Kind.

# Die Krähe

## 1912

Drei Tage nach Beginn des neuen Schuljahrs, gegen Ende April um halb elf Uhr, wurde der Tertianer Leo Saamen ungewöhnlicherweise zum Direktor seines Gymnasiums beschieden. Während er, künstlich gelassen, unter allgemeiner, etwas bösartiger Neugier auch des Lehrers, das Klassenzimmer verließ, die Treppe hinunterging, und noch als er schon die Tür öffnete, grub er angestrengt und ziemlich verstört nach, was wohl gegen ihn »vorliege«; obwohl er sich schuldlos wußte, drückte ihn in der rasch vertrocknenden Kehle ein Reif von Angst, wie er neben dem nachlässig zurückgelehnten »Alten« in etwas aufgeregter Haltung die ältliche Dame erblickte, bei der er gegen angemessenes Entgelt Wohnung und Nahrung erhielt. Der Chef wies ihm einen Stuhl an – war's möglich? Und was bedeutete es? In seinen Händen raschelte ein Brief . . . ! Und wie er noch innerlich flehte, so schnell als möglich unterrichtet zu werden, teilte man ihm mit (ein Mann kann angestellter Pädagog und in menschlichen Angelegenheiten dennoch ratlos und ungewandt sein), ihn habe ein Mißgeschick, ein schlimmer Unglücksfall betroffen, dadurch daß – und vor lauter Behinderung und Teilnahme sprach der Berichtende rasch und sachlich – in seiner russischen Heimatstadt bei den Unruhen am vergangenen Ostersonnabend sein Vater und sein Bruder . . . Hier erhob sich der Knabe mit einem Gesicht weiß wie Mehl und Augen, die nichts sahen, und formte mit den Lippen die Frage: Tot? »Ihr Bruder lebt, wenn auch . . . «, antwortete der Direktor eilig vor Unbehagen, denn er wußte, daß der Schüler seit langem auch keine Mutter mehr besaß; und Frau Gutlach äußerte gleichzeitig etwas von guter Hut . . . Darauf gab Leo Saamen mit leiser Stimme, lallend und stotternd, endlich das Wort »Vater« von sich; der Direktor beurlaubte ihn für die nächsten Tage, der Knabe wandte sich tappend zum Ausgang, und erst dicht bei ihm, die Hand am Türgriff, wurde die Schraubendrehung des Zimmers um ihn, die Übelkeit brachte, zu heftig für seinen Willen, und er sank langsam hin.

Nach einigen Tagen erlaubte der Arzt, ihm alles zu sagen: der Inspektor Saamen hatte nach den Worten des polnischen Torwächters in der Sonnabendnacht die Fabrik verlassen, später als er zu tun pflegte, und zwar mit seine Sohne Eli; wie der Pole vermutete, um den Pogrom zu sehen. Als er bis zur Frühe nicht heimkam, suchten ihn seine Leute am Morgen und fanden an der Ecke der Katharinenstraße die Leiche, durch den Rücken geschossen, unweit von drei ebenfalls toten Unbekannten verkommener Art, offenbar den Gegnern eines Kampfes, und nur wenige Schritte von seinem Sohne entfernt, der aber noch lebte. Ein Säbelhieb, durch Pelzmütze und dichtes Haar gehemmt, hatte nicht genügt, seinen Kopf zu zertrümmern; nun lag er in der Villa des Fabrikherrn, der seinem Inspektor stets wohlwollte, und da Kommerzienrat Wittich kraft Steuern, Trinkgelder und sonstigen Ansehens die Behörden beherrschte, war für den Verwundeten nichts mehr zu befürchten; denn der Säbelhieb, nach ärztlichem Gutachten der langen schmalen Klinge eines Offiziers zu verdanken, würde sicher heilen, und danach galt es als gewiß, daß Eli, sobald er reisen konnte, zur Schule und zu seinem Bruder zurückkehren werde, indes Herr Wittich alles Geschäftliche ordnete.
So lautete das Geschehnis, und Leo Saamen blieb es überlassen, damit fertig zu werden – damit und mit noch anderem. Zwar veranlaßte ihn der wohlmeinende Direktor, alsbald wieder die Schule zu besuchen, damit ihm nicht in einsamem Grübeln die Trauer das Herz zerfresse, wenn er sich ihr ungestört hingebe; und die Kameraden bedachten den jäh Verwandelten mit ernsthafter Hochachtung, ohne Mitleid, selbst geehrt durch die Ehre seines Verlustes, der auf heldenhafte Art, von Säbeln und Kugeln der Übermacht, das Leben naher Menschen verloren hatte. Auch gefiel ihnen die kalte blasse und harte Miene, mit der Leo sein Schicksal trug, ohne Pomp und Nachdruck, so schlicht wie den Trauerflor um Hut und Ärmel, den man ihm angenäht hatte und den er tapfer bemüht war zu vergessen – wie man wohl einen eben geheilten Arm mit seelischer Behutsamkeit betont sorglos bewegt. Aber außerhalb der Schulstunden hielt er sich allein, und niemand hätte ihm das wehren dürfen. Denn das andere ihm Auferlegte mußte er mit sich ganz allein bereden und beenden.
Dieses andere sei zugleich mit Ort und Stunde gegeben, wo es

in ihn eintrat. Nach der Sitte der Juden hatte er nach abgemessener Trauerfrist, wenn er den Tempel zum ersten Male wieder betrat, gegen Ende des Gottesdienstes vom Diener feierlich hereingeführt, an die Lichter des Altars zu treten und, die Blicke der ganzen Gemeinde im Rücken, mit lauter Stimme ein Gedenkgebet für den Toten zu sprechen, an dem der Vorbeter sich beteiligte und dessen Strophen die Menge chorisch schloß. Der Weg bis zu den Stufen des Altars gelang ihm durch unbegreiflichen Glücksfall; obwohl er die Zähne aufeinander biß, die Nägel in die Handflächen bohrte und jeden Schritt gesenkten Auges befehlsmäßig hervorrief, begriff er nicht sein Dastehn, als er angelangt war. Dann aber, als er zu sprechen begann und durch Kreise von Licht nur die goldgestickten Löwen auf dem Vorhang sah, nichts weiter als hinter Kreisen von Licht goldene Löwen auf dem grünen Sammet, der vor den Rollen der Heiligen Schrift niederhing; als das Volk hinter ihm wie eine Kruste abfiel, der Raum zerbröckelte und schwand und er seine Stimme spröde und klar in leeres Licht hineintönen hörte – als er seine Scham, hier zu stehen, seine blutrünstige Trauer, seine Einsamkeit und sein ganzes Leid wie ein Opfer ins Licht hinauswarf und gleichsam hohl, fast wie auf sein Angesicht gefallen, nur noch Stimme war und ein übrigbleibender Rest: da, am Ende der Zeremonie, trat jäh eine Empfindung von Ernst und Verantwortlichkeit in ihn, ein Gefühl ungeheuren Verpflichtetseins, so daß er sich plötzlich wieder ganz ausgefüllt, aufgerichtet und gestrafft spürte. Tun! sagte etwas; nicht reden, tun! tun! tun!, und als er die Augen schwindlig schloß, sah er die schwarzen Blicke des Vaters ganz groß auf sich gerichtet, umgeben von Stirn und Wangen, sehr weiß, verschwimmend in Schwärze; und auch dieser Blick befahl ihm zu tun. Er hob die Lider und stand vor dem Altar, während hinter ihm die Leute das Gotteshaus verließen. Er ging, aber er sah niemanden, denn er horchte in sich hinab, ob ihm nicht eine Antwort komme auf die Frage, was er tun solle. Erst als er schon zu Bette lag und die Nacht über seinem Haupte durch die offenen Augen ins Herz hinabsog, ward ihm eine Antwort, die das Rauschen des Blutes in den Ohren Pulsschläge lang schweigen machte. Er hatte den Vater zu rächen. Darum also war er aufgespart worden. Darum hatte Gott gemacht, daß er diesmal nicht nach Hause fuhr, sondern wünschte, hier zu bleiben.

Nicht weil er eine Lateinprüfung nachholen mußte, nicht weil Edith Creutz mit blonden Zöpfen durch die Straßen gehen sollte und er neben ihr. Jemand mußte da sein, stark und gesund, weil es Rache galt, Sühne und Tat. Er machte Licht, suchte in den ersten Seiten des Pentateuch und las bei der Kerze jene hebräischen Worte, die deutsch lauten: »Hört meine Rede und merkt, was ich sage: Ich habe einen Mann erschlagen mir zur Wunde und einen Jüngling mir zur Beule.« Da stand es...

In seinen freien Stunden fand er von nun an nur einen Weg. Er hätte sich auch auf die große Brücke stellen können, aber da gingen stets Leute, und außerdem klebte da allenthalben Schmutz. So glitt er auf seinem Rade Straßen entlang, am Bahnhof vorbei, auf dem eines Tages Eli ankommen würde, dem es bereits besser ging (es mußte vorher getan werden), einen Promenadenweg mit vielen Birken, der schließlich aufwärts durch den hochgelegenen Garten eines Gasthauses führte, zwischen zwei Zäunen wieder hinunter und hügelauf und -ab an einer einstigen Badeanstalt vorbei abwärts zum Bache. Dieses schwarze und langsame Wasser bildete die Grenze; links entlang sah man schon russischen Boden; und daran nicht genug, begannen jenseits einer Eisenbahnbrücke auch schwarzgelbe Grenzpfähle zu stehen. Die kleine oberschlesische Stadt – und dies war in der Tat ihr einziger Reiz – lag dicht an jener merkwürdigen Stelle, wo die drei Kaiserreiche Europas einander berühren und die man im Alltag ziemlich salopp die Dreikaiserecke zu nennen pflegte. In ihrer Nähe stieg Leo aus dem Sattel, um die Maschine an einen Baum zu lehnen und, die violette Schülermütze neben sich, aus dem hohen Grase haßerfüllt und ohne Entschlüsse hinüberzustarren in das mörderische Reich, das sich grün und friedlich jenseits des Flüßchens erstreckte und das im Dufte des Horizontes nur seinem Auge, nicht seinem Haß eine Schranke bot. Er kannte es nicht, Rußland; wohl fuhr er mehrmals im Jahre sieben oder acht Stunden mit schnellen Zügen, um seinen Vater zu besuchen, aber er kam damit nicht über die Schwelle des Reiches hinaus. »Ja, Rußland ist weit und breit«, pflegte der Vater manchmal zu lächeln. Und dennoch lag hier ein einzelner und ein Knabe, um es zu hassen, zu bekriegen, zu zerstören. Aber er wußte nicht, wie er's anfangen sollte, und machmal verzagte er vor Ungeduld... Dann löste er mit tiefen Atemzügen und einem harten Vorstoß des Willens die Spannung und Verknotung seines Geistes und fing wie ganz von neuem an, geduldig und nachdenklich hinüberzuspähen, auf dem Bauche liegend, die Zigarette zwischen den Fingern und als Deckung für Vorübergehende den »Waldläufer« aufgeschlagen im Gras und in den stark riechenden Kamillen, deren gelb und weiße Sönnchen er sich, harmlos zu scheinen, ins Knopfloch steckte. Die Maitage dehnten sich lang und warm im Summen der Bienen; drüben fraßen Pferde mit gesenkten Köpfen von dem hohen Gras und peitschten die Fliegen mit den langen Schweifen; schön gingen sie umher, ganz unähnlich sich selbst, wenn man sie vor Wagen traf. Dann lag eines Tages die Wiese kahl: man hatte am Morgen das Gras geschnitten, das erste Heu trocknete, Männer und Frauen begannen es in Haufen wie Bienenkörbe zu formen, der Mai endete bald, und noch wußte Leo Saamen nicht, was zu tun... Da wurde ihm geholfen.

Eines Freitagnachmittags, als er gegen halb sieben unter seinen hohen Birken vom Rad sprang, ging drüben am andern Ufer zwischen den Erlenbüschen und den Heuhaufen ein Soldat entlang, kehrte unten an der Ecke um und kam langsam wieder zurück, auf dem Bajonett des Gewehrs, das er im Arm hielt, sprühte die tiefstehende Sonne. Leo begriff sogleich, daß man versucht hatte zu schmuggeln und daß der da gehe, es zu verhindern. Er wußte, wie sie's machten, die Spiritusschmuggler: sie füllten die leichte Flüssigkeit in Schweinsblasen, banden davon, soviel sie sich zutrauten, an einen Ledergurt, entkleideten sich und schnallten den Gurt um die Hüften. Damit gingen sie ins Wasser – es gab überall Wasser an der Grenze – und schwammen zum verbotenen Ufer, wo sie im Gebüsch, im Wald, in einer Bucht zwischen Hügeln erwartet und von ihrer Last befreit wurden. Die meisten dieser Schmuggler waren Knaben, wenig älter als er, die um armseliges Geld und der nächtlichen Gefahr willen das Gesetz brachen: denn wenn die Wachen sich rechtzeitig einfanden, blitzten Schüsse durch die Nacht, und mancher nackte Läufer, obwohl er seinen Gurt weggeworfen hatte, sprang mitten im Dunkel hoch und lag weißlich am Boden; manches tote Gesicht wurde offenäugig von den schwarzen Wassern der Przemsa gewaschen; denn die Kosaken schossen sofort und scharf.

Sie alle sahen so aus wie dieser da, stramm und blond im grünen Rock, die hohe Mütze mit dem weißen Deckel schief über dem geröteten Gesicht, den kleinen Bart aufgedreht und gesund und lebensfroh in ihren hohen Stiefeln stehend. Es war kein richtiger Kosak vom Don oder Dnepr, man nannte die Truppe an der Grenze so, um sie furchtbarer zu machen; sie gefielen sich in ihrer Gefährlichkeit, und ihre kleinen kieselblauen Augen besahen die Welt gleichsam immer über einen Flintenlauf hin. Oft hatten die Schmuggler Brownings, da mußte man mit dem Laden eilen und durfte keinen Spaß machen, oder nur einen schnellen und harten wie einen Hieb durch die Luft, damit die Klinge pfeife.

Als Leo den Soldaten zwischen Gebüschen hervorkommen und so nahe vorbeischreiten sah, sagte er sich mit anhaltendem Herzen: Der ist's! Der hat meinen Vater erschossen. Und er erblich.

Er wußte natürlich, daß nur durch ein Wunder dieser Mann jetzt hier und vor ganz kurzem hätte daheim sein können, und er meinte das auch gar nicht. Er meinte nicht, der Mörder seines Vaters und dieser Grenzsoldat da seien eine Person. Aber in einem anderen als dem gewöhnlichen Sinne zog der Unbekannte in die Gestalt des Gegenwärtigen ein, erfüllte und durchtränkte ihn, und es rann sein gehaßtes Blut in den Adern des Unschuldigen. Ohne den Zusammenhang klar zu überschauen, sagte sich Leo schaudernd: »Er ist es...« Aber er zweifelte alsbald; er vertraute seinem Gefühl nicht, denn es trat zu neu vor ihn hin; das oberflächlich Unwahre seiner Meinung bestach ihn und nahm ihm die Gewißheit. Er murmelte: »Ist er es?« und sprang auf die Füße. Ist er es? Gib mir ein Zeichen, bat er in seinem Herzen.

Da geschah's, daß das heftige und überraschende Aufspringen einer Gestalt so nahe der Grenze den Kosaken erschreckte und also gleich darauf verdroß. Zwar war ihm befohlen worden, daß er auf die andere Seite des Wassers nicht zu achten habe. Aber der allgemeine Spott über die Deutschen, die noch nie einen Übergriff russischer Soldaten oder Gendarmen ernsthaft zur Rechenschaft gezogen und vergolten, sondern sich nur mattherzig dagegen verwahrt hatten, und das Machtgefühl, den Rock eines soviel größeren Staates zu tragen, verbündeten sich gegen diese Unterweisung; und nicht sehr selten berichte-

ten die Zeitungen von russischen Kugeln, die an deutschen Spaziergängern vorüberzischten, sie manchmal trafen und hin und wieder töteten.
Der Kosak rief Leo zu: »Geh da weg«, in russischer Sprache. Der Knabe stand schweigend und bleich, aber ohne Regung an eine große Birke gelehnt; er formte im Geiste russische Worte: Du hast mir nichts zu sagen; aber er begnügte sich, scharf in das etwa hundert Meter ferne Gesicht des Gegners zu blicken, das die Abendsonne tief rötete. Als Antwort auf diesen Blick und diesen Widerstand schlug der Geärgerte die Büchse an; aber weil er von vornherein nicht die Absicht hatte, den anderen zu treffen, und überdies, indem er diese Bewegung vollzog, ihm auch schon ein Ziel für sie zu Bewußtsein kam, so daß er Schreck mit Gegenschreck vergelten konnte, hielt er hoch über den Kopf des Jungen auf eine Krähe, die im noch lichten Wipfel der Birke breit hockte, und schoß.
Leo riß seine Lider fast zurück ins Auge, damit nicht einmal sie im Krachen des Schusses zuckten, obwohl er glauben durfte, es sei auf ihn gezielt. Er haßte den Feind in diesem Augenblick so grimmig, daß er nichts anderes, keine Furcht zu fühlen Raum hatte. Als er gleich nach dem Schuß noch lebte, brach ein Schrei aus und seine Schenkel zitterten. Da kam ein knackendes Fallen durch die Äste, einen Schritt neben ihm schlug die Krähe ins Gras, warf sich einmal halb herum, zuckte mit einem Flügel und lag still, auf dem Rücken, die grauen Füße leicht angezogen und wie griffbereit.
Der Soldat sah noch einmal hinüber, dann nickte er der strammen Gestalt des Jungen zu, lachte ein bißchen und nahm seinen Weg zwischen den Sträuchern und den Heuhaufen wieder auf.
Leo blickte auf den großen schwarzen Vogel, den er noch nie so nahe gesehen hatte; seine leicht gebreiteten Flügel vergrößerten ihn noch. An einer Stelle in der Brust, unterhalb des Halsansatzes, zeigten ein paar Tropfen Blut die Wunde; es strömte vermutlich reichlicher aus dem Loch im Rücken, wo das Geschoß den kleinen Leib verlassen hatte, um im sonnenroten Abend weiterzufliegen und sich irgendwo, weit weg, zu senken. Der Kopf des Vogels tauchte beiseite gedreht und wie kaum zum Körper gehörend aus einem Kamillenbusch, und sein schwerer gebogener Schnabel drückte ein paar weiße Blü-

ten nieder, auf die die noch offenen Augen hinzusehen schienen; das Gefieder des Halses glänzte metallen und schwarz. Wie ein toter Jude sah er aus...

Da erlebte Leo die völlige Gewißheit, daß jener Mörder es sei, der damals auch seinen Vater erschoß. Er atmete tief, und Tränen überschwemmten ihm die Augen; aber nach einer halben Minute hatte er sich einigermaßen gefaßt. Er breitete sein Taschentuch ins Gras, nahm die Krähe bei den Flügelspitzen – wie stark sie geblutet hatte! – und verbarg sie in einem leeren Kaninchenbau unter den Wurzeln der Birke. Dann bestieg er sein Rad, und während das rote Licht durch die Speichen blitzte, überdachte er schon, wie es zu tun sei. Denn er trug den Tod des Soldaten unabwendbar im Herzen.

Sonnabend um halb sechs lag er hinter Sträuchern und Birken verdeckt und spähend: niemand. Erst kurz nach sechs ward seine quälende Ungewißheit erlöst: er kam. Gewacht wurde mindestens zwölf Stunden; nach Mitternacht kam wochentags hier ganz gewiß niemand vorüber. Da es lautlos geschehen mußte und auf der Stelle beendend, blieb nichts als der Dolch; und man konnte ihn handhaben dank hingebend mitgemachten Indianerspiels. Montagnacht zwischen zwölf und eins: so faßte er seinen Entschluß. Die tote Krähe lag noch in ihrer Höhle. Das Abendrot, als er heimfuhr, deutete auf Regen. Sonntag regnete es mehrmals des Tags und besonders nachts. Monntagvormittag trocknete die Sonne alles, aber gegen vier machten sich leichte weiße Wolken am Himmel auf.

Er hielt trotzdem der Witwe Gutlach gegenüber daran fest, daß er mit Kameraden in den Teichen der Plesser Waldungen baden werde, und ließ sich Abendbrot ins Badetuch packen. Er verbrachte den Nachmittag im Walde, nicht allzuweit von der erkorenen Stelle, Brot essend und mehr Zigaretten verbrauchend als sonst; die belastende Erregung seines Gemütes durchbrach bei jeder schwächeren Stelle die Spannung des »Waldläufers«, und je tiefer und stiller der Abend sank, um so lauter hieb sein Herz ins Schweigen... Der Himmel tönte sich grün, an gewissen Stellen schimmerten Sterne auf, der Himmel dunkelte zu schwärzlichem Blau und ward schließlich ganz schwarz, von Wolken überwältigt. Der Tag in freier Luft und die unerleichterte Anspannung ließen Leo gähnen und einschlafen; er lag auf dem Rücken, in ein graues Cape gewickelt, unter dem er die

Faust um den Griff des Dolchmessers schloß, das er während der letzten Ferien seinem Vater entwendet und stets heimlich aufbewahrt hatte; eine sehr scharfe und spitze Lütticher Klinge mit einem Griff aus schwerem Horn, gebogener Schneide und geradem starkem Rücken, von der Spitze bis zum Heft so lang wie eine Hand. Er ruhte schwarz im Schwarzen wie ein schlanker junger Baumstamm am nächtlichen Boden, und ein halb offener Mund, der kleine Zähne entblößte, gab dem schlafenden Gesicht ein kindliches Lächeln.

Die dicken Tropfen eines ersten kurzen Regenfalls weckten ihn; er erschrak entsetzlich, gewiß, die rechte Zeit verschlafen zu haben, bis sein elektrisches Lämpchen ihm zeigte, daß der Uhr noch zwanzig Minuten zu elf fehlten. Er verbarg sein Rad am Waldrand und tastete sich, nach zehn Minuten einen Eisenbahndamm überkletternd, zu seinen Birken, deren Wipfelstellung er selbst vor dem nur schwach helleren Himmel unverwechselbar kannte. Es regnete nicht mehr, die Luft drang dick, duftend und warm aus Erde und Wasser. Er hörte endlich den Schritt der Wache, die nächtliche Stille näherte ihm das gleichförmige Tappen, als habe er den schmalen Fluß schon im Rükken; dann entfernte sich der Soldat, und Leo entkleidete sich. Er hatte daheim unterm Hemd schon die Badehose angelegt; der Einfall, daß er sie eigentlich nicht brauche, war ihm nicht gekommen. Er wickelte sich in das schwärzliche Cape, um der Wärme und der Schutzfarbe willen, und behielt aus dem letzten Grunde die langen schwarzen Strümpfe. Diese ungewöhnliche Kleidung und die Nachtluft an der Haut des Körpers stimmten ihn fröhlich; außerdem trug ihn die streng gerichtete Erregung des Abenteuers und die Ungeduld des Hasses, seit ihm der Feind nicht mehr entfliehen konnte. Der Gedanke kam, alles können fehlgehen; er zuckte, wiewohl erblassend, die Achsel; dann fuhr er eben den Weg des Vaters... Er schnallte einen Lederriemen um die Hüften und band daran, einem Einfall folgend, die steife Krähe, außerdem das Messer; es begann alsbald wieder heftig zu regnen. Als der Soldat aller Wahrscheinlichkeit nach fern genug sein mußte, lief Leo bis ans Ufer, hinter einem Weidenbusch entledigte er sich der Strümpfe, wickelte sie ins Cape, das er schlauchförmig zusammendrehte, band es sich wie einen Turban um den Kopf und stieg in das laue, dumpfig riechende und schlammige Wasser.

Nach neun und einem halben Stoße landete er, etwas weiter unten als gewollt und von dem toten Vogel sehr behindert, dessen Gefieder sich voll Wasser gesogen hatte. Das Herz schlug ihm von den Rippen bis an die Zähne. Er spannte sein Horchen wie Fühler in die Nacht, aber nur der Regen lärmte auf dem Flusse. Dennoch blieb er bis zu den Schultern im Wasser stehen, knöcheltief im Uferschlamm, und öffnete erst den Turban; dann schob er sich aufs Feste und verhüllte sich sofort mit dem schwarzen Tuch, die Kapuze über das Gesicht ziehend. Aber der Feind blieb aus; vermutlich lag er irgendwo im Gebüsch und verfluchte den Regen, der Leos schlammige Beine sauber spülte. Er trocknete sie mit dem innern Saum des regendichten Mantels und zog, nicht ohne Mühe, über die noch feuchten die langen Strümpfe. Dann kauerte er geduldig, wiewohl frierend, den Dolch in der Hand, hinter sich einen der Erlenbüsche und einen Heuhaufen vor sich, dicht am Wege. Eine ferne Uhr schlug halb; ein Eisenbahnzug tobte, schon fern vernehmlich, über die Brücke; die Uhr schlug dreiviertel; der Regen ward dünn, versiegte, schwand, und die Sterne begannen im schwarzen Himmel das hallere Grau der Wolken zu zerlöchern.
Die Schritte meldeten sich eben wieder, ziemlich nahe. Aber etwas Fremdes tat sich mit ihnen kund; und plötzlich hörte Leo auffahrend Worte eines polnischen Gesprächs, dessen antwortende Stimme einer Frau gehörte, hoch und spröde.
»Bleib noch«, sagte der Mann.
»Geht nicht«, antwortete es.
»Noch diesmal bloß«, beharrte er. Aber das erzeugte eine schnell vorgebrachte Rede:
»Aber ich hab keine Zeit, es ist schon zwölf. Eh's wieder anfängt, muß ich doch zu Hause sein!«
Darauf resignierte er: »Nun, da gehe.« Und es war nun an ihr, zu bitten: »Komm mit, ein kurzes Stück... laß den Mantel doch so lange liegen!« Er brummte: »Meinetwegen«, und sie entfernten sich nach einer anderen Richtung als sonst, wohl auf ein Dorf zu.
Leo fand sich verwirrt hinter seinem Heuhaufen. Er wußte nur vag und in wirren Umrissen Bescheid; dennoch zweifelte er nicht daran, daß er ein Pärchen, wie man das nannte, reden gehört hatte... Dieser Soldat hatte eine Liebste, eben war er

mit ihr beisammen gewesen unter irgendeinem Busch, und morgen würde sie ihn auf der Erde liegen finden, naß und kalt, wie jetzt sein Mantel irgendwo auf dem feuchten Boden lag... Leo zitterte plötzlich heftig vor Kühle; er dachte: Ich werde mich erkälten; aber er schob das nasse Heu beiseite und schmiegte sich ins trockene, das sich darunter fand... Das Mädchen tat ihm allmählich immer heftiger leid, und auch der Soldat tat ihm viel zu leid... Für einen Augenblick zerriß die wolkige Bezauberung, die seinem vom ermordeten Vater besessenen Knabenkopf die wirkliche Welt verhüllte; aber ein winziger Umstand, zum Unheil des Soldaten, machte, daß wieder gleich nur der Täter seiner Tat am Wege kauerte, das tödliche Messer in der Hand.

Der Posten kam nämlich zurück, eine Zigarette im Munde, die sein Gesicht manchmal rötlich anstrahlte, die Hände fröhlich schlenkernd – Leo sah alles wie in halber Dämmerhelle –, in offenem Rock und ohne Mütze und Gewehr... Daß nun dieser Mensch nicht traurig von seiner Liebsten ging, sondern fröhlich, erfüllte ihn mit solcher Verachtung, daß er es sofort tun mußte. Der Mann kam auf ihn zu – in den Rücken? Zwischen die Schultern? Nein, von vorn, beschloß er schnell –, ging an ihm vorüber, Leo erhob sich, ließ das Cape hinter sich gleiten und machte nackt zwei, drei Schritte hinter ihm her. Dann, dicht an ihm zischte er kurz, wie man auf der Straße einen Bekannten anruft. Der Soldat drehte sich wie gerissen um, und mit einem von den Indianern seiner Bücher erlernten Stoß, mit waagrechter Klinge und gesammelter Kraft geführt, trieb ihm der Knabe die Waffe in den Hals, knapp über der Brust. Etwas Warmes, Riechendes sprühte sogleich und näßte ihm Haar und Stirn; der andere griff nach der Kehle und fiel ins Gras, als zöge ihm wer die Füße fort.

Leo sprang einen jähen Satz rückwärts, wickelte sich in sein Cape und saß eine halbe Minute zitternd und kraftlos in dem gewärmten Heu. Er hatte es getan. Er hatte es getan, jauchzte es in ihm, er hatte es getan! Und sein Unglück, sein Stolz, seine tolle Freude stieß wie Opferrauch steil nach dem Himmel. Er war nicht zu schwach gewesen, er hatte, er allein, den Vater gerächt.

Dann erinnerte er sich, wo er sich befand: am gefährlichsten Ort. Zurückschwimmen, sagte er sich, untertauchen und sich reiben, damit das Klebrige verschwinde; dann anziehen, zum Rad, nach Haus. Er schauderte davor zurück, noch einmal zu dem Soldaten zu treten; daher legte er sich's als Pflicht auf, und überdies erinnerte er sich der Krähe. Er griff sie beim Flügel und ließ sie auf den Nacken des Toten fallen, der auf seinem Gesichte lag; der große Schnabel neigte sich zu seinem Ohre. Er hat richtig ins Gras gebissen, dachte Leo voll gestilltem Haß, aber froh, das Antlitz des Mannes nicht sehen zu können; und als er sich bei diesem Gefühl ertappte, wünschte er seine elektrische Lampe her, ihn umzudrehen und anzuleuchten. Er hätte dann erkennen müssen, daß dieses bartlose Gesicht gar nicht jenem gehörte, der am Freitag nach ihm und der Krähe geschossen hatte... Er hatte übersehen, daß Posten wechseln...

Er schwamm zurück; mitten im Flusse überfiel ihn der Satz: »Du sollst nicht töten« – aber er schüttelte ihn mit dem Befehl des Vaters weg. Er trocknete sich mit dem Handtuche gründlich ab, kleidete sich schnell an und brach auf, das Rad zu suchen, gar nicht müde, jedoch halb erstaunt über eine gewisse öde Traurigkeit, die sein Herz ermattete, als Rest aller der Erregungen der letzten Stunden... Aber er hatte es jedenfalls vollbracht. Zweifellos würde man Schmuggler verdächtigen. Es begann zu regnen; er legte das feuchte Cape um und grub die kalten Hände in die Hosentaschen, betrübt, daß es nun nichts Außergewöhnliches mehr zu verrichten galt, und von leisem Mitleid angeweht, wenn er des Mädchens gedachte. Nun gab es nur noch einen wahrhaft schönen Augenblick: den des Berichts, wenn Eli kam; dabei gedachte er plötzlich mit unwiderstehlicher Deutlichkeit des Vaters, daß auch er eine Nacht im Freien gelegen hatte wie jener Tote auf dem Weg, und wenige beißende Tränen traten über seine Lider und rannen bis in die Mundwinkel, salzig, bitter und feucht.

Als er es nach Wochen dem Bruder erzählte, lagen sie beide in ihren Betten, im Dunkeln, wie einst, und er brauchte dieses völlig veränderte Gesicht nicht mehr zu sehen, dieses gealterte und schmale Antlitz mit verschlossenem Munde und großen Augen; er sprach nicht eher davon, als bis er jenen hatte Antworten geben lassen, in denen seine alte Stimme klang, etwas leiser vielleicht, aber dieselbe Stimme. Dann berichtete er. Als er geendet hatte, ergab sich jene Pause, in der man auf Antwort

wartet. Und Eli wußte, was er dem Knaben zu erwidern hatte. Ein schwermütiger Neid befiel ihn: wie leicht jener das Schicksal aus sich herausgeschleudert hatte, das in ihm, Eli, auf immer steingleich versperrt lag... Er gewahrte ihn aus einer weiten, verblassenden Entferntheit, ihn, der früher einmal nur achtzehn Monate weniger gehabt hatte als er selbst. Jetzt dehnte sich zwischen ihnen ein Jahrzehnt, und mit diesen altgewordenen Augen blickte er auf die Tat. Er sah ihre ganze Unhaltbarkeit und Trauer, die heillose Opferung eines Menschen und die vergebliche Heftigkeit und Größe des Begangenen; die rührende Hingabe des Knaben an seine Sache und die schlimme Sinnlosigkeit dieser Sache selbst – zugleich aber die notwendige Versponnenheit des einen ins andere: und indem er all das mit tiefer Wehmut im Herzen fühlte, sagte er leise mit sehr müder Stimme:
»Du bist ein Held. Ich bewundere dich.«

# Quartettsatz von Schönberg

## 1913

Wie beim Eintritt gehöriger Kälte eine Glaskugel, gefüllt mit Wasser, von selbst zerplatzt, so erwachte Eli Saamen, Chemiker aus Rußland, erzogen in Deutschland, gelandet in Frankreich, am 12. Oktober 1913 mit dem gefaßten Entschluß, Paris zu verlassen, Europa, in dem er sich schließlich fühlte wie ein stiller Leser in einer Maschinenhalle, einem Warenhaus, einem Irrensaal und einem Lazarett, um sich nach Kleinasien zu retten, nach Palästina, ob sich dort nicht Inhalt finde für das Leben eines unerträglich amtlosen Juden.

Er begann an demselben Morgen, der doch sanftbunt und herrlich aufstieg über dem Park Monceau, seinen Koffer zu rüsten, und am nächsten Tage fuhr er, die hebräische Grammatik, das Wörterbuch und den Pentateuch zum Lernen vor sich, von Erwartung schon halb belebt, halb noch müde wohl davon, daß er sich von niemand zu verabschieden brauchte, nach Deutschland, nach Berlin, das er ohnehin passieren mußte, um auf billigste Art über Odessa Jaffa zu erreichen. Die Berliner Geschäftsstelle der Zionisten gab ihm die nötige Auskunft; mit seinen zweihundert Franc monatlicher Rente konnte er dort bestehen wie überall sonst. Am Fünfzehnten abends hatte er keinen Grund mehr, in Berlin zu bleiben; er telegrafierte seinem Bruder Leo, der in Leipzig studierte und mit dem er seit jenem Zank vor ungefähr zwei Jahren weiter keinen Verkehr unterhalten hatte, damit man einander noch einmal sehe, ehe er einem fremden Lande angehörte.

Am nächsten Mittag gegen zwei kam er in Leipzig an; und hatte die deutsche Sprache aus den Mündern von Schaffner und Reisenden ihm in Berlin noch erregend und heiß ans Ohr gesprochen, so reizte ihn der sächsische Tonfall dazu, sich Franzose zu fühlen und seine unwilligen Gedanken auf französisch zu formen, wobei unerwarteterweise auch denjenigen seine Abneigung galt, deren Aussehen ihn auf Juden schließen ließ.

Da festgesetzt war, den Bruder erst um fünf aufzusuchen, bestieg er, die leise spannende Erwartung mit Begebnis zu überdecken, am Bahnhof, dessen großgeschwungene Halle aus Eisenrippen ihm ein angenehmes Staunen geschenkt hatte, eine Straßenbahn und landete aussteigend dicht bei dem Denkmal, das vaterländische Geschäftigkeit dem Gedächtnis der großen Napoleonschlacht gewidmet hatte und dessen pomphafte Weihe unmittelbar bevorstand. Er umschritt das massenhafte Bauwerk mit höhnisch freundlichem Gesicht, er nannte es mit französischen Vokabeln ein enormes Nippes, indem er es in der Vorstellung neben Straßburgs Münster und Notre-Dames Fassade stellte und plötzlich mit bildhaft gestaltender Sehnsucht die Pyramiden sah, die auch eine Schlacht Bonapartes schweigend überragt hatten und denen er bald um soviel näher wohnen sollte. Wie losgelöst von diesem Erdteil er schon sein mußte, wie entfremdet seiner Luft, daß er hier unbeteiligt ging und sah wie ein ganz Fremder, ein Japaner vielleicht, und mit Maßstäben wertete, die nicht hier gewachsen waren! Keine Monumentalität, urteilte er fast laut, eine riesenhafte Masse Stein ohne die Form des Riesigen, keine schwingende Linie, Brechung überall, Kleinkram, Ornament... Der abstruse Einfall, zehn- oder elfmal den gleichen Steinritter um die Krone des Werkes zu stellen, stimmte ihn heiter, und das Ganze, aussehend wie der Formkern einer zu gießenden Glocke – war's etwa beabsichtigte Symbolik, kindlich unangebrachte? –, schien ihm grotesk ungemäß dem entscheidenden Ernst jener Tage, in denen ausbrechende Völker den letzten Helden niederwarfen, ihn, den er liebte, als sei er um 1820 geboren. Wie hätten die Damaligen, die Erbauer der Kathedralen, das Andenken einer solchen Schlacht gerettet und dem Triumph über solchen Feind ein ewiges Denkmal gesetzt? Eine Wand hätten sie gemauert, eine ungeheure Wand aus rohem Stein, zwei Wände besser, einander gegenüber, drei Meter entfernt, hundert hoch, hundert lang; die Decke das Firmament; und von einem mächtigen Querbalken, an einer neunzig Meter langen Kette von Stahl hätte das Haupt Napoleons geschwebt, gegossene Bronze, zehn Meter überm Boden, seine Züge unbewegt und schön über dem Volk, das zu ihm hinaufgafft; der Durchmesser dieses Kriegerhauptes wäre zweiunddreiviertel Meter gewesen, so daß es, stürzend, alle unter sich zermalmt hätte wie

Simson; denn hier in Leipzig, wo die Leute schlecht reden, haben sie's ihm abgeschlagen. Vielleicht hätte am Ende dieser Schlucht der Dom der Stadt geragt; damals hatten sie Seelen und einen Gott, Führer und Größe – heute aber... und er fühlte Sehnsucht nach dem alten Lande, in dem das Leben noch jung war, kriegerisch, ein Anfang.
Bis fünf Uhr besah er sich die anbefohlenen Bemühungen lauwarmer Bürger, einen schön gebreiteten Platz durch Löwenhäupter aus goldenem Gips und antike Säulenpaare blaugoldbemalten Holzes auf kostbare und triumphierende Art klein zu schmücken. Dann hatte er drei Viertelstunden lang jenes Gespräch, von dem er sich unterirdisch soviel versprochen hatte: eine mühsame und kalte Unterhaltung über dies und das, ein Hin und Her, zerfahren und fast blöd, Langeweile mit Worten verdeckt, und sein Bruder sah älter, aber ganz unreif aus, begriff nichts vom Entscheidenden dieser Auswanderung, die er obenhin billigte – beide schienen gegen Ende das krampfhafte Gähnen nicht mehr bewältigen zu können.
Eli ging. Noch einmal gaben sich die beiden jungen Fremden die Hand, Stirn gegen Stirn gekehrt, ähnlich und ganz getrennt, im kahlen Lichte dieses wahllos möblierten Zimmers; dann schloß sich zwischen ihnen eine Tür aus guten Bohlen. Ein zarter Ekel, in Melancholie gehüllt, zerflog im kalten Hauch der Straße; er lächelte ein wenig, weil er sich vorher darauf eingestellt hatte, den Abend mit Leo zu verschwatzen – nun mußte er bis zur Abreise sieben Stunden überwinden. Die Anschlagsäule meldete ihm auf gelbem Plakat für acht Uhr das Konzert eines französischen Quartetts, das er in Paris hatte Beethoven spielen hören; obgleich musikalisch nicht eigentlich ein Kenner, erregte ihn Musik mehr, als seine Kühle sonst zuließ, gab ihm Bilder und träumendes Gesicht, befruchtete die Tage hinterdrein, und darum suchte er sie liebend.
Zwei Stunden bis zum Anfang verlas er im »Café Français« mitten zwischen Bürgern, geputzten Leipzigerinnen und provinziellen Literaten; der anspruchsvolle Name des Kaffeehauses ward ihm sinnvoll und genügte, ihm die Einbildung einer weniger feindlichen Umgebung zu schaffen. Er floh, als zwei Referendare die freien Stühle seines Tisches mit rücksichtsloser Verbeugung besetzten.
Der Konzertsaal, so anonym, daß er hernach nicht wußte, wel-

cherfarb seine Wände, füllte sich langsam mit befremdlichen Frauen in Röcken und Blusen ohne Schnitt oder in Kleidern von muffiger Farbe; viele trugen auf kleinen eingedrückten Nasen schwarzgerandete Klemmer aus Horn oder Brillen, gefaßt in Nickel. Man sang von allen Stühlen sächsisch; auch die wenigen Jünglinge taten es und entfremdeten sich so aller Sympathie Elis, der alsbald vermittels eines heiteren Dekrets anordnete, sein Platz habe in diesem Raum nicht enthalten zu sein und befinde sich vielmehr auf der Plattform eines Turms, umgeben von einer Atmosphäre reinen Wasserstoffs, atembar ihm allein, den Eindringling aber mit Tod lohnend; und er gab eine Umwelt erst wieder zu, als die charakteristischen und bärtigen Antlitze der vier Musiker ihm vertraut, wenn auch vom anderen Ende des Saales her, und heimatlich auftauchten.
Sie stimmten, sie begannen; das Programm des Nachbarn bestätigte: Haydn – eine junge geballte Musik, klar gebaut und jubelnd, Singen, das ihm gegenüberstand wie Wiesen voll von Blumen und Bienen, windbewegt, besonnt und duftend; er lauschte lächelnd, innerlich einstimmend in alles Einfach-Schöne. Ihm fiel ein, daß diese Landschaft ihm bald fern sein sollte, aber er blieb froh: überall sind elfische Götter und Bäume blättervoll. Er trauerte erst, als es schweig; vom Kommenden hatte er sich nur gemerkt; heutige Musik, und der Rhythmus eines unbekannten, nicht erinnerten Namens bewegte sich in seinem Ohr; sein Nachbar hielt das Blatt jetzt unzugänglich, und was am Ende lag an Namen?
Nach Applaus und Pause begann's von neuem: und die Musik griff nach ihm, griff, riß ihn hinein in eine strömende Glut, schüttelte ihn. Erst klang's herb, aber gleich merkte er die Herbheit einer neuen Süße, wie das Grau einer bewegten Straße vor dem gesammelten Blick in allen Farben zerfällt; da ist brauner Kot und grüner Rasenstreif, Häuser weiß und rosa, Menschen in Dunkelblau und Trambahnen in gelblich. Stimmen sprachen, lockten und verklangen in der Bratsche, auferstanden triumphierend in den Geigen, angebetet vom Cello, Stimmen warm wie Haut, duftend wie Haar, geschieden wie Finger, geballt wie Faust, wehend und fallend wie Atem und Puls. Es floß; ja, so fließt es, dachte er aufgerührt; er fühlte dumpf das ganze Leben dieses Erdteils unter den unablässigen Tönen einer kämpfenden Melodie: so zieht's einen an sich und

bettet ihn, wie das Hören selig aufgeregt gebettet ist in die Vielfalt neuer Harmonie. Da steigen Kampaniles in eine perlmuttene Luft, sie zittern im Spiegelbild von Kanälen und der Lagune; da rauscht die Mitternacht von den Glockentürmen und taumelt trunken von allen Sternen durch die Wipfel des halbgeleerten Parks; da brüllen tiefstimmig wie schwere Saiten elektrische Wagen unter dem Asphalt von Straßen voll trommelnden Gefährts – und die Geige singt, die Geige – der Geist singt in einsamen Lampen von Petrol und Gas, und das Licht fällt auf Stirnen, die sich furchen, auf mathematische Zeichen und Zeilen von Zahlen, auf Zeilen von Worten gedruckter Bücher, und in den Hirnen bilden sich Sätze, die das Logische tragen, Erkenntnis, Wahrheit; da schweift das Cello im Schwellen auf und ab wie Bogen von Brücken über alle Flüsse, Brückenbogen aus Stahlnetz auf steinernem Fuß, und die Eisenbahn dröhnt von Ufer- zu Uferland, voll Guts und Menschen, die in Schiffe steigen – ja, bald hebe auch ich den Fuß; da meißelt ein Greis am Turm der Arbeit, da kreisen elektrische Wellen von Türmen als hörbares Wort um den Erdball, und die Geige singt, die Geige. Da werfen die Wälder ihr Laub von sich und stehen nackt wie Gerichtete, und Richter mühn sich überall um neue Gerechtigkeit aus totem Recht, und in den Feldern keimt die Saat. Da sitzen die Klassenbänke reihenvoll von Jugend in aber tausend Räumen. Da stehn bemalte Menschen Nacht für Nacht vor satten Menschen, und das Wort toter Dichter pocht von Herz zu Herz. Und das Volk rührt verschlafen Fittiche, die noch rascheln, die noch nicht rauschen; über wilde Krankheit gebückt forscht zäh der Arzt, sie auszurotten: Reagenzglas, Messer, dunkelstrahlendes Erz – ah, die Geige singt, die Geige! Von Kanzeln her in halbleere Kirchen sprechen sie halbleere Worte vom alten Gott, aber die Jungen suchen den neuen Gott und das neue Jauchzen. Überall sind sie ein wenig Affen und halb voll Scham und etwas müde und schnell im Ekel. Aus lebenden Fichten mahlen sie schlechtes Papier, Myriaden Seiten voll toter Worte schleudern sie in den Tag, schnell zu wirken und schnellstens vergessen. Mit allem zu handeln sind sie bereit, Geld zu ziehn aus Geld brüsten sie sich. Metallne Insekten werfen sie in die Luft, darauf zu schweben, in Schiffe von Metall strömt Gas und siehe, sie fliegen; und die Geige singt, die Geige. Da fallen sie brennend aus dem Raum, da zerschellen sie

knirschend auf Gras, aber andere überfliegen das Meer. Ihre Weisen raten am Sinn des Seins, ihre Mengen hasten am Leben entlang, und die Städte fressen den Acker; die Luft schnellt in ihnen an Mauern und erstickt in Rauch. Es fließt und flieht, das Leben bricht herein über alle Saiten, schlägt kaskadisch von Geige zu Geige, dauert ohne Pause, ohne Ende, ohne Schlaf, springt über Abgründe vom Cello zur Bratsche – da singen alle vier Eintracht und Hilfe, Zwietracht und Qual, und das Herz brennt; auf Oberflächen geht's dahin, blind vor Zweck; indes der Stolz der Frauen erwacht. Jauchzt, Klänge, atmet, ihr Lungen, stöhnt, Rhythmen der Arbeit, durchstoßen von der Hast gekaufter Lust – dennoch rührt sich das Echte in hundert Herzen! Ihre Toten scharren sie in den Leib der Erde, verbrennen sie in der Seele der Flamme; sie gießen Kanonen zu Kriegen, aber die Völker lauschen aufeinander friedlich. Aus den Geweiden der Finsternis schlagen die Knappen Kohle, die bunten Feuer entwischen lachend den Riesenschloten hingedehnter Hütten. Die Dichter formen neues Schauen aus der Sehnsucht, und über den großen Städten kämpfen Maler um die Einfachheit der Dinge, Bücher flattern überall, es gibt nichts Neues mehr, Worte schallen überall, es gibt kein Schweigen mehr, Jagd rast überall, es gibt kein Langsam mehr. In den großen Städten ist jeder allein, aber neue Seelen plagen sich durch sieben Häute und werden einander finden, und es fließt und tönt. Da werfen sie von sich die Überhelle, da tauchen sie sich ins Einfach-Dumpfe, da nehmen sie Räusche von Trank und Spiel und Lüste vom Mädchen der Gassen. Da sind sie Kluge, Arme und Tiefe, Blöde und Bunte, Einfältige, Dumpfe, da treiben sie hin, da wehen sie her, da stehen sie fest und graben sich ein, Lust und Elend, Gier und Pein, und die Geige schweigt – – –
Das Aufhören der Triebkraft, der Stoß jäher Stille warf ihn aus dem Saal; er schlich durch das ratlose Schweigen der Bürger wie nichts sehend und trieb nichts sehend durch die fremde, nächtige Stadt, deren Pflaster feucht lag von unwirtlicher Luft. Nichts als dies eine Wort Europa war in ihm. Und wenn er vor einer Stunde noch als Verachtender gegangen war, überlegen, weil seine wahre Existenz, seine Wiedergeburt oder sein Tod, vor ihm im Zukünftigen stand, dieweil unterdes ein dämmerndes Warten sein Dasein ausdrückte – ein noch im Mutterleib Beschlossener, dessen erster Atem noch ungesogen und dessen

Glieder noch ungelöst ruhten: so hastete er jetzt in brennender Helle, unsicher, geworfen, preisgegeben und ohne Schwerpunkt an Laternen vorbei, an Häusern entlang, über Plätze, ohne Richtung, ohne Weg. Wenn er lauschte, vernahm er in seinem Innern einen unabreißenden gestaltlosen Nachklang von Musik; und dies Hinhören zu solcher Stunde hieß: Was tue ich, was soll ich tun, wie kann ich das alles aufgeben, warum ist hier meine Stelle nicht, aber was spricht's denn so gierig zu meiner gewandten Seele – Europa, Europa? Gegenwart, wo auch ich die Zukunft?

Aber die Sehnsucht und der innere Zwang, allzu zäh gewachsen aus dem Kern seines Ich, beharrten. Er fand den Weg zum Kaffeehaus wieder, in zwei Stunden erst mußte er am Bahnhof sein. Aber er erkannte jetzt, daß er nur auf Probe in die Ferne ging; nur zur Wahl beurlaubt, nicht endgültig entlassen. In der Nähe mußte die Säule stehn, die zuerst von dieser Musik gemeldet hatte; er kam nicht darauf, eine der benachbarten näheren zu beachten, und stand vor ihr mit dem Gefühl, ein Jahr nach heut werde ich dieses westliche Europa wiedersehen, um im Ernst zu wählen; und er erfuhr, um ihn nie zu vergessen, den Namen des Musikers: Arnold Schönberg.

Zwei Stunden später saß er im Zug und hörte im Takt seines Stampfens das Wort: O Wiederkehr! O Wiederkehr!

## Die Näherin

### 1913

Diese Geschichte erzählte der Marquis von Châteaudun den staunenden und dankbaren Bürgersöhnen von Trier, als er zur Zeit der roten Mütze (in Paris, versteht) daselbst, trotz podagristischer Anwandlung und einer jetzt juwelenlosen Brokatweste von apfelgrün und silbernem Muster, Tanzstunden erteilte, wobei sein Sohn nicht eben übel die Flöte blies, obgleich er sich im Grunde noch Erbe von acht Meiereien und sechs Häusern in Lyon nennen konnte.

»Wohl, meine jungen und erlauchten Freunde«, äußerte etwa der mokante und beleibte Herr, nachdem er sich bequem hinter dem Gewürzpunsch, am Kamin, in der Ecke des Sofas untergebracht fand. »Sie mögen erfahren, daß dereinst, vorzeiten, zu Compiègne in Frankreich ein junger Herr Ihres Standes sich aufhielt, daselbst geboren und im Geschäft seines Herrn Vaters tätig, welcher sich mit der bei jungen Helden aus dem ehrenwerten Bürgertum üblichen Leidenschaft in ein armes, aber tugendhaftes und sehr angenehm gestaltetes Fräulein verliebte. Er gedachte sie zu heiraten – unähnlich unseren jungen Windhunden von Stande war er gesonnen, die Pflicht, die Tugend und die Liebe zu vereinen; und sprach demgemäß zaghaft, aber ernst zu seinem feisten Herrn Erzeuger. Dieser aber, nicht so tugendhaft wie sein frommer Sohn und der Lektüre Meister Jean-Jacques' unteilhaftig, dagegen mit beklagenswertem Starrsinn die geringen Glücksgüter der Erwählten in der Seele musternd, schnitt mit dem Messer einer harten Rede in das liebevolle Herz des Sohnes, drohend, er werde ihn prügeln wie einen Sack, wenn er ihm je wieder von so schändlicher Unternehmung spräche. ›Wie einen Sack!‹ schrie der Wilde. Armer Jüngling! Meine Seele ist zu mürbe, um sich lange mit deinen Qualen zu beladen und sie zu malen; ich würde dabei zugrunde gehen; Sie aber, meine Zuhörer und gütigen Schüler, werden nichts leichter können, als den Zwiespalt zu empfinden, zu durchleben und gänzlich auszukosten, der in der Brust eines heldenmütigen Bürgersohnes vorgeht, wenn er von der Ehe träumt, und dem ein Rücken voll Prügel dafür angeboten wird. Nun aber, indem Sie all Ihre Seelenstärke anspannen, fühlen Sie noch hinzu, daß ein reicher Witwer kommt, ein Salzwieger, ein zimtfingriger Schuft, und das Mädchen zu ehelichen vorhat; und sie, die Lilie, die Schwalbe des Schönheitstempels, sie ergibt sich ihm! Sie nimmt ihn! Sie wird mit ihm kopuliert! Er geht mit ihr zu Bett! Sie erröten, meine Freunde, Sie erblassen, meine Geneigten – alles, was Sie erschüttert, traf die schutzlose und liebevolle Brust meines Bürgersohnes mit dem Schwerte des Mars, Minervens Lanze und dem phöbischen Pfeil. Leiden Sie mit, Geehrte, leiden Sie mit! Sterben Sie, wenn's beliebt!«

Hier hielt der Marquis wirkungsvoll inne, um sein Glas zu leeren.

»Unser Held, der einen beklagenswert groben Körper zu ätherischer Seele von der Natur empfangen, lebte. Aber er lebte nur auf Kündigung etwa, um die Süßeste noch einmal zu sehen; dies war sein Plan, sein Vorsatz und der alleinige Grund seines Atmens. Amor, der die Liebenden fördert, gab ihm ein, seine Qual einer kundigen und erfahrenen Alten zu gestehen, einer mit Nähen ihr Leben fristenden Dame – die allerdings darum noch keine Vicomtesse war, denn dies ereignete sich in altersgrauen Tagen, Ihnen zur Nachricht, Söhne dieser Stadt –, Auberée genannt, die man ihm als erfindungsreich rühmte und für deren den Liebenden geneigtes Herz es keine Mühe gab, die sie gescheut hätte, wenn es Glück zu schaffen galt. Wie es denn die Aufgabe der Frauen ist, in allen Formen zu beglücken. Überdies verlor er auf ihrem Tisch einen Beutel mit fünfzig Franc; aber nicht darum, aus übergroßer Güte willigte die Schutzgöttin ein, nachdem sie sich seinen veilchenfarbenen Rock aus Lyoneser Sammet, verbrämt mit Fuchs, als Hilfstruppe geliehen hatte, in dem er sonntags allen Messegehern und Kirchenfreunden wohlbekannt war. Diesen Rock nun nahm sie über den Arm, nachdem sie am unteren Saume das Seidenfutter ein wenig aufgetrennt und Nadel und Faden hineingesteckt hatte, nimmt ihn und begibt sich zur jungen Frau, eine Stunde wählend, in der der glückliche Gatte und Kaufladenherr sein Mehl auswiegt. Freude des Besuchtwerdens, wer schildert dich? Wäre mir die Zunge des Herrn von Beaumarchais verliehen, ich tät's; gäb mir einer den Griffel Diderots, Sie sollten sie sehn, die junge Schöne, das Häubchen auf dem Haar, plaudernd mit der vom Alter gebeugten Auberée, wie die Erfahrene ihre blühende Farbe lobt, die braunen Augenschatten schelmisch begrüßt und alsbald fragt, ob auch das Bett breit genug sei zu den Gefechten der Nacht? ›Sehet selbst‹, antwortet der unschuldige Engel und führt den Besuch ans Paradies, ans Schlachtfeld, an die warme Burg des erlaubten Sündenfalls! Welch übermächtige Gefühle ergreifen Sie, meine Jugendstarken, ich seh's an Ihren Lippen, an Ihren glänzenden Blicken; recht so – aber wer hätte gedacht, daß diese Sehnsucht auch so übermächtig spuke in der alten Auberée? Schauet doch« – der Finger des Erzählers wies vor ihn hin, und die Hörer folgten mit den Blicken und schauten –, »wie sie schwindelig aufs Bett sinkt, am Fußende, wie ihr der schöne Sammetrock entgleitet und auf dem Bette liegenbleibt, wie sie mit versiegter Stimme um Wasser bittet! Die junge Frau, mitleidigen Busens, geht selbst in die Küche – und derweil drückt die Alte den Rock des jungen Mannes, in dem – Sie wissen noch? – Nadel und Faden stecken, ins Bett, zupft das Deckbett drüber hin – warum? – Sie werden sehen, meine Liebhaber von Geschichten, sie macht das genial – trinkt ihr Wasser, erholt sich schnell, geht weg und bestellt den hoffnungsvollen Liebhaber – wir haben ihn also nicht vergessen – für diesen Abend halb neun Uhr zu sich; rät ihm auch, er solle vorher Hahnenbouillon zu sich nehmen und Selleriegemüse. – Meine rheinischen Wirte, mit dieser Art von Gelächter hätten Sie in Versailles, dem verflossenen, zweifellos Ihr Glück gemacht. – Um acht Uhr kommt der Krämer – Verzeihung, der Kaufherr – heim, wäscht sich die Hände, ißt etwas Belangloses und stiefelt ans Bett, denn er ist müde vom Tütendrehen, schlägt sein Bett auf, stutzt über die Erhöhung, sieht zu, zieht hervor: ein Rock! ein Männerrock! Der berühmte, kostbare und auffallende Rock des jungen Anton! Ha! – Sie merken, nicht wahr, was er dachte, Sie sind so scharfsinnig, meine Schüler, daß ich nichts zu sagen brauche. Wie gerne aber malte ich jetzt, Sie zu erfreuen, den rasenden Ajax; zeigte gern, wie er zum Degen greift – aber er trägt keinen, das Pistol ladet – aber wozu eines besitzen, das scharfe Messer herausreißt – aber es ist zu spitz, und außerdem liegt es im Schub verwahrt, in der Küche. Was also tun? Als Mann des klaren Alltags vermeidet er das Blutvergießen – er ist kein Theseus, sie keine Phädra – und vereint harmonisch die Wut, die Rache, die Ehre und die Ruhe: er packt seine Gattin beim Arm und wirft sie hinaus, vor die Haustür, die er verschließt. Recht so, sagen wir, und wir haben unseren Grund. Denn wie das nichtsahnende Frauchen die Steine der Schwelle mit Tränen der Unschuld netzt, murmelt eine Stimme neben ihr im Dunkeln, wohlbekannt und tröstend, eine Altweiberstimme: ›Um Gott, werte Freundin, was tut Ihr hier?‹ Auberée ist es, die kluge Zauberin und Nadelfee; und nachdem sie neben vielem Weinen die ihr nicht ganz unerwartete Begebenheit angehört hat, verflucht sie alle kränkenden Ehemänner der Welt, besonders den augenblicklichen Sünder, verspricht ihr für morgen Genugtuung und bietet ihr einen Unterschlupf für die Nacht an. Das getröstete Kind folgt ihr und findet bei ihr ein laues Zimmer, in dem Zimmer ein warmes Bett und in dem Bett einen heißen Liebhaber.

Nein, meine Herren und Bürschchen, *dies* schildere ich nicht. Ich weigere mich. Ich bin ein Greis, der dem Grabe zuwankt und denke an die Seligkeit. Ich sage nur, daß, angefeuert durch die magische Fünf in der Zahl der fünfzig Franc, der junge Mann sein Bestes tut, was auch der Schönen wohlgefiel. Am frühen Morgen aber klopft die grausame Wirtin, den Morgenschlaf, den so wohlverdienten, schlimm durchbrechend, die junge Frau aus dem Bette, führt sie in die Kirche Saint-Corneille und heißt sie dort vor einem Bilde der gütigen Mutter Gottes Knie und Stirn zur Erde neigen. Unsere Freundin tut das gern, denn sie ist, ach, so süß müde und schläft ein. Die Alte aber nimmt die sechs Leuchter Unserer Lieben Frau und stellt sie auf den Boden, um die schlanke Büßerin zu beleuchten; und glaubt mir, die Heilige Jungfrau entstieg dem Bilde nicht rächend; stets vertragen sich Frauen untereinander zum Schaden der Männer. Der Gatte aber, der diesmal daran glauben soll, muß dem Bette entsteigen und die alte Auberée anhören, die in großer Erregung bei ihm eindringt. Ein böser Morgentraum hat sie in die Kirche gejagt, und was findet sie dort? Die junge Gattin, betend, verzweifelt, Unschuld schwörend vor Mariens Bild! Der Mann hat schon ein wenig Reue gefühlt – Gatten bereuen gern, wenn sie allein schlafen müssen –, er ist verdutzt, geschlagen; auf und in die Kirche. Da liegt sie, so vertieft

in ihren Gram und ihr Gebet, daß sie nichts nahen hört; so schön, so unschuldig in ihren Kerzen! Er ruft sie gutmütig, reuig; sie steht auf, verwirrt, voll Scham, reizend, indem die Alte dem Altar seine Leuchter zurückgibt, küßt er sie, Vergebung flehend. Sie machen sich zu dreien auf den Heimweg; und indes die Gatten schweigen, klagt Auberée das Leid ihres Alters: wie schwach sie ist – ward sie nicht gestern am Bette fast ihrer Sinne unmächtig? – und wie vergeßlich: einen schönen Rock hatte sie zu bessern, einen Rock aus Seide, Pelz und Sammet veilchenfarb. Und wer glaubt ihr, daß sie nicht weiß, wohin sie ihn gelegt? Daß er verschwunden ist und sie ohne Rat und Trost, sie arme, alte Frau?
Ohe, denkt der Mann, die Unschuld ist am lichten Tag; und daheim gibt er den Rock heraus – Nadel und Faden stecken noch drin – und, freigebig vor Überzeugtheit, fünfzig Franc der treuen Helferin.
Dann aber legt er sich noch einmal zu Bette; zu Bette, nicht zur Ruhe, denn auch ein Kaufmann, der ein junges Weib hat – nicht wahr?
Und wer – der Gatte etwa? hätte weiterhin dem so treu befundenen Eheweib untersagt, dann und manchmal diese brave Näherin mit Arbeit zu betrauen, ja sie ihr selbst zu überbringen?
Meine werten Eleven, hören Sie, ehe Sie gehen, noch die Moral; mein Freund, ein Abbé von Saint-Sulpice, der den Eid gegen seinen Herrn Gott nicht schwor und so von Meister Samson rasiert und tonsuriert in einem ward – mein Freund pflegte zu sagen: ›Eine wahre Ehe, Marquis, kann weder geschieden noch gebrochen werden.‹ Gute Nacht, meine Herren, Sie leuchten einander wohl selbst die Treppe hinab; ich habe keinen Lakaien, seit ich den letzten wegen Unreinlichkeit davonjagte; man bekommt hier keine rechten. Auf nächstes Mal, meine Freunde, auf das nächste Mal.«

# Der Kaffee

## 1914

Wir lagen den vierten Tag im Schützengraben, den meine Leute das »dritte Lokal« nannten, vermutlich weil wir uns schon vorher an zwei anderen Stellen weiter hinten eingegraben und niedergelassen hatten, in jener Art Kriegführung, die erst vor zehn Jahren durch die russisch-japanischen Schlachten in Europa eingebürgert worden war. Es regnete manchmal; so versah uns der liebe Gott wenigstens mit Wasser; wir tranken es aus unseren Mützen.

Wir feuerten und erhielten Feuer, immer abwechselnd. Die französische Artillerie suchte uns, aber sie fand uns nicht, wir wohnten zu weit vorne; ihre Schrapnells platzten lieber über unserem »zweiten Lokal«. Sobald sie uns freilich bemerkte, mußten wir unserer hiesigen Maulwurfsherrlichkeit wohl oder übel Valet sagen; darum bedachten wir sie mit allerhand zärtlichen Namen und beschworen sie, bei ihrer Methode zu verbleiben. Auch begriffen wir nicht, warum die Infanterie uns ihr nicht anzeigte, die uns auf zweihundert Meter gegenüberlag; ebensolange wie wir ihr, nämlich den vierten Tag; sie durfte weder Verstärkung heranziehen noch einen Abmarsch versuchen, ohne daß wir's merken und reichlich mit Blei versalzen mußten. Um uns stand es besser, nämlich betreffend rückwärtige Verbindung; wir kriegten eine Gulaschkanone in den Rükken; sie verkroch sich in einer Senke und brachte es, ich weiß nicht wie, aber gleichwohl fertig, uns in der zweiten und dritten Nacht mit fertigem Essen – Ochsenfleisch mit Kartoffeln, Kuhfleisch mit Erbsen – zu letzen. Außerdem ließ sie uns, als sie verschwinden mußte, Vorräte zum Abkochen da, soviel sie durfte, ja selbst Kaffee, Zichorie, Zucker und kondensierte Milch. Da unser Graben halbwegs trocken lag und wir die herrliche Futterung teils im Magen, teils im Affen gut aufgehoben wußten, ging es uns ausgezeichnet, und wir schossen, wenn wir ein Ziel hatten, wie die Schützenbrüder. Am Morgen dieses vierten Tages kochten wir an drei kleinen Feuern zugleich

einen Kaffee; der ganze Graben roch wie ein langes Beet von Kaffeeblumen, wenn's das gäbe; aber warum nicht, zum Beispiel in Indien ist alles möglich – ich hoffe noch mal hinzukommen. Mein Feldwebel ruft: »Parlamentär, Herr Hauptmann!«, wie wir ihn gerade trinken.
Ich stehe auf, habe keine Ahnung, was die wollen, und sehe einen französischen Offizier mit weißem Lappen und sieben oder acht Mann nicht mehr sehr weit. Bei diesen Franzosen muß ich immer wütend werden und denken: Herrgott, die sind ja verflucht mit ihrem Rot! – anstatt mich über das lackierte Ziel zu freuen; und wahrhaftig brachte nicht mal der Dreck ihres Grabens, der wohl genauso aussah wie unserer auch, nämlich erst flüssig, dann teigweich, jetzt schon so hart wie etwa unser Ochsenfleisch, diese liebliche Krappfarbe zum Schweigen. Der Oberleutnant salutiert und beginnt: »Mon camarade...«, hier versagte ihm schon die Stimme, und ich hatte Herzklopfen vor Schreck, wie ich den Mann so stehen sah, gerade und mager, ein bißchen schwarz und gelblich und um die Augen braune Ringe. Dann faßte er sich und sagte, sie hätten kein Telefon – ich denke sofort: Aha, darum auch keine Nachricht an die Artillerie – und seien den fünften Tag ohne Essen, sie könnten nicht mehr die Flinte halten oder einen Schuß hören. Jetzt hätten sie's nicht mehr ertragen, wie sie unseren Kaffee rochen, sie wollten lieber verhungern als sich ergeben, aber – er sei abgeschickt, ob wir ihnen nicht etwas von unserem Vorrat abtreten wollten.
Mir war einen Moment ganz bange vor Mitleid, wie der feine Kerl so dastehen mußte und sozusagen beim Feinde betteln – und ich starrte ihn oder genauer seine leeren unrasierten Backen und seinen Schnurrbart an, wie dumm; dann erzählte ich's den Leuten. Und da turnten meine Kerle aus dem Graben, das hättet ihr sehen sollen, lassen sich ihre Kaffetöppe reichen und halten sie den Franzosen fast unter die Nase – die schluckten aber! Nur der Leutnant zögerte etwas, er dachte an die anderen dort hinten, dann schaffte er's nicht länger. Ich hielt mich aber zurück, weil ich ihm zeigen wollte, daß in solchem Falle der Offizier dem gemeinen Mann nicht erst vormachen muß, was zu tun ist, und antwortete, die Rationen seien schon verteilt, ich könne darüber nicht mehr verfügen; daß ich den Leuten aber freistellen werde, ihm für die Kameraden was mitzu-

geben. Ich brauchte aber bloß auf die Gruppe zu deuten, die sich gebildet hatte, denn seine mitgebrachten Piou-Pious kriegten bereits mehr in die Hände, unter die Arme und in die Ranzen gesteckt, als sie unterzubringen vermochten; viele Brote, ein Säckchen mit Reis, eine Tüte Salz, Fleischkonserven, Kartoffeln und, von zweien an einem Prügel getragen, einen heißen Kessel Kaffee, schon gezuckert und gemilcht. Ich weiß nicht, wo die Freude größer war, bei Unsern oder bei den andern, die über das ganze Gesicht lachten vor Glück, ja, ich glaube vor richtigem Glück; wenn die Bibel recht hat, also bei Unsern. »Die haben Einbescherung«, sagte mein Feldwebel, und wir sahen uns schwermütig an, er hielt ein Paket Knaster in der Hand, ich suchte meine Zigarrentasche (mehr als eine kriegte er aber doch nicht), und dann machten wir das Christkind, er beim Caporal für die Leute, ich beim Leutnant für ihn selbst. Und dann gab der mir die Hand, und ich glaube, das Herz war ihm weich, und er bedankte sich bei den Leuten, die Einjährigenunteroffiziere übersetzten es ihnen, daß er tausend Dank sage, und Deutschland könne stolz sein auf solche Söhne. »Wissen wir alleene«, rief einer, viele winkten und schrien: »Oh revoar, mong Ljöhtnang«, und er grüßte nochmals, trübe lächelnd, und sie gingen mit ihrem Kessel an der Stange wie die weiland Kundschafter Kalebs mit ihrer Traube. Die Leute schwatzten aber den ganzen Vormittag lang, was wohl die Roten zu unserm Kaffee mit Schwarzbrot sagen würden, es war ihnen allen warm und aufgeräumt zumute. Nachmittags bekamen wir dann Artillerie in unsere Flanke, die von den Drübenschen beschossen wurde, wir feuerten auch mächtig, schließlich ließ ich – »unsern Kessel zurückholen«, sagte Unteroffizier Maitschick – sprungweise vorgehen, zum Schluß aufgepflanztes Bajonett und Hurra; da liefen sie. Und da sahen wir auch den Oberleutnant wieder, trotz aller Ritterlichkeit lag er vorneweg, mit zwei Kopfschüssen, Hirn und Backe. Unsern Kessel hatten wir auch zurück, und dann verbanden wir die Gefangenen und begruben die Toten.

## Die Quittung

1914

Gewehrgeschosse kommen schräg angeweht, schlagen auf, es stäubt, sie fliegen weiterhin über die Köpfe deutscher Infanteristen, prallen irgendwo jenseits des Grabens endgültig auf. Die weißen Wolken der Schrapnells entladen einen Guß von Blei, senkrecht, von vorn, von hinten; manche ihrer Kugeln finden den schmalen Ritz, den der vorderste Graben in die weit hingelegten polnischen Felder reißt. Granaten singen sich herbei, gehen zu kurz nieder, zu weit, reißen mit tödlichem Krachen ein Loch in die braune, noch trockene Erde. Der Schützengraben, diese dünne Linie, zackig hin und her, tief gehöhlt, ist ein fast sicherer Aufenthalt im Vergleich zu der sechshundert Meter breiten Ebene, die zwischen ihm und der zweiten Stellung sanft ansteigt. Dies die Szene, auf der sich sogleich eine winzige und beinahe unbedeutende Handlung begeben wird, die man mir erzählte und die ich mich gedrängt fühle, nicht zu verschweigen.

Schützenkampf auf weiten Abstand. Die russischen Salven werfen im Massenfeuer ihr Blei heran; unsere beiden Linien antworten bedächtiger, der Major in der zweiten horcht genau hin, findet alles gehörig und richtet sich wieder nach vorwärts, gegen den Feind. Der Acker vor ihm stäubt wie gepeitscht. Ehe er jene fern feuernde dunkle Reihe in das Reich seines Glases zieht, von der ihm gesetzt ist, zu machen, daß sich nicht mehr schieße, sondern verstumme und weiche, zielt er mit einem Blick, der nur flüchtig gemeint ist, auf seine erste Kompanie, deren Entferntheit von sechshundert Metern das gute Glas sehr vermindert, und erstaunt, und prüft genau, und begreift nicht, was er gewahrt: dort vorn strahlen eben nicht mehr als zwanzig Blitze aus den Läufen, es müssen aber zweihundert sein. Erst erschrickt er, dann errät er – da eine Feuerpause jetzt undenkbar ist –, daß sie dort vorn mit Munition sparen müssen; zwei Herzschläge danach, während das Blickfeld langsam rechts seitwärts wandert, trifft es auf einen Mann, der Zeichen macht, einen Winker; der Oberleutnant neben ihm bemerkt ihn auch und sagt erregt das Wort, das ihm selbst sogleich kommen wird: »Verschossen, sie haben sich verschossen.« Und die beiden Offiziere blicken einander bestürzt an, fegen gleichsam über das behagelte Land hin und starren wieder einer in die Augen des andern.

Die erste Kompanie des Bataillons ist vorgegangen, wühlte sich schnell ein. Die beiden anderen folgten und haben sich weiter hinten auch eingegraben. Zwischen den beiden Stellungen gibt es noch keine Verbindung; dazu ist keine Zeit mitten im Gefecht. Und nun soll die vordere Linie schweigen? Kein Zweifel, daß der Feind es bemerkt; setzt er seine Massen zum Sturm an, so muß das ganze Bataillon zurück, oder...

Der Major läßt in seiner Nähe das Feuer stoppen und schreit den Leuten zu, worum es sich handelt: Freiwillige vor mit Munition zum vorderen Graben. Die Musketiere sehen zweifelnd und verlegen vor sich hin, schielen auf das stäubende Feld, auf das soeben zwei Granaten schlagen, eine blindgehend, die andere einen Brunnen Erde aufjagend, und schweigen. Alle würden ohne Rücksicht auf sich sprungweise und feuernd vorgehen oder in diesen Hagel hinein mit angstvollem Hurra stürmen, aber hier handelt es sich nicht um einen so aufregenden Gesamtlauf. Vielmehr soll einer von ihnen ohne Waffe und ohne Deckung, mit Patronen beladen, diese kahle Tafel hinabrennen, das einzig Senkrechte in der Fläche. Sie schweigen, und der Major begreift sie gut. Noch zögert er, irgendeinem oder mehreren den Befehl zu geben, dem man gehorcht; aber die da vorn schießen nicht mehr, sie winken – und er, dem schon der Befehl sich im Munde formt, wiederholt das Wort von vorhin, dieses bedenkliche Wort: Freiwillige vor.

Der Gemeine Faustin Kruppa legt das Gewehr beiseite, steht stramm und meldet sich bereit.

Dieser Kruppa, ein Oberschlesier, dient sein zweites Jahr und gehörte im Frieden zu den schlechtesten Soldaten des Bataillons, mit dem sich die Unteroffiziere und der ausbildende Leutnant vergeblich geschunden haben. Er turnt kümmerlich, er leistet in der Instruktion jene Antworten, von denen die Witzblätter leben; seine Abneigung gegen kaltes Wasser erregt den Unwillen aller Stubenkameraden, und die Langsam-

keit seines Denkens vermag jedermann außer Fassung zu bringen. Nur zwei Dinge gelingen ihm: er schießt leidlich, wenn er lange genug zielen darf, und er benutzt Deckungen im Gelände wie ein pirschender Fuchs. Aber jetzt steht er stramm da, kurzbeinig, das gelbliche Gesicht schwarz bewachsen, und wird aufrecht über das Feld zu laufen versuchen. Der Major hat keine Zeit, sich zu freuen; er kontrolliert, wie man den Mann hastig mit Patronentaschen behängt; ein Tornister wird ausgeschüttet und wieder vollgestopft; er berechnet eilig die Zahl der Geschosse, die in den Packungen enthalten sind, aber ein Unteroffizier meldet sie: achthundertvierzig Patronen, und sie stimmt. Und jetzt erst, wie Kruppa im Begriff ist, aus dem Graben zu klettern, schwer behindert von der Last, überkommt ihn Erleichterung; das Aufatmen, daß es glücken wird, mündet in einen soldatischen Spaß. Er droht ihm mit erhobenem Finger: »Daß du mir ja die Quittung bringst.« Im deutschen Heere wurde jede erhaltene Patrone vom Empfänger bescheinigt – sonst, unter ruhigen Umständen.
Kruppa verläßt den Graben. Erst läuft er im Bogen links vorwärts, aber achthundertvierzig Patronen haben ihr Gewicht, und so geht er bald im Schritt. Der Major behält ihn im Felde seines Glases. Aber dies ist nur die äußerlichste und schwächste Geste einer heftigen Verbundenheit; die Seele spannt vom Auge des einen zum Rücken des anderen einen Willensstrang zwischen dem Befehlenden, der da liegt, und dem Freiwilligen, der dort geht wie ein bedächtiges Tier, umstäubt von den kleinen Wolken bleiernen Mords. Den Major überkommt, wie der andere vorwärtshastet, allmählich eine gewisse Ruhe; ihm ist, jenem kann, kann nichts zustoßen, solange er selbst hier in Sicherheit liegt. Und darum erschrickt er nur kurz und oberflächlich, als Kruppa sich plötzlich hinlegt, auf dem Bauche ausstreckt: der verpustet sich nur, weiß er, nicht getroffen, Verwundete schreien, achthundertvierzig Patronen haben ihr Gewicht. Der Leutnant neben ihm sagt: »Den hat's.«
Der Major zuckt die Achseln und denkt: Unsinn. Solange ich nicht selber hier in meinem lebendigen Innern den Schlag spüre – und der Gedanke verläuft im Dunkel der Spannung, wann denn der Liegende... jetzt schon richtet er sich auf. Er geht. Er mißt das Feld mit seinen großen Schritten wie ein säender Bauer, das einzig Aufrechte in der Ebene, überjagt von

den Geschossen der Feinde, die von vorne kommend ihn überfliegen, der Freunde, die von hinten her über seinen Nacken pfeifen. Der Major schätzt den Abstand bis zum Ziel: noch hundert Meter. Er bildet sich die gespannten Gesichter der Kameraden ein, denen der Geher seine Fracht bringt, notwendiger jetzt als Essen und Trinken.

Der Leutnant sagt ganz verwundet: »Wahrhaftig, er schafft's!« Eine Granate wirft sich zur Erde wie ein teuflischer Vogel steil auf sein Nest; aber Kruppa sieht sich nur um nach ihr, und der Major fühlt auf der eigenen Gesichtshaut seine verängstigte Miene. Kruppa springt in den vorderen Graben; der Leutnant sagt: »Hurra!«; der Major setzt das Glas ab; er muß ausatmen. Er weiß nicht, ob diese Zeit lang war oder ganz kurz; nur, daß innerhalb zweier Minuten dort vorn das Feuer wieder beginnt und daß er den Hauptmann zur Rede stellen wird. Da ihm das Herz wieder ruhiger schlägt, nimmt er das Glas auf: ja, Schüsse blitzen wieder wie vorhin.

Wie? Ein Mensch steigt aus dem Graben dort, beginnt zu laufen? Der Major spürt einen Ruck; die Ellbogen richtig in die Seiten gesetzt und die Fäuste geballt, kommt einer im Dauerlauf daher, ganz gerade auf ihn zu, in dem langsamen und ausgiebigen Trabe, der auf dem Kasernenhof eingeübt ward. Ist's Kruppa? Hat der Hauptmann etwas ganz Wichtiges zu melden? Er prüft sofort die feindliche Linie, aber: keine Veränderung, und auch die Batterie drüben hat sich noch nicht besser eingeschossen. Über das rauchende, umheulte Feld läuft der Soldat, grau im grauen Himmel, schlank und ohne Gepäck, er springt über einen Stein, er biegt um ein Granatloch, er läuft. Der Leutnant sagt: »Da bin ich doch neugierig.« Der Major sieht, jetzt schon ohne Glas, in das rote keuchende Gesicht des Soldaten: zwischen dem zweiten und dritten Rockknopf steckt etwas Weißes, die wichtige Meldung, diese Nachricht, die ein Menschenleben aufwiegt.

Hände strecken sich dem Angelangten entgegen und helfen ihm hinab. Er keucht, aber er steht stramm, reißt den Zettel hervor und hält ihn dem Major entgegen: Der entfaltet, liest: »Achthundertvierzig Patronen empfangen, Dietrich, Hauptmann.« – und sieht wortlos dem Gemeinen ins Gesicht. Er weiß nicht, was er sagen soll, denn dieses Gesicht drückt nur aus: alles in Ordnung, Befehl ausgeführt, die Quittung.

Darum sagt er schließlich beherrscht: »Gut mein Sohn, kriegst dein E. K. Wegtreten.«
Kruppa wundert sich über den Ton, den er noch nie gehört hat, aber er freut sich noch viel mehr. Er tritt weg, das heißt, er begibt sich zu seinem Gewehr.

# Der Feind

## 1914

Sehr früh am Morgen des zweiten Mobilmachungstages sah er sich, ältester Sohn des Tischlermeisters Paschke, noch einmal befriedigt nickend in der Werkstatt um, wo er noch gestern als Vaters rechte Hand gearbeitet hatte. Sauber gefegt ordnete sie sich um ihn her, an geweißten Mauern lehnten Schichten behobelter Bretter und eine fertige, aber noch ungestrichene Zimmertür mit einem Loch statt des Schlosses. Er brauchte nicht hinzusehen, ob in den Winkelzelten, die sie mit der Mauer tiefschattig ausmachten, etwa Unrat aus Staub und Spänen liege. Er selbst pflegte nach Feierabend dafür zu sorgen, daß sich die Lehrjungen das Fegen nicht erleichterten und Reste ließen; Sägemehl und gelbliche Hobelspäne füllten große Kästen unter den Arbeitstischen, und das Werkzeug lang blank zur Hand. Abends zwar würde das alles wieder in der Unordnung der Tätigkeit herumliegen; zugleich aber konnte der Alte mit den Leuten, die ihm blieben (ach Gott, der Landsturm, dachte er mitleidig) und den Jungen ein halb Dutzend Türen mehr fertig haben für das neue Schulhaus. Er hob die Achseln und ließ sie fallen; das hieß: wer weiß, wie's morgen früh hier aussieht; er wiederholte die Geste, und sie meinte diesmal fast froh: mich geht's nichts an. Dann drehte er sich noch einmal bedächtig um und um und zog in vielen kurzen Zügen, schließlich aber ganz tief den Geruch ein, der aus diesem Raume nie wich: den belebenden Harzduft frisch gehobelter Fichten oder Kiefern, gebunden an die mitkommende Vision gelbrosiger Schnittflächen, von Stämmen, Ästen, grünem Nadelgezweig und den bindenden Mißdunst des Leimes darüber oder darunter. Das roch er gerne. Schluß damit. Er ging über den Hof in die Stube zu ebener Erde, um langsam und gediegen zu frühstücken. »Käse hält vor«, sagte die Mutter verweint, indem sie ihm die Semmeln dick mit ermunternd riechendem schlesischem Käse belegte; und auch das roch er gern. Als er dann aber aufstand, ihre Hände nahm, ungewiß, ob er sie auch küssen solle, hielt sie sich nicht mehr und empfahl oder befahl ihm nur noch, laut aufweinend, seine Bibel, die sie ihm hinhielt, immer in der Rocktasche oder im Tornister zu tragen (sie hatte früher in Herrnhut gedient): »Immer, Paule, immer, immer...«, darauf lief sie hinaus, in die Schürze beißend, ohne doch die Stimme ersticken zu können.

Aber der Alte kam mit auf den Bahnhof, und überschäumend blau lag der Himmel über dem Korn, das vor Sonne steil stand wie aus Messing. Das gab dem Paul sogleich das gute Gewissen wieder, das ihm die Aufregung der Mutter fast gelähmt hatte: Gott sei Dank, Neues kam in die Welt, und Krieg war besser noch als Manöver... Als er schon hinter dem gelben Rahmen des Wagenfensters stand, ungeduldig abzufahren, hielt der Vater, der ganz unmerklich zitterte, noch immer die Pfeife im Munde, spie allzuoft auf den Bahnsteig und warnte ihn – ihn, den Sergeanten Paschke von der dritten Kompanie – drei- oder viermal vor dem Wälzen beim Biwakieren: auf dem Rücken liegen und nicht rühren bis zum Aufstehen, da gebe es kein Reißen, bloß nicht wälzen, Junge; und schließlich streckte Paul einen langen Arm hinab, den beiden Brüdern hin. Sie hatten ihm den kleinen Koffer hierher tragen dürfen. Jetzt, statt jedes sonstigen Gefühls, beneideten sie ihn schlicht und heftig, da sie, an seiner Statt ausziehend, das Eiserne Kreuz unsichtbar schon auf dem Rocke gespürt hätten. Freilich sahen sie auch nicht so schlafmützig drein wie er, der sich bloß immer den Schweiß aus den kurzen blonden Haaren wischte und vom guten Erntewetter redete. Damit und auf so pomadiges Blut hin eroberte man kein Geschütz, nicht einmal eine Fahne, wie sie sich auf dem Heimwege einigten.

Die überfüllte Garnison Glogau an der breiten Oder, in der er gedient und geübt, die propere graue Uniform, endlose Fahrten in guter Laune, Gesang, Gebrüll und Schlaf. In den Grenzstädten, wo sie ausstiegen, begrüßte sie das Volk als Befreier von der drückenden Angst vor nahenden Kosaken, die schon im Frieden als ständige Drohung allzu nahe hausten und denen man eine wilde und verwüstende Schnelligkeit zugetraut hatte, glücklicherweise vergeblich. Denn der Feind, weithin zurückgegangen, mußte erst während verdummender Märsche eingeholt werden, und der Staub polnischer Landstraßen bemehlte die Uniformen und klebte auf die Gesichter eine feldgraue Kru-

ste. Hinter Husaren lag als Spitze des ersten Bataillons die dritte Kompanie, und der Hauptmann verwendete, seit man nahe am Feinde war, den Sergeanten Paschke außer anderem gern zu Erkundungen und Vorposten des Tages wie besonders der Nacht: »Der ist solide«, sagte er zum Feldwebel, »und ihm fehlt Gott sei Dank die verfluchte Phantasie.« Bei einer Unternehmung dieser Art jedoch hatte Paschke das Unglück, im nächtlich mondlosen Dickicht über eine Baumwurzel zu stürzen. Er mußte also mit gezerrter Sehne am Knöchel eine Anzahl Tage im Feldlazarett liegend verbringen, zusammen mit einigen Verwundeten der fünften Kompanie, die weiter südlich starke russische Posten angegriffen und außer vielen heilen auch an zwanzig zerschossene Russen gefangen hatte. Alle diese lagen nun nebeneinander, sauber gebettet, in der geleerten Kirche eines polnischen Dorfes; doch mußte eines dieser Betten bald wieder frei sein, denn ein russischer Infanterist, durch die linke Brust geschossen, nahe am Herzen, starb langsam dahin. Einer seiner Kameraden fragte den Arzt in polnischer Sprache, ob es mit dem da noch lange dauern werde, und auf die Verneinung hin lachte der Frager ein bißchen und antwortete mit einem Satz, den der Arzt seinem Kollegen sogleich verdeutschte: der da, sagte er, habe wohl nicht vermutet, einmal ohne Sarg begraben zu werden, wo er doch so viele Leute daheim mit Särgen versorgt habe; sie beide seien aus derselben Stadt. Keiner der vielen Männer verzog auch nur den Mund. In die entstandene Stille hinein stöhnte der Sterbende mit rhythmischen Pausen und sangen die Flügel etlicher Wespen aufsteigend an den Kirchenfenstern. »Einen Sarg könnte man ja machen«, sagte da ein preußischer Sergeant mit verbundenem Knöchel, sich halb erhebend, »ich bin nämlich auch Tischler«, schloß er hinein in die fragenden Blicke der Ärzte. »Sie können ja nicht stehen, Mann, und wozu Sarg? Es geht auch so.«
Paschke legte den Oberkörper auf die Matratze zurück und schloß die Augen. Das leichte Fieber, mehr eine Folge des ungeduldigen Liegens in der Hitze als seiner geringen Verletzung – nichts anderes als das Fieber in den Schläfen konnte der Grund eines so sinnlosen Erbietens sein. Er schämte sich lange und qualvoll; natürlich ging's auch so. Mit dem fremden Tischler hatte er nichts zu tun. – Plötzlich schien ihm sonderbar, daß also hier wohl zweiPersonen im Sterben lagen, ein Tischler und

ein russischer Soldat. Für den Kollegen einen Sarg zu fertigen, weil der ihn gewissermaßen nicht mehr hatte beenden können, vom Tode dabei zusammengehauen, das hieß vor Gott und den Menschen nicht mehr als anständig und in Ordnung gehandelt. Einen gefallenen Russen noch eigens einzusargen – Unsinn. Doch als er, am Ende dieses langsamen Gedankens angelangt, weiterschaute, stand er knietief in einem Zweifel, der sich an den Knöcheln schon nach Gewißheit anfühlte. Starben hier zwei? Da gab's nur einen, in Teufels Namen; er riß die Augen auf und blickte sich suchend um: nur aus einer Ecke röchelte es, und nur ein Körper lag dort im Bett. Gut, daß dieses feststand, denn man konnte die Lider wieder fallen lassen, wohin sie wollten; und alsbald, einige Weile danach, blieb es mit Selbstverständlichkeit ein und derselbe Russe auch vor dem inneren, zweiflerischen Auge, der Tischler war und Soldat... Denn auch er selbst, mit ungewohnter Wendung gegen sich und voller Mühe erkannte er's, er, preußischer Sergeant Paul Paschke aus Guhrau, Schlesien, lag hier, Soldat und Tischler... Diese Tatsache hielt ihn fest, ungemeine Merkwürdigkeit, die sie war, und er ging bedächtig einige langsame Kreise um sie. Gesetzt, jenen Schuß durch die linke Lunge hätte *er* abbekommen, so läge jetzt er in ganz demselben inneren Zustand wie der andere, der Feind. Wie der Körper in der Uniform, dann in Wollwäsche, endlich im Hemde steckt und dahinter erst die Haut beginnt, genauso lag gewickelt in den Feind etwas anderes, ein Nicht-Feind, ein Leib, Handwerker, Bauer oder Vagabund – ein Mann, ein Mensch... Das Feindsein war vielleicht nicht viel wert, wenn es so draußen klebte und inwendig alles beim alten blieb? An diesem Punkte haftete er lange, Staunen wandelte sich zu Müdigkeit, die ihn schräg abwärts trieb; sein halber Schlummer verdichtete sich, gerann in Träume und endlich in einen über seinen Haaren sich schließenden Schlaf.

Erwachend sah er mit erstem Blick das Bettgestell drüben an der Wand bis auf die rote Matratze leer. Noch indem er dachte, daß man die Betten sonne, haschte er nach dem Endchen Traum, das eben seinem Sinn entglitt: irgendwas aus der Schule, in graugrünem Schoßrock die Rückseite seines alten Lehrers Meusel, dazu noch Jungens, die barfüßig entwischten ––. Aber indem er hinterdrein griff und vergeblich nach

dem Was des Geträumten fragte, ward ihm auch entzogen, was er eben noch hielt. Jedoch blieb er recht froh: endlich ein Weg zu sehen, der die zerfressende Langeweile halbwegs überbrückte! Was ging vor mit Meusel? Und überhaupt, man konnte sich erinnern; einmal an neunundneunzig vergessene Jugendstreiche denken. Denn der hier grad geschlafen hatte und nun wachte, lang und breit wie eine Bettlade, in diesem hatte eben noch ein winziger Schuljunge umhergegeistert, der also noch da war; beide ein und derselbe; holst du dir den nicht mal heraus? Heftige Unlust überschwemmte den Plan auf der Stelle; aber aus der sofort verfliegenden hob sich der Widerwille gegen dieses leere Daliegen siegreich empor, der ihn im Laufe der letzten Tage schon zehnmal in Wut getrieben hatte, in ein wüstes Verlangen nach Zerschmetterung seines Bettes und der ganzen Kirche. Gäbe es wenigstens was zu lesen! Nun fiel ihm ein, daß er etwas habe; aber ablehnend dachte er, daß es dazu doch nicht lange. Man steckt eine Bibel wohl ein, wenn die Mutter es will – die Eltern sind Vorgesetzte wie der Hauptmann –, aber Lesen stand nicht in dem Befehl. Dennoch erwies sich dieser Einfall brauchbar, an ihm als Leiter ins Unerinnerte hinabzusteigen von Sprosse zu Sprosse. Von wem erhalten hatte er dies Buch auf dünnem hellem Papier? Vom Pastor, am Tage der Konfirmation – tags vorher die ersten langen (schwarzen) Hosen –, und tags drauf schrieb ihm der Meusel etwas hinein; wie hieß noch der Spruch?
Er zog aus dem Tornister am Bettende die dünne Bibel und las: »Sei nicht allzu gerecht und nicht allzu weise, daß du dich nicht verderbest. Pred. Sal. 7,17. Dies zur Beherzigung und zum Andenken an Deinen alten Lehrer Meusel.« Darunter das Datum, darüber in der Ecke links in andächtiger Kinderschönschrift sein Name. Er schob staunend das Buch unters Kopfkissen: was bedeutete das? Er verstand nicht... Plötzlich schalt innerhalb seiner Ohren die hohe jammernde Stimme seiner Mutter, schlesisch aussprechend: Ja, ja, ja, das weißt du ganz genau, gib dir ock nur Mühe. Weiß ich's, antwortete er ruhig und wie wegschiebend, so find ich's schon; an der Mühe fehlt's nicht, das weißt du auch.
Er benutzte die langen Stunden bis zum nächsten Abend, die hingedehnten Pausen zwischen dem oft zerbrochenen Schlafe, um die Deutung jenes Satzes innerhalb seines Lebens auszu-

schaufeln und bloßzulegen – und eine ganz vergrabene vergessene Zeit seines Knabenalters stellte sich klar umdämmert vor ihm auf. Da war mal ein Junge im Dorf Guhrau, dem die Mutter mit sonderbar inniger Betonung sagte: »Paule, Unrecht leiden ist besser denn Unrecht tun!« Und vorher hatte der Vater sie geschlagen. Sie sagte: »Paule, unser Heiland hat die schwere blutige Sünde der Menschen auf sich genommen, dabei war er selber das reine Lämmchen.« Sie sagte: »Folge mir nach, spricht der Herr Jesus, so will ich dir die Krone des Lebens geben; Paule, die blanke Krone des Lebens...« Die Stimme, gepreßt, nahm einem das Herz weg, die Augen, entbrannt, blickten einem bis in den Hinterkopf; und die Gänsehaut rann einem über den frierigen Rücken. – Ein Junge hat dem Pastor die besten Äpfel vom Spalier gemaust. In der Klasse wird verkündet, wenn er sich nicht melde, werde die ganze Schule drei Mittwochnachmittage, zur Strafarbeit eingesperrt, den Satz abschreiben, von Mittag bis Abend: Du sollst nicht stehlen! Wer meldet sich um zwölf beim Lehrer, weiß vor Angst, mit zitterndem Kinn? Der Paschke-Paule! Der stille Paschke war's! Nu sieh einer! Stille Wasser seien schon immer tief gewesen! Er bekam Stockschläge auf Hände und Hintern, und zur weiteren Verfolgung sollte das Verbrechen dem rechtlichen Vater angezeigt werden. Aber um zwei kam der Lehrer zum alten Paschke gelaufen: der Wirbitzki-Fritz war beim Herrn Pastor abbitten, er selber sei's gewesen, nicht der Paschke; und als man Paul aufs Gewissen fragte, ob er nun gestohlen habe oder nicht, begann er zu weinen wie geschüttelt: Nein, gestohlen nicht, aber begehrt, begehrt schon! Und ehe die ganze Klasse so bestraft werde, da habe eben er... ein Sünder war er ja ohnehin, denn: Du sollst nicht begehren! Das stand geschrieben. Da war eben sein Gewissen stärker geworden als die Wahrheit; es hatte ihn zum Herrn Lehrer gestoßen, er mußte sich melden. Nahm ein Junge dem Paul etwas weg, einen Stift etwa oder den neuen bunten Kreisel, so ließ er's erstaunt zu. Er hat doch nicht recht, dachte er, der Emil nimmt mir den Kreisel, weil er nur einen dreckigen hat, aber der bunte ist meiner; ist das denn richtig? Und verhaute ihn einer, so kam's ihm zunächst nicht bei, sich zu wehren, ob er gleich keine üblen Muskeln hatte, gelähmt von der großen Verwunderung: Warum haut er mich, wenn ich ihm nichts getan habe? Derart, daß er vor Nachdenken zur Gegenwehr erst gelangte, wenn dem anderen an der Prügelei schon kaum mehr was lag und er sich sehr wunderte, wenn er nun plötzlich in den Staub geworfen wurde und in einem stillen methodischen Ringen unter dem dummen Paschke steckte, den er doch schon besiegt hatte und der ihm jetzt alles Empfangene gewissenhaft, ohne Wut, und reichlich heimzahlte. – Er ließ sich von seinen Geschwistern zum Sündenbock machen. Die lügen ja, dachte er angeekelt, wie können die bloß so lügen! Aber da er sich mit jedem Ereignis dieser Art wochenlang plagte, fand er am Ende wirklich, daß Unrecht leiden süß sei. Bis ihm der Meusel eines Tages im Schulgarten sagte, und seine Brille sah ihn dabei schief an, es sei schändlich, sich künstlich ins Unrecht zu setzen, und ganz falsch obendrein, und das habe der Herr Jesus nicht gemeint, daß einer stolz sein sollte auf das Unrechtleiden. Der Schreck damals und die erstickende Scham, wie der Lehrer so scharf wußte, was er im Innersten versteckte! »Sei noch froh, wenn's bloß ein Getue bei dir ist; und hast du's etwa in dir, und es ist kein bloßes Getue, so schaff's hinaus! Ein Junge muß wiederhauen, und nichts darf er sich gefallen lassen!« Von da an nahm er sich straff zusammen, denn was der Lehrer einem zur Konfirmation sagte, wenn's auch schwer einzusehen war, das stimmte; und obendrein schrieb er ihm den Spruch in die Bibel, mit Erinnerung an die Rede im Schulgarten Sonnabend nachmittag. Jetzt aber – und hier riß ihn die Grundfrage wie ein Wirbel an sich und in den Strudel von Ahnung und Rätsel, von welcher Seite er auch heranschwimmen mochte – mit jenem toten Russen, wie lag es? Lief der Feind nur als eine andere Art von Schießscheibe herum, die sich klug niederwarf und wiederschoß, bis man sie zertepperte, zugleich gehaßt mit einem sachlichen und harten Haß? – Denn so, nicht ausdrücklich, aber doch ganz so, hatte er bisher empfunden, wenn er sich dem Feind auf Patrouille näherte; und tötete man einen, so lag er da und war eigentlich nie ganz richtig am Leben gewesen wie ich oder du. Oder lebte der Feind genauso wie er selbst, Paschke-Paul? Wie durfte man ihn dann erschießen, mit Stolz, in allen Ehren, als Pflicht und Diensterfüllung? Offenbar konnte der Feind ein Mensch sein genau wie er, ein Soldat genau wie er selbst – und zugleich eine Art Schießscheibe? Das ging nicht zusammen. Das war und blieb zweierlei. Und doch ging es wiederum zusammen. Es mußte doch, da ja Christenlehre und Gottesdienst von der Garnisonkirche her in der Truppe schwangen. »Ihr sollt sein ein frommes Heer«; »Gott zieht mit euch« – also. Komisch, eigentlich...

»Wieder der Alte, Paschke?« fragte der Hauptmann, als Paul eines baldigen Morgens wieder im Gliede stand. »Zu Befehl«, erwiderte der Sergeant froh und klappte die Hacken aneinander zum Beweise, er sei's; und er wußte nicht (oder fühlte er's vielleicht dumpf, sehr entfernt, ganz leise?), daß er zugleich das Falsche aussagte und etwas tief Wahres. In sein Wesen eingetreten war ein nachdenkliches Schweigen, und der Blick, den er auf die Dinge sandte, durchdrang sie um ein weniges tiefer als vorher und war zugleich hineinversenkt in seinen eigenen Geist. Von außen gesehen hatte sich nichts an ihm geändert, der Soldat, ausgeruht und wach, packte frisch seinen Dienst – nur daß die Seele jetzt hinter den Handlungen ein bißchen zu spät kam, einen schmalen Spalt lassend zwischen ihnen und sich, wo sie doch vorher ganz enthalten war in ihnen. Das konnte unmöglich gut enden.

Am dritten Abend ging er mit vier Mann auf Erkundung und Vorposten zur Feststellung der vermuteten Anwesenheit feindlicher Postenketten; vor allem aber sollte er, so weit als möglich vordringend, die ersten stärkeren Streitkräfte vor einem der Lage nach wichtigen Dorfe erforschen. Das war eigentlich ein Handwerk für Kavallerie, die aber, weil in der Waldspitze, um die es sich handelte, zu Pferde kein Fortkommen war, an besser geeigneten Orten vorn und weiter links verwendet wurde.

Der Abend des sehr heißen Augusttages versprach Kühle, aber nicht mehr als die erlösende Leichte einer Sommernacht, und fern im Osten zuckte schwach die elektrische Spannung zwischen mattgoldenen Wolken licht auf. Von ganz weit her ein fernes Donnern konnte ebensowohl vom Himmel her rollen wie von Geschützen – russischen, eignen. Die Soldaten der Patrouille drangen bedächtig auf einem Waldwege vor, einer schmalen grünen Schlucht zwischen Fichtenmauern, indem sie sich links am Pfad unter den hängenden Ästen hielten. Es roch streng und süß nach den Brettern der Tischlerwerkstatt, aber unendlich lebendiger und reiner, und wachsam ohne Nervosität hörten sie aufgestörtes Getier durchs Unterholz davonstieben und sahen taumelnde Fledermäuse und die großen Eulen lautlos fliegend den Himmel queren. Sie stießen senkrecht auf eine lange und schmale Lichtung, hier ließ Paschke einen Mann zurück, und nun mußte sich's zeigen: geduckt, fast kriechend wagten sie sich hinaus, jeden Augenblick feindlichen Feuers gewärtig; aber alles blieb still. Tiefer Atem der Entspannung, böses Lächeln des Spotts grüßten diese Entdeckung, als sie an dem schmalen Wasserfaden standen, der die Wiese durchzog; sie hatte sich als fast trocken herausgestellt, und nachdem er einen zweiten Musketier zurückgeschickt hatte, um mit dem ersten als Doppelposten Pfad und Lichtung zu sichern, sprangen die drei anderen über den dreiviertel Meter breiten Bach, einer maß mit dem Seitengewehr die Wassertiefe aus: kaum eine halbe Elle, und sie überschritten gemächlich die ganze Wiese, hinter der sich ein Gehölz junger Kiefern öffnete mit einem Wege, überspannt von dem schon dunkelnden Himmel, dessen erste Sterne sich ganz heimisch enthüllten. Bis hierher konnten Maschinengewehre und Fernsprechkabel ohne Hindernis gebracht werden; sollte das Gehölz weiter drinnen trotz dieser Stummheit doch noch besetzt sein, würde das Bataillon es leicht säubern, morgen früh, wenn nicht diese Nacht. Während er beim Scheine einer Taschenlampe diese Meldung mit Bleistift niederschrieb, wobei ihm die Rücken der beiden kauernden Kameraden als Lichtschirm nach vorn dienten, beschloß er, den diesseitigen Rand der Lichtung sofort zu sichern. Danach sollten seine beiden Wachen zur Durchspürung des jenseitigen Randes zu ihm herüberkommen. Dies geklärt, entsandte er seinen vorletzten Mann mit dem Zettel zur Kompanie, und dann ging er mit dem letzten unverzüglich vor, ganze Arbeit zu schaffen. Hinter dem Gehölz, einen Kilometer jenseits des Hochwalds von Kiefern, der jetzt schon seine Kronen sehen ließ, lag der Karte nach in einer freien Senke das genannte Dorf. Mein Gott, wie still es war. Sie warteten ausruhend eine lange Weile, am Waldrand liegend, um vielleicht irgendein verratendes Geräusch zu hören, aber nur die Grillen siedeten über dem bewachsenen Sande. »Na, denn man zu«, sagte Paschke aufstehend.

Nach einer halben Stunde gespannten Vorbewegens in der grauen Helle des schmalen Weges witterten sie, schon im lokkeren Hochwald, einen deutlichen Geruch von Zigaretten und

Petroleumdunst. Um die Wegecke schleichend erblickten sie, fünfzig Meter entfernt, um eine Küchenlampe gelagert, fünf russische Soldaten beim Kartenspiel. Der Waldrand gegen das Dorf zu war also besetzt; wichtig war nun, von welchem Regiment – Achselklappen, das hieß, Gefangene zu erbeuten und diese Schweinehunde aufzuheben, die da Karten spielten, auf Vorposten, in der Nacht, bei mutmaßlicher Nähe des Feindes... Der Sergeant Paschke ergrimmte darüber so heftig, als seien sie seine Untergebenen; die Erinnerung, daß es Feinde waren, tropfte bissige Freude in seine Wut. Aber der Alarm der Schüsse mußte vermieden werden, sollte nicht die Überraschung des Dorfes durch die Kompanie, also der größere Erfolg, dabei verfallen. Paschke dachte ruhig nach, während sie beide in Moos und Heidekraut und tauigem Grase lagen, und dann gab er dem Musketier Fröschel die Weisung, den Doppelposten heranzuholen. Zu vieren stand der Bajonettangriff als sichere Sache fest. Er, Paschke, blieb hier liegen, um die Kommenden von jeder Veränderung unterrichten zu können; je weiter er seine Stellung vortrieb, um so besser löste er seine Aufgabe. Bäuchlings hingestreckt und allein im Dunkeln, das Gewehr schußfertig, spähte er hinüber, aufmerksam, halb spöttisch, halb triumphierend und ganz geduldig und ganz ohne Furcht; denn er hatte sechs Patronen in der Kammer, um eine zuviel, und trug nicht umsonst die Schützenschnur. Lacht nur, dachte er, spielt nur eure Trumpfkarte aus; wenn ihr meine Kerls wäret, wie wollte ich euch schleifen.
Aber in der langen Stunde, die er hier lag, ohne andere Pflicht, als das Gebaren der Russen zu beobachten, wie sie lachten, spielten und rauchten, ein paar Schritte ins Dunklere gingen, um an irgendeinem Baume ihr Wasser abzulassen, wie sie ihre Gewinne auszahlten und sich manchmal zankten, immer jene helle und weiche Sprache redend, die er nicht verstand; wie sie sich so vertraut und ganz selbstverständlich benahmen, als läge er unfern einer Szene der Manöverrast und sei nur zu schläfrig, um näher zu gehen und den Spielern über den Schulter zu »kiebitzen«, diesen großen blonden oder kleinen schwarzen Kerlen in ziemlich neuen Monturen, fast feldgrau wie die seine – in all dem Hinspähen und Belauschen ward ihm allmählich das Wissen schwach und schwächer, daß er sich fünfzig Meter vor dem Feinde befand. Soldaten treiben sich dort herum, dachte er,

Bauernjungen, Fabrikarbeiter, Tischler; nachher komme ich und packe sie, denn sie sollen ja Wachdienst machen – aber eigentlich könnten sie meinetwegen auch Karten kloppen, die Nacht ist ja schön, dort kommt wahrhaftig der Mond herauf, dick und gelb wie Butter... Sie haben ganz recht, und ich sperre sie dafür ein und habe auch recht... Ein gemütliches Wohlwollen erfüllte ihn, die bärbeißige Gutmütigkeit des rechten Vorgesetzten für die Leute, die er betreut und deren Unterhaltungen ihm unterhalb dienstlicher Strenge Spaß machen. Sollte er nicht eigentlich sich heranpirschen und plötzlich – der Schreck! – unter sie treten, ein Donnerwetter auf den Lippen rollen lassend? Sie hatten die Gewehre vorschriftsmäßig zusammengestellt, aber oben auf der Pyramide der fünf Bajonette hing schief eine Feldmütze, und ringsum rauschten die Kiefern in einem leichten hohen Winde. Sollte er nicht? Aber irgend etwas von dumpfem Spüren der Gefahr hielt ihn zurück – und dann hörte sein dem Boden nahes Ohr hinter sich ein leichtes Geräusch: meine Mannschaft! Nun wollen wir sie aufheben, dachte er sofort und klar. Musketier Fröschel flüsterte neben ihm, die beiden anderen Köpfe tauchten aus dem nächtlichen Schwarz, nun lagen sie zu vieren beieinander, und es ging los. Er sah das aufgepflanzte Seitengewehr der anderen; vorsichtig, ganz leise holte er's nach, mechanisch halb, halb mit Bewußtsein des Zwecks. Lautlos erhoben sie sich, lautlos schlichen sie vor, von Baumschatten zu Baum, ohne Gepäck; dreißig Schritt vom Ziele erst klirrte etwas metallen hell, und ein Lichtreflex blitzte auf der stählernen Klinge: russische Rufe, Aufsprung, Tumult um die Gewehre, aber schon stachen die Deutschen auf sie ein, Klirren, Stöhnen... »Licht weg!« schrie wer und warf die Lampe mit dem Fuße um, die sofort erlosch. Ein einziger Russe war sogleich in Deckung gegangen; Paschke erblickte ihn, sobald die jähe Dunkelheit sich zur blauen Dämmerung des Waldrandes und des halbhohen Mondes lichtete, oder vielmehr sah er, selbst ganz im Schatten, zehn Meter entfernt, in der Höhe eines knienden Menschen das blinkende Bajonett am Laufe des angelegten Gewehres zwischen zwei Kiefern vordrohen. So, so, dachte er, und das meinte: Nun hat mich ein Kerl ja gestochen; und: Nun hab ich den Kerl ja umgebracht; an seinem Arme rann es nämlich warm herab, ohne Schmerz. Zugleich beherrschte ihn die Kraft des Auftrags und ein heftiges

Mitleid mit dem Manne dort hinterm Baum; »Umgehen«, flüsterte er seinen Leuten zu, und sie verschwanden rechts und links; trockene Zweige knisterten anfangs unter ihren Stiefeln. Das Bajonett bewegte sich suchend und ratlos hin und her, unendliches Erbarmen weckend – denn während Paschke seine Pflicht tat, wie sie ihm zur ausgebildeten und von Urzeiten her ererbten Natur gewachsen war, redete laut, entfernt von dem handelnden Manne und in ihm, der Knabe, dem die Gabe ward, die Gefühle der anderen mitzuempfinden.
Das arme Luder – drüben saß es in Ängsten des Todes, und niemand baute ihm eine Brücke. Mußte man nicht wie ein Christenmensch handeln? Sollte nicht einer den Schritt auf ihn machen und sich seiner erbarmen? Sag ihm, er soll sich ergeben! Da stöhnten schon genug Männer, die nie mehr aufstanden. Sicher ergibt er sich, dachte er leidenschaftlich, richtete sich halb auf und rief, ganz erhellt vom Monde: »Armer Hund, ergib ...« Als Antwort blitzte ein Schuß und donnerte furchtbar an sein Ohr, sein Bewußtsein auslöschend wie ein Licht.
Fröschel, hinter ihm, stach den Schützen eine Sekunde darauf nieder. Dann bückten sie sich über den blutenden Sergeanten und berieten schnell, ob sie trotz des Knalles bleiben sollten, denn ein vereinzelter Schuß würde kaum sehr alarmieren, und hinter sich wußten sie die Kompanie, das Regiment, das ganze Korps, die marschierende Armee.

# Ein Opfer

*Turkos im Park von Schwetzingen*

1914

Man hatte sie, Söhne der Kalkberge, Sandsteppe, des grellen Lichts und glühblauen Firmaments, in denen Blut uralter Völker sich in heißen Adern schnell stieß und deren Triebe, mächtiger loslaßbar und in wilderen Spannungen gestaut, auf ein Kriegerparadies hinhetzten, Glaube und Schwert durch den Tod stoßend wie durch einen ängstlichen Vorhang, hinter dem schweigsame Frauen sich langsam und nackt streckten – man hatte Sommer achtzehnhundertsiebzig diese Turkos in Schiffen, darin es stank und die sie mit der Entleerung ihrer vom Meer revoltierten Mägen besudelten, nach Frankreich gebracht und tagelang auf Eisenbahnen wie eingeschaufelt und festgestampft durch ein Land geschleppt, das sie verteidigen sollten, gegen einen Feind, der kaum ein Gewehr heben würde beim entmutigenden Anblick ihrer braunen Stirnen unter dem roten Fez, und mit der Verheißung vielen Tabaks und großer blonder Frauen. Dann allerdings, bei Orten, deren Namen sie nicht kannten, lagen sie, in Weinbergen gedeckt, zwischen Hopfenranken und hinter niederen Mauern und schossen auf einen Feind, dessen schwärzlich aufgelöste Linie sich immer näherte, immer näherte: Soldaten in Röcken von dunklem und hellem Blau, mit hellroten Gesichtern und gelbem Haar, mit blanken Knöpfen überall und Helmen, auf denen eine glitzernde Spitze stach oder ein bebuschter Kamm, und die heranliefen trotz der Salven und des ausgeschütteten Feuers, die standen, schossen, heranstürmten, über Mauern kletternd, immer fallend und stets unaufgehalten, endlich dicht da: Bajonette und Kolben, furchbarer Anprall und Gebrüll, rasende Rufe und, einen Stich im Leib, einen Schuß irgendwo, einen Hieb mitten auf dem Kopf, Sturz, Ohnmacht, Ende.

Aber man erwachte wieder, ward aufgelesen und verbunden anstatt der erwarteten Verstümmelung oder des Todes – denn die Helfer, in den Uniformen der Feinde, redeten miteinander in einer langsamen und unverständlichen Sprache. Sie erwiesen sich gut, man lag geruhig, halb froh, noch etwas unsicher, endlich gewohnt; die Feinde sprachen ein anderes Französisch als man selbst, aber sie verstanden einen, und ihre Verbände, ihre Nahrung, ihr Hin und Her hatte einen freundlichen Sinn und bedeutete endgültige Ruhe in Gefangenschaft. Die französischen Offiziere blieben verschwunden und befahlen nichts mehr, der Hekim, der so schnell und geübt die Wunde geprüft hatte und sie jeden Tag neu besah, musterte eines Morgens viele aus, sie bildeten Trupps, zu denen andere kamen, Haufen, man reihte sie, und waffenlos, alle mit Verbänden hier und dort, Arme in Schlingen, dicke Binden um den Kopf oder die Brust, mit Krücken und Stöcken marschierten sie, eine Kompanie Verwundeter, auf langen staubigen Straßen hin bis zu Eisenbahnen, immer bewacht von bärtigen Kriegern mit geladenen und blanken Waffen, aber gemütlich und ohne Haß. Bekannte sahen sich wieder, die Dialekte von Tunis und ganz Algerien mischten sich, Spahis in weißen Mänteln trotteten neben den kurzen blauen Jacken.

Nach einer Fahrt durch ein friedliches Land, in einer Hitze wie daheim, langten sie an. Die Stadt, durch die sie marschierten, dünkte sie groß, die Straße bog sich zum Verwundern breit um eine Ecke, während allenthalben, ängstlich lachend, die Frauen an den spitzbedachten Häusern Schwetzingens standen, mit Gesichtern wie zarte Rosenblätter und Augen, so hell, daß sie darin glitzerten wie Tropfen Taus. Am Ende des breiten Platzes drohte ein hohes dunkles Tor, schweigend besetzt von Posten, und hinter sich sahen sie es von zwei Kanonen verschlossen mit schwarzen runden Mäulern.

Plötzlich eröffnete sich das Paradies: statt erwarteter Höfe von Stein, die sie aus Algier her kannten, lag ein Garten wie Mohammeds verheißene Gefilde vor ihren geweiteten Augen; und atemlos erwarteten sie, daß diese Täuschung der Luftgeister verschwinde. Aber der Garten blieb; man bedeutete ihnen, daß sie auf den Wegen und Pfaden zu bleiben hätten und nichts anrühren dürften; Gebäude, die sich im Halbrund hinschwangen, wurden von den Soldaten besetzt, und langsam, in Gruppen, wie sie wollten, führte man sie durch den Park.

Am Ende des schlendrigen Zuges trottete, die Augen fast geschlossen und den umbundenen, gleichsam beturbanten Kopf gesenkt wie ein angreifender Stier, ein Unteroffizier algerischer Schützen und dachte, er heiße doch Mohammed, und daß daran etwas Bedenkenswertes sei, das man enträtseln sollte. Ein Kolbenhieb auf den Schädel war sein Teil Verwundung – der einen dünnerknochigen Mann beinahe sicher abgetan hätte. Er horchte auf seinen Namen und ein Läuten in seinen Ohren, ein sprudelndes Pochen, Dröhnen. Vor seinen Augen stand immer rosiges Dämmern. Ihm schien wichtig über alles, da hineinzuhorchen, ins Eigne, ins Selbst. Von Zeit zu Zeit schüttelte er eine Spannung ab, die ihn vage und schwelend einnahm. Die Aufsichtsmannschaften fluchten oder maulten in ihrem hüpfend behaglichen Schwäbisch; er aber war anderswo. Es gingen drohende Dinge vor, von Eblis und den Dschinnim. Wenn er, hinter dem Vorhang von rosigem Dämmern und all dem Sprudeln da im Ohr, nur hören könnte und sehen, er wüßte zu berichten! Wie er als Kind den Kreis der alten Männer belauscht, die, während braunfahl die Sonne sank, ungeheuerliche Geschichten wußten von Gabriel, dem hohen Engel, Mohammed, dessen Namen er selber als Ehre trug und der Huri Geschlecht.

Unter hohen Bäumen hing eine Kühle wie die Wohltat frischer Verbände, und die Wipfel, deren kleinblättriges Laub sie nicht benennen konnten, dicht und groß wie grüne Wolken, erschreckten sie lustig mit kindlichem Staunen. Große schwarze Vögel mit gelben Schnäbeln tanzten klugäugig vor ihnen her und verschwanden in Hecken, die wie Mauern wuchsen. Nach rechts blickend, verloren sich die Augen über kleine und gewundene Pfade wie in dichten Wäldern der Märchen; Gestalten fremder Art erschreckten sie, auf einem Felsen ein ziegenfüßiger Dschin, der eine Flöte blies aus vielen Röhren, machte sie zittern: Wasser rann an grünem Haar herab von ihm – bis sie erkannten, seine feierliche Starrheit war gebunden an den Stein, aus dem er bestand. Aus Stein auch geformt traten Huris aus den saftigen Büschen, lächelnd, fast nackt, zu wildem Begehren verlockend, und kleine Löwen saßen, verbannt und fremd, mit gehobenen Pfoten auf Sockeln aus weißem Stein wie sie. Aber plötzlich, in grelle Sonne tretend, standen sie vor dem hochauftobenden Dämon, dessen Donnern sie längst vernommen: eine weiße Fontäne stürmte blind in den blauen

Himmel, eine diamantene Mähne schüttelnd, und während der Wind ihnen feine Tropfen labend ins Antlitz blies, drängten sie sich um den steinernen Kreis, in den sie gebannt war, und tranken aus hohlen Händen das kalte Wasser oder drückten ihre heißen Gesichter hinein, geübt schlüfend wie getränkte Tiere. Stufen sollten sie hinauf, an grünen Flächen hin, in deren frischem Grase sie sich gerne gelagert hätten, denn ihre Wunden schmerzten, und eine große Müdigkeit höhlte ihre Rücken und summte hinter den Stirnen; aber man drängte sie vorwärts, in schmale Wege, von Bäumen begrenzt, an denen dicke grüne Blätter fast vom Boden aufwärts den Stamm umwoben, die von Bienen summten und in die sich die Vögel flüchteten, die ihre Schritte und Stimmen aufscheuchten; aber von den besonnten Stellen hoben sich Falter gaukelnd auf in die Luft, und kleine weiße Blumen mit gelber Mitte zu pflücken ward ihnen verstattet. So gingen sie, langsam, innerlich ausgelassen und nur von Erschöpfung am Gelächter verhindert: bis plötzlich am Ende des Weges der Zug sich staute, laute Schreie des Staunens die Zurückgebliebenen nach vorn riefen: mitten auf einem grünen Platze stand zwischen den Bäumen eine Moschee.

Aus rotem Stein, hinter einem Tor wie daheim, mit einer Kuppel wie daheim und dem Minarett, das sich in den Wipfeln verlor, ragte sie, umgeben von einem Säulengang im Viereck wie daheim! Sprüche des Korans, in den heimischen Lettern, standen schön hingemalt neben allen Eingängen und an den Wänden, und die Pforten, offen, zeigten ein Inneres von heller Pracht, reicher, wenn auch weniger schön bemessen als in irgendeinem der armen Dörfer, aus denen sie stammten! Waren die Feinde, die sie fingen, nicht Giaurs, wie man ihnen stets gesagt? Glaubten sie etwa an den Propheten, dessen Reich dann noch größer war, als sie je gemeint? Aber die Träger, die sie getragen, der Hekim, der sie verbunden hatte, die Frauen in schwarzem Gewand mit den großen weißen Hauben, sie alle trugen das rote Kreuz auf einer weißen Binde am Arme, und keiner hatte sie mit dem Salaam des Gläubigen begrüßt, keiner auch hatte heilige Waschungen erfüllt, wenn die Sonne sich neigte, und von all den fremden Minaretts hatten die Glocken der Christen feindlich gesungen. In Wahrheit, dies Land gehörte einem falschen Glauben; aber dies hier, dies war ihr Haus, für sie hierher gestellt, für sie bereitet, und sie nahmen es in Besitz. Sie warfen sich im Hofe zu Boden, und ihre Stirnen berührten trotz aller Schmerzen in den verletzten Gliedern beseligt, aufgehoben und angelangt die Erde einer Heimat mitten in der Fremde. Dann sahen sie Stroh und Decken in dem kühlen Steingang, den ein gemauertes Gewölbe, auf dünne Säulen gestellt, bunt überdachte, und an einem Tisch warteten Männer ohne Röcke oder in weißen Schürzen, um die Wunden zu pflegen; endlich ruhten sie beglückt, ganz gestillt, ganz daheim im Atem des Gotteshauses, das des Kurfürsten Karl Theodor spielende Willkür hier vor Zeiten sinnlos hatte erstehen lassen und dem sie, zum ersten Male, Erfüllung brachten und Seele und betäubende Wirklichkeit, und ihre großen Tieraugen lachten in den braunen und mageren Gesichtern. Nur ein Unteroffizier mit verdächtigen Kolbenspuren unterm Verband ging ruhelos auf und ab, betroffen, argwöhnisch berührt; was das nun wieder bedeute. Denn zu denken gab das.

Dann wurde das Licht wie ein feierliches und altes Gold zwischen den Bäumen und dem endlosen Himmel reich und rein; Unruhe regte sie auf, sie begehrten sich zu reinigen und zu beten. Man führte sie zu einem breiten Kanal, in dem, überbrückt von den langen Schatten der Buchen, der Ulmen und Eschen, das laue Wasser stand, durchquert von lautlosen Fischen; sie warfen sich nieder, sie wuschen sich Hände und Füße, die Stirn, und erfüllten die Waschungen, wie geboten stand; eine lange Reihe in bunten Uniformen, knieten und lagen sie dort am Ufer – und plötzlich, in langem Singen, erscholl aus den Wipfeln der Bäume ein Ruf wie das Singen des Muezzin: jener Unteroffizier, beturbant, Mohammed geheißen, hatte endlich das seine verstanden und rief, die Treppe hinauf, dort oben vom spielerischen Minarett her zum abendlichen Gebet. Er rief nicht, was zu rufen geboten war; ebenso ungelehrt wie die andern und geweiht nur durch die Inbrunst stand er hoch über dem Garten, hoch über dem Laub, auf dem Söller wie mitten in der Luft, und schrie. Er versuchte den Ton nachzuahmen, der daheim jeden Abend über Biskra hinscholl wie über Mekka: »La illaha il Allah we Muhammed rasul Allah!«

Er schrie das Glaubensbekenntnis des Islam hin über den stillen Park, über das fremde Land, über die Mauern, hinter denen die Posten standen mit geladenem Gewehr, über all die Verwundeten und Krüppel, die eilig in den Hof zurückhumpelten und

ihre Schlafdecken vor der Moschee hinbreiteten statt des gebotenen Teppichs; und in dem Schrei, der mit Trauer aus seinem wilden Herzen quoll, rief die wilde Frommheit des Einfältigen und der Aufschwung einer so lange Jahre dumpfen und gleichgültigen Seele, daß Allah Gott sei und Mohammed sein Prophet: »La illaha il Allah we Muhammed rasul Allah!«
Das Rosige da: aus seinem Selbst getreten dehnte es jetzt draußen und überschwenglich sein eigenes Feuer. Ungeheure Kreise strudelten von ihm aus und sogen den Mann an, der im Gefühl des Stehens wie nie ein Mensch stand, einwuchs ins Gemäuer des Minaretts. Und das Sprudeln und Dröhnen seiner Ohren stand nun metallisch in der erhebenden Luft, anschwimmend wie große blanke Blasen von fernher, den Kirchen, und wehvoll berstend an seinem wie zerfleischten Hören. Er weitete sich aus: brausend mit seinem Schreien, wie Gabriel anschrie die Dschinnim, brachen Wölfe von Schluchzern aus seinem Herzen, das er blutig rot in die Sonne entrückt fand und von dem all das Rot seines Blutes ihm in den Augen gestanden bis zur Minute des Erweckens. Es war nur eine Sonne, nur ein Gott. In allen Kanälen da unten gespiegelt stand sie, nur sie, eine. Wölfe von Sehnsucht waren seine Schluchzer: heimwärts, heimwärts hinter die Sonne! Wie Schakale, die aus Bergschluchten schwärmen in die Felder, brachen sie aus dem zerborstenen Gemüt in die grenzenlose Weite da, lodernd im Firmament, dem reinen zarten Schwimmen. Zurück in sein Herz mußte er, in dies da, Allah, das Rote, Brennende, in den feurigen Schoß, in diese mächtige Mutterschaft, Allah, der die Welt entlassen aus sich; all dies lag auf einer Richtung, es war eins, es gab nur: das eine. Er schrie, daß er Mohammed heiße und daß nur das eine sei: Herz, Sonne, Mutter, Allah.
Von unten her drang das Murmeln einer betenden Menge mit dem Laubgetön im Abendwind. Der Unteroffizier sah hinab, und eine grüne Huri, angegoldet mit gewölbten Wipfeln, lag ausgedehnt, hingebreitet ihm zu Füßen. Wipfel hoben sich wie runde Brüste, wie die aufgestellten Knie, Wege verschlangen sich wie Arme hinter einem Haupt, das, dunkelgrün, ihn mit hundert dunklen Augen ansah, und ein gewölbter Bauch, rasengrün und mit Smaragden, führte hinab in den schmalen Schoß, der unsäglich lockte. Da lag, zu seinen Füßen schon, die Paradiesessüße, und erwartete ihn, den Weheschreienden, den

grenzenlos Alleinen, ihn zu trösten! Aufzulösen in dem Schoß, der ihn geboren; denn auch hier plötzlich war Mutter, die große Grüne, die Fruchtbare, die Belohnerin des Tapferen! Und er, Teil und Spitze des Minaretts, das aufstand wie ein Männliches, vom Trieb geschwellt, fühlte sich plötzlich losgelöst aus seiner steinern vereinzelten Erstarrung, ein Tropfen Lebens ward er, reif, einzustürzen in den zauberischen Schoß des Funkelnden, der Seufzenden, der Stöhnenden, der großen rauschenden Huri, ein Samenstrahl, ausgesät zu werden für das ewige Leben: und indem er sich über den Bord des Söllers beugte wie ein Taucher, der sich jauchzend ins Wasser wirft, schrie er hellauf sein »Illaha il Allah!« und schnellte, eine steile Gestalt, flach gebogen, einen entsetzlichen Schreck im Herzen und einen plötzlich aussetzenden Schmerz im Haupte vermissend, zwischen zwei Bäumen hinab. Ein Brüllen empfing ihn, und dann erschlug ihn der Boden wie ein emporstoßender Block.
Eben jetzt berührte die Sonne rotfeurig den golden erglühenden Horizont.

# Helbret Friedebringer

## 1915/1923

Er liebte die Gerechtigkeit über alles und als tapferer Mann; damit nimmt man auf Erden fast immer ein schlimmes Ende. Und so zähle man zu den Unglücklichen, die jener abwürgte, der große Krieg – der endlich dennoch vergangene, unser aller Schicksal für noch Jahrzehnte –, auch den Menschen dieser Geschichte, auf absonderlichem Wege freilich umlagert und am Ende gefressen. Laßt uns hören, wie der Kriegsgott ihn in seinem Heim erlegte adlerhaft, gleich dem königlichen Vogel der Fabel, der die Schildkröte samt ihrem hörnernen Hause durch die Luft entführt und die Fallengelassene, Zerschmetterte verzehrt, wenn es ihm beliebt.

Man kannte den Richter Helbret in seiner mittelgroßen thüringischen Stadt und achtete seine ruhige und wissende Gerechtigkeit, aber nicht mehr als etwa seine gepflegte schwarze Kleidung, die er langsamen Schrittes vom Gericht zum gartenfrohen Wohnhaus vor den einstigen Festungstoren trug und jeden Mittag bei geeignetem Wetter rund um die schöne Anlage, die auf früheren Wällen jetzt die Stadt schattig und voll Anmut gürtete. Seine Augen blickten ein wenig hochmütig über dikken Tränensäcken, und schon verfahlte sein blonder Bart; aber die aufrechte Wucht seines langsamen Gehens war jünger als fünfzig Jahre, und in der leicht umständlichen Armbewegung, mit der er, den weichen Schwarzhut von sich streckend, den vielen Grüßen der Mitbürger dankte, verriet er, dem deutschesten der Laster allerdings zu frönen, der Feierlichkeit. Auch eine leise Übertreibung aller Angelegenheiten, die mit ihm selbst zusammenhingen, kam zuverlässig vor. So hatte er zum Beispiel als Knabe gleich vielen begabten Kindern stark »gelogen«, sich Begebnisse vorphantasiert, so leidenschaftlich deutlicher Gestalt, daß er sie als wirklich geschehen glaubte und so von ihnen berichtete – eine harmlose Gabe, natürlich mit echter Lüge unvergleichbar, und die sich überdies mit den Jahren und durch harten Kampf verlor. Er aber, ein Ernstnehmer und

Schwerebold, seufzend unter dem Gewicht der Atmosphäre auf seinen einsamen Schultern, hielt sie sich leidvoll wach, vom ersten Abendmahl bis auf diesen Tag, und wen soll das wohl wundern, wenn die Überzahl der klügsten Männer, die im Logischen scharf wie Rasierklingen mit Unterscheidungen hantieren, vor ihren persönlichsten Gefühlserlebnissen und Leidenschaften stur dasitzen, unfähig, Ehrgeiz von Neid oder geistige Vorbehalte von Unaufrichtigkeit zu sondern – was Jesuiten, Juden und Franzosen mit Glanz und hohem Schliff vermögen; und sind sie überdies noch anständige Kerle, so braten sie sich selber auf glühendem Rost – den sie sich nur einbilden. Daran aber, daß er sich und seine Umgebung zur strengsten Wahrhaftigkeit anhielt, die Beschuldigten jedoch, die in der Untersuchung ihrer Anklage zu Listen ihre Zuflucht nahmen, sehr ruhig und ebenso ernst behandelte und ermahnte, stets bedenkend, daß er selber einmal ein Lügner gewesen sei: daran entblößte sich der Stoff, der edle reine Stein, aus dem sein Wesen gewachsen. Er war ein Deutscher von mächtigem Karat, Niedersachse, Ostfale, ein schweigsamer Mann, vor Jahrhunderten verpflanzt unter diese leichteren, die Thüringer; mit Recht und Rechtssinn, mit Gewissensforschung und starker Selbstpein geprägt schon in der Keimsubstanz dank seiner Ahnenkette: zwei Bürgermeister, Advokaten, zwei Prediger, und außer andern drei streng prüfende Rechtslehrer der alten hohen Helmstedter Schule.

Er hatte seine Existenz ungeteilt, seelisch wie bürgerlich, auf eine tiefe Liebe zum Gesetz gegründet, und da ihm Einsicht in die metaphysischen Quellen zustand, aus denen, jenseits menschlicher Willkür und aller Zwecke, Recht und Gesetze majestätisch strömen, pries er den Menschen glücklich wegen seiner klaren irdischen Vernunft, der es gegeben war, das erhabene Rechttun in sich zu erkennen und ins allgemeine zu erheben, um wägend und schlichtend einen reinlichen Kosmos voller Sicherheit aus dem tierischen Wirrsal des wild springenden Lebens unerschütterlich zu gründen – ein Werk, das überall auf diesem Planeten und von frühesten Zeiten an alle großen Völker an dem triumphierenden Bau der Gesittung arbeitsam verbündet hatte; regelhaftes Bild der Welt, dessen Unvollständigkeiten ihm entgingen, weil er nie wahrhaft jung gewesen. Verlor er sich abends, rauchend neben der grünbeschirmten Lampe seines weiten Schreibtisches und in die ehrfürchtige Stille des ganzen Hauses gehüllt, in Büchern von der Geschichte des Rechts und der menschlichen Sitten, so sah er überall Vertrag und Verständigung, schließliche Einmütigkeit der Menschen und den großen Willen zur Ordnung und zum Frieden; dann aber schien ihm, und er spürte das Glück, jetzt zu leben, dankbar in allen Adern, unsere Zeit die Krönung aller alten Lebensstufen: hatte sie doch durch Völkerrecht und Genfer Konvention, durch Sozialismus und Wissenschaft, durch Schiedsgerichte und internationale Abmachungen jeglicher Art und auf jedem Gebiete zwischen den Völkern Brücken gebaut, auf denen die Menschheit ihre gefährliche Trennung in Nationen notdürftig zu überwinden im Begriffe stand. So auch hielt er den Friedenspalast im Haag für das symbolbeladenste Bauwerk der neueren Zeit und für den Bruder des Parthenon, des salomonischen Tempels, des römischen Kapitols und der Peterskirche. Im Frieden zum Bewußtsein erwachsen und gebildet, galt ihm nur ein natürlicher Zustand des Lebens, der friedliche, und mit verachtendem Ekel sah er auf Gegenden, in denen, wie auf dem Balkan, der Krieg heimatlich hauste und deren barbarische und, wie ihm schien, unerziehliche Unvernunft den zurückhaltenden Mann in jeden Grad von Zorn zu bringen imstande war. Nur einem Geiste ließ er die großartige Bejahung des Krieges hingehen: dem sehr geliebten Patron tapfersten Denkens, dem Einsamsten der Hochgestiegenen, dem Wanderer von Sils-Maria. Ihm, dem kriegerischen Philosophen Friedrich Nietzsche, gestattete er, den Krieg zu lobpreisen: weil dieser mutigste der Weisen, wenn er Krieg sagte, etwas gründlich anderes meinte als irgendein Vereinsgeneral, Agrardiplomat oder Sedanschreiber: nämlich die Erhaltung des Kriegerischen im Menschen, des Vornehmen, das Schwere Angreifenden, zäh Aushaltenden, des Unermüdlichen und Bedürfnislosen, des Unterordnens unter große Aufgaben und der Selbstvergessenheit bis zum Opfer: welche Tugenden, ohne Krieges ferner zu bedürfen, längst neue Tatfelder gefunden hatten: zuallererst das tägliche Leben, den immer härter geratenden Kampf ums nackte Dasein, Mensch gegen Mensch; dann aber, weniger unscheinbar, Entdeckungen, Expeditionen der Naturbezwingung, Technik, Wissenschaft, Künste und Denken, Caritas und soziale Kämpfe... Und so brachte er nur

ein Lächeln, ein stilles und erledigendes Lüpfen der Lippe für Leute auf, die einen Krieg in unserm, in seinem Europa für denkbar hielten – so daß er jede politische Verwicklung, die er erlebte, mit dem größten Gleichmut ansah, da ihm ihre schließlich friedliche Lösung von vornherein feststand, worin ihm der Verlauf der Jahrzehnte stets von neuen recht gab und worüber, als über das Selbstverständliche, er nicht einmal triumphierte. Unter demselben beruhigten Vorgefühl erlebte er den österreichisch-serbischen Zusammenstoß.
Für ihn zog alles seinen eindeutigen Gang. Unfähig zu andrer Haltung als sachlich-redlicher, vertrauend, weil selbst vertrauenswürdig, und höchst empfindlichen Sinns für die furchterweckende Verbindlichkeit öffentlicher Mitteilung, nahm er selbstverständlich Zeitungen großen Rufes für sorgsam siebende Filter und im großen ganzen auch für das Gerechte eintretend. Ihren Berichten mußte man glauben dürfen, weil so groß schon die verknüpfte Welt, sonst gab es im Chaos des Möglichen überhaupt keinen Halt...
Hinter seiner eckigen Stirn, unter dem steilauf gebürsteten dichten Grauhaar fehlte ihm auch der leiseste Verdacht, anders als in der allgemeinen Darstellung könnten Serbiens Volkscharakter oder sein für gewiß hingestellter Anteil am Morde von Sarajevo sich irgendwann einmal herausstellen. Daß der österreichische Thronfolger etwa ermordet wurde, weil Österreichs innerer Zustand Explosionen unvermeidlich erzwang – dieser Schluß versperrte sich ihm. Serbien vielmehr, Inkarnative des blutigen Balkans, hieß Treiberei und Intrige, Wühlen und Lauern, Zetteln und schließlich Morden.
Und er liebte Österreich... Tiefe Quellen sprangen in dieser Liebe. Das Gelöste, Heitere und Tüchtig-Behäbige seiner Volksgeste; die Städte in ihren Landschaften, Wien und die Donau, und die alten leidenschaftlich deutschen Mären und Gedichte; Musik über alles Irdische leuchtend und das edle, stille Wissendsein Stifters, den er neben Keller zu den größten deutschen Dichtern stellte, all das erlöste ihn, ohne ihn zu entdeutschen. Bis hierher durfte er sich noch wagen; weiter südlich fürchtete er zu zerfließen und seiner strengen Form nicht mehr fähig zu bleiben. Aber dann auch, vom Geiste her, sah er in Österreich die Vorform überstaatlichen Verbandes für Europa: unter einheitlicher Leitung zusammengefaßt neun Na-

tionen, die nur der Demokratie erst erzogen zu werden brauchten, um dann, ihr eignes Bestes erkennend, den historisch gewordenen Verband von innen her freiheitlich zu durchbluten. Was sollte aus ihnen werden, wenn Wien sie nicht mehr hielt, die Unmündigen? Denn in seinen Deutschen, dem Volk universaler Literatur, des Übersetzens aus allen Sprachen, sah er ja das verstehende Volk, das hineinhorchende, das ordnende und leitende... Und so war er bereit, Österreichs antiserbische Haltung zu billigen, strenges Recht zu fordern und im allgemeinen Konsens zu verlangen, daß der Ursprung des Königsmordens einmal für alle verstopft werde.
Darauf fuhr er, im Koffer Vorarbeiten einer philosophischen Untersuchung »Zum Rechtsempfinden des Sachsenspiegels«, auf Ferien nach Zermatt – da er arbeiten wollte, ohne Gattin und Kinder. Dort traf ihn, beim gigantisch höhnischen Dastehn des Matterhorns, der Ausbruch des Krieges – in drei, vier rasend erfüllten Tagen, gleich ebensoviel Beilschlägen, dem Massenmord Bresche machend in die mit Tätigkeit bis zum Rande gefüllten Gehege Europas.
Wie ein Baum, an den die Fäller ihre Axt gelegt haben oder den mit stählern gesungenem Hin und Her die Bandsäge durchnagt, stand in Helbret die Überzeugung von einer letzten, allerletzten, im Endaugenblick gelingenden friedlichen Lösung des europäischen Konflikts; stand da, prunkte in seiner Seele mit Astgewirr und Blätterfülle, nahm Raum ein, wölbte sich nach allen Seiten, schien zuversichtlich an die Wände der Kuppel »Bewußtsein« zu greifen, indes unterhalb jedes Eingeständnisses die hin und her fressende, leise gleitende Säge – daran jeder Zahn eine Zeitungszeile war – diesen mächtig gewachsenen Herrscher im Wald seiner Gedanken, Grundsätze und Anschauungen bereits halb durchfressen hatte. In den Fanfaren der kaiserlichen Kriegserklärungen brach er aufrauschend und niederkrachend ein und schmetterte mit seinen Wipfeln all jene Bekenntnisse nieder, die bislang schön wie Linden, Birken, Buchen in seinem Umkreis gediehen waren: den Glauben an Europa, jede frohe Zukunftssicherheit, die stolze Freude an der Gegenwart der weißen Menschen.
Mit erstorbenem Gefühl schritt der Richter Wege auf und nieder, die Augen gerichtet auf den fühllosen Fels, der sich auftürmte im Blauen. Schwarz und schneeig, mißgönnte er ihm

bittren Mundes sein fühlloses Dastehn, und die niedere Materie, gigantische Steinrippe des unempfindlichen Planeten, schien ihm beneidenswerter als sein eignes atmendes Dasein.
Aber war auch der Wald seines inneren Wesens im Herzstück zu zerstörter Verzweiflung verhackt und verhauen, so dehnte sich in ihm bislang doch nur eine tote Leere, aus der neue Jahreszeiten der Möglichkeit nach mit jungem Wachstum ergrünen konnten. Erst der Bruch von Verträgen, der einst heilig beschworenen Grundlagen staatlichen Vertrauens zwischen Volk und Volk, der Einsprung in Belgien, das Attentat auf das friedliche Lüttich, die grauenhaften Detonationen neuer Geschütze, geboren aus dem dämonischen Geiste des Urbösen, machten mit ihm, seiner Existenz in aller Zukunft ein Ende.
Von diesem Augenblick an, während nichts in ihm seine Verrückung verriet, ohne daß er selbst sie bemerkte und dagegen kämpfen konnte, entwich seine innerste Seele aus der Gegenwart, aus der Welt des Verständigen und Verstehenden, aus dem klaren gesunden Sinn; sie zog sich zurück in ein Reich eigener Ordnung, mit eigenen logischen Gesetzen, in den nüchternen und unscheinbaren Wahnsinn des letzten Leids. Wäre ihm gegeben gewesen, an irgendeinem Punkte der Außenwelt protestierend einzugreifen, den verzweifelten Schrei der Abwehr auszustoßen oder durch irgendeine Handlung tathaft zu widerstreben, so hätte dieser doch mannhafte Geist wohl gerettet werden können. Aber da eine solche heroische Fähigkeit zum Martyrium nur aus religiösen Quellen des Menschen treten kann, ihm aber diese dunklen und überrationalen Gefilde schon abgemauert waren von Ahnenreihen her, blieb ihm kein Ausweg. Er war wahnsinnig schon, als er in überpfropften Waggons schweigsam, sehr bleich, mit zerfallenen Zügen in sein Haus heimkehrte, heimflüchtete, und für sich selbst noch so vernunftvoll dachte und lebte wie nur je, geschweige daß ihm von außen irgend etwas anmerkbar gewesen wäre. Aber der innerste Kreis seiner Seele zerfiel unaufhaltsam, ein Trichter hatte sich gebildet, und in ihm, mit ihm rieselte Sekunde für Sekunde das wache Ich des Richters Helbret zurück in die Welt des Nichtseinwollens, in jene Unterwelt, da ewige Flucht ist, ohne Grenzen. Er war mitten durchgerissen: er liebte Deutschland, haßte seinen Krieg.

So durchfuhr er ein Land im Glanze früchteschweren Augusts, das ihm überall, erschütternd und liebenswert in einem, durch die eilende Fensterscheibe und ins eiserne Stampfen und Klirren hinein sehnsuchtweckende Grüße schickte. Die gebreitete Ebene, Stadt an Stadt, umsungene Flüsse, Hügelland voller Tannen und Täler: überall sah er sinnlich die Vernunft dieser Landschaft und ihre friedliche Gesinnung. Nirgendwo hatte sich deutsches Wesen reicher, gültiger, symbolhafter ausgeprägt als auf dieser Strecke zwischen Basel und Weimar. Und nun betraf er die Menschheit dieses selben Landes, das groß war durch Gedanken und Gedichte, durch Gemälde und Musik und durch die beispielgebenden Verkörperungen deutschen Geistes, eingewickelt in einen furchtbaren Rausch von Siegesfahnen. Vom ersten Augenblicke an in diesem Wagen wußte er, daß er, von einem anderen Planeten gefallen, nur durch Verstellung sich retten könne. Schweigen hätte nicht genügt; man sah nur noch Spione; und darum war er ein redseliger Gesellschafter, verwittert lächelnd in seine Ecke gepreßt, indem er immer nur das Gegenteil von dem zu verlauten brauchte, was er bei sich dachte. Selbstverständlich waren die Länder der neuen Feinde in vertierten Zuständen, selbstverständlich werde es gehen wie siebzig. Im stillen fragte er sich nur: »Wem?« Und angeregt von einem gewissen Romanschluß, in dem, furchtbares Symbol, eine Lokomotive ohne Führerschaft einen Zug »à Berlin« singender Soldaten rasend in den Zusammenbruch reißt, geschah es, daß er bei einem längeren Aufenthalt bis zur Maschine vorging, zu sehen, ob auch sie vielleicht, verlassen wie bei jenem Zola, als ein selbständiges, herrisch wildes Tier die Menschen unterjocht habe und ganz allein die Wagen voll Sieger nach Norden schleppe. Aber behäbig über den hin und her treibenden Bahnsteigmenschen lachten Heizer und Lokomotivführer, voll Schweiß und Ruß ihres Amtes, einen Schaffner aus, der sich unverständlicherweise mit ihnen zankte. Helbret, nachdem er sie argwöhnisch gemustert hatte, fand, daß das Personal zwar stimme, aber führerlos sei sie dennoch, diese hohle Schlange gewölbter eisenbrauner Glieder, trotz ihres schwarzen und blanken Raupenkopfes mit seinen fanatischen Laternen... Und wieder in seinem Abteil, das er womöglich noch gefüllter fand, verbarg er unter einer kauzigen Lustigkeit den Jammer um all diese Menschen da, die ihm Kinder schienen: zum ersten Male erfüllt von heiß erhobenem Gemeingeist, freundwillig zueinander, wirklich einmal vergessend, daß die Klassen der Menschen so scheidend sind wie die Tierklassen der Zoologie, aber nur unter der Voraussetzung dieser gemeinsamen, alle hochschwingenden Jubelstimmung, daß endlich Krieg sei und man sich aller Welt groß zeigen werde. Nach drei siegreichen Kriegen kam endlich der krönende, und obwohl man überfallen worden war, stieß über die andern jetzt die Dampfwalze. Helbret sah in diese Gesichter, von der Hitze gerötet, sympathische Männer, nette Frauen, und es schien ihm in sich, daß aus seinem Herzen Blutstropfen wie Tränen, mit dem Geräusch ferner Schüsse, in seine Brust hinabklopften: so nahm ein Volk inmitten Europas, friedfertig, geduldig und gläubig, den Anbruch auf des großen Sterbens, während jeden Augenblick bereits die weißen Männer, Europäer, geschieden nur durch Äußerlichkeiten, einander umbrachten, mit Messer und Kugel, mit Geschoß und Torpedo einer in des andern Fleisch arbeitend, ohne Gründe irgendwelcher Art, nur, weil uralte Hebel ihrer Seele wieder einmal Bewegungen angelassen hatten, die zu verlernen man ihnen noch nie Zeit gegönnt. Diese Bürger da, Kaufmann Klettke, Legationsrat Sipp, Zahnarzt Juschkewer, weit von der argen Ungehemmtheit von Mördern, aber bereit, Taten des Totschlags zu vergolden und selbst zu tun, sollten, Notwendigkeit von Ursache und Folge, mit der Achtung vor dem Leben der Mitmenschen allgemach alles einbüßen, was sie von Totschlägern seelisch unterschied? Diese Frauen, voll erschütternden Mutes ihre Söhne dem Vaterland darbietend, dazu bestimmt, von den sanften und vornehmen Eigenschaften ihres Herzens Grad für Grad zu verlieren? Er sah das zwar, er schmeckte es mit wunden Nerven, einrollend in den Bahnhof der Heimatstadt, aber er glaubte es nicht. Es ging zwar vor um ihn – aber wahr sein konnte das doch nicht...

In dieser Nacht schlief er nur Stunden, daheim, in seinem Bette, neben seiner in alle Himmel großen Miterlebens gehobenen Gattin, wortkarg unter der Maske von Kopfweh, die ihn wirklich preßte, Rhythmen des Zuges noch schwindlig im Ohr. Hier, daheim, wo er tausend verständige Gedanken gedacht, wo die Tapeten überkleidet schienen von Schichten vertrauten und vertraulichen, achtlos leichten Hinlebens, hier ergab sich Krieg als noch unglaubhafter – ganz chimärisch, vollkommen aus der Ordnung; höchst ärgerlich, wenn man's bedachte. Daß Deutschland, Europa Krieg führe, vermochte er sich nicht zur Gewißheit zu bringen; er sagte es sich vor, ohne daß es sich mit seinen andern Gedanken und Empfindungen verschwisterte, sie stießen es vielmehr aus, und es rollte ratlos auf der sonst so lockeren und einsaugenden Oberfläche seines Bewußtseins hin und her. Wir haben Krieg? Unmöglich. Aber wir haben den Krieg! Und er wanderte den ganzen Tag ziellos hin und her, an allen Gliedern ganz leise zitternd wie ein Tier beim Beben der Erde; und wahrhaft schüttelte etwas seine Welt, sie brach in grauenvolle und zerhackte Trümmer, aus denen wie aus Gebein Blutbäche rannen. Ununterbrochen, ohne es zu bemerken, rang er die Hände, eiskalte Hände wie die eines schon Toten. Die Tage des August gewöhnten ihn an das Gegebene, aber sie alterten ihn um Jahre; er fühlte sich hinfällig im Rücken, weich in den Knien, schwach hinter der Stirn und ratlos bis zum Weinen.

Mit angstvoller Aufmerksamkeit studierte er jetzt aus Zeitungen, schmalen Druckschriften, dicken Monatsheften, was an geistigem Zuspruch seinem Volke zuging, einging, von den gewichtigsten Namen wie den unbezeichnetesten Schreibern, und er lachte laut. Er, Helbret, wäre sich ein Geschöpf erschienen wider die Natur, wenn er Deutschland nicht, aus der Tiefe blutmäßigster Brücken her, geliebt hätte. Vor allem jetzt, wo es die schwarze Straße in jede Fährnis hinabstieg, benommenen Schrittes sich in eine Zukunft verlor, die durch jeden Fußbreit zurückgelegten Weges ins Schicksalhafte unwiderruflich eindrang. Er liebte es, und er erzitterte vor Zorn. Wie ein Feind nichts Teuflischeres tun kann, als einem dem Irrtum preisgegebenen Wesen in seiner gefährlichsten Stunde aus voller Kehle zu schmeicheln, und wie im Verkehr von Person zu Person derjenige als böse gebrandmarkt werden muß, der dem fehlbaren Ding »Mensch« einredet, es sei in einer Einöde von Schurkerei der einzige Träger von Werten und gar aller Werte, so daß die Welt geteilt ward in ein wüstes Chaos von Elend, Betrug und Lüge dort und eine einzige Lichtgestalt hier, die »Liebling Gottes« und »Stern der Zukunft« heißt – wie eine solche Kreatur nur aus tiefstem Hasse verständlich wäre, aufgebrochen, um den Geschmeichelten bis zum Haar zu vernichten, so standen

vor seinem Blick verworfen die Führer und Ratgeber seines Volkes, dessen Geschick seine entirrende Vernunft, sein blutendes Gefühl unablässig umkreiste und beschwor.
Sein Volk: er sah es, ausgestreut über das ganze Land, dichtgehäuft, locker gebreitet, überall, aus Vergangenheit kommend, die in jedem einzelnen wirkte, Zukunft bedingend, jeder an seinem Ort, und erschüttert in seinem Herzen, wog er es mit den Gewichten einer Zärtlichkeit, die unverblendet und hellsichtig ihm das Beste plante. Er sah es sich hingeben, aber aus seiner Hingabe einen profitlichen Betrieb bauen, fühlte, wie es Führern folgte, die es sich nicht selbst erlesen hatte, sondern von der Geschichte wie von einem Schicksal hinnahm, merkte, wie es vom Gifte des Selbstruhms gierig schluckte und dabei, jeder seiner einzelnen, sich in Gehorsam zu schicken wußte, sah es der Stunde vollauf genügen und seiner ewigen Substanz tiefes Unrecht zufügen. Namenlos zu sterben und blind bereit brannten Hunderttausende, streckten sich als Ebene hin vor unerprobten Göttern, unachtend, daß dem Massenschoß, und nicht dem der heutigen Herren, alle Genien entstammten, die dem Namen »Deutscher« goldenen und ewigen Glanz gegeben hatten. Es diente. Es verschwendete sich. Es säte ohne Wahl Legionen seiner besten Jugend für eine Zukunft aus, die gerade durch solche Verschwendung immer unsicherer wurde. Schlicht, mittelmäßig und tapfer sah Helbret sein Volk in einen Nebel drängen, der durch doppeltes Unrecht dem Verhängnis gleichkam, und niemand schien Unrat zu riechen, das war das Furchtbare. Fünfzig Jahre Gedeihens, hochgeschossen auf einem von drei Kriegen mit Gewalt gedüngten Boden, hatten diesem Volke die Stimme des Gewissens in öffentlichen Angelegenheiten bis zur Unhörbarkeit verstumpft – diesem Volke, das aus der Not seines Gemeingewissens eine Reformation geboren hatte, einem Volke, dem immer wieder Philosophen und Dichter die Durchseelung seines Daseins zur Pflicht gemacht hatten. Nichts war ihnen jetzt selbstverständlicher, als daß sich sittlicher Beurteilung schlechterdings entrücke, was mit Krieg auch nur im entferntesten zusammenhing; und die reichen moralischen Kräfte dieses Volkes, ohne jedes Zögern sah Helbret sie dazu verwendet, den Kriegsstaat zu rechtfertigen, zu stützen, zu vergotten. Nach ihrer Stellung zum Krieg beurteilte in diesem Volke jede Seele alle Nebenmenschen, und nie-

mand war da, der aufschrie. Er sah Deutschland zum Teufel gehen im wahren Sinne des Wortes und alle Zungen dazu Hosianna jubeln. Die andern Völker? Aber was in dieser Stunde gingen sie ihn an? Er stand mit dem wissenden Auge des Wahnsinnigen um der Deutschen willen hier, gesandt zu strafen, wo er liebte, wie in den andern Völkern andere dastanden, von denen er nichts wußte. Er hieß sich selbst und aller Zukunft verantwortlich, für Rechttun als Warner zu heulen am deutschen Weg allein, und sein Mund war mit Stummheit geschlagen, das Wort ihm zwischen die Zähne zurückgestopft, denn da war niemand, der hätte hören können oder auch nur horchen wollen.

Eine Viertelstunde lang verlor er jeden Willen zu leben, fühlte, daß er sich werde töten müssen, saß bebend und kraftlos vor dem verhängnisvollen Sonderblatt, auf dem die ruhige Ortszeitung Englands Kriegserklärung meldete und das so verspätet in seinen Händen ihn noch einmal mit dem Donnern der Ananke erschlug, und einzelne Tränen verschwanden in seinem zum ersten Male ungekämmten Barte. Dann aber, mit gierigen Atemzügen und wildem Spannen der Arme riß er sich empor: rollte die Welt in Irrsinn, so hatte er mit ihr nichts mehr gemein, und er schloß sein Haus vor ihr; er brauchte ja nur die Zeitungen abzubestellen. Innerhalb seiner Wohnung durfte es den Krieg nicht geben, kein Wort über ihn, keinen Gedanken an ihn; mit seiner ganzen Kraft schlug er die Tür vor dem Dämon zu.

Aber er kam natürlich zu spät, der Krieg fuhr längst durch alle Zimmer. Die Dienstmädchen gingen mit verweinten Augen umher und empörten ihn, weil er gezwungen war zu erraten, daß sie Schätze oder Brüder unter den Soldaten besaßen; und seine Frau sagte ihm voll Stolz, daß man sie in den Vorstand eines Vereins von Damen gewählt habe, der den zurückbleibenden Familien wirtschaftliche Hilfe leisten werde. Die Frauen! Es war vollkommen klar, daß sie widernatürlich handeln mußten. Allzulange Zeit hatte man sie, wie nur noch klerikale Völker und die Klassen der schweren Arbeit, vom geistigen Werden abgedrängt und sie dressiert, sich gefühlshaft zu verhalten, und das, weiß Gott, taten sie nun! Sie röchelten vor Glück, denen zu dienen und sich hinzubreiten, die sie so lange ausgesperrt hatten, und weit dringlicher als ihre ratlose Müt-

terlichkeit wirkte der Zwang in den armen Geschöpfen, mitzumachen, dabei zu sein, in der Allgemeinheit betriebsam zu plätschern, rote Backen vor Eifer zu kriegen und unter der Maske ungefährlicher, aber sehr schmückender Gemeinnützigkeit und heller Opferfreude umherzusausen, mit Stricknadeln zu klappern, Zusammenkünfte abzusitzen, bei denen, unter heftigem Konsum von Selbstgebackenem und Kaffee, rasender Nächstenklatsch wütete, und bei fremden Familien wehrloser Ärmerer umherschnüffelnd – »Hilfreiche Armenpflege« – eine Wucht interessant zu beschwatzender Einblicke zugleich mit Scharen abweisend dastehender, aber wehrloser Objekte brennenden Erziehungsdranges, wilder Belehrungswut und eisigen Besserwissens zu ernten. Sie vermochten wundervoll, ihre Weiblichkeit schweigen zu lassen! Gattenliebe verwandelte sich in Heiterkeit, »dem Manne den Abschied zu erleichtern«, Bräute brannten darauf, mit einem Soldaten verlobt, heimlich vorweg zu schlafen – nur die Kinder vermochten zu weinen. Frauen, Mütter? Ach, Helbret wußte genau: es gab nur noch die Gattin des Lehrers Rübsam, des Anwalts Pach, des Kaufmanns Israel, des Richters Helbret.
Und diese wagte es also, aufgehetzt durch den Krieg, ohne ihn zu fragen, Verpflichtungen einzugehen und sich der Gegenwart zu verschreiben! Schon stand nichts mehr zwischen dem Drinnen und dieser Zeit, er nicht mehr, der in seinem Hause zu gelten hatte! In einem Ausbruch von Raserei zerbrach er vor ihren Füßen drei Delfter Zierteller, die sie sehr wert hielt, trampelte auf dem Teppich, schreiend und den Krieg in zwanghaftem Ausbruch beschimpfend, in einer Kaskade von Worten, Flüchen, Schreien, von Gestammel und Urlauten, unhemmbar, jenseits jeder Lenkbarkeit, bis zu Tränen der Wut und des Selbstmitleids, und verbot ihr als Schluß, fast winselnd vor Erschöpfung, jede Tätigkeit in diesem Vereine oder außerhalb, alles, was ihr Hauswesen überschreite. Sie, die von ihm noch nie ein heftiges Wort gehört, ihn in einer Ehe von dreiundzwanzig Jahren stets besonnen und wohlerzogen gesehen hatte, vermochte vor Entsetzen kein Wort zu erwidern; nach einigen vergeblichen Atemzügen ging sie ganz weiß hinaus und lebte von nun an in ihrem Zimmer, wenn die helfenden Pflichten, die sie selbstverständlich nicht aufgab, sie daheim ließen. Aber auch sein Sohn, Student der Rechte, telegrafierte

aus Berlin, daß er bei den Dragonern als Freiwilliger angekommen sei; seine Tochter, Medizinerin in Freiburg, benachrichtigte ihn in einem begeisterten Briefe von ihrer Helferschaft am Roten Kreuz: sie werde bereits ausgebildet! Helbret erhielt auf zwei Telegramme, in denen er den Kindern sofortige Heimkehr befahl, zunächst keine Antwort; eine Woche später schrieb Johanna, die den Sinn der Depesche überhaupt nicht erfaßt hatte, gerührt von seiner Vaterangst und dankbaren Herzens, sie lebe in Freiburg so sicher wie daheim und könne ihre Ausbildung nicht unterbrechen; Ludwig aber teilte auf einer Postkarte mit, daß er Urlaub weder nehmen wolle noch bekomme, längst in der Kaserne wohne und vor der Abreise zur Front von den Eltern Abschied nehmen werde. Die Mutter unterdes verständigte die Kinder von der Gesinnung des Vaters, leider ohne Witterung für ein etwa Krankhaftes in seiner Haltung, und versprach ihnen Geld, sobald sie welches brauchten. Johanna antwortete in einem rücksichtslos empörten Briefe; Ludwig schwieg vollkommen. Nicht einmal die Mutter erriet den Grad seines trauernden Grames. Als einziger der Familie, was niemand vermutete, war er durch eine echte Empfindung an den Vater gebunden, er bewunderte ihn und liebte ihn; und diese Zuneigung, vom Jungen zum Alten strömend und durchaus, aber auf anderer, ganz eigener Seelenebene, vom Vater ebenso warm erwidert, bildete das einzige zärtliche Gefühl, das einzige menschlich reine Verhältnis innerhalb dieses Hauses. Es lag so, und Helbret wußte wohl darum, daß er vor dieser Jugend keine Achtung hatte – vor ihr als Ganzem, als Generation und nachdrängendem Wuchs. Wie plump und gottergeben sie hinnahm, was an Grundsätzen die Zeit ihr anbot! Wie sie von den Verpflichtungen eines Wachstums, das einmal führergebend, und also zugleich als Dienst und Zierde, im Volke stehn sollte, kein noch so bleiches Dämmern in sich trug! Die jungen Menschen seines Umkreises, Referendare, Freunde seines Sohnes, seine Mitschüler und Mitstudenten, die Jugend jener Burschenschaft vor allem, deren schwarzweißgrüne Farben der Alte getragen hatte und der Junge nun trug: all das tobte sich jung, springlebendig, verliebt und des Eroberns gewärtig aus, es begeisterte sich wohl auch, trug seine rührenden Lieben dar und plante sich einen Weg empor zur Geltung: aber Verbindung nach rückwärts, das kannte man nicht, und drum auch ebensowenig Verantwortung nach vorwärts. »Im Anfang schuf der Altreichskanzler das Reich«, damit begann ihr Kredo, und was in den Massen drunten vorging, ihr Drängen und Beben, ihre Ideale und Nöte: ach, das lag bei den Antipoden. Verstummend selbst in seinen Gedanken und prüfend sah der Einsame vor sich hin, auf den Fußboden, den niemand mehr fegen kam. Das Wehmütige daran war, daß Worte nicht hintrugen, zu Ludwig nicht einmal, dem Sohn, den straff und gerade neben sich aufwachsen zu fühlen, in dessen hell-gedankenvolle Augen zu blicken die abgründige Freude seiner reifen Tage war. Tat er den Mund auf, er, Helbret, der präzis zu sagen wußte, was er dachte, so fühlte er, daß im Ohr dieses Jungen alles Gesagte wie wunderlich verstiegenes und haltloses Schwärmen abgelebter Zeitalter klang – schief, falsch, schrecklich. Diese Generation: Kampf aller gegen alle, Schwert scharf und Pulver trocken, Klassen sind Klassen, Unterschiede müssen sein, dem Volk muß die Religion erhalten bleiben ... Was sollte man da machen ... Man stand da, gewissermaßen langhaarig, als reiner Tor, eisgrau im Havelock, man redete Töne, man war rührend ... sie hatten es nicht in sich, es lag nichts von Ideen, von großen verbindenden Umfassungen in der Zeit dieser Aufwachsenden – und so kapitulierte der Vater, fahrlässig früh und schuldhaft, vor der Wirklichkeit des Sohnes, mit tief schwermütiger Zärtlichkeit, aber ohne Achtung, die allein Brücken über die Alter schlägt. Darum scheute der Richter die dunkle Bindung durch den schlichten Trieb und das undurchsichtige, weil selbst leuchtende Gefühl, die ihn veranlassen wollte, sich über seine Kinder der Verblendung hinzugeben, als seien sie sein mehr als durch Blut und Erziehung, und nicht vielmehr vor allem Kinder der Epoche. Er wußte, er müsse sie gehn lassen, und so tat er es – bequem, allzu kampflos und viel zu früh –, um sie ihrer Zeit nicht zu entfremden, auch weil er alles andere war als Pädagog und jugendgewinnender Sokratiker ... Er erzog sie, indem er, unausgesprochen nur für sich, zwischen sich und ihnen zahlreiche Verträge mit Recht und Gegenrecht stiftete, duldsam, einsichtig und verständig; er hatte aus Gründen gelobt und gestraft nach Gründen, den Kindern eingeprägt, was sie dürften und was nicht, stets mit einleuchtendem Warum seine und ihre Zone auseinanderhaltend, und einen beispielhaften Frieden in reibungslosem Nebeneinander erzielt

– wobei allein Ludwig, als in lauer und toter Luft, sich stets unglücklich, weil unbefriedigt befand, ohne doch zu wissen, was ihm ermangelte: das Gegenherz, das fröhlich anspringende gute Wort, die kameradschaftliche und erschütternde Freundschaft des Mannes zum Jüngling. Sie aber bestand nicht... Jetzt, als er um sich schaute, aufgerissen bis zum Grund und bereits einem andern Reiche anverlobt, brach er in den Zorn des Sehers aus. In den Krieg taumeln, o ja! Mit Hurra-Hoch, eines Geistes, der von Kohlensäure brauste, sich heroisch hinzuwerfen: das sollte ihm passen! Es lag ja nur bei ihm, wenn Frau und Kinder ihn in dieser äußersten Not verließen, keine Familie mehr zu haben; er berief einen Notar und enterbte in förmlichem Testamente die Seinen, »da sie undankbare, feindliche und ungehorsame Kreaturen wären«, zugunsten der Friedensbewegung. Hochaufgerichtet starrte er, auf beiden Fäusten über den Tisch gelehnt, dem Rechtsanwalt nach, als der ihn verließ; mit dem Gefühl, hier wenigstens gesiegt zu haben. Der andere, die Treppe hinabgehend, versuchte umsonst, den eigentümlichen Eindruck zu benennen, den der ganz Veränderte ihm gemacht hatte; er zweifelte sehr an der Unanfechtbarkeit dieses letzten Willens, weil er an dem normalen Zustande des Verfügenden zweifelte.

Um sich zu retten vor dem Schwindel völliger Verlorenheit in Alleinsein, den ein Mensch nur unter äußerstem Mut erträgt, rettete er sich aus so »interruptem« Zustand in den Wald, der eine parkige Zunge tief in die Stadt leckte und draußen sich in die Berge hob. »Interrupt«, sagte er im Selbstgespräch und meinte mit bewußtem Trotz gegen die Seuche von Fremdwortfeindschaft, die gerade frech ward gegen den nuancierenden und klärenden Geist, eigentlich: interimistisch und korrupt; aber es gab in seinem Denken Kurzschlüsse. Da stapfte sie nun zwischen den großen natürlichen Geschöpfen, die mit Blättern rauschten, zitterten, atmeten, lebten, die schwarzgraue und zerrupfte Gestalt des ältlichen Mannes, schritt auf Nadelstreu und Moos, in Farnen und Heidelbeerkraut jenseits der Wege; in der Kühle lächelte das erfreute Antlitz, mit all dem Grün ging durch die Augen ein atmendes Entspannen in seine verzweifelte Seele. Wald, dachte er, im Schatten einer mächtigen, fast schwarzfüßigen Birke sich hinstreckend – und dann sah er oben in einem gnadenvollen Blau leise weiße Sommernebel als

Wolke, endlos hoch in der sich umschwingenden Luftkugel. Fruchtbare Stille voller kleiner lieber Vogelschälle. Wald, dachte Helbret gerührt, deutscher Wald, mein Volk – wer hat dich jetzt? Westwärts über das Wendelmeer hinweg nahm uns der Krieg, Hiltibrant enti Hadubrant, sunu fatarungo, das heißt: den Sohn, sun, mit dem fatar. Ja, ich habe einen Jungen einst entzückt auf den Armen getragen, und nun kann ich ihn nicht halten – er rutscht ab... Ist das nicht zum Heulen und Zähneklappern? Er fand sachlich schätzend einen Ast rechtwinklig von dieser Birke, wohl geeignet, ein Seil daranzubinden und, den menschlichen Hals in eine Schlinge gesteckt, der Schwerkraft einen Mord zuzuschieben: aber seufzend gab er es auf. Bäume, dachte er erregt, wer wagt sich auch zwischen Bäume! Stehn sie nicht alle auf einer Decke? Halten sie sich unten, da, einen Meter oder drei zu meinen Füßen, nicht an den Händen alle – sind sie nicht ein einziger Wurzelkuchen, veradert, verknöchert, versippt, aus dem diese einzelnen Stämme da nur betrüglich auftauchen – jene Buche, meine Frau, an die ich meine Backe lehnte vorhin, glatt, glatt, und diese schwarzweißgrüne Sohnesbirke? Verrat, Verrat! Ich ging ihnen in die Gefahr, beinah! Wer zwischen Stämmen läuft – worauf sollte der nicht alles gefaßt sein? Und in großen Sätzen gewann er einen Weg, der mit zwei scharfen Kanten, Zauberformeln, den Wald in seine Grenzen bannte, und entrann der harztriefenden, kühlevollen Gefahr, sich immer wieder scheu umdrehend, als er sie schon längst im Rücken hatte. Letzter Ausgang, dachte er traurig, basta, finis! Untergang!
Wirklich befand sich der Richter in einem Grade von Spannung der Seele, die auf die Dauer anzustehn dem Menschen nicht gegeben ist. Er vermochte nicht, den Krieg von seinen Räumen fernzuhalten; daran erkannte er das Kindische seiner Art von Widerstand und beschloß zugleich, mit dem vergeblichen Aufwand törichter Listigkeit, die seinem Zustand schon anhaftete, anders vorzugehen, sich schlau zu fügen und, indem er den Dämon in seinem Wachstum beobachtete, alle seine Äußerungen vermerkte und nichts übersah, ihn aus dem Hinterhalte mit unsichtbaren Pfeilen des Geistes und der Selbsterkenntnis zu erlegen, indem er ihn angesichts jeder seiner wilden Zerstörungen spottend, höhnend und kaltklaren Hasses voll, ja gestützt von einem Gerippe aus einem Mineral namens Haß, der

Widersinnigkeit seines Wütens überführte. Der Spiegel wollte er sein, der dem Ungeheuer sein abscheuliches Bild stumm und tödlich vorhielt, so lange, bis es, in einem Augenblick des Besinnens, seiner eigenen Unmöglichkeit erlag. Längst ja lebte er in einer andern als der bürgerlichen Sphäre. Schon war ihm der Krieg eine Wesenheit, ja ein Wesen, ein Lebendiges, ein seiender Geist. Er witterte ihn als einen gestaltlos gigantischen und unsichtbar allgegenwärtigen Widerdämon, von einer Veränderung des Weltäthers gezeugt, in dessen Schatten er verflucht war zu atmen; einen Ungott, der sich jeder Vernichtung freute, aber gleichwohl – weil Helbret sich einsichtslos kein Beseeltes vorstellen konnte – Sinn und Scham genug besaß, um in einem Augenblick der Müdigkeit, auf den er hoffte, sein alphaftes Mißwesen zu begreifen und vor Wut zu zerplatzen. Dazu aber mußte er, der Reflektor, jenen unermüdlich abbilden, stets erhellt, stets unterrichtet, immer eine blanke Geistesfläche dem Kriege aufnehmend zugewendet, dabei im Innern einer steten hohnvollen Ablehnung all dessen sicher, was er sich nahen ließ. Hinsehen auf den Einbruch des Bestialen in die Menschenwelt, ausspannen sich, schmerzhaft sich recken, sich darbieten mit einem überbluteten Hirn, wach, dreimal wach, in einen Rahmen oder Ring von dumpfem Druck gepreßt, der sich ihm um den Kopf zog wie geschmiedet: das hieß ihm Spiegel sein. Sowenig als möglich mit eigenem Hintergrund leben, nur nicht durch eigne Impulse die Kampffront stören: aber still gewärtig, sich von jeder Erscheinung des Krieges durchwandeln zu lassen, so wehe sie auch tue: dies war sein Dienst, dazu entschloß er sich. Die Verantwortung war so ungeheuer wie die Aufgabe; denn was herrschte wieder im Leben, wenn der Krieg sich selbst aufhob und in Atome zersprang oder Ionen? Der Friede, der Geliebte der Erde, die Sonne der grünen Felder, er, dessen Laut Vogellied hieß und Geraschel der Blätter im belaubten Baum, dessen Kleid der Blumenanger, dessen Spielzeug der rieselnde Bach, dessen Jahreszeit Arbeit und Feiertag, dessen Bett Gesetz und Recht, er, der eleusische Gott mit der Krone der Brüderlichkeit in den weitausgestreuten Haaren und gekleidet ins Gewand des völkerliebenden, erntenden Herbstes! Er, Helbret, der Richter, würde den Frieden führen in die glücklachende Welt, zur Braut, die jetzt wie eine Witwe saß, zerrissenen Kleides auf den Trümmern des Jahres neunzehn-

hundertvierzehn nach Geburt des Christ; Helbret Friedebringer hieß er sich schon jetzt, breitete sich aus, wölbte sich zum Zerrspiegel beinah und begann den Ringkampf zwischen wacher Seele und gellendem Dämon.
Er schuf sich um, zur blanken Fläche dem Kriege hin, indem er, statt sie abzubestellen, von nun an die Zeitungen gierig las, anders aber lesend als irgendeiner der damals lebenden Menschen, nicht nur wie ein Deutscher oder sonst einer Nation angehörig, sondern außerdem noch als Verantwortlicher und Erdenmann, der hinter sich die Zustimmung jener großen Schwungzeit fühlte, in der die deutschen klassischen Dichter und erkennenden Geister zugleich mit den feurigen Häuptern der Französischen Revolution mit Beethoven und Bonaparte nachbarlich wirkten. Aus Zusammenhängen gehoben, von Blut nicht mehr gebunden noch beengt von persönlichem Urteil, wollte er nichts mehr sein als ein Echo des Bösen und eingehen in eine Wesensgattung gleich der der Waldschrate und Trolle, schweigsamer weiser Faune und regungsloser Silene, in einem Körper steckend nur läßlich auf Übereinkunft hin, freiwillig beinah – nicht eingefleischt störrisch wie der mutterbürtige Mensch. So nahm er von jedem Unheil Kenntnis mit grimmigem Triumph, jeden Hieb ins Völkerrecht, obwohl er ihn in seinem schmerzlichsten Herzen spürte, begrüßte er als ein schönes Zeichen dafür, daß das irre Vieh sehr bald, endlich, ermüden müßte. Ach, wäre nur, seine eigne Erschöpfung auf jenen zu schleudern, möglich gewesen, durch Fluch oder magisches Opfer, durch Drohung oder Formel, durch elektrische Wellen oder Willenstelepathie! Er stürzte in Schlaf tief wie Tod, sobald er sich niederstreckte – in den fliehenden, in sich und zu sich selbst gekehrten neurotischen Scheintod des Schülers, dem vor der Schule graut, oder des Soldaten, der den morgenden Tag auslöschen möchte von vornherein.
Um so mächtiger strengte sich seine Wachheit an, sich durchzusetzen – strömten doch schon vom Geiste her mit den Säften der Drüsen und dem Blute Flüssigkeiten in sein Gehirn, die, aus Erkrankung stammend, Erkrankung steigerten, wie das Leid und die Tränen eines Kindes einander im Wechsel mehren. Da das Gericht Ferien hatte, verließ er sein Zimmer nicht mehr. Das letztemal, als er durch die Wohnung schritt, hatte er wahrgenommen, daß auch sie von der Gegenwart des Krieges giftige

und gegen den Hausherrn gehässige Veränderung mit sich hatte geschehen lassen. Die Teppiche glühten in tiefen treulosen Farben, besonders ihr Rot und ihr Blau strotzten tückisch und hoben sich drohend voneinander ab, ja fielen auseinander, als seien sie, wie Öl und Wasser, von verschiedener Materie, so daß auf ihnen nicht gut schreiten war, zumal sie, untereinander zwistig, doch verbündet gegen den Richter und drohend beieinanderlagen; die Kanten der dunkelbraunen Schränke hielten sich unerhört hart, wie geschliffen, in die zurückweichende Luft; widrige Lichter blinkten auf dem Messing der Türen, die klagend in ihren Angeln schrien oder ganz lautlos hinter ihm zufielen wie unwiderruflich gelebte Tage; ja, in den Gardinen nistete ein helles Grau, das ihm zum Gefühl des Grausamen Anhalt gab, und die Zierteller auf ihren Gestellen bedeuteten ihm vollends nichts als eine qualvoll gemischte Empfindung: Reue und Scham. So rettete er sich in seine beiden vertrauten Räume, vor deren Schwelle das Pentagramm »Widerstand« dem Kriege wehrte; und da seine Frau, aus tiefen Schichten Rache nehmend für vielerlei Vernachlässigung und Entwertung, grenzenlos im Recht diesmal und ziemlich mit Gemeinwohl beschäftigt, auf reuige Annäherung von ihm wartete und bis dahin von seinem Dasein keinerlei Kenntnis nahm, verschmutzten diese Zimmer sehr schnell, stanken nach kaltem Rauch und lagen voller Staub. Aber er bemerkte das nicht, ebensowenig, daß er selber in staubigen Kleidern und ungeputzten Schuhen umherging, ungekämmt und ganz vernachlässigt, essend, was die Köchin für gut fand, ihm, meist kalt, aufzutragen; denn die Trägheit des Gesindes und seine Freude am Verunglimpfen des einst gefürchteten Herrn sättigte sich unter patriotischen Vorwänden, da es jenen lauten Zank zwischen dem Richter und der gnädigen Frau natürlich nicht vergaß und sein Mitgefühl der beschimpften Herrin um so heftiger gehörte, als sie ein lässiges Regiment ausübte. Aufmerksam in allen Nerven ging er umher und fühlte fröstelnd seine Einsamkeit. Es war so, daß er und dieses Volk, dessen geistiges Gut ihn, Lebensbrot und Seelenluft, hatte aufgebaut und stark wachsen lassen, völlig zweierlei Ebenen bewohnten: er turmhoch über ihm, das vor Siegen aufschwoll, in der Macht ertrank, sich in einen Wahn jagen ließ, der durch all seine fröhlichen und herzhaften Gefühle und Taten neuer Gemeinsamkeit nur golden verbrämt und in Trauer getaucht ward, wenn ein Wahrheitsauge ihn von oben durch und durch sah. Helbret ächzte hinter seinen Scheiben ... Hin durch sie, durch die Steine des Hauses spürte er Fremdheit zwischen jedem von ihnen und sich, dem Abgesonderten. Er wußte, daß verflucht sei, wer sich absondere von seinen Brüdern, und daß alle amen sprächen – verflucht nicht dem Recht nach, sondern nach der Sache. Ihr Denken ging hin in einheitlichem Strome; verschmolzen zu einem Überwesen, in das sie mit allen Poren mündeten, wogten sie in Leidenschaft: des Kämpfens, des Bespringens und Besiegens, des Fressens und Schluckens, des Wachsens. Recht und Gesetz, Vertrag und Nächstenachtung, Scheu vor Grenzen und Zugeständnis fremden Seins: all das Helle und schwer Heraufgeholte, dies vom Menschen dem Urwesen in sich Abgerungene, dies Ewige, aber in allen Gegenwarten immer Zarte, das war hin, lag darnieder, mußte wiederum untergehn, überspült von neuer Woge störrischer Urnatur. Es würde nicht verschwinden dabei – dies spannte sich firmamenten über die Seele des da Stehenden, der auf Straße und Nachbarschaft hinabsah, die Hände auf dem Rücken verklammert und gelähmt vom Frost des Alleinseins –, aber was half ihm das? Ihm gab es keinen Trost. So gewiß ein Sinn stand über der Erde, vom Urnebel hin bis zum heutigen Globus, eisenumspannt von Schienen, so gewiß war Recht auch über den Völkern, Gesetz auch zwischen diesen großen Tieren. Aber sein Volk, seine geliebten Gleichartigen, diese, die sonst dachten wie er, Wort hatten gleich ihm, sich schamhaft verbargen wie er und aufwallten, wenn er aufgewallt wäre, diese da, arbeitsam und verläßlich und besinnlichen Herzens: diese schalteten sich aus der Schar der Reiniger des Nur-Natürlichen, und damit warfen sie sich weg. Alle wilden Triebe durften es von nun an regieren: er kannte aus der Geschichte der Verbrechen die furchtbare Verwahrlosung, die nach jedem Kriege Wellen von Untaten über Länder spülte, in denen vorher die Sitte in Flor gestanden. Er befürchtete Jahrzehnte, fünf, acht, in denen Generäle befinden würden, was recht, gesittet und vorzüglich rühmenswert sei, sah den Krieg überhaupt nicht enden, die Völker ausgeschaltet und gestampfter Lehm, geformt vom Heer und gebrannt in seinem Ofen, und er verhängte die Maske Goethes, so porig und machtvoll von der Wand her lebend, mit seinem Halstuch diesen ganzen Tag lang.

Haß, eisige Schollen massiger Verneinung fühlte er gegen sich antreiben. Von überall her mit den Winden drang der Haß aller an sein gebrechliches Haus, und statt seiner erzitterte er in den Grundfesten. Er war anders als sie – und dies war die Zeit, in der Anderssein sehr hassenswert und ziemlich tödlich sein konnte. Von Nachrichten – erlognen, gebauschten, zubereiteten – beständig gezwickt, lag in ihnen das reißende und feige Tier, der Urmensch, sprungfertig, um sich als Rudel auf einen womöglich Wehrlosen zu stürzen. Helbret studierte argwöhnisch die Miene des Postboten, des Schornsteinfegers, des Milchmanns, des Bäckerjungen, der Gemüsefrau. Tausend von solchen waren, in Bewegung gesetzt, eine Büffelherde mit der gedankenlosen Quälfreude junger Affen. Jeden Augenblick konnte ihre schweigende Unentschiedenheit in Wutgebrüll entarten. Obwohl es keiner Seele einfiel, von ihm auch nur im leisesten etwas anderes als das Allgemeine zu vermuten, wozu noch die von Frau Helbret zärtlich entrollte Siegesfahne aus ihrem Fenster das Ihre tat, fühlte er mit überhellen Nerven, zerrieben und panisch ausgereckt, die in ihnen schlummernden Vermögen. Aus allen Straßen wehte ihn Antipathie an. Die Häuser wurden ihm zuwider, weil bösartige Schatten sie trafen, die Pflasterplatten des Bürgersteigs waren gefleckt von der Feindseligkeit aus ihren tretenden, eilenden, zum Zertrampeln recht geeigneten Fußtritten.
Er aber beachtete dies nicht weiter. Er lebte zwischen Stößen von Zeitungen, wovon er sich auch zwei schweizerische senden ließ, stechenden Auges stets den Krieg belauernd, wie er sich rekelte, mit Propellern schnurrte und einen Buckel von Leichen machte, hoch wie Kirchtürme. Kritische Sonderung irgendwelcher Nachrichten gehörte, wie schon festgestellt, durchaus zum Gegenteil seines Planes, denn die Atmosphäre von blödsinniger Gläubigkeit und wüstem Wettlauf der Propaganda war ja, sie besonders, eine Lebensäußerung des Blutreichs, die beileibe nicht vergessen werden durfte. Freundlichen Herzens sah Helbret jetzt auf das Überrennen der belgischen Grenze zurück, er lachte bei den »Funden« von Dumdumpatronen, tanzte kranichgleich bei jenem Ultimatum Japans, schrie vor Glück, sooft irgendwer das Rote Kreuz »aus Absicht« beschoß (statt bloß: aus Irrtum), jubilierte, wenn aus der zahllosen Saat der Minen für neutrale und friedliche Schiffe der Untergang wie

eine jäh aufschießende Blume wuchs, und bei der endlosen Reihe von feindlichen Übergriffen gegen Deutsche und ihr Eigentum, überall wußte er vor Dankbarkeit keinen andern Ausweg, als daß er auf die Melodie eines Kneipliedes, das den Bacchus feierte, diesen Text sang: »Vivat Frankreich, Rußland lebe, England ist der brave Mann!« Jeden neuen Gewaltakt, jedes zerstörte Dorf, jedes Attentat auf Friedenswerte – die herrliche Kathedrale! die Bibliothek und das Rathaus von Löwen! – und die Sittlichkeit der Völker strich er mit blauem Stifte an und legte das Blatt beiseite mit vor Ehrfurcht zitternden Fingern: denn hier hielt er seine Waffen gegen den Krieg – bald, bald mußte es genug sein, in wenigen Wochen hatte sich das Vieh gesättigt, auf vollen Magen folgte Müdigkeit – und der zerstörende Blick in Helbret den Spiegel. Bis dahin zählte er die Länder, die der Krieg erkenntlich in den Klauen hatte, und bemalte sie auf seinem Globus mit roter Tinte: tiefrot die Gegenden, in denen man kämpfte, etwas heller die kriegführenden Staaten und schraffiert mit engen Strichen ihre Kolonien und sonstigen Gebiete, deren Leben, Handel und Wohlstand beeinflußt wurde; er freute sich sehr, als der Ball überall, mitten in den blauen Meeren, fast nur noch rote Flächen aufwies.

Da dieser befremdende Mann gegen die machtvoll mahlenden Windmühlen seiner Um- und Innenwelt abenteuerte, stand nur der Augenblick, nicht das unweigerliche Kommen des Schlages in Frage, der ihm das morsche Genick kappte, ein Herz erlösend, das glaubte, schon alles mögliche gelitten zu haben. Aber die Wirklichkeit verstand es, zugleich seine Qual zu übersteigern und den Hieb von einer Seite her zu führen, die überhaupt noch nicht beargwohnt worden war. Ihn fällte die erste, die schmetternde Niederlage jener Heere, die er mit so heftigem Schmerz in Krieg und Feld wußte, jener Führer, die seiner Meinung nach fahrlässig den Krieg losgelassen hatten: der eigenen, der deutschen. Die Gerechtigkeit im Bau der Welt, an die er glaubte, auf der als Wurzel sein ganzes Geist-Ich wuchs, sie, die im Grunde ihm diese Katastrophe hätte voraussagen müssen, diese dem Weltlauf, wie er ihn sah, im großen eigne Tendenz zu sinnvollem Ausgleich ähnlich dem physikalischer oder chemischer Vorgänge: sie, sie, genau sie schlug ihn glatt um.

Plötzlich schwiegen in den Zeitungen die Nachrichten vom Westen her, östliche Geringfügigkeiten – von ihnen aus gesehen – aufplusternd, und als sie wieder Worte fanden, wie harmlos sah da die Katastrophe aus ... Die Katastrophe der deutschen Heere. Die Behörden des Binnenlandes, selbst in Schleiern gelassen, vermochten ihm seine Schweizer Zeitungen erst viel zu spät abzustoppen. Er las krasse, wüste Sachlichkeiten.
Eine Schlacht war geschlagen und verloren worden. An einem Flusse namens Marne hatte der Sieg sich endgültig gegen Deutsche erklärt, die ihn so lange gefangen hatten. Noch unklar wie, wo und mit welchen Folgen, standen doch die Gefangenenziffern fest, gewonnene Streifen Erde von sechzig Kilometern, ein Rückzug, um so lähmender, weil bis zum letzten Augenblick das Vorwärts des Sieges diese Heere befeuert hatte.
Mehr wußte er nicht. Aber zu dem Grauen allgemeinen Menschenvergeudens kam plötzlich ganz greifbar die Sinnlosigkeit, die gellende Sinnlosigkeit des Ganzen. Ein Gewinn, selbst wenn er kein Gewinn ist, bringt immer noch Gewinnens Lust mit. Jetzt aber ...
Bewußt, wachlebend, ordnete Helbret ruhig, wenn auch sehr bedauernd, die neue Tatsache zu den alten. Der Tag verging ihm auch wie jeder. Nur gegen Mittag ward er sehr jäh müde, stürzte senkrecht in Schlaf, so tief, wie er jetzt pflegte, und da hing plötzlich um ihn der Traum, verratend, was wirklich in ihm nagte: jenseits des abgeblendeten und willkürlichen Meinens aus Zonen steigend, in denen der Mensch weder sich verstellen noch die er austilgen kann.
Er, Helbret, stand da, erhoben auf einem Hügel wie Hünengrab in traumklarem Abendlicht und blickte hin über das Weizenfeld, das Ährenfeld, in dem ein riesengroßer Mann erschlagen lag: Arne Tysker, der Jarl von Midgermanland. Seltsam punktiert streckte sich der mächtige Körper da, und näher sich bükkend, mit geschärften Augen, gewahrte er, daß der Hüne bestand aus Myriaden aufmarschierter kleiner Soldaten. Das sind die Pulver-und-Blei-Soldaten, dachte Helbret, dies ist Arne; und mit Grauen sah er den Todesfluß fließen aus seiner Brustwunde, in mächtiger M-Kurve wie Main und Mosel geschlängelt. »Dies ist die Weser«, sagte ihm der Kapitän, und »Feldgeschrei!« rief er den Truppen zu, die das Gewehr präsentiert

hielten, den Kolben aufwärts. Aber in langgezogenen E-Lauten heulte das Heer zurück: »Weser, Weser!«, so daß: weh sehr, weh sehr! ein Echo vom Hügel zurückschlug. Sie fließt ins graue Nordmeer, dachte Helbret, von Erregung geschüttelt, ins graunordische Salzmeer, in die Tränensee; und plötzlich, an sich herabschauend, erkannte er sich in schwarzen Trauerkleidern, beflort und bürgerlich, als den Sohn des erschlagenen Fürsten, von ihm verbannt ins Elend, und nun am Grabe als einzig Hinterbliebener noch immer abgesondert durch sein Zivil. Und »Vater!« schrie er, »Vater, Vaterhand, o mein Vater!« Und ein schauerliches Schluchzen, fürchterlich wie das Weinen von Blut und unaufhaltsam, am eignen Anprall sich erneuernd und steigernd, brach endlos aus seiner Brust, in die Kopfkissen, die er, erwacht, ganz naß fand, schon lange unbezogen, wie man sie belassen, mit dem Geruch kalten Pfeifenrauchs durchsättigt... Und er, bedenken wollend, was ihm da träumte, fand grad noch das Wort »Arne« im Sinn, und mehr ließ sich nicht halten – einen Nebel sah er noch, daß etwas Entschwindendes vorhanden, das fühlte er noch; dann lag das Feld seines Geistes in Leere. Arne? dachte er, ich will wieder mal Sagas lesen, wer ist das, Arne? Und entschlief wieder, ein ungewohntes Empfinden trostvoller Erleichterung lächelnd im Herzen.

Nun hatte er seine Kraft überschätzt, der Krieg war ihm über! Um sich verständlich zu machen, warum er denn endlich zermürbt war und wovon, bezog er sich, Erleuchtung! auf die maßlosen Lügen, Übertreibungen und Fälschungen, die er überall in Zitaten, Berichten oder auch als redaktionelle Arbeit witterte und fand. Mit der Lüge und ihren völkertrennenden Künsten konnte er nicht anbinden, aus Gründen seiner früheren Milde, in der die Angst vor ihr deutlich schimmerte, und wegen ihrer unangreifbaren Namenlosigkeit und Unverantwortlichkeit: ging sie jetzt nicht auf der Erde um wie die Luft, eingeatmet von jedem und ihn vergiftend, ob er ihr nun glaubte oder sie durchschaute – denn dann raste Empörung im Menschen und verzweifelter Zorn und ein Haß, den Ohnmacht färbte wie einen stinkenden Eiter. Und so begann ihn während der Nächte eine grüblerische Furcht zu plagen, ob er der Aufgabe auch gewachsen sei, ob er sie sich nicht angemaßt habe, und besonders, ob nicht, während er notgedrungen schlief, der Krieg aus seiner Abwesenheit, aus seiner Umhülltheit von

Schlaf, neue Kraft holte, indem er sich selber ausruhend stärkte; auf diese Weise nie ermüdend, nie wehrlos zerschellend an seinem Spiegelbilde... Helbret beschloß, sich nicht mehr zu entkleiden noch zu Bette zu legen, und in einer Ansprache aus klassizistisch gehobenen Worten, einer einzigen langgeschwellten Periode, teilte er es dem Gegner mit, indem er sich dabei vor den Spiegel stellte, Aug in Auge mit sich selbst, ohne doch zu gewahren, wie elend, wild und unsauber dieses Gegenüber aussah. Zu spät bemerkte er, daß er in eine Falle geraten war, die der Krieg ihm spielend stellte; denn drei Tage darauf ertrug er seine Aufgabe nicht mehr, mit seinen körperlichen Kräften zerknickten Wille und Mut und so, in einer Stunde atemraubender Größe, in der er sich als den Pol der schwingenden Erde erkannte, machte er Frieden – nicht mit dem Kriege, sondern zwischen den Regierungen. Denn da ohnehin von seiner Anstrengung abhing, wann Friede kommen sollte, so war nicht einzusehen, warum er auf das Zerplatzen des Krieges warten mußte, abhängig gleichsam von dessen gutem Willen. Nein, o nein: war Helbret eingesetzt, den Frieden zu bringen, durfte Helbret auch ihn folglich diktieren. Und so vollzog er den Friedensschluß von Midgart, entwarf an die Häupter der feindlichen Staaten und den Deutschen Kaiser feierliche Handschreiben in lateinischer Sprache, beginnend: »Die großen Gebete des Erdenvolkes sind erhört worden«, desgleichen kurze Verfügungen an die Oberkommandierenden und Generalstäbe aller Heere, Kämpfe seien einzustellen. Mehrere Tage peinigte ihn das Für und Wider genauen Abwägens der Umstände des neuen Friedens, neuer Grenzen, Karten in der Hand, die den Kriegführenden zugestanden werden konnten; endlich gelang es, er atmete auf und traute sich eines Samstags – so kühn machte ihn der Entschluß – mit schwankenden Knien die vielen höhnischen Stufen seiner Treppen hinab, auf der Straße zu stehn, den süßen Wind der Erlösung zu schmecken, den armen Kopf anwehn zu lassen und selbst die Briefe in den Postkasten neben seinem Hause zu stecken, von wo sie zur Hauptpost gelangten. Der Postdirektor befahl, um des angesehenen und offenbar erkrankten Absenders willen, die Angelegenheit streng zu verschweigen. Helbret aber, in großer Freude und Rührung wegen des erhabenen Werkes, beging mit einem duftenden Glase Weines, eine Träne lief den runzeligen und behaarten Hautweg hinab, den Anbruch des Weltfeiertages, schlief vierzehn Stunden in seinem Bette, badete und salbte sich den Leib, ging am Sonntag beflügelt, aufrechten Hauptes in seinem Gärtchen umher, der Flaggen sich freuend, die einen neueren Sieg grüßten, als sie selber wissen konnten, begriff, daß am Montag die Zeitung noch nichts wissen konnte, zitterte am Dienstag und las am Mittwoch, innerlich vernichtet, daß die Kämpfe fortgingen. Der Krieg hatte gesiegt, man hörte nicht auf ihn, er lebte umsonst, dies war das Ende. Ein großes Zittern vor der Rache des Krieges befiel ihn, aber er erfand bald, wie sich vor ihm retten, listenreicher als Odysseus und unerlegbar. Da der Krieg die Zeit regierte, er aber wider die Zeit gestrebt hatte, mußte er nur verschwinden unter ihr, sich unter ihrem Strömen verstecken; er zog Schnüre kreuz und quer durchs Zimmer, in allen Höhen über dem Fußboden, und legte Zeitungen darüber, so daß sie wie trocknende Wäsche senkrecht hingen oder waagerecht lagen wie Dächer. Da schwebten sie, riechend und schwarz betupft von den Füßen, mit denen die Myriaden Momente über sie gelaufen, ihre großen Barren von Lettern, all die volltönenden Titel und Überschriften wie Runen und Beschwörungen. Und um sie wohlgefällig zu tätowieren, dem Skalpauge des Großen Krieges lustvolle Weide, spritzte er aus der großen Flasche roter Vermerktinte dicke Blutflecken und sausende Spritzer überallhin auf die Seiten, schmierte Striche mit umgekehrtem Federhalter über sie und gab ihnen durch Güsse langlaufende glühende Gerinnsel. In diesen engen Spalten und Zeilen, jetzt rotfleckig, flirrten die Tage, gedrängt, schnell und undurchsichtig selbst dem Auge des Dämons, und voller Freude kroch er auf allen vieren zwischen den raschelnden Blättern und unter ihnen, ein gebannt und geborgenes Tier im wilden Walde der lügenden Zeit. Einzig die größte Erdkugel nahm er mit in seine Höhle, die sich unter der Platte des Schreibtisches befand, um sie nötigenfalls dem Kriege, wenn der ihn dennoch entdeckte, mit Benzin und Streichhölzern als wohlgefälliges Brand opfer in Flammen zu verbrennen. Aber er kam nicht dazu, denn als am nächsten Morgen der Krieg leibhaftig ins Zimmer trat, dröhnenden, sporensingenden Schrittes, mit hängendem Schwerte und in grauer Uniform, rotwangig jung, in Gestalt seines vergessenen Sohnes, vor der Zeitungswildnis ratlos rufend: »Vater, bist du hier?«, da erfaßte ihn ein rasender Mut ob der vertrauten Erscheinung des Widersachers; er schlich sich heran, sprang auf und stand vor jenem, der beim Anblick der elenden Gestalt erschrak und erblich, schrie mit gewaltigem Laut: »Hier, o Krieg, o du Hund, steht Helbret Friedebringer, Jarl von Midgart!« und warf ihm die Hände um die Kehle, ihn zu erdrosseln. Aber indem wandelte den Alten Schwäche und Ohnmacht an, und der Sohn, gekommen, Versöhnung und Abschied zu erwirken, bevor er zur Schlacht zog, trug ihn auf den Armen in sein Bett, telefonierte, lahm vor Entsetzen, nach Arzt, Wagen und einem Zimmer in dem Sanatorium des Ortes und sprach dann, während des Wartens, verächtliche und traurige Worte zur Mutter, die Fremden Hilfe gebracht, das Elend im Hause aber nicht bemerkt habe, wobei die Dame verlegen beiseite blickte und betreten den strengen Sohn allein ließ, bei dem Schlafenden sitzend, dessen Hand er hielt. Schon waren diesem wachen und sanften Jüngling schwere geistige Erschütterungen zugestoßen, als er die Ausbildung hindurch merkte, wie wenig eigentlich das Gefühl für Größe und Geistigkeit der Zeit in den Heeresbetrieb dieser wüsten Kaserne hineinspielte, wie hier die Routine der Roheit und die bösartigste Menschenverachtung ihre Herrschaft auskostete über ein ganzes Volk; und wenn er nicht an Scharen von Kameraden, jungen Herzen gleich ihm, Stütze und Humor gewonnen und die helle Hoffnung auf bessere, würdigere Atmosphäre »draußen« ihn getragen hätte – wer weiß, ob er nicht in offener Reue an seines so zerstörten Vaters Bett vergangen wäre... Er, der hier lag, zugrunde gerichtet war er durch Wissen, das fühlte er ganz genau, und durch eine Idealität, die seiner Dressuranstalt so schwer gebrach... Die graue, knochige Gelehrtenhand, die er zart in der seinen, schon hornhäutigen, hielt, ohne daß ihr Eigner sehen konnte, wer bei ihm saß, gebückt, starrend auf einen vernachlässigten Fußboden – das war eines tapferen und schonungslosen Denkers Faust, ehrfürchtig mitten in der schauerlichen Verwirrung hier – seines geliebten Vaters schon verschollene Hand. Und er mußte einmal aufschluchzen, kurz, rauh und trocken, über diesen ganz Verschwendeten, der seinen Weg so schonungslos bis zu Ende gestürmt war, daß er schließlich, aus der Vernunft und dem Gemeinsamen herausstürzend, übern Rand trat. Aber noch war ihm zu helfen. Ärzte verstanden ja diese Materie; nächsten Urlaub – so belog er sich, um zu ertragen – werde er bestimmt diese Finger hier als die eines ganz Geheilten sinnvoll und warm um die seinen spüren. Wie hätte er ohne diesen Trost den Weg hinaus gefunden zu seiner Batterie?

Dann holten sie den Richter Helbret nach einem Orte, wo es ihm gut ging – wo Erlösung das Haus umstrich, allenthalben der Geist frei lief, und wo er sich selber als Mythos fühlen durfte, grau und ehern an den Horizont gestellt mit fühlendem Herzen, ein Bote aus Vergangenheiten, da es Kriege gab, an die von ihm ins Dasein gehobene Zeit der Einsicht und des geduldigen Vertragens zwischen den Völkern, wo die Gutwilligen erkannten, daß man nur ebenso notwendig einmal mit Kanonen Recht stiften mußte, wie man im Gericht der Folter bedurfte und des Todes im Feuer oder auf dem Rade.

Er verging an einem regenvollen Tage, fast zerstreut in die Betrachtung einer großen schwärzlichen Wolke verloren, die von Westen heraufstieg, indem er deutsche Worte sagte, die er selbst nicht mehr verstand: »Unendliche Trauer« ...

# Einberufung

## 1915/1923

Der junge Schauspieler Raoul Rainer (Pietzsch), gelblich und mit melancholischen Augen, der augenblicklich nur fünfzig Mark Gage bezog, ließ sich in der Mittelstandsküche, wo er für fünfunddreißig Pfennig ein stets mit Ironie eingenommenes Mahl erhielt, von zwei jungen Leuten sagen, daß man am Nachmittage dort und dort eine Probe zur h-Moll-Messe von Bach hören könne, wenn man sich still auf den Balkon des Saales begäbe. Da er die Musik liebte, Macht und Klang der Instrumente und der Stimmen, ohne daß ihm jetzt, im milden Februar des ersten Kriegswinters, eines von so vielen Konzerten Berlins erschwinglich gewesen wäre, ergriff er die Gelegenheit mit Begier und machte sich zu Fuß auf den Weg nach dem Kern der Stadt, die dem Fahrenden so endlos dünkt, den Gehenden aber wunderlich schnell zu allen Zielen gelangen läßt. Wenn die Musik der Seele Nahrung ist, spielt weiter, gebt mir volles Maß, dachte er, wie sonst mehr seinem Innern zugewandt als der Straße, getreu seinem Grundspruch: Draußen ist nur das Langweilige, und zitterte bei dem Gedanken, in Rostock noch vor einem Jahre den Grafen Orsino gespielt zu haben: Fort, fort damit! Jetzt wandere ich auf den Füßen der Apostel, und das Kielwasser jeder Trambahn heißt mir Neid, obwohl ich allzuviel Zeit habe und den Vorwand des schönsten strahlenden Himmels nicht verschmähe. Dort über Charlottenburg thront selig ein Schneeberg von Wolke und glänzt mir Sehnsucht ein nach Südtirol. Die Not, ein grinsend Weib, in mich verliebt, macht mir ein Hohngeschenk mit schönem Tag... Diese Straße, nicht anders heißt sie denn Kaiserallee. Ich sehe die Fassaden zerrissen von Geschwüren und ausgehöhlt wie vom Verfall; doch schlafen hinter diesen Fensterwänden, die maßlos, wild und ganz von Sinnen sind, endlose Bürger stumpf in eigner Wohnung; mit eignen Möbeln, Teppich bunt und saftig, mit Bücherschrank, Klavier und fetter Küche. Ist dies erstaunlich oder ist es nicht? Ach, nur Erstaunen fühlen und nicht

Neid, Haß, Ansporn, zehrend Ingrimm! Es ist klar, ich werde nichts erreichen in der Welt, wo Eßtisch, bunter Teppich gilt, und Geld. Aber die Mädchen, die er traf, unterbrachen schlank und künstlich schön den Gang seiner Blankverse; eine Gabe der Improvisation, auf die er stolz war. Sie achten meiner nicht. Natürlich, obwohl ich edel und betrübt aussehe. Nur Uniform trumpft... Doch tröstete er sich schnell; denn trotz seines Herzknackses, den er sonst bei den Frauen so melancholisch wie erfolgreich ausschlachtete, hatte er seit letzter Musterung ein »G. v.« in der Tasche, das ihm früher oder später, hoffentlich aber früher, das Glück des grauen Ehrenkleides versprach. Nun aber hieß es aufpassen und die Straßen auseinanderhalten. Um drei Viertel fünf durchschritt er Torweg, Hof und Treppenhaus.

Schloß er auf seinem Balkon die Augen, so gab sich ihm alsbald die Einbildung eines Elementes und einer unübersehbaren Schar großer Vögel. Helles Zischen unterwogt von rhythmischem Getöse, vokalloses Tönen und Rascheln stieg scharf, laut, unabhängig von unten auf. Ein Sumpf, zischelnde Binsen und der Schrei zahlloser Unken und Enten... Ein nordischer Vogelberg, weiß im ganz Blauen und umrauscht von Flut, auf dem Myriaden nistender Schwimmvögel quarren, schreien – – aber hier unterhielten sich nur Berliner Damen; ein Kommen, Grüßen, endloses Gerede, anarchisches, unmäßiges, verstörendes Geschwätz. Betäubt sah er ein, wie naturnah Frauen in Masse wirken: selbst Natur, ein Element und eine Vogelherde. Auf dem kleinen Podium hinterm Flügel saßen Greisinnen in Schwarz, geschmückt mit Hüten wie vogelschwänzige flache Schüsseln oder wie zerknitterte Nester haubenhaft, dergleichen er nur auf Münchener Bürgerinnen in Giesing erblickt hatte. Neben der herakleischen Aufgabe, aus einer Herde von Säugetieren die erzene Kraft und strenge Kunst Bachs herauszuschlagen, verschwand der sonst belobte Sieg des Regisseurs über Mimen und eitle Iche, der Ensemble hieß; er wartete als Sachverständiger und mit Spannung, wie der Dirigent sie anfassen werde.

Schon tritt er ans kleine Pult, schlank, weißhaarig, das scharfe Gesicht rosig über weißer Weste, jung von Bewegung, rassig und geistig wie ein Oberst Fontanescher Prägung, der gewinnend herzlich mit den Damen der vordersten Reihen plaudert, indem er sich ihnen zuneigt. Raoul sah ihm mit tiefaufstehender Bewunderung ein wenig neidvoll zu, wie der dort vorn sich gehen lassen durfte, ausgesetzt den Augen von hundert Frauen, weil er sicher war, es werde nicht eine Haltung noch so flüchtig vorkommen, deren er sich schämen müßte. Man muß von ihm lernen, wie große Herren sich gebärden, dachte er; aber schon spielte ihm sein Verstand den Schabernack, statt ruhig aufmerkenden Beobachtens eine Betrachtung über die Quellen dieser edlen Gebärden anzustellen, weil er tagelang Nietzsche gelesen hatte: die gute Ehe von wohlgeborener Natur und Selbstbeherrschung erzeugt solche Souveränität und Schönheit der Haltung, dazu der Umgang mit den großen Kunstwerken und der Mangel an Sorgen... Sorgen machen häßlich, sie haben so plumpe Gesten... Ich beneide ihn, stellte er erbleichend fest – aber da schlägt unten ein Stäbchen ans Pult, jähe Stille, Anfang der Arbeit. Sie üben ein langsames Stück, das seufzend, gebunden und schwer sangbar klingt, auf Worte wie Qui tollis – mehr verstand er nicht, und er kam auch nicht zu langem Hinhören, denn schon klopft der da unten ab: ein langes, gespanntes Schweigen entsteht, in dem das einsame Geräusch einer Zuspätkommenden grausam erschallt. Er beugte sich hinab: eine Dame ist's, eine weißhaarige, dicke, wohlhabende Frau, die sich (ach, daß ich unsichtbar wäre!) unglücklich an die Wand drückt, um zu ihrem Platz zu gelangen. Der Mann auf dem Podium sticht der Armen einen langen Blick wie eine Hutnadel durch den Kopf, irgendwo im Saale endend, und während alle Gesichter sich schadenfroh kleiden, äußert er: »Ich bewundere den Mut... bewundere ihn. Ich hätte ihn nicht...« Dann läßt er wieder anfangen. Er rächt uns an den Bürgern, dachte Raoul befriedigt. Singen sie zu tief? Sie taten's. Ah, der Dirigent gerät außer sich; er hat mit jähem Ruck vom Liebenswürdigen zu hellster Härte gefunden – wie ich so oft, wie ich, dachte Raoul beglückt – und schlägt zu, mit einer Peitschenstimme, aber nobel noch im Zorn: »Wollen Sie lieber ›Puppchen‹ singen? Ich weiß, ›Puppchen‹ ist Ihnen näher am Herzen, und was geht Sie Bach an, aber... noch einmal! Noch siebenmal! Bis es geht!« Diese Frauen zittern, dachte Raoul hingerissen, während sie sangen, aber sie lieben ihn. Vielleicht weiß niemand hier außer mir und ihm ganz, was man einem antut, den man der Verwandtschaft mit unserer

Operette bezichtigt... mir und ihm, ich verstehe ihn nicht nur, wir fühlen hier dasselbe, wir sind hier gleich! Ich lächle vor Stolz, ich fühle es, und darf's. Welch ein Mann! Welch ein Ton! Er verachtet, züchtigt, erniedrigt, beschimpft: aber er bezwingt. Wahrhaftig, mein guter Dämon hat mich hierhergesandt, ich erlebe wieder den Künstler, und mein Selbstgefühl, ausgehöhlt und manchmal erlegen unter dem Elend dieser Monate, steift den Nacken, steht auf, ist da! Er und ich, wir behandeln diese Damen aus »guten Häusern«, diese grauhaarigen und die jungen, schnippisch und verwöhnt, wie sie es verdienen, nämlich wie störrische Tiere. Wir sind die harten Quäler zur Vollkommenheit, wir, die Unabhängigen, die ganz Befreiten, die Unzugänglichen, die Herren; wir erbauen Pyramiden, und die da müssen die Steine schleppen, und der Stock hängt ihnen über dem Nacken. Berauschende Macht, grenzenloses Glück! Und als wolle er ihn bestätigen, sagt der Dirigent, pausierend, etwas über das Fehlen in den Proben; es mute ihn an, als suchten sich die Herrschaften die Proben aus, die sie geruhten zu besuchen, und als wolle man ihn erziehen, sich das bieten zu lassen: »Geben Sie es auf, ich bin dafür zu alt. Hier bin ich Herr, und ich geruhe zu befehlen: man kommt stets, oder man bleibt fort.« Eine Lust ohne Maß machte Raouls Herz zittern: das gab es also noch, Herren in dieser Bürgerwelt, die geruhten zu befehlen – und die Masse duckte sich! Niemand stand auf, ihn allein zu lassen mit seiner Partitur und der Dame am Flügel! Warum nur? Sie bekommen doch kein Geld, sie bezahlen noch für die Ehre, in ihrem Verein zu singen – diese Heloten! Befiehl, und der Geldmensch entblößt sich als Sklave, der Gesellschaftsmensch, um vom Künstler geduldet zu sein, zeigt seine ganze schamlose Feigheit. Und während der Dirigent, plötzlich chevaleresk und Kamerad, mit den Ermüdeten scherzte und freundlich redete, hielt Raoul einen Vorsatz aufrecht, der ihn beglückte: er wollte von dieser Stunde an sein Leben ändern, hart und kühn vor die Menschen treten, fordern dort, wo sie ihm die schüchterne Bitte verhöhnten, anherrschen, wo er früher nicht einmal den Mund öffnete, und siegen durch die Gewißheit der Gebärde. Er hatte es, oh, er hatte es gelernt! Dank dir dort unten, o Befreier! Wird aus mir je etwas Rechtes, beim Zeus, ich komme, dir die Hand zu küssen, mein Bruder, mein Vater.

Die Frage, wie weit das befeuernde Leben und der stolze junge Hohn seiner neuen Gewißheit von dem Chore abhing, den sie jetzt begannen und den sie in all seiner kunstvollen und strahlenden Schnelle ohne Mühe bezwangen, diese Frage legte Raoul sich nicht auf, beschäftigt mit dem Glück des Hörens, das ihn dumpf umfing, und der brennenden Freude an dem Meister, die sich deutlich von jener Seligkeit und hell abhob. Er verglich sich nicht mit ihm, denn er betete ihn nahezu an, aber dennoch sah er sich und ihn, wie vielleicht ein Adlerküken den Herrn der Lüfte anblickt, beide von einer Rasse, und der Vollkommene fern, aber erreichbar. Die Leistung der Singenden und der Anteil Bachs gingen ihm verloren im Anblick des leitenden Künstlers; und doch brachten sie diese schwierigen schnellen Gänge mit einer fast unbegreiflichen Kraft, Reinheit, Leichtigkeit hervor, unbeirrbar durch die Abweichungen einer Stimme von der anderen, den Einschachtelungen überlegen, den Pausen und Zwischensätzen, mit jedem rhythmischen Nachdruck, festgefügt wie eine tönende Mauer und fortreißend wie ein brausendes goldenes Gas aus gläsernen Röhren gepreßt. Aber die Stimme des Mannes dort vorn, der den Takt mit den Füßen stampft, fegt gellend drüber hin, heller und stärker als all das, sie peitscht, entfesselt, siegt. Jetzt ist er völlig verzehrt vom Geist, vom Genie, vom Werk – von seinem Werk, dachte Raoul. Eine ekstatische Gewalt wirft seine geballten Hände in beschwörend knappen Zuckungen. Er schüttet sich über sie aus, gibt sich hin, schwebt über ihnen, singt in jeder Kehle mit jeder Gewalt. Und zugleich befiehlt er ihnen, ein entfesselter Wille. »Sprechen!« schreit er, und sie bringen die Worte deutlicher. »Weg!« schreit er, und ein jähes Piano verschlingt die majestätische Wildheit; er ist der Herr, ein jähzorniger Meister, sie sind das Holz, aus dem er den Funken holt. Da, mitten im maßlosen Chaos des Forte, hört er, daß sie für »resurrectione« eine nachlässige Aussprache gesetzt und »resurrexione« gesungen haben. »Halt!« schreit er außer sich – wegen solcher Kleinigkeit, verwundert sich Raoul –, und nun schäumt er auf über das »ordinäre Sprechen, über den widerwärtig gemeinen Großstadtdialekt«, ahmt ihnen nach, näselt sätzelang unverständlich in trüben Vokalen und verwaschenen Konsonanten, kränkt sie in ihrer Herkunft, beschimpft sie, indem er ihnen die Sprechweise ihrer Heimat höhnisch vorführt.

Er hat recht, jauchzt Raoul, denn sie lassen sich's bieten, diese Hunde: da schließt der Empörte erschöpft in der allgemeinen Erstarrung: »Worum handelt es sich denn! Wir arbeiten hier miteinander, ich für Bach und Sie für Bach; das wissen Sie doch. Es handelt sich nicht um mich, nicht wahr? Schaffen Sie mir einen, der's besser macht, ich bin alt und gehe ab. Aber dieses Werk ist da, wir wollen es noch einmal bringen, diese h-Moll-Messe, ja, jetzt mitten im Kriege. Reisen Sie um Europa herum, und Sie werden sie nirgends hören, nur hier in Berlin. Und lassen Sie sich's sagen: niemand weiß, wie der Krieg endigt, wir hoffen alle, und unsere Lieben draußen tun das ihre. Aber wenn wir nicht siegen, nicht unsere Haut heil heraustragen, wage ich nicht, zu prophezeien, was aus unserm Volke wird und wie viele Jahrzehnte vergehen können, bis dieses Werk wieder einmal so gebracht werden kann, wie Sie und ich und unsre Hörer es seiner würdig fühlen. Ich werde das dann nicht mehr erleben, vielleicht Sie alle nicht. Singen wir es also, als sängen wir's zum letztenmal, unter dieser Verantwortung und ohne Rücksicht. Ich glaube, Sie verstehen mich, wir wissen, was das bedeutet. Wir beginnen beim Buchstaben I.«
In der Erschütterung, die über dem ganzen Saale lag, bemerkte man nicht, daß ein junger Mensch mit verzerrtem und fahlem Gesicht aufstand und hinausging. Er lehnte sich draußen an die Mauer und sagte zu sich: Erledigt. Ich bin erledigt. Er dient, diese alle dienen. Sie sind, jeder einzelne, soviel mehr wert als ich, daß man nicht vergleichen kann. Ich bin frech, hohl, Parasit, leer. Nichtsnutzig, ganz nichtsnutzig. Irre Anmaßung. Diese Bürger wagte ich zu verachten. Jeder hat teil an allen Kämpfenden in der Welt; spannt sich ein, verwirklicht ein Werk, tut was, bereichert die Welt um Werte. Läßt sich antreiben und schlagen und ist demütigen Herzens. Ich sehe zu, bin eine bunte Laus am Volke, an allen Völkern, wäre sie auch in Frankreich, in Rußland. Gesetzloses Einzeltier, ausgestoßen, schamlos, berausche mich an verrückter Eitelkeit. Ob ich mit mir ein Ende mache? Wenn ich nicht so feige wäre!
Er zog seinen dünnen Mantel an und fand die Treppe hinab mit einem Gefühl, als müßte er aus Ekel an sich erbrechen. Auf der Straße, die von Menschen strömte, empfand er sich so richtungslos, daß er nicht wußte, wohin gehen, und vor dem Hause stehenblieb. In voller Klarheit, in einem Außersich von gerüt-

telter Erkenntnis seiner inneren Lage gab er sich zu, seit Wochen in nichts als Angst vor dem schicksalhaften Blatt Papier zu leben, das als Gestellungsbefehl einen zwanghaften Geisterarm in Bewegung setzen und ihn einsammeln werde. Und seine Ratlosigkeit galt diesem Kreuzweg der Entscheidung und seinem grandios fragenden »Was tun?« O ja, seine Brust war voller Angst – Angst vor dem Dienen, Angst vor den Vorgesetzten, Angst vor Kameraden und Blamagen, Angst vor der Garnison und Angst vorm Felde. Sollte er sich zu diesem Gefühl bekennen, das ihm, zum Künstler geboren und zur Sensitivität des Künstlers, doch durchaus zustand, und flüchten auf irgendeine der Methoden, die mancher Geübte ihm schon empfohlen und die er damals mit aufrichtiger Geste von sich geschoben hatte? Auch ein unbekannter Künstler oder ein anfangender brauchte ja die Gefühle eines Kriegers nicht in sich vorzufinden... Sein war der Antrieb und das Gesetz, zu gestalten, zu spielen, sich zu verwandeln, sich in die Menschen der Dichter zu verlieren, die für ihn, und nur für seinesgleichen, Hohlgebilde waren, in denen seine Seele sich behausen und die sein Leib ausfüllen wollte. Dies und nichts anderes bedeutete ja seine Angst – die Angst eines Vogels, von dem man verlangt, nicht mehr zu fliegen, sondern zu marschieren, und mit dem Schnabel, zum Singen geschaffen, eine kleine Kanone abzufeuern. Dann aber trug er, er sah es tief erschüttert von dem Erlebnis, aus dem er eben geflohen war, die Aufgabe über sich, nicht nur nicht zu flüchten, sondern sich zu widersetzen, nein zu sagen, der Zeit und ihrer Macht in die furchtbaren Zähne zu trotzen, für seine Überzeugung einzutreten und allen Folgen zu begegnen. Ihn schauderte. In vollem Ausmaß fühlte er die ungeheure Kraft, die dies von ihm verlangen würde, und auf der Stelle sagte er dazu nein. Sich stemmen gegen die Gefühle eines ganzen Volkes – er, Robert Pietzsch aus Wurzen in Sachsen? War es nicht hundertmal leichter, gegen sich selbst zu leben als gegen die Welt? Lebensangst, selbst auf Kosten der Selbstachtung, hinunterzuschlucken, schien ihm berauschend gegen die kahle Ausgesetztheit dessen, der in diesen Zeiten gegen den Strom zu leben wagte. Er sagte sich voll Ungewißheit: Diese alle dienen, warum nicht auch ich? Diese alle ordnen sich ein – wer darf von mir verlangen, meine Angst für weiser zu halten als die Unterordnung eines Volkes? Einen Augenblick sah ihn ernst und groß aufgerichtet der Einfall an, daß diese alle freiwillig dienten, aus freiem Wollen, daß nicht Polizei noch Staat und Zwangsgesetz hinter diesem Chorwerk stünden – aber er rannte ihn rasend über den Haufen: er war zum Heros und Opfer der Vernunft auch nicht geboren – er war ein Künstler, Herrgott ja! Was wollte er, er einzelner tun? Man stieß ihn an; er dachte: Ach, wenn ich jetzt an einen dieser Männer heranträte, ihm zu berichten, seinen Rat zu holen! Und er war so ganz aufgelöst, daß, als ihm ein Herr eilig und hart auf den Fuß trat, er den Mund auftat und sagte: »Oh, mein Herr ...«, was kann man da tun? wollte er beenden, aber der Eilige entgegnete: »Quatschen Sie mich nicht an, und gehen Sie aus dem Wege.« Und schon verbargen ihn die vielen, die am Abend in Berlin etwas zu besorgen haben. Diese verletzende Antwort brachte ihm das Wissen von der Entferntheit des Menschen vom Menschen wieder ins Herz; aber so heillos diese Tatsache war, sie gab ihm doch etwas Haltung. Was konnte ihm der Fremde raten? Konnte er ihn auch nur verstehn? Er schämte sich. Und nun wußte er, was zu tun: er wollte auf den Dirigenten warten; ihm durfte er alles sagen, denn er war ein Wissender. Und so stand er, den Kragen hochgeschlagen und vor Erregung frierend, im Hofe des Hauses, bis ein Strom von Frauen und Männern das Ende der Probe anzeigte. Schließlich kam jener, in breitem, grauem Hute und am Halse das breite Pelzfutter des Mantels weich unterm Kinn. Geh, sagte sich der junge Mensch, aber er stand dennoch still, denn ein Hof von Damen umgab den Greis mit heiteren Reden. Hier durchzustoßen hätte eines solchen Maßes von Selbstgefühl bedurft, daß sein Vorsatz sofort zerschmolz. Er wagte es nicht. Es gab keine Hilfe. Man konnte keinen Menschen ansprechen – man war allein in der Welt, auch hier... Und so ließ er ihn vorbei, erhaschte nur ein pantherhaftes Profil, und dann war alles aus. Tot, tief in Scham machte er sich auf den Heimweg. Aber auch in Scham war Rettung, auch aus ihr konnte sich Richtung gebären und die Ruhe des Menschen, wenn er auch noch so elend hing und pendelte in der Zeit wie eine Raupe am selbstgesponnenen Faden.

Als er ins Zimmer trat, lag auf dem Tische, von seiner Wirtschafterin zu treuer Hand empfangen, der verhängnisvolle amtlich gestempelte Brief und schnitt ein für allemal durch alle Skrupel.

Raoul Rainer (Pietzsch) ward einer von den vielen, die als Soldaten, und als gute sogar, durch diesen endlosen Krieg geschleppt, ihr anständiges Herz bewahrten und, nach Leiden, Auszeichnungen und Strapazen, eines Tages elend starben – noch immer hoffend, unermüdlich im Glauben an den Sinn der Dinge. Das Grabkreuz dieses Leutnants Pietzsch steht unter vielen am Waldrand von Sivry.

# Die Tauben

## 1915/1923

Weit auseinanderstehende Augen, graublau, und eine kleine Nase machten, daß Geneviève Hallaert, la Chicorée genannt, weil sie, ein scharf beobachtendes Kind, an die ausdrucksschwache blaßblaue Zichorienblüte oder Wegewarte gemahnt hatte, für dumm galt, zumal sie das Lesen und Schreiben nicht gelernt hatte und ein sanftes, staunendes Lachen ihre einzige Waffe war, wenn jemand, Herr Christophe etwa, sie neckte. Sie wußte in ihrem Herzen nicht, daß man übertrumpfen konnte und wiederschimpfen, sie staunte, lachte, schwieg und sah den Angreifer mit guten Blicken so lange an, bis er verstummte und die Achseln zuckte vor einem so faulen, blöden Frauenzimmer. Die reizlos plumpe Gestalt gehüllt in ein Kleid von nichtssagend bläulichem Stoff, so arbeitete sie seit zwanzig Jahren auf dem Hofe des Herrn Soen, Pächters nördlich von La Madeleine bei Lille, und tat sie in dieser Zeit jemandem Leides an, so höchstens diesem Vetter Christophe, dem Besitzer des Estaminets »Zur Heiterkeit von Roubaix«, der, nahe wohnend, oft herüberkam und der außer sich geriet, wenn die Chicorée seine wortfrohen, boshaften Späße nie, durchaus nicht verstand. Er riet ihr, sich ein drittes Auge über der Nase einsetzen zu lassen: sie lachte; er bat sie, ein Schildchen um den Hals zu tragen, das er ihr mitbrachte und auf dem zu lesen war: »Ich bin keine Kuh« – und sie lachte! Dies Schildchen trug er selbst, von seinem Neffen Paul heimlich befestigt, hinten am Hute heim, denn die Kinder liebten die Chicorée.

Ihre Arbeit zeugte von glücklicher Hand. Sie betreute selbstvergessen Kinder, Küche, Geflügel, sie wusch die Wäsche, sie verstand Brot und Kuchen zu backen und die Pferde an den schweren dreirädrigen Wagen zu schirren; sie molk und fütterte die beiden Ziegen und sanft lachend auch die vier kleinköpfigen belgischen Rinder, den Stolz des Hofes. Sie hätte einen Knecht ersetzt, wäre sie kräftigeren Körpers gewesen und hätte ihr nicht, vor allem, jederlei landwirtschaftliche Maschine eine atemnehmende Angst verursacht. Mit Grauen sah sie auf diese buntbemalten Geräte, die, eine böse und ausgeklügelte Seele darstellend, so hilfreich sie waren, auf Rädern gefahren wurden und die mit geheimen Walzen und wilden Kämmen, schlagenden Schaufelrädern und drohend gezacktem verwirrendem Werk zu säen verstanden, Weizen zu schneiden, zu raffen, fertig zu binden und zu dreschen, ohne andere Menschenhand als die des Lenkers auf seinem Sitz. Es konnte mit ihnen nicht gut ausgehen. Sie würden, teuflische Geister in frommem Dienst, zu guter Letzt sich frei machen und dann rasen. Doch auf seltsame genaue Weise verständigte sie sich mit den Tieren. Sie sah an den Ohren der Pferde und an der Gebärde ihrer Schweife, ob sie neugierig waren, ratlos oder froh; sie begriff genau die Erlebnisse der Gänse, die flügelschlagend und mit Schreien auf irgend etwas losgingen, und die Feindschaften des Hühnervolks wie seine Freundschaften. Das Vieh jeder Art gedieh unter ihren aufmerksamen Blicken, und niemand wußte den Grund: kein Unterschied bestand in ihrer kindhaften Seele zwischen Mensch und Tier, fühlend dachte sie sich an die Stelle der Katze, die miauend neben ihr herstrich, oder der fern schreienden Ente, und aus ihrem eigenen Gemüt erschloß sie demütig und selbstverständlich die so verborgene Seele des Tieres. Sie konnte an Sonntagnachmittagen ohne Regung in der Sonne sitzen und zuschauen, wie ihr die Hühner die Holzschuhe anpickten oder der junge Hund, halb gelangweilt, halb zum Spiele auffordernd, sacht in ihre weißgestreifte Schürze biß, zerrend. Sie liebte ganz einfach ihre Brüder, die Tiere. Dumpf und rein lebte sie glücklich ihr ungespiegeltes Dasein.

Der Krieg von 1914 rief Herrn Soen zu der Artillerie und die beiden jungen Knechte zu den Reitern; dann, eines Tages im Oktober, lief Vetter Christophe ohne Atem in den Hof, und gleich darauf jagte der leichte Wagen mit Madame und den Kindern nach dem Bahnhof von La Madeleine, bei fassungslosen Tränen der Magd und Pflegerin, die nichts begriff; nach Stunden brachte er das Gefährt leer heim. Er blieb in seiner Kneipe und Geneviève allein auf dem nun öden Hof. Sie weinte oft; er sagte ihr, daß die Deutschen nun Herren der Gegend seien und daß er ihr helfen werde, denn das Vermögen seiner Verwandten sollte nicht verkommen, zumal er sich denken konnte, wie ergiebig auch für ihn diese Fürsorge enden werde. Aus der bösen Stille der leeren Wohnung flüchtete die »Wegewarte« zu den belebten Ställen. Zwei Tage danach kam Christophe: die Deutschen hätten befohlen, sämtliche Tauben zu schlachten, er müsse es vollziehen. Er setzte ihr nicht auseinander, daß diese Anordnung den Brieftauben galt und den Nachrichten zur feindlichen Front; er sagte vielmehr, die Deutschen seien Feinde auch der Tiere, nicht nur der Menschen; und er kicherte vor sich hin, als sie sich in wilden Worten entsetzte. Dann meinte er noch, er werde zu gutem Preise die kleinen Leichname kaufen, sie solle ihm helfen schlachten, wobei er ihr ein Messer reichte. Sie ließ es fallen, erbleichte so tief, daß ihre Lippen grau erschienen, und entkam durchs Tor. Er, obwohl flink, quälte sich den ganzen Nachmittag allein, sonderbarerweise in Angeregtheit und ohne Ermüdung, mit den flüchtigen Tieren, die er mittels Weizen lockte, griff und erdrosselte. Geneviève kam des Nachts heim; am Sonntag beichtete sie dem Abbé Détappes, daß sie Gott um den Tod der Deutschen gebeten habe, daß sie sie hasse und warum. Der junge Beichtiger schwieg eine Weile, verwies ihr milde das teuflische Gefühl und gab ihr Lossprechung ohne andere Strafe als zehn Rosenkränze vor dem Bilde ihrer Namensheiligen Genoveva. Er kannte ihre arglose Seele. Er trug seine lange Gestalt gebückt, war einsam gewesen schon in frühen Jahren und wußte vieles vom Menschen. Sein Lehrer Mercier, Kardinal von Mecheln, hatte ihn aufs Land gesandt, damit er die Sorgen der Tätigen und des Alltags in sich aufnehme. So gedachte der große Kenner den Jüngling seinen traurigen Träumen zu entreißen, damit er lerne die Menschen zu lieben.

Geneviève gab sich Mühe, die Deutschen nicht zu hassen, als sie sie auf ihrem Hofe sah, wenige, viele, solche, die nur kamen, sich flüchtig umzusehen, andere, die von ihr erfahren wollten, wieviel Getreide da sei, wieviel Kartoffeln, was für Tiere. Argwöhnisch sagte sie, sie wisse es nicht; darauf durchsuchten die Feinde alle Gebäude, schrieben in kleine Bücher und ritten ab. Ihre Seele zog sich zusammen beim Anblick der gütelosen Männer, und sie wandte sich mit bewegten Lippen stumm an ihre Heilige um Beistand. Bald holten sie ihr nun Pferde fort und Wagen, nahmen drei von den vier Kühen und ließen ihr dafür weiße Zettel mit Schrift und Stempel, die der Vetter aufbewahrte. Ganz nahe beim Hofe richteten sie einen Platz her, den sie bewachten; von ihm aus erhoben sie sich in die Luft mit dröhnenden und schnurrenden Maschinen, auf die wie zum Hohn schwarze Kreuze gemalt waren und vor denen sie ins Haus floh. Ach, es mußten Diener des Teufels sein, die solch gelbe gräßliche Gefährte »Tauben« nannten! Der Vetter hatte sich gefreut, ihr den Namen sagen zu können, und gewußt, sie würde nach den leeren Bodenluken der Scheunen und Ställe blicken... Zum ersten Male also nicht unzugänglich seinen Worten blieb sie nun, das häßliche alte Vieh!

Eines späten Abends brachte er ihr in schwarzem Tuche etwas Zappelndes; vier große Tauben, zwei rostrote, zwei schieferblaue, mit rosenroten Schnäbeln, die am Grunde geschwollen schienen. Sie solle sie gut vor den Deutschen verbergen, und auch dies: vier kleine Röhrchen aus weißem Metall, leicht wie Federn. Ihr Herz schlug ganz tief vor Glück; errötend küßte sie dem Geber die Hände. Sie leerte den Kleiderschrank des Herrn, um die geliebten Vögel darin zu verstecken, legte die Kapseln in die Hülle ihres Gebetbuches und pflegte und fütterte die Tauben, als wären es die fernen geliebten Kinder der Herrschaft, von der sie nichts mehr hörte. Bald des Nachts kam Herr Christophe, schob kleine Zettel in zwei der Kapseln, machte sie den Rostroten am Fuße fest und nahm die beiden Vögel mit sich, nicht ohne Ersatz zu versprechen. Geneviève vertraute ihm ganz. Im Morgengrauen wurde die Schlaftrunkene geweckt vom drohenden Surren niedrig fliegender Maschinen, vom Krachen heller Kanonen und von mehreren schrecklich dumpfen Donnerschlägen; die Scheiben der Fenster sprangen klirrend ins Zimmer. Vom Boden aus sah sie den bewachten Ort grell brennen, und sie fand am Morgen auf naher Wiese einen schwelenden Haufen von Maschinentrümmern und einen ganz zerschlagenen ausgerenkten Leichnam in Franzosenkleidern, vor dem sie schreiend davonlief. Am Mittag schon fanden die Gendarmen die Schieferfarbenen und die Kapseln. Sie fesselten ihre Hände. Sie sagte nichts auf Drohungen und auf Fragen. Sie brachten die Spionin in die Zitadelle der Festung Lille. Sie schwieg auch vor Gericht, in der kurzen und klaren Verhandlung, in die man sie stellte; sie sagte: »Ich weiß nichts«, denn sie verstand nichts von allem Geschehenen, und sie haßte die Deutschen. Erst dem Abbé Détappes, nach dem sie zur Beichte verlangte, teilte sie mit, wer ihr die Tauben gegeben hatte. Er fragte nicht weiter. Er wußte genau, daß sie nichts geahnt hatte, weder vom Zwecke des Geschenkes noch von seinen Folgen. Eine Nacht ohne Schlaf bestärkte in ihm den Kummer, daß er den allein Schuldigen nicht angeben durfte, daß auch dadurch Geneviève nicht zu retten war; und nur die Feststellung, wie sinnlos es sei, von dem Wirt zu erwarten, daß er sich selbst anzeige, bedurfte keiner Überlegung – er kannte auch jenen. Am Morgen nach dieser Nacht, die ihn alterte, erlangte er Zutritt zu dem Gouverneur von Lille. Er bat, mit dem Vollzug des Urteils zu warten, so lange, daß er durch den Kardinal von Mecheln und die Vermittlung seiner Heiligkeit Benedikts des Fünfzehnten die Gnade des Deutschen Kaisers anrufen könne für das unschuldige Leben der Magd Geneviève Hallaert. Der Gouverneur forderte Bericht und verschob die Ausführung des kriegsgerechten Urteils. Und nun schrieb der Abbé Détappes jenen erregten Brief, in dem es unter anderem hieß: »Die Schwalben zerschneiden ihre kleine Brust im nächtlichen Flug an den Telegrafendrähten, die uns mit Nachricht beglücken, und wie viele Zugvögel zerschellen an den Leuchtfeuern, welche der Schiffer segnet. Jedes Gesetz des heutigen Menschen steht senkrecht auf einer Satzung der reinen Natur, sie kreuzend, das Natürliche aber bleibt in jedem Falle, je tiefer es ist und argloser, das Unterliegende. Die Ordnung der Menschenwelt ist nicht die Ordnung des Lebens, welche ist die Ordnung Gottes. So und nicht anders als Schwalbe und Vogelschwarm mußte die einfache und reine Seele erliegen im notwendigen starren und fremden Gesetz der Zeit, wenn nicht die lösende Hand dessen, der überm Gesetz waltet, sie aus dem geometrischen Wirrsal hebt...« Er schrieb, sandte ab – und der Erfolg? Ist es nötig zu wissen, ob wirklich jene lösenden Hände, die sich oberhalb der bösartigen Verstrickungen des Tages zu halten hatten, hingriffen bis zur armen und häßlichen Magd, um sie dem Kerker zu überantworten und vielleicht, nach dem Frieden, der Freiheit? War nicht zu fürchten, daß ihr unbefangenes Hinleben von so gewaltsamer Erschütterung auf immer zerbrochen sein werde? Und wäre es nicht beinah ein reinerer Abschluß dieses schuldlos verstrickten Lebens, zu denken, daß die schlichte Seele, nach der festen und ernsten Verheißung des Beichtigers, im sanft strahlenden Paradiese von ihrer Heiligen empfangen werden würde, selber zart leuchtend und vom schuldlosen Adel der lichtblauen Blüte des wegsäumenden Zichorienkrautes – empfangen von Sankta Genoveva im blauen Gewand, wie sie in der Kirche gemalt war, die ihren Sohn Schmerzensreich nannte, und welchen die Hirschkuh säugte im Frankenwald dereinst – für den Fall, daß wirklich Kugeln ein Herz gesucht hätten an der Ziegelmauer der Zitadelle von Lille?

Aber das Leben, das uns alle enthält und macht, liebt die unreinen Schlüsse statt der ausgedachten, die unscheinbaren statt der gewaltsamen, und es hat dabei noch die ungemeine Weisheit des Sinnvollen für sich. Seit der ungerechten Erschießung einer englischen Krankenpflegerin durch die Übereilung und Willkür eines bezechten Generals hatte man, dank der Empörung, die daraufhin den Erdball umkreiste, Scheu vor dem Töten wehrloser Frauen. Und so arbeitete Geneviève Hallaert als Gefangene für die Deutschen, wie sie als freie Magd arbeitete, nicht bedürfnisloser als früher, und ihrer hinter Gefängnismauern bald siechenden Gesundheit wegen mit Beschäftigungen in der frischen Luft hinter Stacheldrähten betraut, wo sie Wäsche wusch und Dielen scheuerte, Essen kochte und in Entlausungsbädern für gefangene Frauen ihre Dienste tat. In ihrer Arbeit, ihrer schweigsamen Gegenwart, ihrer widerstandslosen Sanftheit bewährte sich der unscheinbare, doch köstliche Stoff ihrer Seele; junge gefangene Frauen nahmen ihren Zuspruch an, von Männern im Elend sah sie dankbare Augen. Der Priester, der das Lager versah, sagte einmal zu einem katholischen Lagerkommandanten, aus nicht anderem Metall seien große Heilige geprägt worden, in gläubigeren Zeiten.

Als nach dem wilden Schluß des Krieges der Hof des Herrn Soen, eines einarmig aus jener andern Welt Zurückkehrenden mit erwachsenen Kindern und einer gealterten Gattin, wieder erstand, saß Geneviève Hallaert wiederum auf der Schwelle, neue Tauben umflatterten sie, ein neuer Jagdhund zerrte spielend an ihrer Schürze.

Eingerahmt aber in ihrem hellgetünchten Zimmer hing, vom Abbé Détappes überbracht, das Bild der Heiligen im blauen Mantel, die klug äugende Hirschkuh neben sich und den braunen fellbekleideten Knaben. Und mit goldenen Buchstaben vom Abbé daruntergeklebt, leuchteten, die sie selbst gar nicht zu lesen vermochte, in klarem Französisch die Worte der Schrift:

»Selig sind, die reinen Herzens sind, denn sie werden Gott schauen.«

## Die Laus

### 1917

Wie dem Schwachen Spürsinn und quicke Anpassung nichts helfen, sondern das Schicksal auch den Findigsten zu ereilen weiß, das erfuhr zum Schaden auch eine Laus. Es war in jenem Zeitalter, als die deutsche Fahne über vielerlei fremden Ländern flatterte, in deren Lüften sie nicht beheimatet war und nichts darstellte als die bewaffnete, unterdrückende Gewalt. Da saß eines Tages, als müßte das so sein, den nackten Oberkörper gebadet von der warmen Sonne des serbischen Februars, ein bayrischer Jäger von einer in Ruhe liegenden Kompanie auf einem großen Stein, mitten im Bergland des nördlichen Mazedonien, und säuberte sein Hemd von ekelhaften Läusen, indem er die gelblichen, platten Scheusale geschickt zwischen den Daumennägeln umbrachte. Oft genug hatten sie ihn am Schlafen gehindert und ihm sein warmes Blut gestohlen; jetzt mußten sie hin werden, allesamt, mit Kindern und Eiern. Ein unerwarteter Wind, der plötzlich aus der Schlucht jenseits der Straße ausfiel, mahnte ihn mit Frösteln, die Jagd zu beenden, und raubte ihm zugleich das letzte Opfer: eine große Laus ward ihm noch knapp vor ihrer Hinrichtung vom Nagel herab zu Boden geweht. Er sah lachend den hellen Fleck auf der noch braunen Erde kriechen, nahe bei Veilchenblättern und jungem Gras, überließ sie ihrer Zukunft: »Da geh hin, du Herrgottssackermenter«, spie vergeblich nach ihr, zog sich an und ging, um irgendwo in der kleinen Quartierstadt Vranje ein Weizenbrot zu kaufen – nicht nur aus Sehnsucht nach Auffrischung und Abwechslung der langweiligen Kost im genußlosen Einerlei des Dienstes, sondern aus sehr wirklichem Hunger. 1917, im dritten Frühling des Krieges, kam mit dem gelieferten Kommißbrot kein gesunder Magen mehr zurecht... So trabte er ab, froh seiner jungen Beine, unangefochten von der gründlich zerrütteten Bergchaussee, und verschwand im Hohlweg hinter blühendem Dorn, nachdenklich bewegt mitten in diesem stürmisch blühenden Frühling. Er hatte mit Serben viel

Bekanntschaft gemacht, überall im Lande, soweit es ohne Worte ging, stumm, nur durch Sehen, Wittern, Schließen, Überlegen, und er war zu der Meinung gelangt, daß, was die Serben betraf, seine Zeitungen bestimmt gelogen hatten. Sie waren Menschen wie seine Leute im Allgäu daheim, wo er Maschinist gewesen am Wasserwerk von Kempten, Bergbauern, ein bißchen anders gekleidet. Und er bewegte in seinem Herzen, ob man den hungernden Menschen ihr Weizenbrot so einfach wegessen – abkaufen – dürfe. Sie lobten ja: »Germanski dobre«, die Deutschen seien gut; aber das änderte nichts am Hunger und an den Seuchen.

Die Laus indes, ohne Ahnung davon, daß Ameisen, jene Menschen der Kleinwelt, in der Nähe ihr zweckhaftes und rücksichtsloses Raubtierwesen trieben und bald Witterung von ihr nehmen würden, duckte sich in eine besonnte Ritze und wartete, mit dem selbstbewußten bürgerlichen Ernst und dem Glauben eines, dem es nie schlecht gehen kann, darauf, daß ein Mensch, heute oder in einer Woche, in ihren Lebenskreis träte. Denn die Welt der Läuse ist so eingerichtet, daß nicht die Läuse zu den Menschen hinkommen, sondern die Menschen zu den Läusen. Und siehe da: wie dunkelte es plötzlich rundum, warm und vertraut! Die Laus kroch vorwärts, aufwärts, hielt sich fest und wußte, daß sie Gott an ihren Ort gebracht habe und daß sie warten könne und schlafen, bis der Mensch, in dessen Kleidern sie saß, sich liegend und still verhielt. Denn nur dann, träg und bequem, wie sie einmal geschaffen ist, beißt die Laus.

Dieser neue Mensch und Retter schritt kräftig aus, hieß Zeza, war eine unverheiratete junge Frau und trug gerade auf ihrem schmalen, festen Rücken einen ungeheuren silbrigen Ballen Hanf aus dem Dorfe Mostaniza zum Seiler nach Vranje, der Stadt, wo sie selber wohnte. Sie war nur von der Straße abgewichen, und der wohlbekannte große Stein war geschickt, ihr die Last wieder auf den Rücken zu bringen. Sie eilte nun nach Kräften heim, weil sie in ihrer Hütte beim morgendlichen Aufbruch Mita Mladenow zurückgelassen hatte, noch schlafend fast, und weil es sie drängte, ihm Brot zu backen und ihn zu betreuen, den sie liebte. Aber sie fand, vom Seiler kommend, ihre Hütte leer, ward betrübt, ließ ihr Haar in zwei schwarzen Zöpfen hängen und ging schweren Herzens an die sonst singend vollbrachte Arbeit. Nach einer halben Stunde aber lachte sie plötzlich laut vor sich hin: er kam ja doch zurück – ganz gewiß kam er am Mittag schon! Und sie ging in die Stadt, um ein Lämmchen und hellen, neuen Schnaps zu kaufen, denn sie brauchte nicht zu darben – sie, Tochter eines reichen, greisen Bauern, der von fünf Söhnen im Heere des tapferen Königs Peter Karageorgewitsch seit dem fürchterlichen Rückzug der Armee Nachricht nicht mehr erhalten hatte. Es stand schlecht um Serbiens Jugend... Waren der schönen ranken Zeza nun alle Aussichten ihres Lebens, vielleicht für immer, verschüttet: stolze Trauungsfahrt im buntbemalten Hochzeitswagen, bäuerliches Wohlergehen, eigener Hof nach alter Sitte, so sollte ihr doch von dem schmalen Rest an Lebenslust in dieser wüsten Gegenwart noch irgend etwas gerettet werden – und der Alte, entschlossen, nichts zu sehen, was ihn nicht öffentlich entehrte, ließ sie schalten.

Mita Mladenow indes, oft ein Lachen auf seinem braunen, kindlichen Gesicht, stieg langsam den graugrünen Berg hinan, an dessen Fuß die Straßen von Vranje enden. Summend, die Zigarette in der Linken – der Hand, die er aus dem Türkenkriege noch mit heimgebracht –, pilgerte er, ziellos anscheinend, zwischen blühenden Pflaumen- und rosigen Aprikosenbäumen und einem zerfahrenen, gelben Wege, sah mit munteren Augen um sich und hielt sich aufrecht in seinem kurzjackigen Anzug aus braunem, dickem Stoff, dessen Hose, mit tief und faltig hängendem Gesäß, Schenkel und Wade eng umschloß. Es ging ihm so wohl! Wie blau sah nur der Himmel aus, genauso blau wie das Halsband der Zeza aus blauen Glasperlen; und diese Zeza selbst, hübsch und lieb zu ihm! Gern wollte er jedermann einen Gefallen tun, und wie gut traf es sich, daß Petar und Pawle Todorow, der Vater und der Sohn, ihn zu einer verborgenen Zwiesprache bestellt hatten. Alles mußte ihm zum Besten dienen. Ging er nicht schon seit Wochen umher in seinem Glück, das gern schenken wollte und dem nur jeder Anlaß, jede Gelegenheit fehlte, recht zu verschwenden? Jetzt endlich warteten da Leute, denen er eine Freude machen, denen zum Dienste er sich einsetzen konnte. Er ahnte irgendwie, daß es sich um Taten des Vaterlandes handeln mochte, denn die beiden Todorow galten nicht grundlos bei den Eingeweihten als inbrünstige und zähe Söhne der Heimat, die zertrampelt ward von ehernen Hufen. Konnte Serbien ohne Weg zum Meere leben? Mußte der Madjar, die

Bestie, verleumderisch und geschickt, uns diesen Weg immer wieder verstellen mit seinen Drohungen und Bündnissen? Mita querte eine Schlucht, gelangte auf die große Straße, von französischen Ingenieuren in den Berg gesprengt, und sah einen Augenblick lang Vranje unten liegen. Seine gefleckten Dächer, licht und durchschnitten von Wegen, waren überall von den weißen Wölkchen der Baumblüte umsäumt, und auf der Wiese nah am Berg liefen und schwenkten die deutschen Soldaten in dunklen Exerzierlinien. Dann verbargen Felsen das Becken der Ebene, und zwischen Steilberg, Tal und wieder jäh aufsteigendem Berg folgte er der Fahrbahn, indem er vergnügt manchmal Steine ins Tal schleuderte, damit sie im schießenden Bach nach Sturz und komischen Sprüngen ein spritzendes Ende fänden. Pappeln sah er unten, wie klein, und das Dach der Mühle als roten Fleck.

Die beiden Todorow winkten ihm im Schatten der Riesentrümmer eines türkischen Kastells, das als Schanze an der Gabelung der Straße dereinst die moslemitische Stadt gegen christliche Bergräuber verteidigte, und Mita kletterte munter, ein Veilchen im Munde, eine Primel hinterm Ohr, vorbei an großen blauen Flecken von Veilchen und über ganze Felder von gelben Schlüsselblumen, den jähen Felsen aufwärts, den die Mauern krönten, weniger vergänglich als das verwitterte Gestein.

»Guten Tag, Brüder«, grüßte er, als er atmend oben stand.

»Gott behüte dich, Bruder«, antworteten die Greise feierlich. Sie sahen streng aus und einander sehr ähnlich, diese Freunde seines toten Vaters. Sie drehten sich Zigaretten, rauchten und schwiegen, alle drei liegend und umgeben von jungem Grün und süßen Blumen, oben an der Spitze des Felsens und gegen Blicke gedeckt durch das turmhafte Gemäuer. Mita spürte, daß man noch auf irgend etwas warte, daß irgend etwas sich vorbereite. Aber die Welt war so schön, und es ging ihm so gut! Dank dem russischen Doktor, der ihm die Rechte abschnitt, damals im Lazarett von Leskovac, Dank dem Schützen, der ihm bei Kumanowo den Handknochen zerschoß, sonst läge er vielleicht tot bei Pirot oder vor Palanka in diesem traurigen Krieg! Und überhaupt... Diese kleine Zeza gab sich solche Mühe. Und dabei trug sie ein Mal auf der rechten Schulter wie eine Fliege, die auf weißem Käse sitzt. Wo in aller Welt sie nur noch Zucker aufzutreiben wußte! In ganz Vranje gab es keinen mehr zu kaufen, noch aber verstand sie, Mita Mladenow die kleine Tasse türkisch gebrauten Kaffees stets brennend süß zu reichen. Ach, ihm blieb kein Wunsch! Mußte einer, dem es so gut ging, zwei ehrenhaften Alten nicht auch einmal dienen?

»Er kommt«, sagte Petar Todorow. Und Mita ermunterte sich: es fielen Steine; dann trat ein Mann, einäugig, mit schwarzgrauem Barte, gekleidet wie die anderen in braunen Stoff und rot gegürtet, durch das große Mauerloch, das einst eine Tür bedeutet hatte. Sein Gesicht war düster, sein Haar lang und die ledernen Opanken seiner Füße mit Bindfaden notdürftig gebunden. Ein Quersack aus schwarzgestreiftem, grobem Stoff hing ihm von der Hüfte.

»Wo hast du geschlafen, Schwager?« fragte der jüngere Todorow. Der Mann lächelte halb und sagte:

»Es stehen viele Hütten leer in Serbien, o Pawle.«

»Dies ist Stojko Cimonow, der Bahnmeister, der meine älteste Tochter geheiratet hat; er kommt von Pojate. Wir haben uns beraten, und du bist gewählt worden, Mita. Denn auch ein blindes Pferd trägt einen Mann, und mancher hat zwei Hände, aber nur ein halbes Herz.« Der Greis schwieg und blickte den Jüngling prüfend an. Mita errötete, und da er nicht genau wußte, was er sagen sollte, antwortete er: »Ich habe noch eine Hand, und das Herz ist serbisch.« – »Gutes Wort«, rief Stojko Cimonow, »du bist ein Techniker und weißt, wie man mit Dynamit im Felsen sprengt?« – »Ja«, sagte Mita zögernd, »ungefähr.« Er dachte, daß etwas recht Strenges von diesem Bahnmeister ausgehe, aber bah, was auf der Welt konnte einem Glücklichen schließlich zustoßen? Und in der Tat hatte er bisher gründlich Zeit gehabt, sich zu langweilen: ein Abenteuer, ein ganz kleines...

»Höre, Mita«, begann Petar Todorow, »sie sind wie drei Hunde auf Serbien gefallen, Serbien aber stand und blutete, denn ferne Freunde sind keine Freunde, und was nützt der Handschar jenseits des Baches?«

»Ich weiß es«, sagte Mita. Sein Blut ging rascher, und seine einzige Faust lag geballt auf dem Rasen. »Sie warfen so viele Granaten, als seien die Männer Türme, und ihre Soldaten sind kleiner als wir, aber im Schatten großer Rohre groß.« Der Alte sprach weiter: »Da aber Gott die Heimatländer bewacht, ist ihr Verderben schon jetzt abgestempelt. Nur: wie soll man ertragen, den Sieg abzuwarten, solange man noch Mann ist, etwas zu helfen, mit ganz kleinen Hilfsgriffen? Es sind viele tapfer gestorben von den Serben, Tausende im Blut, Tausende im Eis. Die Skipetaren haben Mut, wenn der Serbe eine Woche gehungert hat, und der Grieche wohnt am Berg Möchtegern und hinter dem Fluß Kannicht.«

»Lauter Hunde«, schrie Pawle, und in Mita stieg der Grimm.

»Aber dennoch sammeln sich in Solun die Reste des Heeres, es sind trotz allem serbische Männer. Und ein später Freund ist besser als gar kein Freund. Der Franzose ist gekommen, und der Engländer ist da. Sie werden Lieder des Angriffs singen, und auch ihre Rohre haben dicke Schatten und ihre Schiffe viele Rohre.«

»Der Deutsche war dem Österreicher schnell zur Hand, und der Köter Bulgar kann ihm die Finger lecken. Auch wißt ihr, wie er dem Türken half. Die Freunde Serbiens haben viel Schande gepflückt, jeder trägt seinen Kranz voll auf den Ohren«, rief Mita außer sich und spie an die tiefbraune Mauer.

»Sie fahren mit Waggons von Berlin nach Zarigrad«, sagte Stojko entschlossen; »diese Bahn ist das Rückgrat derer, die auf uns liegen. Man hat etwas getan, wenn man es bricht. Willst du helfen?«

»Ich will«, rief Mita. »Hast du so ein bißchen Sprengzeug?«

»Es liegt viel Dynamit an den rechten Orten.«

»Höre mich an«, sagte Petar jetzt, »ich bin einundneunzig Jahre und dieser Sohn hier fünfundsechzig. Du, Mita, hast nur eine Hand, Stojko aber ein Auge nur und zwei Rippen zuwenig. Dies blieb von Serbien, die Greise und die Verstümmelten. Denn alles Männliche zwischen sechzehn und sechzig haben sie aus den Häusern geholt und in große Lager geschleppt, wo die Krankheit sie zerarbeitet und wo die Österreicher ihnen kein Brot geben können. Hast du aber kein Haus, so kauf kein Bett. Sie wollen unser Land ausleeren und den Auswurf der Ungarn dareinsetzen. Meinen Urenkel Milorad, ein Kind von fünfzehn Jahren, ließen sie gehen, als sie den Irrtum einsahen; er lief von Smedrewo zu Fuß weg mit einem Brot und starb in Razani an Hunger und an der Schwäche des Weges.« – »Dies ist wahr«, sagte Stojko Cimonow, »ich stand an seinem Bett und kam hierher als Bote.« – »Nun, Brüder, anders sieht der Kopf des Fuchses aus, anders sein Schwanz. Unser Los wird sich umkehren. Ich glaube an Jesus, Sohn Gottes, den Vater und den Heiligen Geist. Wir sind keine guten Menschen – wer ist wohl gut? Aber wir müßten Vampire sein, Leichenfresser aus Madjarien, um zu verdienen, was uns niederwarf. Serbien wird leben, bald oder später. Laß uns das Rückgrat der Deutschen brechen! Es ist unser letzter Anteil. Ich lebe nicht mehr lange genug. Ich will Milorad rächen. Denn ich weiß nicht, wo meine Söhne blieben, meine Enkel und Urenkel, die König Petar dienten, und kann nicht warten auf die kleinen Kinder, bis sie heranwachsen. Wenn der ganze Topf zertreten wird, wer will den Scherben bewahren? Ich will mich rächen und sterben.«

»Ich auch«, sprach Pawle Todorow.

»Ich auch«, sprach Stojko Cimonow.

»Ich auch«, schloß Mita, »ich mit.« Sein Blut stieß wild gegen sein Herz. Waffen her! Wie hätte ein Junger sich entziehen dürfen, wenn die Alten beschlossen hatten?

»Revolver schreien nicht wie Ferkel, und Handschars stinken nicht wie Käse«, sagte Pawle lächelnd, »wir haben nur unsere Gewehre abgeliefert. Du sollst Waffen bekommen. Und Stojko weiß den Weg zum Dynamit.«

»Ich weiß ihn«, sagte Stojko. »Gehn wir ihn gleich.«

»Wo führt er hin?« fragte Mita neugierig.

»Nach Nisch«, antwortete Stojko.

»Morgen früh um fünf, in der Bachschlucht hinter dem Lazarett«, sagte Petar Todorow und erhob sich. »Wir müssen die Straßen vermeiden und durchs Land schleichen wie die Wölfe, wir, die Serben, die Söhne des Landes.«

Aber Mita kam zu spät, weil Zeza ihn des Morgens zu lange küßte und ihm, während er noch ein wenig im warmen Bette faulenzte, rasch noch ein Stückchen Hammelleber röstete – eine Zeit, die die Laus, jene zuversichtliche und ganz unvergessene Laus des bayerischen Jägers, benützte, um sich bei ihm festzusetzen. So langte er beschämt, ja herzlich zerknirscht erst nach sechs Uhr bei den drei Alten an: »Scheltet mich nur, Väter«, sagte er, »ich bin ein schlechter Mensch.«

»Gehen wir«, sagte Petar. Aber um ihn zu strafen, gaben sie ihm keine Waffe, und Mita merkte es und schämte sich den ganzen Weg lang, den sie zwischen den hohen Hügelkette und den eigentlichen Bergen machten. Zutiefst im Herzen aber schämte er sich doch nicht, sondern lachte glücklich: diese

Zeza... und das Wetter wehte so frisch und schön... nun, und zweiundzwanzigjährige Leute spüren andere Neigungen und Fähigkeiten als Neunziger. Überhaupt: er würde eine kleine Kontaktanlage herstellen, die Kabel mußten Strom geben, und dann sprengten sie die Bahn zwischen Berlin und Zarigrad (Konstantinopel) an einer schönen, engen Stelle, am besten in einem Tunnel, worauf er eilends zu dieser Zeza zurückkehren konnte. Quer über die Planina hin, quer über die Planina zurück. Das ging doch schnell – eine Woche, zwei Wochen sind keine Zeit, denn das Leben funkelt noch so lang und so hell, hell... Nur eine Laus ärgerte ihn, die neue, denn sie hatte sich, anders als seine vertrauten Bewohner, an der unzugänglichsten Stelle, zwischen den Schulterblättern, boshaft angesiedelt. – Und er begann die Gefährten über die Art zu befragen, wie sie den Plan ausführen wollten, breitete seine Vorschläge aus, ging ins einzelne, und da Stojko für eine genügende Menge Sprengstoff bürgte, sahen sie das Gelingen des Werkes schon mit Augen. Es gab jenseits Nisch mehr Tunnels, als sie brauchten.

Aber gerade als sie sich anschickten, den Talweg zu verlassen, um hinter Mostaniza im Gebirge zu verschwinden, gab es einen kleinen Zwischenfall: sie begegneten einer ungarischen Landsturmpatrouille. Drei Mann, blaugrau, das Bajonett über die Schulter gehängt, kamen schwatzend daher und rauchten behaglich ihre hängenden Pfeifen. Kein Mensch nun durfte ohne deutschen Erlaubnisschein seinen Ort verlassen; aber nur Stojko Cimonow besaß ein Papier, das ihm gestattete, sich von Paracin nach Vranje und zurück zu begeben. Sie waren schon erblickt: was tun?

Auf den Gesichtern der Todorow erschien die gleiche Falte über der Nase, ihre Hände senkten sich langsam in die Taschen, und Stojko zog mit der Zunge ein Stück seines Schnurrbartes in den Mundwinkel und verbarg beide Daumen in dem breiten roten Gurt.

Das bedeutet Angriff, dachte Mita und erblaßte. Er war ein tapferer Soldat, aber der jähe Übergang von heiterem Frühlingsspaziergang zu Ernst, Krieg und Blut warf sich lähmend auf sein Herz. Zudem hatte er keine Waffe und wußte nicht, was mit sich anfangen. Langsam gingen sie auf die Feinde zu, harmlos wandernd. Stojko nahm seinen Schein aus dem Gurt zwischen die Finger, Petar sagte ruhig: »Sowie sie liegen, vor-

wärts«, blieb stehen, auch Pawle. Plötzlich knallten helle Pistolenschüsse, die vier liefen los, Mita sah zwei Ungarn liegen und um sich schlagen, Stojko warf den dritten mit einem Messerstoß beiseite, Galopp, Bäume, Dickicht, bergauf in der Schlucht eines Baches. Sie stiegen bis Mittag, dann wieder bis zum Abend marschierten sie auf der erreichten Hochfläche ostwärts; die Älteren ernst, besorgt um ihre Sache, Mitas Herz aber schon wieder leichtsinnig und knabenhaft ... Nur die Laus peinigte ihn zwischen den Schultern. Sie machten in einer leeren Hütte halt, um die Nacht zu verbringen – im Stall lag das Gerippe eines Ochsen, von Hunden und Krähen sauber benagt –, und schliefen, am Feuer liegend, nach ausgiebigem Abendessen. Nein, Mita ahnte nichts Schlimmes; hier war man sicher. Erst als diese bissige Laus ihn, im Verein mit der Kälte, am frühen Morgen weckte, vor den anderen, versagte seine Geduld und gute Laune: er ging hinaus, in der jungen Sonne sein Bedürfnis zu verrichten und grimmig sein Hemd auszuziehen. Und so, mit nacktem Oberkörper und das Gewand mit dem Armstumpf auf den Knien festklemmend, mit der Linken aber auseinanderziehend, ward er von bayerischen Jägern gefangen, die einen telefonischen Befehl und durch den Feuerschein über der Esse dieser seit zwei Monaten verlassenen Hütte von einer eingeschüchterten Frau Mostanizas einen Wink erhalten hatten. Sie lachten vergnügt, denn sie hatten auch alle Läuse, durchsuchten ihn nach Waffen und fanden keine – aber ihre Kameraden, ins Haus gedrungen, fanden welche bei den drei Alten, die den Fehler begingen, sich wütend zu wehren.
Die erste Nacht im Gefängnis ließ man sie beieinander, denn mehr als eine Zelle vermochten die zur Arbeit gepreßten Bürger an diesem Abend nicht zu reinigen. Die Greise nahmen Mita beim Schlafen in ihre Mitte und schmiegten sich eng an ihn, um ihn zu wärmen, denn sie sagten erschüttert: »Um unsertwillen soll dein junges Leben enden.« Diese Gelegenheit nahm der blutgierige Plagegeist wahr, um den unruhigen, jungen Menschen, der sich selbst im Schlafe kratzte, zu verlassen. Er geriet an Pawle Todorows Hals und setzte sich in den grauen Haaren seiner Brust fest, ungestört, denn der Alte schlief in regloser Tiefe. Und so hatte es die Kreatur scheinbar wieder gut getroffen.
Das Kriegsgericht in Vranje untersuchte einen Monat, ehe es

Petar und Pawle Todorow und Stojko Cimonow zum Tode, Mita Mladenow aber, weil er keine Waffen besessen hatte und also, bei seiner Einarmigkeit, den Überfall nicht aktiv hatte unterstützen können, auch – dank der Laus – ohne Gegenwehr gefangen worden war, zu zehn Jahren Kerker verurteilte. Hinter dem Lazarett warteten die Jäger, die ganze Kompanie freiwillig angetreten, Gewehr bei Fuß, auf den Wagen, der die drei Alten brachte. Warum nicht? Was sollte sie hindern, scharf zu zielen und zu feuern, auf Serben, die eine Streifwache harmloser Landstürmer überfallen hatten? Die da herankamen, baten nicht um Gnade. Sie sangen Lieder vom Tode früherer Helden, sie umarmten einander, Stojko bat sie weinend um Vergebung, daß er jenen Plan entworfen; dann gruben Bulgaren befriedigt ein großes Grab und warfen befriedigt Kalk auf die Leichen tapfrer Männer, in denen sie, dank kriegerischer Nachbarschaft, nichts sahen als meuchlerische, aufständische serbische Hunde. Und dies wurde auch das Ende unserer seltsamen vorwitzigen Laus. Das Schicksal erlaubte sich den Scherz, sie auf Pawles behaarter Haut durch die Kugel desselben Jägers zu vernichten, dem sie damals der Wind entrissen hatte. Hätte sie nicht bleiben können, wo es ihr etwas unbequemer ging, bei dem Jungen?
Mita Mladenow, am Gitter der Zelle, vernahm den Knall der Salve und fiel schaudernd in die Knie, zu beten. Ihm war es gut gegangen. Der heilige Dimitri erbarmte sich sein ... Von dem bißchen elektrischen Strom und Dynamit hatte das Ohr des Gerichts nichts erfahren. Mochte der Zug von Berlin nach Zarigrad laufen und zurück, tausend Jahre lang. Gott sei den Seelen gnädig! Er, Mita, stand am Fenster, atmete gierig, sah mit entzückten Augen die schwere Sonne auf den hellen Mauern Vranjes und den tiefen, beglückend blauen Himmel und lachte plötzlich aus der Tiefe seiner jungen Brust. Junge serbische Frauen gab es, solange diese Berge sich begrünten, und er würde ja gewiß nicht zehnmal die Pflaumenbäume durch das Gitter des Kerkers blühen sehn! Sicher ließ ja der Friede ihn eher laufen, zu Zeza und unter den windvollen Himmel, der höchstens noch zwei, drei Jahre dies Land tapferer Slawen den deutschen Stiefeln preisgab. Wenn seine Zeza ihn nicht vergaß – aber wer wollte so dummes Zeug auch nur denken! –, so würde er sie heiraten, heute, morgen, in einem Jahre – wann immer Treue wieder frei war und Serbien auferstand.

## Elfter Elfter Fuffzehn

1922

In seiner Jacke bläulich vor Weiße und einem übermenschlich hohen Kragen stand er, das Haupt voll gewellter Locken, und rasierte den Geheimrat Rupp, Ellenbogen sieghaft hoch, und federte in allen Gelenken. Berauschend umgab ihn sein Salon, Wärme atmend vom Ofen her, üppiges Licht, gespiegelt von gläserner Wand, und der Duft alkoholischer Essenzen, köstlich eingehüllter Seifen, der unendlichen Zahl kleiner Flaschen voll unerhörter Wohlgerüche mit französischen Schildchen, reich gerandet mit Gold, drang, eingeatmetes Glück, in alle Fibern seines Leibes. Von der Wand aber prangten Mädchen herab, gleißten mit goldenen Haaren und zeigten magische Beine und Arme, die Plakate all der Schönheitstinkturen, bunt vor erheuchelter Überzeugtheit, die er verkaufte: der Lockenkopf des Javol und die phantastische Regelmäßigkeit des Odolgebisses. Auch das ernste rote Kreuz medizinischer Gummiwaren gab seine kräftige Marke her. Na, überhaupt: sein Laden, sein marmornes Friseurgeschäft einer Schöneberger Ecke, voller Wasserhähne und mit einer lauschigen Abteilung für Damen, und er darin König, Fritz Gannaz! Der Geheimrat legt den »Simplicissimus« beiseite und zahlt an der Kasse, die dem hohen Preis solide Untertöne klingelt: da öffnet Schutzmann Schulz II hünenhaft die Tür und donnert in ihr schrilles Läuten:
»Aufstehn! Kaffee holen!«
Der Armierer Gannaz erwacht.
Einen Herzschlag lang verzweifelt er, entsetzt auffahrend aus feuchtem Stroh in die eisige Luft des Quartiers, in der die Kerze elend leuchtet; dann aber erinnert er sich und lächelt schon, während er sich aufrappelt: Heut ist der elfte November. Der 11.11.15!
Eben jetzt bricht der letzte Tag an; heute kommt, vorhergesagt, von Hunderttausenden gläubig erwartet, endlich der Frieden.
Gannaz taumelt aus dem dumpfigen Raume, sich auszuschüt-

ten nach dem langen Schlafe. Zwei der Männer blicken ihm mit verkniffenen Mienen nach. »Mensch, ist heut nicht Elfter Elfter Fuffzehn? Da wird doch Frieden heute, glaubt der Schaber. Hast gesehn, wie er so sachte selig rausschlich?«

»Das dußlige Aas.«

»Wieso? Wär's nicht Zeit endlich?«

»Die ruhn doch nicht eher, als bis wir alle hin sind. Der Schaber ist doof auf beiden Backen. Dem können sie's vorreden.«

»Laß ihn doch, wenn's ihn glücklich macht...«

Einer hinter dem andern tasten sich schimpfend oder lachend die Leute der achten Korporalschaft, die in diesem tür- und fensterlosen Hause einquartiert sind, an den Mauern entlang durch die Finsternis. Es ist etwa dreiviertel vier des Morgens, letztes Drittel der Nacht; die wilden Sterne Südungarns brennen im Schwarz, und ein windartiges Schreien weht über die Wipfel der Bäume, die niederen Häuser, die unbegrenzte Ebene: von Dorf zu Dorf geschmettert der Morgenschrei der Hähne, eines Heeres von tapferen Hähnen, denen die deutschen Soldaten leider nichts anhaben dürfen, da sie Befreundeten, Verbündeten gehören. Sie gleiten aus, stützen einander, tappen erratend von Stein zu Stein über eine breite Straße, die ein knietiefer Morast ist, sie biegen um Ecken, Taschenlampen leuchten fern auf, Rufe fragen ärgerlich zu den Kameraden hinüber, ob sie einen ganz blind machen wollten: jeden Morgen das gleiche Theater. Flüche und Gelächter, die Kochgeschirre klappern blechern an die Steine der fremden, ungastlichen Ungarnhütten. Fast eine Woche haust die Kompanie hier, und noch sah sie das Dorf nicht bei Tageslicht. Im ersten Dämmern rückt sie zur Arbeitsstelle ab, weit draußen nahe der Bahn, in tiefer Nacht erst kehrt sie zurück.

Man braucht sie hier, um die Straßen zwischen Pancsova und der Donau für eine Anzahl jener schweren Mörser tragfähig zu machen, die Serbien soeben in Klumpen geschossen haben. Dazu hat man von den Forts um Lille dies Bataillon Berliner Armierung hierher verschmettert. Kein Mensch zweifelt daran, daß sich die Ungarn ihren Dreck auch allein hätten abkratzen können; aber Befehl ist Befehl. Fackelflammen, dicke rote Büschel Licht duften mächtig nach Petrol und geben schließlich den Ort der Küche an, wo in Dampf und Brodem

die Küchenbullen wie Teufel aussehen, die siedendes Pech ausschenken an Verdammte.
Fritz Gannaz hockt auf der Deichsel eines Wagens. Das Kochgeschirr zwischen den Knien gibt Wärme, aus dem Deckel schlürft er die bittere Brühe, die im Heere Negerschweiß heißt. (Am Abend wird er sich in diesem bohnenförmigen Deckel von Rasierschüsselgröße das Gesicht waschen.) Seine Zähne kauen mechanisch das harte Kommißbrot, dem, wie die Wissenschaft weise berechnet hat, ein Aufstrich nur schaden könnte – sie nennen das: »trockenen Hanf schieben«; und das ist, da dank ungeheurer Organisationskunst die Kompanieverpflegung vorläufig nur schlecht herankommt, immer noch besser als »Kohldampf schieben«, will sagen: hungern. Post aber haben sie seit ihrer Verladung in Eisenbahnwaggons überhaupt noch nicht gesehen – und wozu auch, da der Krieg ja kein Schnell- oder Luxuszug ist... Auch ohne Post und Päckchen beglückt heißes Getränk und langsame Sättigung...
Die Augen des Armierers Gannaz heften sich auf Fernes und lächeln selig. Sie erblicken jene Zeichnung, die ihn die Tage hat zählen lassen und ihm das Rückgrat steifte seit der Stunde, da er sie in irgendeiner bebilderten Familienzeitschrift fand: ein großer Baum, echt Eiche, in dessen Rinde zwei Kolonnen zauberischer Zahlen geschnitten sind. Sie sind's, die den Tag des Friedens der qualerfüllten Welt vorhersagen, auf einfache und doch so geheimnisvolle Weise nachprüfbar und gewiß. Und so sagen sie aus:

$$\begin{array}{r} 1870 \\ +1871 \\ \hline 3741= \\ 10.\ 5. \end{array}$$

Dies war ihr erster Teil, und er bedeutete: Addiere die beiden Jahreszahlen des letzten Krieges, unseres glorreichen Feldzuges gegen den französischen Erbfeind, addiere nochmals die ersten beiden Ziffern (3+7=10) der Ergebnissumme 3741 und die letzten beiden (4+1=5) und du erhältst den 10. 5., jenen zehnten Mai des Frankfurter Friedens. Nichts mündet leichter in den verstehenden Geist, basta. Nun aber vollziehe die gleiche Rechnung an unserm Weltkrieg, der jetzt schon ein zweites Kalenderjahr andauert:

1914
+1915
3829=
11. 11.

Der Elfte Elfte ist's, an dem sich der ungeduldige Frieden endlich auf die Erde stürzt wie zu Pfingsten der göttliche Geist, und heute, heute schreiben wir das beglückende Datum! So gewiß es das erstemal stimmte, so sicher stimmt es auch dieses Mal. Und darum geht es dem Armierungssoldaten Gannaz wunderbar gut. Kein Druck liegt ihm heut auf der Brust. Er sieht keine Einwände. Ihm scheint das da gut begründet – gerechnet sogar. Er glaubt. Und wie er glauben viele, nicht so offen vielleicht, nicht ganz so hingegeben und schlichten Herzens, mit einem skeptischen Kniff in der Stimme und um die Augen; aber im Innersten halten sie's für möglich... Zahlen entscheiden. Jeder erfuhr das an den Tips beim Rennen in Weißensee, beim Spielen in der Lotterie und mit den Karten, an geheimnisvollen Daten in seinem Leben und dem der Kameraden. Es sind da Dinge, die sich in Zahlen ausdrücken, Mächte, unsichtbar wie Wind und Starkstrom. Mond und Sterne wandeln nach Zahlen im gespenstisch unlenkbaren Spiel. Weissagungen treffen ein dem, der sie recht hört. Und was Absonderliches haftet am Friedensschluß? Geschah nicht alles Wichtige der Politik in Räumen, die seinesgleichen nur von unten sah, undurchsichtig gewölbt über dem Leben der Völker? Plötzlich und tobsüchtig, wie der Krieg losplatzte, mußte er schwinden; auf dem Balkan, wo er begonnen, mußte er enden. Saßen nicht vielleicht längst im Haag und in Kopenhagen die Unterhändler wie beim Schafskopfspielen um den Tisch, mit täglichem Bieten und Abstreichen lauernd, wie wenn einer ein Fahrrad kaufen will? Bis irgendwann einmal das Einvernehmen, der genehme Preis, herausspringt, dasteht: Frieden...! Telegraf und Telefon schreien es überallhin, und in Berlin weiß man's einen halben Tag früher als überall. Öffentlichkeit gab's ja doch nirgend mehr.

Alles Entscheidende ward im geheimen fertig, seit die Zeitung nur drucken durfte, was oben gefiel. Dies hieß Regierung; das Ergebnis kam zum Volk und ward hingenommen. Das war jetzt deutsch.

Gannaz wischte sich den Mund und äugte zu den Kameraden

hin, die einander spöttisch ernst, einen Vorbehalt im Herzen, mit der Nachricht begrüßten, ob man's schon wisse, es gäbe heut Frieden. Der Schaber Gannaz sei der Prophet. Gannaz eiferte gegen die bösen Mäuler mit stotternden Lippen; er erboste sich zur Freude der Welt. »Antreten«, schrien die Unteroffiziere.

Des Feldwebels fahnenhafter Bart (»das Bund Heu«) wehte unter der Fackel: niemand fehlte in der Front, vor der die Korporale gehorsam ragten. Mit »Rechts um« begann die Straße unter dem Schritt der Preußen zu seufzen und gefräßig zu schmatzen, langsam drängte die Kompanie ins Nächtliche vor. Dreckiges Wasser spritzte in die Gesichter und schlug um die Knöchel. Das Dorf kuschte sich rechts und links der großstadtbreiten Fahrbahn; als sie zum Teich ward, spaltete sich die Kompanie in zwei lange schmale Schlangen, dicht an den Hütten fand man Halt. Ungedämpftes Fluchen erzeugte Einmütigkeit wie jeden Morgen.

Blaue Dämmerung hob sich vom Boden, ein Wind wehte von Osten, blaß und rötlich streifte sich der Himmel. Die Sonne ging auf über einer Ebene von Horizont zu Horizont; im Süden nur wellten sich dunkelblau ferne Berge: Serbien. Drei winzige goldene Nadeln, Kirchtürme sehr ferner Dörfer, hielten im Westen den Blick an: dort lag die Heimat.

Um sechs Uhr verteilten sich die Korporalschaften entlang der Straße, nicht fern vom Bahnhof, an dem das einzige Gleis der Strecke sich verzweigte, um einsam weiterzustreben. Große Zelte hoben die deutsche Fahne hoch und prunkten mit Bogenlampen auf hölzernen Riesenpfählen aus Schwarzwaldtannen. Abgesandte Mannschaften brachten nicht genügend Schanzzeug: für je fünf Mann nur einen Spaten oder eine langgestielte Kratze. So arbeiteten von zwanzig nur vier Mann, jeder seine halbe Stunde bis zur Ablösung. In die Reden der Beschäftigten spielte der heutige Friedensschluß überall hinein: »Na, Karl, noch 'ne Schippe Dreck vor Feierabend?« – »Feste, Maxe.«

Die Unverwendeten indessen lagen in der Sonne, die noch immer wärmte, schliefen, schrieben Briefe oder rissen die mannslangen Maisstauden aus den schwarzen Feldern und fachten damit ein wild um sich schlagendes Feuer an, Kaffee zu wärmen und Brot zu rösten, auf daß es besser schmeckte.

Gannaz dehnte sich unterm Sonnenguß und blickte in das Blau

des herrlich gewölbten Himmels hinter dem halbleeren Geäst eines Kastanienbaumes. Diese gemütliche Arbeitsweise roch bestimmt nicht nach Krieg, roch nach kommendem Waffenstillstand drei Meilen gegen den Wind. Eine köstliche Ruhe breitete sich in ihm und süßte wie Wein. Kein Verlangen mehr quirlte ihn auf, und keinerlei Ungeduld machte ihn steigen; ein gemütliches Lachen überhing sein schlesisches Gesicht, wenn er die Schreibenden sah, die sich in ungeschickten Lagen quälten: Ellbogen auf der harten Erde und den Bauch von Steinen gepeinigt, malten sie an Briefen, die vermutlich später als sie selbst in Berlin sein würden. Berlin! Die Vision der Stadt fiel ihn begeisternd an. Unter roten Dächern streckten sich die hohen neuen Fassaden Schönebergs hell hin, Straßenzüge, immer frisch gefegt, weiteten sich zum Bayrischen Platz, und schöner Rasen umgab Wasserbecken, unter denen die Untergrundbahn rumorte. Die Molligkeit seiner bildhübschen Frau ging ihm plötzlich warm durch die Blutbahn, ihre Haut war weiß überall ohne Puder, und mit ihrer feinen Sprache schmeichelte sie den Damen, die sie vertraulich beriet und schön frisierte. Dies alles begann wieder. Man trug sonntags einen großkarierten Anzug und über den Ohren einen steifen schwarzen Hut, dazu einen fliederfarbenen Schlips mit einer Koralle. Und man brauchte nicht mehr allein zu schlafen und nicht auf stachligem Stroh; man streckte sich in seinen Federn aus, und nebenan stand ein zweites Bett, das ihn auch gern aufnahm. Und dann hielt man schön die Augen offen, denn mit den Frauen mußte man es verstehen. Manche hatten einen Teufel im Leib und kannten weder Treu noch Glauben. Es war nicht angenehm zu denken, daß jetzt ein Gehilfe daheim den Chef vertrat. Aber seine Frau war treu, das wollte er sich ausgebeten haben. Und seine Abwesenheit war ja jetzt zu Ende. Bald würde er wieder baden und Läuse nur noch vom Hörensagen kennen, von weißen Tellern und weißem Linnen essen und seine schöne Wohnung, zwei Zimmer hinter dem Laden, mit seiner Alma bewohnen. Sonntags fuhr man dann in den Grunewald, der grün war unter seinen hohen Kiefern, und lagerte an einem See und aß seine mitgebrachten Stullen. Und dann leistete man sich vielleicht ein Kind, obwohl die Frau Angst um ihre Hüften vorschützte. Nein, jetzt mußte eine Familie gegründet werden und Alma einen weißlackierten Kinderwagen in den Parkanlagen umherschieben. Und wenn er dann nicht allzuviel zu tun hat, springt er mal schnell hinaus und steckt dem Kleinen einen Bonbon ins Mäulchen.

Aber er wird zu tun haben. Seine Ecke liegt glücklich zwischen mehreren wohlhabenden Straßen, und die Herren, die auch ihrerseits aus dem Kriege zurück sind, werden wieder den Nakken in die hohle Kopfstütze legen und ihm zuhören, während er sie einseift. Er war im Felde, in Frankreich und Ungarn; »die Berge uns gegenüber waren schon Serbien, Herr Doktor, und die Donau in unserer Nähe bestimmt einen Kilometer breit.« Und der andere, der die Lippen wenig bewegen kann, weil Gannaz gerade das Messer an seiner Wange hinunterführt, murmelt: »Keine Kleinigkeit, Herr Gannaz, weit herumgekommen.«

Ja, weit herumgekommen. Ein Krieg mußte ausbrechen und die ganze Welt durcheinanderwirbeln, damit ein Mensch wie er zu ganz fremden Leuten verschmettert wurde. Eigentlich hatte er seine Augen nicht weit genug aufgemacht. Sie waren den Rhein hinuntergefahren, dann die Donau entlang, grüne Gegenden hatten mit Herbstwald gewechselt, Berge und breite Flüsse waren überquert worden, und große und kleine Schiffe hatten an der Bahn sich ausgedehnt, meist war man an ihren Außenbezirken entlanggefahren. Auf der Rückfahrt wollte er sich alle ihre Namen aufschreiben. Und dann kam der Marsch auf den dreckigen Straßen über diese Ebene, die sich flach wie eine Tischplatte und endlos um sie herum ausdehnte. Er stand von dem Maisbündel auf, auf das er sich hingestreckt, und sah um sich, denn morgen früh wurde man vielleicht schon vor Sonnenaufgang verladen. Da lagen also Maisfelder um einen herum mit quittegelben Rohrstengeln wie Negerspieße, die jemand in die Erde gesteckt, und gelben, raschelnden Blätterbüscheln. Schwärme von Krähen flogen drüber hin, unzählige schwarze Vögel, die laut schrien. Weit hinten reckte ein Ziehbrunnen wie eine zerbrochene Waage einen Arm steil aufwärts. Und der Himmel über ihnen war so blau – nein, niemand konnte sagen, wie blau er war. Je mehr man in ihn hineinsah, um so blauer wurde er, und die Sonne hatte einen Glanz und eine Wärme, die man sich im November nie hätte träumen lassen. Man konnte glauben, was die schwäbischen Bauern im letzten Dorf drüben erzählt hatten, daß sie Weihnachten in Hemds-

ärmeln vor ihren Häusern saßen und der Staub der Straße ihnen beim Kirchgang die Schuhe weiß bemehlte.
Nein, das war kein Weihnachten für ihn. Er wollte diesmal unterm Tannenbaum sitzen, das Grammophon sollte »O du fröhliche, o du selige« spielen und seine Alma einen echt imitierten Fuchspelz neben ihrem Christstollen finden.
»Gannaz«, riefen Kameraden ihn zur Arbeit; »noch einmal vorm Sterben, Schaber, hü.« Mit hohler Schaufel häuft er den triefenden Schlamm zu gelben Hügeln von Brei, die er hernach die Böschung aufwärts wirft; der Dreck spritzt Flecken auf seine Litewka. Liegen Steine drin, werden sie zuvor herausgehoben mit Händen, die ungern in den eisigen Morast fassen. Aber die »feinen Herren«, der Kunstmaler dort, der Fabrikantensohn dicht bei ihm und jener Rechtsanwalt dreißig Meter weiter müssen diese Sträflingsarbeit auch anpacken, und das versüßt sie den anderen Kameraden. Nun lernen die auch, was Arbeit ist, denken viele und sagen es in verschiedenen Tönen von Hohn. Denn obwohl ihnen das richtige Schreiben eines Berichtes Kopfschmerzen verursacht, wissen sie nur Handarbeit recht einzuschätzen. Nur Fritz Gannaz, innerlich voll vergnügter Zustimmung, schweigt weislich dazu, weil die Gebildeten sich mehrmals die Woche von ihm rasieren lassen und gut zahlen. Sie halten sich übrigens gut, arbeiten ihr Teil und erzählen sich lachend Frauengeschichten. Ja, manch einer findet Tugenden am Kriege. Der große Ausgleich fängt schon an, die Reichen müssen schippen, und die Armen, die Arbeiter, schauen zu. Und nachher, im Frieden, soll's so weitergehen oder beinahe so. Das große Teilen ist nicht mehr weit; schon kriegen alle gleich viel Brot... Und vielleicht entsteht dann auch mal eine Partei, die seiner persönlichen Lage angepaßt ist und in der er mittun kann – er, kleiner Mann und selbständiger Ladeninhaber, der ein eigenes Gewerbe betreibt und doch nirgendwo mitzureden hat... Dann wendet er sich mehr der Arbeit zu, denn eben ist er, seinen Gedanken hingegeben, mit dem linken Stiefel tief in den Schlamm getaucht.
Abgelöst, wusch er sich die Hände im bräunlichen Wasser des Grabens und trocknete sie an einem taschentuchähnlichen Gebilde und an der hinteren Hose; aber ein unbehaglicher Dreck blieb unter den Nägeln und in allen Falten der Haut. Er spießte eine Brotscheibe auf einen gespitzten Ast, bewegte sie langsam

in der halbhohen Flamme und stellte seinen Kaffee in die weißaschige Glut. Gleich fiel er wieder in seinen Traum. Was würde wohl geschehn, wenn hier Frieden ausbrach? Der »Leutnant«, der Feldwebelleutnant Kusanke, kommt im Galopp herausgejagt, ganz gleich, ob der Dreck ihm den steilen Kragen versaut und das silberne Achselstück. »Arbeit einstellen, Waffenstillstand!« ruft er. »Majestät hat unterzeichnet! Sammeln! Einrücken!« Eine erstickende Stille noch keine Sekunde lang, dann schreien sie, schreien aus allen Lungen, eine rasende Freude sprengt die Brust. Die Schippen fallen in den Kot, Umarmungen, sie schütteln einander, an den Schultern gepackt: »Mensch, Frieden!« Der Rechtsanwalt verliert die verfluchte Ruhe, der Kunstmaler die spöttischen Augen. Aufatmen überall und Strahlen von Gesichtern, und hell über allem die Stimme des kleinen Schabers, des Gannaz: »Ich hab's vorhergesagt!« in maßlosem Triumph. Und nun Gelächter ohne Bosheit und Zustimmung: Ja, der hatte es vorher gewußt und geglaubt, kein andrer als der Gannaz! Und dann Beteuerungen der Neidhammel, sie hätten's auch und immer gesagt... So kaute er sein trocknes Brot, und Ungeduld und Glück hitzten und dehnten schon jetzt das Herz des Essenden. Er bekam unerwarteterweise Zubrot aus einer Büchse Fleisch, die für je fünf Mann ausgegeben worden, saß, sättigte sich in der köstlichen Sonne, sog den Duft von brennenden Maisblättern und Herbstlaub ein und träumte weiter. Jetzt fuhren sie durch ein vom Jubel emporgeworfenes Land. In Budapest würde man ihnen Zigaretten und Früchte schenken, in Wien Schokolade, weißes Brot und wieder Zigaretten. Dann aber kam Deutschland und dann Berlin.

»Was lachst du, Schaber? Hast du eben Frieden geschlossen?« Gannaz fuhr schweigend fort, einen Maisstengel mit glühendem Ende zu suchen, die Zigarette anzuzünden. Der andere steckte sich ebenfalls eine an: »Dort kommt der Major, der weiß es noch nicht. Geh hin, sag's ihm.« – »So siehst du aus«, antwortete Gannaz ungekränkt dem Gastwirt. Beide betrachteten stumm den Offizier, der auf seinem Gaul vorüberritt und nichts sah. (Dabei entging ihm nichts, weder die feiernden Soldaten noch die krampfhaft arbeitenden, noch der strammstehende Unteroffizier, dessen Gruß er nicht zu erwidern geruhte.) Über die Ohren der grauen Stute schnitt sein

Rabenprofil ins Leere, ein weißer Schnauzbart buschte überm Mund. »König Peter auf seiner letzten Ziege«, äußerte der Gastwirt halblaut. Gannaz mußte lachen. Wirklich ähnelte der Bataillonskommandeur der schäbigen Figur, die die deutschen Witzblätter aus dem tapfer duldenden Serbenkönig gemacht hatten. Der Adjutant ritt hinterdrein und gähnte. Sie zogen vorbei, eine Wolke schien von der Sonne zu weichen, ein Krampf sich zu lösen. Wenn ich dich erst in Zivil seh, Männeken, was bist du denn schon, dachte Gannaz, und meinte den Major; noch ein paar Tage...

Aber das Mißgeschick folgte schnell: der Leutnant, zu Fuß und sehr ungehalten. Der Major hatte den Müßiggang so vieler Arbeitskräfte, obwohl durch den Mangel an Schanzzeug begründet, ärgerlich gerügt. Sogleich gab der Leutnant dem diensthabenden Vizefeldwebel diesen Vorwurf verschärft weiter. Er befahl, es habe sich jeder nichtschippende Mann nach dem Ziegelhaufen da drüben zu begeben und zum Füllen der Löcher in dem bloßgelegten Teil der Straße unter jedem Arm zwei Ziegel herzutragen. Und zwar geschehe das geordnet, paarweise, ein Gefreiter führe. »Es fehlt nur noch: nach Zählen«, sagte der Kunstmaler, als sie antraten; »die gönnen uns die Ruhe noch am letzten Tage nicht.«

Ziegelhaufen da drüben? Am Horizonte zeigten sie sich, Erhöhungen, Häuserruinen gleich. In langem Zuge zu zweien wanderte man die Straße entlang, belustigt, gedemütigt, zu scharfem Widerspruch gestimmt. Was für Zweck Ziegel auf der Straße hätten, wenn der erste Pferdehuf oder das erste Rad Mehl daraus machten. – In die Löcher gehörten große Steine, Schotter und oben tüchtig Kies. – »Besorge du dir große Steine hier und Kies«, antwortete ein Dritter. Ein seltsames Land, in dem es keine Steine gab und fast keinen großen Baum. Das sei eben die Eigentümlichkeit von Erdstrichen wie Ungarn, erläuterte der Kunstmaler. Weil sie so einförmig seien, brächten sie auch keine beträchtliche Malerei hervor. Gannaz lächelte. Ha, dachte er, da tret ich nun auf Ungarn und sehe schon Serbien, und die alte Sonne geht mir früher auf als meiner Frau. Einen netten See nennt man hier Landstraße, und die Menschen in einem Dorfe reden ungarisch, deutsch, serbisch und rumänisch. Mein Gott, was werd ich alles lügen, wenn ich bei Muttern bin. Die Kinder kommen grün zur Welt, verstehen vier

Sprachen und werden im Backofen erst gar gebacken. Die Kürbisse wachsen hier groß wie Tonnen und platzen dann, und die Hörner der Ochsen stehen so weit auseinander, daß eine Schwalbe fünf Minuten fliegt von einer Hornspitze zur andern. Und dann sah er auf seine schwarze Leuchtuhr und seufzte. Halb zehn – noch viel Zeit für Wunder und Zeichen.
Die Ziegelhaufen, von fern häuserartig, veränderten sich seltsam genug, als man sich näherte. Er hatte im Kintopp alte Königsgräber und Mauern aus Griechenland gesehen: so sahen sie aus. Es waren Würfel, hoch wie mäßige Häuser; ihre rauhen Wände erinnerten an fensterlose Brandmauern einer verlassenen Ortschaft. Unten aber, wie eine niedere Tür, führte ein Gang ins Innere des Haufens. Dort hatte einmal das Feuer gebrannt, das im Verein mit der Sonne diese großen Ziegel härtete. Einsam lagen sie, unheimlich, so glatt geordnet, eine Gräberstadt mitten in der Ebene. Die Schar zerstreute sich um die Würfel wie Schuljungen auf einem Ausflug und rief mit verwunderten Stimmen eingeschlafenen Widerhall wach.
Manche verschwanden in den Feuerstollen, andere lagerten im Schatten; die Eifrigsten bewaffneten sich mit Ziegeln eines angebrochenen Haufens, doch der Gefreite wollte sich ausruhn. Der Kunstmaler saß schweigend neben Gannaz und hielt nachdenkliche Augen auf die zyklopischen Gemäuer gerichtet. Wenn man schon solchen Unsinn machte, konnte der Krieg ja wirklich zu Ende sein, meinte ein nachdenklicher Arbeiter. Überhaupt – warum nicht? Wer konnte was Stichhaltiges dagegen sagen? Wir waren überfallen worden und hatten uns gewehrt; kein Grund mehr zu Keilereien. (Das war ein kleiner Händler aus Zehlendorf.) Und man sah: Gannaz war durchaus nicht allein mit seinem Hoffen... Eine Schar Menschen brach auf, jeder vier Ziegel im Arm, wie einst die Juden Ziegel trugen zum Bau der Festen Pithom und Ramses im Flachlande Ägypten. Dies sagte der Kunstmaler, der unerlaubterweise nur drei Steine aufgenommen hatte. »Das ist die Beschäftigung erwachsener Männer im Großen Krieg«, setzte er hinzu. Dann kniff er die Lippen aufeinander, er war schwach – schwächer noch als ich, urteilte Gannaz, und er beneidete ihn um das eisige Nichthören, mit dem er die Aufregung einiger Arbeiter an sich ablaufen ließ, die laut riefen, da drücke sich einer auf ihre Kosten. »Kameradschaftliches Angebertum«, entgegnete

er nur. Ein dreister Berliner warf in wortreicher Kundgebung und ausdrücklich den Stein weg, den er mehr trug als der Künstler. Der Gefreite hütete sich, das eine und das andere zu bemerken. »Am letzten Kriegstag können wir uns das schon leisten«, rief einer hinter Gannaz. – »Lasset mir den Maler in Ruh«, drohte der Hofschmied Gallewski.

Der Wind verstärkte sich, leichte Schleier umzogen die Sonne. Als sie zum zweitenmal losstampften, schwammen schon graue Bänke um die Berge, und das Licht ward fahl. Beim Zurückkehren fürchtete Gannaz, es werde regnen. Befehl kam, die Zeltbahnen umzulegen, gerollt von der linken Schulter zur rechten Hüfte. Beim nächsten Hinwege trieb der Guß schon schräg gegen sie an. Sie entrollten die wasserdichten Leinwände; alsbald sahen sie wie ein phantastischer Zug rotbrauner Mönche aus. Um die Hüfte gegürtet mit der Zeltschnur und am Halse zugebunden, wurden sie, vorn zugeknöpft, für einen geschickten Mann zum Mantel, die Ungeduldigen legten sie um wie kurze oder lange Wetterkragen. Gannaz ließ sich von dem Kunstmaler zeigen, wie er sich seine Kutte zurechtgemacht hatte. Leise Ungeduld peinigte ihn: über elf war's, und noch hörte man nichts von eingestellten Feindseligkeiten... Aber kaum eingeknöpft und regenfest von oben bis zu den Stiefeln, wich die Anwandlung einem fröhlich-jungenhaften Geborgensein vor dem Wetter, und die vier Ziegel des langen Rückweges, je zwei schwer genug im rechten Arm und erst im linken, vermochten nicht, ihn zu betrüben. Blieb nur der Boden halbwegs fest, so mochte es Strippen regnen seinetwegen! Ihn wärmte von innen her jeder Schlag seines Herzens. Es konnte nicht anders sein: da es Hinterbliebene gab, da soviel Leid in jedem Augenblick größer ward, da nur Friede die Menschen wieder glücklicher auf Erden aufatmen ließ, mußte auch bei denen Einsicht regieren, die für das dumpf geschleppte Elend die Verantwortung trugen. Keinen Augenblick länger als nötig durfte das Volk leiden. Und warum sollten die Zahlen nicht stimmen! Sie stimmten schon einmal; und mit Zahlen hat es eine Bewandtnis, das weiß doch ein jeder. Nein, Enttäuschung, das kam diesmal nicht vor. Er hätte sie nicht verwunden. Er würde sich aufhängen, jawohl. Armer Gannaz, Seele von einem Friseur, derart verwartete er den ganzen Tag, Augenblick für Augenblick durchduldend, immer unter der jämmerlichen

Hoffnung, am Abend werde es vorbei sein. Die Atmosphäre von Leichtgläubigkeit, die den Klatsch unter kleinen Leuten verewigt und die in der abenteuerlichen Phantasie der allzu eng Eingesperrten wie im tiefen Mißtrauen gegen die öffentlichen, zensierten Meldungen ihren Grund hat, war im Heere zur wesentlichen Einwirkung geworden, zur eigentlichen Verbreiterin von Nachrichten, zur Trägerin der Stimmung – der grundlos verzweifelnden ebenso wie der grundlos zuversichtlichen. Vergleichbar einer Horde von Kindern, die erst noch lernen sollen, wie man denkt, prüft und das Falsche absondert, redeten, meinten und hofften diese Männer in Uniform unter der Vormundschaft unsichtbarer Dienststellen. Heute nacht noch, spätestens morgen, so glaubten viele im geheimen, ohne zu glauben, werde die Botschaft durch den Telegrafendraht zukken und da sein – ja, eigentlich hätte sie schon im Abendrot ablesbar sein müssen, in perlmutternen Wolken, in den hellgrün verwehenden Luftschichten nach Sonnenuntergang, deren Durchsichtigkeit den Durst nach Flug weckt... Eine Veränderung der Atmosphäre, das hätte sich wahrhaftig geschickt, wenn endlich Friede wurde... Damals, nach der Sintflut, setzte der olle Gott seinen Bogen in die Wolken, den Regenbogen, daß es nun wieder besser werde...

Und so lebte er den Tag hin... Einem jungen Menschen gleich, einem Verliebten, der eine Verabredung mit einem Mädchen hat und auf sie wartet, geduldig auf und ab an diesem Laternenmast, dieser für heute herausgehobenen Ecke, Uhr, Haltestelle – und der nun froh die Zeit verstreichen läßt, viel zu früh gekommen selbstverständlich, dann die rechte Minute verpaßt sieht und ihr, der Säumigen, ohne Groll Viertelstunde nach Viertelstunde zubilligt, in jeder ungefähr ähnlichen Gestalt die Erwartete erblickt, tapfer Zweifel niederkämpft, Zeit zugibt, Gründe für Abgehaltenheit selbst erfindet: um endlich, zwei Stunden nach gesetzter Frist, heimzuwandern, müde, tiefmüde vom Herzen her – und auch jetzt noch, immer noch, nach ihr Ausblick zu halten, weil seine wache Liebe nicht glauben kann und will, was seine Erkenntnis schon längst besiegelt sieht – einem so jungen, so offenen Wesen gleich wartete der linkische und gläubige Barbier Gannaz auf den gewahrsagten Frieden. Stunden schlichen im Regen, sein Mut sank ein. Pausen in der Arbeit gaben beim Kauen von Brot oder beim Rauchen immer schärferem Mißmut Raum. Neue alberne und vergebliche Arbeit zerfaserte die Zeit, aber auch seine Seele. Ja, ohne daß er sich Rechenschaft darüber geben konnte, dröselte sich in seinem Wesen, je vergeblicher und törichter sein Hoffen wurde, ein fester Kern seines Fühlens auf. Seine Enttäuschung griff auf sein ganzes Bild vom Dasein über, Gläubigkeit machte lächerlich. Hoffnung brachte einen Kerl ins läppische Gerede. Vertrauen in ein verständiges Gefüge der Welt bewarf seinen Träger mit Schande. Je schäbiger einer die Welt sah, desto sicherer behielt er recht. Mit dieser bitteren Überzeugung versickerte der Tag. Der Heimweg erschien den durchnäßten Männern besonders endlos. Der Appell nach Einrücken machte alle wütend, obwohl er sich in nichts vom üblichen Warten und Abzählen unterschied. Nicht einmal der Empfang reichlicher warmer Abendkost besänftigte sie heute.

Daß er diese Nacht tief schlief, tief und unruhig zugleich, mag jeder in sich nachbilden. Dreimal, viermal schreckte er aus tiefem Schlaf auf. Betäubt hob er die Leuchtuhr zu den Augen, stöhnte ins schlechtriechende Schnarchen der Kameraden, in die eisige Pußtaluft, und schlief weiter. In seinem Herzen arbeitete der Gram.

Doch erst im Laufe des Vormittags jenes zwölften Novembers, der als Kriegstag wie jeder andere ablief, wich seine letzte Zuversicht, die ihn gehalten hatte, wie ein Gas die Haut eines Ballons hält. Eine elende Katerstimmung machte ihn reizbar und auf seine schwächliche Art sogar verzweifelt. Zwar entstand nicht jene wirkliche Verzweiflung daraus, die dem Menschen die Aussicht auf Lebenmüssen zum Greuel und einen Strick, mit etwas Seife eingerieben, zu einer ganz annehmbaren Sache macht; woher hätte er auch Kraft und das innere Recht dazu aufbringen wollen. Eine Art zäher, schläfriger Gereiztheit bemächtigte sich seiner und veranlaßte ihn, als die Kameraden ihn, auf ähnliche Art gestimmt, mit guten prickligen Schimpfreden hänselten, zu komischen Ausbrüchen ohnmächtiger Wut und zu sonst nichts. Schlägereien unter älteren, gesetzten Männern, das kam nicht vor. Er dachte nicht daran, den Kopf in eine Schlinge zu stecken, o bewahre! Aber etwas in ihm hatte Erfahrungen gemacht und blieb von Stund an feige. Er hatte zu warten – er, der Gemeine Gannaz, zu warten, bis es den Oberen beliebte, den Krieg abzustoppen, oder bis die anderen drüben des bösen Spiels müde waren; zu warten, wie das ganze Volk der Deutschen geduldig wartete, das nicht geübt war, seine Geschicke selbst zu bestimmen, und sich längst der Macht begeben hatte – gesetzt, es hätte sie jemals besessen –, allein zu entscheiden, wie lange es warten wollte. Denn dank seiner Erfahrung mit dem Polizisten Schulz II wußte Gannaz, wie jeder bürgerliche Untertan, daß Mundhalten und Dulden möglicherweise mit Am-Leben-Bleiben belohnt wird, ungeduldiges Aufbegehren aber bestimmt zu Schaden führt, bald oder etwas später – weil es immer und überall gehorsame Seelen gab, die gegen ihresgleichen loszugehen nicht zögerten, wenn den Oberen damit ein Gefallen geschah. Und ein gutes Gedächtnis hatten sie, diese Oberen, verlaß dich drauf.

Von da ab wartete Gannaz – böse Monate, gute Monate, drei Jahre. Sie vergingen ihm, ohne daß er in tödliche Ungelegenheiten kam, weil er Treue in seine Augen zu legen verstand und so zum Burschen eines Hauptmanns und Barbier seines Stabes aufrückte. Er saß in Ueskiib, der schönen Stadt, bis die ausgebluteten Bulgaren schließlich die feldgraue Sache satt hatten, nachdem nun einmal das dritte oder vierte Tausend recht verwendbarer amerikanischer Tanks, das sechste oder siebente Tausend ebenso geschickter Flieger und eine halbe Million kampffrischer, lebendiger Amerikaner die Westfront ins Rückwärtsrutschen brachten ...

Gannaz kam nach Berlin zurück. Er besaß die Knöpfe des Gefreiten und das Eiserne Kreuz für untadliges Rasieren. Und in allem Wechsel der folgenden Jahre stand er weißleinen, waschbar in seinem Salon und rasierte, frisierte, wusch Haare und verkaufte seine Drogen. Und dann geschah jenes für ihn und seinesgleichen bestellte Wunder, daß die Frauen, die im Kriege den Geschmack der allzu argen Hirnlosigkeit des Männergeschlechts auf die Zunge bekommen hatten, sich die Haare abschnitten, zum Zeichen, daß ihre Hörigkeit endgültig vorüber sei – und nun ward Gannaz ein wohlhabender Mann, der auf Pferde wettete, hinter Almas Rücken feinen Damen allerlei intime Gunstbezeigungen gnädig gestattete, damit er sie zierlich am Haare stutze; der nur gutgesonnene Zeitungen hält, alles längst vergessen hat und mit Verehrung die Bilder der Generäle an seinen Wänden betrachtet, unter denen er in Serbien gefochten – bis zum Elften Elften, zwar nicht Fuffzehn, aber Achtzehn ... Doch das ist ja, in Toten und Verstümmelten ausgedrückt, für Wahrsager und unter den großen Gesichtspunkten völkischer Belange nur ein kleiner, bald verschmerzter Unterschied.

# Die Erscheinung

## 1922

Eine Geschichte verlangen – das kann jeder. Nein, diese Berge erinnern mich nur zu sehr an selige leichte Zeiten, in denen ich verantwortungslos leben durfte wie ein zweijähriger Stier, und an jene andere, da ich mich vorbereitete – da es sich vorbereitete – auf die Aufgabe, die ich vorläufig nicht zu unterbrechen wage, nur zu übersehen. Aber da meine Augen für eine Zeit getrübt sind und ich mich nicht mehr an den Spielen des Geistes anderer ergötzen kann, die man durch Lesen aufnimmt und die ich so sehr liebe, muß ich wohl oder übel diese frei gewordene Weile durch Geschichten lang oder kurz machen.

Es war in Podkarpatka Ruß, mitten im strengsten Winter. Dies ist eine Landschaft voller Berge, die aus der Ebene aufsteigen, Schafe, die von der Tränke kommen mit runden bewaldeten Rücken; und in der Ebene selbst liegen die Landstädtchen und die Dörfer, die Gehöfte verstreut, geteilt von Zungen Waldes, die von den Bergen hinunterlecken, und umringt von Feldern, die man vor langer Zeit schon der schweren slowakischen Erde abgewann. Diese Landschaft liegt sehr weit weg von hier, gut vierhundert Jahre. Dort sind Wunder noch eine vertraute Einrichtung, Heilige und Teufel; und Angst, abergläubische Angst hat man dort nur vor den Beamten, der Zeitung, den Maschinen, dem Telefon und dem Radio – und vielleicht mit Recht.

Die Menschen, die dort leben, sind gleichmäßig fromm. Die Juden glauben das Jüdische, die Slowaken das Christliche, beide buchstabengetreu und anschaulich, und befolgen die Sitten, die ihnen von ihren Vätern überkommen sind, geschrieben oder ungeschrieben. Auch sind sie dort beide sehr arm, die slowakischen Bauern etwas weniger, die Juden etwas mehr, und hängen einer vom andern ab, wechselseitig und unablösbar wie in jenem guten Vorbild der Kameradschaft vom Taschenkrebs und der Seenelke auf seinem Rücken.

In solcher Armut und dieser strengen Kälte also ging eines angebrochenen Winterabends Frau Rifke Leje aus ihrem Hüttchen in den Wald, wo der Schnee hoch und unberührt lag. Es ist den jüdischen Frauen geboten, sich nach den Tagen ihrer monatlichen Unreinheit in einem fließenden Wasser zu waschen. Frau Rifke Leje hatte einen kurzen Spaten mit und, an einer Stelle angekommen, die sie gut kannte, am Waldrande, aber doch geschützt gegen Blicke, begann sie, eifrig den Schnee wegzuschippen, das Eis aufzuschlagen, um sich wieder rein zu baden für den Umgang mit ihrem Mann. Sie zitterte wohl, während sie dort kauerte und sich wusch, mit eisklarem, allerdings auch eiskaltem Wasser, wie es von den Bergen in seiner Kruste herunterkam, und das zu dampfen begann dort, wo es plötzlich eisbefreit an die wärmere Luft grenzte – sie zitterte, nämlich daß jemand vorüberkommen könnte und sie überraschen. Es ist früher Abend, der halbe Mond steht noch tief und gelb, aber helle Wintersterne schimmern durch die leeren Wipfel... Und wirklich, als hätte sie es vorhergeahnt, vernimmt sie plötzlich aus einiger Entfernung die Stimmen heimkehrender Bauern, die aus der Schenke des Städchens den Heimweg nach ihrem Weiler schräg durch den Wald abkürzen. Es sind Männer, Herr, erbarme dich. Sie haben getrunken, sie singen – gutmütige Männer, aber der Branntwein macht sie zu Späßen lustig. Sie preßt den Angstschrei zwischen die Lippen zurück, schlägt den Rock über den Kopf, damit sie niemand erkenne, und stiebt oder huscht vielmehr, eine vermummte weiße Gestalt, im fahlgoldenen Mondlicht lautlos durch den Schnee heim. Es gelingt; zitternd, mit schlagendem Herzen erreicht sie in einem Bogen die Schenke und ihr Häuschen wenige Minuten davon.

Die drei Bauern indes standen stumm vor dem schwarzen Wasser, das inmitten des weißen Schnees abgetaut schien durch ein Wunder und das noch rauchte. Was hatten sie erblickt? Eine weiße, liebliche Gestalt war davongeschwebt zwischen den Stämmen, ohne Zweifel die heilige Mutter Gottes, die gekommen war, um dem Dorfe eine bessere Ernte zu versprechen. Ja, die Not war so groß und die Himmlischen so gut – nehmt die Hüte ab: hier mitten in der schneeigen Waldwüste war ein Wunder geschehen. Noch wehten ja die Dämpfe wie Weihrauch auf, vor ihren Augen! Sie bestätigten einander, daß sie die heilige Mutter Gottes hatten davonschweben sehen zwischen den Stämmen, weiß und lieblich, und sie beeilten sich, am andern Morgen und besonders am nächsten Sonntag das Wunder mitzuteilen, dessen Stelle sie eilig bezeichnet hatten, indem sie Äste in den Schnee rund um das Wässerchen steckten. Sie hatten nicht vergessen, sich zu bekreuzen, niederzuknien und der heiligen Mutter Gottes für ihren Besuch zu danken. Ihre Frauen, viele Notleidende fanden den Weg zu dieser Stelle, der bald durch den Schnee festgetreten war, ein Gläubiger hängte am nächstliegenden Stamm ein Bildchen der Wundertäterin mit dem göttlichen Kinde auf, Papierblumen aus der Kirche fanden sich bald, ein kleines Dach schützte das Bild vor dem Regen. Immer mehr gläubige Bauern und Städter wallfahrten zu der Stelle. Die Priester, aufmerksam gemacht und Söhne des Volkes auch sie, sahen keinen Grund, das Wunder zu bezweifeln, das so vielen Betern schon Aufrichtung, Trost und Heilung von kleinen Gebrechen gebracht hatte. Der Frühling setzte stark ein in jenem Jahre, reichlich breitete sich die Sonne über die Felder, auf denen zur Feldarbeit, froh durch die Versprechung der Himmelskönigin, Bauern und Gespanne zuversichtlich hin und her zogen. Der Wallfahrtsort mitten im Walde war bald auch den Juden bekannt. Als erste wußten Frau Rifke Leje und ihr Mann merkwürdigerweise, um welche Stelle es sich wahrscheinlich handele. »Binjomin ist eben ein Schlaukopf«, sagten die Juden und folgten seinem Beispiel. Er und seine Frau verkauften an den folgenden heißen Tagen den Wallfahrenden Brot, Oblaten, flaches Gebäck, Limonade und Kerzen. Im kommenden Herbst nach einer großen Ernte legte man den Grund zu der Wallfahrtskapelle über der geheiligten Erscheinung der Mutter Gottes. Und noch vor dem Winter kam der Bischof von Kaschau sie weihen. Nicht ohne schwere Bedenken hatte er den Berichten zugehört, die ihm von der Ortsgeistlichkeit erst unverbindlich, dann immer dringlicher als Wunsch der Menge vorgetragen wurden. Viele Wege führten zum Wunder, und keinen durfte man gewissenlos gehen lassen; aber noch weniger war dies die Zeit, die Bedürfnisse der Seelen aus geistigem Hochmut zurückzuweisen. Hier war ein Wunder geschehen, denn es wurde geglaubt und tat Wunder. Wenn man die braunen, gefältelten Gesichter der Bauern, ihre staunend aufgerissenen Augen sich vorstellte, konnte man sie ausfragen und bedrängen, was sie denn wirklich gesehen hatten: sie hatten wirklich die Mutter Gottes davonschweben se-

hen durch den winterlichen Wald – nichts anderes. Sie hatten die tauduftende warme Quelle gefunden, rauchend in der Nacht – nichts anderes. Mochte der Zeitgeist deuteln, spötteln, Erklärungen beibringen beliebiger Art – er, der Bischof, hätte nicht verdient, Seelsorger zu sein, wenn er sich aus Furcht, Gaukelei zu unterstützen, geweigert hätte, dem Ort der Erscheinung die kirchliche und gleichsam amtliche Weihe zu geben. Er kam; ernsthaft und einfach stand er da, lateinische Lobpreisungen sprechend und den Segen Gottes über die Umgebung und den Glauben des Landvolkes herabflehend. Denn Kaschau, weit im europäischen Osten, liegt auch einige hundert Meter hinter unserer Gegenwart. Erst vor kurzem haben dort Zigeuner in großen Schlachten dafür gebüßt, daß sie auf wohlschmeckende Art Menschenfleisch zubereitet hatten. Die Juden jener Gegend, wenn sie unter sich sind, erzählen auch, daß es nur gerecht sei, wenn der Handel auch für sie einen guten Aufschwung genommen habe, besonders mit den Wallfahrern.
Binjomin, der Mann von Rifke Leje, trinkt manchmal einen Schnaps zuviel. So ward er auch gesprächig zu einem gebildeten Doktor und Politiker, der ein Jahr darauf aus Prag, der Hauptstadt, hingeschickt ward, damit die Juden dort auch wußten, wie und warum sie zu wählen hätten. Er, der mit zärtlichem Spott an den Altertümern seines Landes und seines Volkes hängt, erzählte gelegentlich diese Geschichte – nicht um herabzusetzen, was dort geschah, sondern um jene entlegenen Menschen und Landschaften zu kennzeichnen, in denen noch heute ein gelebtes Mittelalter die Herzen umfängt. Er hatte Sinn für das Innige und Gläubige wie für das Spaßhafte, die zärtliche Schalkheit dieses Vorgangs. Und darum ward sie auch weitererzählt – langsam, unter grünen Bäumen und im Angesicht des blauen Himmels, der von uns sonderbaren Geschöpfen zu so vielen Gebilden unsrer kindlichen Sehnsucht mißbraucht wird, damit unsre Träume, Ängste und Hoffnungen an ihm haften wie die hohen weißen Wolken und vorübergehen wie sie.

## Ein Vorfaschist

### 1922

Im ersten Weltkrieg diente unser Held, der namenlose, bis zum Waffenstillstand von Brest-Litowsk als gewissenhafter Stabsarzt in einem jener Zarenheere, deren Unstern die Kriegsgeschichte füllt, indem sie zugleich ihre deutschen Besieger in verhängnisvolle Irrtümer über die russische Kampfkraft als solche verstrickte. Damals aber beeilte sich nicht nur unser Held, heimzukommen zu Frau und Kind – denn was hielt einen Angehörigen der gebildeten Stände noch bei den geschlagenen, vom Aufruhr befleckten Fahnen? Man muß seine Existenz neu aufbauen, ohnehin geht alles drunter und drüber, neue Staaten wachsen an den Rändern des alten Riesenreiches, im Kreml laufen ehemalige Rechtsanwälte, Verschickte, selbst Sträflinge umher, hol der Teufel den ganzen Betrieb! Ohnehin werden die Heere der Generäle in Moskau und Petersburg gründlich ausfegen – Ordnung, sagt der Deutsche, ist das halbe Leben, und für den Wirrwarr, der auf den Trümmern der großen Monarchien sein Unwesen treibt, bedeutet sie das Ganze. Denn wie soll es zu Aufbau, Erwerb und sittlicher Gesundung kommen, wie vor allem sollen Erziehung und Familienleben gedeihen, solange die Revolte ihren scheußlichen Kopf hochtragen darf? »Bauer, an deinen Pflug, Arbeiter, an den Schraubstock, Eisenbahner, an die Weiche – und jeder nüchtern und wachsam im Dienst!« In diesen wie in anderen Pflichterfüllungen geht unser Held, der namenlose, seinen Mitbürgern mit gutem Beispiel voran. Seit der Demobilisierung wirkt er wieder als praktischer Arzt in Proskurow, einer Mittelstadt im ukrainischen Podolien; und lächelnd, seinen geschnittenen Schnurrbart zum Unterstreichen von höflichen Redewendungen in Bewegung setzend, wählt er eben unter den blankgeputzten Skalpellen eines weißen und gläsernen Schrankes. Weiß in der Wintersonne und blau beschattet rauscht der medizinische Kittel um seine hagere Gestalt; oft hatte er seine Lebenskraft und männliche Zulänglichkeit bedroht geglaubt, zersetzt von der entnervenden Tendenz dieser podolischen Schlafstadt vor seinen Fenstern. Welch bunte Kirchen, welch allgewaltiger Dreck! Nur die Modernität der Berufsführung, französische Lektüre und die am Ohrläppchen scharf endenden kurzgeschorenen Bartstreifen hielten sein Selbstbewußtsein schließlich aufrecht.

Die junge Frau des Telegrafendirektors, ohne Bluse, hält ihm ängstlich den angenehmen Arm hin, in dessen Beuge ein Geschwür sich hügelt. Sie bittet um Äther; und er, der keinem Manne der Ukraine und kaum Marschall Foch oder General Weygand, den beiden Siegern über »Boches« und »Bolschies«, einen so unersetzlichen Tropfen bei gleich belanglosem Furunkel gewährt hätte, er, der weiß, wieviel besser Frauen Schmerz ertragen als Männer, er, dem klar ist, daß nur Angst vor dem neuen Erlebnis, vor Messer, Schneiden, Blut, nur dieser Knäuel von Aufregung überm Herzen, stockender Atem, flatternder Puls sich in der Umwelt durchsetzen wollen – er, der Mann von kirchlichen Grundsätzen, kapituliert vor dem sanften Busen, den er unter gesticktem Hemde bemerkt, ohne ihn zu bemerken. Selbstbeherrschung, guter Ruf und chevalereske Haltung eines Verheirateten – mit unbewegter Miene, aber angeregter, als die junge Frau bemerken soll, gesenkt auf die gespannte Haut, zerbläst er einen kostbaren Tropfen seines kargen Äthervorrats auf der purpurnen vulkanförmigen Knolle, in deren gelbe Spitze er schnell die Lanzette versenkt. Lava fließt gelb und rot. Erinnerungsträchtig überweht süßer Ätherrausch leicht und zaubervoll den leisen Tierdurft zu selten gebadeter Achselhöhle, der anwidert und lockt.

Erlöst schwatzt sie über ihn hin, indes er mit dem Saugbecher den Eiter entfernt und sorgsam, zart fast, die reinliche Gnade des Verbandes ihr um den Ellbogen windet. – Sie ist und bleibt, auch mit Furunkel, die hübsche Frau des Telegrafendirektors, die alles weiß, in deren warmem Bette das Dienstgeheimnis schmilzt, sie tränkend mit geheimnisvollem Wissen.

Verbände! sagt sie; sie würden knapp werden derzeit, und er, der Doktor, würde zu tun bekommen. Ja, Petljuras Soldaten seien in der Nähe, die Erlösung der Ukraine im Anmarsch auf Proskurow... Nicht übel für die Juden! Nicht viele von den Läusen des Landes würden den harmlosen Durchmarsch unserer Helden überdauern, und auch die nicht heil – zerhackt irgendwo, vielleicht um etliche Lot Fleisch bekappt oder stellenweise eingebeult. Und Spaß werde es einigen geben; zuzusehen werde für Männer nicht unlohnend sein, besonders wenn man's bequem vom Fenster aus genießen könne wie der Doktor. Sie allerdings und Frauen überhaupt könnten um der Tugend der Schamhaftigkeit willen der Verlustierungen der Helden nicht ansichtig werden; und das sei doch schade, denn dies Gaudium geschähe ja weder an Menschen noch an Vieh. Blut und Wunden aber, Verbände und zu tun für den tüchtigen Doktor. Und die Ortsjuden witterten es wohl schon. Es stänke in ihrem Viertel nach Todesangst. Als sie es vorhin passierte, lief und schrie dort alles durcheinander, gellend. Wie sie schielten und grün hinschlürften an ihren Häusern! Für Unbeteiligte kein übles Schauspiel, Herrn Doktor zur Empfehlung gesagt...

Und dann empfing sie ihren Handkuß, gedachte dabei der schrecklichen Rechnung, ward zu Freitag bestellt und ging. Vom Fenster aus sah der gedankenvolle Mann sie hübsch und quellend, die Kruppe schwenkend unter der Korsage, auf hohen Absätzen dahinstelzen durch den großen Schnee. Dann rief Olga zu Tisch. Er wusch sich die Hände in einem nach innen gekehrten, vorhalthaften Horchen auf etwas, das sich ankündigte. Bei Tisch, zwischen zwei Löffeln Suppe, überfiel ihn dann eine Eingebung – die Eingebung.

Er hörte durch Mauern einen Befehl. Bestürzend selig und heiß ergoß sich ihm durchs Blut vom Herzen aus sogleich: Befolgen! Lautlos und selbstverständlich durchströmte ihn jene Gewißheit, überirdisch erwählt zu sein; sie wühlte von Grund auf sein bisher vom Alltag regiertes Leben. Und er sah auch sogleich, keine äußere Schranke werde sich vor ihm querlegen, wenn aus der Eingebung die Tat schoß wie die Frucht aus göttlichem Samen. Und unbedingt veriet der Sinn des Auftrags seinen himmlischen Urheber: großer Gnade gewürdigt saß er da am Tisch wie alle Tage, er, der erst zum Altern in Gewöhnlichkeit verurteilte Arzt von Proskurow!

Seine Blicke suchten jenseits der Mauer einen fernen Punkt: vorüber an seinen beiden Jungen, die schuldbewußt die Köpfe senkten. Keiner wagte, mit der Verteidigung zu beginnen: aus einer Schneeballschlacht mit Ruthenenbuben naß und beschmutzt heimgekommen –. Als der Größere den Mund auftat, senkten sich die Lider des Vaters gerade. Große alte Fliegen querten die Luft überm Dampf der Suppe.

Er fragte seine Frau nach dem Vorrat an Verbandzeug. Olga, vom Spartrieb ganz durchtränkt – denn womit haushalten in einer Zeit, in der Geld wie vom Teufel angeblasen wegflog, Krone, Polenmark und Rubel gleichweis wie Rotz im Taschentuch verschwanden – »genug für heut und morgen«, beteuerte sie ängstlich. »Nur jetzt nicht noch mehr anschaffen!«
»Olga«, predigte er, »Sie sind weder großherzig noch tapfer in einer Zeit wie dieser, wo der Christus unter den Völkern, großer Slowacki!, endlich vom Kreuz herabgestiegen, sich an seinen Kreuzigern und Henkern rächt. Auch im fremden Lande unter diesen schismatisch Irregeleiteten verlange ich von Ihrem Herzen den polnischen Schlag.«
Und eingeschüchtert begann Olga über das schwere Leben zu klagen. Aber der Arzt erwiderte: »Das ist alles Unsinn, Ihnen mangelt Vertrauen zur Allerheiligsten Jungfrau. Ich werde ohne Zögern Verdienst und Geld immer dann in die Schanze schlagen, wenn die nationale Sache es verlangt. Sind wir vielleicht Juden? Wir werden trotzdem nicht Not leiden.«
Über all den Schnee hin ging er, Pelzkragen hoch und fest auf den Stock gestützt. Die Marien-Apotheke schräg gegenüber seinem Hause am Markt verkaufte ihm sterile Watte, Zellstoff und ein wenig Mull. Die Drogerie zur Krone Polen – einst zum Doppeladler – besaß noch gute Verbandpäckchen, Binden und gleichfalls Zellstoff. Der Apotheker, auch er Pole, als er vor seiner Tür stehend den Ältesten des Arztes mit all den Paketen heimtraben sah, schlug sich vor die Stirn. Der Doktor, schlaues Luder, spekulierte in Verbänden! Keine schlechte Idee! Und er – Idiot hatte ihm all sein Zeug ohne Rest zu normalem Zeitpreis hingegeben! Hätte er gewußt, daß auch der Drogist kein Lot davon zurückbehalten, es hätte ihn, bewunderungsvoll für den Arzt, getröstet. Mittlerweile ging langsam und stolz, das Gesicht in freundlich-kühle Undurchdringlichkeit gefaltet, der Arzt durch die Judengassen. Die Luft zwischen den niederen und halbblinden Häusern schien zum Reißen gespannt, an der Stirn fühlbar. Schief vor Entsetzen standen die Schornsteine auf den Dächern, und kein lebendes Wesen schob vor den niedergelassenen Rolläden, den mit Eisenstangen verwahrten Holztüren seinen verlassenen Schatten hin. Er versuchte einige Türen: alle verschlossen. Aber er sagte sich: sieben Jahre Krieg, und Webwaren überall verschlissen. Die Bettücher

zu Hemden vernäht, die Hemden zu Taschentüchern zerkleinert, die Bettbezüge zu Sommerkleidern verbraucht, die Taschentücher zu Flicklappen zertrennt; und Handtücher starren vor Schmutz, selbst wenn man sie gewaschen hat. Von hier aus – von den Verbrauchern droht seiner Eingebung kaum Vereitelung. Ja, Pogrom ist kein leichtfertiges Gerücht heutzutage; kein Dementi der Behörde wird den Juden das Vorgefühl aus dem Markt der Seelen reden. Ohnehin werden sie es glauben. Ein wenig tiefer wird das Vertrauen zu ihrem abgetakelten Gott bebende Hoffnung aus dem schreienden Gebet saugen, wie ein Docht Flüssigkeit ins Flämmchen saugt, dem schreienden, weinenden, entsetzensvollen Fasten und Gebet, zu dem sie sicher jetzt versammelt sind im kahlen Beßmedresch. Und ganz zuunterst, grauenvoll, sitzt die Gewißheit der Soldaten, der pfeifenden Qualen, des entsetzlichen Todes. Und der Arzt kehrt um, setzt die hohen schwarzen Stiefel nachdenklich heimwärts. Viel Geld wäre zu machen mit seinem Verbandstoffcorner, Amerika... Steckte ihn die Gasse, diese Schachergasse an? Wehte ihm ihr Geist mit ihrer Luft so schnell in die Ganglien? Aber keine Gefahr – er wird seinem Plan, jener Eingebung, treu bleiben. Wieviel Pogrome gab es wohl hierzulande seit zwei Jahren? Zweihundert? Oder mehr? Er weiß ja vieles besser als die Dame Telegraf; weiß, daß Hunderte von Orten ihre ganze Judenschaft blutig und heiter losgeworden sind, weiß, daß im ganzen Lande kaum eine Eisenbahnstation besteht, auf der nicht Juden aus den Kupees geholt und abgetan worden sind – durch die christlichen »Wiederbeleber Rußlands« 1919 schon; kennt die Kanonade von Ceplik und andere Kanonaden, die Abschlachtung auf Abstimmungsbasis in Horodyscze, die Beerdigung Toter und Lebender im Massengrab von Saniela. Er weiß, daß die in Vergewaltigung empfangenen Mischlinge, wenn sie geboren werden und leben, eine kriegsstarke Kompanie stellen können. Er kennt den Fall Luban, wo nur vierundvierzig Tote auf den Straßen lagen – in jenen charakteristischen Verkrümmungen, die langsam Ermordete aufweisen –, daß aber über zweihundert Schwerverletzte starben – an Sepsis und aus Mangel an Verbänden.

Quer über den Marktplatz, auf sein Haus los, bedächtig und distinguiert, wandelt der Arzt. So könnte er auch durch Warschaus Anlagen wandeln (die zu betreten Kaftanjuden verboten war). Wer übrigens hätte den hiesigen Kleinrussen diese Energie zugetraut, und wer dies Wissen um Leiden und Leidenmachen, diese Kunst der Tortur – Kosaken, Soldaten, Bauern, Denikin, Petljura, weißer Garde und Wrangel-Leuten; alles Gelehrte der Hinrichtung. Rohe Banditen und ohne irgend christianisierende Wirkungen. Länger als drei Jahrhunderte haben sie sich von Russen und Polen nach allen Himmelsrichtungen regieren lassen und in allen Tonarten. Und kaum mischt der Jude sich in die Affäre, kaum packen ein paar jüdische »Volkskommissare« revolutionäre Irrlehren aus, springt dem ganzen Volk der Kosak des Zaren an die Kehle. Nun, er, ein gebildeter Bürger, wird sich in diese Balgerei ebensowenig mischen wie Europa oder der großmächtige Völkerbund. Wäre die Entente nicht mit Abstimmungen beschäftigt und mit deutschen Zahlungen: zwei kriegsstarke Regimenter Kavallerie und die nötigen Batterien hätten den Helden unliebsamen Rückzug gebieten können. Hunderttausend Judenwaisen laufen um ihr Leben im verschlossenen Lande. Seltsame Dinge gehen auf der Erdoberfläche vor sich; wer will, kann sie beobachten. Und auf der Treppe stehenbleibend, ganz mechanisch vor Vertiefung, sieht er in sich hinein, ob er wohl den Grund finden könnte – den zureichenden Grund dafür, daß Juden als Sozialisten sich an das machen, was sie die »Erlösung« solcher Massen nennen. Es muß eine Art von epidemischem Wahnsinn sein auf degenerativer Basis. Erlösung – und er lacht hell auf, in seinem graudämmerigen Treppenhaus stehend, und hell lacht das Echo über seinen Haaren. Nagaika und Wodka – das ist die Erlösung; »Knute und Schnaps«, zwei russische Worte mit sehr realen Dingen dahinter. Und er fragt sich, ob er vielleicht dazu berufen sei, die dementia socialistica zu entdecken, hier in Proskurow, Podolien.

Oben in seinem Sprechzimmer findet er lächelnd den Haufen Verbandzeug. Er verschließt ihn sorgsam sortierend in die Fächer des Wandschrankes und steckt den Schlüssel in seine Börse.

Und dann ruft er seine Frau und erklärt ihr, daß er für niemanden, der nach Jude oder Jüdin aussehe, in der nächsten Woche zu sprechen sei, und daß er Verbandstoffe nicht im Hause habe; daß aber, wenn Schüsse fallen sollten, die Haustür verschlossen und die Mutter Gottes ins Fenster gestellt werde, das sei selbst-

verständlich. Mit großen Augen hört Olga das Wort Schüsse. Es könne Pogrom geben, äußert er nonchalant, und er als Mediziner erkläre sich neutral. Er helfe keiner Partei, das könne das Vaterland von ihm verlangen.
Olgas Antlitz verklärt ein Lächeln nicht unlüstern; sie versteht. Aber ruhig und streng verweist er ihr das heidnische Gefühl. Er sei schlicht neutral, hierzulande müsse man das als Arzt – und niemand brauche zu wissen, daß er zufällig gerade jetzt mit Verbandmaterial sich eingedeckt.
Aber daß diese Eingebung von oben gekommen sei, nicht aus ihm selber stamme, sondern ihm gleichsam aufgetragen von himmlischer Macht, das sagt er ihr nicht.
Denn die Weiber neigen zu Aberglauben, sie verunreinigen erhabene Sphären, und überhaupt sind dies unsagbare Dinge. Er aber legt sich für den Abend die Introduction à la vie dévote hin, um Kapitel XVIII, Comme il faut recevoir les inspirations, vor dem Schlaf noch zu rekapitulieren.

# Elegie über Blumensträuße

1922

1

Braunfüßig und nackt tollt über triefende Wiesen der Regengott – Knabe, dem schwarze Mähne auf der Schulter klebt und der Büsche und Waldrand mit dem Grau geschwungener Weidenzweige peitscht; der die stahlblauen Libellen und die roten mit schmalgestellten Flügeln – Buchzeichen in einem Liebesbuch – unter die großen Blätter des Holunders treibt, blaue Meisen und die silberschmiedenden Finken einschüchtert, den Kuckuck zum Schweigen bringt, und dem nur der Star trotz, der ihm kecke Strophen ins Ohr flötet.
Garten und Waldweg sind uns so verwehrt und wir der Wohnung überantwortet; so löst die Frau neben mir ihr Haar und flicht es zu den schweren Zöpfen, die ich liebe, weil sie ihr das Alter auch äußerlich zurückgeben, das sie in Herz und Wesen unvergänglich trägt.
Vor unsern quadratgeteilten Fenstern sehen wir ihn schräg hinsausen, den Gott, vom Altan, der bald nach Weinblüte zart und gärend süß duften wird; fruchtbare Tropfen spritzen aus seiner Mähne, und wir grüßen seine Herrschaft in unseren Zimmern, die vom großen Draußen nur lässig geschieden und durch Weinranken mit ihm verbunden sind.

2

In diesen Kuben, deren Gleichgewicht von Senkrechten sehnsüchtigen Strebens und den Waagrechten der Geduld und des Beendens den menschlichen Geist ausdrückt, deren kantige Raumhaftigkeit, von Wandfarben im Sinnfälligen festgehalten, auf dem rotdurchschlungenen, blaugeränderten Lichtbraun des Teppichs fußt wie die nackte ernste Tatsache unserer unwiderruflichen Existenz auf den Irrtümern, Hoffnungen und leichtsinnigen Wallungen der täglichen Täuschung, und in welche gerundete warmbraune Formen alter Möbel das stille Gleichnis menschlicher Formfreude bringen – in diesen Würfeln, die überall von sachlichen und vergoldeten Rücken edler Bücher ins Unendliche des Gedichts und des Denkens hinübergespielt werden: in diesen Zimmern entfalten sich die Blumensträuße, die wir gestern von dem abendlichen Gang zwischen Wiesen heimbrachten, mit aller Fülle, Willkür und glanzhaften Farbigkeit des natürlichen, endlosen und immergrünen, immerbunten Lebens.

*3*

Es sind die Wiesen der Gebirgsnähe, schon von schnellenden Bächen geädert und begrenzt schon von schwarzgrünen Pyramiden altersverhangener Tannen, von deren wolkennahen Spitzen, hoch oben, wie das Hellgrün junger Triebe, die Lieder der gelbgeschnäbelten Amsel antworterwartend und fast herb erschallen und unter die am Abend das Reh tritt ohne Furcht; überschwengliche Wiesen, strotzend von Grün und dem roten Klee, überebnet von den gold-weißen Myriaden der beglückenden Kamille und den rötlichblauen Spielhelmen der Salbei; durchzittert vom Gehänge der flieder- und veilchenfarbenen Glockenblumen, verwirkt mit rosenroten Wicken, eingefaßt von breitem Huflattich und überatmet von der entzückenden Luftwelt zahl- und namenloser Gräser, aus deren Elfenwildnis die Grille singt, hell wie unter den Platanen, die Sokrates sahn und die ahnungsvoll süße Jugend des Phaidros.

*4*

Wir ordnen die Blumen unserer Sträuße nach den Absichten und Neigungen, die ihren Gestalten eingeboren sind, und geben ihnen in Gefäßen von passender Formbildung Rahmen wie einem Bilde, so aber erst bieten sie sich, wie gesteigert und auf die Essenz ihres Seins zusammengedrängt, schüchtern und glücklich den Zimmern dar: in der Gefaßtheit der würfelig verdunkelten Luft sind sie Zauber, ausstrahlender Wirbel und die

vollkommene Eroberungskraft des schönen, machtverachtenden Lebens.
Da wir mit der süßen wahllosen Buntheit der Aue auf dem riesengroßen Grün ihres Rasenplanes nicht wetteifern können, geben wir jedem Strauße eine Grundfarbe und eine Blüte, die sie trägt – in begrenzter Fülle, nicht so mager, daß dem Gebilde aus Blumen und Zimmerluft die Einheit fehlt, und noch weniger in plündernder Unbeherrschtheit.

*5*

Hier sind es rötliche Wicken, deren Blüte sich aus traubenhaft gedrängten und noch nicht hängenden Kelchen füllt, vom leichten Rosa holderregter Wangen ins reife Rot des Mundes spielend; wir steigern ihr sanftes Blühen durch wenig gelbgrünes Löwenmaul und drei große Kamillen, die mit üppig goldenen Mitten, von weißen Strahlen umrundet, das unbefriedigte Gelb jener heraldischen Gestalten ins Satte mildern, und wir unterstreichen es endgültig mit graugrün blühenden Grasähren, deren lockere Geschlossenheit von drei Stielen solchen Zittergrases betont wird, dem gelbgrüne Herzen auf rötlichen haardünnen Stielen das Unbegreifliche und Durchsichtige mittäglich schwirrender Luft geben. In einer niedern Säule aus rotem Kristallglas, geschliffen als Strahl und Stern, bebt und ruht dieser rötlich-gelbe Strauß wie die ewig erneute Freundschaft verbundener Treue.

*6*

Der zweite Strauß ist ganz violett und beherrscht von der lockeren Anmut der Glockenblume, ruhend im Gleichgewicht von Rot und Blau, im schwebend hellen Ausgleich der als Schönheit geoffenbarten Grenze. Hier, in ihm, bindet das Zittergras zahlreich und gibt ihm eine Aura von hellen Tropfen; unten, gegen den mattgelben Rand der Vase aber füllen wir das Grün der vielen Stengel mit einer violetten und rötlichblauen Wölbung von Skabiosen, und wir geben ihm Undurchsichtigkeit, indem wir auf gerecktem Stengel ein einziges, sehr großes, wildgrünes Blatt einer Wasserpflanze hinter ihm ausbreiten, so daß es ihn überragt wie die lange und breite Spitze einer afrikanischen Lanze. Jetzt, in seiner edel von schmälerem Fuß aufsteigenden Vase aus weißem Empireporzellan, die sich trompetenförmig entfaltet bis in den blassen Goldkranz ihres noblen Randes, vor der Kurve des Ausweitens golden unterbrochen von zwei behelmten Minervenköpfen – jetzt brennt dieser Strauß lila wie eine Flamme seltener Gase in der stets sich wandelnden Einheit von Violett, wie der Geist des Menschen, der unaufhörlich schwankend und ganz beständig in die Natur einströmt, aus der er vielleicht nicht stammt.

7

Der dritte Strauß aber, in weiß und goldener Vase gleich dieser, ist ganz weiß und golden. Nichts als die schrägen waagrechten Sonnen der großen Kamillen machen sein Wesen, weiß und gelb, Strahl und Mitte, Aura und Wölbung. Und die unnachziehbaren Dolden des wilden grünweißen Schierlings helfen uns, all dies in sich ruhende reine Weiß der Blüten aufzulokkern und in seiner Beständigkeit zu bewahren. Sie neigen ihn dem Blicke hin, all dies Weiß und Gold, diesen einfachen schönen Strauß, wie die knabenhafte und immer wieder frische Liebe zu einer Frau, die die Reinheit und Wiedergeburt des Mannes ist und sein unverlierbarer Anteil.
Und so, indes der Weidenzweig des jungen zeugenden Gottes die Wege überschattet, malt aus dem Schönen selig in ihm selbst, aus den Blumen der Wiesen die Hand des Menschen sich geheime Zeichen hin, mit denen sein Leben eingeschrieben ist.

# Kleiner Held

1922

Knappschaftslazarett Laurahütte, 12. Oktober 1910

Ich wünschte, daß mir Worte gehörten, die ich nach Macht setzen könnte. Ach, ich bin nichts als Arzt, sehr jung, verwendet hier an diesem Knappschaftslazarett, mein Handwerk an den Körpern und Seelen der Armen zu lernen, an Bergleuten, die uns eingeliefert werden wie Waren, die der Tod für sich ausgewählt hat im großen Warenhause des Lebens, auf die er seine kantige Hand legt oder auf deren Besitz er schließlich verzichtet.

Und abends, manchmal, wenn mir nicht Müdigkeit das Gehirn betäubt, um mir noch Lebenszeichen von meinem Geiste zukommen zu lassen, schreibe ich das Erlebnis auf, das mich erregt, mir Gedanken in die tiefe Seele treibt, mich in Abscheu oder Bewunderung aufbrennen läßt; bis ich wieder einmal, zitternd und ganz Nerv, merke, daß ich doch noch ein menschliches Wesen bin, von Leidenschaften, Wonnen und Verzweiflungen des Miterlebens, des menschlichen Lebens bebend wie ein elektrisch vibrierender Metallstreifen.

Drin, nebenan, im leichten Dunkel liegt einer und wird sterben. Und ich, Nachtwache heute, schreibe von ihm auf, was ich verstanden habe – schwach nachzubilden in mir, was er getan hat, das Heldische, das ins Unerwartete vorgetriebene Stück schwerer Tat.

Auf dem weißen Leinen der Laken liegt sein Kopf gelblich, entfleischt, nach der unbegreiflichen Anstrengung, die seine letzten Monate – ach, die sein ganzes kurzes Leben als Mann ausfüllte, selig zu ruhn, das ist: zu sterben. Zwischen den harten Backenknochen und den Bögen seiner kurzen Stirn liegen dunkle Flecken, die Lider über den bewußtlosen Augen. Und er flieht schon nach innen, weg von dem grellen grausamen Wirbel der Existenz in das magisch leichte Reich des Aufhörens, schon nennt er sich nicht mehr Ich, nur noch ein Zellchen im Körper Volk, sehr entbehrlich, das Band wird sich lösen, das ihn noch hält, und die Angst des Sterbens, dazu sitze ich hier, er wird sie vielleicht nicht einmal mehr spüren...

Er ist neunzehn Jahre alt, und fünf davon hat er in der Arbeitsmaschine der Grube verbracht, zuletzt als Häuer – als Bergmann, der aus dem Schiefer das brennbare, glanzschwarze Mineral schlägt, um dessentwillen wahllos Völker zerteilt und die ältesten Gesetze sittlichen Handelns verleugnet werden; als Bergmann im Flöz der Steinkohlengrube, die einen menschlichen Vornamen trägt – Ferdinandgrube heißt –, als wäre sie kein atemlos in sich selbst rasender Dämon. Neunzehn Jahre, Michael Mrozik, kurzes, fahles Knabenhaar über einem ausgekerbten Männergesicht, das langsam wieder zu greisenhaftem Kindergesicht sich verjüngt, ein schmaler Junge, der bald stirbt. Das ist seine Geschichte. Sie fängt beim Vater an – alle Menschengeschicke fangen bei Vätern an. Der Monteur Mrozik, im Dienst der oberschlesischen Elektrizitätswerke, ein Auge hatte er schon früher drangegeben, wird schließlich vom Starkstrom mal erschlagen. Die Witwe Mrozik zieht in eine kleinere Wohnung – Stube und Küche im Hinterhaus einer jener geschwärzten Kisten aus Ziegelsteinen, schwarze Luft vom Kohlenruß, kahle, grausame Würfligkeit einer Menschenhöhle, öde Farbe an den Wänden, dünne Mauern, das Getöse der niedermenschlichen Häuslichkeiten schallt überall hin. Die Unfallrente eines Monteurs ist klein, wer ahnt wohl, wie wenig Geld Menschen brauchen, um am Hunger vorbeizukriechen.

Die Tochter, hübsch und zu Büroarbeiten ausgebildet, hat das Glück, ihren Jugendfreund zu heiraten, einen technischen Beamten, und zieht mit ihm in seine hellere Stadt. Der Mutter bleibt Michael Mrozik, noch Volksschüler, ein stiller Junge; mit vierzehn geht er schulentlassen zur Grube und verdient. Ich weiß nicht, was Jungens dort für Arbeiten tun; schließlich rückt er zum Häuer auf und arbeitet unter Tage. Er hat kräftige Jungsarme und eine zarte Lunge – von hier aus gesehen wirkt das Ganze wie ein Rechenexempel.

Unter Tage – im Berg. Heiße Luft, unzureichend für den Durst nach Atem, vom Staub feinster Kohlenteilchen flimmernd, die jeder Schlag der Hacke, jeder Schuß der Sprengkapseln vermehrt. Die Häuer schuften halbnackt in der Hitze; alle Poren ihrer atmenden Haut sind rasch verklebt von einem Fell aus Schweiß und Kohlenstaub.

In dieser Höllenluft arbeitet Michael Mrozik acht Stunden oder mehr – arbeitet mit den Armen gegen Stein, stets in der Enge, oft kniend, kauernd, liegend im grellen Licht, stets durstig, stets gierig den dünnen Kaffee saufend, im Tempo unserer von der Kohle gepeitschten Zeit.
Den Verdienst dieser Art menschlicher Tätigkeit teilt der stille Junge mit seiner Mutter, bei der er lebt. Sie kocht für ihn, sie geht zum Markt, wäscht und flickt seine Wäsche; er ist ihr Mann-Versorger und doch, brav und lenksam, zugleich ihr Sohn. Im Kopfe, unter dem grauen Haardutt der Frau Mrozik, dreht ein dumpfes, bekümmertes Zufriedensein seine weiche Trommel, bis zu jenem Sonntag, den sie verflucht.
Zwischen Stadt und Wald liegt mit ein paar stehengebliebenen Kiefern das Gasthaus zum Deutschen Kaiser; auf dem staubigen Holzboden eines Saales, unter Girlanden, aus Buntpapier geschnitten (verstaubt schon und von der Sonne ausgebleicht), die von einem Kronleuchter zum andern sich ziehen, tanzen sonntags junge Ladner, Arbeiter, Beamte mit den Mädeln ihrer Kaste zum Lärm von Trompete, Geige und altem Klavier: Walzer, Polka und Krakowiak.
Dort sieht Michael Mrozik die Berta Okonkowski und tanzt mit ihr, der hübschen, schwarzhaarigen Verkäuferin in Kleemanns Warenhaus.
Seine Liebe schlägt so intensiv aus seinen Augen, und so drohend steht sein Wille ihm um Mund und Backen, daß er Rivalen zwingt, sich geduckt zu drücken, und die Berta geschmeichelt an ihm zittert. Er kann ihr Bier und Wurstbrot kaufen; seine Worte sind wenige, aber das Mädel fühlt hinter Stirn und Brust des Jungen etwas Maßloses, das ganz auf sie gewartet hat und bereit ist, sich auf sie zu stürzen.
Sie reden mitsammen zur Stadt heim wenig, die Felder schweigen unterm jungen Monde – ein karges Stück Landschaft, halb zerfressen schon von der Stadt, wetterleuchtend am Horizont überall von den Flammen der Hochöfen und der Hütten –, aber doch Landschaft im Monde, in dem bleichen Schein, der Herzen ermutigt, Liebe nährt, Schicksale verflicht.

Mittwoch abend verlieren sie sich gemeinsam in die erregende Ausweitung zitternder Kinowelten; seine Hand tastet sich um ihre sanfte Hüfte, junge Brust. Den Sonntag drauf, nach der ersten Stunde Tanzens, gehen Paare, Luft zu trinken,

ins Freie; der Wald saugt sie im Sternenschein an. Michael Mrozik kennt ihn und seine Gehölze von Jungsspielen her; lange, vor Besonnenheit zwanghafte Schritte treiben ihn und die Berta an den einsamen Grasfleck in der Schonung, auf dem er dumpfselig an ihr zum Mann eratmet.
Von da an ging er mit ihr – so nennt das Volk doch Liebesbündnisse seiner Jugend. Er liebte sie schlechthin, treu und streng. Kein Knabe mehr, nicht mehr unreif, geplagt und genarrt von grellen Gedanken über das Unbekannte, das den Mann zum Manne macht und die Frau zur Frau – auch nicht mehr ausgeschlossen aus dem Kreis der Wissenden, die ihre polternden Späße ganz frei belachen konnten, Späße, die ihn befangen machten und wütend vor Scham.
Jetzt erst galt er vor sich selbst; jetzt erst sah er sich eingereiht in die große Gilde derer, zu denen er der Arbeit und dem Gelde nach gehörte. Und eine grenzenlose Dankbarkeit gegen Berta vermählte sich in seinem anständigen und anspruchslosen Herzen mit all dem Glück, das sie ihm schenkte.
Nun gab es keinen Pfarrer mehr und keinen Lehrer, denen begegnend noch die Unterwürfigkeit des Schülers ihn durchfuhr; er war in einen neuen Stand getreten und ihnen ebenbürtig – frei und gleich. Er sah offenbar, die Schmach der Jugendknechtschaft war von ihm genommen, als die Arme seines hingebenden Mädchens ihm um Hinterkopf und Schultern fielen und ihr Atem an dem seinen hochging ... Endlich vollen Lebens teilhaftig und im Herzen jauchzend, durfte er durch Straßen wie gehoben laufen, wenn es galt, die Trambahn zu erjagen, die ihn zur Grube brachte.
Das fühlte er, das lebte er, wild und dumpf dem neuen Zustand überlassen, sprachloser im Herzen, weil er ja Kohle brach unter Tag, mit neuer heller Ungeduld gegen den widerstehenden Stein dreschend, vertiefter in der Arbeit und auch über ihr schwebend in Pausen, wo er sich die Augen vom Schweiß trocknete oder Kaffee hinunterschlang ... Arbeit, Kraft, Kerl sein, Feierabend – das alles hatte, besonders Feierabend, seinen neuen, guten Sinn.
Die Mutter freilich fand sich in diesen neuen Zustand nicht – nicht darein, daß der Junge heimkam, sich wusch, umkleidete, wieder ging; nicht darein, daß er die Abende und einen Teil der Nächte außerhalb der Wohnung zubrachte, sie wußte wo; nicht

darein, daß sie die Sonntage nun auch, die alternde Frau, mit sich allein zubringen sollte. Um eines Weibes willen, das jünger war, jung, ganz jung, saß sie nun lautlos in den kahlen Wänden und sah stumpfblau den Himmel über den Hof gespannt durch die kahlen Vierecke des Fensters, abends den gelben Lichtfleck der Petroleumlampe auf dem rippigen Holze des Tisches.
Was früher nur sie besaß, diesen Sohn und Mann, nahm ihr dies fremde Frauenzimmer weg und gab ihm, was sie ihm nicht geben konnte. Sie glaubte, nur Angst um den Sohn fülle das Herz ihr so mit Wut, nur Verachtung sprenge ihr die Adern gegen die begünstigte und unerreichbare Rivalin, um die als Zentrum jetzt der Sinn des Mannes ausschließlich schwang und in der er ruhte...
Kam Michael heim, so machte sie wehleidige Worte, unkluge, das spürte sie, die aber aus ihr brachen wie unhemmbar; klagende Worte über sich, anklagende gegen ihn, bissig stichelnde gegen die Berta, bis sie in wildem Schimpfen aufschrie und von Tränen gebeutelt endete. Und all das ohne Wirkung, denn weder gab ihr der Neunzehnjährige schroff Antwort, wie sie sie eigentlich erwartete und die ihr schließlich als ruheschaffend wohlgetan hätte – denn wer das Geld des täglichen Brots verdiente, der durfte auch als Herr aufstehn und, die Faust auf den Tisch donnernd, das Geheule abschneiden –, noch änderte er seine Lebensart. Und allwöchentlich legte er ihr auf den Tisch, um den diese Szenen sich begaben, jeden Sonnabend dieselbe Summe Geldes wie früher, vor jenem Unglück, als habe sich nichts verändert. Und so fehlte der Frau zu alledem noch jeder sinnfällige Grund zur Klage, der ihr wenigstens das Mitgefühl der Hausleute eingetragen hätte. Nun durfte sie ihre blind ins Ungefähr gerichtete Mutterangst und ihre weibliche Eifersucht zu niemand außerhalb der Wohnung tragen, und auch was sie der Tochter zu schreiben vermochte, setzte ihrer Not kein Ventil, denn wie wenig von allem Erlebten vermögen diese ungeöffneten Selen in schriftliche Worte umzusetzen...
Bis nach etwa einem Jahre ohne Anzeichen einer Krankheit der Junge immer magerer und verfallener aussah. Das Dunkle unter den Augen ließ sich nicht mehr wegwaschen, kein Essen füllte seine Backen wieder auf, und wenn er, auch tagsüber, immer länger von Hause wegblieb, bis er überhaupt nur spät nachts noch heim kam, sah sie mit Angst und Ingrimm ihn

nach wortlosem Essen schon fast am Tische einschlafen und ins Bett fallen, jäh abwärts in ein unheimlich tiefes Wegsein. Ah, das Frauenzimmer – es lutschte ihn aus, das unersättliche Aas, dachte sie.

Sie dachte es dreiviertel Jahr – in Angst und in Gram, in Zorn und bitterem Gelächter, in künstlicher Gleichgültigkeit und scheitelhoch gebäumter Verzweiflung, als stumme Bitte und ungeweinte Träne mit wortlos klammernden Fingern und aufgerissenen irrenden Augen; dieser eine Gedanke ward zur Achse, um die das Rad ihrer Überlegenheit ging, um und um.

Dann blieb der Junge eines Nachts ganz und gar von Hause weg, und Frau Mrozik hörte erst auf, ihm und jener Dirne mit geballten Fäusten zu fluchen, als sie, am übernächsten Morgen, zu uns gerufen wurde, ins Lazarett der Knappschaft, an das Bett, von dem aus Michael verlangt hatte, sie zu sprechen.

Und hier, von uns und von ihm, hörte sie, er sei wirklich völlig hohlgefressen, aber nicht von dem Mädel, sondern von einem maßlosen, unverständlichen Grad von Arbeit bis zum Zusammenbruch gehetzt.

Da lag graugelb und knochig auf dem Kissen der Kopf eines kleinen Jungen. Wortarm aus ganz zerstörter Lunge kam die Mitteilung zustande, daß er Überstunden gearbeitet habe seit der Bekanntschaft mit Berta, weil er mehr Lohn brauchte, und endlich doppelte Schichten, als sie ihre Stellung aufgeben mußte, weil sie ihm einen Sohn gebar – zwölf bis sechzehn Stunden Arbeit unter Tag, um für beide, die alte Frau und die junge mit dem Kleinen, das Geld zum Leben zu schaffen. Mit seinem Paar verlassener Knabenarme und der hinfälligen Brust zwei Haushaltungen ganz erhalten – nichts minderes als das hatte er als Aufgabe erkannt und auf sich genommen, seufzend...

Und so Ungeheuerliches sagte das dem Tod zutreibende Kind mit der Selbstverständlichkeit eines Mannes, der nichts weiter getan hat, als daß er Verpflichtungen nachkam, wie sie das tägliche Leben nun einmal mit sich brachte... Man hat eine Mutter und ein Weib und Kind – was weiter...

Er habe ihr das Ganze verschwiegen, sagte er weiter, weil sie ja doch nur Ärger und immer mehr davon und böses Gerede und sonst nichts dazugetan hätte; jetzt aber, wenn er nicht mehr aufkomme, möchte sie, wenn sie's über sich brächte, an sein Kind denken.

Ich stand dabei, wie sie vor Scham und Gram und Todesangst und Liebe fast verfiel. Und ich sah, wie die Mauer zwischen den Menschen, die Kein-Vertrauen und Schweigen heißt, wieder einmal zu spät einbrach... Was half's wohl, wenn hinterher nun das so Einfache geschah? Immer kommen sie hinterdrein, die Menschen...

Die alte Mrozik ging zur Berta. Sie fand das Mädel nicht gewöhnlicher als irgendeines und verschüchtert vor der fremden Frau. Kaum achtzehn Jahre, mit einem Kinde als Last auf ihrem Leben. Sie sagte ehrlich, als die Alte ihr vorschlug, den Michael noch schnell zu heiraten und gleich zu ihr zu ziehen, sie möchte es nicht gerne, weil sie noch zu jung sei und der Michael gerade so sehr krank.

Und die Alte verstand, daß diese Art von Buße für sie nichts tauge. Aber als sie dann fragte, ob denn die Berta auch das Kind behalten wolle oder lieber es ihr lasse, führte diese sie zu dem Waschkorb, in dem das Kleine ganz ordentlich an seinem Läppchen lutschte, und meinte: es sei bei der Großmutter doch besser aufgehoben als bei ihr, und niemand werde ihr ja verwehren, den kleinen Martin zu besuchen und zu küssen. Und einfach wie einen Gegenstand, der ihr gehörte, nahm Frau Mrozik das Kind mit sich, in ihres Sohnes Bett, in die nun wieder nicht mehr leere Stube. Martin hatte ihr Mann geheißen, und nun soll es bald wieder einen Martin Mrozik geben, so ging das Leben seine Ringe...

Michael aber, als sie's ihm sagen kam, nickte zufrieden und schloß die Augen – und nun, in dieser Nacht, durchpulst vom fernen Dröhnen der Maschinen, liegt er und stirbt seinen Tod, den einfachen Tod eines Menschen, der seine Angelegenheiten in Ordnung weiß und nun hinsaust und hindämmert in das lösende flutstille Glück des großen Feierabends.

Ich aber denke mir aus, wieviel tausend solch stiller prunkloser Heldentode jeder Abend dieser Erde sieht, und zittere vor Trauer und Glück, weil ich dem Geschlechte der Menschen angehöre und nahe genug der getretensten seiner Gilden wohne, ein Ohr zu sein diesem lautlos Großen, es zu hören, ein Auge, es zu sehen, eine Vernunft, es zu erkennen, ein Herz, es ganz zu durchfühlen, und eine Hand, helfend hineinzutasten oder auch nur es vor dem großen Vergessen zu bewahren, das wie das Doppelte des Todes uns stündlich umfängt und blendet.

# Selbstbegegnung im Grünen

## 1922

### *Vorspiel vor großer Arbeit*

Sie gingen auf umgrünter Steinstraße dem Eibsee entgegen, der Schriftsteller X. Y. und sein Lebenskamerad, vor sich, wolkentragend im lauen Winde und in seiner lichten Gewitterbläue königlich einsam, die Bergwand des Waxensteins. Es war ein guter Mittagsgang, ohne Schwüle, bergnah; die zwei alten Freunde und Wanderbrüder sprachen wenig; sie sahen. Die letzten Häuser des Dorfes; der Bach, dessen klare Eile auf so kluge und reichliche Art in einen gemauerten Steinkanal gefaßt war, einem Troge gleich, der durch das ganze Dorf sich zog wie eine Mauer, je und je von kleinen Treppen erstiegen – ein Bauwerk, wie es im großen nur Römer entworfen und beendet haben, und was besagen für ein bayrisches Bergdorf Größenmaßstäbe? Aus diesem schönen und dauernden Bauwerk sprach Gemeinsamkeitsgesinnung, eine rechte Sozialität; und stark und gemütlich schmeckte aus hohler Hand dies bergabgleitende Wasser. Und dann traten Villen an die Straße, hübsche Landhäuser, jedes in dem gedeckten Licht mit seiner Besonderheit: das eine einen großen Gemüsegarten um sich, in Quadraten von kleinen Wegen umzogen und ganz locker mit zartem Gemüse bestanden; das sah holländisch aus – nämlich wie ein Nachkriegsmensch sich vorstellt, daß Holland aussehe; und finden sich nicht hienieden Philosophen, bis zum Rande voll Lust, zu beweisen, ein solches Holland sei echter als das zufällig reale? Nämlich dichterisch echter und wesensmäßig? Unter dem riesenhaften Laubbaum der Nachbarvilla lag, mit gelber Decke zugedeckt, ein Krankes oder Genesendes, lesend mit großer Brille; auf die Entfernung und so eingewickelt, wie es lag, konnte man nicht wissen, ob es ein Jüngling sei oder eine junge Frau – und stehenzubleiben, durch eingehendes Inquirieren des Gesichtes die Wahrheit festzustellen, das getrauten sie sich nicht. Und dabei wirkte es in diesem Nachkriegseuropa

ja pervers, vor der Feststellung irgendeines Sachverhalts aus Gründen kindischer Dezenz zurückzuschrecken. Aber das Haus hieß »Im Rosenhag« oder dergleichen, und das gab ihren Gedanken neue, wenn auch in schlendernder Faßlichkeit bleibende Richtung: daß nämlich ein poetischer Gegenstand wie solch hübsches Haus nicht noch durch »poetische« Klänge und Assoziationen die Lieblichkeit des Ortes zu übersüßen sich anstrengen dürfe und daß es anscheinend kurioserweise leichter sei, einen schönen Hügelabhang sich für sein Haus zu wählen, ein passendes Gebäude erstehen zu lassen und die Natur ins Park- und Gartenhafte umzudichten, als für das Fertige aus dem doch kontrollierbaren Schollengang der Einfälle das rechte, bescheiden-klare und wahre Benennwort herauszufinden. Aber offenbar bereite es den Besitzern persönlichste Lust, unter Ausschaltung des für Namen zuständigen Fachmannes an ihren Villen ihr entweder poetisches Mooseck- und Rosenhag- oder niedliches Lili- oder Mädy-Gemüt krachend zu exhibitionieren.
So also nahm mit nickender Zustimmung ein Blick auf das Schild der nächsten, der Nachbarvilla, wahr, daß sie »Hügel am Weg« heiße – für sie der ausgezeichnetste und auszeichnendste Name. Ein Name, hinter dem eine Person stand, ein Neugierigmacher von Hausnamen; und mit dankbarer Aufmerksamkeit suchten ihre Blicke nach weiteren Entdeckungen: nach der Gestalt des Hauses, des Parkes, des Daches, eines Fensters. Aber hinter den heroischen Laubmassen alter Wipfel liegt das Haus zurück von der Straße; sie beeilen sich, vielleicht im Fortgang einen überraschenden Durchblick auf das Ganze zu finden – und nach wenigen Schritten sieht man etwas, eine Gestalt, eine schwarze Statue zwischen Büschen und vor einer Hauswand, und schon schreit der achtbare Schriftsteller wie ein Junge laut auf. Schreit laut auf, herzhaft überfallen und in die Luft gesprengt. »Rodin!« schreit er. Hier, mitten im bayrischen Alpenvorland, steht im Grünen, zwischen Büschen, schwarz gegen das Licht und beseelt, beseelt wie nur ganz wenige Gebärden in dieser Welt, aus Bronze Rodins Johannes der Täufer.

Das Mittagslicht gleitet ihm vom Scheitel, seine wilden Haare entlang über die hageren Schultern bis zur Sohle. Er ist so nackt wie Adam, und seine Mienen enthalten schon in einer keimhaften Frische und Gedrängtheit die ganze Seelenangst und Seelensehnsucht, die vom Zerfall der Antike an, von Mithras und Serapis bis zu Blavatsky und der Steinerei die moderne Menschheit durchwalkt und durchgärt und die man Mittelalter nennt. Aber das Erschütterndste ist sein Arm, der ekstatisch mit jeder seiner kleinen Biegungen eine Oberfläche inbrünstiger Heilsgewißheit schafft, der ein unwiderstehliches Winken ist und in dem, mit den Schultern und dem harten Halse, sich die gotische Leidenschaft offenbart, die den genialen Helden Rodin zu einem zuzeiten genialen Seelentröster macht, zu einem Religiösen und Heilsgewissen einer menschlicheren als der überlieferten Religion. Johannes der Täufer, in schwarzschillernder Bronze, steht regennaß im gedämpften Wolkenlicht zwischen den prangenden Büschen im ernsten Grün, und von der Straße her sieht man sein Winken, seinen Befehl, seine Leuchtturmgeste der Zuversicht, das eine zu wissen, das not tut.

Und indes sie nun, von der niederen Straße her und ihrem Hohlwegartigen behindert, noch einen langen Blick zu diesem metallenen Genius emporsenden, hört, über das Schlagen der Finken hin und stärker als das Jauchzen der Ammern vor dem Gewitter, der ganz wunderlich erfaßte Dichter an sein inneres Ohr Sätze fallen, rhythmische Sätze, die sich einstellen im Tonfall von damals, ja fast wortwörtlich, wie er sie schon einmal aus sich auftauchen hörte, um sie zu schreiben: »Er blickte um sich hell und heiter, ganz ohne Abschied und übertriebenes Gefühl, und sah, als sähe er sie zum ersten Male, über den Köpfen der Freudigen die Bildsäule des Täufers steil aufragen, des Patrons der Nacht: nackt und bronzegrün, mit einem Körper ohne Fleisch und schreiendem Antlitz, schreiend vom Leid der Menschen und der Inbrunst, sie zu retten. In seinem Dastehen war ein gewaltiges Schreiten der gehenden Beine: ihm dünkte, er käme gerade auf ihn zugegangen und auf ihn allein von allen diesen – die Welt, die nicht richtete, weil sie liebte, grüßte die andere, die gerecht richtete, weil sie die schmerzliche Last trug, Ordnung und Gesetz zu bauen über dem Chaos und den Trieben. Da durchglühte ihn ein heißes Steigen von Stolz, daß er allein ausersehen sei, und vielleicht war dies ein Gleichnis des ganzen Lebens der Schöpfer, des Leids über der Lust der Menge, das für ihn hier aufgestellt worden war, um ihn zu ermutigen und sein Los zu billigen. Er richtete seine

Augen scharf und frei in die fernen Augen aus Schatten und grünem Metall und hob ihm mit unmerklichem Gruße das Glas entgegen, ehe er trank.«

Er – der Bürgermeister einer nordischen Stadt, mit seinem Greisenschicksal erdichtet und öffentlich gemacht als letzte von zwölf Erzählungen, in denen immer wieder die freie Wildheit des einzelnen und die Macht der Leidenschaften mit der der sittlichen Welt sich zu messen verführt wird. Dieser Schlußabschnitt, um dessen, was er ausdrückt, willen die Erzählung sich gestaltete, auf den hin die Prosa losging, immer lustvoller gestaut, um endlich sich in einen Abgrund von Tod, Kunst und Schicksal stürzen zu dürfen – dieser Schlußabschnitt wußte hinter sich die ganze Begegnung mit Rodins machtvollen Gebilden, wie sie in Kopenhagens Glyptothek und seinen Straßen dem reisenden Studenten von 1912 zur Erschütterung all seiner seelischen Organe begegnet und wahrhaft zugestoßen waren; aus einem Wald von Körpern erlas sich sein Herz damals, noch über die Bürger von Calais hinaus, diesen Jochanan, Sohn der Wüste und des Jordans, wieder auferstanden in dem französischen Genie des frommen Heiden Rodin, gesammelt mit den Geldern eines dänischen Brauers namens Jacobson in Kopenhagen, und nun Wort geworden, schwaches und entbranntes, in der Seele eines deutschen Juden und Schriftstellers, der als freier junger Mensch 1912 nahe bei Berlin seine Erzählung aus diesem Trauma werden ließ, um dann 1916, vor Verdun, als Armierer und Sklave der elendesten Arbeit und des fluchwürdigsten und sinnlosesten Gemetzels dieses ganzen Krieges, unter fast unerträglicher Anspannung der Seele die Korrektur seines Buches lesen zu müssen, nachts, bei einer Kerze, inmitten Kartenspiels, Gelächters und wilder Flüche, Schnarchens, Polterns und des Qualms von vierzig Rauchern: wo dem feilenden und verloren horchenden Gestalter der Worte nach der freien, glanzvollen und schwerelosen Hingabe an die geistige Welt mit dem grauenden Morgen wieder der fürchterliche Regendreck und Seelendreck eines schuftenden, rechtlosen, wehrlosen Lastknechtes unausweichlich bevorstand – Lehmwelt, die schon Jahre dauernd sich nur hatte ertragen lassen dadurch, daß man die ganze Sphäre des Künstlers in sich und sein ganzes Leben von einst abgekapselt und abgedrosselt hatte und nur noch und ausschließlich der Armierer X. Y. war: nun aber mußte diese Sicherung durchstoßen werden, nun hatte die Verzweiflung freien Weg, nun lag die empfindliche Stelle bloß für den Stoß der Zeit...

Mitten auf einer bayrischen Landstraße, angesichts herrlicher Berge und einer frühlingstollen Gegenwart steht ein Mensch, in dem sich Fernen und Zeiten zum Knoten schürzen, um den Epochen solchergestalt in Strängen sich wirren und lösen und dem für einen Augenblick brennender Erkenntnis innere Wirklichkeit die äußere überwältigt, dank der jähen Erscheinung einer Statue, kraft solcher Selbstbegegnung im Grünen.

Und wissend, wie man allmählich wurde, fragt man sich, was diese Erscheinung vorausbedeutete für die Seele, die sie erlitt, und ihre Arbeit. Neuer Abschnitt? Neue Sammlung? Wird die übermäßige und übermächtige Ablenkung schwinden, die politische Leidenschaft und das Gefühl der Mitverantwortung am Werden der gesellschaftlichen Zustände, die Krieg und Nachkrieg in einem auf die langsame Versittlichung der Welt angewiesenen Geistigen heraufriß? Soll langsam wieder Gestaltung und die wachnervige Geduld des Bildners demjenigen zur Lust werden, der sich solange mit Entwürfen und der nur in der Werkstatt verständlichen Skizze begnügen mußte? Sollte vielleicht, unter all den Torsi aus letzten Jahren, von frühen Fährten her dies und das sich finden, das der wieder ungeübten Hand aus allen Ursachen die mindesten Widerstände bot? Und bedurfte es vielleicht, damit der Entschluß das Mögliche sogleich beherzt beim Schopfe fasse, nur noch der Erschütterung, die, wartend an der Straße zum Eibsee, im Garten des Hauses »Hügel am Weg«, die Erscheinung des Täufers von Händen Rodins in ihm und nur in ihm auswirken konnte? So daß anders zurückkehren würde, der anders dorthin ging? Die Welt ist voller Wunder, wenn die Seele sich auf verknüpfende Magie versteht...

Und danach liegt zu Füßen heroischer Wände der Eibsee schwarzgrün unter seinen Tannen. Auf der Terrasse eines überkostspieligen und daher wohlbevölkerten Hotels kurz rastend, findet man sich in einen Alltag zurück, der doch nur wie auf Kündigung gilt, nur halbwegs, nicht sehr ernsthaft, und unter dessen dünner Wirklichkeit schon alle Kräfte im Anziehen und Bewegen begriffen sind, die man mit einer zerbrochenen Epoche dahin glaubt: des Spiels, der Freiheit und der Verantwortung und einer schwachen, schwachen Hoffnung.

# Nicht beschämen

## 1923

Unterwegs im Regen brach er krachend in den abendlichen Waggon, um sich uns gegenüber zu verstauen; an fette, sandfarbene Engerlinge erinnerte er. Ein rosigblonder Pausback in Ockergelb mit dem Kindergesicht eines flüggen Babys; in meiner Umgebung fand sich bisher diese Sorte nicht; aber was saßen wir auch im Zuge von Garmisch her! Trotz praller Backen sah er gequält und beunruhigt vor sich hin, seine Lippen gingen beständig, und was Hilfloses stand ihm um die Augen... Und dann, leider, stieg Wilk aus, lachend von einem Satz, den er mir noch schnell zuwarf; ob meine bissige Replik noch saß – »Du sollst nicht beschämen!« rief ich ihm nach, im Zusammenhang des Vorigen ein Hieb –, wird bis zum Wiedersehen ungeklärt bleiben.

Der Zug nahm stampfend und klirrend, mit gesenkter Stirn, den erbitterten Kampf mit dem Wetter wieder auf, das seine Flanken mit schnaubenden Güssen Wassers bewarf; da sprach auch schon, und ich erschrak, das Gegenüber auf mich los, dieser junge Aufgeregte in Ockergelb, geladen mit Erguß bis zum Rande, nachdem er angesetzt und geübt hatte wie ein Maikäfer vor dem Abflug:

»Wo stehen solche Sätze? So nichtsnutzige Aussprüche, wie Sie ihn eben dem Studenten nachwarfen? Du sollst nicht beschämen! Was heißt das? Leichtfertige Befehle kann jeder geben – Verzeihung, aber das bringt einen hoch, besonders wenn man's so bodenlos biblisch versetzt kriegt! Dann soll man sich vielleicht nicht in Ihr Schweigen mischen, trotz der kalten Zone, die ein gebildeter Herr wie Sie gar so ausgezeichnet um sich zu gürten versteht! Was sonst sollte ich denn tun, als ihn in die Eingeweide hinein beschämen? Hatte er etwa mich geschont, mich, der ihm nie ein Fädchen seines Paukerbarts gestreift hatte? Er war ein alter, frecher Mann, Zippedehl, ein Eingeborener pur sang; schlechterdings mußte ich ihm eins in die Rippen geben!

Und wenn Sie sich fünffach in ablehnende Positur setzen – wohlgefühlt: wer ablehnt, verurteilt, und kein Urteil ohne Verhör! Ich hab es satt, dies verfluchte Verurteiltwerden ohne Verteidigung, Billigkeit und Gnade! Denn so hat sie, eine gewisse Dame, mich verurteilt, allerdings... Und nun fahre ich ihr nach... Ob wir Zeit haben? Es handelt sich um eine jener kleinen, lieben Erfindungen, an denen das Alltägliche so reich ist, dieses Leben des Menschen auf einem wie wild durchs All sausenden Kugelstern, auf den Gott, der Schöpfer des Ganzen, seinen eingeborenen Sohn herabzusenden die Gewogenheit hatte, zu den Menschen, um der Menschen willen, wie die Neger glauben! Ausgerechnet! – Muß man hier nicht diesen Schlachtruf ausstoßen? – Ausgerechnet Menschen! Warum nicht zu den Schnecken, den Karpfen, Blattläusen oder Spinnen? Es wäre mehr dabei herausgekommen, glauben Sie einem Eingeweihten. Und was verlieren Sie, wenn Sie nicht lesen bei diesem für die Augenärzte erfundenen Bahnlicht, in solcher Zeitung, großer Gott, die doch von Analphabeten für ihresgleichen geschrieben wird? Das geht doch Sie nichts an! Horchen Sie lieber her; hier lernen Sie am Ende noch was, Herr, ›Du sollst nicht beschämen!‹ Was mir zustieß, kann jederzeit auch Ihnen blühen; wir sind keinen Augenblick gesichert hienieden.

Vor ein paar Wochen besteige ich mit einer Dame eben diesen Zug, vormittags, schönes Wetter. Ich werde meine Pfeife, diese hier, auf dem Bahnsteig zu Ende rauchen. Indes ich unser bißchen Gepäck im Netz verstaue, halte ich sie vorsichtig zwischen den Zähnen, brennend. Wir fahren Nichtraucher; niemand kann mich oder eine zarte Dame gar zwingen, das zu verschlukken, was jedermann durch die Nase bläst; aber eine Pfeife im Mund haben, das gehört doch überall zur menschlichen Freiheit... Die Dame sitzt am Fenster, ich pirsche mich nach keiner halben Minute hinaus, der blaue Blick auf See und Berge klafft schon auf: da, ich stehe noch auf der Plattform, springt hinter einer duftenden Zeitung ein alter männlicher Mensch hervor, behauptet schnaubend, indem er die von Gott ihm zum Lobsingen verliehene Sprache mißbräuchlich anwendet: ich hätte im Nichtraucher geraucht! Ich setze ihm entrüstet seine Schranke – und schon hat er einen blauen Amtsmenschen da, an silbernen Verzierungen als Zugbegleiter kenntlich, den er speiend

und lila um die Augen beschwört, mich in Strafe zu nehmen! Und ehe ich mich noch entschlossen habe, meine Aufmerksamkeit von diesem Farbenwechsel der menschlichen Außenhaut weg und lieber dem Sachverhalte zuzuwenden, weicht der Bahnmann schon einer gespuckten Drohung, er, Zippedehl, Kunstmaler, ansässig in Starnberg und ortsbekannt, jawohl, werde sich sofort mit dem durch seinen roten Kamm hinreichend als Macht bewiesenen Stationschef bewaffnen! Der Mensch in ihm, ich seh's seinen Schultern an, weiß, daß er unrecht tut; aber der Beamte in ihm ängstigt sich vor dem Vorgesetzten. Kleinlaut läßt er mich dreihundert Papiermark Strafe entrichten, sein Gewissen salvierend: Ich solle mich beschweren. Ich hasse Szenen und bleche gegen Quittung das Porto dreier Briefe. Genausoviel, lachen Sie mit, wog der Betrag, im Posttarif unseres Heilsjahres 1922 umgerechnet; die Reichsbahn, treu und bieder, schlief noch auf Weltkriegstaxen.
Da stelzt einer nun auf und ab, zitternd vor Empörung im Geweide. Die wilde, dumme Ungerechtigkeit der Welt hat sich an mir manifestiert, an mir, der ich so behutsam durchs Leben schlüpfe, als polsterte ich meine Taschen mit rohen Eiern. Sie kennen dies Gefühl, wehrlos Unrecht zu leiden, waren ja Soldat, nicht wahr? Der Magen ballt sich wie eine Faust – und im Munde schmeckt es übel. Will ich denn etwas andres hier, als in dieser Zeit der künstlichen Baisse, wo alle Kurse stabil bleiben, mich erholen, bis man politisch wieder Männchen macht, es Aufregungen hagelt und alles mit Drehstrom ums Ganze saust? Muß mein Kompagnon Zeitungen, Börse und den ganzen Zimt allein belauern, damit ein Zippedehl auf meinen Nerven pauke angesichts einer jungen Dame, die diesen weiten, matten See, im Vorfrühlingslicht von Wolken überflogen, diese Berge dahinter, blausilbern aufgehämmert und erhöht, noch mehr liebt als ich und die dort hinter der Scheibe ein zaghaftes Lächeln gehißt hat, in dem ich ein bißchen Spott ahne?...
Es gibt Frauen, man steht ihnen nahe ganz nach Wunsch, aber sie zögern gelegentlich zwei Jahre mit dem Entschluß, einen zu heiraten; sie halten sich innerlich noch immer ein bißchen von einem fort, sie wahren sich eine anständige Freiheit da drinnen, und das gefällt einem dann grenzenlos. Konnte man denn ah-

nen, was für schneidende Folgerungen eines Tages daraus dämmern würden, bald, heut, sofort, eines Zippedehl wegen?
... Ach – hätte ich die Sünde auf dem Gewissen, nach dauerndem Müßiggang und fünftägiger Spielerei mit Lehm und Odem oder Seele den Menschen aus dem Rohen hergestellt zu haben: ein bißchen Fähigkeit, die Folgen seiner Taten vorauszuwittern, hätt ich ihm mitgegeben; die nächsten zwei, drei Konsequenzen, mehr nicht; aber das hätt ich mich's kosten lassen, wenn schon durchaus Menschen gemacht werden mußten und ich aus dem Vollen meiner Allwissenheit nur so zu schöpfen brauchte.
... Damit er nicht so ganz im Dunkeln zu tapern brauchte, das arme Hundchen, der Mensch...
Vorläufig allerdings ließ es sich lustig an, indes die Maschine uns und, hinter seiner Zeitung verschanzt, Herr Zippedehl fortschleppte. Da saß ich nun bei meiner Dame, Tohuwabohu in den Adern. O Gott, warum's nur in unsereinem noch immer so bebt, wenn man gedemütigt worden und erniedrigt! Haben wir nicht alle Stöß' und Schläge des Geschicks über uns ergehen lassen, wir Stückgut und Viehwageninhalt des großen Krieges? Unter den Augen einer zarten, sanften Lady! Hier saß sie, am Fenster, den Schleier vorm Munde, blaß und tief erschöpft, müde vor Miterlebnis. Erst habe sie sprachlos vor Schreck und Mitleid gezittert, nah am Weinen des offenbaren Unrechts wegen und empörten Herzens; dann aber habe meine Bürgerfrommheit sie entsetzt. Ich hätte toben sollen! Man solle sein Recht verteidigen, an jedem Punkt der Welt dem Unrecht Einhalt tun, um sich schlagen, kämpfen! Sie habe mit anhören dürfen, wie der böse alte Mann dem Schaffner gegenüber sich freute, daß ich hätte zahlen müssen!
So? hat er das, der alte Esel? Und ich beschreibe ihr die Feigheit dieses Bürgers, der sich hinter den Staat steckt, mit der dicksten Maschine der Welt einen Nachbarn zu überfallen, der noch dazu wehrlos scheine, wehrlos sei, weil er alle Zusammenhänge rapid und haarscharf zu durchschauen verflucht sei. Und im Fahren taxiere ich meinen Mann, Herrn Zippedehl, den Kunstmaler. Es gibt Maler und Kunstmaler, Lehrer und Oberlehrer; Cézanne war bloß Maler. Unter offensivem Lächeln und oberhalb meiner Wut – denn mir ist Unrecht widerfahren! – schlucke ich ihn ganz ein. Ein alter Esel? Ach Gott, ein armes

Huhn; menschlich so flau, daß er sich, irgendein Ressentiment vom Magen wegzustoßen, mit zugkräftigem Vorwande auf einen Nebenmenschen stürzt, ihn mit dem Staate billig niederzuschlagen! Vielleicht hatte er mich nötig, um häuslichen Ärger loszueisen oder den allgemeinen Wutkomplex über die Zeit, die wirtschaftliche Lage, die er nicht zu seinen Gunsten umzubiegen vermag! Witterte er in mir den kleinen, bescheidenen und erfolgreichen Schwimmer, haha? Hat ihn die Atmosphäre von Glück so ganz aus dem Häuschen geschmissen, die um mich ist: weil ich, vorsichtiger und genügsamer Igel, aus freien Stücken mir ›Stop!‹ gebot und so meinen Stoß Effekten ablud, zwei Tage vor dem großen schwarzen Loch, das uns die Staatsbank gütigst gegraben hatte? – Diese stille Heiterkeit, die letztlich ja nur jahraus, jahrein von dem kühnen und sanften Mädchen herstammt, das mein leichtbewegtes Leben teilt? – Oder genügte für sein Gemüt vielleicht schon der Anblick happily gewählter Kleidung, ein Ockerbraun von Schuh bis Mütze und Meerschaumkopf, das ihm nach ›Schieber‹ riecht? – Womit solch Onkel sich an jedem gerächt glaubt, der sich von den katastrophalen Weisheiten unserer heimischen Geisterriesen in Ämtern und Parlamenten den Zuschnitt des Lebens nicht ins Affenartige verklieren läßt? Armer Zippedehl, Kunstmaler ohne Namen und Gaben, alternd, mit dem aufgeregten kleinen Kopf eines Unterbeamten, nach dem Schema Verlaines geformt, von dem du wohl nie hörtest, mit vorgelegtem Kinn voller Bartfäden und gebeultem Schädel – es muß hart sein für dich und kostspielig zu leben, Leinwände von oben bis unten mit Ölfarbe oder Papier mit Aquarell zu bedecken, um die bezaubernde Natur abzumalen, die dich umgibt und die soviel größerer Talente grausam spottet! Wüßtest du, daß, hätte mein Papa mich nicht harten Rucks auf den Stuhl des Banklehrlings gesetzt, und ohne den niedlichen Zwischenfall des Krieges, ich beinahe dein Kollege geworden wäre, auf die Schattenseite des Lebens gefallen gleich dir! Und ich zeichne sein armes Sekretärprofil in das kleine Büttenbuch, das ich ständig am Busen wärme – sanfte Privatrache, über die sich meine Freundin amüsiert.

Wir fuhren zwangsweise zur Stadt; ein Geschäftsfreund konnte nicht umhin, einem Zirkel von Fachleuten seine Weisheiten über die Wirkung der ›künstlichen‹ Baisse zu versetzen, und ich sollte ihn ergänzen – ich armes Opfer! Wie gern wären wir daheim geblieben, uns weiter in Stifters ›Nachsommer‹ zu verlieren ... und bedenk ich, was alles mir dann erspart geblieben wäre – nun kann man sich leicht die Glatze massieren! ... Und kurzerhand beschlossen wir, zu spät zu kommen; denn was konnte jener auskramen, was ich nicht durchdacht hatte, schärfer, genauer, logischer als er? – zu spät zu kommen und vorher, zwischen Abendbrot und Debatte, das Herz mit etwas Musik zu atzen. Wir fanden unsern Fall sehr schnell, nur Bach, und lauter Raritäten: Sopran-Arien mit obligater Flöte, Trios für Geige, Flöte und Cembalo, und Cembalo solo und wieder geistliche Lieder – da leuchten gewisse graue Augen, da belebt sich ein helles Gesicht ...

Und dann lachten wir im Zorne auf unsern Sitzen; denn diese wundervollen Dinge wurden wahrhaft exekutiert, hingerichtet nämlich ... Das Cembalo rauschte wie eine dumme Schleppendame an der Bachschen Seele vorüber, die Flöte ward zu schüchtern gebraucht, die Geige zu rabiat, aber die Sängerin: da stand die schöne, große Person am Ende eines weißgoldenen Saales und im Besitze einer Donnerstimme detonierte sie wie eine Bombe! Die Figuren der Deckenmalerei, flatternd bunt, schienen sich rasend auf sie zu stürzen, um ihr die Töne in den geübten Schlund zurückzustopfen – aber sie merkte es nicht –; sie baute ›Komm, süßer Tod‹ aus lauter schief zueinander fallenden Tonstückchen grausig zusammen, so daß wir uns anstaunten wie Mitschuldige. ›Was haben wir da angerichtet‹, sagte Helene ganz ängstlich ... und die vogelhaft süßen Arien vermochte sie nur so stramm zu bringen, weil sie rechts von Geige, links von Flöte und im Rücken von dem rasend zirpenden Cembalo gestützt wurde – und sie merkte es nicht einmal, die rabiate Närrin! Und hatte sie nicht recht? Der Saal kochte vor kalbigem Applaus ... – Unterwegs, zwischen Saal und Bankklub, sagte ich: ›Sieh hin, so ist die Welt gemacht; ein schöner Grundriß und dann verpfuscht; verschiefte Linien, falsche Intervalle und eine Selbstgerechtigkeit dabei, die dem Beifall der kompakten Masse entspricht wie das Wiehern der Zote.‹ – ›Du wirst dich also nicht beschweren‹, konstatiert sie nach einigen Schritten; und ich lege ihr meine Gedanken zur Sache still und pomadig dar. In einer genau gehenden Welt, so paffe ich gemütlich, bedeutete Rauchen im Nichtraucher das trotzige und behagliche Eingerichtetsein eines Mannes in seiner Kupee-Ecke, die erfreuliche Geste des Bauchatmens und Wegblasens von Rauch, auf Genuß und Wohlgeschmack förmlich gezüchtet, einen Zustand gegen das Gesetz und aller Welt in die Zähne hinein glatt durchgehalten. Ich aber habe nichts als meine Pfeife dreiviertel Minuten vor dem Ausgehen gerettet, und Zippedehl ist ein cochon. ›Und hältst du denn nach diesem Konzert und überhaupt den menschlichen Staat für reif genug, so schlichte Unterscheidungen innerlich nachzuziehen?‹ An wen geht solche Beschwerde? Doch an einen höheren Beamten, Zippedehl den Zweiten, den jede Beschwerde wider Amtshandlungen automatisch giftet: ›Mit brennender Pfeife zwischen den Zähnen im Nichtraucher betroffen worden sein, heißt geraucht haben selbst bei stehendem Zuge – Abmarsch!‹ Nein, ich bin hienieden nicht, die Welt einzurenken! Und als ich etliche Tage danach aus Versehen wirklich in einem Nichtraucher mein Pfeifchen schmauchte – wegen getürmten Gepäcks, welches das plakatierte Verbot überbaute – und diesmal von einem nichtzippedehlischen Herrn nebst Schaffner nur einen freundlichen Wink erlebte, hielt ich ihr abends triumphierend vor, wie weise gelegentlich das Leben sich selbst mit Einrenkung zu helfen wisse, und sie lachte mich spitzbübisch an... Denn sie hielt mich für feige, wissen Sie, vor Beamten, vor Vorgesetzten...

Vorgestern fahre ich mitten in der Nacht aus einem Traume von Kerzen, Lokomotiven, Gefangenenheimkehr – ich saß die letzten sieben Monate hinter britischem Stacheldraht – mit der Illumination im Kopf: Zippedehl! wenn er dein gedenkt, jubelt mit Flötentrillern sein Zwerchfell!

Das fand ich bedrohlich. Mitten aus persönlichem Traume schmiß mich der Tapfere? Das führt zu weit. Auf Meldeämtern erfährt man Wohnungen; da er meinen Namen nicht kannte, sagte ich mich brieflich bei ihm an. Um das Haus, feucht am See, lag eine Öde ohne Gnade; kahl mit seinen Stallungen verdammte es den drin Behausten zu gähnender Qual: bürgerlicher Regensonntag in einer modernen Hölle. Das gab mir Haltung; ich sah meinen Mann jetzt von innen her. Gekleidet ganz wie damals, ganz wie jetzt, hellbraun gleich dem schönsten Marder, schellte ich; die Pfeife brannte; er öffnete selbst, stand wie ein Klotz, sah starr, blickte, errötete langsam von unten nach oben. Ein Aquarell zu kaufen sei meine sachliche Absicht. Ob ich ihn erkannte, das blieb im Dämmern. Er ließ mich ein, ging voran, wartete, wußte nicht, wo sich hintun; er stotterte vor Erregung. Seine Befangenheit machte mich erst munter – natürlich hatte auch mir vorm Magen ein Kloß gesessen, man ist ja kein Nilpferd; der schwand jetzt, schmolz in eitel Butter: denn wer kam jetzt mit der stärkeren Maschine? mit der stärksten, aha, dem Gelde? Und mir war auch nicht ein Deut anzumerken; ich wurde liebenswürdig, indes ich mich weidete, wie Verlegenheit und Scham ihn lähmten, indem sie ihn aufregten. Seine Hände beim Vorlegen der Blätter zitterten – arme, geäderte Zippedehlhände, dachte ich, ich kann euch nicht helfen, was mengt man sich in meinen Nachtschlaf.

Tatenlos? Durchaus nicht. Aber das Talent ganz zersetzt; Empfindung, wissen Sie, und Komposition fielen nie zusammen; in jedem Blatt fünf, sechs gute Fleckchen, das Ganze aber ging nie in eines, eine peinliche Vollständigkeit machte das Gute unwirksam und gab dem Blatte lähmende Verdrießlichkeit. Meister, und gar heutige, als Maß zu zitieren, verbot sich natürlich; ein Umriß von Kokoschka, von Munch ein Blau hätte alles mit Donnerwetter durchstoßen. Aber ich freue mich auch an altmodischen Qualitäten; und da hielt ich endlich ein Blatt, das gut saß. Unserm Mietshäuschen nahe zieht sich eine Schlucht hin, wildbewachsen, durchwässert von einem Bergbach, sommers ein kleines Paradies voller Dolden und Geblüh. Da kam ihm seine Kreuz- und Querbegabung zu passe; da brachte das Sujet Gelegenheit für gute Stellen übers ganze Blatt hin, seine Zerfahrenheit und das Flirrige von Wildwuchs und Wasser kamen zur Deckung: endlich, dachte ich, schöne Eroberung. Er nannte mit bebenden Kinnladen den Preis, ich merkte nicht, ob billig oder teuer, jetzt kam mein Augenblick. Ich lege ihm zwei große Scheine hin: ›Dreihundert Mark als Spesen unserer Bekanntschaft erbitte ich zurück‹, und sehe ruhig ihm, nicht einmal lächelnd, in die sich verdunkelnden Augen. Beschämung, sagten Sie. Beschämung ist Quark; Vernichtung, das deckt. Er hatte Nerven, seine Hände flogen; mit diesem Zittern legte er die Brieftasche vor sich hin, nach einer Pause, in der ich ihn denken hörte, fühlen, wühlen, atemlos, ganz in Widerstreit gelähmt, ob er mich hinauswerfen solle, mich und mein Geld, den zufriedenen Kerl, der, ihm den Dolch der Demütigung in die Weichen

stoßend, noch seine beste Arbeit gegen bar stahl! Dann siegte das Geld. Er kramte aus dem abgebrauchten Leder drei arme Scheine. Sie und das schöne Blatt brachte ich ihr nach Hause. Als ich erzählte, saß sie im Halblicht unsres großen blauen Schirms. Sie ging früh zu Bette, ich hatte massenhaft zu schreiben.
Und heute mittag, ich komme von der Post, ist sie davon. Fort. Ja. Mit etwas Nachtzeug weg. Und mitten auf dem Tisch das Aquarell und die drei Scheine, ich bitte Sie ... Warum? Gemein? Was ich ihm tat, war nicht gemein, und schließlich kam er doch zu Gelde. Sie fand mich, glaub ich, plötzlich schwach; weil ich erst resignierte und dann vergelten mußte hinterdrein. Den Frauen spukt noch immer der Ritter im Blute. Stark sein, auf daß man sie Verantwortung entrücke, sie decke gegen alles Mögliche und jederzeit ... Und bisher hielt sie mich für stark, weil ich der Zeit ökonomisch in die Zähne haue. Schwach, stark – was für Unterscheidungen, großer Hund! Wie grad und ungrad von Kindern gespielt ... Ich denke mir: man lebt miteinander oder nicht, hält sich aus oder nicht, schläft beisammen oder nicht, und hat man gewählt, bleibt man bei der Stange. Ach ja, sie hatte sich noch nicht rechtskräftig entschlossen.
Sie muß noch in der Stadt sein, bei Carla Friedrichs oder im Englischen Hof. Suche ich gleich – was meinen Sie? Keine Imogen der Welt, keine Ophelia, nicht wahr? kann da behaupten, ich sei gemein gegen ihn gewesen. Gemeinheit, Ehren Herr Nachbar, verrät sich früher. Das meinen Sie doch auch. Das haben Sie zu meinen! Gemeinheit der Seele entdeckt eine kleine Cordelia nicht erst nach zwei Jahren. Das hab ich nicht zu fürchten. Davon bin ich armlang weg. Ja, Sie sind mir fremd, ich rede taktlos, ich weiß sehr wohl. Takt ist die Erfindung herzloser Völker, die vor allem nicht belästigt werden wollen, mit keinerlei Verzweiflung. Aber was davon abhängt, daß ich jetzt das Rechte tue – alles, Herr! Wie lebt man denn ohne sie? Ja, das können mir alle Taktvollen der Welt nicht verraten!
Spür ich sie gleich auf? Laß ich ihr Zeit, sich zu besinnen? Dann wär ich heut abend ungern allein. Da ich Sie nun einmal hineingezerrt: – darf ich Sie bitten, mit mir zu soupieren? Ein Glas Sauternes bei Schleich? Nein? Schade. Entschuldigung. Sie haben recht: ich wäre heute abend eine trübe Erfindung.«
Wir stiegen aus. Sein beunruhigender Umriß schmolz im Abendschnee des frühen März.

# Keimendes Sterben

1923

Niemand würde mich erkennen. Ich dürfte diese kleine Erzählung sogar drucken lassen, unter noch so durchsichtigem Pseudonym, ohne daß jemand mich daran merken würde. Ich sitze hier, ein Mann, schwer von Leben, an meinem Schreibtisch, und wenn ich eine Sehnsucht habe, so die, aufhören zu dürfen. Ein Ende zu machen, mit allem, besonders mit mir. Wegwerfen zu dürfen den närrischen Kram, den die Zeitungen in ihrem patenten Kauderwelsch »das stolze, weltumspannende Gebäude einer Lebensleistung« nannten, als wir jüngst unser Jubiläum zelebrierten. Ich verachtete sie, indem ich mich ihrer bediente. Ich verachte mich, indem ich mich meiner bediene – meiner Wachheit und Weltkenntnis, meiner Gabe augenblicklicher Verknüpfung, meines Willens, meiner Freude am Überrennen kleiner oder großer Konkurrenten, die ja doch allesamt menschliche Existenzen sind wie ich und die ich gnädig vom Boden hebe, indem ich sie versklave. Sie haben keine Freiheit mehr, ich lasse sie verdienen, sie danken mir aufrichtig. Ach, wie ich mich verachte! Ich sehe einer inneren Erstarrung zu, die mich mit dreiundvierzig vergiftet. Ich habe keinerlei Gefühl mehr, das mich bindet, warm und dumpf und süß und schwächend, an irgendwas. Ich fange jeden meiner Sätze mit »ich« an, und nicht etwa, weil ich gar so froh wäre, ich zu sein. Ich habe einen kleinen hellen Punkt im Innern, der mir erlaubt, in mir Umschau zu halten und wenigstens zu wissen, wie es mit mir geht und steht, Kontrolle in Händen zu haben, wenigstens an einem kleinen lichten Stellchen ganz am Leben zu sein; und es wird wahrscheinlich nicht erlöschen, ohne daß auch ich mich lösche. Ich weiß, ich müßte es tun, obwohl ich es bedauern dürfte; denn was aus dem Werk dann wird, aus dieser sinnvollen Anhäufung von menschlichen Tätigkeiten und Schicksalen, das weiß nicht einmal Gott, dieweilen er nicht existiert. Der wahnsinnige Atheismus unserer Tage hat mit seinem neuen Besen gut in mir gekehrt – und die klägliche Abgeschmacktheit unseres öffentlichen Glaubens geht so weit, daß gegen ihn meine gottlose Kahlheit eine höhere Form von Reinlichkeit darstellt...

Darum klammere ich mich an dieses kleine Erlebnis hier, an diese Erinnerungen, an dieses aus gehäuften Unklarheiten und Empfindungen zusammengesetzte Bündel Jugend. Ach, ich weiß wohl, auch darin steht schon, für mich, mein künftiges Geschick. Wer sich Anfang der Zwanzig von einer Liebe löst wie ich, mit solchen Formungen, so elegant – was soll aus dem wohl werden. Ein Raucher schwerer Zigarren, ein Herr zu Haus in ledernen Sesseln und Aktienpaketen, ein geräuschvoll und geschäftig erstarrendes Ding, das einmal lebte, wirklich lebte, in Jubel und Demut, in Torheit und Zauberei, und davon Zeugnis gab, wie folgt.

Als ich jüngst krank lag, besuchten mich tote Menschen. Sechs oder sieben von den Jungen, Sehnsüchtigen, die eine Zeitlang neben mir lebten, sind nicht mehr da, zwei von ihnen haben sich freiwillig entfernt, einer ist im Flusse überrascht worden, die andern starben in ihren Betten: Wehendes grünes Gras all ihr Anteil am süßen Sein. Es ist manches Jahr her, und unheimlich lange hausten sie in mir, bescheidene Maulwürfe, ohne viel von sich zu vermelden – aber kaum wird man schwach und ein über sich Machtloser, so regt sich's innen, unten, und die Vergessenen drängen wimmelnd empor zum Licht eines neuen, wenn auch scheinbaren und matten Lebens. So nahten sie mir schweigend und standen umdämmert da, standen mir vor Augen und blickten auf mich und machten, daß ich dachte. Sie belebten auch mein Fieber und schwammen stürmisch auf meinem erregten Blut einher, doch davon weiß ich nur aus Berichten; wenn ich aber halb wach lag, nur ein Summen in den Ohren und rotes Dunkel unter den Augenlidern, da hängten sich ihre Geschicke an das träge Laufen meiner Gedanken und zogen zähe Fäden aus, wenn ich sie entfernen wollte. Ich ließ sie gewähren, ja freundete mich neu mit ihnen an, und wenn ich ihnen jetzt den Abschied winke, so versöhnt und im Guten. Leb wohl, Margarete...

Damals, in München, vor langer Zeit, am Anfang meines Aufenthaltes in dieser gemächlichen Stadt, da fraß ein unfruchtbares und verzweifeltes Liebesgefühl an meinem noch jungen und heftigen Herzen, eine trübe Leidenschaft für ein kühles Mädchen, das mir wert war, schön und einzig, und das sich längst einem anderen versprochen hatte. Constanze mochte mich vielleicht ganz gern sehen, da aber meine Werbungen und Empfindungen ihren Frieden zu brechen begannen, entfernte sie mich streng gänzlich aus ihrem Kreise und ließ mich versuchen, auf meine Art am Leben zu bleiben. Es vergingen Wochen in einem furchtbar rettungslosen Brüten; endlich hob ich die Stirn aus den Händen, besann mich aufs Atmen und hielt den Kopf gerade über den Schultern, die ich nicht mehr gebückt lassen wollte. Ich umgab mich mit sanften und lichten Dingen, ging zwischen blumigen Wiesen hin und hörte am Abend Musik für Genesende, Abschiednehmende: Mozart; ich las wieder jene zärtlich heiteren Komödien, in denen der junge Shakespeare mit der Liebe göttlich scherzt, und besuchte die Bilder früher Italiener, die so einfach sind in ihrer hellen Buntheit und so wenig aufregend wegen ihrer Frömmigkeit und lieblichen Daseinsferne. Oh, ich verbrachte lange Zeiten vor der zarten Madonna des Filippo Lippi, diesem kleinen Mädchen, das ahnungslos auf ein Kind in seinen Armen blickt wie auf ein Brüderchen, und besah mit Entzücken primitive Bildchen, wo kleine Pfeile auf zwei Gekreuzigte geschossen werden und die einen bleibenden Klang von Weiß, Blau und Gold hinterlassen, in den noch ein purpurnes Rot hineinschwebt, alles umgeben von den vereinfachenden Umrißlinien einer starken, schöpferischen Zeit. Aber ich mußte bald gewahr werden, daß alle diese Mittel der Kunst meinen Kummer nur umhüllten und abschlossen, nicht auch angriffen und lösten, und als auf einem meiner liebsten Spazierwege plötzlich ein Ekel in mir ausbrach ob der Dagewesenheit und Abgelebtheit meiner ganzen Existenz, wußte ich, daß jenes geliebte und feindselige Mädchen mit Wahrheit geraten hatte: »Reisen Sie ab, Andreas« – und ihre Augen, blaugrau und glänzend wie Taubengefieder, baten beredter noch als ihre blassen Lippen –, »reisen Sie doch ab; es ist für Sie das Beste und auch für mich...« Aber damals hatten mich diese bittenden Augen nur um so fester gehalten; ich wehrte mich, nannte es eine Flucht und schimpflich, und auf der Oberfläche meiner Gedanken glaubte ich auch so; innen aber gestand ich mir stöhnend, daß es ihr Anblick sei, den ich nicht aufgeben konnte, und die unsinnige Hoffnung... Jetzt drehte ich mich auf dem Absatz um, eilte, aufgeregt von ungewohnten Entschlüssen, in mein Zimmer und begann, Bücher in einen Stoß zu häufen, Kleider und Wäsche auseinanderzulegen und Noten auszusuchen. Diese Sachen sollten in einem Koffer nach Hause fahren, der Rest blieb hier, und ich war entschlossen, jetzt einem Plan zu folgen und meinen Weg bis Wien zu Fuß zu reisen, den Rucksack auf den Schultern. Berge und Seen würde ich treffen, grüne Hänge, auf denen man sich hinstreckt, vielleicht Wege, die man verliert, und Abenteuer, denen man begegnet; und neue Luft würde mich anwehen, frische, von Bergbächen und Waldwipfeln gereinigte, weißgoldene Wolken in jungfräulichen Formen, und ein Himmel, der tiefer blaute...

Ich schlug eine Mappe auf, um Papiere in einen Koffer zu legen – denn ich hoffte, hernach wieder einmal arbeiten zu können –, und ein Heftchen kam mir in die Hand, wenige Blätter schönen Papiers, mit grüner Seide aneinandergebunden. »Armer Andreas an Margarete« stand in Buchstaben darauf, die mich fremd und vertraut in einem anmuteten. Ich wußte gleich Bescheid: das hatte ich selbst geschrieben, in jenen Tagen, als ich mich noch nicht scheute, das Haar lang zu tragen, das heut kurz und gescheitelt liegt; zwei Jahre mochten es her sein, auch meine Handschrift hatte sich inzwischen gewandelt; Gedichte in Prosa für ein schönes Mädchen, das ich in einer alten stillen Stadt voll Sehnsucht liebte. Eine schlanke Gestalt stieg auf in unsicheren Linien und in Farben, vom Vergessen gebleicht, erhob sich aus Zeilen, die sie in mir hatte klingen lassen, sie zusamt kantigen altersgrauen Kirchen und Türmen und einem gelben Strome, schweren Brücken, unter denen er hindurchging, und roten Fliederbüschen, die er spiegelte. Eine leidige und liebe Zeit war mit jenen Monaten dahinten geblieben, und mit ihnen Margarete; aber wie fremd mußte sie mir bereits gewesen sein, als ich schied, daß ich ihr diese Blätter nicht gegeben hatte, die doch ganz ihr gehörten! Ich erinnerte mich, daß ich sie ihr hatte schicken wollen, und anfangs, in der Entfernung von ihr und beim Erinnern, hatte ich noch hin und wieder diese Absicht berührt, so daß sie leise klang, eine mahnende Glocke – dann aber mußte meine Scheu, mich einem Menschen sehr nahe zu offenbaren, stärker geworden sein als das Gefühl der Verpflichtung, Neues trat in meine Seele, und so lagen diese Zeilen und Bilder noch hier ... Sie schienen mir jetzt unbehilflich, aber einer Verbesserung nicht unwert, und da es Regentage geben kann, an denen man nicht marschiert, legte ich sie leise lächelnd mit einem Aphorismenbuche zuunterst in den Rucksack.

Darauf kamen mir Wochen, die vom Glück des Wandernden gefüllt waren und vom Rhythmus des Schreitens und in denen sich eine neue Seele in mir schuf. Ebene und Hügelland, Seen und Tannen der Wälder! Ich atmete entzückt tief den Wind ein, und es war, als füllten sich meine Lungen tönend voll mit dem starken und immer frischen Brausen der Wipfel, von denen er kam und die er soeben gebeugt hatte, voll von Kraft und Bewältigung ihres grün aufbäumenden Trotzes; Wasser trank ich und hatte vergessen, daß Gewässer auch würzig schmeckt und berauscht wie zarter Wein. Berge grüßten vom Himmelsrande, sie näherten sich mir in Tagen, sie hoben sich über mir empor und liehen mir bei rauschendem Bach und steigendem Wege, in schwarzgrünem Schatten und brennendem Lichte ihre machtvollen Rücken; und abends nahmen mich Gasthöfe auf, die abseits der Automobile und Eisenbahnen lagen, in denen man mit wenigen Worten und wenigem Gelde auskam und die man am Morgen ohne Unmut verließ. Und während ich so vorwärts schritt, ohne Menschen, ohne Verwöhnung, ganz ein Wanderer und auch im Äußeren den bestaubten Handwerksburschen gleich, die mich trafen oder überholten, allein mit meinem von Sonne blauen Schatten und froh meiner Einsamkeit – klangen mir alte und verlernte Melodien auf, und meine Gefühle und meine Gedanken ordneten sich gleich den Stämmen der fernen Wälder, die in strengem und leichtem Nebeneinander sich ausdehnten, unten getrennt, oben vereint, und gleichstrebend aufgebaut wie die Saiten einer gewaltigen Harfe, die der Wind singend erschütterte. Das Erinnern an die Frau, von der ich geflohen war, wurde verdrängt von tausend kleinen Erlebnissen, von der Entfernung und Unmöglichkeit, beruhigt und sanft gemacht von Sehnsucht und Abkehr.

Als ich hinter Berchtesgaden in tiefem Frieden und fast freudezitternd über dem Königssee stand, der eine erhabene Bläue an furchtbare Felsen schmiegt und meine Seele mit Entzücken und Erlebnis begeisterte, ohne wie sonst stets das geliebte böse Mädchen herzudenken, daß sie dies mit mir teile, fühlte ich mich zum ersten Male wieder beglückt als meinen mir eigenen

Herrn; und so frei war ich endlich, daß das erlösende Wissen von dieser wiedererlangten Eigenherrlichkeit, auf dem Rückwege, eine Stunde später, zu Constanze nicht anders als über die in Zeit und Raum soviel fernere Margarete Herke kam. Ihrer gedachte ich seit meiner Abreise zum ersten Male. Vorigen Sommer hatte sie mit ihren Eltern hier gelebt, und als sie mir davon erzählte, hatten ihre braunen Augen – wie Haselnüsse braun – geleuchtet und ihre kindlich roten Lippen geschwärmt. Ihr Bild tauchte wieder unter; aber als ich unbeschreiblich heiter, innerlich singend, weiterwanderte, kam es hin und wieder empor, leise winkend, Sonne glänzte auf braunen Haaren, ein heller Hals kam, der einen lieblichen kleinen Kopf trug, eine freundliche Stirn mit ganz zart gebogenen Brauen und der unbestimmbare, nicht festzuhaltende Klang einer sanften Sprache. Ich hatte zwar sehr lange nichts mehr über sie gehört, wußte aber, daß ich sie wiedersehen werde, sobald ich die Straßen unserer Vaterstadt wieder betrat, ich freute mich darauf, ihr als ein Verwandelter und Befreiter entgegenzutreten und aus einem früheren leidenschaftlichen Mißverhältnis eine herzliche Freundschaft zu retten; und nachdem ich in Linz das Schiff bestiegen hatte, das mich nach Wien bringen sollte, und eifriger in dem Eisenbahnwagen, der mich schüttelnd vorwärts führte, ins Reich zurück, vertiefte ich mich streichend und nachdenkend, kritzelnd und versuchend in jenes grünseidene Manuskript, um aus starken, aber unbeholfenen Ergüssen vollgültige Zeilen zu schleifen, Bilder, die etwas deutlich aufbauten und zugleich sangen. Ich wollte sie Margarete dennoch geben, sehr nachträglich, aber dadurch auch gelungener, sie gehörten schließlich ihr, und ich wußte, daß sie eine rührende und sehr starke Freude darüber empfinden werde, ein herzliches Gefühl, das ich nicht, wieviel anderes Leben der Seele sonst, analysieren mochte und das ansehen zu dürfen mich jetzt schon, Tage vorher, heiter beglückte. Braun, hager und das Gesicht voll von Haaren, so stand ich, mit Mühe erkannt, vor meinen Eltern, aber trotz des Spaßes, den meine ruppige Maske mir bereitete, legte ich sie doch mit einer gewissen Erleichterung ab und verwandelte mich wieder gründlich in den üblichen Stadtmenschen. Indem ich mich nun auf einen Diwan legte, um mich bei einer Zigarette von der Schüttelfahrt zu erholen, rief ich meine junge Schwester herzu, damit wir in gewohnter herzloser Bosheit die Neuigkeiten der Bekannten unter uns teilten, eine Stunde freundlichen Gelächters, die ihr noch viel werter war als mir – aber das Mädchen sagte sogleich, nach einigem Schlucken und Ansetzen, sehr eilig, leise und die Augen am Boden, daß Margarete, Grete Herke, sehr krank liege und wohl sterben werde. Und während in mir etwas Jähes kalt und bleigleich gerann, fügte sie hinzu, sie sage es mir, damit ich es von ihr wisse und nicht unverhofft und von irgendeinem erzählt bekomme: es sei eine Hirneiterung, habe mit harmlosem Schnupfen begonnen, und sie habe es mir manchmal schreiben wollen, dann aber immer vergessen. Jetzt müsse sie leider eine Besorgung erledigen; und so entfernte sie sich.

Ich lag ganz regungslos und sah in die Luft hinaus. Ich fühlte, daß ich erblich; aber mein Gesicht lag so still auf dem dunklen Kissen wie auf dem braunen Boden ein heller Stein. Die Zigarette fiel mir zur Erde, rauchte zu Ende und erlosch. Über die Ränder meiner Augen, die offen zur Decke aufsahen, traten langsam einzelne Tränen. Margarete..., sagte ein Schluchzender in mir – ich wollte mich beherrschen, schloß die Augen, stand auf –, Margarete... und die Tränen flossen reichlicher, bitter, brennend, ohne Wohltat. Meine Seele, geschwächt von der erfolgreichen Anstrengung, Constanzes Wesen auszuschneiden, hatte unvermutet einen Pfeil empfangen und war tief verwundet. In diesen Minuten eines dumpfen Schmerzes fühlte ich, daß unter der leidenschaftlich bewegten Empfindung für dieses noch eben so sehr geliebte Mädchen eine andere ungeklärt und unausgesprochen gelagert hatte, und in diese hineingedrungen war der zitternde Pfeil, festgebissen mit Widerhaken, in jene, die jetzt bewußt ward durch das Fürchterliche: diese ganze Schicht von ungeordneten und nur vergessenen, aber noch lebendigen Gefühlen um Grete Herke. Ich konnte endlich aufhören zu weinen; doch ging ich in diesen Tagen umher mit dem scharfen und wehen Empfinden, als flössen inwendig, aus irgendeiner Wunde meines Bewußtseins, ganz langsam und fortwährend Tränen um das verlorene Mädchen, und meine Stimme mochte einen stillen Ton haben, den sanften, von Schmerz ermüdeten und unterhöhlten Klang des widerstandslos Leidenden... »Hast du Kopfweh?« fragte meine Mutter, indem sie mich ansah. »Nicht viel«, antwortete ich...

Aber ich hatte vorläufig und tagelang keine Muße, mich mir

hinzugeben. Denn an einen Heimgekehrten, der ihr lange vorenthalten war, glaubt die Bekanntschaft Forderungen von Zugänglichkeit und Mitteilung stellen zu dürfen, Berichte zu hören und für Berichte Gehör zu finden. Ich hatte Angst, daß Grete Herkes entsetzliche Qual von redegierigen Mäulern mit breiter Behaglichkeit und angenehmem Grausen – da man sich gottlob ja wohlbefand – würde vor mir ausgebreitet werden, daß man mit Wiederholung und Einzelheit nicht geizen würde, und nicht nur aus Freude am Schwatzen. Vielmehr würden sie gern die Wirkung belauern, die das alles auf mich übte; denn es stand fest, daß wir »befreundet« gewesen waren, und in gewisser Zeit sprach man unter ihnen gern die Monogramme A. G. und G. H. aus, hintereinander und rücksichtsvoll lächelnd. Zwar hatte man uns selten beieinander getroffen, und was wir gemein gehabt, während sie in meiner ersten Universitätsstadt das Malen lernte, entzog sich durchaus jedermanns Kenntnis; aber vage Meinungen und Andeutungen flossen nebelgleich zwischen den Zwanzigjährigen umher, und es wäre für den oder jenen ja wohl herrlich gewesen, dabei zu sein, falls meine Teilhabe an der Kranken allzu warm oder allzu kalt geraten sollte... Sie hofften, an meiner Wunde zu schmarotzen, diese Menschenmaden, dies befreundete Gezücht!

Ich sammelte also alle Kraft meines Willens zum Kampfe mit diesen Leuten, und um das, was die verheerende Nachricht in mir angerichtet hatte, mit Fäusten gleichsam und mit den Zähnen zurückzuhalten und zu verhüllen – nicht das allerkleinste Zeichen meiner Leiden durfte ihnen sichtbar werden, während ich in den nächsten Tagen gesellig lebte, Scherzreden sagte, Auskünfte gab und alles das an Weltpflichten leistete, was man von mir verlangte – leichten Wesens und mit heiteren Manieren. Nur in Augenblicken, wenn ich etwa mit bereitem Rakett auf einen Tennisball wartete, wurde mir ein undeutliches Staunen bewußt, als habe ich eigentlich nicht den geringsten Anteil an dem, was einer, der sich mein Aussehen geborgt hatte, mit mir und für mich tat... dann verfehlte ich wohl den fliegenden Ball. Aber vor den vielen neugierigen kalten Augen, plump fragenden Lippen und geöffneten Ohren zudringlicher und widerwärtiger Nebenmenschen fand ich mich sogleich wieder; und dennoch, obgleich ich mich ihrer klebrigen Klatschsucht am liebsten mit Fußtritten erwehrt hätte – suchte ich in jenen ersten Tagen fast ihre üble Geselligkeit...

Denn es wäre wohl möglich gewesen, zum mindesten auszuweichen und mich unter glaublichen Vorwänden einigermaßen zu retten. Aber es gab gute Gründe, das nicht zu tun: nicht nur, daß mich eine entsetzliche Neugierde zwang, unter Zittern und Qualen soviel Einzelheiten über die Sterbende zu erfragen, als man wußte – Alleinsein wurde mir eine Folter, qualvoller als jede witzige Genossenschaft. Und wenn es nur dieses gewesen wäre, daß die Vorstellung der verzweifelt Leidenden mich nun, da ich alle Symptome der graulichen Hirnkrankheit kannte, mit einer schrecklichen Deutlichkeit besessen hielt, als ob ich selbst es sei, der da lag und erblindete, taub wurde, nicht mehr schlingen noch sprechen konnte und nur die Fähigkeit bewahrte, vor Qualen zu wimmern, von Morphium lebend, bis ihn der Tod endlich, endlich erstickte – ein Gedanke befiel mich und ließ mich zittern, ein überreizter Einfall meinetwegen und ungesund in sich, den ich aber nicht loswerden konnte: ich hatte es in meiner Macht gehabt, dieser Sterbenden vor einem kurzen Jahr eine große Freude zu bereiten, und hatte es nicht getan, hatte es aus Trägheit des Herzens, aus alberner Scham, aus den kleinlich ichsüchtigsten Gründen unterlassen. Und nun stand ich da, kraftlos, ein zu spät Gekommener, furchtbar bestraft und überlassen der eigenen Gerichtbarkeit.

In den vier Nächten, bis Margarete starb, lag ich fast ohne Schlaf und büßte. Gegen alle Peinigung der Reue gab es nur ein lächerliches Mittel, die närrische Hoffnung: daß sie am Leben bleiben werde, daß es mir dennoch gegeben sein könnte, ihr die Schuld an Glück abzuzahlen, die ich in mir wußte; und dabei blieb ganz gewiß, daß sie sterben werde, daß jede Lebensstunde eine Stunde der Marter für sie war. Ich fühlte mich wie ein Gefangener, eingesperrt in einen engen trichterförmigen Folterkäfig, unfähig zu stehen und mich zu bewegen oder auch nur liegend zu ruhen. Und ich mußte bemerken, um wieviel schwerer wir Gottlosen das Leben zu tragen haben, die wir in Nöten die flehend gerungenen Hände zu niemand anderem erheben können als zu den ratlosen Göttern in unserem Herzen.

In der vierten Nacht endlich entlud sich die Not meines Wesens in körperlichen Krämpfen, die mich zusammenkrümmten und

schüttelten, als läge ich im Dunkel wie in der schwarzen Faust eines Riesen. Fruchtlose Brechreize würgten mich und brachten mir bitteren Magensaft in den Mund; all mein Inneres wühlten sie um, eisiger Schweiß brach aus, Erbrechen trat endlich ein, und gegen Morgen entschlummerte ich, in einen Winkel des Bettes zusammengerollt wie ein getretenes Tier. Als ich gegen Mittag erwachte, sehr schwach und doch etwas beruhigt, läuteten die Glocken, und man erklärte mir den tödlichen Sinn ihres Klanges. Margarete Herke sei gegen Morgen verschieden. Ich tat einen heftigen Atemzug und fühlte in einer Stille, die sich jäh in mir zusammenzog und wieder ausbreitete, mein Herz stark und langsam pochen. Aber ich war nicht allein, die Mutter stand, die mich geweckt hatte, am Bette... Ihr und den anderen beunruhigten Hausgenossen deutete ich die nächtliche Übelkeit als lächerliche Folge eines Weingelages mit meinem Freund Levertin und ertrug mit Fassung die Klagen meiner Eltern über solche Unmäßigkeit. In den Wehen jener Nacht hatte sich ein Entschluß geboren, eine Lehre, die nicht geworden, die plötzlich da war, kaum in Worten bewußt, aber unerschütterlich eingegraben: niemals mehr, gelobte ich, wollte ich durch die schamhafte Rücksicht auf mich, selbst nicht durch Furcht vor Entblößung, unerbetene Näherung oder anfängliche Abwehr, mich abhalten lassen, denen eine Freude zu bereiten, die mir wert wurden, wollte dem Mißtrauen entsagen, das Menschen allzuleicht entfremdet, langmütig und gütig zu Freunden sein und niemals mehr jenes grinsende Gespenst fürchten, das uns von so vielen lichten und fruchtbaren Taten abhält: die Lächerlichkeit.
Jahre sind seither vergangen, und ich selbst bin kein gerechter Zeuge dafür, daß jener Wunsch in mir lebendig geblieben und Leben geworden ist. Aber an eines kann ich mich erinnern, als wäre es vor zwei Tagen geschehen, an eine törichte und fromme Handlung der Sehnsucht nach einem Opfer und Symbol: ich sehe mich, einen Zwanzigjährigen, über einen schmalen und langen Streifen sehr edlen gelblichen Papiers gebeugt, das ich, während vor dem offenen Fenster zu meiner Linken in blauer Luft und morgendlicher Heiterkeit die Glocken hell dröhnen und tief summen, mit ganz kleinen Schriftzeichen bedecke: vor mir liegt ein Manuskript, wenige Blätter mit grünen Seidenfäden zusammengebunden, und was ich abschreibe, sind

jene vier oder fünf Gedichte, die damals symbolisch darstellten, daß ich mich von ihr löste. Sie sahen sie als Tote, sie, Margarete, die damals vor Leben sanft funkelte wie ein Rubin. Es gelingt mir, sie alle auf den geringsten Raum zu drängen, vor mir steht ein Topf, in dem schwarzrote Rosen blühen und den ich frühmorgens in der Vorstadt eingehandelt habe. Der Streifen wird, zur kleinen Rolle gedreht, ins Erdreich des Topfes eingegraben werden, und den Blumenstock wird meine Schwester heute nachmittag auf ein frisches Grab stellen. Eben jetzt, bei Sonne und lauem Wind, begraben sie das Mädchen. Und erst als ich bei den letzten Prosasätzen bin, die von mir taten, was ich vor anderthalb Jahren »das Ende« nannte, schmilzt die starre Legierung meiner gemischten Seele, und Tränen, töricht fromme Tränen füllen meine Augen. So aber, wie es hier weitergeht, lautete das Abschiedsopfer, das im Blumentopf auf einem Grabe, aufgesogen von schwarzfeuchter Erde, Auferstehung halten sollte im Hauche edler Rosen:

1

Ja, es ist wahr, ich denke oft an sie, an das tote Mädchen. Sommer brannte, als wir sie zu Grabe trugen, und jetzt umspülen mich die warmen Regen des Frühjahrs – aber ich denke noch immer an sie, niemals habe ich stärker ihrer gedacht als jetzt. Meine Seele liebt sehr das Leben und die Sonne, sie mißtraut dem Tode, sie glaubt nicht an ihn, begreift nicht, daß jemand gestern da war und noch heute da ist und morgen verschwunden, kann nicht fassen, daß das Herz aufhören könne zu schlagen und Blut zu kreisen und Brust sich zu heben und Lid zu zittern und über leuchtenden Augen sich aufzuschlagen. Und so geschieht es manchmal, da gehe ich in den Straßen und warte, sie zu treffen: daß sie hinter einer Ecke vorbeikomme, plötzlich, wie einst, daß sie zufällig an meinem Hause vorübergehe, wie einst, und ich schaue stets hinauf zu ihrem Fenster, daß hinter verdunkelnden Scheiben ein Schimmer ihres Hauptes erscheine, wie manches Mal. Ich schließ auch die Augen und befehle, und sogleich erscheint gehorsam die Farbe ihres Kleides: braun, taucht auf das Lächeln ihrer Lippen, schelmisch und zart, ihre Augen und der edle Gang ihrer Füße; noch lebt in meinem Ohr der Klang ihrer Worte, alle die Gedanken sind in mir wach, die sie mir sagte, ja, ich besitze alle ihre kleinen Wünsche, die rührenden Wünsche eines jungen Mädchens, die sie der Zukunft entgegensang, rein und einfach wie Töne eines schlichten Liedes, gesungen in der Dämmerung, abends, als der Wind wehte.

2

Aber ich weiß noch dies andere: wir haben sie in ein Grab gelegt, und die Sonne schien golden im Sommer. In weiße Seide war sie gekleidet, weiß ihre Schuhe, braun wie Gold rann ihr Haar über ihre Schultern. Unzerstört war ihre Schönheit, ohne Makel, zart wie eines Bildes Schönheit. Ihre langen Wimpern hauchten Schatten auf ihre Wangen, und die Stirn umkränzte ein sonderbarer Ernst; ihre kühlen Finger aber legten sich nebeneinander um ein Kruzifix aus Ebenholz, schwarz und kantig wuchs es aus den friedlichen hervor und trug den elfenbeinernen Leib des Heilands mit ausgebreiteten Armen. Seltsam scharf grenzte es an die glänzend weiße Seide. So haben wir sie zu Grab gebracht, Hügel von Blumen türmten sich um sie. Friedlich ruht sie unter Blumen.
In einem wohlgestalteten Hause wohnt sie nun, symmetrisch geformt aus edlem Holze. Ihr Haupt ist geschmiegt auf Kissen von weicher Seide, es berührt leise die Wand des Hauses, ihre Füße fühlen leicht die untere Wand. Sie atmet nicht, sie rührt nicht die Hände, sie ruht. Über ihr wölbt sich das Dach des Gehäuses, darüber liegt dunkle Luft, darüber die Mauer des Gruftgewölbes, darüber Erde und über der Erde blauer Himmel. Nichts Irdisches rührt sie mehr an, Erde und Wasser und die Luft sind von ihr geschieden, die Kälte des Winters tut ihr nichts, die Fluten des Frühlings sickern an ihr vorbei, die jungen Keime treiben nach oben und durchdringen freudig die Oberfläche, und sie trägt ihnen keine Wünsche auf. Vornehm und still liegt sie und ruht.
Noch ist kein Jahr vergangen, daß sie starb. Aber es werden sich die Jahre vollenden, und eines Tages wird die Form verschwunden sein, in der ich sie liebte. Auf der weißen Seide ihres Lagers werden, zart wie Elfenbein, schön geformt und

einfach wie die Seele des Körpers, Gebeine liegen, ruhig, ungestört und vornehm wie Kunstwerke, das Kruzifix schwarz unter ihnen. Auf dem Hügel werden Rosen blühen und stark duften, blutrote Rosen. Ich werde davorstehen und werde staunend ihre Schönheit einatmen, die vor Marmor prangt. Dann wird mir dunkel sein, als hätte ich solche Rosen schon gesehen, und langsam werde ich mich erinnern: es war Herbst, und wir standen an einem Gitter, du und ich, und rätselhafte Rosen lockten, aber weder du konntest sie pflücken noch ich. Plötzlich weiß ich, daß dies ein Traum war, den ich einst geträumt, und daß wir weitergingen, der Sonne entgegen, die sank; braun war dein Kleid, braun dein Blick, und du lächeltest und sagtest, und wundervoll klang dein Lächeln mit in der Stille – ach, was sagtest du doch? Ja, ich erinnere mich: »Laß uns vorsichtig gehn, du, nicht die Blumen zertreten!«

*3*

Die Jünglinge der Stadt kamen zu mir, meine Freunde. Hell fragten ihre Augen, sie blitzten, frischer Wind wehte um ihre Glieder. »Was sitzest du«, sprachen sie zu mir, »was sitzest du, ins Zimmer gesperrt, und draußen ist Frühling? Komm, entschließe dich, wir wollen den Ball schlagen auf der Wiese, die schon voll von Knospen ist.« Aber ich lächelte, und heiter sprach ich: »Es ist lieb von euch, mich zu holen, ja, wahrhaftig. Doch nun eilt zur Wiese und vergeßt mich.« Wie hätten sie ahnen sollen, daß ich doch meine tote Freundin erwarten müsse! Da schwiegen sie. Und der Zarteste von ihnen, der die feinsten Augen und die schmalsten Lippen hatte, den ich am liebsten habe von allen, wagte es und sprach leise: »Komm mit uns, Andreas. Ein Mädchen, die Mara, geht an deinem Fenster vorbei und schaut verstohlen nach dir aus. Sie werden heute alle mit uns den Ball schlagen. Komm.« Da ward ich einen Blick lang traurig und sagte: »Arme Mara.« Darauf gingen sie hinweg und betrübten sich um mich, aber nicht lange, denn es war Frühling.

## 4

Abends, wenn das gefangene Licht in dem gläsernen Behälter zittert, gehe ich durch die Straßen, in denen wenig Menschen sind. Aber ich werde gesehen, da grüßen mich die Jünglinge der Stadt. Die Jungfrauen kommen erhitzt von den Spielen, ich biete ihnen Gruß, da verstummen sie und neigen ihre hübschen Köpfe tiefer vor mir. Warum ist das doch? Ach, ich weiß, ich weiß: diese Ehrfurcht ist nicht mein. Sie gilt dem, der den Tod zum Vertrauten hat, der ihn wohl kennt, sie gilt dem Schatten des toten Mädchens um mich.

## 5

Ich trat an ihr Grab in den hohen und blauen Tagen des Frühlings, ich bedurfte sehr ihrer Gegenwart, denn in mir brauste vieles, und ihr Bildnis verdunkelte sich. Als ich dicht am Hügel stand, sah ich erschreckt Ruth, die Schöne, die ihr immer die liebste gewesen war von all ihren Freundinnen. Sie saß, erhob sich und ragte schlank vor der Bank aus rohem Stein, und blickte auf mich mit Augen, die wie Veilchen dunkelten. Ich wandte mich ab, und sie hob die Hand.
»Du fliehst mich seit langem. Warum fliehst du vor mir?« Sie lächelte grausam. Ich bat sie leise, mich zu lassen, darauf ward sie dringender und spöttisch; da ließ ich meinen Zorn auf sie los und fuhr sie hart an:
»Du solltest hier nicht stehen, du nicht. Du hast ihre Freundschaft verraten, kaum daß sie starb. Als alle trauerten, standest du hier an ihrem Sarge in deinem schönsten Gewand.«
Und als sie die dünne Hand noch flach ausgestreckt hielt, faßte ich rauh danach und wollte sie fortwerfen. Ihr Fleisch aber fühlte sich sehr gelinde an, so daß mein Griff weich wurde.
»Ich erinnere mich, es war ein gelber Sommertag, da leuchtete die Sonne, sollte ich nicht auch schön sein? Ich war schön für sie: ein Kleid aus weißer Seide hing an meinem Leibe eng herab, meine Schultern schimmerten bloß, mein Gürtel war blau und grün vergoldet und mein Hut rundete sich weißglänzend hinter meinen goldfarbenen Haaren und diesem zarten rosenfarbenen Munde. War ich nicht sehr schön? Ich trauerte

sehr; so betrauerte ich die schönste Tote und mußte weinen, wenn ich ihrer gedachte.«

Ich ließ ihre Hand nicht. Ich blickte ohne Wissen hart auf eine voll erblühte Rose, die sich zwischen uns auf dem Grabe sehr weit öffnete. Ich fühlte, was in mir undurchleuchtet brauste und stieg, und murmelte:

»Sie war schöner als du, unsere Freundin in ihrem Sarge.«

»Sie war schöner als ich, aber jetzt bin die Schönste ich; ich lebe.«

Da ward alles wach, was in mir blind umging, machte meinen Augen Glanz, rötete meine Wangen und sprang hell aus meinen Lippen, indes ich zitterte:

Meine Seele liebt sehr Sonne und Leben, sie mißtraut tief dem Tode. Es blühen Blumen auch noch für mich; ich höre die Sprache meines Blutes, ich täusche mich nicht, wiederum werde ich leben. Schmerzen sind gelebtes Gut, aber ich lästere nicht meine geliebte Tote, wenn ich atmend aufnehme, was das Leben mir zutreibt, das heitere Leben.

Sie stand da, schlank vor dem hellen Himmel, freundlich, und noch immer hielt ich ihre Hand. Die Luft rührte sich: von der reifen Rose fielen die roten Blätter als ein sanfter Regen ab. Ich hob meinen Blick fest in ihre Augen, die lächelten. Der Wind trieb weiße starke Wolken über den blauen Himmel, sie rollten über die Sonne hin, und immer wieder trat jene glänzend hervor. Es war ein mächtiges Spiel, heiter und voll von Stärke. Das war der Frühling.

*

Nein, wahrhaftig, mehr kann man nicht verlangen. Wenn ich jetzt ein Haken bin, der mir bitter im Fleische sitzt, so krümmte sich damals schon ein artiges Häkchen. Nun: ich habe einen ärmlichen, aber doch honetten Rest von Reinlichkeit in mir bewahrt – und wenn, unlieb zu denken, auch noch Arbeit und Werk vom Dunkel der kahlen gleichgültigen Langeweile übermannt werden sollte, so habe ich wenigstens Mittel, mich davonzumachen. Und doch war ich damals ein so netter Bursch... Nur daß bei all der echten wilden Herzensqual kein einziges Wort unmittelbar dem Fühlenden entsprang wie einer

getroffenen Ader Blut. Nur daß aus Zwang der Eitelkeit ein junger Mensch vor sich selbst mit seinem Leid sich zierte... Von einem Punkte in der Seele her, wie jetzt das karge bißchen Wärme, von einem Keim Geschwätz ging diese tödliche Erkaltung aus?
Stupend – stupend...

# Der Spiegel des großen Kaisers

## 1924

### 1

### *Ostern 1235*

Uralte Handelsstraßen überqueren von Norditalien aus die Alpen. Seit Römertagen leiten sie den Verkehr und die Streitkräfte von Eroberern und Verteidigern nach der Schweiz, Deutschland, Frankreich und weiterhin – gut gepflasterte Marschstraßen, an den Abgründen gegen Sturzgefahr gesichert und vor Steinschlag und Lawinen nach Möglichkeit geschützt. Überall im Süden der Alpen haben die Gletscher der Eiszeiten große Seen hinterlassen, an denen sich die jeweilige Bevölkerung ansiedelte, verteidigte und ernährte, Handweberei und Schmiedekunst entwickelnd und stets auf der Hut gegen die Bedrohung der körperlichen Freiheiten durch Adelsgeschlechter und ferne Könige und Kaiser.

Vom Städtchen Colico her pfiff im März 1235 schneidender Bergwind; der Comer See, blau und grün wie Stahl, schlug mit schneeweißen Kämmen und atmendem Rauschen den felsigen Strand. Linker Hand, wie ein künstlicher Wall, kletterte das graue Gebirg bis in den Himmel, über und über voll blühender Wipfel, wie zaubrische Wölkchen dem Stein entquellend, rosenrot, schneeweiß, grünlichweiß, silbergrau.

Drei junge Reiter, das lange Haar hinters Ohr zurückgestrichen, wickelten sich in ihre braunen und blauen Friesmäntel und staunten beglückt all das Geblühe an, das bei jeder Biegung der Straße neu aufflackerte und wehte, winkte und grüßte. Die Sonne, bald daran, hinter die Gipfel zu gleiten, gab dem fernen jenseitigen Ufer mit seinen Rudeln flacher Schieferdächer die gelbe sanfte Schärfe gemmenhaften Lichtes.

»Gut, daß Ihr Eurer Frau Mutter verspracht, Babenberg, am Grab ihres Herrn Vaters ein Ave zu beten! In solch süße Wildnis kommen wir sobald nicht wieder!« Gero von Babenberg entrunzelte seine junge Stirn. »Sehr freundlich von Euch, Re-

naud, das zu finden! Ich bereue schon stundenlang, daß ich Euch diesen Umweg schleppe, der uns zu den unverschämten Guelfen der Welt bringt! Nieder mit den treulosen Garvedonesen!«
Jeder der drei Ritter hielt Guelfen für Wühler und Hetzer im Solde der Kirche gegen das weltliche Imperium. »Genehmigt«, murmelte der dritte, mit wachsamen Augen, den Langbogen der Briten im Arm. »Nicht wahr, Sir Hugh?« fragte der von Babenberg, seine helle Kappe über den Haaren fester ziehend, an der die Brise zerrte.
Ein Stein pfiff an ihnen vorbei, scharf gezielt, schlug aufspritzend in den See, ein zweiter folgte, die Pferde warfen sich mit Ruck in die Hinterbeine.
»Das als Warnung, Junker! Ein andermal wird es ernster!« Ein ältlicher Mann stand plötzlich auf schmalem Grat hoch über der Straße, braunhäutig, pockennarbig faltete sich sein Gesicht um die grauen blitzenden Augen. Ein alter Knecht murmelte auf schwäbisch vor sich hin, darauf habe er gewartet, so habe der Überfall von damals auch angefangen. »Hallo, Mann«, rief Hugh, als erster gefaßt und seinen Bogen gemächlich von der Achsel nehmend, »verbrieftes Geleit nach Gravedona!« – »Ja, aber nicht das Recht, uns Männer der freien Drei Gemeinden auf eigenem Grund zu beschimpfen!« Der Alte beschattete seine Augen, dann lachte er in seinen Bart. »Schmucke Herrchen, ihr drei! Schade, daß so gutes Blut dem Antichrist zureitet, dem kaiserlichen! Und wenn ihr heil bis zu dem Grabe stolpern wollt, in dem euer Onkel vom lombardischen Raubkrieg her einquartiert ist bis zum Jüngsten Tag und der heißen Hölle, bedenkt, die Berge haben Ohren!«
Renaud von Arelate, begierig nach dem fremden Menschlichen wie alle Dichter, trabte bis an die Krümmung vor; die anderen folgten. Dann bog er sich im rot und blauen Sattel zurück, bequem an seine hohe Lehne gestützt, und fragte empor – die klare und feuchte Luft trug die Rede wie auf Schwingen: »Bitte erklärt mir, alter Herr, betitelt ihr *ihn* hier wirklich Antichrist? Bei uns heißt er nämlich Vogt der Christenheit, und schließlich ist er doch König des Heiligen Grabes, nicht? Und was im fröhlichen Burgund die feisten Pfaffen anlangt, die bei euch...«
Der alte Gebirgsmensch schnitt ihm die Rede ab, mit einer so reißenden Geste der Faust und des Armes, daß er sich mit der

anderen Hand in dem blühenden Strauch zu Häupten festhalten mußte: »Er? Der Antichrist, feierlich vorausgesagt von den Propheten! Der in einer Schrift den Heiland einen der drei großen Gaukler zu stempeln wagte, der drei Betrüger, gleichgesetzt mit dem Höllenhund Machmet und Moses, dem Knecht Gottes! Erkauft hat er das Heilige Land von den Ungläubigen, eine Seuche unter den Kreuzfahrern zauberte er, im Blut von Jungfrauen, heißt es, badet er sich jung, und seine Seele ist jetzt schon der Hölle versiegelt! Nieder in den Abgrund mit dem zweiten Friedrich!« Scharf sauste ein Stein ins Wasser, aufspritzend benäßte Gischt den Grafen Gero, der schweigend sein Pferd vorantrieb. Der alte Mann kletterte hoch und verschwand.

»So denken sie hier, diese Idioten. Und das sind Leute von Gravedona, die damals in einer Nacht die ganze Beute des Barbarossaheeres raubten, als der Troß nach dem ersten Lombardenkrieg hier entlangschepperte. Mein Onkel Gemmingen führte ihn, er hieb um sich wie ein Schwabe, aber sie schmissen ihn einfach in den See. Dank seiner Rüstung und seiner Wunden ersoff er im Seichten. Später begruben sie ihn christlich und setzten ihm seinen Schild aufs Grab.«

»Ich wollte«, sagte Sir Hugh gedankenvoll, »wir wären heil in Genua. Es ist Frieden überall, aber doch, dergleichen Reibereien sind unangenehm. Wie leicht könnte mein Bogen einmal losgehen, aus Versehen, und mich rücksichtslosen Gesetzen ausliefern. Mit Genua hat der Kaiser Verträge, die sogar gehalten werden, kraft seiner hübschen sizilianischen Flotte.«

»Frieden!« nickte Gero. »Jeder lobt ihn, aber keiner sichert ihn durch Taten. Der Kaiser zum Beispiel liegt noch im Bann, und die Lombarden, die ganze Romagna, vielleicht auch Florenz, stehen nicht gerade waffenlos da, und sie beten den Papst an. Außerdem erweist sich Gregor als ein eifervoller Greis mit mächtigen Kinnladen und zäh auf der einmal gepackten Fährte. Das hat er, weiß Gott, bewiesen. Es gälte als Handlung der Tugend, bei beliebigem Pfiff gegen Friedrich loszuspringen; außerdem wäre es profitabel. Sizilien ist ein reiches Land, soviel sollen die Welfischen auch schon gehört haben, und vorbildlich als Steuerzahler. Aber Genua bleibt uns gut.« Und er öffnete ein kleines Schreibebuch, um die Begegnung mit dem Landsassen einzuzeichnen, ganz kurz, für später, mündlichen Bericht.

»Verfluchter Stein!« Der alte schwäbische Knecht, ein sonst

vergnügter Biertrinker aus Maulbronn, der Geros Schild trug, schimpfte kurz heraus. Er grollte nämlich ob all der Politik in so jungen Köpfen, während ihn viel mehr der Wein lockte, der in diesen Orten hier und weiterhin rot und süffig ausgeschenkt wurde, und er ärgerte sich schon jetzt über gute Gelegenheiten bechervoller Abende, die ihm durch die bevorstehende Meerfahrt entgehen würden. Überdies würde er seekrank werden und wie eine schwangere Frau seinen Magen ausspeien...

»Was man alles erlebt, wenn man zur Osterfeier nach Palermo geschickt wird als Vertreter gutchristlicher Monarchen!« lachte Renaud. »Aber ihr habt recht. In der Lombardei wollen wir uns klein wie Mäuse machen. Dort haben wir Ghibellinen einen schlechten Namen, seit damals Friedrich Barbarossa und seine Schwaben nach dem Sieg bei Legnano jene Beute machten, die uns Gravedona wieder abjagte. Und ich hätte so gerne den wilden Papst im Lateran gesehen, ze Rôme! Obgleich er uns Angst machen wollte, als er in den Kirchen verlesen ließ, jeder Angriff außer dem auf die Ungläubigen, die Feinde Christi, schlüge auf den Angreifer zurück, früher oder später, Gott lasse sich nicht spotten.«

»Worauf unser Friedrich, unser Kaiser, seinen Kanzler replizieren ließ: diese Ausnahme müsse er ablehnen. So ist er nun einmal, der Herr von Palermo«, ergänzte Gero von Babenberg bedächtigen Sinnes. »Geht alles gut, so nehmen wir Rom auf der Rückreise mit. Und warum sollte nicht alles gut gehen mit dreißig Reitern hinter uns? Wir hätten sie nicht in Menaggio lassen sollen.«

»Und außerdem: Frühling, Herren – welch ein Frühling! Einer, der noch Wind und Regen zu einer bezaubernden Sache macht! Es wird mir nichts anderes übrigbleiben, als meine kleine Laute zu stimmen und euch auf der Stelle eine Kanzone zu singen!« Und nach kurzem Vorspiel fiel er mit freudiger Kehle in ein provenzalisches Preislied des jungen Lenzes.

## 2

## *Der gute Hirt*

Von den Basiliken Roms her läuteten abendliche Glocken. Der große Papst streckte sich auf seinem Lager, das fast einer Bahre glich – kaum daß dünne Polster die breiten Ledergurte milderten. Sein Kopf, vor dem sich die Fürsten neigten und den die lauen Kleriker fürchteten, dieser feiste Kopf mit poriger Haut und mächtigen Gedanken von Kirchenzucht und weltlicher Macht hinter den beengten Augen, dieser störrische Herrscherkopf wandte sich auf dem Leinen hin und her. Es war nur der ungesunde fiebrige Vorfrühling des Jahres 1235 und Roms; Gregor der Neunte lag müde vom Tagewerk, aber das Müdesein sah ganz aus wie Krankheit. Der Greis, vierundneunzig Jahre, fröstelte und vergrub sich in seinen grauen Decken. Er flüsterte – es war fast Flüstern – zu seinem Sekretär und zu dem Bischof von Bologna, dem er besonders vertraute, während er den andern fortwährend glaubte auszanken zu müssen: »Anselm, du handelst schurkenhaft an mir. Schön, schön, aus Liebe. Aber ich befehle dir bei meiner Ungnade, mit Praktiken aufzuhören, die ich dir nicht erst heute in dein magres Gesicht hineinkneife. Er unterschlägt Dinge, die ich ihm auftrage«, sagte er zu dem Bologneser, »einfach um mich zu schonen. Was er für unwichtig hält oder gar für Belästigung, das will er mir ersparen. Dieser Schlingel. Traut seinem irdischen Urteil zwischen seinen beiden Ohren. Er weiß, ich werde sie ihm nicht abreißen«, und er zog den jungen Diakon zärtlich am Ohrläppchen. »Man sollte Tyrann sein wie dieser Friedrich und sich gefürchtet machen, um gut bedient zu werden.« Der schlanke Ire neigte sein Haupt mit einem Erröten, das seine anbetende Ergebenheit überflammte. Der Bischof trank langsam einen Schluck gewärmten Weines und sah in die uferlose goldene Durchsichtigkeit, in der die Sonne jenseits von Civita Vecchia ins Meer stieg. In ihm begannen die Worte einer Hymne zu tönen: O stella maris ... Der Papst hob wieder an, stöhnend: »Es ist wahr, es ist allerdings so, all das wird zuviel für mich ... Die Kirche ertrinkt in einem Meer von Ungläubigen. Ich habe in den Annalen bestätigt gefunden, daß ganz Spanien einen Christus anbetete. Nun breiten sich dort die Mauren aus, scheußliche Araber und Berber, und es ist, als sei das von jeher so gewesen und werde sich nie ändern. Der Nordrand von Afrika gab uns einmal Erleuchtete und Hirten, Augustinus vor allem und Tertullian – jetzt wimmelt es dort von schmutzigen Moslems, und Christen sind ihre Sklaven. Geht nach Osten, seht Alexandria und ganz Ägypten – bellt dort nicht Hund Elkamil, als habe niemals Thebais Scharen von Heiligen und vor allen anderen Antonius beherbergt? Und das Heilige Land – oh, ich Elender...« Er bedeckte die Augen mit den Fäusten und zitterte. »Schweigt, antwortet nicht! Sagt nicht, daß Friedrich dort herrsche! daß der Staufe durch Vertrag sich König von Jerusalem nennen dürfe! Dieser Wahnsinnige! der es wagte, einen Kreuzzug abzusagen – abzusagen wie ein Turnier oder eine Wasserfahrt: weswegen? wegen Seuchen! Wegen eben des Strafgerichts, das nur seinem Zögern galt! Der, als ich mit weinendem Herzen ihn deshalb bannen mußte und exkommunizieren, auf dies Wagnis ein zweites türmte wie einen Mord und, im Bann, dennoch von neuem auf das losging, was er eine ›Kreuzfahrt‹ nannte – Lästerung und ein Greuel mehr! Der sich, der Unbegreifliche, mit dem Sohne Satans, diesem Elkamil, anstatt wenigstens den Purpur seiner Lästerungen mit dem Scharlach ungläubigen Blutes zu übertünchen, in Verhandlungen einließ – und aus solcher Hand und solchem Schacher Jerusalem empfing, als sei das eine Stadt oder Burg wie irgendeine! Er, der einen großen und frommen Kaiser zum Ahnen hatte, einen Helden trotz deutscher Steifnackigkeit und Barschheit. Ach, warum mußte der im Kydnus baden und ertrinken? Warum nicht sein giftiger Enkel?« Tiefe Wehmut machte seine leidenschaftliche Stimme schweigen.

»Du solltest an Ruhe denken und dies der Obhut des Herrn im Gebet anheimstellen, Heiliger Vater«, sagte der Bischof begütigend.

»Ja, ich sollte, aber ich kann es nicht! Die Barke der Kirche, ein schmales Schiff, durch die Abgründe dieser Heidenheit zu steuern, hat der Allmächtige mich schwache Kreatur aufgerufen... Welch eine Zeit, diese hier! Hat je soviel Unheil die reine Lehre und das rechte Leben überwuchert? In Konstantinopel das Schisma. Im Norden die heidnischen Pommern und Preußen. Araber in der Provence. Was bleibt uns? Polen, Böhmen, Ungarn – kleine Länder. Und Frankreich, die britischen Inseln, Deutschland, wo der Streit um die Einsetzung der Bischöfe die Herzen von uns abwendet und die Fürsten ziemlich frech und dumm unsere Legaten abspeisen; und als Herr des Abendlandes dieser Friedrich, hier, in diesem Italien, der Heide von Palermo, der wilde Gotteslästerer... dieser glänzende, ach großartige Mensch, der gleichwohl spricht, schreibt und handelt wie ein Verpesteter, wie der sichere Sohn der ewigen Verdammnis, wie der Antichrist selbst... O Friedrich, dem ich traute«, rief er aus und kniff die dünnen Wimpern hart ineinander, als werde er gleich überwältigt.

Die beiden Kleriker schwiegen voll Ehrfurcht. Vor den Fenstern sausten im gelben Zwielicht die letzten Schwalben vorbei und die ersten Fledermäuse. Hörner bliesen die Zeichen zum Schließen der Tibertore und zum Anzünden der Leuchtfeuer.

»Rom, diese Insel...! Aber ich gebe nicht nach. Ich werde beim Umgraben des Weinbergs sterben, den der Heiland meiner Seele überantwortete. Ich werde seine edelste Rebe pflegen, bis der Tod mir das Weinmesser und die Schlüssel Petri abnimmt, nach denen ich wahrhaftig nie gestrebt habe.«

Der Bischof wußte gut, dies entsprach der Wahrheit nicht, aber dank der leidenschaftlichen Aufrichtigkeit des Sprechers war er in dieser Stunde geneigt, ihm zu glauben.

»Anselm, notiere, und dann geht, laß mich schlafen. Schreibst du auch, Anselm? Kardinal Sinibald nach Palermo zu Friedrich. Dieser gebannte und ausgestoßene Mann will sich's leisten, Heilig Ostern im Dom unter Glockenklang zu feiern. Das schreibt man mir. Ihm wird gedroht. Der Fluch Korahs und seiner Rotte. Wagt er, das christliche Fest durch seine Feier zu entweihen, so wird er ausgerottet werden aus dem Volke. Er und Kind und Kindeskind. Verlöscht wie ein Licht. Und sein Teil wird von ihm genommen werden, wie es von Saul genommen ward, und einem demütigeren und frömmeren Manne zugeteilt werden. Wehe über dich, Friedrich, mein Sohn!« Er ballte die Faust, dann fiel schlaff die Hand mit dem Ring des Fischers.

»Geht, laßt mich schlummern... Die Nacht ist voller Dämonen... Beten wir erst...« Sie falteten die Hände, Jüngling, Mann und Greis.

## *3*
## *Ein Fluch*

Wahrhaftig glänzte von Palermo aus die Herrschaft Friedrichs II. bis tief hinein in den Orient und über die ganze westliche Erde. Er stand damals in der Mitte der Dreißiger, der Mitte des Lebens; aber seit seinem Bündnis mit Elkamil galt selbst »der Alte vom Berge«, der verborgene und fürchterliche Scheich der Assassinen im Libanon, als sein Genosse (»an Verruchtheit«), und der Hochmut der byzantinischen Kaiser in ihren Brokaten rechnete argwöhnisch mit dem Sizilianer. Gar in Europa gab es keinen Thron, der nicht von ihm abhing, ihn fürchtete, haßte oder liebte, abgesehen etwa von den Herren Aragoniens und Portugals und den wilden Dänen. Vielleicht war zuzeiten seine wirkliche Macht auf den deutschen Westen und Süden bis nach Ungarn hin und das ghibellinische Italien beschränkt, obwohl ein Heer zustande kam, das einem Erdteil zu schaffen machte, wenn nach endlosem Feilschen vom Elsaß bis zum Allgäu die Schwaben ihre Gäule sattelten, Hennegau, Brabant, Luxemburg seine Löwen in den Wind hielt, die friesischen, Schweizer, Kärntner Fußknechte mit Armbrust und Wurfspeer aufstampften, Tiroler, Bayern, Böhmen, Österreicher leichte Reiterschwadronen und Lanzknechte marschieren ließen und zu diesem Wald von Feldzeichen die Banner der stolzen italischen Stadtstaaten stießen, die Sarazenen, Normannen, Mischlinge Siziliens, die furchtbare Artillerie des Kaisers, bedient von Syrern und Juden. Aber seine wahre Macht, gefährlicher Art, verwirrte durch ihre Feinheit und Tiefe: unerschrocken lachende Klugheit, gewachsen der der Kirche. Sein Geist des Verbündens und Vertragens gab allen seinen Gegnern und den Unabhängigen immer neue Rätsel auf. Hinterhalte zu vermeiden, zuckte Venedig vielsagend die Achseln, wenn der Papst laut klagend an sie sandte, band sich Genua an den Kaiser, hielt Frankreich zu ihm. Und seine Briefe lenkten mit Beweggründen die Staatskünste aller oder kreuzten sie.

Er empfing den päpstlichen Legaten, umgeben von normannischen Baronen, sarazenischen Hauptleuten und den Gesandten einiger Könige Europas: dem blonden Gero von Babenberg, den Konrad, deutscher König, sein Sohn, zum Osterfeste mit Abgaben und wichtigen Briefen über den Brenner hatte reisen lassen; dem Sir Hugh Plantagenet, über den Kanal hergefahren, um die Kaiserin Beatrix von ihrem Bruder, König Richard von England, zu grüßen; und dem braunlockigen Troubadour, Renaud von Arelate, der die Treue der Burgunder und die Erge-

benheit des befreundeten Franzosenkönigs, Philipp Augustus, auf seinen leichtsinnigen und holdgebogenen Lippen und in seinem begeisterten Herzen trug.
Im Schimmer des frühen Morgens, perlmutten und von Strahlen durchblitzt, auf einem Brunnenhofe sarazenischer Art überwölbt von blendendem Blau, standen die Herren funkelnd von Waffen und Steinen. Der blonde Kaiser, etwas kahlen Hauptes, hatte mit dem Reichskämmerer schon mehrere Stunden über den Steuern der Städte verbracht – da Neapel und Brindisi immer wieder erbittert gegen die Einfuhrzölle auf Rohstoffe – Metalle, Seide – anrannten, Palermo das Salzmonopol anfocht (man könne Salz ja fast umsonst aus dem Meere sieden, statt kaiserliches und gar sardinisches Salz – diese Frachtspesen! – beziehen zu müssen!) und alle drei sich über die ruinierenden Wirkungen des kaiserlichen Monopols auf Getreideausfuhr einig waren, das die Steuerkraft der Städte völlig lähme. Diese Beschwerde besonders, mit Zahlen gut belegt, gab Stunden des Rechnens, und Friedrich, ein sehr klarer Haushälter, erkannte genau die Verwickeltheit der Sachlage.
»Guter Alberich«, meinte er mit seiner hohen Stimme zu dem steif sitzenden, weißbärtigen Herrn in Schwarz, »du denkst zu kurz. Du willst mich bereichern, brav und unmittelbar. Ich möchte aber doch noch reicher werden, als du ahnst, listiglich, mittelbar. Ich will viel Handel, denn der bringt Vorteile beiden, dem Käufer und dem Verkäufer. Ich will reiche Bürger, die Fett ansetzen und sich behaglich den Bauch trommeln und gute Tuchkleider verbrauchen, teure Seidenkleider für ihre Damen. Die viel Fleisch essen, die Nußholzmöbel mit Metallbeschlägen bestellen – und die regelmäßig eine tüchtige Steuer zahlen und sie erträglich finden, gern zahlen, oder sagen wir lieber: leicht, mit unernstem Schimpfen. Ich will sauber gehaltene Städte mit festen Häusern und dicken Mauern – nicht so dick, daß meine syrischen Ballisten sie nicht alsbald einschmeißen könnten, aber doch zu dick für Gregorchen und seinen Orsini. Bis jetzt dürfen sie erst Getreide ausführen, nachdem alle meine Galeeren vollgestopft sind, und was mir an Eignem von den Krondomänen fehlt, lade ich aus dem Drittel alles privaten Korns, das wir zu einem sehr niedrigen Preis beschlagnahmen. Trotzdem, sagst du, kommen wir nicht

zu Rande. Du schiebst es auf den allgemeinen Getreidepreis, den du zu billig findest, so daß wir unsern Staatspreis nicht halten können.«

Alberigo nickte. Die Kronverwaltung schlage vor, sagte er unsicher, sich räuspernd, trockenen Halses, die Eingabe der Städte abzulehnen, das staatliche Aufkaufquantum zu erhöhen und künftighin noch weniger als bisher dafür zu zahlen, drei Fünftel etwa des jetzigen Preises. Sonst sähen wir baldigen Ruin am Horizont. Friedrich lachte. Ruin bei solchen Ernten. Nein, mein Lieber. Man werde vielleicht drei neue Ausfuhrhäfen zulassen und den Schiffsbau ermutigen – »Das gibt Konkurrenz für unsere lieben Beschwerdeführer. Und dann werden wir... ich weiß noch nicht. Es fällt mir schon noch ein. Wir müssen unseren Preis halten«, sagte er nachdenkend, mehr zu sich, »und dennoch die Mengen Getreide im freien Handel eher erhöhen, wenn es ginge. Getreideausfuhr fördert den Ackerbau, und Bauernwerk, Alberich, viele Myriaden brauner Getreidekörner machen das Land sicher, glücklich und satt – vor allem satt. Aber, hör, man könnte vielleicht das Ganze in Geld ablösen lassen – bares Geld statt Monopolgetreides –, das dann leicht um ein Fünftel oder um die Hälfte vermindert werden könnte, weil wir ja dann jedes Risiko und die ganzen Frachtkosten vermeiden!« Der neue Gedanke entsetzte den greisen Herrn, aber den Kaiser brachte er in Flammen. Und er entzündete den Ehrgeiz des Ministers, indem er ihn seinen klügsten Statistiker nannte – was der Wahrheit entsprach – und ihn beauftragte, diese so hingesagten Möglichkeiten in einem Entwurf zu prüfen, an Zahlen und Erfahrungen zu messen und ihre mutmaßlichen Wirkungen vorzuzeichnen. Verabschiedet war Alberigo beinahe überzeugt, er selber habe diese neuen Ideen im Kaiser angeregt – Friedrich aber trocknete sich den Morgenschweiß vom Haar und erinnerte sich stirnrunzelnd, ja erbleichend des angesagten päpstlichen Boten. Es ist nicht gut, daß zwei große Gewalten in der Welt sind, dachte er seufzend, Gott schuf den Kosmos ganz allein, niemand kreuzte seine Pläne. Er hatte es leichter.

Jetzt also saß dieser Mann doch wieder ganz frisch und barhäuptig, im glatten Rock aus weißer Wolle eigner Zucht, auf einem griechischen Stühlchen, auf dem in elfenbeinerner Arbeit eine Elefantenjagd zu sehn war; sein rötlicher Bart ruhte

aufmerksam gestreichelt in der kleinen, von Falkenklauen benarbten Hand, und aus nachdenklichen Augen, kurzsichtig, ohne groß zu sein im roten Gesicht, brachte sein blauer Blick den Legaten in Verwirrung, den großen breitschultrigen Kardinal Sinibald dei Fieschi, einen Genueser Adligen von Geburt, der im roten Staatskleid seiner Würde, eine brennende Kerze in der Hand, ihn beschwor. Er, ein Gebannter, solle das Auferstehungsfest nicht beflecken. Er möge die Glocken nicht entweihen und den Dom Palermos, geheiligt durch die Gebeine der Märtyrer und Kaiser Heinrichs, seines Vaters. Er solle vielmehr umkehren und durch Kirchenbuße sich reinigen. Er solle dem demütigen und inbrünstigen Gebet von Petri eingesetztem Nachfolger sich fügen, seine Erblande Neapel und Sizilien aus der Hand des Papstes zu Lehen nehmen, wie er durch längst bekannte Tatsachen verpflichtet sei, vor allem sich und all die Seelen, die er der Verderbnis preisgab dadurch, daß sie ihm folgten, nicht durch neuen ungeheuren Frevel ganz und gar in den Rachen Luzifers stürzen.
Der Kaiser streckte sich schmal und geschmeidig in seinem Stuhle. Geistige Helle ohnegleichen machte ihn fast lachen oder schweben, hoch oben, so kam's ihm vor, gleich einem seiner geliebten Falken. Er verzeichnete bei sich, daß die Anmaßung des Papstes über ihn aus einem ehrlichen, nur beschränkten Gemüte käme. Er bemerkte, daß der Kardinal vor Inbrunst und Erregung mit der Zunge anstieß, sooft er ein S sprach, und die Augen nahezu voll Tränen hatte. Er fand ihn tapfer, so allein vor einem kaiserlichen Hofe mit den paar Mönchen, aber die Vermischung von echter Bedrängnis um sein Seelenheil mit der Politik der Kurie wirkte äußerst abgeschmackt. Er antwortete schließlich teilnahmsvoll: er fühle sich wirklich als guter Christ und völlig imstande, das Osterfest auf schickliche Art zu begehen, was der Heilige Vater doch gütig zur Kenntnis nehmen möge. Übrigens: sei neuerlicher Streit um seine politische Haltung bei seinem erwachsenen Alter nicht sinnlos und nur Zeitverderbnis? Worauf der Bote in unendlichem Kummer zu weinen begann, sich schneuzte und ausrief: »So wirst, o Herr, du und dein Haus ausgelöscht werden aus dem Reiche der Lebenden wie dies Licht von meinem Hauche.« Und er blies auf die nur schwach sichtbare Flamme, die in einem fadenlangen Schwaden erlosch. »Mir leben Söhne und Enkelsöhne, wo ihr

sie nicht treffen könnt, wenn ihr auch wolltet, anderswo und in Schwaben«, sagte Friedrich lächelnd, »und unsere Ansichten über die Natur der Höllenstrafen gehen auseinander, was ich feststellend bedaure.« Und er entließ, indem er sich erhob, die Ankündiger neuer Fehde mit ehrenvoller Handbewegung. Es beginnen Ungelegenheiten; sie werden das Volk erregen, diese Kutten, dachte er, indes er den gebeugt Gehenden auf den Rükken sah; was tut's. Mein Arzt und meine Köche sind Juden, Gift wird mich nicht erreichen, und meine Leibwachen Landsleute Abu Bekrs des Tripolitaners, der ihr Hauptmann ist. Und sein herzlicher Blick suchte den behelmten Schwarzbart im Turban, Abu Bekr ibn Tophail, der seine Gebetwaschungen fünfmal des Tages gen Mekka gebeugt verrichtete; indes der Legat, erschüttert von soviel Ichsucht und verhärteter Verlogenheit, als Gast des staufentreuen Bischofs von Palermo ein Quartier nahe der Kathedrale aufsuchte, entschlossen, zu fasten bis zum Abend. Es war sehr heiß.

## *4*
## *Geschenke*

Eines gelbheißen gassenleeren Mittags trottete, trotz zweier Dromedare fast ohne Aufsehen der Straße, eine kleine Gesandtschaft des Kalifen Elkamil von Alexandria in den Vorhof der Burg. Sie übergebe dem Kaiser ein Geschenk, das in Gestalt eines Briefes überreicht werde. Friedrich, entzückt von allem, was aus der großen morgenländischen Weite jenseits des Meeres verlockend grüßte, schwenkte knisternd das arabische Schreiben, mutwillig wie ein Junge: »Friede und Gruß zuvor meinem Bruder, Herrn des Abendlandes«, »und so weiter«, unterbrach er sich; »zur Sache: Das Mitgefühl eines Freundes ist Mondlicht dem Verirrten. Sollte der Papst zu Rom, der gewichtigen Kopfes, aber doch nur dein Imam, Diener eures Gottes der Liebe ist, mit langer eifervoller Zunge immer noch nach dir stechen? An deiner Stelle ließe ich ihn, einen toten Hund am Halse, einige Stunden durch meine Hauptstadt reiten. Das wäre die Hand der Heilung an der Beule der Unverschämtheit und freundschaftlich. Er widerlegt seinen Glauben durch Politik, wie seine Priester, was allbekannt, durch ihre Weltlust, außerdem daß jener ohnehin widerlegt ist, wie ich dir zu zeigen mich erkühnen möchte. Entsinne dich, wenn es dir beliebt, unserer Gespräche in den Dünenzelten zu Jaffa. Ich beweine, daß ein Geist, frei und reich wie der deine, den Allah als ein Kleinod geschaffen hat, in den Irrgängen unbegründeter Dogmen über den Gekreuzigten und die Einheit in der Dreiheit sich ergeht. So sende ich dir mit dem Arm der Brüderlichkeit ein Geschenk, wie ich es von meinem Bruder Djesid aus Delhi erhalten. Sieh nicht auf Schmuck und Gestalt dieser dürftigen Männer, Anando und Omato. Allah hat sie mit einer Kraft aus dem Gabenschatz seiner Fülle begnadigt. Sie werden dich die Zukunft sehen lassen. Prüfe mit der Säure des Zweifels und dem Scheidewasser der Untersuchung ihre Gabe und erkenne, daß der Prophet, sein Name sei gepriesen, die wahre und alleinige Lehre offenbarte, daß Kismet die Welt regiert und alle Dinge vom Allerbarmer vorherbestimmt wurden. Lob sei Allah, der am Anfang der Welt alle Dinge im Buche des Lebens verzeichnet hat. So bekenne ihn, wie ich ihn bekenne. Ruhm und Segen über dich: der dein unwürdiger und brüderlicher Freund ist, Elkamil.«

Der Kaiser, jedenfalls sehr entzückt von so schlichten Vorstellungen, was Kirchenzucht betraf, kicherte an einigen Stellen. Er betrachtete eindringlich die beiden gelbbraunen indischen Menschen. Über dem Hafen wendete blitzend wie ein Degen der große Schwarm der Hafenmöwen. Er fand die beiden stillen Leute von ziemlich fremdem Wesen und meinte bei sich, die Welt sei sehr groß, überall in sich zusammenhängend, und vielleicht wirklich, wie Ptolemäus lehrte, eine Kugel. Er dankte dem Gesandten für das kostbare Geschenk. Er hielt die beiden für geschickte Gaukler. Mit Schmunzeln führte der betraute Kämmerer die Fremdlinge durch die Wirrnis der Höfe. Er hatte, mit einem des Gefolges schwatzend, erfahren, diese gelbhäutigen Mageren äßen nur ein Getreide unbekannter Art, Reiskorn, davon sie selbst Vorrat mitbrächten. Ein hübscher Posten für ihre Verpflegung würde sich in seine Tasche hamstern lassen. Er war das uneheliche Kind eines normannischen Herrn und verstand sich auf die Welt.

Karfreitag schwiegen die Glocken, wie es sich gebührte, denn sie galten als zur Weihung nach Rom geflogen und erst des Nachts durch die Luft heimkehrend. Aber am Ostermorgen

dröhnten sie metallen, wie die Farbe des Meeres strahlte und der Himmel. In den hocherhobenen Gnadenraum des Doms zog gekrönt der Kaiser, ganz Fürst und Mitte der Welt, und während das Gefolge die dämmerigen Säulenschiffe des aufrauschenden Hauses füllte, empfingen ihn lateinische Hymnen und das Benedictus qui venit des Bischofs von Palermo, der ihm innerlichst anhing und den Bann als Übergriff Roms geringschätzte. Das Volk machte lange Hälse auf den Straßen und schrie schallenden Beifall. Es gab Parteigänger des Papstes, heimliche Guelfen, gläubige Söhne Roms; sie hielten sich daheim, seit gestern zum Vesperläuten die Leibwache einen gewissen Marsilio aufrührerischer Reden wegen verhaftet hatte. Jedermann in Palermo fand das Leben teuer und den Druck der Steuern unerträglich; man fand den Hof, seinen glänzenden Aufwand und die eigennützigen Absichten der Kronverwaltung für hauptschuldig daran, aber ebenso heftig entzückte Volk und Bürgerschaft der Rausch vom Kaiser her, von diesem einen Manne, der halb vertraut wie ein sizilianischer Normanne und halb rätselhaft wie ein schwäbischer Fremder in der Mitte der Welt sich hielt – jener Mitte, die dank ihm in ihrem Lande stand. Sie hatten für das Einmalige und Wundervolle seiner Person ein genaues Gefühl, und da er, wie er da ritt, gelassen im Schmuck und adlig in Freundlichkeit, keinen seiner Fehler heuchlerisch vor ihnen verbarg, und das Gerücht von den schlangenklugen, taubensanften Briefen erzählte, mit denen er die zugänglichen der Souveräne Europas gegen seinen unversöhnlichen Gegner entweder überzeugte oder einfing, warf weder Bann noch Fluch noch Interdikt Schatten über ihren jauchzenden Ostergruß, während die schimmernde Welle des Kirchgangs ihre Straßen durchlief.
Bezaubert und ganz hingenommen fügten die drei jungen Ritter und Gesandten des Abendlandes den Anblick dieses Osterganges und seinen Gesang zu den anderen Wundern ihrer neuen Gegenwart. Herzhafte Kameradschaft hatte sie unterwegs zusammengebracht; jetzt im gemeinsamen Glück und Feuer des Erlebnisses wurden sie überschwenglich Freunde. Sie fühlten sich im Feenberg bei einem Zauberer, mächtiger als Merlin. Sie gestanden sich, weder von den Wundern Gottes noch von der Lust des Irdischen bisher gekostet zu haben, in ihren nordischen Bezirken. Sie aßen neue Früchte, tranken

Wein, als wäre er der erstgeschaffene von den Tagen der Genesis, sie sahen erstmals den Garten der Erde, und sieh, es war der Garten Eden. Hier atmete ein besonderes Meer rauschend an einen besonderen Strand. Hier gingen die Männer lachender und wissender die Kinder. Das Gut und die Fülle der Erde staute sich im Hafen, den Gewölben der Basare, den Palästen und den Kirchen. Jeder ihrer Blicke traf auf das Ungewöhnliche: Nüsse von Kopfgröße, behaart wie Bären, kleine Tierteufel, die ihre Farbe verändern konnten und eine Wurfschlinge im Munde führten, Trinkschalen aus Eiern des Roch, Ketten aus rotem Meergold, ungeheure Muschelschalen schimmernd wie Seifenblasen und Dolche aus Damaskus. Sie hatten sich erst auf höfische Art kühl, gelassen und erfahren halten wollen; sie waren längst in staunende, strahlende Jungen zurückverwandelt worden. Errötend sahen sie Beifall in den lächelnden Augen der Damen und Frauen und der Mädchen auf den Straßen. Die Osternacht verwachte jeder von ihnen in den Armen einer jungen Geliebten. Die Düfte von Palermo und seines Hofes machten die Frauen straucheln und im Falle schon gewährend lachen. Erhöht im Wesen, gelockert und überströmend ritten sie in Turnieren, saßen sie beim Mahle, lagen sie zechend auf den Dachterrassen, hörten sie den Gesang der Dichter, sprachen sie scherzende, werbende, verklärende Worte zu Damen, die sich an Wandteppiche lehnten und die Augen halb schlossen.

## 5
## *Der fremde Spiegel*

Mitten in der Woche besprach der Kaiser selber die Angelegenheiten ihrer Staaten mit den drei jungen Herren. Sie gefielen ihm, und er verbarg es nicht. »Junge Fische ihr«, lächelte er, »es ist Norden um euch, frisches Wasser. Ich kann weder ihn noch meinen Süden entbehren«, und er fragte sie aus. Von den meisten Dingen ihrer Heimat verstand er mehr als sie selber; ihre Schriftstücke hatte er, »in Vertretung meines Kanzlers, der leider in Tunis neue Verträge siegelt«, selbst entgegengenommen und verwahren lassen. Diesen Peter von Vineis, ein Freund des Herrn mehr als sein Diener, hatten sie gelegentlich schon sehr vermißt; jeder von ihnen sollte private Anliegen der

Kanzleien an den mächtigen Mann ausrichten. Um so besser – so fand sich Anlaß, seine Rückkehr abzuwarten! Sie hatten genug Norden zwischen ihren Rippen, um jede Woche hier unten wie Syrakuser Wein zwischen Zunge und Gaumen zu schmekken. Übrigens durften sie mit ihrer Haltung in den Turnieren und Wettbewerben voll zufrieden sein, wenn gelten konnte, was Herr Gero davon in seinem Reisebüchlein an kargen Daten vermerkte.

Friedrich zog sie zur Tafel. Sie sahen ihn mächtige Scheiben Fleisch essen, gebratene Fische, Gemüse, weißes Brot – alles aus eigenen Hofgütern bezogen. In einer weiten Loggia saßen sie nachher auf niederen Ruhebetten oder lehnten an der Brüstung. Als die Sklaven Süßigkeiten, Sorbet und Früchte auf den Tisch stellten, trat durch die Vorhangteppiche ein beleibter Jude in langem, kostbarem Seidengewand: Elieser ben Bachja Alfayumi, Leibarzt des Kaisers, der ihnen schon gezeigt worden war, sein gerötetes Gesicht, sein schwarz und grauer Bart; er aß besonders, was die jüdischen Köche des Kaisers ihm, dem Vorsteher der Gemeinde, voller Genauigkeit der Vorschriften kochten. Der Kaiser neckte ihn wegen seiner Pünktlichkeit: »Ein Weiser liebt Süßes! Von den Leckereien darf er essen, der fromme Ebräer!« – »Weiß ich doch, was Magister Theodoro hineinmischt«, antwortete lächelnd der Arzt; und die Junker erfuhren lachend, daß in der Tat ein alter Student der Philosophie, im Studium gescheitert dank seines Leckermauls, dem Herrn als Süßkoch diente. Elieser, der den Kaiser liebte, entließ ihn kaum aus seinem Blick.

Nach der Hitze des Tages und des Mahles atmeten sie alle erleichtert im kühlenden Anhauch des Meerwindes, der die Bucht aufrauhte.

Da entsann sich der Herr des Festes seiner neuen Gaukler. Sie trugen ein Kohlenbecken herein und das Bild eines östlichen Gottes, der in Leibesfülle lächelnd mit gekreuzten Füßen auf einer Blume saß und hinter dessen Haupt ein silberner Spiegel sich erhob. Er fragte sie, wie sie ihre Kunst ausübten. Der Ältere schwieg, der Jüngere sprach arabisch: »Wir sind nur Werkzeuge. Zeige deinem Gärtner den Kern einer Frucht, er nennt dir Blüte und Gestalt des Baumes, der künftighin aus ihm wächst. Und du darfst ihm glauben. Lege ein Mensch seine Hand auf die meine: sein Geschick erscheint in Bildern. Im

Spiegel des Erleuchteten erschaust du es. Karma, das Schicksal. Es bemächtigt sich unser, geformt von den Sternen. Wir Unwürdigen empfangen Mitteilung, fremdes Gesetz tritt in uns über, die Kraft in uns öffnet eure Augen.«
Der Kaiser besann sich. Er flüsterte einen Namen zu Abu Bekr, Hauptmann des Palastes, und der ging weg. In seinem Gefängnis lag Maso Marsilio angekettet, Führer der heimlichen Guelfen, Ratsmann der sich selbst regierenden Stadtgemeinde, der in tapferer Wut auf dem Markte die Bürger angeschrien, zornfäustig wie ein Neger, dem gebannten Antichrist die Kathedrale zu sperren. Nach dem Feste mußte sein Kopf zu Boden. Abu Bekr hieß ihn sich waschen, nahm ihm die Ketten ab, hängte ihm einen seidenen Mantel um, setzte ihm einen Helm auf, befahl ihm zu schweigen, führte ihn in den Saal. Friedrich ließ leichthin einige lateinische Worte hören: Dies sei der Bürger Tomaso Marsilio. Alle wußten, er war so gut wie tot; seine Hinrichtung winkte als öffentliches Fest. »Laßt sehen, was von diesem sich anzeigt«, redete er, den Spott ganz verborgen, arabisch zu den Indern, welche allein nichts wußten.
Sie streuten Körner auf das Kohlenbecken; dies duftete fremd, nicht nach Weihrauch allein. Der Jüngere umfaßte den Puls des Gefangenen mit der Linken, legte die Rechte seinem Genossen unters Herz. Reglos saßen sie auf ihren gekreuzten Beinen, mit immer leereren Augen den Zuschauern zugewendet, aus ihren Mündern kam rhythmisch wiederholt halblautes Brummen, eine Formel, eintönig, viele a-Vokale: »Tat twam asi... tat twam asi...« Über ihren Hinterköpfen erhob sich vom Tisch mit dem lächelnden Sakyamuni die schimmernde Scheibe. Angenehme Spannung fiel in Atemzügen wachsend über all die Heiteren, die sich willig hingaben dem, was kommen konnte. Rauch wölkte, wehte. Alle Pulse pochten ins Murmeln, das aus den Wänden zu dringen schien. Sie spürten sich gelockert in allen Bindungen, wach und nachlässig in einem ging ihr Geist. Dann war's, als richtete unwiderstehlich sanft eine gepolsterte Faust ihre Schläfen nach jener einen Richtung, hin zu den Augen des Inders, die geschlossen hinter ihren Lidern standen, über sie fort zum Spiegel. Nichts als Spiegel mehr in der Welt, kein Rechts noch Links – weder Mauern noch auch Raum, kein Hell, kein Dunkel. Und Marsilio schien, es trete seine Seele über ihre Ufer und verlösche mit ungestümen Strömungen all

sein Waches – kein Blick mehr auf das, was in ihm stieg, lenkte sich hinein in sein Gemüt, auch er suchte, indem er sich suchte, den Spiegel mit den Blicken. Die scheinende Scheibe verdunkelte, dehnte sich, zitterte schwindend; schattenhafte Trübungen in ihrer Fläche überzüngelten sie, landkartengleiche Umrisse verschoben sich, beharrten, klärten sich deutlich, deutlicher in ätzender Schärfe, niemand maß mehr, ob groß, ob klein, unverständlich wie die Linien der Hand und ebenso lockend zeigte sich das Etwas: Haus am Hügelabhang, mit Wein bepflanzt; ein Greis tritt heraus, umgeben von drei, vier Söhnen, indes kleine Kinder, Enkel, an ihnen vorbei spielen: »Mein Elternhaus in Syrakus!« stotterte Marsilio; der Greis näherte sich: »Nicht mein Vater«, flüsterte er entsetzt, »der Großvater, tot seit Jahren, so sah er aus.« – »Du selbst«, sprach Friedrich. Und sie erkannten, indem sie einander anblickten: ja, er selbst, Maso Marsilio, wie er als Greis einmal dastehen müßte, ging durch dies Spiegelbild, unverkennbar, und unverkennbar scharten sich um ihn Söhne und Enkel. »Bist du vermählt?« fragte der Kaiser. Der Verurteilte schüttelte den Kopf. In seinem Herzen erwachte die unermüdliche Hoffnung... Das Bild erblich, die beiden Fremden atmeten mühsam, belebten sich schwer. Friedrich fand sich wieder in einer gültigen Welt. Das Spiel schien ihm wundervoll – und selbstverständlich im Hauptteil falsch, denn für Hochverrat gab es keine Gnade. »Zwar keine Zukunft, aber doch sehr gut«, lächelte er befriedigt; ein neuer Trick, wohl ausgesonnen, wohl geübt, erweisend, was alles den Menschen möglich war mit Geist und Gliedern. Er winkte dem Hauptmann, der den Gefangenen auffordernd berührte.

Ein Vorhang teilte sich, ein trat eilig eine ganz junge Frau, ihr Kleid im Ausschreiten mit beiden Händen raffend; eine ältere folgte ihr und eine Zofe, verwirrt vom stürmischen Aufbruch, dem Lauf über Treppen, dem Eindringen in diesen Saal. Linda, die der Kaiser liebte, Herrin im Frauenflügel des Palastes, den Friedrich, ganz nach morgenländischem Brauche, abseits hielt. Auf ihren blaßgoldenen Wangen lag holde Röte, ihre Augen, dunkelblau, glänzten weit und dringlich dem Gefangenen entgegen, und als sie anhielt, preßte sie mit der zarten Faust einen der beiden braunen Zöpfe gegen ihre hämmernde Brust unter der köstlichen Seide, veilchenfarben mit goldenen Adlern, die man in Venedig kaufte. Das wispernde und gierige Gerede in den Schänken und Spinnstuben, unersättlich in ausgemalten Lüsten, den Kaiser blutschänderisch in Farben luziferischer Verruchtheit zu malen, schwefelgelb leuchtend vor den schwarzen Wolken des Höllensturzes – das Gerücht machte sie zur leiblichen Tochter Friedrichs und einer venezianischen Gräfin, seit vor zwei Jahren das Flaggschiff des adriatischen Geschwaders sie an Land gebracht und in den Palast. Da stand sie mitten im Saale, halb vom Stuhl erhoben der Kaiser, leicht böse, ein Zittern begeisterten Staunens zwischen den drei Rittern: aber indem sie den Kaiser lächelnden Blickes grüßte, ging sie auf Marsilio zu und küßte ihn, legte ihm eine Kette Perlen um den Hals und sagte aufatmend mit beschwichtigender Stimme zu Friedrich: »Nicht böse sein, Augustus, er ist es, den wir so sehr suchen. Ich schrie auf, Donna Maria erschrak zu Tode, als Ibn Tofail ihn heraufführte, unter meinem Fenster.« Der Kaiser errötete und erblich: ein Mann, den sie nicht kannte, hatte vor Tagen in den entfernten Strandbüschen des Gartens diese Linda vor einer Viper gerettet. Rastend nach einem Bade hatte sie die Schlange aufgestört, unausdenkliche Zeit sich bewegungslos gehalten, zitternd mit den Zähnen; dann sperrte ein fremder Mann das Giftzeug mit geschleudertem Messer an den Boden, warf über die Nackte seinen Mantel und führte sie zu ihren Kleidern; mit Scherzreden verschwieg er seinen Namen, er verschwand namenlos. »Damals hast du also dein eigenes Leben gerettet, Marsilio«, sprach der Kaiser, bleich, mit geschlossenen Augen, »geh in dein Vaterhaus nach Syrakus und nimm ein Weib.«

»Nimmst du ein Weib?« raunte Linda dem Wankenden ins Ohr, als er an ihr vorüber seinen Weg zur Tür suchte. Die Liebe der Großen währte nicht immer; sie lächelte nachdenklich vor sich hin, ehe sie erhellter Stirn und liebreichen Mundes zu Friedrich ging, ihm die Wange zu reichen. Sie war das Kind eines Grafen von Ragusa, der gegen die Piraten gefallen war, als sie sein Sommerhaus ansteckten und die Tochter mit anderem erbeuteten. Aber sie brachte ihnen kein Glück, bald eines Morgens im Gefecht mit kaiserlichen Schiffen. Im Frauenhause Friedrichs ging sie zauberisch und gut umher und diente dem Herrn mit ihrer süßen Jugend.

Der Kaiser entließ liebenswürdig seine Gäste. Sie fanden selber nötig, umherzugehen, zu stampfen, laut zu sprechen. Er selber aber saß, sah in den Abend, sann sehr scharf über astrologischen Geheimnissen. Der Spiegel, nicht der Henker schien recht zu behalten über Marsilio. Diese Inder verwalteten Kräfte. Was den Marsilio regierte, das Gesetz seines Sterns in seiner leiblichen Natur, im Sonnengeflecht vielleicht pochte es verkörpert – das trat über in den Jungen, ward Bildgestalt im Alten, von ihm gestrahlt ins Hirn der Zuschauer, als sähen sie es im Spiegel, der ihre Blicke kannte. So verstand man es. Es war sehr seltsam. Was sollte man davon halten? Was kündigte sich an? Welches Unheil – gewöhnlich kommt Unheil ... Aber: der Spiegel wahrsagte ... Linda, auf der Lehne seines Sessels, legte ihre Wange an die seine. Ihre Lippen formten unbewußt den hilfreichen Namen, ihre Augen sahen ein Messer im Sande beben, das eine schlagende Schlange annagelte.

## *6*
## *Mitten im Leben*

Der dumpfe und aus Unbekanntem an die Seele dringende Stoß, den Friedrich empfangen, ward aus Verwirrung und Erschütterung bald entzückend. Er fing sich bald – er, der den weisesten Astrologen Italiens an seinem Hofe hatte, den tiefen Michael Skotus, und der Allmacht des Weltschöpfers keine Grenze wußte. Alles, was menschliche Geistesmacht auszuweiten trachtete, war ihm teure Kameradschaft: und hier hatte das Schicksal ihm für die Flüge des Geistes Atmosphären aufgerissen! Er warf sich mit dem Schwung und Stoß eines seiner jagenden Falken in dies neue Wunder, das ihn aus Spiel so jäh in die Sphäre der Wahrheit warf. Er schenkte den beiden Indern seidene Teppiche kaiserlichen Dankes. Er lachte Ibn Tofail aus, als der Hauptmann, stolz im vollen Sieg seines Glaubens, nun nahelegte, er möge weise sein, folgerichtig; die einzig bewiesene Religion des Kismet bekennen. Hier hatten in Gemeinschaft mit Elieser Überlegungen bereits Mauern und Gräben gegen falsche Folgerungen errichtet. Noch sei nichts dargelegt, als daß möglicherweise Zukunft vorhersehbar sei; erst wenn sie sich zugleich auch als unabänderlich ergebe, wenn der erhabene Satz von der Freiheit des gottgeschaffnen Menschengei-

stes als falsch bewiesen sei, dürfe man solche Forderungen anhören. Der Sarazene schüttelte den Kopf, er hielt dies für das Schlupfloch eines widerspenstigen Christen.
Sehr bald wieder wölkte bläulich das Rauchkraut im Verborgenen der Palasthöfe und gab strengen Duft. Der Spiegel schimmerte in der Sonne vor den Vertrauten des Kaisers in diesem Spiel. »Du hast Ostern gefeiert, o Herr, es war sehr hübsch. Gutes Turnier und prächtige Preise. Aber nebenbei wardst du doch auch verflucht; Ausrottung, Korah und sein Haus. Laß doch den Spiegel ihn erproben, den alten Mann zu Rom mit seinem Binden und Lösen.« Der Kaiser nickte dem Hauptmann lächelnd zu. Er wußte Haus und Reich auf Jahrhunderte gegründet. Er reichte dem Joghi seine Hand: »Mein Blut nach hundert Jahren.« Und der alte Mann begann seine summende Anrufung, den kurzen Satz über den Vokal A: »Tat twam asi, tat twam asi...« Zeit verging, der Puls schlug allen, der Spiegel blieb leer. Man wartete. Aus Neugierde ward eine spöttische Spannung, zugleich Herzen erleichternd. Er blieb leer. »Die Kunst endete schon?« fragte der Kaiser sanften Mundes. Lächelnd entgegnete der Junge: »Da erlosch dein Haus allbereits, o Herr. Kein brennendes Leid der Wiedergeburt mehr. Heil über dich, dein edles Blut; das Rad der Verkettung ließ es schon frei.« Der Kaiser sah ihn atmend an: dieser Irrsinnige, der Vernichtung lobpries! Anbeter des Todes, Fliehender vor dem süßen Leben – nackte Narrheit... Aber es gab kein Zurück mehr: »Den Letzten meines Hauses also!« Pochende Stille, Angst im Raume. Das Summen, Summen... Der Spiegel trübte sich: man sah. Sie drängten aneinander die eiskalte, körnig rauhe Haut der Wangen: Ein Hafen, ein Vulkan im Hintergrund: Neapel? Eine Menge. Ein Schafott. Ein Jüngling kniend, ein Haupt fällt. Ein Richter zerbricht ein Wappenschild: des Kaisers Wappen, seinen Adler. Er hebt das Haupt hoch an den Haaren – Züge, denen des Kaisers verwandt. »Konrad!« schrie Friedrich. »Manfred! Enzio!« – »Konradin?« atmete der junge Babenberger schaudernd. Ein Ritter im Harnisch, den Helm gekrönt, tritt den zerbrochenen Schild mit Füßen, indes hinter ihm Kreuze wehn auf Bannern. »Sein Wappen: Anjou«, flüsterte Renaud, schneeblaß von einem Entsetzen, das nur die Phantasie eines Dichters so zu durchleiden vermochte. Der eherne Gekrönte hebt sein Visier, ein hartes und triumphieren-

des Gesicht. Das Volk Neapels winkt einen Wald von Armen, von Mützen; er aber kniet nieder, stellt seinen Helm neben sich, neigt sein Haupt vor dem Legaten, dem Kruzifix. Das Bild verblaßt, seine grauen Schatten scheinen den Tag zu erblinden. Es bleiben Menschen da, im Raume, die nicht imstande sind zu atmen. Der Kaiser winkte; man solle gehen, auch Linda. Er fand sich allein unten zwischen wild duftendem Jasmin. Er würde sich wohl wieder fangen, meinte er, manchmal auftauchend aus matter Öde des Herzens hier links in der Brust. Noch aber ging er, zwecklos. Das Echo seiner Schritte schien ihm Echo des letzten Menschen in einer leeren Welt. Die Gedanken, die er dachte, entrollten als matt phosphorenes Band an einer Stelle seines Wesens, die selbst ganz dunkel lag und so tief, daß Helligkeit sie nicht erreichte. Er hatte ein sinnvolles Leben hinter sich, und glaubte es vor sich. Gerade in der Mitte menschlicher Tage, stehend auf einer Wegscheide des Vollbringens und Besinnens, traf ihn das ...: der Tod in vollkommenster, umfassendster Meisterschaft. Das war nun alles vergebens, dachte er lange Zeit; diesen einen Gedanken, voll bitter lauter Nüchternheit im Munde schmeckte er eine schwarze gedehnte ungemessene Weile. Er hätte gern etwas gelegen oder gesessen, fand er zwischenein; dann verlöschte die Empfindung seines Ichs wieder im matten phosphorischen Gleiten und der schwarzen Weile. Er war, beim Kreuze Christi, nicht leicht zu schlagen; er nicht. Ihm floß Mischblut in den Adern – Mischling war er, und darum nicht angebunden nach rückwärts in seinen Instinkten, frei, nach vielen Seiten zu schauen, aus edler Rasse: bestes schwäbisches Blut gekreuzt mit dem harten guten Normannenstamm, der sich aber schon mit allem durchsetzt hatte, was es hierzulande an brauchbarem Volkstum gab. Aber dennoch: wozu das Ganze also? Die Plackerei mit dem Reich und dessen hartschädeligen Nachbarn, der Zank mit den Päpsten und ihren Pfäfflein von Jugend an, diesen Innozenzen und Gregoren, deren Gestalten zwar wechselten wie die der Dienstboten seiner Kinderjahre, deren Amt, die ihm zugewandte Seite ihres Tuns aber, dieses ihr Papstsein, stets sich gleichblieb wie das Einerlei der Tätigkeiten des Kindabwartens und Stubenwischens, bald von einer Santina, bald von einer Thekla besorgt? Wäre er nicht besser mit dreizehn gestorben, an der unbekannten hitzigen Krankheit, die die Haut sich schälen

machte und während der ein jüdischer Arzt ihn in verdunkeltem Zimmer zu liegen zwang? Anstatt bald danach, ein Kind noch, ein Junge ganz und gar, in die Erbfolge seines jäh verfallenen armen Vaters eingestellt zu werden und damit in den Wirbel aller Streitereien des Westlandes, der Lehnswelt, zwischen mütterliche und väterliche Verwandte, Normannen und Schwaben, Päpste und Kurfürsten, Kreuzfahrmönche und Latifundienbarone – von der Politik zwischen den Staaten zu schweigen und der großen morgenländischen Verlockung?
»Laß doch sehen«, flüsterte er sich zu, »laß doch einmal sehn!« Er meinte den Gang seines Lebens, die Gestalt seiner Wirkung und Bahn in der Zeit, die er durchmessen. Die dumme Verwicklung mit seinem Sohne fiel ihm ein – aber ruhevoll schob er sie beiseite. Es gab Wichtigeres in diesem Erdengang als jenen jungen Burschen, der sich durchaus zum Werkzeug machen lassen wollte von Mächten, die er sich hätte unterhalb der Schuhe halten müssen. Bah – weg damit! Und er begann langsam auf weichen Schuhen, ganz nach innen gewandt, die Höfe zu durchgehn, die Gärten, Treppen empor im Monde, auf umgitterten Dächern, hin und her, stehenbleibend, so daß sein Schatten groß und schwarz auf einer bläulich bemondeten Mauer wartete, und weiter, weiter. Ungeordnet oder vielleicht auch nach geheimen Gesetzen gruppiert, traten die Tatsachen seines Lebens vor ihn hin. Wirkung war ausgegangen, Notwendiges erst geplant, dann befohlen, dann den Ausführenden beigebracht, dann in Wachsamkeit durchgesetzt worden. Welche Mühsal! Das hartnäckige dumme Fleisch der Menschen verlangsamte immer, immer wieder, die Durchsetzung der Welt mit Plan; das Gehirn des Menschen war fast nur Fleisch, man konnte es braten wie das eines Kalbes. Und doch gelang immer wieder das Unwahrscheinliche, das Wunder: das Vernünftige ließ sich durchsetzen sogar mittels Menschen...
Er hatte das Waffentragen allgemein verpönt. Nur seine Beamten durften sich das Schwert anschnallen, und nur im Dienst, auch den Reisenden war verstattet, sich zu bewehren. Rittern wie Bürgern, die aber bei der Heimkunft augenblicklich Klinge und Armbrust in die Ecke zu stellen hatten, bei Gefahr von Zwangsarbeit oder Geldstrafe. In seinem Reiche wurde Betrug gegen Fremde härter bestraft als der gegen Landeskinder, denn der Fremde trug Ehre und Ruf des Landes in seinen Worten

hinaus, und er war Gast. Er ging daran, aller Gerechtsame nicht achtend, ein Recht, ein einziges waltendes Recht für alle Bewohner seiner Staaten durchzusetzen, ob Franke oder Römer, Lombarde oder Grieche – ein Recht, in welchem das Gottesurteil keinen Platz hatte, diese abergläubische Einsetzung des verwirrenden Zufalls an die Stelle weiser Überlegung, die zu allem anderen eine Lästerung Gottes war, wie er es sah. Im Schatten seiner Krone sollte niemals ein Sohn für die Vergehen seines Vaters verhaftet werden, nie ein Mensch für einen andern büßen. Kein Angeklagter durfte gefoltert werden; nur wenn schwerer Verdacht gegen Leute sehr schlechten Leumunds ohne völligen Beweis nicht anders bekräftigt werden konnte. Wehe denen seiner Untertanen, die ihre Triebe nicht unter ihre Hände zwingen konnten! Der Kopf eines Mannes, der einer armen Hure Gewalt antat, fiel vom Halse, oder der bei Schiffbruch oder Feuersbrunst Güter raubte und so die heilige allgemeine Not ausbeutete zum Übel, oder der einer Frau Liebestränke eingab und sie so ihrer freien Seele beraubte, um ihren Leib zu mißbrauchen. Er ließ Gotteslästerern die Zunge ausschneiden, Kupplern die Nase nehmen, Ehebrecherinnen auspeitschen, leibeigene Hurer entmannen: er vermochte das Schwert der Strenge vor sich in den Sand zu stoßen, weil sein Schatten überall Frieden schuf in seiner befriedeten Welt. Vor fünf Jahren hatte er mit Abu Issak von Tunis jenen Pakt unterschrieben, der das gefährdeteste Meer fast mit einem Schlage in eine Völker und Güter tragende Straße verwandelt hatte: beiderseits Freigabe aller Gefangenen ohne Lösegeld – eine Welle des Jauchzens und der Tränen überzitterte von den Küsten her Europa und Nordafrika! –, beiderseits Verzicht auf den Raub an Schiffbrüchigen, der Strandrecht hieß; beiderseits Beschlagnahme allen geraubten Schiffsgutes und Rückgabe an die Ursprungshäfen; beiderseits Verzicht auf alle Plackereien Handeltreibender oder sonst zureisender Fremder. Zu Genua, zu Venedig hatte er Vertrauen statt Politik eingesetzt: und beides erwies sich als richtig. Seine Flotte von starken Kampfgaleeren war frei zur Jagd auf die Piraten von Algier und des Rif. Er hatte zwölf Burgen und Städte erbaut und Landschaften damit neue Kerne des Wohlstands gegeben; er hatte der Universität Bologna kostbare Abschriften aristotelischer Traktate überwiesen, damit der Geist der Lernenden sich am Vollkommenen erhelle

– des Aristoteles, der in der westlichen Welt so verschollen war wie Platon und alles, was das Altertum gedacht, aufbewahrt nur von Arabern und Juden. Und überhaupt: das Lernen! die Gestaltung des Verstandes, die Erhellung der Leute, vor allem: der Jugend! Schulen, Schulen überall! Hochschulen! Er hatte in Neapel die Universität gegründet, Studenten auf ihre Eigentümlichkeiten in Bologna scharf beobachtet und jetzt vermocht, ihnen gerecht zu werden, indem er ihnen die Freiheit ließ, sich selbst zu regieren und zu richten, nur leichte Abgaben von ihnen verlangte, eine Pfandleihe auftat, damit sie sich zuzeiten mit billigem Gelde bestücken könnten, um Salven des Vergnügens abzufeuern, und gegen die raubgierigen Zimmervermieter sie gesichert durch ein Schiedsgericht von je zwei Studenten und Bürgern. Daneben hatte er Salerno geschaffen, für die ernste Kunst der Ärzte, wo neben Lateinern und Sarazenen Griechen und Hebräer lehrten und lernten. Er hatte die römischen Aquädukte aus dem Cellanersee wiederhergestellt und sich hochatmend als Fortsetzer des Augustus gefühlt – und er sah plötzlich vor inneren Augen in blauem Tag weißmarmorn den mächtigen Triumphbogen wuchten, Statuen in den Nischen und seine Bildsäule augusteisch sitzend, mit dem die Stadt Jesi ihn, der dort von seiner Mutter gekommen, gefeiert hatte, empfindend wie er. In seinem klaren und systematischen Geiste, geschult an Übersetzungen aus dem Aristoteles – er wußte, niemand lernt so gut Gedanken nachdenken wie der, der die Worte nachbildet, in die sie gefaßt sind –, hatte er die Natur der Vögel durchdacht und an Beobachtungen erkannt, an den zahllosen kleinen, blitzhaft erhellenden Eingebungen des Sehenden. Er wußte, in seinem Traktat »de arte vendandi«, der »Falkenjagd«, nichts Wesentliches über die geliebten Vögel vergessen zu haben, und war gewiß, der Mann aus Stagira würde ihm auf die Schulter klopfen für dieses Stück Wissenschaft, und nicht das Lob Moses oder des Paulus Sanctus konnte hier gleich viel wiegen. In Sizilien hatte er Fischteiche ausmauern lassen zur Aufzucht und in Gesellschaft seines Freundes Peter neue Versmaße erfunden. Noch jetzt spürte er glühenden Neid, daß nicht ihm, sondern jenem die bezaubernde Form zu erfinden gelungen, halb im Spielen, halb im Probieren, die sie Sonett tauften und die sich bereits im Reiche der italischen und provenzalischen Sprachen auszubreiten be-

gann wie eine neue Blume, deren Züchtung zwischen Zäunen gelang und die ihren Samen vom Winde vertragen läßt und bald überall blühen wird. An seinem Hofe diskutierten die Söhne des großen Averroes mit Michael Skotus und besiegten den Kaiser, wenn sie recht hatten. Das Menschenleben, dies kurze Leben, er hatte es gut angelegt und viel vollbracht, wie ein Mann, der ein Mosaik entworfen, die Steinchen eingefärbt, gebrannt und knapp die Hälfte angelegt hat – Mosaik, das etwa den Triumph der Musen über die Faune oder den des Orpheus über die wilden Steine darstellen sollte. Und nun trat, mitten im Werk, der Tod auf, das Gerippe, sein Stundenglas höhnisch vorweisend: »Hör auf, alles ist mein, du lebst vergebens.«
Er stand vor dem Eingang des langen Kreuzgangs um den Brunnenhof, jedes der köstlichen Säulchen äderte mit seinem Schatten und dem Edelwerk seiner Kapitäle die Fliesen des Bodens im milchigen Licht. Abbrechen, alles – das planvoll angelegte Schach mit den Päpsten, damit die weltliche Freiheit des Staates die Kirche auf die geistigen Nöte der Zeit zurückweise, den neuen Handelsweg mit Ceylon und Indien, das weite Werk allgemeiner Rechtsgestaltung, den großen Burgbau zu Amalfi, den weiten Tierpark hier vor der Stadt, in dem er den Behemoth und den Leviathan vorzuführen gedachte – er lächelte schwach –, vorausgesetzt, unter jenem sei das Hippopotamus verstanden und unter diesem das Krokodil des Nils. Aufgeben, was geplant war, hinlegen, was, zwar fertig, immer neuer Erhaltung bedurfte – keine Pferde mehr oder Schweine oder edelwollige Widder züchten, jedem eingesetzten Mann freie Hand lassen, selber unter Bäumen umhergehen, mit Nicolo spielen, seinem Tauchermenschen, den sie den Fisch nannten, Münzen ins Meer schleudern, damit er sie hole, Frauen lieben, essen, schlafen. Ein großes Lid hatte sich gehoben, ein ungeheures Auge blickte ihn wimpernlos an: das Auge der Ananke oder auch des Nichts hinter dem Himmel.
Aber indes er leise den Schattengang entlangschlich, Arme hinterm Rücken mit Händen wie gefesselt, kaltes Zittern in den Handrücken, hob er vor einem Einfall plötzlich die Stirn. Wenn er jetzt, mit diesem Wissen von Eis im Herzen, sein Leben noch einmal anzulegen frei wäre: was dann täte er? »Selbstverständlich«, rief er aus, ein Echo schlagend aus den Wänden – »Selbstverständlich!« – und seine Hände fielen frei und schlaff.

Selbstverständlich würde er, um kein Haar abweichend, den gleichen Weg gehen wie das erstemal. Wissend oder unwissend: er hatte, falls er sich nur treu blieb, gar keine Wahl. Aus dem Grundkeim seines Wesens folgte das Gesetz, nach dem er wuchs – sich entfaltend wie Ölbaum und Akazie, durchwirkte er den Weltstoff und Lebensstoff mit seinem Wesen – und sein Wesen war in jedem Sinne ihm wohlgefällig, genehm. Gab es diesen Federigo, und stand er kampfgerecht in seinen Schuhen, so zog er auch hin, nach dem Walten des Charakters und der Sterne. Und blieb vergeblich, was er gelebt, all dies große gescheite Planen, Wirken, Fertigwerden: um so schlimmer für die Welt – nicht für ihn. Er sah diesen Federigo wandeln, mitten im Hofe jetzt, voll im Lichte, und nickte ihm auf götterhafte Art zu. Dieser Bursche Friedrich hatte nichts von einem Fehlgänger an sich. Ging sein Wirken ins Leere, so würden andere kommen müssen, dieselbe Last noch einmal zu wälzen. Es kommt Gott nicht auf einen Mann an, lächelte er seinem Spiegelbild im Brunnen zu, das schwärzlich auftauchte, bevor er es zerbrach, seine Stirn angenehm zu kühlen, die Schläfen, den kahlen Scheitel, den Hinterkopf oben am Hals, wo er sich so brav auswölbte, gedankenträchtig. Hier stand ein Mann, der keine Wahl hatte und der mit wissenden Augen weitermachen würde. Er fand für seine Sachlage das unpathetische Wort passend und kühlend wie das Brunnenwasser eben, das aus den Adern der Erde längst in Staub verflogner griechischer Kolonen Hände gebohrt, als sie Panormus gründeten und Zutraun zum Lande hatten und Trotz gegen das ungeheure Meer da unten, dies Wasser werde nicht salzig sein. Und süß schmeckte es, das lebendige Wasser. Unwiderrufbar und gut war das Leben des Menschen, der ungestört aus sich zu wirken Freiheit fand und Mut. Und er, Friedrich, Konstanzes und Heinrichs lustvoll gezeugter Sproß, sah, daß sich im wesentlichen nichts um ihn geändert hatte.

Und hier, erst hier, stutzte er, frohlockend in heißer Welle. Er hob sein Antlitz zu den Sternen auf, die funkelnd und erhaben mit dem Firmament umkreisten. Es flackerte vor ihm das tränende Gesicht des geistlichen Sendboten, der seine Kerze löscht. Dann schüttelt er mitleidig das Haupt: nur die Sterne waren Herren des Menschengeschicks, nicht ein noch so frommer Fluch von Rom. So fürchterlich vorhin die Gründe seines

Wesens auch umgepflügt von neuem Wissen klafften: der heiligen Ausrottung hatte er vergessen, keinerlei Beziehungen geknotet... Welcher menschliche Mund vermochte, dies saß tiefer in ihm als das Drohendste, mit seinem Hauche Lawinen des Geschicks zu lösen? Noch der inbrünstigste Priester, was andres bewirkte er als seiner eigenen Seele Entladung, Enthüllung, indem er fluchte? Kein Körnchen Aberglaubens hatte je in dieser Brust gekeimt und sich eingewurzelt – diese befreiende Lust war wohl ein paar Stunden Grauens wert! Er getraute sich auch heut wieder, Ostern zu feiern und über einen Fluch gutwillig zu lächeln. Doch daß jetzt, heutigentags, in Schwaben auf der Staufenburg ein kleines Jungchen mit Ball und Bogen spielte, damit ihm einst, dem Letzten des Geschlechts, das Haupt vom Henker genommen werde; und daß vielleicht als kleiner Junge im Anjou sein Schlächter vom Schicksal her ebenso schon trappelte und krähte – und beide aber das Furchtbare unahnend –, das gab dem großen Kaiser wieder ein versteinertes Gesicht. Vielleicht war er es dennoch, der dies verschuldete, verursachte, um sachlich zu denken? Nicht um einer Pfäfferei willen, sondern weil er, in seiner hellen lichtweiten Fülle, alle Kraft des Geschlechtes an sich gezogen, sein Leben mit seinem mächtigen Sein ernährt aus den Stoffen des Geschlechterbaumes, ihn so verdorren machend wie die Kürbisranke, die ihre Frucht getragen, die große saftreiche goldene Frucht? Was wußte Adams Samen? Nichts. Er kam, blühte, ging dahin wie die Krone des Löwenzahns flittrig im Winde. So war's Wille des Geistes, des Unbekannten. »Oh, der Mensch!« stöhnte er laut. Und als ihn endlich ein Schatten in Schleiern am Arm berührte: Linda, die ihr Herz nach ihm entsandt hatte, flüchtete sich der Herr des Weltreichs stöhnend, zitternd und erlöst in die Arme einer sanften jungen Frau.

## 7
## *Kommende Hölle*

Und nun, geschwemmt in einen Wirbelstrudel, der sich auftat unter der blauen und lichten Fläche der See und zu saugen begann, gab es keinen Einhalt mehr. In den Adern Friedrichs fieberte der Drang zu wissen, mehr zu wissen, alles: das Geschick der westlichen Erde aufzuhüllen jagte es ihn vorwärts auf dem schicksalhaft begonnenen Wege. Aufgestellt der Spiegel, aus dem Überfall auf Überfall des Unheils hervorgebrochen bisher; die beiden Inder, matt und starr vom Weggeben ihrer Kräfte, die hübschen bunten Ritter, der fahlbraune Arzt und neben Linda der Kaiser, hinter dem drohend und besorgt Abu Bekr seinen Bart zerpflückte. Eine Wasseruhr, Kristall in einem Gestell bronzener Drachen, fern aus China, warf ihre Tropfen melodisch in die Stille. Der Kaiser hieß Linda ihren Fangball, Kugel aus gelbem Elfenbein, dreimal in die Luft werfen und fangen. Elieser solle, indes er steige und falle, die Tropfen der Uhr zählen: die erste Ziffer Jahrhunderte, die zweite Jahrzehnte, die dritte Jahre. Dreimal stieg und fiel der Ball: sechs, acht und drei Tropfen zeichnete die Uhr. »Legt eure Hände in die des Zauberers«, sprach der Kaiser zu den drei Freunden, die ihre Haare zurückwarfen und, Angst im Herzen, gehorchten. »Und du laß uns die Zukunft sehen dieser drei Nationen hier, der deutschen, fränkischen und britischen, nach sechshundertdreiundachtzig Jahren, im neunzehnhundertachtzehnten Jahre des Herrn.« Der ältere Inder neigte erbleichend das Haupt. Der junge sprach: »Vielleicht schwinden wir dahin, o Herr, denn es frißt unsere Seele. Aber wir sind dein Eigentum.« Auf ein leises Wort Friedrichs, der die Hand auf ihrem Scheitel hielt, verließ Linda stumm den Raum. Summend, summend sammelte seine Gewalten der alte wie der junge Mann: »Tat twam asi, tat twam asi ...«, und den drei Freunden, den angerührten, erkaltete die Haut der Hände, ward ohne Gefühl. Zeit fiel wesenlos ins Leere.

Über den Spiegel jagten Wellen, seine Fläche schien zu zittern und sein Metall lautlos zu schmelzen über Buddhas ruhig lächelndem Antlitz. Dann, schattenhaft wie aus festen Schatten, gab sich zu erkennen: ein ebenes Feld, kahl und fahl, voller Pfähle oder Pflöcke, zerfetzte Fäden wie Dornstrauchgespinst unter Wolken, Bodenkruste ganz zerrissen von runden Löchern, in denen Wasser gen Himmel spiegelte – eine Landschaft wie nicht von dieser Erde, zernarbt, gepflügt, gemartert wie von Klauen, schrecklicher als die Wüste, öder als das ozeanische Gewässer. »Dies ist ein Stück des Mondes«, flüsterte der Arzt. Von Zeit zu Zeit, lautlos und unverständlich, warf sich jäh eine Wolke auf aus Erde und Rauch, wie aus der Erdrinde brechend: »Nein, ein Vulkanfeld«, murmelte der Kaiser. Plötzlich gewahrten sie vorn in einem der wasservollen Löcher, auf dem Geflecht einer Art von Floß, lebendige Wesen mit Helmen, in Kleidern von unverständlichem Schnitt, kurz, ungefällig, unverziert, behangen mit Geräten: mit Röhren wie Glasbläser, mit kurzen Keulen, mit Beuteln, Taschen. Menschen konnten dies nicht sein; sie wiesen statt der Gesichter rüsselförmige Schnauzen und Augen wie große, starre, runde Scheiben. Lag diese Welt am Grunde eines Meeres, scheußlicher als die wilden Schilderungen Nicolas des Tauchers? Waren es Dämonen einer Hölle, der grenzenlosen Verlassenheit? Plötzlich senkte sich von oben her eine riesige und künstliche Libelle: starr und grausig zog sie hin, wie kein Tier geschaffen; gemacht, man sah es wohl; die Wesen im Trichter zuckten mit Rauchstrahlen dagegen hin, platt geschmiegt in den Rand ihres Loches, das Fliegende aber antwortete speiend mit zahllosen Feuerstrahlen; einige der Geister sprangen empor, fielen um, zappelten. Da klaffte an der Libelle eine Wolke auf, sie brannte, sauste erdwärts: ein Mensch, mit menschlichem Antlitz, eine Art Maske riß er plötzlich ab, hielt sie in der Hand, ward tot aus dem zerstörten Ding geschleudert: und mit einem Aufschrei in die Knie brechend, sah Sir Hugh Plantagenet an dem ausgerenkten Manne sein, sein Gesicht. Aufsprangen, die da im Loche lagen, schüttelten ihre Fäuste. Aber viele kleine Erdwolken, Bäumen gleich, stiegen plötzlich auf: ein Wesen unsinnig fremd, ein neues Schneckentier kahl und kantig kroch heran, dämonischer Drache aus Geometrie mit den Stielaugen einer Schnecke, aus denen es fauchte. Die Rüsselwesen warfen geduckt eine Art von Steinen dagegen an, aus denen Flamme barst und Rauch; der Drache hielt inne, bösartig wie sein Kriechen stockte sein Bleiben. Da überqualmt ihn plötzlich wie durch die Lüfte geworfen ein mächtiges Flammen, er stürzt hin, er brennt... Noch einmal züngelt es aus ihm; der vorderste der Rüsselträger zerrt seine Maske ab und bricht bei dem Briten in die Knie: Gero von Babenbergs Gesicht; aber gleich auch, aus dem Brennenden gesprungen, krümmt sich Renaud von Arelate, die Arme ganz verrenkt, neben den Freunden: der Schwabe, der Franke, der Brite tot am Rande eines nicht mehr irdischen Feldes.

Die drei Freunde in ihren reichen und heiteren Kleidern flüchteten einander in die Arme: »Wir wollen uns nicht erschlagen in Teufelsgestalt«, schrie Renaud, das Herz erstorben in der Brust.

Das Antlitz des Kaisers, von einer Härte wie noch nie erblickt, die Zähne verbissen, die Haut voll Schweiß, ganz unbewegbar im furchtbaren Drohen der Augen, sprach endlich: »Alles in allem! Jetzt du« – zu Abu Bekr – »und du, Elieser.« Der Inder flüsterte: »Einer nach dem andern.« Er schien erloschen und am Ende, aber er nahm die Hand des Gefährten und dieser Abu Bekrs Hand. Ein Dorf aus Würfeln erschien, arabisches Dorf in greller Sonne, kraß und elend. Abu Bekr sah sich selbst, in der fetzigen Kleidung eines Landsassen, gefesselt die Arme; ein Weib und Kinder mußten zuschauen, wie ein Krieger, grau gekleidet nach der Art der früheren, aber einen Halbmond auf der Brust und einen stumpfen Kegel auf den Haaren, ihn henken ließ an einen Baum neben seiner Hütte. Und als Eliesers Hand in der des Joghi lag, verkümmerte da ein Haus ganz elend in grenzenloser Weite, ein Mann, ein Greis, ein Weib mit Kindern entstürzen ihm, da es brennt. Sehr lustige Berittene, abgesessen, beginnen Mord. Der Mann, er, Elieser, der stolze Hebräer, Haupt der heiligen Gemeinde Palermo, reißt schwach an seinen Fesseln; zuschauend, wie eine Notzucht geschieht und man die Seinen erschlägt, schreit er gen Himmel, bis auch er zusammengehauen wird.

Heulend vor Entsetzen riß er sich aus dem Griff des Inders, trommelte sich die Brust, zerfetzte seinen Rock, stotterte eine Beracha gegen bösen Blick. Der greise Fremde brach zusammen, ohnmächtig, vielleicht auch tot. Und alle sahen einander an. Renaud, blaß und lächelnd, meinte, mühsam scheine es sich die Menschheit ja nicht gemacht zu haben. Das sehe doch recht aus wie der Tanz von Verfluchten in die Hölle.

## 8

## *Das neue Haupt*

Die schneeigen Mauern der Gastzelle strömten die Kühle des Morgens und des Meeres aus mit der des Marmors. Vorm Fenster im Winde wehten die mächtigen Fleischlappen, bleigrün, der schwerttragenden Agaven vor dem steinernen Blau. Der

Legat saß in einem hölzernen Stuhle, den ein normannischer Schiffstischler einst für König Tankreds Meerdrachen gearbeitet, Geschenk der längst toten Königin Sichelgaita für das Kloster. Noch waren seine Füße, Wolfstatzen ähnlich, mit Löchern für die Bolzen der Kajüte durchbohrt, und ein Band von Runen, die schon damals niemand mehr lesen konnte, zog sich um das schwarzbraune Eichenholz der Armlehnen und des Rückens – eine Anrufung der Ran, die die Ruderer rafft, und der großen schwarzen Hel, die sie hält. Das weiße Morgengewand des Kardinals hing faltenlos vor dem überwundenen Heidentum und entblößte seine nacktzehigen Füße. Erhobenen Kopfes starrte neben ihm ein junger Mann, der von Zeit zu Zeit stockend redete.

»Er verschonte mich plötzlich. Er hatte Gründe.

Und er wies mir eine abgründige Zauberei vor.

Er hat bestimmt die Dämonen des Alten vom Berge in seiner Gewalt. Ich sah meine Zukunft ganz genau; eine List des Abgrunds, die mir prophezeite. Söhne, Töchter, Enkelchen. Ich sah mich selbst – vielleicht war es wirklich mein Großvater Maso.«

Sinibald saß in seinen eigenen Gedanken. Er blickte tief verstrickt. »Wirst du fliehen, mein Sohn? Friedrich ist nicht treulos. Versprach er dir dein Leben, so bleib und nimm ein Weib.«

Maso glitt plötzlich auf die Knie.

»Ich vermag nicht zu bleiben. Ich vermag nicht ein Weib zu nehmen. Es liegt, o Herr!, auf mir Zauberei. Unschuldsvolle, fürchterliche...«

Er stöhnte, Schweiß stand ihm auf der Stirne.

»Es ist die Nackte, Herr. Ich rettete sie vor der Schlange, und sie sah aus wie Eva, bevor sie je auf die Zunge des Gewürms hörte. Sie erkannte mich wieder. Es ist die Linda, Herr, des Kaisers Tochter und Beischläferin. Und nun...« Er schwieg, schloß die Augen: »Sie ist gut, Herr! Mein Herz dreht sich mir im Leibe, aber sie ist ein gütiges sanftes Mädchen, ohne Arg und Falsch! Wer weiß, ob er sie taufen ließ, der fürchterliche Hurer. Sie ist die Blüte von Sodom, und ich gedenke ihrer im Wachen und im Schlafen. Ich verjage den Gedanken, ich würge ihn mit Fäusten. Aber er kommt – Herr, warum ist der Satan so viel mächtiger als der Engel der Taufe in mir!«

Der kluge Kleriker hatte endlich aufgehört, der Bitterkeit nachzuhängen über sich, weil er vor Aufregung wieder mit schwerer Zunge an den Zähnen gestottert vor dem Kaiser. Er sah den schönen Jungen neben sich herzlich an in seinen tapferen Nöten.

»Lieber Marsilio, laßt dem, was Ihr Satan nennt, gut und gern Freiheit. Es saugt ja nur Kraft aus Eurem Gegenwüten. Dieses Mädchen Linda ist uns wohlbekannt. Glaubt doch nicht den Erfindungen der Frauen und Schwätzer, denen das Böse nicht schwarz genug sein kann. Linda ist die Tochter des Grafen Donato von Ragusa aus dem Hause der Morin und so gut getauft wie Ihr und ich. Und ich möchte Euch an etwas erinnern. Das Sakrament der Ehe vermag dem Menschen ein neues Herz zu geben, sein Inneres umzuglühen, sein Gebein gleichsam zu taufen mit Wiedergeburt.«

Maso saß ganz still. In seine trotzigen Augen kam ein Lächeln, das wunderbar erblühte auf seinen geschwungenen Knabenlippen. Lindas geliebte lächelnde Augen sahen ihn an ... sie hatte Worte geflüstert – welche Worte ...? und er warf sich plötzlich vor und küßte dem Legaten die Hand, als küsse er eine andere. Das hochheilige Sakrament konnte den Samen des Antichrist ausglühen aus dem Körper und dem Geiste dieser Nackten, die er mit seinem Mantel bedeckt und die so bleich und tapfer den Blick gegen die Viper gedrängt hatte wie einen Stahl. O Dank über allen Dank!

»Ich werde nach Lercara gehen, Herr. Bleiben will ich dennoch nicht, aber jagen und auf des Heilands Wege hoffen. Uns eignet dort unten Weinberg und Wächterhütte, und wilde Ziegen bedrängen die Stöcke. Oh, mir geht ein Himmel überm Herzen auf.«

Sinibald wunderte sich leicht über soviel Ungestüm. Seine Meinung war nur auf eine Erneuerung des Maso selbst gegangen; er dachte nicht an Linda. Im Augenblick vollzogen sich in ihm gewichtige Wendungen. Er konnte ganz wohl daran denken, eines späteren Tages dem Greise Gregor auf dem Stuhle des heiligen Petrus zu folgen. Ja, er wollte seinen Sinn darauf richten. Warum nicht? Er hatte mit der Zunge angestoßen. Auch Mose, Knecht Gottes, sprach mit schwerer Zunge zu Pharao, der aber nicht lächelte. Nein – kein Lächeln. Er wollte sich Innozenz nennen, nach dem großen Retter der Kirche, nach der

Kerze Gottes auf dem Tische der zweiten Stiftshütte. Innozenz der Vierte. Warum nicht? »Maso Marsilio«, sagte er feierlich, »du wirst es erleben. Das Licht dieser Staufer ist ausgeblasen. Dieses Land hat Robert Guiscard als Statthalter des römischen Christ den Griechen abgerungen und den blasphemischen Sarazenen. Und als Statthalter Petri, belehnt von der Kirche, wird ein neuer Schildträger landen. Es gibt in Frankreich fromme und tapfere Edelleute. Sie haben die Teufelei der Waldenser ausgerissen und ausgebrannt mit dem letzten Rest der Wurzel. Die Grafen von Anjou zum Beispiel etwa dienen dem Herrn in rechtem Geiste. Sie oder andere. Das Haupt der Schlange wird wieder einmal abgeschlagen werden. Nimm ein Weib, mehre dich. Und geh mit dem, der Tobias das Geleit sandte.«
Er segnete ihn mit feierlicher Hand. Durchs Fenster kam wieder das leise wohlige Singen einer kleinen Orgel, die in lydischer Tonart eine Antiphone übte.
Maso stand auf. Es hatte Sinn zu leben.

## 9
## *Hand ans Steuer*

Als ein Mensch, fahl und verbrannt, der aus der Unterwelt zurückkehrt, lag Friedrich nächsten Morgen auf einem Diwan in der Sonne. Neben ihm schichteten sich die Rechnungen der Indigoküche, der mit dem Färbewesen vertrauten und staatlich allein zugelassenen jüdischen Färbereien von Capua und Neapel, der Wollkämmerei, der Zuckersiederei auf kleinen Tischen, mit den Berichten der Juden von Trani, die das Staatsmonopol des Handels mit roher Seide verwalteten. Er hatte sie bereits geprüft und mit dem Vierteljahrsbericht der Kronrendanturen verglichen. Ein Botschaftsschreiben seines Astrologen Michael Skotus, der in Venedig über gegenseitige Handelsbegünstigungen ein Abkommen schloß, bog und rollte sich weit geöffnet mit allen Anlagen in der heftigen Morgenglut – von Venedig auf dem Seeweg bis Brindisi und von dort durch Postreiter über Land gejagt, damit es nicht in unberufene Hände falle – und nun gab niemand sehr acht darauf.
Eine Hand des Kaisers hing locker abwärts, fast auf den Boden; sie hielt ein Buch, das nach Art der Araber und Juden auf zwei

Rollen gewickelt einen mit Andacht geschriebenen Text zeigte – weißes Pergament von Kalb oder Esel und tiefschwarze Tinte, am Anfang jeden Kapitels rot und gold illuminiert.
Zwischen die Vorhänge schob sich prüfend ein bärtiges Gesicht. Der Kaiser winkte dem Elieser Alfayumi. Er hatte jederzeit unangemeldet Zutritt und hütete sich ängstlich, das auszunützen, sosehr es ihn beglückte. Friedrich bat den Arzt, sich zu setzen. »Ich bin faul«, sagte er schläfrig, »sei es mit mir.« Der Jude sah aus wie ein Mann, der eine Nacht über Büchern verbracht, gefoltert von Zweifeln, und der soeben erst die Lampe gelöscht hat. Sie schwiegen lange. In Elieser raschelte Neugierde nach dem Titel der Schrift in des Herren Händen.
Es könne Blendwerk sein und satanische Versuchung, meinte endlich der Kaiser spöttisch; aber mit solchem Trost dürften junge Ritter das Grauen von sich abschütteln, wie ein Kätzchen aus seinem Pelz eine Taubenfeder schleudert – was die drei nordischen Freunde übrigens im Dom schon besorgt hätten. Freund Elieser wisse wohl noch ihre Unterredungen über die Hölle; daß sie symbolisch stehe für einen Ort ganz ohne Liebe. Immerhin müsse man sich mit den Dingen befassen, die Zähne schärfen – was er hiermit schon begonnen habe. Leicht hob er das Buch.
Der Arzt antwortete leise: es bestünde Übereinstimmung bei allen Autoritäten, der Heiligen Schrift und ihren Kommentatoren, den beiden Talmudsammlungen, einsichtigsten Lehrern und dem großen Aristoteles: daß der Mensch frei sei und wählen könne. Was sie gesehen – wie immer seine Beschaffenheit, natürlich oder übernatürlich –, sei offenbar die höchst notwendige Folgerung aus Ursachen, die jederzeit, in der Seele des Menschen, sich ändern könnten. Und aus anderen Ursachen erbauten sich andere Folgen: soweit Leben in Betracht. »Ändere den Keim, so wandelst du den Baum«, sprach Friedrich wie erwägend, fast lustig. »Meinem klugen Leibarzt gefällt wenig, was er sah. Wenn uns Christenheit allein der Teufel so ins Haar greifen wollte, läge ihm auch dann soviel Dringlichkeit in der Sache? Was ich seit dem dritten Innozenz, lateranischem Konzil und den frommen Judenmordbrennern am Rhein zu meines Großvaters Zeit ihm nicht einmal verübeln möchte. Laß, laß, Alfayumi«, er zog seine Hand zurück, »ich spaße doch, du brauchst sie nicht zu küssen! Wählen; damit

glaubst du an die Änderbarkeit der Abläufe. An die menschliche Vernunft«, schloß er grausam. »Ich glaube an die Gnade Gottes und an die Seele im Menschen«, entgegnete der Hebräer feierlich. – »Gut, auch ich; aber mehr in Gesellschaft von diesem hier«; er hob das Buch, rollte es so, daß es seinen Titel wies, herrlich geschrieben wie ein Schmuckgitter zogen sich die arabischen Lettern schwarz und rot über die Seiten:
»Dalalât al Haïrîn«, las Elieser, und darunter die hebräischen Worte: »Moreh nebuchim«.
Er errötete langsam vor Verlegenheit, aber er schwieg. »Das Buch des großen Maimuni«, sagte er dann. »Wie fand es sich in des Kaisers Hände?« – »Du, kennst es, aha«, nickte Friedrich; »sein Sohn Abulmeni, der Alkamil so gut wie du mich betreut, sandte es mit den Indern. Es ist mehr wert als der Wunderspiegel, wenigstens für mich.«
Elieser beschloß zu verschweigen, dies ketzerische Buch zerreiße die Judenheit in zwei Lager, es sei seit drei Jahren von großen ernsten Rabbinern Frankreichs verflucht, und ausgestoßen aus der Gemeinschaft jeder, der es lese. Er kannte es lange, kannte auch die hebräische Übersetzung des gelehrten Jehuda Ibn Tibbon, und mochte vor Friedrich nicht verraten, daß auch Juden mit dem Banne arbeiteten.
»Ich freue mich, der Herr des Abendlandes nimmt das Unheil leicht. Das ist gut für den Puls« – er ergriff die herabhängende Hand, sah auf die Sanduhr und zählte die Schläge. »Ruhig, ruhig«, flüsterte er bewundernd, seine roten Lippen mit der Zunge feuchtend. Er fand sich außerstande, Partei zu ergreifen; das mächtig gedachte Buch zog ihn an durch Erhabenheit und verwirrte ihn, stieß ihn ab durch die nachlässige Kühnheit, mit der es der allgemeinen gültigen Lehre in wichtigen Fragen auswich.
Zum Glück sagte Friedrich schwebenden Tones: »Leicht ... immerhin! Du meinst, der Keim zu all dem müsse heut zu finden sein, hier, bei mir, bei dir. Dieser Maimonides hat mich auf meinen Verstand verwiesen. Ich möchte doch ganz gern meine Hand in das Gewebe legen. Ein leichter Druck des Steuers – und die gleichen Stunden Ruderns bringen die Galeere statt nach Korsika nach Sardinien. Wir wollen einige Zeit daran wenden.« Elieser warf den Kopf hoch: »Gelobt sei der Lenker der Welt! Es ist Gebot, nicht zu zögern; dem Unheil zu wider-

stehn.« Dann, schüchterner, fuhr er fort: »Uns bleibt keine Wahl. Ich habe diese Nacht wohl angewandt. Wir bedürfen eines Helfers: des Maghrebi. Er kennt eine Seite der Welt, die uns entzogen ist: die untere.«

Der Kaiser hob die Brauen. Er hasse wenige Menschen, sagte er endlich; im Schweigen nach diesen Worten lag seine Einwilligung; zugleich gab er dem Arzte die Hand, die jener an die Lippen hob.

Linda, mit großen kindlichen Augen im Vorhang auf der Schwelle hockend, hatte gehört, doch wenig begriffen. Vieles ängstigte sie jetzt. Seit sie ihrem Herrn als so erschüttertem Mann begegnet war, drängte sie in seine Nähe. Seine Vorhaben beunruhigten sie, ein Unheil über ihm dünkte ihrem Herzen unerträglich. Alles um diese neue Sache zu wissen, war ihr dringende Leidenschaft – besonders weil sie sich zu manchen Stunden hinträumte in ganz andere Arme.

## 10
## *Ein Helfer*

Dieser Meïr Chasak el Maghrebi, Jude von Geburt, mit Scharen seines Stammes aus Afrika eingewandert, lebte abseits der Gemeinde, getrennt von ihr durch eine reinliche Absage an die gesetzliche Lehre, der er nicht mehr anzuhängen vermochte. Auch seinen eignen afrikanischen Brüdern war er unheimlich, zumal er aus einer anderen Gegend stammte als sie. Sie verzichteten lieber auf seine Führung in ihrem Streite um die Zugehörigkeit zur großen Judenschaft Palermos, die seit König Roger, schon an hundert Jahre, ihre eignen Freiheiten genoß. Aber die einheimischen Juden fürchteten die zugereisten – vor allem um ihrer eignen Stellung im Lande willen, dann aus Ablehnung der halb moslemischen Lebenssitten der Neukommenden, deren manche zwei oder drei Frauen hatten, aus Scheu vor ihrer Wachheit und genügsamen Unterbietung: sie kamen von der Insel Djerba und bewarben sich als Baumpflanzer von Beruf um die Pacht der Dattelhaine des Kaisers rund um die Stadt, zu günstigeren Bedingungen als die jüdischen Altbürger, indem sie versprachen, das Erträgnis der Bäume durch große Erfahrung sehr zu vermehren. Man plante aber, und Elieser wollte dazu helfen, sie als hörige Pächter ins flache Land zu drängen, sie neuen Ackerbau lernen zu lassen, ihre Handwerker auf die Dörfer zu verteilen, sie alles in allem unsichtbar zu machen, in Weilern und Pachthütten, unter Sprengung ihres Gemeinsinns. Sie sträubten sich...

Das Haus, das Meïr Chasak bewohnte, klebte mit der Rückseite an den Straßen der Elenden; er war Arzt, Richter, Anwalt und Nothelfer aller Ausgestoßenen der Stadt. Aber an der Tafel der Disputationen und des Philosophierens, die Friedrich im Palast eingerichtet, gab es manchmal einen gefürchteten Gast: diesen kleinen gedrungenen Mann, struppig von rotbraunem Haar und Bart, große gewölbte Augen, gelbbraun, dessen Denken behutsam wie eine Hand und so unerbittlich wie das Messer des Chirurgen in die Materie eindrang. Er liebte die Lebewesen und die Einsamkeit. Auf seine Bitte hatte er offnen Zutritt zu Friedrichs Garten für fremde und sonderbare Tiere, errichtet inmitten heißer Palmen, der Agaven, Kakteen. Vor ihren Gehegen und großen Zwingern verweilte Meïr Chasak lange Vormittage, dem Tun melancholischer Affen zuschauend, zwinkernden Auges, sich die Lippen beißend, und der befremdenden Form der Giraffe und des Gnu, die er abzeichnete. Starb eines der Geschöpfe, wie oft in ihrer Kerkerei, so zerschnitt er sie heimlich, bevor sie den großen Katzen verfüttert wurden, und lernte von ihnen noch in ihrem Tode. Er war sehr arm, aber er bedurfte fast nichts; vieler Kerzen und vieler toter Tiere, sie zu zerlegen, und der heilsamen oder giftigen Pflanzen, die ihm alte Frauen und Kinder ins Haus brachten.

Elieser Alfayumi trat bei ihm ein, als es dämmerte. In einem Raum voller Bücher, durchdunstet vom Heuduft zahlreicher Kräuterbündel, die an Schnüren hingen, um zu trocknen, traf er ihn beim Untersuchen einer Frau, aus deren Mund eine Stimme kam wie ersticktes Flüstern. Der berühmte Arzt sah erstaunt seinem namenlosen Kunstgenossen zu, wie er mit einem flachen Hölzchen, das er sich frisch vom Span schnitt, der Kranken die Zunge hinabdrückte, um ihren Mund zu sehen. Die Frau zitterte in ihrem Tuch vor Angst in der fremden Berührung, wie sie vor kopfloser Angst gezittert, als ihr plötzlich frühmorgens, nach einer Nacht geheimen Fischfangs watend im Flachwasser mit der Fackel, die Stimme weg war, verschwunden, ein heiseres Röcheln alles, was ihr blieb – und sie liebte so das Singen! Und horchte mit gierigen Augen, nickend, nickend, als der gute Mann ihr angab, was sie zu tun habe: ein nasses und ein trockenes Tuch sollte sie um den Hals wickeln, einen Aufguß trinken von Blättern, getrockneten, die er ihr mitgab, Limone hinein und Zucker rühren und sofort zu Bette gehn; wenn ihr furchtbar heiß werde, liegenbleiben: sie werde wieder sprechen, singen. Sie küßte ihm die Hand, schlüpfte erlöst auf die schon einsame nachtblaue Gasse. »Ihr gebt ihr schweißtreibende Mittel«, sagte Elieser beifällig; »aber warum saht Ihr ihr in den Mund?« – »Das findet sich langsam so ein, Rabb' Elieser«, lächelte Meïr, »es steht nicht beim Galen, noch im Dioscorides, aber doch machten es so schon die Ägypter, als unsere Väter bei ihnen wohnten.« – »Ihr seid ein größerer Gelehrter als ich, und auch ein guter Arzt, Rabb' Meïr; warum macht Ihr Eure Kunst nicht öffentlich?« fragte der Leibarzt, aus Höflichkeit, um dem häßlichen Weisen etwas Verbindliches zu sagen. Der lächelte lustig, zwinkerte schelmisch, brach plötzlich in kurzes vergnügtes Wiehern aus. Eine Kiste aufklappend, hob er ins Kerzenlicht ein glattgehobeltes Brett, auf dem sorgsam enthäutet und auseinandergelegt eine menschliche Hand lag, rot von Fleisch, mit ihren Adern, den Muskelbändern, den Sehnen. Er hielt sie Elieser vor die Augen. »Eine Affenhand«, sagte der staunend, »wunderbar schuf der Herr die Geschöpfe!« – »Ja, ja, eines Affen Hand«, lachte Meïr noch stärker, auf fast beleidigende Art, fand Elieser. »Lieber Freund«, antwortete er dann beruhigter, indem er das Präparat in die mit Schnee gefüllte Kiste zurücklegte und mit einem stetigen wissenden Blick den Reichen in Verwirrung brachte, »nichts als die Weisheit und tiefe Einsicht der Majestät hindern mich, Arzt und Heilkünstler auch im Öffentlichen zu sein.« – »Inwiefern?« – »Stellt Euch doch nicht vergeßlich, Rabb' Elieser! Er hat das Studium der Ärzte bewundernswert geregelt – nur schade, daß er die Armen vergaß, die nicht erst drei Jahre Philosophie bezahlen können, ehe sie fünf Jahre lang Galen und Hippokrates büffeln dürfen und Anatomie an toten Tieren lernen, um sie nachher am lebenden Menschen unbrauchbar zu finden! Ich konnte mir also kein Zeugnis von Neapel oder Salerno geben lassen und keine Prüfung vor Professoren und Reichsgerichtsräten suchen, um mir Diplom und Siegel zu erwerben. Und dann ein Jahr praktische Arbeit unter Aufsicht eines angesehenen Arztes – der Euren zum Beispiel? Aber was hättet Ihr getan, wenn ich die Leichen unbekannter Toter erworben hätte, um sie zu studieren?« – »Menschen? Ihr habt Menschen zerschnitten?« fragte der andere, hauchend vor Entsetzen. »Mann, Ihr rüttelt am Heil der armen Toten bei Auferstehung und Weltgericht! Oder glaubt Ihr – aber wie kann ich fragen! Ihr seid ein Maimunist, leugnet die Auferstehung des Fleisches, umgeht sie mit köstlichen Rücksichten!« – Der Abgekanzelte lachte mit gutmütigen Augen. »Schön, schön, Rabb' Elieser. Was den großen Abu Amram angeht, den Mose, wie Ihr sagt, den Maimon – er ruht bei den Vätern in seinem Grab zu Safet, er hat Rechenschaft abgelegt, über ihn ward längst entschieden – laßt ihn dem gerechten Richter.« – »Gelobt sei er«, antwortete Elieser, »Ihr seid ein Dreher und Winkelzieher.« – »Und die Auferstehung des Fleisches? Mir liegt ja wenig an allem, was hinter dem Leben kommt. Juden, Christen, Moslem wissen so haargenau Bescheid darüber. Ich nicht. Dagegen wüßte ich gerne, warum Ihr und alle Leute nicht imstande seid, die Finger einer Hand auszustrecken und dann den kleinen, ganz allein den kleinen, herunterzubiegen, ganz herunter auf die Handfläche. Versucht es! Da, seht Ihr? Niemand kann's, niemand weiß warum. Die Auferstehung des Leibes – aber ich folge dem Talmud, der vom Knöchlein Lus lehrt, aus ihm, das unverweslich, unzerstörbar, erbaue der Herr am Jüngsten Tage den Menschen wieder. Nun, das Lus habe ich noch nicht gefunden, also nie angetastet.« – »Alle Gesetze sind gegen Euch. Ihr lästert Gott auf furchtbare Weise«, sagte Elieser schroff. »Seht Ihr? Ich wußte doch, Ihr seid ein Ungläubiger und dazu kein Forscher. Entweder hat Gott am sechsten oder dritten Tage den Menschen nach seinem Ebenbilde geschaffen – dann hat es keinen medizinischen Sinn, Tiere zu sezieren, denn sie sind ja doch wesensverschieden vom Menschen. Oder aber Ihr glaubt, daß Tiere Euch über Menschen Richtiges lehren – dann sehe ich keinerlei religiösen Grund, vor Menschenkörpern zurückzuweichen, denn Gott hat sie dann nicht nach seinem Bilde, sondern auf tierische Art erschaffen. Wißt Ihr, um wieviel länger der Darm des Menschen als der der Katze ist und um wieviel kürzer als der des Schafes?« – »Ich will's nicht wissen! Ich habe nichts gehört, Rabbi! Es ist kaiserliches Gesetz, unbekannte Leichen ins Meer zu werfen oder sie Meilen vor der Stadt tief einzugraben!« – »Oh gewiß, und ich finde das weise und sehr zuträglich, und ich befolge das kluge Gesetz. Um so lieber, als in ihm nicht ausgesagt wird, daß diese Leichen ganz sein müssen. Manche werden eben ein bißchen zerlegt oder auch nicht recht vollständig ins Meer geworfen – aber ins Meer gelangen sie, das wird nicht vergessen.« Und sein schwaches helles Lächeln entsetzte den Vorsteher der Gemeinde. Er fand sich hier falsch am Ort. Man ward Mitwisser böser Geheimnisse. Er hatte genug getan, den ungehobelten Burschen, dies verwerfliche Gefäß des Wissens, seiner Aufgabe günstig zu stimmen. »Ich habe nichts gehört, hier ward nichts geredet noch gezeigt. Es hat sich etwas Furchtbares begeben. Die Zukunft ist offenbar geworden, dem Kaiser und einigen. Es muß etwas geschehen. Ihr sollt notwendig davon erfahren. Macht Euch auf außerordentliche Kunde gefaßt.« Und angepackt von Angst, die er für eine Viertelstunde vergessen, berichtete er ihm fast wie ein Flehender von den drohenden Gesichten. »Das große Wissen jenseits der Welt, es sei gelobt für seine Gnaden!« brach der Verfemte aus; ein mächtiges Lachen des Glücks lag auf seinen breiten Zügen, schüttelte seine verwachsenen Schultern, breitete seine Arme. »O Gnade des Ewigen, Gnade des Schaffenden! Elieser, ich lebe unter den Hungernden als ein Hungernder, unter den Ausgestoßenen als einer der Ihren, unter den Ketzern und Verzweifelten als Sucher neuer Wege. Und nun bringst du mir aus euerm Feiertag in mein Haus Bestätigung... Ihr seid an uns gebunden, an denen das Schlimme getan wird! Ich will mit euch suchen. Ja, ich will euch führen. Ich mag diese Glänzenden nicht, denen das Forschen ein Spaß ist und die Wahrheit ein Ding nebenbei, abseits vom Tun und Getriebenwerden. Zwar wittere ich nicht mehr als ihr. Aber ich wittere es auf andere Weise. Vielleicht bin ich der Hund Gottes, der mit seiner Nase eine neue Spur findet.« Und er schnob vor Begeisterung wie ein Hund. Dann stellte er Bedingungen auf für seine Hilfe. Man solle ihm folgen und nicht fragen. Hinsehen, nur hinsehen. Und keine kaiserlichen Strafen im Herzen beschließen, wenn manches sonderbar aussehen werde. Es werde Neues geben.

»Kleidet Euch für morgen sehr schlicht, nehmt Schleier um wie Fremde. Morgen wandern wir, wandern wir ein wenig durch diese reiche, edle und bezaubernde Stadt.«

Elieser Alfayumi, Vorsteher der Gemeinde, Leibarzt des Kaisers, kehrte sehr nachdenklich zurück zur Giudecca in sein geschmücktes Haus. Er wagte, sich zuzugeben: um des Kaisers willen fürchte er sich.

## 11
## *Entdeckungen*

Und plötzlich brach vor Friedrichs Augen die Decke ein, die ihm die Unterwelt seiner Hauptstadt verborgen hatte bisher und auf der er umhergegangen, sorglos wie ein Wanderer auf Moor. Gekleidet und verschleiert sahen sie aus wie vornehme Pilger, die ein Gelübde getan haben, und wie Besucher aus fremden Städten, die die Wunder der Kaiserstadt suchen; und einige von ihnen waren schon fast nichts anderes mehr. Denn schon befreite der Schlaf einiger Nächte und die freie Sprungkraft der Jugend die drei Freunde vom Alb des Gesehenen; was zum Henker ging sie ein so fernes Unheil an, wenn der Tag strahlend heraufbrach über Land und Bucht, sie Wind schnoberten, Neues, sie jung waren, atmeten? Und gleich Abu Bekr, den der Glaube an den Vorherbestimmer gleichmütig im Wechsel des Glücks senkrecht hielt wie eine Fahrtboje in den Wellen der Flut, wanderten sie kaum anders als neugieriger und wohlwollender Besuch in Straßen, durch die ein Buckliger, eine Art harmloser Narr, sie schleppte. Rabb' Elieser freilich sah sehr unruhig dies Neue in seiner unverhofften Schrecklichkeit, und der Kaiser, dem alsbald eine Falte der Empörung und des Hasses zwischen den Brauen stand. Sein Wesen ekelte sich, sträubte sich hoch, verdrängte gefährliche Entladungen.

Bettler durchwühlten den Abraum der Märkte nach halbverfaulten Gemüsen und Fischen. In Scharen von Gassen, alle schmal wie Handschuhfinger, zögerten Frauen und oft Kinder in den Torwegen und luden ein, indem sie ihre Kleider lüpften, und unter ihren Augen las man: Hunger, der ihre frechen Worte Lügen strafte. In den Christenvierteln gab es Gehöfte, an denen der Moslem sich abwandte und auch Elieser nicht weiterging: die Gärten der Badstuben, in denen Frauen und Männer im Wasser saßen und sich ganz nackt bespritzten, während andere Paare tranken und sangen und auf umbuschten Rasenstellen manche einander die Liebe gaben. Dafür schüttelten sich die Christen vor Abscheu in den Höfen gewisser Mosleminhäuser, unfindbar versteckt, wo auf Teppichen Männer mit Traumaugen und gelben Zügen an giftigem Rauche tranken und den göttlichen Geist in sich zu lasterhaften Tänzen zwangen, und alle außer Elieser lachten vor der unbändigen Fettfülle einer aufgetakelten Hurenmutter und ihrem süßen Wortschwall in einem als Herberge verkleideten Lusthaus der Judenstadt, in denen sehr holde Glieder käuflich waren und verträumte Augen beim Anblick so wohlgekleideter Masken eine gutrechnende Wachheit bekamen. Kinder stürzten sich vor ihre Füße, warfen sich in Purzelbäumen, hängten sich an ihre Mäntel und hielten die Hände hin. Handwerker regten sich emsig bei der Arbeit, böse Blicke auf die Neugierigen und Schimpfreden schickend, bis sie den Maghrebi erkannten. Es waren nicht die ehrbaren Gewerbsleute der Töpferstraßen, der Tuchmacher, Waffenschmiede, Korbflechter, Schuhmacher, Tischler, Goldschmiede, der durchwimmelten Basare mit ihren vollwertigen Rohstoffen, gesetzlichen Preisen und dem Arbeitsgang von der Gilde vorgeschrieben und in gestempelten Gesellenbriefen und Meisterrechten besiegelt. Diese hier trieben Fälschung; ihre Verarbeitung, unerlaubt, außerhalb der Zünfte, hielt sich an keine regelnden Gesetze. Hier dünnte man mit Sirupwasser und Absud von Gewürzstaub den Wein, durchknetete Schweinefett mit Rindertalg aus dem Bauchfett gefallener Kühe, beschwerte Weizenmehl mit gemahlenem Gips, mischte Grassaat von Feldgräsern unter Hanfsamen, schmiedete ansehnliche Messer aus fehlerhaft geschmolzenem Stahl, die gelegentlich abbrechend den in der Not ließen, der ihnen vertraute, oder ahmte mit Zinn, Mischgut und einigen Silbermünzen silberne Gefäße nach, mit Schmiedeeisen gut damaszierte Klingen, mit brüchigen Fäden gute Netze. Hier wurde das Minderwertige ansehnlich gemacht und billig abgegeben, um Hunger abzuwenden oder das Verenden in abgelegenen Winkeln beim ersten strengen Mißwuchs. Hier gab es Lichtzieher, die überhaupt kein Wachs verarbeiteten, und einen Mann in einem engen schwarzen Gang, in dem es von Apothekerkolben schimmerte und würzig roch – Liebestränke herstellend, die schwer gepönt wurden, und Gifte für Erben und Rivalen. Sie sahen Wirtsstuben, in denen die Bürger von keiner

Polizeistunde aufgejagt wurden, Verschläge, darin die Gaukler und Tänzerinnen verbotnerweise innerhalb der Mauern wohnten, die Höhlen der Komödianten, die zum Gelächter turmhoher Häuserviertel ihre lasziven und drolligen Mimenspiele zeigten. Sie speisten in einem Gasthaus sehr wohlschmeckend und erfuhren hernach erst, daß sie das Fleisch weiblicher Tiere gegessen hatten, gesalzen mit geschmuggeltem Salz und mit Gewürzen gewürzt, die nie auf einem städtischen Packhof versteuert worden waren. An den Ställen hernach, wo man halbkrankes Vieh schlachtete, balgten sich fetzenhängende Frauen mit Töpfen um die Eingeweide, die fette Kerle ihnen nach Maß verkauften; zwar überall stank es, verweste, bereitete Pest vor, dort aber am wüstesten. Sie schauderten vor Räumen, darin Kinder krochen, indes eine Frau in Wehen lag und in der Ecke ein nackter Toter sich streckte. Sechs- und siebenstöckige Häuser wimmelten von Leben, Unrat, Kindern, Schwangeren, Unzucht, Diebstahl. Unter jedem Brückenbogen hatten sich Glückliche Wohnung geflochten aus Zweigen und Laub. In den Siechenhäusern röchelten und schrien Besessene in Fesseln, und Sterbende, die Blut spien, und andere, die starben, nachdem blutiger Kot von ihnen gegangen war oder ihre Zungen schwarz wurden. Blinde, denen die Krankheiten der Kreuzzüge das Augenlicht genommen, fühlten sich an den Häusern entlang, ehemaligen Dieben hatte der Henker die Hände gestohlen, Kupplern die Nase und leibeigenen Ehebrechern die Mannheit genommen, anzuhören ihren piepsigen Stimmen. Die Lastträger am Hafen fühlten sich glücklich gegen sie. Nur die nackten Verdammten auf den Galeeren betrachteten sehnsüchtig diese Verstümmelten, denen sie so gern geglichen hätten, um nicht mehr in den Ketten zu rudern.

Schweigend sah der Kaiser sein Reich. In der Weite der Untergründe hörte er das wilde Gelächter der Lust, das Keuchen der Leidenschaften und das Heulen der Nöte. Wilde Gebärden, gebleckte Zähne, rasende Flüche, die hochgerissenen Messer der Matrosen, die klatschenden Hände, die zu frechen Tänzen taktierten. Die stolze und geordnete Stadt, eifersüchtig wachend über ihren Rechten, dies barg sie unter dem Druck ihrer Häuser, wie er oben im Norden, die Alpen übersteigend auf dem Maultier, die wilden Felder der Moränen gesehen hatte, Steinblöcke über Steinblöcke und Schutt über Schutt zu Füßen der klaren Gletscher. Er wußte dies alles aus den Berichten der Justitiare, den Akten der Gerichte, den eingereichten Rollenschriften der Bajuli und Comes. Aber ein anderes war Wissen, ein anderes Sehen. Angerührt werden, die rohe Menschheit riechen dort, wo sie schon verweste oder sich neu gebar. Oh, man mußte billigen, daß man selbst jetzt dort eingetaucht ward! Er, Friedrich, hatte mit zu jungen Jahren Krone und Abstand der Herrschaft hinnehmen müssen! Manfred oder Enzio, seine Söhne hier in Italien, die kannten gewiß all das aus den Nachtfahrten und Tagesschlüpfen ihrer abenteuernden Jünglingszeit. Er aber – nun mußte er, ein Mann, erst lernen, schaudernd und wißbegierig, wie er in den ersten aufgeschnittenen Tierkadaver geschaut, den Elieser vor ihm sezierte. Gut, also. Nur zu den Aussätzigen jenseits der Mauer zu gehen weigerte er sich; sie rasselten mit ihren Klappern und rissen ihre Kleider auf und heulten vor Enttäuschung, schwangen drohend ihre Stöcke und Krücken. Er warf ihnen einen Beutel zu und floh.

Aber überall auch begegneten sie aufatmend Händen der Hilfe. Bei den Moslemin und den Juden gingen Männer umher mit Bärten, Mollahs mit grünem Turban und Dajanim im schwarzgestreiften Tallith, Viertelspfleger, einen Diener hinter sich, und beleibte Frauen mit und ohne Schleier, oder sehr hagere mit hennenhaften Zügen und Bewegungen, und nahmen sich der Not an, indem sie sich zugleich auch überall in alles einmischten. Die Verwalter wohltätiger Stiftungen schickten Zettel, die sich zu Geld eintauschen ließen, in armselige Häuser; die Hungrigen bekamen Anweisungen für gemeinnützige Küchen; am Freitag luden die Treuen Mohammeds Arme zu ihren Mittagstischen und die Juden die ihren zu dem abendlichen Sabbatfisch, zu Braten und glasierten Nüssen; und gemäß den Gesetzen der Thora gab es Kranke nur, damit man sich um sie kümmere; Witwen und Waisen, damit ein Vormund sich ihrer annahm; Gebrochene der Not, nur damit man sie aufrichte; Tote nur um des Verdienstes willen, das die erwarben, die ihren Körper bestatteten nach den Gebräuchen und mit den Ehren. In den weiten Straßengängen der Christen vervielfältigten sich gemäß der großen Menge die Träger der Barmherzigkeit. Bettler und Kinder umschrien

Frauen von Bürgern und Dienerinnen von Edelfrauen und drängten sich an ihren Körben voll nahrhafter Reste und mit Kleidern. Angehörige gemeinnütziger Brüderschaften trugen aus den Häusern Leichname, auf die der Maghrebi traurig blickte, und begruben sie christlich um Gottes Lohn. Und vor allem stießen sie überall auf Ordensleute: Mönche und Nonnen aus den Klöstern der Franziskaner und der heiligen Klara. Wo immer das Unheil überquoll, traf man ihre ruhigen Gebärden, ihre guten Reden, ihre heilenden Waschungen, Salben und Verbände. Sie sahen den Kardinal-Legaten durch die Spitäler gehen und den Leidenden das Kreuz hinhalten und den Gekreuzigten. »Wehe den Armen!« seufzten die Verzweifelten; da ward ihnen der Trost des gewissen Himmelreichs, die Nachbarschaft Gottes, die unbezweifelbaren Schwierigkeiten der Reichen beim Eingang in die Gottespforte ans Herz gereicht; aus den Worten, den guten Blicken, dem unbeirrbaren Glauben der Klosterleute überwältigte sie Geduld, Heiterkeit und ein angstloses Sterben.
Danach aber standen die Gefährten, nach wie kurzen Gängen, Steigungen, Kehren, in der hellen und jugendlichen Oberstadt, umgeben von maßvollen Häusern, Läden, Werkstätten, Kirchen. Und inmitten von schlendernden, emsigen, sehr beschäftigten Bürgern, Frauen, Lasttieren fragte Meïr Chasak, den auf dem ganzen Wege Gruß und Zutrauen der Elenden angesprochen hatte: »Wozu, o ihr Herren, was ihr gesehen habt, all diese Qual im Plane des großen Schöpfers, das Leid der Welt?«
»Kismet«, sagte der Araber und riß seinen Schleier ab. Aber dies sei die Strafe der Sünden von Adam her, wie die großen Lehrer aus der Schrift lehrten, meinten Gero und seine Freunde. Elieser blickte auf den Fragenden, finster wie in Haß. Dies sei, wie die Last der Verbannung auf dem Volke der Juden, die Vorbereitung göttlichen Lohnes, Prüfung des Glaubens, Läuterung der Herzen. Und es müsse so sein, weil sonst die Bürde des Erdenlebens zu zerschmetternd sei für nackte Menschen. Er trug schwer, dies offenbarte sich plötzlich, an der Qual der Hörigkeit, die überall auf seinem Volke lastete, das Kopfsteuer zahlen mußte und verschenkt werden konnte mit seinem Zins, ganze Gemeinden oder einzelne, auch in dem milden Reiche Sizilien.

Und der Kaiser sprach: »Zur Überwindung durch Weisheit, kleiner Ketzer«, und ging zu einem wartenden Pferde, indem er den Buckligen mit kühlem Danke einmal ansah.
Der aber schüttelte das von großer Güte veredelte Gesicht und sagte: »Auf morgen denn, bei den Steinbrüchen von San Nicolo, bei den Schwefelgruben von Lercara«, und verschwand.

## 12
## *Linda*

Am Abend dieses Tages bat der Kaiser Linda, ihn allein zu lassen. Er habe viele Schriften zu lesen und zu siegeln. Noch in diesem Wegschicken war eine bannende Zartheit des höflichen Herzens zu verspüren, und Linda spürte sie. Sie sah ihm lange ins Gesicht, indes sie als Vorwand seinen rötlichen Bart strählte. Sie war viel zu weich für die neue Härte dieses Mannes; ihre großen verwirrten Augen nahmen nicht mehr viel wahr, aber dies sah sie: das war das Antlitz eines Menschen, der sehr litt. Sie erfuhr, daß er morgen eine Fahrt über die Bucht machen werde und einen Ritt über Land: zu den Schwefelgruben bei Lercara möglicherweise... Ja, der bucklige hebräische Mann werde wieder dabeisein; ob er ihr denn so sehr mißfalle; er sei sehr weise. Aber gleich und ganz kindlich entgegnete Linda, das sei schön; in Bagheria sei Anna verheiratet, ihre gute Zofe; sie werde im Kleid eines sarazenischen Pagen und mit einem verläßlichen Reiter endlich die Kinderchen ihrer Anna ansehn reiten.
Friedrich lächelte über ihren Eifer, und als sie gegangen, seufzte er. Etwas in ihm flüsterte, höchste Zeit sei, den schrecklichen Juden hinrichten zu lassen, der alles wußte, jede der kranken Falten seines Reiches. Und allerdings, er, Friedrich, hätte sie eigentlich so kennen müssen. Eine ungeheure Machtwurzel der Kirche ferner war aufgedeckt, an Wichtigkeit weit überwirkend Priester, Bischöfe, selbst den Papst: solange sie, und sie allein, Tausende und Zehntausende von Händen rührte, das Leid der Elenden zu lindern, solange auch würde sie in Gemütern regieren, sie ganz allein. Und mengte sie sich daraufhin in die Ordnung des Staates: wie empfindlich verlief die

Grenze zwischen Dienst am Nächsten und Schlichtung der Wirrnisse des gemeinen Lebens! Er, der Kaiser, sah diese Grenze oder glaubte sie zu sehen, in der Helligkeit seiner einsamen Vernunft: wie aber jemals sollte die Masse der Geistlichen und Frommen einsehen, daß man dienen dürfe, ohne herrschen zu wollen? Schweren Herzens ließ er sich entkleiden und das Licht aus dem Zimmer tragen. Aber er lag noch lange wach.

Und mit leichtem bösem Lächeln gab er sich zu, sie werde, wenn er nach sich selber urteilte, noch recht lange alleinbleiben mit ihrer Caritas, aber auch mit ihrer bösartigen Unduldsamkeit gegen jedwede abseitige Überzeugung! Wie fromm geschickt verstand sie deren Abscheulichkeiten dem weltlichen Arm zuzuschanzen, nachdem sie eine ganze Menschheit nahezu irrsinnig gemacht mit der rasenden abergläubischen Angst vor den ewigen Grausamkeiten der Feuerhölle – welch doppeltpaariger Seelenhaltung sie sich so gut zu bedienen wußte, weil allzu viele ihrer Träger selber nach den Gezelten der Armseligen rochen... Er, Friedrich, kannte Leidenschaft für den Glanz der Welt, für die lichte Breite der Ordnung in ihr, den Stufenbau des Staates, die Wohlfahrt der Stämme in seinem Reiche. Ohne den Krieg zu lieben, hatte er schwere Schlachten geschlagen und Hunderte von Toten erblickt – tote Barone, freie Ritter, kriegerische und behelmte Freisassen, geübte Söldner. Er konnte sich nicht erwärmen für die unsterbliche Seele in einem bedauerlich verreckenden Greise. Ihm lag nichts an Kranken, an hurenden Kindern. Er hatte Lüstchen zu absonderlichen Experimenten mit ihnen – das war alles. Kein Erbarmen – er war das Haupt der Lehnspyramide –, so wenig wie für jene Kinder, die er auf einsamer, menschenloser Insel hatte aufwachsen lassen, um zu sehen, ob sie von selber sprechen würden. Aber natürlich blieben sie stumm. Nun, morgen würde er zu den Schwefelgruben reiten – gut...

Linda jedoch schlief und lächelte hold im Traume, in welchem wiederum Maso Marsilio ihr zu schaffen machte und eine Schlange, in die er sich verwandelte, oder besser, der er sich entschälte. Die Welt sprudelte um sie mit Fangarmen des Gefährlichen – kein Widerstand in ihr konnte ihnen wehren, wenn nicht innige Kräfte ihrer Seele sie hielten, kindliche Besorgnis um den vaterhaften Mann oder der Traum, der Marsilio hieß und ein junges, kühnes Gesicht wies, keusche Augen, wie verführerische Lippen… Sie lebte immer in einer Welt für sich, abgeschlossen vom Wirklichen, deren Schöpfer aber Friedrich hieß. Sie vermochte sich hinzugeben – ihn in ihren Gliedern erlöschen zu lassen, das Glück der Sonnenuntergänge diesem mächtigen Wachsein herzuschenken. Dann drängte sie ihm entgegen wie die abendliche Wolke und erntete die Lust der errötenden Wolken, rosig, purpur, golden aufgespalten, nachtblaue Dämmerung. Daß auch in ihr eine Sehnsucht wach werden könnte, die aus eigenem Wesen nach eigenem Gegenstand begehrte, dies erfuhr sie, erlitt sie, undeutlich, atmend, in Unruhe eingehüllt ein Keim wachsender Gewißheit, erst seit diesen Tagen: und noch war seine Kraft und Tugend ihr völlig verhüllt, samt allem, was er aus ihr holen konnte an Frauschaft und mütterlicher Fülle. Und so trug sie einen guten Entschluß mit in den Schlaf. Kehrte doch der Kaiser so tiefernst von jenem Gang durch die Stadt heim nur, weil keiner ihn erkannte. Wer sonst warf nicht glücklich im Anprall seiner Größe die Mütze aufjubelnd und dankerfüllt? Und dann ward das Gesicht des väterlichen Geliebten wieder hell vom Abglanz so vieler Liebe. Jemand, und der war sie, mußte ihm vorausreiten, den Leuten sagen: »Die Reiter hinter mir, die führt der Kaiser.« Welche Kraft und frohe Frische er dann zurückbringen würde von jenseits der Bucht! Allerdings durfte er nichts wissen von ihrer Tat. Und überdies grüßte sie Abenteuer, Verkleidung, ein Ritt, ein Spaß, ein Tumult ihres Körpers, der hier im Frauenhaus und Garten nirgendwo seine geschmeidigen Kräfte spielen lassen konnte wie an den dalmatinischen Felsen daheim.

Und derart glitt sie lachend in den ahnungslosen Schlaf, vor dem Tag ihres Schicksals, und nicht allein des ihren.

## 13
## *Meerfahrt*

Wind über Meer! Von West her blies er gegen die Sonne, und weiße Freudenspritzer warfen sich aus dem wilden Blau der Wasser an die segelweiße Barke. Im Bug vor dem Maste lehnte umflattert vom Mantel Renaud und sprach lachenden Übermut zu einem bezaubernd schönen maurischen Pagen im Turban, der sich bereit erklären sollte, mit ihm gegen die einbeinigen Springmenschen der Goldküste zu Felde zu ziehn, und der standhaft leugnete, Linda zu heißen. Auf der Höhe des Schiffes saß der Kaiser mit den drei Älteren, die in diesem Abenteuer nun schon ganz eng mit ihm zusammengeflochten waren: im Heck gab es Schreie des Eifers, denn Sir Hugh und Gero hatten ihre Bogen in Bewegung und schossen nach den Möwen und Fischen, die das Schiff anlockte. Und obwohl die meisten Pfeile vor der Gewandtheit der kleinen lebenstollen Tiere ihr Ziel verfehlten, stürzte doch von Zeit zu Zeit ein schmaler weißer Vogelleichnam in die Gewässer und schwamm mit ausgebreiteten Flügeln sinnlos noch eine Weile im Schaum des Kiels – denn besonders Sir Hugh zeigte große Bogenkünste. Elieser sagte sich stirnrunzelnd, der Weg dieses Schiffes sei durch Tötungen gekennzeichnet, vergeudete Lebensflämmchen, böses Omen...

Der Kaiser blickte zur Kurve des Landes hinüber, die jenseits des Kaps in wechselnder und makelloser Anmut im Zug des Schiffes sich enthüllte, mit den Hainen von Oliven und Lorbeer, Myrte, Palme und der goldenen hesperischen Orange. Immer wieder packte ihn das Wunder des bezwungenen Windes, der ächzend und schnaubend die Segel bedrängte mit seiner arbeitenden Stärke. Völlig sicher stand vor seinem Auge eine Erfindung, die der Mensch machen müßte, um zu Lande ebenso zu segeln, Bahnen aus zwei Seilen gespannt durch das ganze Königreich, in denen mit Rädern hängende Wagen vom Winde vorwärtsgestoßen werden sollten. Aber man vermochte das nur zu denken, nicht zu schaffen; zu schlaff würden die Seile hängen auf so große Strecken. Und doch wäre ein Reich, dachte er sehnsüchtig, zusammengezwungen wie durch Klammern oder Adern von solchen Seilbahnen... Die Menschen der Zukunft hatten vielleicht ähnliche Dinge. Sie flogen in Maschinen aus unbekannten, sehr leichten Stoffen gleich dem Mark des Holunders vielleicht; und nach der Erfahrung mit seinen Katapulten, Ballisten und den Vögeln, deren Art er so tief studiert, stellte er sich vor, daß diese gleitenden Flugdrachen vielleicht von großen Wurfmaschinen in die Luft geschleudert wurden, um dann, den Falken ähnlich und noch mehr den Geiern, von der stehenden Luft unter ihren Flugflächen getragen zu werden und mit den Winden zu segeln wie die Drachen der Kinder auf den Stoppelfeldern... Wieviel leichter es war, solche Pläne zu entwerfen, als den geheimen Rätseln nachzudenken, zu denen das Gesicht dessen einlud, der da stand unter den Lachenden und der sich selbst den Ausgestoßenen zugesellte, in seinem enthaltsam weißen Gewande und dem braunen Schiffermantel sehr gleich einem Mönche, ohne all die Tröstungen des Himmelreichs der Mönche. Friedrich fühlte, er müsse diesem Manne antworten, der ihn nur mit Blicken fragte. Das Leid der Welt... was denn ihn, Rabbi Meïr, vom Leid der Welt bedünke? Und der Bucklige sah ihn mit großen braunen Blicken an, in denen verborgene Liebe glänzte, und antwortete: »Es gibt vielleicht noch gar kein ›Leid der Welt‹ hierbei! Möglicherweise wäre dies eine Vorspiegelung des schweifenden Denkens, das so gerne ins Unbeständige ausweicht... Leid der Welt – wir beide, Herr, wissen wohl, wie das eigentliche heißt: daß wir so jung sterben müssen und aufhören, ›wir‹ zu sein; daß wir nicht Kinder oder Krieger genug sind, um zu glauben, ein toter und begrabener Mann könne irgendwo als vollgültiges Wesen wieder aufstehen und leben. (Ohne solchen Glauben führst du aber kein Heer in keine Schlacht, Herr.) Und daß wir keinem noch so geliebten Herzen auch nur die leichteste Erfahrung abnehmen können, daß immer wieder Kinder ihre eignen Finger in die eignen Flammen stecken, als ob wir nicht genug gebrannt seien« – er hielt inne, schloß die Augen. Der Kaiser wußte, daß dieser Mann einen Sohn besaß, irgendwo in der afrikanischen Ferne, und daß er um dieses Sohnes willen sein Herz zerfleischt habe, ohne ihm raten zu können, und hier saß eine Stelle, an der der kluge Mensch durchsichtig ward und seine Seele zeigte –, »da, o Herr, tasten wir ans Leid der Welt. Und bei gewissen Fragen des Denkens allerdings, wo sich feststellt, daß wir kleine blinde Hündchen sind, wir gottgeschaffnen Menschen. Aber dies hier, daß die Armen allzu arm sind, die Ausgestoßenen leben wollen, die Sklaven gequält werden, harte Arbeit den Menschen umbringt und die Streitenden blind zum Messer greifen – dies hier, daß in den Bürgerhäusern Überfluß und viel Raum für Heimlose ist...« – »Und mehr noch in den Kaiserburgen«, fügte Friedrich sachlichen Tons hinzu, und ganz uneingeschüchtert wiederholte der andere: »Du sagst es, Herr, mehr noch in den

Kaiserburgen – dies ist nicht das Leid der Welt, o Herr; das ist eine Krankheit an der Welt, und sie verlangt Heilung wie jede durch den Menschen. Was Galen nicht weiß, finde ich bei Dioskorides und bei Ben Sina oder in meinem eigenen Kopfe – und ich lege nicht den Kranken hin und lasse ihn sterben.«

Hier näherte sich Herr Gero den Sprechenden. Er bewunderte den Kaiser auf seine etwas trockene Art und schrieb jeden Abend auf, was er etwa am Tage von ihm erlauscht oder erfahren. Er hatte es seinem Lehrer versprochen, dem Bischof Wilgram von Rottenburg, der eine große Chronik »Von den Taten der Schwaben« in altmodischem Lateinisch niederlegte für Kind und Kindeskind. Aber hier sprach man offenbar von Heilkunst – und Gero wußte, dafür tauge er nicht an Verständnis. Und er ging wieder zum Steuermann.

Seinen Falken auf der Faust streichelnd, der unter der Kappe saß: wer etwas zu heilen hätte, fragte der Kaiser. Aber die Antwort lautete, gegeben in der Sicherheit, verstanden zu werden trotz ihres Rätseltones: »Ach, ihr seid Herren! Das Los der Welt liegt in kindischen Händen überall auf Erden. Und es gehörte in die Hände von Weisen, die ihr Ohr am Puls des Leidens haben.« Der Kaiser, den Kopf in der flachen Hand, spottete scharf: er also sei einer, wenn er ihn verstehe, der, um den Baum zu wandeln, den Keim ändere. Dies wäre ganz gut. Die Greuel jener Ferne, dies sei behauptet worden, flössen aus diesem Heute, den Mängeln der Welt –, dem, was er eben eine Krankheit nannte. Gut. Bewiesen sei es nicht; aber beiseite. Wie jedoch ändere man den Keim? »Das Mittel sagen ist so leicht wie sprechen, und ebenso eitel«, lächelte der furchtlose Mensch. Nichts habe Wert bei solchen Entscheidungen, was nicht von selber aus dem Herzen trete. Darum sei Sehen gut, Fühlen sei gut, Nachdenken sei sehr gut, aber Reden sei Wind. Hört doch das Kind nicht einmal auf den Vater. Er wolle nicht reden, sondern hören.

»Ach, du Narr«, sagte der Herrscher. »Dazu bedurfte es deiner und wahrlich dieser Fahrt!«

Die Küste ward schnell steiler. In einer Bucht leuchteten die frischen Bruchflächen des sizilianischen Marmors, weiß und gelblich unterhalb der grünen Kante der Pflanzen wie neue ehrenvolle Narben. Lastschiffe am Ufer breiteten ihre flachen Formen hin. Linda, als die Barke anlegte, küßte dem Kaiser die

Hand und sprang vom Schiff, ungeduldig wie ein Knabe. Der Kaiser sah noch einmal in seinem Leben ihre holden Augen, ihren küssenden Mund, ihre winkenden Hände, als sie zu Pferde stieg und ihn anlachte. Auch Hanno, der Knecht, saß auf. Aber hinter dem Hang, an einer Herberge, ließ sie ihn absitzen, warten, bis sie zurückkehre, derweil zu zechen und zu schlafen. Sie reite einmal über Land alleine.

Der Kaiser, im rehfarbenen Mantel, den Falken auf der Faust, sah aus wie ein vornehmer Jäger. Dennoch fürchteten sich die Vögte des Steinbruchs vor der kostbaren Barke. Möglicherweise brachte sie Beamte aus der Hauptstadt zur Nachprüfung der Rechnungen und zum Ansporn der Lieferfristen. Aber da nur ein Knabe landete, nahmen sie wieder Ruhe an.

Mehr als sechzig Männer, halbnackt oder nur mit Schurz, warfen sich auf schwere Blöcke, um sie mit Tauen und Rollen eine schiefe Ebene hinab zu geleiten, bis auf die großen halbbeladenen Kähne. Von oben, unterhalb der grünen Kante, kam das warnende Geschrei und das Knistern einer Sprengung: das edle Gestein lagerte in breiten Schichten waagerecht getrennt durch verwitterte Erde, und ebenso zogen sich von oben nach unten Sprünge wie Adern quer hindurch, von der Sonne, vom Regen, vom Ungefähr dem Menschen vorgearbeitet. Es bedurfte nur noch gedörrter Holzkeile, in Löcher getrieben und befeuchtet; sie lösten die Quadern leise von ihrer Stelle, und sie rollten ab. Hinzu sprangen mit Hacken die Behauer, sie notdürftig zu glätten. Alle keuchten in der schweren Sonne, taumelten unter den Lasten, bluteten aus Rissen; sie strauchelten und schleppten sich schweißgeblendet vorwärts. Die Vögte drohten mit Stökken den zu langsamen Gliedern. Söldner mit Speer und Bogen schützten sie und sahen gelangweilt auf den Strand, um aus dem Anblick der Barke Abwechslung zu ziehen. Abseits, ein wenig landein, wies ein kleiner Friedhof voller Kreuze fünf ganz frische Gräber. An ihnen kniete eine braune Kutte: auf dem Lastschiffe bemühte sich ein anderer Minorit um Kranke, die dursteten. Als aus der Barke sich nichts, was nach Amt aussah, meldete, blies ein Vogt ins Horn: Pause. Im Schatten der Steine fielen die Männer hin, lagen wie Holz und atmeten.

»Dies ist Arbeit für die Bauten des Kaisers«, sprach der Bucklige, indem er seinen Herrn prüfend musterte; »gebt acht.« Und zu dem schuhartigen Lastkahn hinüberrufend, der mit

Rudern und Segeln an ihnen vorbeiglitt: wie viele Unfälle sie diese Woche gehabt hätten. »Fünf Tote«, rief der Vogt zurück, erst unschlüssig, halb wider Willen, aber doch antwortend; »zwei von der Sonne, einen vom Wasser, zwei vom Stein.« Und der Mönch richtete, auf den Knien bei den Kranken, einen drohenden Blick über den glänzend vergoldeten Bord und schrie: »Wehe den Weltlichen! Und Fluch den Verfluchten!« – »Das darfst du nicht sagen«, hörten sie den Vogt mit mürrischer Stimme. »Aber denken«, schrie ein Ruderer und empfing einen Schlag.

Und Meïr wandte sich zum Kaiser: »Dies sind die Quadern zum Sommerpalast von Belmonte, o Herr...« mit aufforderndem, beharrlichem und loderndem Auge. Das müsse er dem begnadeten Porphyrides mitteilen, entgegnete der Kaiser kühl. Es werde dem Baumeister neu sein. Vielleicht habe er das aber schon vorausgewußt, seit den Tagen der Kinder Israel unter den Pharaonen? Wie, Elieser? Der Arzt lächelte nachsichtig. Rabb' Meïr halte nicht soviel von dem Aufgeschriebenen. Er denke lieber selber. Aber ganz klar stehe die harte Arbeit in den ersten Kapiteln von Bereschith begründet; sie sei Gottes Wille. Und die zuschauenden Ritter ließen sich von Ibn Tophail erzählen, wieviel Leben die großen Bauten der Almohaden gekostet hatten. »Wir fallen in Schlachten, die Unfreien in der Arbeit. Wir halten das Reich, jene kaufen dem Leben die Schönheit ab, die da dauern soll, und verewigen ihre geringen Tage.« Renaud berichtete von der Kathedrale von Chartres, die ein Wunder Gottes sei. Gero schrieb den Namen auf.

Meïr Chasak schien, daß die Sonne dunkler werde. Oben, an der Kante der Steine, blies ein Horn Vorsicht vor neuen Blökken und das Ende des Ruhens.

## 14
## *Kleine Reiterin*

Indes das Schiff meerwärts nach neuen Buchten steuerte, ritt Linda erregt, halb angstvoll, halb glücklich, eine Straße lang, schräg ins Land. Freiheit machte sie fast trunken, zugleich aber war alles so unerwartet – die Welt jenseits des Hauses so jeden Augenblick neu zu erobern... Man sagte ihr die Richtung zu den Bergwerken, und ihr kleiner Mut erprobte sich bei jedem Hause. Überall rief sie den leibeigenen Leuten zu, wenn solch und solche Reiter kämen, der rehfarbene sei der Kaiser. Und sie wandten sich mürrisch ab. Später gelüstete es sie zu trinken. In einem Hofe sagte die Frau trotzig, sie seien freie Bauern hier, sie seien noch vier Unzen Pacht schuldig, der Prokurator warte nicht länger, und kurz, sie hätten weder Wasser noch Wein ohne Gegengeld. Linda lachte, denn sie besaß keine Zechine, nicht einmal einen Beutel. Sie gab der Frau einen Ohrring aus roter Meereskoralle für einen kleinen Kürbis voll Wasser. Bei einem Bauer späterhin, der laut und voll Haß auf den Jagdbann des Kaisers fluchte, dessen Rehe ihm die Saaten fräßen, wenn er nicht Nacht für Nacht im Freien liege, nahm sie den zweiten aus dem Ohr, für flaches gelbes Brot. Schließlich trabte sie in angstvoller Eile, denn sie merkte plötzlich die Härte der Welt, und sie besaß dagegen keine Waffe. Mit dem Steigen der Sonne ward ihr Herz immer schwerer; wie sollte sie vor ihrem Herrn bei den Schwefelgruben landen, wenn der Weg so lang war – und wieviel Haß gegen ihn ihr plötzlich entgegenblaffte! Sie hätte nie in diese Fremde reiten dürfen, ein kleines schwaches Mädchen! Vor einem Dorfe ging die Straße am Rand einer Kluft verloren, die sich lang hindehnte. An einer hochgezogenen Brücke saßen drei Blinde und hielten ein festes Seil. »Du Reiter«, sprach der erste, »der du Eile hast...« – »Es ist eine Frau«, sagte der zweite, schnuppernd wie ein Hund, »Wohlgeruch von Damaskus an einem Weibe.«

»Weh mir, daß ich blind bin«, schrie der dritte. – »Wir lassen diese Brücke nicht hinab, zahlst du nicht Zoll und Almosen.« – »Zoll ist Geld, und Almosen: du bist ein Weib.« Linda sah ohne Laut zu ihnen herab. Dann befahl sie ihnen im Namen des Kaisers. Die Blinden schüttelten sich brüllend vor Lachen: die Blinden hätten keinen Kaiser. Dann drohte sie, mit ihrer Gerte durch die Luft pfeifend, behauptend, sie hätte ein Schwert. »Schneide das Tau durch«, lachten die Blinden, »wir hören eine Gerte pfeifen. Als unsere Augen noch etwas taugten, ehe wir Jerusalem auf dem Berge sahen, trugen wir selber Schwerter, du kleines Mädchen. Steig ab!« Und Linda flehte die Bettler an, im Namen der Mutter Maria. Sie erinnerte sie an ihre Frauen und Bräute. Sie müsse eilen, dürfe nicht säumen. Sie sollten gut sein, wie man auch gut zu ihnen sein solle.

Die Bettler schwiegen. »In der Stimme dieses Weibes ist große Angst«, sagte einer. »Niemand ist gut zu uns.« – »Ich gebe euch den Ring an meinem Finger, lasset mich reiten um Jesu willen, der das Leid um uns alle auf sich nahm und schwieg.«
Sie warf Friedrichs Ring auf die Straße, drei Hände griffen nach ihm. »Er ist schwer; er ist golden; ein schöner Stein.«
Und sie ließen die Brücke langsam hinab. Die Hufe des Pferdes donnerten auf der Brücke, und die Bettler kicherten. Am Abend kamen sie in Streit um den Ring und schlugen sich furchtbar.
Nach Stunden verlor Linda den Weg. Ein Bote auf einem Maultier, den sie nach entsetzlichem Suchen und Verweilen traf, versprach sie zu führen, wenn sie ihm das Pferd schenke, das sie ritt. Zum Glück hielt er sie für einen Eilpagen der Herren Strozzi, denen er selbst diente und die den Ertrag der Gruben gepachtet hatten. Überall auf dem Wege verkündete sie den Kaiser. Niemals ging in den Augen der Menschen ein Leuchten auf. Linda klebte von Staub und Schweiß.
Oben beim Eingang der Schwefelkrater mußte sie vom Pferde steigen, der Wegweiser kehrte um. Sie rief ihre Botschaft einem Wächter zu, der hinabritt; er nickte gleichgültig. Und Linda, am Ende ihrer Kräfte, suchte noch eine Weile, bis eine schattige und grüne Schlucht sich öffnete. Lange Hütten standen in Reihen von düsterem Aussehen unten an ihrem Grunde. Zwischen Bäumen an einer Quelle warf sie sich ins Gras, trank Wasser, das abscheulich nach Ei schmeckte, ruhte und schlief wider Willen.

## 15
## *Nachtmahr*

Indessen landete die Barke in flacher Bai. Die Pferde, nach der Fahrt erlöst, stampften wiehernd das Land. Sie ritten; fruchtbare Felder, üppige Ernte. Die Männer und Weiber, auf ihnen beschäftigt, wandten dem Zuge den Rücken, böse. Erst auf Rufe drehten sie sich um: Gesichter, merkwürdig mager, vergrämt und düster. Wenn man sich einer Hütte näherte, stürzten magere Kinder heran und bettelten um Brot. Die Hütten selber bedurften bessernder Hände, oft armselig und fast ohne

Geräte. »Hungern eure Kinder bei solcher Fülle?« fragte der Bucklige ein arbeitendes Paar. »War die vorige Ernte schlecht?« – »Sie war gut«, sagte der dumpfblickende Bauer. »Das Land gehört dem Kaiser, der es verlieh an den Grafen, der es verpachtete an uns. Wir zahlen Pacht dem Grafen, Zehnten der Kirche, Steuern und Gefälle dem Kaiser. Wenn es gut geht, werden wir diesmal bis zur nächsten Ernte genug haben. Fluch den Städtern!«

»Falls wir vorher nicht am Fieber sterben, wir oder unsere Kinder«, kreischte die Frau, deren Augen schwarz umrandet waren, »wehe den Armen!«

Sie ritten weiter; düsteren Blicks der Kaiser voran. »Steuern erhalten das Reich, und das Reich ist von Gott eingesetzt«, sagte er zu dem Buckligen; und die Ritter prägten ihm ein, Land und Würde sei der Lohn für tapfere Taten. Der Arzt schwieg. Er dachte an das Fieber; wie man es bekämpfen könnte. »Sollte nicht jeder Arbeitende soviel Ertrag von seiner Arbeit haben, daß er und die Seinen davon leben können?« fragte er endlich den Kaiser. »Nicht ich habe diese Ordnung geschaffen«, antwortete der mit finstrer Stirn. »Auch nicht geändert«, antwortete der Bucklige... Und Friedrich beschloß, wenn Peter von Vineis zurückkehre, eine umfassende Nachprüfung des arbeitenden Landes.

Die Straße stieg an; auf einem Hügel, in schönem Hain von Pinien und Palmen, bei Halt und Rast lagernd, speiste man und trank aus Körben und Schläuchen. Und die jungen Ritter gestanden dem Kaiser, daß sie ihn um die Schönheit seines Landes beneideten. Dann mündete der Weg auf eine gute Straße. Dennoch ward die Gegend immer öder, kahler und wilder. Man ritt schon in den Bergen; ein Zug Maultiere, beladen mit schweren Körben, klingelte der Kavalkade entgegen mit kleinen Glocken. Sie gehörten dem großen Hause des Bartoldo Strozzi und seiner Brüder in Florenz, antwortete der Führer und hustete. Der Kaiser nickte vor sich hin: hohe Pacht zieht er von den Strozzi, aber er braucht sie auch zu den Kriegen gegen die Kurie. Jetzt stand die Landschaft drohend, kraß, verbrannt. Man ritt rund um den Krater eines einst wütenden Vulkans. Kein Baum schattete auf die grauschwarzen Lavaschollen und Basaltblöcke bräunlich neben der Straße; steil und hoch zog sie dem Kamme zu. »Wir reiten wohl zur Hölle?« fragte lachend Renaud. –

»Wahrhaftig in die Hölle«, antwortete der Bucklige, und er deutete hinab. Die Straße bog mit scharfer Kurve über den Kamm, von dem kreischend zwei Geier aufflogen. Unten, in einem ganz kahlen, grausigen leeren und schwarzen Kreisrund von Tal wimmelten Menschen. Über diesem Abgrund ward selbst der Himmel in seinem ehernen Blau ein unerbittliches Gebilde. An einigen Stellen stiegen leichte Säulen Rauches auf. Der Zug stoppte hart. Die Pferde schnoben in die Luft und drehten die Köpfe weg, die Menschen sahen einander an und sogen prüfend die Luft ein, die säuerlich biß. Der Kaiser, mit starrem Ernst, sah zur Tiefe. »Das große Schwefelbergwerk, edle Herren, der Wohlstand des Landes...« Auf dem Grunde des Kraters ließ sich die Luft kaum eratmen. Hunderte von Menschen taten dort Arbeit. In engen Gängen schlugen sie den gelben Schwefel aus dem Gestein, trugen schmale Körbe, leerten sie in größere, sortierten die Stücke, wogen den Ertrag. Viele schleppten Ketten um ihre Knöchel. Alle sahen furchtbar abgezehrt und verfallen aus. Viele waren Neger von mächtigem Wuchs, andere mit gutgeformten Gesichtern Kriegsgefangene, hierher verkauft, Berber oder Weiße, heidnische Preußen und Littuanier aus dem Ordenskriege der Ostmark; der und jener zeigte wilde verworfene Züge. Die Aufseher standen abseits, dort, wo reinere Luft aus dem Grün einer Schlucht einbrach. In ihr sah man lange Reihen gemauerter Hütten von düsterem Aussehen.
Die Aufseher, kranken Antlitzes auch sie, grüßten mit ihren Waffen. Aus den Eingängen der Stollen wurden bewußtlose Menschen geschleppt und in die Schlucht getragen, gewaschen. Sie erwachten und lagen da, zerbrochen, atmend. Ein Träger brach unter seinem Korb in die Knie; Blut quoll ihm aus Nase und dem Mund. Meïr Chasak warf sich bei ihm nieder, wusch sein Gesicht, ließ ihn in die Schlucht tragen, flößte ihm Wein ein. Er erwachte; er sah die Fremden, die ihn glanzvoll umstanden: »Mir geht es wohl, ich darf sterben. Heil den Reichen und Glück dem Kaiser!« Und alsbald kniete, auch in dieser Hölle, bei dem Sterbenden ein Mönch. Er ließ ihn das Kreuz küssen, sprach ihn von seinen Sünden los, versicherte ihm die Seligkeit des himmlischen Reiches. Der Scheidende sah ihn gläubig an. »Ich glaube, daß Jesus auch für mich Elenden gestorben ist, denn er ist Gott.«

»Hier arbeiten Sklaven, die man gekauft hat, Kriegsgefangene, die nicht ausgelöst wurden, Unglückliche, die stahlen, weil sie hungerten, oder die einer Frau Gewalt antaten, weil sie nicht mehr aus noch ein wußten. Und ganz Elende, die mit ihren bösen Trieben nicht fertig wurden. Hier arbeiten von Sonnenaufgang bis zur Nacht Menschen, bis sie sterben, für den großen Pächter der kaiserlichen Minen, das Haus der edlen und frommen Strozzi in Florenz.«

Aus heißer Kehle sprach der Kaiser: »Laßt sie alle heute Feiertag haben«, und zeigte dem Obervogt seinen Ring, zum Zeichen, daß er es sei. Aber der nickte nur und blies sein Horn. Die Arbeit stand, die Gänge leerten sich; gleichgültig und stier schleppten sich die Verfluchten in die grünbewachsene Schlucht; die Wachen grüßten; und eilend jagte die Kavalkade wieder auf die Straße ins Freie, ins Helle, in die lachende meerumkränzte Weite. Noch einen Blick hinab in die höllischen Krater: und ohne daß die Pferde den Sporn brauchten, warf sich die kleine Schar weg, hinab.

## 16

## *Der Jäger Marsilio*

Als sie abwärts schwanden, erhob sich hinter Lavaschollen ein Mann mit Bogen und Köcher: Maso Marsilio. Ihm fiel nicht ein, sich dem Kaiser zu zeigen. Er hielt sich grübelnd und sehnsüchtig in seiner Weinhütte unten verborgen an den Abhängen des großen Vulkans. Zur Jagd nach Bergziegen emporgestiegen, hatte er noch zeitig genug den Herrn erblickt, um sich zu verstecken. Rache war nicht in ihm, nur Furcht; er wollte seine Pfeile nie auf Menschen senden. Aber er mußte es. – Vom Grunde der Wohnschlucht her schwoll Tumult an. Ein schmales helles Wesen im Turban lief um sein Leben empor den Berg, begann zu klettern, verfolgt von Negern, mit Gebrüll. Sein Turban fiel, Zöpfe lösten sich, ein Weib. Die Bergsklaven heulten lauter, aber besonnen und sehr geschmeidig klomm die Verfolgte. Dennoch war es um sie geschehen, denn außer sich vor Raserei begannen die Verfolger, die im plötzlichen Feiertag an der Quelle eine herrliche Beute gefunden haben wollten, mit Steinen nach der Flüchtenden zu werfen. Sie schrie und duckte sich, nun leicht einzuholen, hinter einen Stein. Maso, in Sprüngen hoch über ihr, schoß dem riesigen Neger, der sie fast packte, den Pfeil in die Brust. Im Sturze riß er zwei andere mit; Aufseher schlugen, einholend, auf die andern ein; so jammervoll endete ihr Feiertag. Als Maso das Haupt der fast Bewußtlosen am Kinn hochhob, erkannte er Linda. Sie lächelte ihn an, dann strömten Tränen aus ihren Augen, und indem sie seinen Nacken umschlang, ward sie bewußtlos.

Er betrachtete, die er im Arm hielt – ihm geschenkt in der Gnade des Schlafes. Diesmal wieder hatte sie eines Knaben Gestalt. In seinen Gedanken, fern von ihr, einsam in seiner Weinberghütte, angerauscht vom Winde und dem Geraschel der Eidechsen im Laubgebirg, hatte er es leicht gehabt, zu ihr zu reden, ihr zu zürnen, um sie zu werben. Jetzt aber ihre Gegenwart bestehen, die so außerordentlich ward, weil ihr Atem schwach ging und ihr Geist jenseits des Tages sich verbarg! Jedenfalls mußte er sie wiederum retten, für sich, aus dem scheinbaren Tode! Da sie Knabenkleider trug, legte er leicht ihren Busen bloß, diese holde verräterische Gestaltung, die ihm mit einem Schlage die Nackte wiedergab. Er goß Wasser auf diese Haut, rieb sie, und mit dem Aufblitzen eines Befehls auch tropfte er Wasser auf ihre Stirn und gab ihr eine Nottaufe, taufte sie für sich, betete inbrünstig Worte, sie solle sein werden, Jenen vergessen, geschlossenen Auges. Sie hatte in diesem Augenblick die ihren offen, erkannte ihn ohne Staunen, nur selig, von innerstem Sein her, hob sich ihm entgegen – mühsam nur, daß sie ihren Armen Zucht befahl. Er betet gegen meinen Tod, der Geliebte! ... Dann sahen sie sich beide. Er legte seinen Mund auf sie. Die Welt ward vollkommen, versank. Es war gut.

»Wo wohnst du? Dort will ich auch wohnen. Immer bist du zwischen dem Tode und mir.«

»Kannst du ihn vergessen? Sagst du ... ihm ab?«

»Er war immer gut zu mir. Aber sein Herz ist zu hoch weg. Dir will ich Kinder bringen.«

»Unten im Dorf ist ein Priester, ein guter Vater. Er soll uns zusammentun und Segen über uns sprechen.«

Linda dachte, leise lachend, so sei es gut. Zwar anders wäre es auch gegangen; aber ihr Knöchel tat weh. Und so trug, sie nie mehr zu lassen, Maso seine Frau zu Tal.

## 17
## *Eine Abschiedsgabe*

Der Abend sah die Genossen des ereignisvollen Tages auf der Terrasse, tafelnd, trinkend, schweigend wie Selige unter dem ruhevollen Monde, der Renaud wie eine unablässig überströmende Brunnenschale erschien. Sie lagen auf Diwanen nach Moslemart oder saßen auf gepolsterten Stühlen, und gütig ging von einem zum andern das Auge des Rabb' Meïr Chasak, der als Gast des Kaisers mit saß auf dem Dache der Oberwelt, hoch oben, und hinab sah bis zum Hafen, über die Staffeln und Flecke blasser, flacher Dächer, viereckig wie ein Brettspiel mit Schatten der Figuren. Er sah und hörte. Ihm dämmerte, er habe vielleicht Unrecht, er, nicht diese alle. Vielleicht galten die Gesetze der einsamen Vernunft noch nicht für die Bewegungen der großen Menschengebilde? Die Genossen sprachen von der Fahrt, sie hatten wohl hingesehen. Sie erinnerten einander an die eigenartigen Zuckungen, mit denen die gepfeilten Möwen, das Gefieder allmählich voller Wasser, plötzlich wegsackten, von den Zähnen eines Tümmlers hinabgerissen. An die schönen Bruchflächen des Marmors neben dem Grün, eine rötliche sah aus wie ein großer Schoß. An die befremdenden Krater, diese wüste verbrannte Welt, so ähnlich der Vision im Spiegel, und an die schnurrbärtigen Sarmaten mit geflochtenen Zöpfen, die Neger mit hochgeklebten Kraushaar, den Geruch der Schwefelluft, die langsame, böse Last der Arbeit. Und dann gingen sie, veranlaßt durch das Gesicht eines großen schnurrbärtigen Gefangenen mit furchtbarer Säbelnarbe vom Auge zum Kinn, eines Mongolen, in das angelegentlichste Gespräch über Kriegskunst und Taktik der Tataren ein, die vor kurzem begonnen hatten, alle Heere des Ostens und Westens zu schlagen: Friedrich legte als übergeordnete, neuartige Streitwissenschaft eine Schlachtordnung riesenhafter Menschengeschwader dar, und Abu Bekr stimmte ihm bei, was die drei Ritter für wüstes Überrennen durch todverachtenden Mut und barbarische Lebensfeindschaft hielten... Meïr Chasak saß eifrig beim Hören.

Der Mensch ist in seine Sinne hineingeboren, sah er plötzlich ganz klar, nicht in seine Aufgabe. Nein, bestimmt in keine Aufgabe. Und da er sich trotzdem eine gesetzt hat, nämlich die der

Ordnung, wird eine Kraft dafür wohl in ihm am Wachsen sein. Sie wird wohl zunehmen. Die Mönche sind barmherziger als die griechischen Philosophen und die Kirchenväter, aber ebensoviel grausamer. Ich möchte sie nicht auf Abtrünnige, Juden oder Ketzer losbrechen sehn – arme Waldenser! Die Herrschaft des Kaisers verschlingt die Herrschaften der Barone. Es ist gut zu leben. Die Kirche wird die Herrschaft des Kaisers verschlingen, denn sie umfaßt mehr Leben, im Guten wie im Bösen. Aber sie hat den Keim des Absterbens in sich, denn sie verläßt sich zu sehr auf den bequemen Hinweis hinter den Tod und auf den blinden Glauben. All das ist sehr spannend. Es ist sehr gut zu leben. Es ist trotz allem keine schlechte Anordnung eines großen Schauspiels für Götter, vorausgesetzt, daß es welche gibt und sie Lust haben, herzusehen. Und er dachte flüchtig, man könnte ein Buch gegen die Feinde des Kaisers schreiben, gegen die Päpste, die ihn besiegen würden; wie auch er, Meïr, kein anderer, jene Schrift von den Drei Betrügern hatte ausgehen lassen – heimlich... So hob er sein Glas gegen den Kaiser, der sich lässig im Stuhl verneigte. Sie saßen einander gegenüber. Niemals war der Herr des Abendlandes schöner als in diesem Augenblick. Der Adel des Edelseins und des Untergangs lag ausgegossen um seine schmiegsame Gestalt. Sein Gesicht, wach vom Wein und belebt von Gedanken hinter seinen Augen, verlor manchmal seine Heiterkeit in einem liderschließenden Atemzug der Schwermut. An ihn gedrängt hatte sich das Leiden, die Qual, die besessene Vorhandenschaft des grenzenlos Häßlichen, des Unvornehmen, das sein gutes Recht, da zu sein, verkündete und vom Vornehmen verlangte, es solle sich ihm beugen. Es solle ihm Raum lassen. Nein, dachte der Kaiser, er werde ihm keinen Zoll Raum geben. Sein Dasein, vielleicht notwendig, vielleicht abwendbar, sicher entsetzlich, durfte nicht das Reich dieser Welt erringen, überwuchern das Edle, das ohnehin von niemandem beschützt ward. Wie es nun liegt, bleibt zwischen Weiterleben, wie ich's gewohnt, und dem Insichgehen der Mönche mir keine Wahl. Denn ein Drittes kenne ich nicht, und ob einer atmet, hier oder bei den Moslemin, der davon weiß, das steht bei Gott. In eine Zelle zu gehn und zwischen Bäumen und Blumen oder Küchengeräten und Psalmensingen das Heil meiner Seele zu fördern, ist mir nicht gemäß. Ich also werde weiter mein Glas heben und weiter treiben, was mich treibt. Und wenn ihr alle da, Bedenkende und Unbedachte, lebt, wie ihr müßt, und alles fortgeht, wie es ging, wollen wir der Gunst des Allweisen anheimstellen, den armen Enkeln und Enkelsenkeln unseres Blutes zu helfen – durch Gnade, durch Erleuchtung, durch Umkehr oder durch jenes Dritte, das ich nicht nennen kann und das zwischen Einkehr und der Lust der Welt vielleicht mitteninne liegen mag... Und in diesem Augenblick gewahrte er den Gruß dessen, der ihm zutrank. Das Leben ist unabänderlich, dachte er noch, tun wir gelassen, was uns gemäß ist.

»Worauf trinkst du, Meïr?« fragte er den stillen, ihn anblickenden Juden, dessen schöne Augen, so bestätigte sich der Kaiser, zärtlich auf dem Herrn des Westens ruhten, zärtlich und abschiednehmend, aus einer tiefen, erschütterten Ferne. Er schien ihm zugleich reizvoll und widerwärtig, wie eine Kröte.

»Auf die Zukunft des großen Kaisers«, antwortete der Hebräer, »wie sie uns verkündet ward.«

Es wurde sehr still. Friedrich erblaßte. Dann sagte er, sein Glas ergreifend: »Gut. Trinken wir darauf. Ich finde dich tapfer. Andere mögen dich dreist finden.« – »Ja«, riefen die Ritter; »gib ihm eine hohle Pritsche und eine Schelle, Herr, und ein gemustertes Kleid!«

Aber ganz allein, den Blick glänzend im Monde erhoben zum Kaiser, der so viel größer war als der zwergichte Gelehrte, fuhr der fort zu sprechen: »Und da es gut ist, seinen Weg im Schatten des Wissens zu gehn, bitte ich, dir, o Herr, einen Propheten dalassen zu dürfen, der dir vielleicht manchmal helfen kann, das Notwendige zu ertragen. Sieh ihn an.« Und indem er eine Teppichrolle aufwickelte, stellte er das zierliche Skelett eines Knaben, der Ordnung nach zusammengeheftet durch Drähte und an einer Stange aufgerichtet, zwischen sich und den Kaiser: da stand er, nackter als erlaubt, wild und fremd, Beleidigung des Lebens. Die Ritter griffen zu ihren Dolchen, aber der Kaiser zog das Schwert Abu Bekrs und sprach: »Lieber gehe das Verhängnis seinen unbegreiflichen Gang, als daß ich die Welt den Aussätzigen ausliefere, dem Ungeziefer und den Hungerleidern« – und er schlug dem Gerippchen den Hals durch. »Dies ist mehr als ein Hieb. Damit streiche ich diese Tage aus dem Sein. Es wurde nicht prophezeit, niemand sah etwas, es hat nie einen Spiegel gegeben. Sei froh, daß du mein Gast bist, und lebe.« – »Schade um den Halswirbel«, sagte Meïr und blickte dem mächtigen Menschen lange still ins Gesicht, Abschied nehmend, so, als werde er den Kaiser nie wieder erblicken. – »So also sieht ein Herr der Welt aus, wie er nie wieder erscheinen wird«, flüsterte er vor sich hin, sammelte das Skelett zusammen, rollte es in den Teppich und stieg die Treppen hinab; keine Hand hatte sich zu seiner Hilfe oder zum Abschied geregt. Und indem er sich langsam die Stufen hinunterfühlte, dachte er gelassen, daß jederzeit der Ort der Entscheidung und ihre Stunde sei und daß die Menschheit immer und immer wieder vor eine Wahl ihres Schicksals gestellt werden könne. Tief erregt und in einer feierlichen Erhobenheit trat er in sein arbeitsstilles Zimmer. Er öffnete, seit langem wieder einmal, das Buch des Koheleth, das da beginnt: »Hawel hawalim, Eitelkeit des Eitelseins, alles ist eitel«, und setzte im Lesen an die Stelle des Salomo, Sohn Davids, den Hohenstaufen.

Aber obwohl Friedrich empfand, er habe, dem Gesetz seines Wesens folgend, gut gehandelt, verhärtete sich dennoch von da an sein Gemüt, und, stets im Banne und mit der Kirche in bitterem Streit, veranlaßte er durch Gesetze Verfolgung jeder Ketzerei und neuen Lehre. Seine Amtsleute bekamen freche Zähne und harte Augen, und durch keinen andern als durch ihn ward auch in seinem Lande der lateranische Beschluß Gesetz, daß Juden an ihrer Kleidung sich durch einen farbigen Fleck von ihren Mitbürgern zu scheiden hätten, Juden, im Lande friedlich und emsig seit den Tagen der Römer, der Araber und der Normannen. Nie mehr hörte er von Linda; er vergaß sie im Drang der Zeiten, die gewittrig anhoben und ihn ganz verschlangen, aber erst suchte er sie sehr. Es gab viele kleinere Veränderungen: auch die indischen Männer schwanden weg wie aus einem Traum. Niemand wußte, daß sie den Ätna erstiegen hatten, um in schneeigeren Lüften auf einen Tod zu warten, den sie ersehnten und der sie nach einem Fasten von vier Tagen aus dem Wirbel des Daseins sanft wegnahm. Ihr Spiegel aber ist noch heutigen Tags zu sehen: er kam durch die Wirrnisse der Zeit, von einem Besitzer zum anderen gleitend, in den Schrank eines Sammlers, der nicht weiß, welch schicksalsträchtiges Werkzeug er zwischen seinen zierlichen und schönen Geräten beherbergt.

# Arnold Zweig

**Das Beil von Wandsbek**
*Roman*
*Band 2069*

**Einsetzung eines Königs**
*Roman*
*Band 5913*

**Erziehung vor Verdun**
*Roman*
*Band 1523*

**Die Feuerpause**
*Roman*
*Band 5912*

**Junge Frau von 1914**
*Roman*
*Band 1335*

**Novellen um Claudia**
*Roman*
*Band 5877*

**Soldatenspiele**
*Drei dramatische Historien*
*Band 5914*

**Der Streit um den Sergeanten Grischa**
*Roman*
*Band 1275*

**Traum ist teuer**
*Roman*
*Band 5876*

**Die Umkehr**
*Jüdische Dramen*
*Band 5915*

**De Vriendt kehrt heim**
*Roman*
*Band 5785*

**Westlandsaga**
*Eine Chronik*
*Band 5835*

**Die Zeit ist reif**
*Roman*
*Band 5827*

**Novellen**
*2 Bände:*
*9127/9128*

**Essays**
Erster Band:
**Literatur und Theater**
*Mit einem Vorwort von Wilhelm von Sternburg*
*Band 9129*

Zweiter Band:
**Krieg und Frieden**
*Mit einem Vorwort von Wilhelm von Sternburg*
*Band 9130*

Wilhelm von Sternburg (Hg.)
**Materialien zu Leben und Werk**
Über Arnold Zweig
*Band 6876*

# Fischer Taschenbuch Verlag

fi 122/8

# Lion Feuchtwanger

**Erfolg**
Roman. Band 1650

**Die Geschwister Oppermann**
Roman. Band 2291

**Exil**
Roman. Band 2128

**Jud Süß**
Roman. Band 1748

**Goya**
Roman. Band 1923

**Die häßliche Herzogin Margarete Maultasch**
Roman. Band 5055

**Die Jüdin von Toledo**
Roman. Band 5732

**Jefta und seine Tochter**
Roman. Band 5730

**Simone.** Band 2530

**Ein Buch nur für meine Freunde**
Eine Auswahl aus den Essays. Band 5824

**Heinrich Heines »Rabbi von Bacherach«**
Eine kritische Studie
Band 5868

**Der Teufel in Frankreich**
Erlebnisse. Band 5918

**Josephus-Trilogie**
Bd. 1: **Der jüdische Krieg**
Roman. Band 5707
Bd. 2: **Die Söhne**
Roman. Band 5710
Bd. 3: **Der Tag wird kommen**
Roman. Band 5711

**Die Füchse im Weinberg**
Bd. 1: **Waffen für Amerika**
Roman. Band 2545
Bd. 2: **Die Allianz**
Roman. Band 2546
Bd. 3: **Der Preis**
Roman. Band 2547

**Die Brüder Lautensack**
Roman. Band 5367

**Der falsche Nero**
Roman. Band 5364

**Narrenweisheit oder Tod und Verklärung des Jean-Jacques Rousseau**
Roman. Band 5361

**Panzerkreuzer Potemkin**
Erzählungen. Band 5834

**Das Haus der Desdemona**
oder Größe und Grenzen der historischen Dichtung. Band 5708

## Fischer Taschenbuch Verlag

fi 223 / 6